FORBIDDEN CITY PUBLISHING HOUSE

明清論叢

启功题

A COLLECTION OF ESSAYS ON THE MING AND QING DYNASTIES

主编　朱诚如　徐　凯
主办　故宫博物院　北京大学

第二十辑

梅赛德斯-奔驰星愿基金
Mercedes-Benz Star Fund

本书的出版由中国青少年发展基金会
梅赛德斯—奔驰星愿基金公益支持

故　宫　出　版　社

2021

图书在版编目（CIP）数据

明清论丛．第二十辑／朱诚如，徐凯主编．—北京：故宫出版社，2021.9

ISBN 978－7－5134－1418－0

Ⅰ.①明…　Ⅱ.①朱…　②徐…　Ⅲ.①中国历史—明清时代—文集　Ⅳ.①K248.07－53

中国版本图书馆CIP数据核字(2021)第158354号

明清论丛

（第二十辑）

主　　编：朱诚如　徐　凯
执行主编：左远波
英文翻译：杨爱英
责任编辑：艾珊歌
封扉设计：王　梓
责任印制：常晓辉　顾从辉

出版发行：故宫出版社
　　　　　地址：北京市东城区景山前街4号　邮编：100009
　　　　　电话：010－85007454（编辑部）　010－85007817（发行部）
　　　　　邮箱：mqlunoong@sina.com（编辑部）
　　　　　　　　ggcb@culturefc.cn
排　　版：保定市万方数据处理有限公司
印　　刷：保定市中画美凯印刷有限公司
开　　本：889毫米×1194毫米　1/16
印　　张：30.75
字　　数：827千字
版　　次：2021年9月第1版
　　　　　2021年9月第1次印刷
书　　号：ISBN 978－7－5134－1418－0
定　　价：120.00元

特别声明

为适应信息化建设，扩大学术信息交流渠道，本辑刊已被《中国学术期刊网络出版总库》及 CNKI 系列数据库收录，其作者文章著作权使用费与本辑刊稿酬一次性给付。免费提供作者文章引用统计分析资料。如作者不同意文章被收录，请在来稿时声明。

目　录

CONTENTS

紫禁城与王朝气象

——“紫禁城建成600年暨中国明清史国际学术论坛”主题报告

朱诚如

2020年是紫禁城建成600年。紫禁城作为明清两代皇宫，是中华民族宝贵的传统文化遗产，也是著名的世界文化遗产。它不仅拥有中国古代最宏伟的宫殿建筑群，还拥有180余万件珍贵文物和大量的文献档案，承载着丰富的历史信息和文化印记，是中华民族追忆传统、传承文脉、增强文化自信的重要资源。与世界各国著名的都城皇宫相比，其体量堪称“世界五大宫之首”。著名古建专家单士元先生曾作过比照，法国巴黎的卢浮宫，自1541年成为皇宫以来，历经路易十四、拿破仑王朝多次改建，一度成为欧洲的政治文化中心，其建筑面积不到紫禁城的1/4。俄罗斯的圣彼得堡冬宫，1764年建成，建筑面积相当于紫禁城的1/9；另一著名宫殿——克里姆林宫，面积也不到紫禁城的一半。

紫禁城的宫殿建筑，经历600年风雨，或自然风化，或战争创伤，但始终没有从根本上改变它的格局和风貌。它是中国首都北京的地标之一，宏伟的身影一直屹立在中轴线的中心。它是中国统一多民族国家的文化瑰宝，是中华民族文脉绵延不断的表征。它的万千气象吸引世界各国人民前来观瞻，它辐射的“一带一路”丝路花雨把中华文明传播到世界各地。

紫禁城遵循古代“前朝后市，左祖右社”的营建规制，建成于明朝永乐十八年（1420年）。第二年正月，明成祖朱棣宣布迁都北京，自此紫禁城成为有明一代的皇宫。明崇祯十七年（1644年）清军入关，紫禁城又成为有清一代的皇宫。明清两代24帝，近500年以此为国家中枢之地，政之所出，号令天下。从明朝“永乐之治”肇建，到清朝“康乾盛世”定格，紫禁城成为我国明清两朝统一多民族国家历史的见证。

回望历史，紫禁城历经明清两朝500年的坎坷和辉煌，始终与国家和民族的命运紧密相连。都城是国家的政治中心、军事中心，皇宫是国家的中枢之地。建宫定都历来是国之大政。明成祖永乐四年“诏以明年五月建北京宫殿”，这在当时历史条件下，是一次艰难的历史性决策。

建一座新的皇宫，工程浩大，绝非易事。从永乐四年开始，采木烧砖，修建长陵，疏浚大运河，建宫迁都的前期准备工作陆续展开。楠木等木材要从四川、湖广、江西、浙江等远处采办，专供殿内用的苏州澄泥金砖、殿基用的山东临清贡砖、宫殿用的黄色琉璃瓦等烧制与运输也很艰难，此外还要调集天下各色匠人。经过10年筹备，永乐十五年元月开工，到永乐十八年九月，建成三大殿、寝宫、紫禁城四门、角楼以及庙社郊祀坛场，与南京宫殿相比“高敞过之”。明成祖以迁都北京来稳定国家统一和民族交融的地缘政治格局，以此一统农耕和游牧经济广大区域，以天子戍边宣示维护国家统一的决心，使北京再次成为中国大一统王朝的政治、军事中心。

明成祖建紫禁城迁都北京的决策，是一件永载中华民族史册的功业。首先，它阻滞元朝残余势力南下中原，维护了国家统一大局。明初经洪武、建文两代攻伐，元朝残余势力虽远遁漠北，但一直侵扰不断。成祖即位后，先是对北方蒙古诸部采取柔和政策，遣使通好，示以安抚，以图统一。但鞑靼、瓦剌叛服不定，多民族国家的统一面临挑战。永乐八年和十一年，朱棣两次亲率数十万大军出塞北征并取得局部胜利，一定程度上缓解了威胁，但元朝残余势力仍然伺机卷土重来。为了蒙古地区的长久安宁，自永乐二十年起，朱棣又亲率大军连续3年3次亲征，最后一次回师途中病死于榆木川（今内蒙古多伦），时年65岁。明成祖先后5次亲征，打压了鞑靼、瓦剌两部的野心，使其不敢贸然南下中原大举进犯，为明王朝后来抵御蒙古诸部侵扰奠定了基础。

此外，当时作为北部边疆的东北，亟需稳定和强化治理。东北地广人稀，多民族聚居，一直处于松散状态。明洪武年间，已将图们江、松花江和鸭绿江以西纳入控制范围，但更广大的区域还疏于治理。永乐年间，为了加强对黑龙江、乌苏里江以东滨海地区以及图们江等流域的治理，先后在这一广大区域设置卫所，并于永乐七年在东北边地设置奴尔干都司。治所设在黑龙江下游东岸特林地方，并于永乐十一年敕建永宁寺碑。至永乐末年，在奴尔干都司治下，已设置204个卫所。奴尔干都司治所的设置，将黑龙江下游海口的广大地区纳入明王朝版图，广置卫所加强了对多民族地区的基层治理，这都是巩固多民族国家统一的重大举措。

明朝中后期，元朝残余势力多次举兵袭扰北京。正统十四年（1449年）瓦剌南下，企图攻掠京畿，明英宗御驾亲征，但因备战不足，在土木堡被俘，是为“土木堡之变”。在群龙无首的紧急情况下，兵部尚书于谦力排迁都异议，率领京畿军民英勇抗击瓦剌，取得保卫都城北京的胜利。嘉靖二十九年（1550年），鞑靼南下直逼京师，肆掠而去，此为历史上的“庚戌之变”，但未动京师根本，遏制了鞑靼进一步踏足中原。都城北京始终是整个明王朝的国家政务中心，也是多民族统一国家的军事指挥中心。历史证明，尽管北方多民族地区变乱不断，但以紫禁城为中心的都城北京，始终是稳定多民族国家统一的中心。

江南素为富庶之区，是国家的财赋重地。明初定都南京后，经过30多年休养生息，基业已定，朝野上下居安而不思危，更不想远征塞外。面对这一复杂的政治局面，作为封建帝王的朱棣，看到元朝残余势力对国家统一的威胁，看到多民族聚居的东北地区对国家统一的重要，力排众议，迁都北京，对明清两朝中国历史的走向，对多民族统一国家的巩固和发展起到重要的奠基作用。300多年后，清朝的乾隆皇帝盛赞朱棣这一举措是“卓识独断”，“燕王扫北”也一度成为民间美谈。

总之，明成祖朱棣把明太祖朱元璋开基的明朝统一大业大大地推进了一步，为整个明王朝200多年的基业奠定了基础，功垂史册。他5次亲征塞外，病死征途；设置奴尔干都司，建永宁寺碑，一统东北广大多民族地区；派郑和六下西洋（第七次在宣德年间），外交天下；编纂《永乐大典》，传承中国传统文化；设内阁成一朝定制，为明清两朝的无相政治找到了一条出路。历史证明，明成祖的“永乐之治”为明初中国在亚洲和世界的大国、强国地位奠定了基石。

明成祖迁都北京之后，紫禁城的命运坎坷多舛。永乐十九年迁都大典后，仅4个月，三大殿即遭雷击被毁。三大殿是紫禁城的核心建筑，是王朝大典礼仪之地，是皇权的象征。仁宗、宣宗、英宗三帝即位时，竟无殿可坐。直至英宗正统六年，三大殿方重建完工，历时20年再现完整的宫城。嘉靖至万历是明朝呈现转机的时期，但嘉靖三十六年三大殿又遭雷击，延烧至午门和左、右廊，整个前朝化为灰烬。嘉靖皇帝举全国之力重建，四十一年完工，历时5年。此间又因失火而重建西宫建筑群，贪图享受的嘉靖帝把西宫建得豪华壮丽，此后20多年一直住在西宫。万历二十五年（1597年）三大殿又遭雷火，无心理政的万历皇帝也无心重建，直至四十三年方才开工，于天启七年（1627年）重建完工，历时30年。或许是王朝不景气所致，直至明朝末年，紫禁城基本上维持明初宫城的格局。中国古代宫殿建筑均为木质结构，工艺独特，稳定坚固，明清两代京师多次地震，宫殿均安然无恙。但雷火是木质结构的克星，三大殿屡次遭灾，均因建筑高大，一旦遭遇雷火，无法扑救，往往延烧无遗。而每次重建，又几乎都与当时的王朝盛衰和经济强弱相关，其中端倪，不难看出。

明崇祯十七年清军入关，紫禁城随即成为清王朝的皇宫，北京成为清王朝的都城。有清一代，从未有过迁都建宫的议题。皇宫紫禁城和都城北京作为中华民族物质文化遗产，没有随着改朝换代而改变。“清承明制”的地缘政治格局基本为清王朝所延续。

清朝入关后，在与各种政治势力角逐中，逐步实现了国家统一。特别是从康熙朝开始，用了8年时间平定了吴三桂为首的三藩之乱，收复了长期孤悬海外的台湾，实现了国家的初步统一，使中国获得了一个稳定发展时期。以康熙朝为开端的盛世，到乾隆朝达到顶峰，在中国历史上创造了一个国家空前统一、政治比较清明、经济有所发展、文化有所繁荣的盛世，史称“康乾盛世”，与之前的文景之治、贞观之治、永乐之治相比，是中国封建社会发展的最后一个巅峰。

康熙、雍正、乾隆作为中国少数民族出身的帝王，始终坚持多民族统一国家的天下观，最终实现了稳定的国家大一统局面。康熙在平三藩、收复台湾的基础上，派兵抵抗沙俄入侵，签订了中俄《尼布楚条约》，确定中俄东段边界线。康熙3次出塞，亲征准噶尔，摒弃历代修长城的历史惯例，放眼大漠，恩施四方。至乾隆朝，彻底完成平定准噶尔的大业。两次出兵西藏，抗击廓尔喀侵扰，稳定了大漠南北和西藏地区。“西师”伊犁，彻底解决了长期以来困扰清廷的西北边疆问题，强化了多民族国家统一和治理，奠定了今天中国的版图。

持续百余年的政治安定和社会稳定局面，是统一多民族国家达到鼎盛的根本原因。由此推动的经济发展，使民生得以纾解，人口突破3亿，达到历史峰值，占当时9亿世界人口的1/3。农业生产水平是当时经济发展的重要标志，要养活3亿人口，没有农业生产的发展，谈何容易！康熙和乾隆6次南巡，既稳定了江南政局，也促进了南方经济发展。特别是南方市镇的繁荣刺激了制造业发展，大量中国瓷器、丝绸、茶叶出口欧洲，在世界经济全球化的进程中，当时的中国制造业做出了重大贡献。盛世巅峰时期，户部银库库存的白银常年保持在六七千万两上下。经济的发展，也推动了文化繁荣。盛世倡文，历经三朝90余年撰成的《明史》，经康熙、雍正两朝修成的类书《古今图书集成》，乾隆朝修成的大型丛书《四库全书》，都是超越前代的中国传统文化遗产。康熙开建承德避暑山庄，乾隆长期驻跸，以此柔和与北方少数民族的关系。康乾时期欧洲传教士不远万里来到中国，带来先进的科学仪器、书籍和西方艺术，促进了中西文化交流。

如果我们把康乾盛世放到当时整个世界历史环境中去考察，进行横向比较，也毫不逊色。18世纪是世界局势剧变的重要时期，欧洲经历了资本原始积累以后，先后在一些国家完成了资产阶级革命和产业革命。摆脱了封建制的桎梏，新的生产力以前所未有的速度迅猛发展，新兴的资本主义以前所未有的锐气引领世界历史的潮流。面对急剧变化的世界形势，曾经创造了光辉灿烂古代文明的中国，面临艰难的挑战。俄国从北方陆路，英国从南方海路虎视中国。但是在这100多年间，不管从陆路，还是海上，还没有任何一个国家能够撼动中国在亚洲和世界的地位。中国与欧洲强国间的力量对比，大体上处于战略均衡态势。特别是乾隆时期，中国的人口与整个欧洲大体相当，中国的制造业份额也不在欧洲之下，在当时世界经济格局中，中国经济总量长期处于领先地位。

王朝的盛衰决定紫禁城的命运。由于明末战乱，紫禁城特别是前朝三大殿遭到严重损坏，清王朝尽管承续紫禁城为皇宫，但却面临新主无殿可坐的局面。顺治帝进紫禁城受贺，只能在皇极殿（太和殿）前的皇极门举行。顺治二年（1645年）正月初一日，又不得不在皇极殿旧址“张御幄受朝”。仓促之中，于当年五月开始“兴太和殿、中和殿、位育宫（保和殿）工”，次年年底基本完成复建修缮。从总体上看，基本上延续了明朝的前朝规制。对于刚刚入主中原取代明王朝的清廷来说，从无殿可坐到正殿大堂理政，这也算是具有历史意义的一步。在家国一体的封建体制下，多尔衮、孝庄和小皇帝顺治不仅有了安身立命之地，更为清王朝定都北京、入主紫禁城踏出了第一步。

紫禁城旧貌换新颜，是从康熙亲政开始的。康熙六年（1667 年）动议修缮太和殿，八年正月"修理太和殿兴工"，十一月"修造太和殿、乾清宫告成"，康熙帝随即"移居"乾清宫，"进御"太和殿。十二月，交泰殿、坤宁宫竣工，外朝内廷完成了基本改造。但是，康熙十八年一场大火，彻底焚毁了太和殿。此时正是平三藩的关键时期，军需浩繁，无法顾及宫殿重建。至康熙二十二年，国家统一大业基本实现，重建太和殿被提上日程。康熙帝把重建太和殿视为第一等的"紧要"事务。事实上，从康熙二十一年即开始筹备，二十二年开始大规模从四川、湖广、江浙采办楠木等优质木料，并通过水路运到京郊通州。经过十多年筹备，康熙三十四年开工建造，三十七年辉煌壮丽的太和殿重建告竣。康熙朝两次大规模修缮、重建、扩建，奠定了紫禁城的基本面貌，前朝三大殿此后未再有大的改变。太和殿是前朝三大殿的主殿，朝政大典礼仪之地，从某种意义上说，重建太和殿是清王朝入驻紫禁城以来，多民族统一国家基本实现的标志。从入关前开始问鼎中原的脚步，至此算是真正踏实。

乾隆朝是盛世顶峰，多民族国家统一局面已经形成，社会稳定，经济发展，国家财力雄厚，为紫禁城进行大规模添建、扩建、重建奠定了雄厚基础。乾隆朝在紫禁城大兴土木，为清朝之最，不仅丰富了紫禁城的内涵，更是给紫禁城以全新的面貌。寿康宫、重华宫、雨花阁、中正殿、寿安宫、文渊阁、毓庆宫、乾清宫以及建福宫及花园、慈宁宫及花园、宁寿宫及花园等建筑，其布局之精巧、装饰之精美，前所未有。康熙、乾隆祖孙两代打造的紫禁城新貌，自此定格，成为我们今天看到的紫禁城的盛世风华。

乾隆朝最终定格的紫禁城，是中华民族传统文化的结晶，是宝贵的物质文化遗产，有着丰富的内涵：

一是建筑技术的精湛。从殿阁楼亭的设计，到油漆彩画的装饰，无不体现中国传统工匠的高超技艺。乾隆四十一年（1776 年）完成改建的宁寿宫，是清代宫廷建筑的精华。南部以皇极殿、宁寿宫为中心，北部以养性殿为中心，形成城中之城，有紫禁城缩影的气势。其西北角的宁寿宫花园，是清代园苑的上乘之作。早年修建的建福宫及花园，更是将江南的园林艺术融入宫墙之内，一显南北文化的交融。在寿康宫，龙凤呈祥纹样彩画采用沥粉贴金，是为宫廷彩画中的艺术精品。

二是体现多民族文化交融。乾隆十四年，雨花阁改建后成为宫中唯一的汉藏合璧建筑，供奉西天梵像，成为藏传佛教密宗的佛堂。中正殿及其附近十座藏传佛教建筑改建后，供奉无量寿佛及来自西藏、蒙古的佛像和绘画，以此密切了清王朝中枢与西藏、蒙古地区的关系。

三是传承中国传统文化。乾隆四十一年建成文渊阁，典藏《四库全书》《古今图书集成》等经典丛书。还利用文渊阁举行经筵，传承文脉，笼络士子，营造盛世文化气象。

四是体现帝王的文化艺术情趣。有着深厚中国传统文化底蕴的乾隆帝，将其文化艺术修养充分运用到宫廷建筑的布局和殿阁厅堂的内部设计上。比如养心殿的三希堂，那么一个几平方米的普通书房，他将其改造成经典版的传统文化精神殿堂。又如倦勤斋、漱芳斋，竟然搭建了精致的室内戏台，通景画、多宝阁等内饰令人耳目一新。其布局甚至摆设，都是精心设计，精心布局，内涵丰富，韵味深长。小处见大，精微处见宏阔，甚至乾隆花园的假山堆石也处处蕴含着人文底蕴。这些精彩的手笔，反映了盛世顶峰的乾隆帝宏阔的视野和丰厚的文化艺术修养。

自乾隆朝以后，紫禁城再未进行大规模的重建和扩建。嘉道以降，国势日衰，大清王朝的盛世风华不再。嘉庆帝有心守成，想有为而不能为；道光帝节俭勤政，亦挽救不了颓势。随着殖民主义者用枪炮打开中国的大门，外国侵略者铁蹄踏进了紫禁城。紫禁城成了晚清帝王遮风避雨的宫室，直到1912年清朝灭亡。

中华人民共和国成立后，紫禁城获得了新生，党和国家不断投入巨资，进行大规模修缮，使紫禁城的康乾盛世风貌得以重现。

紫禁城既是明清两代皇宫，也是别样的历史老人，尽管盛世风华在他面前只是过眼风云，但600年的紫禁城，见证的正是这样的历史。

（朱诚如：故宫博物院教授、国家清史编纂委员会副主任）

博访利病：明清时期的访察体制与地方治理

陈宝良

内容提要： 若从地方治理的视阈加以考察，明清两代的访察体制，关乎两个治理层面：一为地方官治，是对地方官的考察与治理，借此旌别贤否，斥陟官员；二为民治，是对民间利病的博访与治理，借此知悉民隐。两者的付诸实施，均必须借助访察体制。先访而后察，既察官吏，又访民隐。在明清两代实际的行政与司法实践中，由于"窝访""通家""访行"的出现，导致两大弊端的滋生：一是地方官员考评失去其应有的公正性；二是生杀予夺之权不在朝廷，不在按院，反而掌握在无赖奸民的手中。这无疑从另外一种层面凸显出明清地方治理的复杂性。

关键词： 明清　访察　窝访　地方治理

引论：从地方官员考察说起

朝觐与考察，是明清两代国家的重典。若从地方治理的视阈加以考察，明清两代的访察体制，关乎两个治理层面：一为地方官治，是对地方官的考察与治理，借此旌别贤否，斥陟官员；二为民治，是对民间利病的博访与治理，借此知悉民隐。两者的付诸实施，均必须借助访察体制。先访而后察，既察官吏，又访民隐。明人徐学谟有言："访察不行，如暑月无雷霆，积阴必致伤稼。"① 可见，访察体制与地方治理密切相关。

就"察吏"这一层面而言，显然牵涉到官员的考察制度。明代制度规定，文官的选用，职掌于吏部，但京官与外官考察，则由都察院、吏部两衙门"公同考核"，吏部衙门不得专制。明代官员考察之制，分为京察与大计。京官6年考察，称京察；外官3年考察，称大计。假如考察有所不公，斥留有所不当，则允许科道官即时指实论奏，都察院、吏部不得自以为是。至于具体的考察之法，则主要基于三方面的综合评判：一为各处巡抚、巡按开注的考语，二为吏部与都察院的访察，三为来朝布政、按察二司方面官当面商议可否。②

地方官员的朝觐、考察，无不借助于访察。吏部、都察院、吏科，无不皆有自己的访察之制。当内外大计之时，吏部事先会发出"访单"，通过访单而采访官评。按照制度规定，例禁匿名文书，唯有吏部的访单，则是一种例外。当填注完访单且缴纳吏部之时，上面可以"不著姓名"。③ 当天下官员入觐之年，都察院为了对入觐地方官的"官评"有一个全面的了解，通常也

---

① （明）徐学谟：《归有园麈谈》，诸伟奇、敖堃主编《清言小品菁华》，海天出版社，2013年，第22页。

② （明）王廷相：《浚川内台集》卷三《覆奏语略共二十八件》，氏著、王孝鱼点校《王廷相集》第3册，中华书局，2009年，第1114—1115页。

③ （明）沈德符：《万历野获编》卷一一《吏部·考察访单》，中华书局，2004年，上册，第301页。

会“加意采访”。[①] 当大计之年，吏科并非完全采信吏部、都察院的访察，也会自己发出访单，“分行咨访”，借助于“人士之口”及“采获之单”，借此作为一种斥陟官员的“公论”，进而加以评驳。[②]

尽管访察之制贯彻于内外官员的考评之中，但尤以地方官员的考察最具特点。朝廷派遣大臣考察地方官吏，这在汉、唐两代最为常见。明初立国，以布政司分治天下。至永乐初年，始遣给事中、御史分行天下，逮治“有司奸贪者”。其后，遣蹇义等26人巡行天下，“安抚军民”。不久，又遣礼部侍郎郭敦以偕同给事中陶衎，巡抚顺天；刑部侍郎吾绅，奉敕考察两广、福建的方面官。当时尚无巡抚官，这些派往地方考察官吏的大臣，大多均是奉有“特敕”。正统初年，分遣大臣考察天下方面官，刘辰前往四川、云南、贵州，“悉奏罢其不职者”；徐琦奉命与工部侍郎郑辰考察南直隶官吏，“黜不法者三十人”；段民为左参政，奉命与巡按考察州、县官员之廉墨。景泰中，亦遣大臣巡行天下，黜陟有司。礼部侍郎邹幹至山西，罢黜布政使以下官员50余人。当时在地方已经设立巡抚，再次由朝廷派遣大臣考察地方官员，无非是表明朝廷重视地方吏治的决心。[③]

自设立巡抚之后，再加上巡按御史，亦即所谓的“抚按官”，几已成为廉访官评、博访利病的两大主管官员。相较而言，巡抚、巡按虽均为后来添设的“专敕官”，但两者职掌各有侧重：巡抚偏重于地方民事与军事，尤以抚民为专职。明代的巡抚有边方、腹里之别。按照制度规定，在每年的四月与八月，边方巡抚与腹里巡抚，都应该“到京议事”。[④] 这一“议事”惯例，足证巡抚属于地方行政与军事大员。而巡按则偏重于监察与司法，尤以察吏为专职。巡按到任地方之后，借助于“访察”“采访”，以对按属衙门官员贤否，加以旌别。[⑤] 换言之，巡按巡历各处，最为关心的事情则在“察吏”，“入其境，核其品，征其行事”，通过“民之向背”，借此考察官员的贤或不肖。[⑥] 因巡抚通常多挂有都察院之衔，所以在规定的民事、军事职掌之外，又兼具访察地方官员之责。抚按并称，绝非偶然。

值得注意的是，巡抚尤其是巡按访察所属官员，并非都是亲力亲为，而是按照一定的程序，将访察的职责转行所属各衙门官员。其中转行下达的基本程序，则为巡按责之司道，司道责之府厅。这里所谓的司道，是指布政司、按察司所属各道官员，包括分巡、分守、提学、清军、管粮、抚民、兵备各道，因所挂为布政司、按察司衔，且巡历各道，故称“司道”。至于“府厅”，则指知府、推官。知府、推官参与地方州县官的访察，究其原因，则是因为知府为“一郡师帅”，推官又“查盘各属”，对于巡按而言，两者均称得上是“耳目最近”。[⑦] 至于巡按察吏之

---

① （明）刘宗周：《文编一·奏疏四·遵例请旨严饬禁谕以肃觐典疏》，吴光主编《刘宗周全集》第3册，浙江古籍出版社，2007年，第191页。

② （明）曹于汴：《曹门学则·吏科都察典届期申明约列疏》，氏撰、李蹊点校《仰节堂集》附录，上海古籍出版社，2018年，第248页。按：按照明代制度规定，在官员考察之时，一切有关官评的“私揭”，均在禁止之列，目的就是为了维持官员考察的公平与公正。

③ （清）赵翼撰，王树民校证：《廿二史札记校证》卷三三《遣大臣考察官吏》，中华书局，2001年，下册，第762—764页。

④ （明）杨璿：《题为议事事》，陈子龙等编《明经世文编》卷九二，中华书局，1997年，第1册，第818页。

⑤ （明）王廷相：《浚川公移集》卷一《案验录二十九条》，《王廷相集》第4册，第1124页。

⑥ （明）吴甡：《柴庵疏集》卷五《纠劾不肖有司疏》《州县人地非宜疏》，浙江古籍出版社，1989年，第98、113页。

⑦ 前揭《柴庵疏集》卷五《纠劾不肖有司疏》，第98页。

法，通常要求所属司道官员，将知府以下官员，“务要备细访察”，以便获取这些官员的“素履”。将已访察过的官员分为两类：一类是“勤政爱民，守法奉公者”，操心公廉，干事通敏；另一类是“罢软无为，素行不谨者”，酷虐不法，贪声素著。将访察所得备查明白之后，所属司道官员另外开具“揭帖印封”，送达巡按御史处。①

就考察制度设计而言，显已极为完备。诸如吏部、都察院虽都有官员考语的类总文册，但通常是吏部不知都察院的考语，都察院不知吏部的考语；吏部考语不同于都察院考语，都察院考语不同于吏部考语。在通常情况下，官员的去留，吏部、都察院都是临时彼此参论，而后决定去留。此外，尚有两项程序在一定程度上保证了考察去留的公正性：一是吏科的封驳，通过自出访单以定官员黜陟；二是布政司、按察司官员的“面讲”，即通过二司的当面讲论，以决定地方官员黜陟。②

然吊诡的是，明清帝国制度史的事实显然已经证实，任何一项设计完备的制度，通常因为官场病的浸染，执法者之因循苟且、虚应故事，而使制度的效率发挥大打折扣，有时甚至成为流于形式的一纸空文。崇祯十六年（1643 年），天下官员例当入觐，都察院先期颁行榜示，对诸如征逐过从，逆程设席，山人、墨客往来，捏款私揭，捏情肆辩，计后潜住京城等等，无不加以禁止。但严禁之下，地方官员不加遵守者依旧故我，尤以“馈遗”一事，最为干犯法纪。外任官员每年至京城送礼，已是习以为常。至朝觐之年，自知府、知县以上，“必人辇一二千金入京，投送各衙门，及打点使费”。那些“截俸留考诸员”，则又“持有一番钻营之费”。③ 至于派遣大臣考察地方官员，尤其是巡按御史访察地方官员，效果也并非如设计者之愿，反而“察弊适以滋弊”。如永乐年间邹缉上言，贪官污吏，遍布内外，朝廷每遣一人，即是“其人养活之计，有司奉承惟恐不及”，其结果则是，“使者所至，有司公行贿赂”。其后，梁廷栋在上疏中亦直言，巡按御史在地方上的盘查访缉，其中的“馈遗谢荐，有司所出，多者二三万金”。④ 此外，蹇义也明确指出，巡按御史、分巡道考察地方官员，大多是因循苟且、虚应故事而已，导致“不才者侥幸在职”。⑤ 诸如此类的事实，已经足以证明，一项好的制度，即所谓的“治法”，尚需简用得人，而后方可贯彻实施，此即所谓的“有治人”。从某种程度上说，有“治人”，无“治法”，亦不无道理。

尤其值得注意的是，明清时期的访察体制，其中地方官的“官声”，时常通过地方舆论得以采集。而在地方舆论中，正如清人涨潮所言，“豪右之口与寒乞之口俱不得其真”。⑥ 换言之，舆论同样存在着社会阶层性。同样一个官员，又是相同的行政举措以及个人修养，在“豪右”与“寒乞”之间，反而有不同的评骘。可见，所谓的廉访官评，其间同样存在着复杂性。

一 廉访官评：地方官员之访察体制

廉访地方有司的官声，进而加以考察，并将考察结果上报吏部，最初是由巡按御史、按察使职掌其事。永乐元年（1403 年），明成祖下令，凡是到任半年以上的府州县官员，巡按御史、按

① 前揭《浚川公移集》卷一《案验录二十九条》，《王廷相集》第 4 册，第 1124 页。
② 前揭《浚川内台集》卷三《覆奏语略共二十八件》，《王廷相集》第 3 册，第 1115 页。
③ 前揭《文编一·奏疏四·遵例请旨严饬禁谕以肃觐典疏》，《刘宗周全集》第 3 册，第 191 页。
④ 前揭《廿二史札记校证》卷三三《遣大臣考察官吏》，下册，第 762—764 页。
⑤ （明）蹇义：《铨官事宜疏》，《明经世文编》卷一四，第 1 册，第 99 页。
⑥ （清）张潮：《幽梦影》，《清言小品菁华》，第 532 页。

察使必须“察其能否廉贪实迹”，而后具奏。① 至景泰七年（1456 年），巡抚开始参与对地方有司官员的考察。当时规定：府州县官员，由巡抚、巡按会同按察使加以考察；布政司、按察司二司官员，则听凭巡抚、巡按考察。如天顺六年（1462 年），李侃巡抚山西，考察属下官员，奏罢布政使王允、李正芳以下 160 人。② 自正统十四年（1449 年）以后，抚按官对地方有司官员政绩的考察，与吏部的察访结合在一起，作为地方有司官员旌异、贬黜的依据。③ 至嘉靖二十一年（1542 年），抚按官对所属官员的考察，又与地方官的“朝觐”合在一起，借此作为吏部黜陟地方有司官员的依据。④

官员考察之职，原本由都察院、吏部承担。鉴于地方庶官众多，都察院、吏部“不能遍照”，于是将巡察之责“寄之抚按”，而后吏部“凭之以黜陟”。这主要基于巡抚、巡按“职专一方，咨访的确，而闻见不爽其实也”。⑤ 文中所云“咨访的确”，是指巡抚、巡按的访察。换言之，抚按、司道官员与地方有司整日在一起共事，地方有司官员的年龄、才干、心术、操守，均可“详窥细访”。除此之外，尚由“内之咨访”，亦即吏科的访单，其目的在于济抚按访察之不及，防抚按访察之未确。可见，抚按之访察，与吏科之咨访，在地方有司的考察中，“相兼酌处，期在相成”。⑥ 至于吏部、都察院考察地方有司官员的凭据，则主要分为两大部分：一是抚按的“考语”，二是吏部、吏科的“咨访”。在抚按考语之外，必须加上吏部、吏科的咨访，其原因大抵有二：一则源于抚按的考语，难免由名实混淆之嫌；二则通过咨访，可以起到集思广益之效，使官员考察制度更趋公正、完善。⑦

这就需要对抚按的职掌有所交代。在地方有司的考察上，巡抚、巡按具有以下两大职掌：

其一，直接保举贤能的地方官员，或提问贪酷不职的地方官员。按照功令规定，各省司道官员，假若俸深劳著，巡抚、巡按可以直接“荐举擢用”。⑧ 明代的制度规定，巡抚、巡按有保举官员的权力。各处巡抚、巡按，需要将境内人才，逐一搜访，“会本具奏”。⑨ 换言之，抚按需要采纳地方清议所褒奖之人，将他们“荐闻于朝，以备录用”。⑩ 这在明清两代的地方行政中可以得到印证。如明人张岳在江西巡抚任上时，就上荐举人才一疏，其中所保举之人，包括原任南京兵部右侍郎简霄，原任刑部右侍郎刘节，原任南京国子监祭酒邹守益，原任南京鸿胪寺卿欧阳德，原任翰林院修撰罗洪先，原任给事中魏良弼、曾忭，原任御史曾孔化、郭弘化、傅鹗、陆梦麟，原任湖广按察司副使江以达、浙江按察司副使王冀。在疏中，他称这些人，“皆退居日久，进修不倦，常怀忠爱之心，皆有济用之器”。⑪ 清代督抚亦有“保题荐举”之责，需要将有贤、

---

① （清）龙文彬：《明会要》卷四六《职官一八》，中华书局，1998 年，下册，第 854 页。

② 《明会要》卷四六《职官一八》，下册，第 856 页。

③ 《明会要》卷四六《职官一八》，下册，第 855—856 页。

④ 《明会要》卷四六《职官一八》，下册，第 858 页。

⑤ （明）高拱：《掌铨题稿》卷一八《覆吏科给事中韩楫条陈疏》，岳金西、岳天雷编校《高拱全集》，中州古籍出版社，2006 年，上册，第 304 页。

⑥ （明）曹于汴：《曹门学则 · 吏科都察典届期申明约列疏》，《仰节堂集》附录，第 249 页。

⑦ （明）陆光祖：《计吏届期敬陈饬治要务以重大典疏》，《明经世文编》卷三七四，第 5 册，第 4054 页。

⑧ 前揭《柴庵疏集》卷一五《按臣辩疏涉欺巡方举劾可骇疏》，第 313 页。

⑨ （明）申时行等修：《明会典》卷五《吏部四 · 保举》，中华书局，1989 年，第 28 页。

⑩ （明）张岳撰，林海权、徐启庭点校：《小山类稿》卷三《两广人材疏》，福建人民出版社，2003 年，第 48 页。

⑪ 前揭《小山类稿》卷二《江省人材疏》，第 23 页。

有能的知府、知县，保举题疏，以便朝廷擢用。① 此外，明代的制度规定，但凡地方官员贪酷不法，踪迹显著、明例不宥者，六品以下官员，巡抚、巡按有权“即时拿问”；五品以上官员，则不得“径自拿问”，需要指实参奏，请旨拿问，以凭“覆议定夺”。②

其二，廉访官评，作为吏部考察地方有司的凭据。此即所谓的“举劾”。巡抚、巡按在巡历所辖地方之时，必须“慎委公明僚属，相与体访，仍须亲自参酌”。③ 此即所谓的廉访。巡抚、巡按御史通过对地方官员的访察，最后落实为“举劾官员贤否”。其中所云“举劾”，传统文献又称之为“举刺”。抚按举刺之职，“实激扬所系”，亦即贤者举之，庸劣者刺之。其实行的规矩照例如下：“顾人之贤否，不可以数定；则所以举之、刺之者，亦不可以数拘。”④ 所谓“举”，就是将通过访察而获得“贤才”声誉的官员加以举荐；所谓“劾”，则是对那些才劣乃至贪酷的官员加以弹劾。进而言之，巡抚、巡按之责，“莫大于举刺。举刺当，则吏治清，而民生遂矣；举刺不当，则吏治浊，而民生苦矣”。⑤ 其中荐举贤能，更是“抚按官第一事”：“若不知而泛举者，谓之暗；若知其不贤而滥举者，谓之欺。”⑥

明代的制度规定，巡抚有访察所属官员贤否的职责。通过“采访”，而后对所属官员加以“旌别”。⑦ 清代的史料亦证实，巡抚的责任在“抚绥”，而抚绥之权，则“首在察吏”。⑧ 自访察之后，举劾地方有司官员的贤否，也是巡抚、巡按的主要职责。以巡抚为例，隆庆二年（1568 年）六月，提督军务兼巡抚福建地方都察院右佥都御史何宽在题本中称：“奉命巡抚福建二年于兹，叨蒙升任，所辖藩臬方面官员，例应举劾。”⑨ 巡抚举劾地方官员，通常是在“升任”离职之时。如隆庆四年八月，原巡抚广东地方兼赞理军务、都察院右副都御史，后改任巡抚浙江熊如达题称：“臣待罪巡抚，责任激扬，而各官贤不肖之最者，闻见颇真，兹当叨转离任，敢不次第而陈之。”⑩ 此即其例。以巡按为例，嘉靖九年（1530 年）明世宗在给巡按御史的敕谕中，就明确了巡按御史考察地方知府、知县的职掌：若是知府、知县“果有遵行尽职，生民安业的”，就“指名奏来升用或赐旌奖”；若是知府、知县“仍前不遵，故虐小民者”，则“指名劾奏治罪”。无论是旌奖，还是治罪，务要“从公荐劾以凭黜陟”。⑪ 明人归有光、王廷相的说法基本可以印证巡按有察吏之责。归有光认为，御史巡按地方，尽管奉有诏条，可以“无所不问”，但“尤莫先于察吏治得失，登贤显能，去其治行无状者”。⑫ 王廷相则认为，朝廷派

① （清）徐栋辑：《牧令书》卷二三《宪纲·请分别贤能疏》，《官箴书集成》第 7 册，黄山书社，1997 年，第 562—563 页。

② 前揭《掌铨题稿》卷一六《议裁革冗员等事疏》、卷一八《覆吏科给事中韩楫条陈疏》，《高拱全集》上册，第 288、304 页。

③ 前揭《掌铨题稿》卷一八《覆吏科给事中韩楫条陈疏》，《高拱全集》上册，第 304 页。

④ 前揭《掌铨题稿》卷一八《覆给事中吴文佳条陈疏》，《高拱全集》上册，第 311—312 页。

⑤ （明）赵南星：《覆陈给事疏》，《明经世文编》卷四五九，第 6 册，第 5022 页。

⑥ 前揭《掌铨题稿》卷二〇《议处督抚等官刘应节等荐举违例疏》，《高拱全集》上册，第 328 页。

⑦ 前揭《浚川公移集》卷二《访察抚属官贤否》，《王廷相集》第 4 册，第 1158 页。

⑧ 前揭《牧令书》卷二三《宪纲·取贤否册》，《官箴书集成》第 7 册，第 563 页。

⑨ 前揭《掌铨题稿》卷二〇《参巡抚都御史何宽等举劾违例疏》，《高拱全集》上册，第 329 页。

⑩ 前揭《掌铨题稿》卷二〇《参巡抚熊汝达举劾违例疏》，《高拱全集》上册，第 325 页。

⑪ （明）林希元撰，何丙仲校注：《林次崖先生文集》卷二《王政附言疏》，厦门大学出版社，2015 年，上册，第 53 页。

⑫ （明）归有光撰，周本淳校点：《震川先生集》卷一一《司训袁君督学旌奖序》，上海古籍出版社，2013 年，上册，第 269 页。

遣御史巡按地方，付之以监察之权，目的就在于"博采乎群情，广求乎民瘼"，进而起到"振纲而顿纪""激浊而扬清"的功效。①

揆诸史实，确实如此。巡按大多有举劾地方官员的题疏。如隆庆四年（1570年）七月，巡按山西监察御史王君赏题称："奉命巡历，兹当事竣，谨将各官贤否，据实陈之。"② 可见，巡按御史举劾地方官员，大多亦是在"巡历已满"，即将离任之时。如隆庆四年八月，巡按广东监察御史杨标题称："巡历已满，敢举所得贤不肖之尤者，循例陈之。"③ 入清以后，在巡按尚未废止之前，巡按对于"有卓异"的地方有司的旌奖，大多分为两等：一是"荐之于朝"；其次则加以奖励，仅仅"给以银两而已"。④

当然，巡按举劾地方有司官员，并非尽是自己访察所得，而是将职责转寄于下属官员。正如万历年间赵南星所云，巡按举劾时的凭据，多由司道官员"开报"；司道官员的凭据，则由知府与推官"开报"。可见，在地方访察体制中，"激扬转操于上，耳目实递寄于下"。⑤ 在地方访察由下上达的过程中，"监司"亦即所谓司道官员，显然是相当重要的一环。换言之，知府、知县贤否，责在监司；而巡抚、巡按，则是监司之领袖。监司官员对于府县的长官、佐贰官，同样具有"激扬之责"。监司官员不可能遍识府县所有官员，只好寄耳目于他人，于是也就出现了"延访"之举，亦即在对群吏加以品题之前，借助于"众论"。⑥

府州县以上官员的考察之责，由巡抚、巡按负责。至于州县衙门中的杂职官员，他们的官评则由州县正官负责开报。清初人郑端在《政学录》中有云："州县官开报杂职官评，不但事实考语多所混淆，即年貌一节，亦有注不肖似者。故凡遇杂职来见，即刻在所递脚色内注定年貌，务要逼肖。途中迎接，递手本时，即问以数语，或问以一二事，细观其人之小心能干与否，亦可得其大概，随将年貌、才品笔注手本上，候到署，即载之底本中。其才守，又加细访，如此则人人不差。"⑦ 这则记载大抵可以读出以下两层意思：一是州县杂职官员官评的开报，大多通过"细访"而得，这是访察之职向州县衙门的延伸；二是访察所得州县杂职官员的官评，通常载之"底本"中。

这就需要对廉访官评时的"底本"稍加分析，以期对访察体制有更深的了解。廉访官评，通常采用"无所不问"之法，亦即博采众闻，举凡"近而乡绅，远而过客，下而百姓，又下而衙役隶卒"，均是"可访之人，可问之处"。访问之时，不可偏听偏信。譬如，只问百姓，或许会出自仇人之口；只问衙役，或许是"私谮"之语；只问乡绅，或许其人非端人正士。所以，必须要"兼听而遍访之"。⑧ 从明人佘自强的记载中可知，衙门的箧笥中，大多置有官评底本。从知府而下之官，通常是每人"二叶"，小官则各为"半叶"。官员日常所行，"有好事即注之，有错事亦注之"。这些官评底本，所载的尽是"新闻"。至于新闻的来源，则是日访月积的结果，有些得自招详，有些得自宾客、士绅之言，有些则得自百姓舆隶之口。⑨

---

① 前揭《浚川公移集》卷三《巡按陕西告示条约》，《王廷相集》第4册，第1161页。
② 前揭《掌铨题稿》卷二〇《参巡按御史王君赏举劾违例疏》，《高拱全集》上册，第323页。
③ 前揭《掌铨题稿》卷二〇《参巡按御史杨标举劾违例疏》，《高拱全集》上册，第326页。
④ （清）刘献廷：《广阳杂记》卷一，中华书局，1957年，第34页。
⑤ （明）赵南星：《申明宪职疏》，《明经世文编》卷四五九，第6册，第5027页。
⑥ 前揭《掌铨题稿》卷一八《覆吏科给事中吴文佳条陈疏》，《高拱全集》上册，第312—313页。
⑦ （清）郑端：《政学录》卷二《官评》，《官箴书集成》第2册，第258页。
⑧ 前揭《政学录》卷二《官评》，《官箴书集成》第2册，第257—258页。
⑨ 前揭《政学录》卷二《官评》，《官箴书集成》第2册，第257页。

入清以后，由于察吏八条准则的确立，使地方访察制度渐趋完善。如清人程含章撰有《八条察吏》，以此八条作为举劾地方官员的准则。具体而言，分别为：儒吏，定当破格保举；循吏，则从优保举；能吏，亦从优保举；官吏有一长可取，则随事保举；昏庸之吏，立予参革；荒淫之吏，立予参革；恶劣之吏，立予参革；贪酷之吏，立予参革治罪。①

值得指出的是，在地方廉访官评的政治实践中，随之滋生出诸多弊端，影响地方官员考评的公正性。举其大者，主要体现在以下五个方面：

其一，巡抚、巡按夺取地方监司官之权。明洪武年间，确立了一条自下而上的地方治理准则，即“县自清里甲，州清县，府清州，布政司清府所属，按察司清布政司所属”。唯有按察司耳目不及，治下有遗漏的贪官污吏、无籍顽民，才由巡按御史加以整治与清理。可见，这是一种“百司各得其职”的制度规定，且使权力各有约束。尤其是司道一级的监司官员，对地方上的守令官负有“激扬之责”。② 换言之，守令的贤否，责在监司。事实并非如此。监司官的权力，逐渐被巡抚、巡按所揽取，举凡大小刑名，均令下属申详定夺。其结果，巡抚、巡按置原本“纠察百司”的职业于不顾，反而沉溺于冗杂的案牍中而不可自拔。③

其二，“浮议”影响地方官考核的公正性。地方官员的赏罚，取决于官声的“是非”。此类是非，显然已经分为两种：一种是“小民之公论”，却是“非远而不能达”；另一种是“巨豪之浮议”，则“朝布而夕达”。一旦官声被“浮议”所把持，那么即使是贤者，也难以自明。就此而论，所谓的“风闻言事”，可行于朝内的科道官，不可行于在外的抚按官。④ 明嘉靖年间，大学时杨一清在上疏中揭示道：地方官若是得罪于巨室，就会“飞语四驰”；若是失礼于乡官，就会“毁言日至”。⑤ 这就是浮议影响地方官考核的又一佐证。所谓“浮议”，其表现形式不一，或私递揭帖，或刊刻谤版，或散播飞语。诸如此类的浮议，无不影响到抚按考察地方官员的“公平正大之规”。⑥

其三，督抚上任的条陈已经形成一种套路，导致官评失实。已有的史料显示，明代督抚初到地方，必会上一个条陈疏。在疏中，或漫言数事，或更置数官，不说“此人有才”，就说“此人任事”。其实，莅任之始，地方利病，属官贤否，并未周知洞察，不过“采听于众口”而已，并无多少实效。⑦ 于是，抚按称赞下属官员之善，其中褒美往往失真。据李乐记载，明代一位河南巡抚，在荐举地方官员的奏疏中，称之为“学贯天人，才兼文武”。⑧ 这种只有王阳明那样的人方可担当得起的考语，加在一般官员身上，其考语的失实已是不言而喻。

其四，抚按官举劾官员，渐趋泛滥。早在明嘉靖十七年（1538 年）十一月，明世宗在诏书内就专列一款，揭示抚按举劾官员之滥，直斥他们“当劾而举，当举而劾”。随后，在嘉靖十九年四月、二十八年三月、四十一年五月、四十三年五月，明世宗在诏书中对此类行为多次加以申

① 前揭《牧令书》卷二三《宪纲》，《官箴书集成》第 7 册，第 564 页。

② 前揭《掌铨题稿》卷一八《覆吏科给事中吴文佳条陈疏》，《高拱全集》上册，第 312—313 页。

③ （明）管志道：《直陈紧切重大机务疏》，《明经世文编》卷三九九，第 5 册，第 4329—4329 页。

④ （明）萧彦：《竭愚忠陈三议以备圣明采择疏》，《明经世文编》卷四〇七，第 5 册，第 4420 页。

⑤ （明）杨一清：《宸翰录》卷三《为应制陈言修省以回天意疏》，唐景绅、谢玉杰点校《杨一清集》下册，中华书局，2001 年，第 806—807 页。

⑥ 前揭《掌铨题稿》卷一六《议裁革冗员等事疏》，《高拱全集》上册，第 288 页。

⑦ （明）张居正：《陈六事疏》，《明经世文编》卷三二四，第 4 册，第 3450 页。

⑧ （明）李乐：《见闻杂记》卷三，上海古籍出版社，1986 年，第 264—265 页。

饬。[①] 这种举劾泛滥的现象，同样见诸官员的上疏与其他记载中。如陆光祖在上疏中，直揭荐举之弊，纰缪滥溢：“有巡抚明知其不肖，以巡按庇护而不得不荐；有巡按明知其不肖，以巡抚推毂而不得不荐；有前官已举，而受代者不欲异同；有未履地方，而养交者已多延誉。”[②] 种种弊窦，不可胜举。唐顺之在给他人的书信中，也对抚按官的举劾不公，颇为愤懑不平，直称抚按官之所举，必是“藩臬方面大官”；抚按官之所劾，必是“通判县丞小官”。即使所举者不是大官，也必定是善于攀缘钻营的亲识故旧；即使所劾者不是小官，也必定是因负气倔强所致。[③] 相同的说法，也见诸叶春及的上疏中，认为抚按所举之人，必是“方面大官”；不然，就是进士出身的州县官；再不然，就是那些“突梯韦脂善为媚者也”。抚按所劾之人，必是“州县小官”；不然，就是举人出身的方面官；再不然，就是那些“倔强倨亢不善媚者也”。其结果，则造成“玉石混淆，邪正杂糅，公道榛塞”。[④] 许讃在上疏中，亦称巡抚、巡按荐举地方官员，已有滥举之弊，其意不过是“结欢收功”，反而不顾“激扬之大体”。[⑤] 明嘉靖年间，大学士杨一清在上疏中，更是坦言抚按举劾地方官多已失去公平，亦即“名登荐书者多善于催科，而抚字者或未之及；多取其逢迎，而质实者或在所遗”。其结果，则造成地方官“宁苦百姓，不敢忤上官；宁取怨于小民，不敢获罪于巨族”。[⑥] 这无疑就是地方政治不善、百姓不安的主要原因。明隆庆四年（1570 年）五月，高拱在奏疏中亦指出，抚按荐举章疏中，所荐人数过多，本为汰去老疾官员，却还是纷纷保荐，目的在于“各为党比，徒市恩私”，以致“贤否难凭，黜陟无据”。[⑦] 王廷相在奏疏中，也直言巡按举劾地方官员之滥：御史旌举司府州县等官，“不问其人品高下，立心行事曾有卓异政绩与否，但见其奉承齐备，礼貌足恭，便以为好，即一概滥举”；御史纠劾地方官员，则大多“类取一二塞责，甚至纠及县丞典史等官”，至于那些蠹政害民的“大贪大奸”，却因为“乡里同年亲故之情”，反而掩蔽不发。[⑧] 督抚举劾泛滥现象，在清代依然如故。据清人曹一士之论可知，督抚的误举误劾已经成为一种常态。督抚所荐之能臣，实则是赃污亏空、草菅民命的“贪吏酷吏”。随之而来者，则是官评趋向的反转：“以趋走便利而谓之能，则老成者为迟钝矣；以应对捷给而谓之能，则木讷者为迂疏矣；以逞才喜事而谓之能，则镇静者为怠缓矣。且或以武健严酷、不恤人言而谓之能，则劳于抚字、拙于锻炼者谓之沽名钓誉，才力不及，而掇拾细故亦劾罢之矣。”[⑨] 好尚一乖，取舍顿异，地方吏治随之败坏不堪。

其五，抚按为国荐贤，转而变成“私谢”成风。明代朝廷派遣监察御史分巡外服，考核地方有司。诸多史料记载揭示，在实际执行过程中，这项廉访官评体制显已“颠倒是非，变乱黑白”。这主要体现在以下两个方面：一则限于巡按的个人品格，即“柔懦者或失之姑息，刚毅者或过于勇猛”；一则失于廉访的不公，即“徇私昧是非之公，偏听失举措之当”。[⑩] 尤其是当“三途并用”

---

① 前揭《掌铨题稿》卷二〇《议处都御史吴时来举荐太滥疏》，《高拱全集》上册，第 320—321 页。

② （明）陆光祖：《覆湖广巡抚李桢肃吏治以奠民生疏》，《明经世文编》卷三七四，第 5 册，第 4055 页。

③ （明）唐顺之撰，常州市唐荆川研究会编：《唐荆川诗文集》卷九《答李中溪御史》，凤凰出版社，2012 年，第 250 页。

④ （明）叶春及：《审举劾》，《明经世文编》卷三六六，第 5 册，第 3951 页。

⑤ （明）许讃：《正国典明选法以便遵守疏》，《明经世文编》卷一三七，第 2 册，第 1367 页。

⑥ 前揭《宸翰录》卷三《为应制陈言修省以回天意疏》，《杨一清集》下册，第 806—807 页。

⑦ 前揭《掌铨题稿》卷二〇《议处都御史吴时来举荐太滥疏》，《高拱全集》上册，第 321 页。

⑧ 前揭《浚川奏议集》卷八《遵宪纲考察御史疏》，《王廷相集》第 4 册，第 1323 页。

⑨ 前揭《牧令书》卷二三《宪纲·请分别贤能疏》，《官箴书集成》第 7 册，第 562—563 页。

⑩ （明）戈谦：《恤民疏》，《明经世文编》卷五八，第 1 册，第 456 页。

转而变为独重进士之后，御史按行天下，考察地方官员，不再论官之贤否，一概只问官员的出身。如果是进士出身，即使不肖，也“改容而礼貌之”，甚至“列状而荐举之”；反之，若非进士出身，即使是贤者，也不“改容而礼貌之”，更不会“列状而荐举之”。① 当“私谢”渗入访察体制之后，抚按对地方官的举劾就更无公平可言。据明末曾任河南巡按御史的吴甡记载，当时地方官场已经形成如下一种惯例：凡是被巡按荐举的文武官员，多会派遣使者，“赍礼币报谢”。② 为国荐贤之大典，转而变为巡按谋取私利之具。由此而来者，则是负有“澄清一方”之责的巡按御史，转而变为贪婪成风。据史可法的揭示，明末巡按御史的贪婪几已成风。一方面，当巡按出行之日，地方有司为了取媚于巡按，每五日，就罗列珍错异味，称之为“小送”；另一方面，巡按所处理之讼牍访案，只是追求“坐赃”，其中的科罚动以“千百计”。除此之外，巡按任满报命，通常又会借向京官馈赠之名，“檄取盈橐归耳”。③ 巡按巡行郡国，原本应该令贪墨之吏“望风解绶”。一旦作为察吏之人的巡按自己陷于贪墨，那么正如明末大儒刘宗周所言：“以墨治墨，将何令之从?”其结果，巡按反而成为“生民遗厉”，甚至成为“天下毒”。④

二 访拿奸宄：访犯与访案司法实践

在明清地方访察体制中，除了廉访官评之外，尚有访拿奸宄一项。两者相合，构成一个完整的访察体系。在明代，巡按御史巡方一地，其基本的职责，大抵有审录、拿访等项。⑤ 在清代，上司官员到任地方之后，“例拿访犯，以除民害”。⑥

这在明清两代地方大吏的行政实践中得到了普遍的实施。如明崇祯八年（1635 年），南直隶巡按御史下发“宪牌”，要求所属官员，“博访利弊以安地方以维风化”。这就是所谓的“宪示”。可见，巡按要求博访的内容，涉及地方“利弊”与“风化”两项。当时太和县知县吴世济接到这一“宪示”之后，随即“逐款详查登答，以备采择施行”。⑦ 其中利弊之“弊”，即包括地方上的巨奸大恶。清雍正二年（1724 年），田文镜任河南巡抚时，就曾发牌给所属司道、府州县官吏，借此咨访地方利弊，其中有云：“凡田粮、水利、盐法、驿站、税课以及深山穷谷、冲僻紧要去处应设防卫并势恶土豪盘踞吞占、诡计包揽、大为民害等事，耆老商榷停妥，合乎人情，宜乎土俗，备晰分别应详者，明白详报应禀者，密封投送，以凭参酌具奏。”⑧

明代设置巡按御史，其目的在于“察吏安民”，所以通常将“访拿土豪、衙蠹”，载入巡按的敕书中。所谓“访拿土豪、衙蠹”，其实就是“访犯之拿”。究其本意，是指地方上的巨奸大

① 前揭《震川先生集》卷一三《杨渐庵寿序》，上册，第 329 页。

② （明）吴甡：《忆记》卷一，浙江古籍出版社，1989 年，第 394 页。

③ 前揭《忆记》卷二，第 401 页。

④ （明）刘宗周：《文编一·奏疏四·责成巡方职掌以振扬天下风纪立奏化成之效疏》，《刘宗周全集》第 3 册，第 206 页。

⑤ 前揭《忆记》卷二，第 401 页。

⑥ （清）黄六鸿：《福惠全书》卷二〇《刑名部·款犯》，《官箴书集成》第 3 册，第 436 页。

⑦ （明）吴世济：《太和县御寇始末》卷上《复按院张公博访利弊》，浙江人民出版社，1983 年，第 44—45 页。

⑧ （清）田文镜：《抚豫宣化录》卷三上《咨访事》，中州古籍出版社，1995 年，第 80 页。

恶，府县官员难以惩治，必须借助“鹰斧以除民害”，① 亦即借助巡按特殊的权力以除去民害。入清以后，巡按御史已停止派遣，地方职责多由总督、巡抚承担，但总督、巡抚同样不乏“访拿土豪、衙蠹”之举。② 换言之，清代的总督、巡抚大抵继承了明代巡按的部分职掌。

除恶安良，必先剔蠹。蠹之术不一，而蠹之害无穷。上而司道，次而府厅，下而州县，无不有蠹。尤其是衙蠹，一旦被上司访拿之后，即使另用一班衙役，“非是同伙，即是后进，援引结连，狼狈作恶，官府尚不能出其圈套”，仍然可以把持衙门，危害地方。所以，清代的总督在上任之后，就以访拿奸宄为先务。康熙初年，刘兆麒出任闽浙总督后，就有“访拿衙蠹”一示，牌行闽、浙两省按察司及各府州，要求他们照牌访拿衙蠹，“速将本衙门奸恶蠹役密访真实款迹，具揭呈报，以凭拿究”。③ 州县官奉上司之命，通常也会颁发告示，博采良谟，以“去蠹为先”。如清代知县刘衡有《博采良谟告示》，明确规定治内绅士耆民，只要知晓“谁为教唆词讼之人，及有无拜会结盟、容留啯匪、窝贼、开赌，横行乡里，为民害者”，都可以呈递密函，加以告发。知县为地方求治起见，虚衷博采，爱憎取舍，绝不徇一己之私，允许绅士耆民直言无隐。为了保护告发者，以免这些“棍等”挟嫌报复，知县通常采用“密延入署”之法，在询问明确之后，立即“密拿讯办”。④

在明清地方司法事务及其实践中，犯人通常分为两类：一类是“访犯”，大致为上司衙门密访，而后“行牌坐名擒拿”的犯人；另一类是“恶犯”，大致为本地人民“公举列款首告，害证众多”的犯人。⑤ 在具体的司法实践中，不同的犯人，地方官采取不同的应对及其处理之法。

就“访犯”而论，地方官在接到上司拿访之令后，首先应该区别访犯的真假。除去真正的巨恶之外，所谓的“访犯”，有些“每有仇口播弄，事属风闻，实非巨恶”，有些则为“良善而负以恶名”。若果系无辜，必须“先具密禀”，或者“亲见而禀”，替犯人辩白诬枉，让上司“收回提解”。⑥

上司拿获的访犯，通常会有两种情形：一种是先有访单，而后行牌地方官，按照访单内的“有名犯证”，前往捉拿；另一种是上司先将访犯拿获，而后召告地方官，让地方官将“原证一并批审”。总体而言，但凡上司发下的“访件”，地方官都不可迟缓。在审讯之时，先逐款传唤受害者与证人，将案件的始末根由详细问明。而后传唤访犯，也逐款研讯。⑦

若是上司行牌要求拿访的犯人，收到的文书必系“钉封”。这种钉封文书，不可当堂轻易拆开，必须携入内衙密看，以免走漏消息。然后根据所犯罪行的大小，采取不同的擒拿措施。若系“恶迹素闻，手眼甚大，或托名公事”，地方官必须亲自擒拿；若是罪行稍小，或委派衙官，或差遣的当衙役，“速行锁拿到县”。随后，根据上司发来文书的宽严，以决定起解犯人、提解家属等事项。⑧

若是上司发问的被访犯人，地方官则必须秉持两条原则：一条是“要看上司意旨何如”。在未审之前，要向上司“请教口气”，以便决定访案的“迟速宽严”；既审之后，还是要向上司

---

① （明）瞿式耜：《瞿式耜集》卷一《清苛政疏》，上海古籍出版社，1981 年，第 41 页。
② 前揭《福惠全书》卷二〇《刑名部・款犯》，《官箴书集成》第 3 册，第 437—438 页。
③ （清）刘兆麒：《总制浙闽文檄》卷三《访拿衙蠹》，《官箴书集成》第 2 册，第 467—468 页。
④ （清）刘衡：《州县须知》，《官箴书集成》第 6 册，第 89 页。
⑤ 前揭《福惠全书》卷二〇《刑名部・款犯》，《官箴书集成》第 3 册，第 434 页。
⑥ 同上书，第 434—435 页。
⑦ 前揭《福惠全书》卷二〇《刑名部・款犯》，《官箴书集成》第 3 册，第 435 页。
⑧ 同上书，第 434 页。

“请教口气”，以便对案件“轻重定拟”。在访案司法实践中，地方官反复向上司“请教口气”，其目的在于避免上司的批驳。譬如上司对一件访案，是“始严而终宽”，假如地方官急忙据实定罪，后来知悉上司的本意是宽宥，那么虽欲从宽，“反滋批驳，又费许多纸笔心思也”。① 另一条是必须“虚心鞫究”。这又需要采取两种做法：一种是照访单上的罪款仔细研审，不得擅自采用“捶楚”之类的刑罚。二是务求真实，亦不得拘泥访单，一旦发现事涉虚捏，确实属于冤枉，就不妨替访犯申豁；若是赃证俱明，服罪无词，即当依律重治。②

若是遇到上司要求访拿衙蠹，地方官在具体执行上又分两种情形：一种是上司“平日风闻、坐名提拿”的衙蠹，这无疑对地方官的体面有碍，但地方官既然立心做好官，就不应容留此类衙蠹盘踞衙门，理应早早加以革逐。另一种是上司行牌各个州县，“一概造报”衙蠹。若是遇到此类情形，且衙门中并无衙蠹实状，就可以如实具文申覆，直称：“现在各役，俱系平常供役，从前并无过犯，亦无年久积蠹盘踞衙门，无凭造报，须照来牌申覆为妥。”③

至于访闻之案的具体执行之法，在具体的司法实践中，地方官通常也有一套执行程序，大致分为以下三种：一是“人命私和”之案，需要先传讯地保，对案件的事情严加讯问，然后再按名查拘；二是“凶徒聚众结盟，邪教敛钱惑众”之类的案件，就应伺其聚集之时，出其不意，“密往亲拿”；三是“光棍扰害地方”之类的案件，假若确有旧案可凭，抑或畏其凶恶，首告无人，而又已“侦知得实”，就可以立刻传讯被害之家，“讯明无难，摘发者严拿究办”。除此三种类型的访案之外，对于其他访案，就必须“详慎”处理，从“省事安民”的前提出发，行“通权”之道。究其原因，还是因为官员深居简出，很多访案，大多得自传闻，不但不足以采信，甚至会导致有人“借以招摇图利，挟有嫌怨济私”。④

就“恶犯”而论，属于地方百姓“公举”的罪犯，在具体的司法实践上，显然与上司捉拿的“访犯”有所区别。首先，必须差遣妥当的差役，“立限密拿”。在拿获之后，拘齐原告、被告、证人，逐款研讯，赃真证确。取供完毕后，将“恶犯”痛责三十大板。将“恶犯”收监，被害人、证人取保，然后申详司道、督抚，等待“批审拟解报”，以便另行审理。其次，审讯“恶犯”与“访犯”最大的不同，就在于地方官不必禀请上司的意旨，“应刑讯之处，不妨动刑，应问拟之处，径行问拟”。⑤

需要指出的是，在地方行政与司法实践中，抚按访拿凶恶之政，其中滋生出不少的弊端。这主要体现在以下两个方面：一是流于形式。正如明人管志道所云，举凡“吴中之打行，齐燕之响马贼，江淮楚越之豪侠巨盗”之类的地方奸宄，却往往“以激变为虞”，而“多遗于耳目之外”，并未加以“宪访”。⑥ 二是被访拿的很多所谓的“元恶”，大多情罪失真。这可以从明代名将俞大猷的揭示中得到印证。据俞大猷所言，巡按每年巡历各处，必定委托分守道、分巡道、知府、知县访拿“地方元恶”。但所拿获的所谓“元恶”，每10个人中，必有5人是属于士大夫为了复仇而加以构陷之人，必有三四人是因为“小过”而得罪府县官之人，真正“情罪近真”的“元恶”，不过一二人而已。即使在这一二人中，若是仔细加以分辨，其实也并无“顽凶不赦之

① 前揭《福惠全书》卷二〇《刑名部·款犯》，《官箴书集成》第3册，第435页。
② （清）不著撰者：《居官必要为政便览》卷下《刑类》，《官箴书集成》第2册，第71页。
③ 前揭《福惠全书》卷二〇《刑名部·款犯》，《官箴书集成》第3册，第436页。
④ 前揭《牧令书》卷一八《刑名》中《访案》，《官箴书集成》第7册，第404页。
⑤ 前揭《福惠全书》卷二〇《刑名部·款犯》，《官箴书集成》第3册，第434—435页。
⑥ 前揭《直陈紧切重大机务疏》，《明经世文编》卷三九九，第5册，第4329—4329页。

恶”。当这些所谓的“元恶”被解送到巡按衙门之后，一概不许他们辩诉，“混加严刑，十死六七”，最终导致“刑罚不中”。①

尤其是一些贪酷的巡按，更是借助访拿奸宄的“访案”“访犯”而谋取赃私。这可以明嘉靖三十六至三十七年（1557—1558 年）之间，曾任山东巡按的一位贪酷之吏为例加以说明。这位巡按在山东的贪酷之行，大抵有三：一是借助访案搜刮钱财。每次按行郡县，他就罗捕数百千人，致使“囹圄充塞，重足而立，夕无卧处”。只要百姓家产在百金以上，他就“坐必以法竭之”。二是借人命官司而兴诬告之风。但凡百姓以人命官司诉讼，“虽诬必以实论”，若是得到了“厚赂”，则“虽实必释”，导致“诬告伺察之风盛兴”。三是“倚法强发民冢”，且不可胜计。一旦有人诬告人命，“冢主自陈无冤，则坐以私和；县官勘报无伤，则论以枉法”。有些坟冢甚至下葬70余年，在巡按的威势下，即使子孙如何哀求县官，县官也不得不“垂涕而掘之”。② 诸如此类的举动，其目的不过在于谋取货财，所以他在按治山东期间，“大猎民赀，以填溪壑，累岁无餍”。谚云：鬼怕恶人。巡按一旦成为恶人，即使当地士民通过祷告而“摄问箕仙”，箕仙在降笔时，也只是书“不可言不可言”6 字而止，甚至以“隐语”加以揭示。③

一至明末，巡按借助访犯谋取私利已是蔚然成风。如崔呈秀任淮扬巡按御史时，同样借助“强盗”“访犯”之名而获取贿赂。譬如，强盗属于地方大害，“每名得贿三千金辄放”；访犯，属于地方大恶，“每名得贿千金辄放”。④ 崇祯年间，张振孙任山西巡按御史时，时常借助访拿衙蠹而谋取赃私，甚至不惜“违禁滥访”。如汾州官问访犯陈大秀，原本拟赃罪只有50余两银子，张振孙就“批驳詈骂”。无奈之下，访犯陈大秀只得“募化亲友，鬻卖儿女”，添上赃银40余两，才行批允。此外，如孝义、霍州、赵城、洪峒、曲沃、夏邑、安邑、太平、岳阳、翼城，张振孙通过访犯案件加以婪索，“多者数千计，少者亦数百计”。尤为可恶的是，他还令访犯“多攀富民，害及无辜，破家荡产，甚于劫夺”。⑤ 访拿奸宄之举，反成危害地方治理的恶政。

三　窝访访行：访察体制之流弊

在明清两代的访察体制中，以巡按为中心的上司衙门，其中所行访拿奸宄这一举措，原本基于地方政治弊端而发，诸如：老奸大猾，擅柄专权，倚托现任官势，小民莫可谁何；势恶土豪，结交官府，影借显势，诈害横行，乡愚受其荼毒；无赖枭棍，招集亡命，结盟插党，奸淫打抢，睚眦杀人，窝赃线盗，道路吞声。换言之，访拿奸宄理应属于一种锄强的善政，是为了去除地方上的害群之马，为民除害。事实并非如此。在明清地方的行政与司法实践中，访拿奸宄一旦“窝访为奸”，根连蒂结，势必导致以下两种结局：一是防身家之祸，而出色贤吏反而被信口雌黄。这是害官之举。二是修睚眦之嫌，而无辜良民反而立令倾败。这是害民之举。最为严重的后果是，伴随访察体制而衍生出来的“窝访”“通家”“访行”，更使生杀予夺之权不在朝廷，不

① （明）俞大猷：《正气堂集》卷六《与王滨湖书》，载氏撰，廖渊泉、张吉昌整理点校《正气堂全集》，福建人民出版社，2007 年，第 179—180 页。

② （明）冯惟敏著，谢伯阳编纂：《冯惟敏集》之《散曲・财神诉冤》，齐鲁书社，2007 年，第 356 页。

③ 前揭《冯惟敏集》之《散曲・吕纯阳三界一览》，第 350 页。

④ （明）冯从吾：《纠劾贪污御史疏》，《明经世文编》卷四九四，第 6 册，第 5474—5475 页。

⑤ 前揭《柴庵疏集》卷一五《按臣辩疏涉欺巡方举劾可骇疏》，第 315—316 页。

在按院，反而掌握在无赖奸民的手中。这无疑从另外一种层面凸显出明清地方治理的复杂性。

明清两代地方行政体制中的“访恶”之举，大抵可以追溯到汉代。史载尹翁归守右扶风时，专门“收取黠吏豪民，案致其罪”。此类的“收取人”，被顾炎武断为明代巡按御史“访察恶人”的嚆矢。① 至宋代，出现了这样一类人，喜欢专门录人“阴事”。如曹州人赵谏曾出任小官，后以罪废居乡里。在自己的家乡，赵谏“惟以录人阴事，控制乡里，无敢忤其意者。人畏之甚于寇盗，官司亦为之羁绁，俯仰取容而已”。为此，朝廷专门制定敕律，有“告不干己事法”，借此禁止录人“阴事”之举。② 可见，宋代录人“阴事”之举，同样堪称明清“窝访”“访行”的源头。

访察地方恶人之举，原本属于善政，却最后流变为一种地方治理的恶政。究其原因，还是因为“访恶”流变为“窝访”。明末大儒刘宗周，曾指出明末民生有“六苦”：一为“乡绅鱼肉之苦”，二为“奸民生扰之苦”，三为“差役追呼之苦”，四为“豪右武断之苦”，五为“盗贼攻扳之苦”，六为“窝访卖访之苦”。③ 明代的湖广，也同样出现了六种“横民”，肆意危害地方民生，这六种“横民”，分别有“土豪”“市猾”“讼师”“访窝”“主文”“偷长”。④ 综合上述两则记载，足见“窝访”的出现，已经使访察体制发生根本性的变化。

所谓“窝访”，清代的史料有如下解释：“其省郡之地，又有神奸大猾，纠聚无赖，勾连各州县造访之徒，主于其家，操谋设计，吓诈横行，名曰‘窝访’。”⑤ 如在山东兖州，专门有一些“刁黠之徒”，他们“挟短长持吏，即藏匿侦事之人，为之主名，以张威于里闬”。⑥ 可见，所谓的窝访，就是“藏匿侦事之人”的窝主，其目的在于“挟短长持吏”。明人管志道的记载进一步显示，所谓的窝访，大抵是指“卖访的窝家”。这些窝家，大多设立于各处水路要冲之地。明代巡按御史等上司衙门“访拿凶恶”，其通常的程序为：巡按御史将此令下达给司道官，司道官“委耳目于推官”，推官则“委耳目于胥吏”。而那些卖访的窝家，更是胥吏的耳目。卖访的窝家，可以将采访的有关官评、地方利病的“新闻”，买入卖出，借此获利。此即史料所谓的“朝通赂以买人，暮通风以卖出”。⑦

访察的本意在于惩恶，在实际的执行过程中却流变为“局骗”。明代的史料记载证实，地方有司官员在遇到上司委托采访之后，并非自己亲力亲为，而是将此采访任务交给下面的“奴隶之人”，借此聊以塞责。这些胥吏（亦即“奴隶之人”）在接受了官员的委托之后，将此视为奇货可居，必定前往窝访之家“买访”。这些窝访之徒，通常与各府州县专门从事采访之事者“相为通同”。窝访之家中的访事之徒，不是衙门积猾，就是地方棍徒，平日专一“采访官吏政绩，搜求民间是非，编成联句，列为条款，集稿以待来索”。由此可见，一旦访察的事实来源于窝访之家的采访，那么，势必造成“爱憎出乎其心，死生出乎其手，案前之虚实未分，而袖中之军徒先定矣”的结局，完全违背惩恶扬善的本意。

窝访之徒获取采访而得的姓名，将此姓名卖给买访之人；买访之人得其姓名，再依次“转

---

① （清）顾炎武著，黄汝成集释：《日知录集释》卷一二《访恶》，中州古籍出版社，1990 年，第 292 页。

② （宋）彭乘辑撰：《墨客挥犀》卷三《录人阴事》，第 312—313 页，中华书局，2004 年。

③ （明）刘宗周：《文编六·题·题勤王纪略》，《刘宗周全集》第 4 册，第 106 页。

④ （清）顾炎武著，黄珅等点校：《天下郡国利病书》之《湖广备录》下《李维桢参政游朴大政记略》，上海古籍出版社出版社，2012 年，第 5 册，第 2844 页。

⑤ 前揭《福惠全书》卷二〇《刑名部·款犯》，《官箴书集成》第 3 册，第 436 页。

⑥ 前揭《天下郡国利病书》之《山东备录》上《青城志》，第 3 册，第 1647 页。

⑦ 前揭《直陈紧切重大机务疏》，《明经世文编》卷三九九，第 5 册，第 4328 页。

闻于巡按”。巡按一至其地，就按照原来访单上列出的姓名缉拿，不管访单的真假，先行解赴巡按衙门。窝访的存在，显然导致了以下的结果：一方面，真正元凶大恶之辈，怕自己被采访而及，就互相结交，反而得以漏网；另一方面，那些良善无辜之人，偶因睚眦细微之事，往往落入陷阱。更为可怕的是，一旦窝访的声势大张，那么府之首领以下官员，州县佐领以下官员，卫所指挥以下官员，全被窝访笼络，并与他们交好，甚至“帖具官衔，处以宾礼，厚其馈遗，要一奉十”，其目的就是为了被免于访察；反之，那些特立独行且耻于诡随的官员，反而被窝访之家陷害，落入被访的名单。其结果，则使惩恶之典，反开局骗之门，成为地方的一大祸害。①

与窝访相关相连者，尚有一种“通家”。窝访之家的党类甚多，再加之在访察过程中，耳目太多，机事欠密，遂使窝访之家大开骗局，这在当时称为“通访”。②“通访”一称，大抵已经证明窝访与衙门书役、积快勾通的实情。如明人吕坤云：“窝访奸民与各衙门积快为通家，以报怨诈财为得计，大奸巨恶投托得以藏身，富户良民无辜忽然被祸。”③ 可见，所谓的“通家”，实则是指与窝访奸民相勾通的衙门服役人员，包括各房书吏、衙役及民快。明代的史料中，亦有要求“革各房通家之弊”之说。所谓“各房通家之弊”，通常是指上司来州县访察时所形成一种行政弊病，一如明人佘自强所揭示：“上司来州县访事，多本州县吏书、衙役为耳目，吏书、衙役遂借此以自行胸臆。一为正官所苦，便媒孽正官；一与乡党不和，便媒孽乡党。衙门内外，无一不被其毒。”④ 崇祯十二年（1639 年）八月，杨嗣昌在上疏中，亦直言窝访、通家把持地方访察已成一种通弊。他认为，通家、窝访操弄官评的原因，还是因为巡抚、巡按与州县相隔所致。巡抚、巡按访察州县的吏治、官评，因为与州县相隔，只好“每事必询之道府”；道府同样与州县相隔，只好“每事必询之刑厅”；刑厅未尝不与州县相隔，也只好“每事必询之书快”。杨嗣昌疏中所提及的“刑厅”，指的是府推官，在明代又被称为“四衙”，足见府推官在明代地方访察体制中扮演着相当重要的角色。但在实际行政及司法过程中，所谓“天下之吏治官评，什九出于刑厅”，实则“什九出于书快而已矣”。⑤

随着窝访势力的扩大，“访行”开始出现了。这是一种专门服务于地方访察体制的机构，亦即成为上官访察“州里之豪”时的耳目。访行的成员，多由“倾险狡悍之甚者”组成，且成为“奸人”的窟穴，甚至可以“执一县生死之柄”。⑥

入清以后，棍徒借助于上司衙门的察访而招摇撞骗，亦相当普遍。雍正二年（1724 年），河南巡抚田文镜在上疏中揭示，当地方官三年大计之时，一些“不法棍徒”及巡抚、司道衙门中的“书吏承快人等”，假借“奉差察访”的名头，寓居于僧寺道院、关厢饭店，招摇撞骗，而那些地方官员也“希图瓦全，不惜买嘱”，随之导致“蠹书”在中间穿针引线，暗地里得“赠金以饱贪囊”。⑦

更有甚者，在清代的吴浙之间，与地方访察体制相伴而生的窝访，其势大增，且借助于“造访”“卖访”“做访”“换访”“借访”“干访”等行为举措，从更深层面把持地方访察。

---

① 前揭《居官必要为政便览》卷下《刑类》，《官箴书集成》第 2 册，第 71 页。

② 同上。

③ （明）吕坤：《实政录》卷五《乡甲约 · 纪恶以示惩戒》，《吕坤全集》中册，第 1085 页。

④ （明）佘自强：《治谱》卷二《到任门 · 各房通弊》，《官箴书集成》第 2 册，第 102 页。

⑤ （明）杨嗣昌撰，梁颂成辑校：《杨嗣昌集》卷三四《土寇焚杀惨横疏》，岳麓书社，2005 年，下册，第 845 页。

⑥ 前揭《天下郡国利病书》之《苏松备录》，第 2 册，第 598 页。

⑦ 前揭《抚豫宣化录》卷三上《大计届期严禁撞骗以肃功令事》，第 81 页。

所谓“造访”，指一些积年巨蠹，盘踞于衙门中，专通上下线索，勾连地方上的势豪，侦探官府的短长，甚至胥役所行的过失事迹，凭着自己的喜怒，牵连、陷害良善，“取捕风捉影之事，作装头换面之谋”。可见，“造访”之造，专指所访之事多属捕风捉影，并非实情。所谓“卖访”，指这些大蠹，闻风夤缘贿纵，删抹访单中的姓名。可见，访单中的被访人姓名，可以通过行贿而抹去。所谓“做访”，指这些巨蠹在接受了人的嘱托之后，可以将无辜者插入访单的“款内”。可见，这是假造名单以倾陷无辜。所谓“换访”，指在访察时，故意让手下奸党四出，招摇声势，其中一些有恶行且入了访单的“有力”之人，可以花钱潜行从名单中抹去，而后再以他人替换。所谓“借访”，指在得到了被访人的贿赂后，将被访人排除在访单外，而将另外一人列入访单内。等到质审之时，就借助于访单内此人之口，替原先被访人翻案。所谓“干访”，指访察过程中，被访之人的赃物未必全是真实，但是多方捏造干证，或者称此人曾“过付助恶”，以致“重叠株连，破家荡产”。总之，这些人借助于造访、窝访而恐吓善良无辜之人，卖脱真正恶迹著闻之人，借此攫利取财，而后过着一种“高房大舍，玉食锦衣，宴饮酣歌”的生活。上司衙门访拿奸宄之举，反而成为专门从事访察之人的一桩好买卖，本为除害，反而成为百姓的大害，所以地方上有“访拿一番，加敕一道”之说，其意是指这些人获罪之后，更是致使无辜善良百姓受到株连。①

窝访、访行的出现，势必导致访察体制的流变，甚至弊端丛生，进而失去访察的本义。不妨从下面两端言之：

以廉访官评而论，地方吏治、官评实则掌控在窝访、访行之手。明人管志道的记载显示，在淮阳推官衙门内的“积年黠隶”，已是威焰熏灼，甚至一些县佐官也必须拿着“侍教生”的名刺前去拜谒。② 在嘉定县，即使是那些地方长吏，访行中人也敢于“阴持短长，伺间肆螫”。③ 湖广荆州的横民窝访，同样把持着地方的官评，或“阴操州长吏佐幕短长，所不便，予下考，千里之外，其应如向”，甚至“视士大夫、州长吏蔑如，即郡监司若两台，且玩弄掌股之上”。无奈之下，地方长吏只好与这些窝访之人，“具宾主礼，仰其鼻息”。④ 这就是说，尽管巡抚、巡按受朝廷重托，专制一方，但对地方利弊并不究心，对于地方官吏的贤否，只是偏听于耳目之人。至于司道官，更是“借视听于窝访，取私费于官库，以致贪官污吏，有恃无恐”。⑤ 还有各府推官衙门内的书役，他们的全副精神只是放在与各地方的“大窝家”往来，“倾陷官长，只等寻常”。⑥

以访拿奸宄而论，一方面，访拿奸宄，即使号称能臣，往往也有漏网之鱼。如明人毛伯温巡按湖广，廉察民害，“自矜无遗类”，但往往“有漏网者”。为此，地方布政司、按察司官员作诗加以讥讽，有云：“洞庭昨夜浪滔天，处处渔翁买钓船。今日邻家邀我饮，盘中依旧有鱼鲜。”⑦ 另一方面，巡按御史访拿奸宄，其实并不公平，往往受制于请托。若是不行贿请托，即使是孝

① 前揭《福惠全书》卷二〇《刑名部·款犯》，《官箴书集成》第3册，第436—437页；（清）盘峤野人辑：《居官寡过录》三《严剔造访积蠹》，《官箴书集成》第5册，第71—72页。

② 前揭《直陈紧切重大机务疏》，《明经世文编》卷三九九，第5册，第4328页。

③ 前揭《天下郡国利病书》之《苏松备录》，第2册，第598页。

④ 前揭《天下郡国利病书》之《湖广备录》下《李维桢参政游朴大政记略》，第5册，第2843—2844页。

⑤ 《明神宗实录》卷三一二，万历二十五年七月丁酉条，台北“中央”研究院历史语言研究所校印本，1966年。

⑥ （明）瞿式耜：《瞿式耜集》卷一《清苛政疏》，上海古籍出版社，1981年，第42页。

⑦ （明）姚旅：《露书》卷一二《规篇》，福建人民出版社，2008年，第294页。

子、清客，也会被视为败坏风俗的头目而被访拿；若是行贿请托，即使是真正败坏风俗的头目，也假托“叫化子的头”而免于访拿。这显然已被明末的笑话所证实与讥刺。① 更为甚者，早在明嘉靖年间，已是访捕之下，“民无良贱，隶于法率无辜人”。② 可见，奸宄未曾受戮，受到倾陷的反而是那些无辜之人。至明朝末年，巡按御史出巡地方，其所拿获的“访犯”，不过是民间小小无籍之徒，而那些“元恶大憝”，“反藏其身于吏胥虎狼之中，以造人之访”。可见，巡按御史所谓的访拿奸宄，在实际的访察过程中，效果并不明显，有时甚至成为“大恶泄睚眦，报需索而已”。换言之，在访拿奸宄的名头之下，并未起到为平民“去虎狼”的效果，反而是为平民“树虎狼”。③ 如在凤阳府泗州，“但有等阴险之徒，专习窝访，倾陷良善”。④ 这就是最好的例证。

余论：从访察体制看地方治理

清承明制，揆诸地方访察体制，可谓此说不误。然明清地方访察体制中“宪访”官员的构成，则明与清之间，则在继承之余而稍有变化。这主要体现在以下两个方面：一是明代地方访察体制中，巡抚、巡按、府推官扮演着至关重要的角色。在明代，巡抚的职掌是“抚绥善良，节制将领，以养吾民者也”；巡按的职掌是“按问贪残，断击豪恶，以养吾民者也”；至于府推官，其职掌是“察盘”，在明代有“小院”之名。⑤ 一至清代，在地方政治架构中，不再设巡按、推官，随之访察职掌转而由总督、巡抚承担。在明代，“抚按”并称；入清以后，则转而变为“督抚”并称。二是明代“抚按”访察，与清代“督抚”访察，因职掌有异，而使访察有所不同。在明代，抚按为临时性的添设官；在清代，督抚为地方常设封疆大吏。在明代，巡按御史专为“察吏安民”而设，通常是在有限的岁月内巡历一省之地，“一切行宜，不得不急迫以副职掌”；至清代，巡按已罢设，转而代之以督抚，莅任之后同样行访察之职，但督抚为“封疆弹压大吏”，所有棍蠹，可以“悉心体访，渐次捉拿”，不必太为急迫。⑥

明清地方的访察体制，大致通过“旌奖”“拿访”而付诸实施。此即所谓“善有旌奖，恶有拿访”。然从明清两代地方政治与司法实践来看，廉访官评过程中的访察，很多出自权贵之口，常常虚实参半。至于其中的旌奖，亦多由“攒刺之巧”者所获。两者之中，唯有“拿访”一途，尚可“少惕刁顽，稍为良民吐气”。只是在拿访过程中，被访拿之人，通常也是“出入于问官之

---

① 如明末笑话记载：“按君访察，匡章、陈仲子及齐人俱被捉。匡自信孝子，陈清客，俱不请托，唯齐人以其一妻一妾送显者求解。显者为见按君，按君述三人罪状，都是败坏风俗的头目，所以访之。显者曰：‘匡章出妻屏子，仲子离母避兄，老大人捉得极当，那齐人是叫化子的头，捉他作甚么！’”此即其例。（明）冯梦龙：《〈笑府〉选》69《访察》，周启明校订《明清笑话四种》，人民文学出版社，1983 年，第 55 页。

② 前揭《冯惟敏集》之《散曲 · 十美人被杖》，第 343 页。

③ 前揭《瞿式耜集》卷一《清苛政疏》，第 41—42 页。

④ （清）顾炎武撰，谭其骧、王文楚、朱惠荣等点校：《肇域志》之《南直隶 · 凤阳府》，上海古籍出版社，2004 年，第 1 册，第 447 页。

⑤ （明）方孔炤：《刍荛小言》，载方昌翰辑、彭君华校点《桐城方氏七代遗书》，黄山书社，2019 年，第 416—417 页。

⑥ 前揭《福惠全书》卷二〇《刑名部 · 款犯》，《官箴书集成》第 3 册，第 437—438 页。

心，高下于权书之手”，很少能做到情罪得当，杜绝奸欺。① 换言之，当浊乱之时，原本为访察“恶人”之举，反而会被人假借做一些“罔民之事”。有鉴于此，有人为了矫正此类弊端，主张停止访察。如此举动，当然正如顾炎武所言，也是“无异因噎而废食矣”。②

公平而论，访察体制得失并存。就“得”的层面而言，在地方官员考察与地方治理上，访察不失为一种行之有效的治理方法。作为一种“治法”，最为关键的还需要有“治人”得以真正的实施。这显然已为明清之际四位著名的巡按御史的地方治理实践所证实。这四位巡按御史，分别为祁彪佳、张慎言、秦世祯、李森先，堪称实践访察体制的典范。祁彪佳，史称其“执法如山，精绝吏事，几于降魔照胆”。在明末巡按吴中，“元凶巨奸，搜访毕尽”，访拿恶人，深为百姓所赞。譬如他在苏州承恩寺中公开审讯元凶巨奸，“观者万人，元凶一人杖死”，百姓欢声如雷。在太仓，又访拿巨蠹董云卿，在州衙门前“笞一百，不死，以绳牵其吭，立毙，陈尸三日”，百姓望之如雷霆青天。清顺治七年（1650 年），张慎言巡按吴中，风裁凛凛。刚到任，就“禁铺设，禁拔富，禁衙蠹，禁司道总差快”，州县无不“懔懔奉法”。当时衙蠹周宗之，贪赃数十万，被张慎言访拿，“杖之，不毙，乃牵死于狱。已殓，仍剖棺验尸，露暴丛塚”，奸吏为之股栗。秦世祯在顺治年间巡按吴中时，通过访察而落实地方治理：一为惩治“贪赃为暴者，率累累缚至”，其中太仓兵备道胡以泓，常熟知县瞿四达，均因“贪秽”“贪酷”而遭逮系；二为访拿“把持上官，脔嚼细民，专事罗织”的奸胥，有沈碧江、邵声之、钱望云、陆显吴、张执之、陈止生等人，或牵死狱中，或杖头立毙，锄恶如去恶草，“平民酹酒称快”。李森先继秦世祯之后，巡按吴中。在任期间，将“大憝元凶”一一擒治，“根株尽拔无蘖”。如优人王子玠（又作王紫稼），与豪胥奸吏相交，后“弃业不为，以夤缘关说，刺人机事”，成为豪胥奸吏的耳目腹心，甚至奸污良家妇女，收受馈遗不可胜纪，最后被李森先“廉得之，杖数十，肉溃澜，乃押赴阊门，立枷，顷刻死”。又有一位姓金之人，是当朝宰相金之俊的族人，“恃势横甚，而家亦豪贵，为暴甚多”，甚至做下杀人之事，最后被李森先“廉得之，急收捕，并讯杀人事，决数十，不即死，再鞫，毙之”。③

就“失”的层面而言，廉访官评的目的在于供官员考课之用。事实却是，所谓的廉访，并未完全出于公正。早在明成化十九年（1483 年）十一月，吏科给事中王瑞在上疏中，就直言在地方官员的考察中，抚按的揭帖存在着失实的现象，大多任其私意，或假公以市恩，或乘机以偿怨，导致“毁誉失真，贤否失实”。至于其中的原因，正如明人黄光昇所言，其根源还在于朝内内阁、部院的恩怨。换言之，巡按、巡按的不肖者，大多在揭帖中视内阁、部院之意，作为下属官员评骘低昂的依据，进而使访察失真，不可据信，甚至黜陟失当。④ 此外，明代官员考察制度中，更是呈现一种“不稽功绩，专论考语”的趋势。一旦专论考语，其结果则是“密封投递，多假之以行报复之私；暗装隐微，恒待之以擅威福之柄”。尤其是在抚按廉访官评的过程中，通常采取一种层层委托之法，亦即抚按委托于下属官员，官员委托于吏卒，更是导致“毁誉多出于爱憎之口，伪妄率由于体访之疏，贿赂可以潜通，贤否竟至淆乱”。⑤ 换言之，廉访官评必然

① （明）张应俞：《杜骗新书》第 15 类《衙役骗 · 故拟重罪释犯人》，侯忠义等主编《中国古代珍稀本小说》第 5 册，春风文艺出版社，1995 年，第 100 页。

② 前揭《日知录集释》卷一二《访恶》，第 292 页。

③ （清）佚名：《研堂见闻杂录》，上海书店，1982 年，第 276—280 页。

④ （明）黄光升：《昭代典则》卷二一，上海古籍出版社，2008 年，第 576 页。

⑤ （明）王邦直：《陈愚衷以恤民穷以隆圣治事》，《明经世文编》卷二五一，第 4 册，第 2637 页。

出现以下两大流弊：一是访察之权被“断隶”所把持，导致“断隶之言，直彻之九重，台省以之为臧否，部院以之为进退”。假若考察官员的环节存在层层委托之弊，即“天子之用舍，托之吏部，吏部之贤不肖，托之抚按，抚按之耳目，托之两司，两司之心腹，托之守令，守令之见闻，托之皂快，皂快之采访，托之他邑别郡之皂快”，最后“抚按据以上闻，吏部据以黜陟”，必然导致官评失真。① 二是廉访体制被贿赂所侵蚀。据明末人陈子龙的观察，一个知县，为了获得好的官评，得到抚按的举荐，且免被人“造单投揭”所挟持，就必须广行贿赂。若是做知县六年，将“谢荐”“杂赂”两项相加，不下 2000 两银子。再从大计开始，直至获取考选科道官，又需付出三四千两银子。②

以访拿奸宄言之，其中包括衙蠹、巨憝两类。巡按御史出巡之时，往往需要拿访衙蠹，按照一般的规矩，这种拿访的案子，应该是由地方上府推官或知县开送。一至明末，拿访之案，已不再系推官、知县开送，而仅仅是书办、承差捏开。不仅如此，拿访的案子逐渐增多，有时一县就拿访数十起，在省会更是拿访五六十起。案未问结，每天就差承役，“票取赃至累万”。③ 拿访的案子越多，巡按所获的好处也越多。清代的史实也足以证明，上司官员在拿访衙蠹之时，确实存在着“扳赃”的弊端。这些衙蠹，在得势之时，恃宠专权，作威作福，借荫官府，朘剥小民。一旦被上司访拿，则又“不思孽由己作，仍复生计害人”，将“平日婪过赃私，盗过帑饷”，一概“诿卸平民”，以致“蠹恶日甚日强，良民日贫日瘠”。其结果，则是“衙蠹作恶之日，百姓受害；衙蠹获罪之日，百姓仍复受害”。④ 更有甚者，访察导致窝访盛行，而后流变为“窝访为奸，根连蒂结”，⑤ 最终导致生杀予夺之权，并非掌握在朝廷与巡按御史手中，而是掌握在无赖奸民之手，使原本的“锄强善政”，转而变为令无辜良民受害的恶政。

如何保证地方访察制度的公正性，且使之发挥有效的惩恶扬善的功能？明清两代的学者与地方官开始对访察体制加以系统的反思，以期在保留访察的前提下，进而完善这一体制。这一反思主要集中于以下两点：一是“私访”存在的合理性问题。针对私访所存在的弊端，清人方大湜认为，上司官员不能没有“私访”之名，但决不可行“私访”之实。有了“私访”之名，那些“莠民”就会心存顾虑，不敢十分放肆。若是果真将“私访”付诸地方行政与司法实践，必然就会“误事”。不仅本官私访无此必要，即使派人私访，也必不可行，因为所派之人，未必可靠，万一任用非人，势必弊端百出。更有甚者，若派人私访之风一开，必然会有一些奸胥土棍，假称奉命探事，招摇讹诈，无所不至。⑥ 清人汪辉祖也对上司官员“访闻”之弊洞若观火，告诫官员不要轻易办理“访案”。他认为，若是官员以私人为耳目，并借此访察“公事”，就会“身在局中，动多挂碍”。地方治理的要诀在于，首先需要官员能够置身事外，而后方可虚心听断。⑦ 二是察吏之弊及其解决之道。抚按大吏凭借一人之耳目，而后考察属下数十百位官员的贤否，无疑会因地远势格，难以做到视听周详。无奈之下，只好委托私人密访，而后采取官员声闻。这就难免导致狙诈百出，传闻异词。为此，明人傅梅著《巡方三则》，确立“因文”“因人”“因事”

---

① （明）吕坤：《呻吟语》卷五《治道》，上海古籍出版社，2001 年，第 305 页。

② （明）陈子龙：《安雅堂稿》卷一〇《澄吏道》，辽宁教育出版社，2003 年，第 180 页。

③ 前揭《忆记》卷三，第 415 页。

④ 前揭《居官寡过录》三《禁访蠹扳赃》，《官箴书集成》第 5 册，第 72—73 页。

⑤ （明）杨东明：《山居功课》卷六《论录》下《论事篇》，邹建锋、李旭等编校《北方王门集》下册，上海古籍出版社，2017 年，第 947 页。

⑥ （清）方大湜：《平平言》卷一《不可派人私访》，《官箴书集成》第 7 册，第 617 页。

⑦ （清）汪辉祖：《佐治药言·访案宜慎》，《官箴书集成》第 5 册，第 321 页。

三条察吏准则。所谓“因文”，即透过属吏谒见之谈吐，上达文移之论议，借此察吏；所谓“因人”，即借助于耕牧渔樵者之口，考察官员是“大贤”，还是“大不肖”；所谓“因事”，即通过对桥梁、道路、城池、学宫、器械、仓库、养济院等公共建设，借此观察地方官员究竟是“实做”，还是“虚应”。这三条准则，被清人陈宏谋称为“光明正大，自无遁情”，是察吏的“金鉴”。① 这种对访察体制的理性反思，显然为后来的制度建设及其地方治理带来诸多有益的镜鉴。

（陈宝良：西南大学历史文化学院教授）

① （清）陈宏谋辑：《从政遗规》卷下《巡方三则》，《官箴书集成》第4册，第264页。

30年来明代卫所制度研究的进展与突破

彭 勇

内容提要：30年来，明代卫所制度研究取得了长足的进步，在知识、视角和方法等方面有明显的突破。研究成果既有明确的学术分野特色，又越来越呈现出学科交叉的趋势。本文从地方行政区划、军政管理组织、军事制度史、边地民族史和新的视角和方法等5个方面分别进行评述，认为虽然学术研究的路径大有不同，理论和方法可以互相借鉴，但每一学科有它的基本属性，遵守学术创新的共同要求则是必须的。

关键词：明代 卫所制度 传统制度史 史学方法

卫所制是明代在全国普遍设立的军政制度，涉及明朝的管理体制、疆域土地、家庭人口、民族外交等领域。传统的卫所研究，常被纳入军制史研究的范畴，上世纪80年代以前的卫所研究多集中在兵制和屯田问题上，学者在开拓领域、明确方向和解决基本问题等方面取得突出成就。随着近年我国经济的快速发展，高等教育迅速发展，研究队伍不断扩大，包括明清卫所制度在内的研究成果颇为丰富，这既包括成果数量的急剧增长，也包括学术质量的稳步提升。

我们知道，任何一位学者在一定时期内，均是按自己接受的学术训练路径开展学术研究的，尽管有的学者一生会尝试不同的写作方法，不断学习、接受和运用不同的理论和方法，但治史的学术路径大体会延续一定的风格。笔者对最近30年卫所研究的成果（以大陆为主）大致梳理分类之后发现，作为涉及领域广泛的明清都司卫所制度，因研究者接受的学术训练不同，研究思想、观点和方法也因此丰富多样，学术分野明显。同时，大多数的学者，对其他领域或路数的成果或方法又不会置若罔闻，在学习、借鉴和吸收中呈现方法整合的又一特征。

为总结既有的成果和经验，分析存在的问题和不足，本文大致归纳了现有研究成果的内容、领域，以及路径和方法，以期为今后的研究提供借鉴和思考。鉴于已有相关研究综述发表，① 拙文不追求对公开发表成果的面面俱到，主要以专业领域和治学方法为纲，侧重对近年新完成、未公开出版的研究生学位论文予以介绍，以体现当代年轻学人的志趣和关注，不当之处，尚请方家谅解。

一 地方行政区划

最早提出明代卫所不仅是单一的军事组织，还是一级行政单位的，是历史地理学家谭其骧先

① 赵明：《明代兵制研究六十年之回顾》，《中国史研究动态》1993年第8期；张金奎：《二十年来明代军制研究回顾》，《中国史研究动态》2002年第10期；邓庆平：《明清卫所制度研究述评》，《中国史研究动态》2008年第4期；于志嘉：《明代军制史研究的回顾与展望》，《卫所、军户与军役：以明清江西地区为中心的研究》，北京大学出版社，2010年，第322—355页。本文部分内容以《学术分野与方法整合：近三十年中国大陆卫所制度研究述评》为题，发表于日本中国史学会主办的《中国史学》（第24卷），明朋书店2014年10月，考虑到近8年来卫所制度研究的新突破，原文国内读者利用不便，故修改、充实为此稿。

生，他在《释明代都司卫所制度》一文中说："置卫所以统辖军伍，设都司以掌一方兵政，其初本与地方区划不相关。洪武初或罢废边境州县，即以州县之任责诸都司卫所；后复循此例，置都司卫所于未尝设州县之地，于是此种都司卫所遂兼理军民政，而成为地方区划矣。"① 并依据《明史·地理志》把卫所分成"实土"与"非实土"，认为实土卫所是一种行政区域。对卫所属性的这一理解，在他主持的《中国历史地图集》明代部分的绘制中有所体现。这篇文章也被认为是把卫所分为"实土、非实土型"的例证广为征引。

虽然谭其骧此后并无专文讨论明代的都司卫所，但他对该问题的思考并没有停止。他在去世前两天给博士弟子靳润成的信中，提到对卫所的管理属性及其辖境的看法。鉴于该文对研究卫所制度颇具指导意义，学界未见有专文引用研究，故录入一部分于此。

> 拙撰《释明代都司卫所制度》系二十多岁时所作，此后即未尝再事钻研，恐内容不免有差错疏漏，决不可奉为准绳。你在使用核对过程中，如发现问题，请随时予以指出见告。该文祇讲到都司卫所的统隶关系，完全不接触制度的具体情况，这是由于我取材祇限于《兵志》《地理志》之故。现在你翻阅全部《明实录》，正可搜集制度方面的材料，把这方面的制度讲清楚。《明史·地理志》将卫所分成实土、非实士两种，实际所谓实土卫所，指的是设置于不设州县处的卫所，无实土卫所则指设于有州县处。前者因无州县，故即称其地为某某卫、某某所，后者即以某州某县称其地，因其地极大多数土地人口皆属于某州某县也。但有一小部分土地人口是属于卫所的……并非真正无土。不过，这种卫所确是搞不清楚的，当时应有册籍，但不见于《明史》《明会要》，估计《明实录》也不会有这种材料。地方志里，有的可能有些记载，也不会完备，有的可能也不予记载，所以要搞清楚某一个卫所所管的土地的范围，看来决不可能。我们还是只能分成其地有无州县两种，有州县则其地之卫所即作为无实土，无州县其处则其卫所作为有实土。但边区很可能有些处所既有州县，又有相当地域属于卫所，《明史》才记载，希望也能有所交待，做到州县与卫所并见。②

在这里，谭先生对"实土、非实土"问题的解释非常清楚，即实土与非实土之别在是否于当地设有州县，并不是有没有土地的问题，卫所是有土地和人口的，只是这些卫所的辖境是不可能搞清楚的，只好以"实土""非实土"称之。

谭其骧的论断无疑是对卫所制度全面而客观的理解，他从历史地理学中行政区划的角度打开了卫所制度研究的新领域，这一论断由他的门人弟子继承并不断丰富和完善。周振鹤提出了"军管型政区"的概念，将实土卫所视为一种"特殊的地方行政组织和行政区划"，而无实土的卫所都不列于《明史·地理志》中，以示与政区无涉。比如内地卫所就是星罗棋布，与府州县相杂错，只是单纯的军事组织。③ 此后，周振鹤逐步丰富他的这一观点，把"军管型政区"视为与"郡县制政区"这样正式政区相对应的"准政区"，是历代王朝疆域，尤其是对边疆和少数民族地区管理，所采取的军管或军事监护形式的特殊政区，比如两汉魏晋的都尉、汉唐的都护府、北魏的镇戍和明代的都司卫所等。④ 靳润成研究了建立在承宣布政使司、都指挥使司（都司卫

① 谭其骧：《长水集》上册，人民出版社，1987 年，第 150 页。
② 靳润成：《明朝总督巡抚辖区研究》"书前影印件"，天津古籍出版社，1996 年。
③ 周振鹤：《体国经野之道——新角度下的中国行政区划沿革史》，（香港）中华书局，1990 年。
④ 周振鹤：《中国历史政治地理十六讲》，中华书局，2013 年，第 229—244 页。

所）之上的地方最高军政辖区——督抚辖区，将其纳入政区研究领域，实证了谭其骧对都司卫所属性的认识。①

郭红在博士论文基础之上补充修改的《中国行政区划通史》（明朝卷，第一、二编。复旦大学出版社，2007 年）对明代行政区划、包括都司卫所的建置沿革进行了系统研究。她认为，明代卫所在行政区划意义上可以分为实土、准实土、非实土三种类型，实土卫所即指设置于未有正式行政区划（明代表现为布司、府、州、县）地域的卫所，准实土卫所主要分布在沿海和内陆边区，名义上在府州县境内，但又占有大片的土地、人口，足以同府州县相颉颃，实土与准实土卫所多分布于边区或少数民族聚居地。非实土卫所从狭义上讲，即卫所治地有府州县，且后者的土地和人口占有绝对优势，主要包括内地、在京及部分沿海、边地卫所，不能作为地方行政区域来看。作者同时认为，三类卫所均拥有一定数量土地和人口，仍不失为明朝版图内的一种国土管理方式，② 对谭其骧的观点有承袭、有发展。

“军管型政区”在历史政治地理学领域被广泛采用，成为分析和研究中国古代的行政区域建置的重要理论。③ 笔者通过中国知网（CNKI）全文检索“军管型政区”，截至 2013 年底，计发表有 54 篇论文，其中 30 篇为硕士和博士学位论文。这些论文多为历史地理学专业方向，用“军管型政区”说解释明（清）都司卫所制度的演化。陕西师范大学历史地理学学位论文，计有李大海《政区变动与地方社会构建关系研究：以明清民国时期陕西地区为中心》（2009 届博士论文）、程森《明清民国时期直豫晋鲁交界地区地域互动关系研究》（2011 届博士论文）、张虎《明代陕西政区建置研究》（2011 届硕士论文）、宋建莹《明代陕西行都司历史地理研究》（2010 届硕士论文）、王蕊《明代山西行都司建置研究》（2010 届硕士论文）和古代史方向曹锦云《明代山西都司研究》（2011 届硕士论文）、屈华《从榆林卫到榆林府：明代卫所制度在清代变革的个案研究》（2006 届硕士论文）。在中央民族大学，有时仁达《明代辽东卫所军役研究》（2012 年博士论文）、陈晓珊《明代辽东—山东地缘关系研究：以登辽海道为中心》（2007 年硕士论文）。一些跨时段的历史政治地理类学位论文也多采取“军管型政区”的说法，如李智君《边塞农牧文化的历史互动与地域分野——河陇历史文化地理研究》（复旦大学历史人文地理学 2005 年博士论文）、许之标《中国古代飞地行政区研究》（暨南大学历史地理学 2008 年硕士论文）。

2013—2019 年的 7 年间，又有超过了 120 篇论文采取这一词语。这一时期的卫所研究，已经将政区地理与军政管理理论结合在一起进行综述研究，诸如蔡亚龙《明代军民卫所研究》（南开大学博士论文 2019 年）、郑宁《明代淮泗地方行政及社会秩序研究》（复旦大学博士论文 2019 年）、张磊《明代卫所与河西地区社会变迁研究》（青海师范大学博士论文 2019 年）、胡振《明代贵州军事地理研究（1368—1644）》（安徽大学硕士论文 2018 年）、吴才茂《明代卫所制度与贵州地域社会形成研究》（西南大学博士论文 2017 年）、郑榕《14—18 世纪闽南的卫所、户籍与宗族》（闽南师范大学博士论文 2017 年）、张昊雁《清代长城北侧城镇研究——以漠南地区为例》（天津大学博士论文 2016 年）、范熙晅《明长城军事防御体系规划布局机制研究》（天津大学博士论文 2015 年）等等。

当今的历史地理学者较多地接受了对卫所分为“实土、非实土”的做法，将“实土卫所”

---

① 靳润成：《明朝总督巡抚辖区研究》，天津古籍出版社，1996 年。

② 郭红：《明代都司卫所制度与军管型政区》，《军事历史研究》2004 年第 4 期。

③ 毛曦、靳润成：《华北历史地理与中国社会变迁——2012 年中国历史地理国际学术研讨会综述》，《历史地理》第 27 辑，上海人民出版社，2013 年。

视为“军管型特区”政区。有的学者还以此为基础，对军管型政区演化有所发挥，陈晓珊认为明代辽东地方行政实行军事化的卫所制管理，以一个都司管理25个实土卫，一度形成了行政管理幅度过大、难以实行有效管理的局面。到嘉靖年间，辽东全境被划分成6个行政地理单元分别管理，同时从“军管型政区”向“文管型政区”转变，将相邻各系统文官都纳入当地管理体制，使辽东形成了事实上的三级行政区划。①

对卫所的“实土性”，历史地理学者之间也有不同的理解，李新峰在沿用了传统历史地理学者如谭其骧、周振鹤和郭红等人就实土卫所、准实土卫所和非实土卫所的划分，并提出“卫所政区”的概念。他认为，沿海卫所“没有切割原属州县的任何人口与田地，也没有形成实际意义的、与原州县截然分开的行政边界，即不是一类独立的行政区划单位。它不但不是实土卫所，连准实土卫所的特征也相当薄弱，更像是一个空降到州县境内、管理部分占地单位而非管理疆土的军队‘大院’，政区色彩与一般内地非实土卫所几乎无甚差别”。② 李新峰对“实土”的理解与前贤的定义并不一致。对此，傅林祥撰文予以分析和反驳，认为李新峰误读了“实土”概念的含义，他对实土的实质予以“正本清源”。

> 分布在北方边疆、寄治同城的多个实土卫所、共同构成一片总辖区、以平等分享或主管共享的方式，各自管领部分人口与田地。但它们彼此之间，无明确疆界，分区状况介于彻底混杂和明确分区之间，不像大城市双附郭县那样泾渭分明，政区意味相对淡薄。③

蔡亚龙发表多篇论文对明代军民指挥使司系统进行了系统研究，其中也指出李新峰《边地卫所》一章对军民卫的属性判断存在误读。④

可见，历史地理学者都认为，卫所是疆土管理的一种方式，管辖有一定的土地和人口等，只是对管辖方式、范围方面有分歧。对于卫所制度的这一属性的系统分析和相关问题的研究，还要通过与行政区划史不同的研究路径来进行。

二　军政管理组织

顾诚先生致力于明清断代史研究，从传统制度及其运行入手，通过对子虚乌有的“李岩”籍贯（卫籍）的质疑，揭示明代卫所制度的基本属性及其地位。他认为明朝疆域管理，分行政和军事两大系统，即行政系统（县、州——府、州——布政使司、直隶府州——六部）和军事系统（卫、直隶都司的千户所——都司、行都司、直隶卫——五军都督府），它们是各有其辖境

① 陈晓珊：《明代辽东中层行政管理区划的形成——以辽东苑马寺卿兼职兵备事为线索》，《中国历史地理论丛》2011年第4期。

② 李新峰：《明代卫所政区研究》，北京大学出版社，2016年，第202页。

③ 傅祥林：《“实土卫所”含义探析》，《丙申舆地新论——2016年中国历史地理学术研讨会文集》，东北师范大学出版社，2017年。

④ 蔡亚龙：《评介李新峰〈明代卫所政区研究〉》，（台湾）《明史研究》（第33期），2019. 年12月。另见他的《明代设置的军民指挥使司考论》，《中国历史地理论丛》2016年第4辑；《明代军民指挥使司建置标准考论》，《中国历史地理论丛》2018年第1辑；《明初广西废置军民指挥使司考论》，《中国边疆史地研究》2020年第3期等论文。

的两种不同的“地理单位”。卫所在很大程度上是一种“地理单位”，管辖有不隶属于司府州县的田地和人口，明中期以后直至清代，卫、所陆续改并入府、州、县，可称之为“地理单位的可转换性”。①

顾诚对谭其骧主持的《中国历史地图集》第 7 册（元明时期）关于明代疆域的描绘给予高度评价，称赞其具有“高超学术水平”。同时指出，因为“明代对疆域的管理体制一直在不断变化，加之行政系统的州、县和军事系统的卫所管辖地往往犬牙交错，绘制精确的明代地图几乎是不可能的”。②

顾诚的观点在提出之初，受到几位学者的质疑。但稍后，越来越多的学者认同“两大疆土管理系统”的论断。最具说服力的证据，是张海瀛发现并研究的明代山西万历清丈文册原件，它清楚地表明，山西田地是按行政和军事系统分别登记的。③ 关于卫所管辖田地“保密”问题，有学者认为应该予以修正。④ 陈春声认为潮州在明初确实存在行政和军事两大相互独立的系统，但东南沿海的卫所没有因此成为独立于州县之外的“地理单位”。⑤ 确实，学者对顾诚对明初耕地面积有二套数量差别巨大记载解释的质疑，主要是基于他对“卫所土地是保密”解释的不信任，然而目前还没有更为可信的研究。

“明朝疆域存在两大管理系统”的论断，涉及明代政治军事、社会经济、边疆民族和历史等领域中的许多重大问题，诸如明代武官和旗军队伍及职掌，明朝全国耕地管理及其数量、清代（尤其是清初）耕地数与明代田亩数的比较、明清边疆管理体制与民族关系、明代人口管理和数量问题，尤其是军户管理（卫籍）等等，这一观点推进了明清史研究在诸多领域的新进展。曹树基说：“只有顾诚能够清楚地辨析出军户、军籍与军人之间的差异和联系。他将卫所军人独立列为卫籍……卫所军户属于都督府管辖，州县军卫则属于布政司管辖。只有当卫所军户中的壮丁死绝，无人顶替，才会从其原籍州县中的军户勾补。可见，属于不同管理系统的两种军户既存在差异，也有密切的关系。卫所军户的统计册和州县军户的统计册分属两个不同的系统……我们可以将此理解为与州县相似的卫所人口登记册。”⑥ 以此为基础，作者统计、分析、测算了明代人口中的“军户户均口数”、卫所与州县之间的特殊人口，并测算了洪武时期的边地人口，进而测算了明代全国的总人口数。

可以说，顾诚先生的研究，极大地推进了此后 30 年海内外学者对明代都司卫所制度及相关问题的研究。顾先生指导的研究生论文，开始细化到明代卫所制度诸层面，林仕梁《明代漕军浅论》（1988 届硕士论文）研究了漕军职掌及演变，王莉《明代营兵制初探》（1988 届硕士论文）探讨了卫所制与营兵制的关系，孙献涛《明代沿海卫所初探》（1997 届硕士论文）对沿海卫所的属性与建置做了初步探讨，万红《明代与清初全国耕地数的历史考察：兼论清初社会生产的恢复》（1997 届硕士论文）实证了因管理系统的差异导致的明清耕地面积的长期误读，梁志

① 顾诚：《明前期耕地数新探》（《中国社会科学》1986 年第 4 期）、《卫所制度在清代的变革》（《北京师范大学学报》1988 年第 2 期）、《明帝国疆土管理体制》（《历史研究》1989 年第 3 期）和《谈明代的卫籍》（《北京师范大学学报》1989 年第 5 期）。后收录入《隐匿的疆土：卫所制度与明帝国》，光明日报出版社，2012 年。

② 顾诚：《隐匿的疆土：卫所制度与明帝国》，光明日报出版社，2012 年，第 48 页。

③ 张海瀛：《张居正改革与山西万历清丈研究》，山西人民出版社，1993 年。

④ 曹树基：《对明代初年田地数的新认识》，《历史研究》1996 年第 1 期；高寿仙：《明代田土数额的再考察》，《明清论丛》第 3 辑，紫禁城出版社 2002 年。

⑤ 陈春声：《明代前期潮州海防及其历史影响》（上、下），《中山大学学报》2007 年第 2、3 期。

⑥ 曹树基：《中国人口史》第 4 卷“明时期”，复旦大学出版社，2000 年，第 79 页。

胜《明代卫所武官世袭制度研究》（2000 届博士论文，修改稿于 2012 年由中国社会科学出版社出版）主要利用武职选簿对有明一代卫所武官世袭制度属性及其与明朝的命运进行了全面分析，彭勇《明代班军制度研究：以京操班军为中心》（2004 届博士论文，修改稿于 2006 年由中央民族大学出版社出版）对在外卫所职掌之一的轮番戍守进行了静态属性分析和动态考察。上述论著涉及明代卫所制度的诸层面，均依据明代卫所制度既是明代军事组织制度、又是一级行政管理组织的军政管理组织这一属性展开的。

近年来，梁志胜、彭勇分别主要从武官与旗军的角度发表多篇论文，将都司卫所的军事、行政职能研究推向纵深。梁志胜发表有《洪武二十六年以前的陕西行都司》（《中国历史地理论丛》，1999 年第 3 期）、《“碾伯守御千户所”辨析》（《兰州大学学报》2000 年第 2 期）、《试析明代卫所武官的类型》（《西北师范大学学报》2001 年第 5 期）、《明代卫所武官的借职制度》（《陕西师范大学学报》2002 年第 1 期）、《明代“武选司审稿”初探》（《陕西师范大学学报》2004 年第 2 期）。彭勇发表有《论明代州县军户制度：以嘉靖〈商城县志〉为例》（《中州学刊》2003 年第 1 期）、《明代领班武官敕书“坐名”试析》（《明史研究论丛》第八辑，2010 年）、《明代达官在内地卫所的分布及其社会生活》（《内蒙古社会科学》2003 年第 1 期）、《明代广西班军制度研究：兼论班军的非军事移民性质》（《中国边疆史地研究》2004 年第 3 期）、《论明代忠顺营官军的命运变迁》（《中州学刊》2009 年第 6 期）、《张献忠籍贯考辨：兼谈明代边疆地区户籍管理制度》（《明清论丛》第 12 辑，2012 年）、《刘基“密奏立军卫法”辨疑》（《北京联合大学学报》2012 年第 3 期）、《论明代福州三卫之设与闽都文化之建》（《闽江学院学报》2013 年第 3 期）、《建武兴文：明代建武守御千户所建置考论》（台北《明代史研究》第 13 辑，2013 年）。① 这些文章均围绕明代卫所制度诸层面展开，如军事制度、管理职能、地理单位的属性等方面，多以个案式研究实证了顾诚卫所管理的主要观点和基本判断。

顾诚先生弟子指导的研究生也多有在卫所是“军政组织单位”这一框架内，丰富、拓展了卫所制度研究的内容、领域和方法。赵世瑜在北京师范大学指导有邓庆平《州县与卫所：政区演变与华北边地的社会变迁——以明清蔚州为中心》（2006 届博士论文）、关昕《明代蔚州的社会变迁》（2003 届硕士论文），在北京大学指导有杜洪涛《明代的卫所体制与辽东社会》（2014 届博士论文）、顾韬《从军户到民户：明清湖南宁溪所研究》（2014 届硕士论文）、陈雪《卫所体制与明清关中社会》（2017 届博士论文），他们的研究特点均为明清卫所制度变迁之下的社会变迁。梁志胜在陕西师范大学指导的有孟凡松《澧州地区卫所变迁初探：明清湖广卫所变迁个案研究》（2006 届硕士论文）、屈华《从榆林卫到榆林府：明代卫所制度在清代变革的个案研究》（2006 届硕士论文）、温娜《山东卫所在清代的变革》（2008 届硕士论文）、杨波《明代的降人问题》（2008 届硕士论文）、张小娟《振武卫与镇西卫武职选簿整理与研究》（2013 届硕士论文）、孙志虎《锦衣卫选簿整理与研究》（2013 届硕士论文）、郭娜《明代山东军事移民——以〈武职选簿〉为中心的考察》（2014 届硕士论文）、刘静中《铜鼓卫初探》（2016 届硕士论文）、钟振林《明朝四川政区建置沿革及管理模式研究》（2017 届硕士论文）、任柳《明代滇黔卫所职役来源研究——以〈武职选簿〉为中心》（2018 届硕士论文）等，这些研究的主要特点是在传统的制度史框架内，充分利用历史地理学的观察视角，并关注卫所由明到清的历史转变。彭勇在中央民族大学指导有牛传彪《明代巡洋会哨制度刍探》、杨耀田《明代军功监察制度研

① 笔者近 10 年关于明代都司卫所管理体制的研究成果，见三联书店出版的《明代都司卫所管理体制研究》一书。

究》（2011 届硕士论文）、赵茜茜《明代“走回人”研究》（2013 届硕士论文）、张登璨《明代中都留守司赋役研究》（2015 届硕士论文）、蔡亚龙《军卫牧民：明前期军民指挥使司研究》、崔继来《明代九边军兵物质生活研究》（2018 届博士论文）、李梦琴《明代湖广行都司研究》（2018 届硕士论文）和肖晴《明代九边军兵宗教信仰研究》（2019 届博士论文）等，分别就都司卫所的防御职责、军功赏赐与监察、防御体制、经济运行、生活状况等问题进行了研究，涉及卫所制度及其影响下的各方面，如张慧《明代旌表制度研究》（2014 届硕士论文）就发现内地、边地卫所均有独立于州县行政系统之外的旌表系统，反映了卫所独立管辖权的普遍性。

因此可以说，由于顾诚把卫所视为军、政管理组织，类似于独立的地理单位，就把都司卫所与明清两朝的政治、军事、经济、社会、文化教育、生活习俗、边疆管理和民族关系等历史的诸层面紧紧联系在一起，由此开拓了明清史研究和卫所制度研究的新领域。正如赵世瑜就特别强调了从社会史的视角研究明代的卫所制度，① 毛亦可《清代卫所归并州县研究》（社会科学文献出版社，2018 年）基于卫所独立管理体系的基本属性，重点关注的是社会经济史，以军户、屯田、税粮归并州县关系的转变过程为中心，研究了明代卫所制度在清代的演变与卫所机构裁革、归并州县的具体过程。近年的卫所研究已呈现运用多学科、多领域内交叉性的理论和方法的特色，也进一步证实了卫所是军政管理组织的这一特征。

三 军事制度史

明代卫所制度的研究，一直被视为广义上的军事制度史。范中义、王兆春主编的《中国军事通史·明代卷》（军事科学出版社，1998 年）以军事学的视角对明代军事制度的构建及其发展变化和战役、战略、战术进行了全面著述。范中义《论明代军制的演变》（《中国史研究》1998 年第 2 期）梳理了有明一代军制的变化。李新峰《明前期军事制度研究》（北京大学出版社，2016 年）、肖立军《明代中后期军事制度研究》（南开大学 2005 年博士论文）分别考辨了明代前期、中后期兵制的建立、职官、职掌、发展演化等内容，研究了有明一代的军制及其与政治、经济、社会和民族之关系。

军制史研究，通常包含军户（官、军）、军屯、军役（征战、防御）三大类。军户的整体研究，学者吴晗、解毓才、陈文石、李龙潜、南炳文等均有论著，台北学者于志嘉的论著代表了当今学术界关于卫所军户、军屯和军役的最高水平。② 张金奎《明代卫所军户研究》（线装书局，2007 年）是近年卫所军户最为全面、系统的成果，该书不仅在于志嘉的基础上提出了自己的新看法，还拓展了卫所军户诸层面，包括军户组织管理、粮饷、职业选择、后勤保障，尤其是对明后期军户的研究，如司法管理、户自由时间的获取、卫自耕农化及不同职业的选择、武举与晚明军民户之间的互动，多为前人所未见。③

军户，又包括世袭武官、旗军舍余以及军兵等群体。武官方面，除梁志胜持续对世袭武官的

---

① 赵世瑜：《卫所军户制度与明代中国社会——社会史的视角》，《清华大学学报》2015 年第 3 期。

② 于志嘉：《明代军户世袭制度》，《卫所、军户与军役：以明清江西地区为中心的研究》，台北学生书局，1987 年。

③ 张金奎另有《明代军户地位低下论质疑》，《中国史研究》2005 年第 2 期；《试析明初卫所军户群体的形成》，《中国史研究》2007 年第 2 期。

研究外，曹循重点研究了卫所军政官出现之后，其选拔、职掌、考核之法，它改变了洪武、永乐以来武官世袭任职的旧制，到明后期基本实现了卫所武官隔卫、隔所调用，不再官其本籍。明中后期武职袭替所袭乃出身而非职位。军政官的设立与考选，是明朝在卫所官制与官员选任两个层面对洪武旧制的改造。① 奇文瑛对武官中的特殊群体“归附人”进行了系统研究，对归附内地的少数民族武官的来源、安置、身份变化以及婚姻、社会生活进行了专题研究。② 此外，周松近年发表有多篇“达官”和“归附人”问题的研究，③ 刘羽丹关注了军匠群体的存在及其发展(《明代京师地区军匠研究》，西北大学硕士论文，2018 年)。

除卫所世袭武官体系外，明代的军制还有营兵（伍）制与卫所制并行，且营兵武官亦多从世袭武官中经推荐或考选任命，两种军制之关系是近年兵制研究的主要内容。除前文介绍的王莉《明代营兵制初探》外，还有王彦军《明代中后期省镇营兵制与卫所制关系初探》（天津师范大学硕士学位论文，2016 年）的研究为代表。肖立军对营兵制下总兵、副总兵、参将、游击、把总等营兵官在“九边”诸镇中地位和作用，对营兵编制、兵将关系、指挥体制方面均有研究。④

军户为承担军役而存在。明初的军役由正军充任，军役主要包括屯田、操守、战戍、巡捕、漕运、班军等，当然还有杂差。随着时间的推移，军户家庭规模发生巨大变化，舍余也开始参与军役，军役成为军家、乃至卫所众生的集体负担。军役的研究，于志嘉对明清江西卫所军役的研究最为深入，徐斌《明清军役负担与卫军家族的成立：以鄂东地区为中心》（《华中师范大学学报》2009 年第 2 期）、时仁达《明代辽东卫所军役研究》二文是专题探讨地区性军役的论著。王尊旺《明代九边军费考论》（天津古籍出版社，2015 年）和沈胜群《清代漕运旗丁研究》（吉林大学博士学位论文，2017 年）从经济史的角度进行了研究。

海防是沿海卫所军人的重要职责，沿海卫所与海疆史、海防史的研究关系密切，孙献涛《明代沿海卫所初探》对沿海卫所做了初步研究。随后，对沿海各省、都司的卫所基本建置、职掌与地方社会的研究成果日趋丰富。王日根的《明代东南海防中敌我力量对比的变化及其影响》（《中国社会经济史研究》2003 年第 1 期）对浙江卫所防御体系构建及其效果进行了评析，赵红《明清时期的山东海防》（山东大学 2007 年博士论文）对山东沿海卫所的研究颇为详细，黄友泉《明代前期福建的海防体系》（厦门大学 2009 年硕士学位论文）分析了福建防御形势、防御体系的构建、卫所制的衰败及其向营兵制的转化等。近年随着海洋史研究的热潮兴起，卫所军人参与海防的研究涌现，诸如宋烜对浙江沿海卫所、防御机构、军船、主要战役、海防议论等进行了较为全面的研究(《明代浙江海防研究》，社会科学文献出版社，2013 年)，张金奎《明代山东海防研究》（中国社会科学出版社，2014 年）、赵树国《明代北部海防体制研究》（山东人民出版社，2014 年）、陈贤波《重门之御：明代广东海防体制的转变》（上海古籍出版社，2017 年）、谭立

① 曹循：《明代武官制度研究》，南开大学博士论文，2011 年；《明代卫所军政官述论》，《史学月刊》2012 年第 12 期。

② 奇文瑛：《明代卫所归附人研究：以辽东和京畿地区卫所达官为中心》，中央民族大学出版社，2011 年；《碑铭所见明代达官婚姻关系》，《中国史研究》2011 年第 3 期；《论明初卫所制度下归附人的安置与任用》，《民族研究》2012 年第 6 期。

③ 周松：《明朝北直隶“达官军”的土地占有及其影响》，《中国经济史研究》2011 年第 6 期；《明朝对“达官”的管理与优遇》，《中州学刊》2019 年第 12 期；《明代沙州“达人”内迁新论》，《清华大学学报》2017 年第 5 期。

④ 肖立军：《明代中后期九边兵制研究》，吉林人民出版社，2001 年；《明代省镇营兵制与地方秩序》，天津古籍出版社，2010 年。

峰等著、《明代海防防御体系与军事聚落》（中国建筑工业出版社，2019 年）、陈晓珊《沧海云帆——明代海洋事业专题研究》（社会科学文献出版社，2019 年）、钟铁军《明代浙江沿海海防地理研究》（黑龙江教育出版社，2019 年）。

与卫所旗相关的兵制史研究较为零散，涉及清军、勾军、募兵、家丁和乡兵等具体问题。除林仕梁对漕军、王莉对营兵制、彭勇对班军的研究外，清军方面，有曹国庆《试论明代的清军制度》（《史学集刊》1994 年第 3 期）、冯志华《明代卫所军制下的清勾制度》（厦门大学 2007 年硕士论文）和刘永晋《明代的清军制度》（华东师范大学 2008 年硕士论文）等。募兵方面，李渡《明代募兵制简论》（《文史哲》1986 年第 2 期）和梁淼泰《明代“九边”的募兵》（《中国社会经济史研究》1997 年第 1 期），对明代中后期的募兵及其与卫所军的关系进行了研究。家丁方面，有赵中男《论明代军事家丁制度形成的社会经济条件及其发展》（《社会科学辑刊》1991 年第 2 期）。民兵和乡兵方面，陈宝良《明代的民兵与乡兵》（《中国史研究》1994 年第 1 期）研究了旗军之外民兵、乡兵的类型、性质及职能等。区域内兵制研究，除“边地兵制”下文评述外，李鹏飞《明清天津驻军研究（1368—1840）》（南开大学 2013 年博士论文）研究明代天津地区各卫所的建置，分析了镇戍营兵制下的天津驻军情况，探讨了军兵承担的任务和武器装备等。

屯田是卫所存在和运行的物质基础，是明朝疆土的一部分，历来受研究者重视，王毓铨的《明代的军屯》有开拓之功，至今仍是该问题最全面的论述。在此基础上，学者以个案式、分区研究居多。如梁勇《试论明代河北的卫所和军屯》（《河北师范大学学报》1987 年第 2 期），崔永红《明代青海河湟地区屯田的分布和军户的来源》（《青海社会科学》1988 年第 6 期），杨昌源、范植清《略论明代军屯制度在鄂西山地的实施》（《史学月刊》1989 年第 6 期）等，杜涛《试论明初的军屯》（《云南师范大学学报》1994 年第 2 期），周玉英《明代福建军屯及其败坏》（《明史研究》第 7 辑，2001 年），张海瀛《明代山西的民佃屯田》（《晋阳学刊》2002 年第 1 期），鲁燕《明代安徽屯田研究》（安徽大学 2003 年硕士论文），陈曦《清朝对明代云南卫所屯田的处置》（《云南民族大学学报》2006 年第 4 期），陈云峰《明代河西屯田研究》（兰州大学 2008 年硕士论文），王友华《明清时期山西都司卫所屯田研究》（陕西师范大学 2009 年硕士论文），马顺平《明代陕西行都司屯田数额考》（《明史研究论丛》第 9 辑，2011 年），陈福山《明代广西屯田制度探析》（《广西地方志》2011 年第 6 期），刘婷玉《元明军屯制度与畲族分布格局新探》（《中央民族大学学报》2019 年第 6 期）等。以上论文对屯田在全国各地、明代后期的变化（如军田民佃、行政化、民田化、军民矛盾等）的研究具有不同的价值。

明代屯田还有许多问题不是太清楚，如屯田的分配、日常管理、子粒的交纳，以及屯军、漕军、运军、守军之间的协调和互相补充等问题，仍然值得从整体上和微观上分析。

四 边地民族史

明代除设置有十三布政司和南北二直隶外，还在广袤的东北、华北迄北、西北、西南边疆，设置有都司卫所予以管理，包括奴尔干都司、辽东都司、大宁都司、山西行都司、陕西行都司、关西七卫、四川行都司、朵甘都司和乌斯藏都司等，这就是《明史·地理志》所说的实土卫所，它们都可以被视为独立的行政区划单位。对这类研究，学界无论是出于明清时期历史地理沿革研究的需要，还是从边地与腹心（中央）的民族关系角度的研究，大都从卫所制度的设计及运行开始，回归到民族史、民族关系史的范畴之中。研究成果大体可分成两类，一是对各边地卫所建置、沿革、职掌及演变角度的总体或个案式研究，二是从民族关系的角度，从研究卫所制度及其职掌的发展变化，以及边地管理体系的变化和影响出发。

各边地卫所建置沿革的研究，以郭红前揭《中国行政区域通史》（明朝卷）最为详细、全面，分地区则以辽东地区的成果最为丰富。杨旸、周远廉、谢肇华等学者均有论著对东北二都司卫所的建置沿革、职掌演变等进行研究。李三谋《明代辽东都司卫所的行政职能》（《辽宁师范大学学报》1989 年第 6 期）、丛佩远《试论明代东北地区管理体制的几个特点》（《北方文物》1991 年第 4 期）、张士尊《明代辽东都司军政管理体制及其变迁》（《东北师大学报》2002 年第 5 期）等，分析了卫所管理体系在东北地区的运用、效果等。李鸿彬《简论三万卫》（《社会科学战线》1990 年第 1 期）、李路华《明代三万卫考述》（《社会科学战线》2009 年第 11 期）、李新峰《明初辽东战争进程与卫所设置拾遗》（《明史研究论丛》第 9 辑，2011 年）等对卫所建置进行了史实的再辨析。近年来，对明代东北卫所的研究已涉及人口、经济、教育和社会生活等诸层面，以及明中央与蒙古人、女真人（满洲）、朝鲜等关系的研究，也涉及辽东、山东的地缘关系等。例如毕洪娜《明初辽东都司人口及其地理分布探究：以辽东志中心》（东北师范大学 2012 年硕士论文）、程妮娜《明代辽东都司女真内迁与朝贡史事考》（《社会科学辑刊》2012 年第 6 期）、刘春丽《明代朝鲜使臣与中国辽东》（吉林大学 2012 届博士论文）和王苗苗《略论明代辽东蒙汉互市贸易管理》（《民族史研究》第 10 辑，2011 年）。赵令志以女真羁縻卫所中“野人女真”之称谓为研究对象，主要依据海西女真卫所凭 1000 道、建州凭 500 道敕书，认为明朝各种文献中，没有将“野人女真”称为东海女真的记载，理清了史实，纠正了前人的讹误。① 以上整体反映了这一时期，传统卫所管理体制之下的东北史研究更趋全面。

“北虏南倭”是明朝的两大“边患”。在华北地区，明廷依托长城边墙构建的“九边”防御体制，设置了最为密集的都司卫所，包括辽东都司、大宁都司、山西都司、山西行都司、陕西都司和陕西行都司，以及都司下辖和直隶卫所等等，以当地所属旗军以及抽调而来的军兵防御的主力军，最重要的防御对象是蒙古人，相关研究成果也是极其丰富。

明蒙关系的研究可简单分成两大类：一类是以明朝为中心的北边防御体系的研究，这一体系直接涉及北部都司卫所的建置、官员、旗军、军户、屯田、社会生活等，因此研究的内容也极其丰富。赵现海《明代九边军镇体制研究》（东北师范大学 2007 年博士论文），对九边建置及长城防御体系进行了宏观思考。彭勇《明代北边防御体制研究：以边操班军的演变为线索》（中央民族大学出版社，2009 年）是以卫所的边操班军为线索展开的。九边诸镇的专题研究，包括山西都司和行都司、陕西都司和行都司、宣大镇、延绥镇和陕西三边四镇的研究成果，较为丰富，均有相应的硕士或博士学位论文发表，如马静茹《明代宣大总督研究》（中央民族大学 2013 年博士论文）、刘景纯《明代九边史地研究》（中华书局，2014 年）等。这类研究主要包括都司、边镇的设置的背景、机构设置、职官职掌及其发展变化等，有的还会涉及都司卫所和军镇对当地的政治经济与社会生活的影响等。二是以蒙古部为中心的明蒙关系研究，诸如明蒙战争、朝贡、互市、社会生活等，由于明蒙双方关系依托的长城地带俱为卫所官军控制，自然多在卫所制度的框架下展开，但这类研究多以蒙古族为中心开展的。如达力扎布等学者们对朵颜卫、三万卫、泰宁

---

① 赵令志：《明代“野人女真”称谓刍论》，《民族研究》2019 年第 4 期。

卫、必里卫、建州卫、兀良哈三卫等进行了多角度的研究。① 其实，无论是以明廷为中心，还是以蒙古部为中心，研究内容对民族关系都无法回避，尽管有的研究视角比较多样，如从历史地理学视角下军事史、区域史和民族史等方面进行的研究等等。胡凡《论明代九边延绥镇之形成》（《中国史研究》2008 年第 2 期）对延绥镇形成时间、建镇标准进行了考辨，他的《论明代蒙古族进入河套与明代北部边防》（《西南师范大学学报》2002 年第 3 期）考查了明前期的民族关系与防御体制构建，民族关系的处理是关注的重点。

西北边地卫所研究同样具备这样的特点，王希隆《清代关西五卫述论》（《兰州大学学报》1992 年第 3 期）、马顺平《明代陕西行都司及其卫所建置考实》（《中国历史地理论丛》2008 年第 2 期）等，均结合西北诸民族与明朝的关系，研究边地卫所在民族地区的运用及其实效。至于西北羁縻卫所，如哈密卫、撒里、畏兀儿卫、西番诸卫的研究成果颇为丰富，这类卫所制在一定时期，只是明中央处理与边地民族关系的一种形式，这样的卫所研究，更是民族史、民族关系史的研究。②

明清西南边疆史地与卫所关系的研究，除对各地都司的卫所建置情况进行研究外，主要是以卫所在当地处理民族事务中发挥的作用为重点，对清代卫所的研究则以改土归流的过程及其产生的影响为重点。对广西卫所的研究，有范植清《明代广西卫所的设置与迁徙》（《中南民族学院学报》1993 年第 2 期）和范玉春《明代广西的军事移民》（《中国边疆史地研究》1998 年第 2 期）。云南卫所，有陆韧《明代云南的驿堡铺哨与汉族移民》（《思想战线》1999 年第 6 期）、黄彩文《澜沧卫的设置及其在永胜历史上的进步作用》（《云南师范大学学报》2003 年第 2 期），罗勇研究了永昌地区与周边局势的相互关系，分析了卫所与府州县的关系以及社会变迁。③ 对四川卫所的研究，有任树民《明代松潘卫“番人”略考》（《西藏研究》2001 年第 1 期）、彭勇《卫所制度与边疆社会：明代四川行都司的官员群体及其社会生活》（《文史哲》2016 年第 6 期）。对贵州卫所的研究，万明《明代徽州汪公入黔考：兼论贵州屯堡移民社会的建构》（《中国史研究》2005 年第 1 期）、孟凡松《明洪武年间湖南卫所设置的时空特征》（《中国历史地理论丛》2007 年第 4 期）和岑晓洁《明代贵州卫所制度研究》（贵州大学 2010 届硕士论文），《安顺学院学报》近年设有屯堡学专栏对卫所在西南的影响多有关注。李良品和成臻铭结合明清土司制度的研究，涉及卫所制与土司制之间关系，进一步论证了卫所在明代及其以后的管理职能。④

近年来，史学研究呈现个案化、精细化的特点，在边地卫所研究方面的特点也很突出。区域性、单个卫所研究中的军户（兵）、屯田、军役等问题，大多呈现鲜明的时代特征和地域特点。沿边卫所研究，多表现为卫所制度与民族关系的处理不同，内地卫所的研究多集中在军役的承担、军户关系的互动方面，沿海卫所的研究则表现为御海防倭体系及沿海社会的变化。

---

① 达力扎布：《明代漠南蒙古历史研究》，内蒙古文化出版社，1998 年；《明清蒙古史论稿》，民族出版社，2003 年。

② 彭建英：《明代羁縻卫所制述论》，《中国边疆史地研究》2004 年第 3 期；武沐：《明代河岷洮三卫戍边军屯研究》，《暨南史学》2014 年 12 月。

③ 罗勇：《经略滇西：明代永昌地区军政设置的变迁》，社会科学文献出版社，2019 年。

④ 李良品：《建国以来西南地区土司问题区域研究综述》，《中南民族大学学报》2007 年第 6 期；《“以夷治夷”：明清时期土司地区的国家治理手段》，《广西民族研究》2018 年第 5 期。成臻铭：《论明朝时期西南边疆的土司贡纳制度》，《青海民族研究》2016 年第 3 期。

五　新的视角与方法

近年来，明代都司卫所制度研究逐步打破学科界域，跨学科方法被引入。突出的表现之一是，区域社会史的研究理论和方法被普遍运用于卫所研究之中。这样的研究，将卫所制度从国家制度层面与地方社会史结合起来，不仅关注自上而下的制度设计，还关注制度在诸层面的运行实效；不仅关注卫所武官、军兵群体构成，还关注他们与府州县民户之间的互动；不仅关注制度本身，还关注制度之中“人”的因素。

陈春声《明代前期潮州海防及其历史影响》一文，既证实了顾诚先生提出的行政和军事这两大独立系统间的关系，又揭示明初中央王朝的一些政策在沿海边远地区推行的具体情况，及地方社会发展的必然过程。张彩霞把历史、神话和民俗置于地方史的脉络中综合考察分析，以探究明初军事移民对当地文化的影响，也是一种对卫所文化的探索方式。① 刘志伟以曾为卫所军籍的广东黄氏家族为个案，分析明代基层社会的支配权力是如何由地方豪强逐渐转变为士绅阶层的历史过程，提供了卫所制度研究的新视角。② 林昌丈以金乡卫为个案，考察了世袭军户的地方化过程。③ 宋永志尝试把河南怀庆卫的制度运行与地方社会结合起来，引入人类学与社会学意义上的思考。④ 谢湜分析了太仓从明初设卫兼理卫事和民政，到明中叶的太仓卫出现军强民弱、兵丁入寇贩盐等弊端，在赋役改革艰难、沿海防卫吃紧的情势下，太仓由卫建州之后，州、卫、县之间的利益博弈，在从卫所到州县的转变中，既体现了特定的地域特质，又反映了明代国家在地方行政体制上的转变态势。⑤ 杨培娜对中国东南滨海地域及南中国海的人群生计与社会秩序的研究中所涉及的卫所管理体系中的诸因素等等。⑥ 赵现海在他本人提出的“中国边疆假说视野”下，借鉴了区域社会史研究观念，提出“长城制度史”研究模式，从地理与制度两个层面，从整体上对长城军事制度进行了系统考察，研究方法多有新意。⑦

从现有的成果看，区域社会史引入卫所制度研究，利用丰富的民间文书、田野资料，无疑有助于卫所更多层面问题的解决。当然，对区域社会史研究者来说，明清卫所制度只是他们观察地方社会的一小部分。郑振满研究明清福建家庭组织时，利用了大量家族数据，其中有许多就是军户族谱，故在考察明清时期闽台地区的家庭组织，以探讨中国传统社会的基本结构及其演变趋势举例分析时，对军户家庭组织的一般性和特殊性有很好的关照。⑧ 这样的研究，被认为是一种自

---

① 张彩霞：《明初军户移民与即墨除夕祭祖习俗》，《民俗研究》2002 年第 4 期。

② 刘志伟：《从乡豪历史到士人记忆——由黄佐〈自叙先世行状〉看明代地方势力的转变》，《历史研究》2006 年第 6 期。

③ 林昌丈：《明清东南沿海卫所军户的地方化—以温州金乡卫为中心》，《中国历史地理论丛》2009 年 10 月。

④ 宋永志：《明代河南怀庆卫军户对地方社会的认同与塑造》，《历史教学》（高教版）2009 年第 5 期。

⑤ 谢湜：《明代太仓州的设置》，《历史研究》2012 年第 3 期。

⑥ 杨培娜：《从“籍民入所”到“以舟系人”：明清华南沿海渔民管理机制的演变》，《历史研究》2019 年第 3 期。

⑦ 赵现海：《明代九边长城军镇史：中国边疆假说视野下的长城制度史研究》（上、下），社会科学文献出版社，2012 年。

⑧ 郑振满：《明清福建家族组织与社会变迁》，中国人民大学出版社，2009 年。

下而上、走进乡村的制度史研究，这对传统制度史的研究，无疑是有益的。[①] 宋怡明《被统治的艺术：中华帝国晚期的日常政治》（2019 年 10 月）是海外学者利用这一方法的代表作，该书通过个案形式分析了明代卫所制度影响之下军户的应对。

建筑学、文化遗产、博物馆学、语言学等学科的学者，也注意到明清卫所在其学科领域内的影响。如天津大学张玉坤团队对长城聚落的持续关注，出版有“长城·聚落丛书”（中国建筑工业出版社），谭立峰、杨申茂和李严等学者参与其中，成果引人注目。东南大学城市保护与发展工作室，从 2005 年开始与辽宁省的文物保护中心进行了“明长城保护体系”研究，深化了明代卫所制度影响之下的长城、文物与文化的研究（东南大学出版社）。

其实，传统制度史研究如何走向深入，一直是史学努力追寻的，区域社会史研究者只是把卫所和军户作为他们观察社会变迁众多对象之一，而传统的制度史研究者也早已开始了自己的探索。谭其骧影响下的传统历史地理学研究的分支越来越细，同时意味着它不断拓展研究所需要的理论需求。顾门弟子中，赵世瑜及其学生利用历史人类学的研究方法从事军事社会史等方面的研究，[②] 梁志胜的研究较多糅合了历史地理学的研究方法，彭勇的研究对民族史和民族关系的研究路径多有借鉴。南开大学李治安主持的“基层社会与国家权力研究丛书”，致力于将政治制度史与社会史关系相结合的研究，纳入该丛书的肖立军《明代省镇营兵制与地方秩序》（天津古籍出版社，2010 年），把兵制与地方社会结合起来研究。于志嘉、张金奎对明代军户的研究都关注了军户族谱的使用。郭红等从传统的历史地理学的研究，转向法制史和区域社会史视域下的卫所人口、户籍、土地、管理等多方面的嬗变。[③] 随着像武选簿、碑铭、民间文书、文集和小说等数据的较多使用，明代卫所制度研究的立体式、多彩画卷，正逐步呈现。

最后需要指出的是，学术的路径大有不同，理论和方法可以互相借鉴，但每一学科有其的基本属性，必须遵守学术创新的共同要求。比如，历史研究是建立在丰富的史料、扎实的论证、创新的观点基础之上的，不能生搬硬套所谓的新理论和方法。笔者已注意到，与卫所制度相关的延伸研究，由于研究者对卫所制度的基本属性把握不准，或者仍然僵化地理解卫所制度，导致对相关问题识读的错误。果如此，历史学便失去了求真的基本特征，沦为华丽的文字游戏而已。这是在探寻卫所制度研究新的理论与方法时，必须时刻注意的。

（彭勇：中央民族大学历史文化学院教授）

① 罗艳春、周鑫：《走进乡村的制度史研究：刘志伟教授访谈录》，《中国社会历史评论》第 14 卷，2013 年。
② 赵世瑜：《长城内外：社会史视野下的制度、族群与区域开发》，北京大学出版社，2016 年。
③ 郭红：《明代卫所“民化”：法律·区域》，上海大学出版社，2019 年。

明中叶白莲教系文献之一角

——成化“禁书目录”与《钦明大狱录》所载“妖书”

高寿仙

内容提要：元代后期以降，先后出现多种信奉弥勒救世思想的民间宗教，可以笼统地称之为“白莲教系”。为了传播教义、吸引徒众，白莲教系编纂了大量经典，他们自称这些经书为“宝卷”，而官方则斥之为“妖书”。成化年间，朝廷发布了一份多达90余项的“妖书”目录，这份目录实际上有两个版本，所列书目大部分相同，但也有一部分此有彼无或书名有异。由于遭到朝廷严厉禁绝，这些“妖书”绝大多数已经失传。《钦明大狱录》中保存了“妖书”《风流记》和《太上玄天垂文》的部分内容，属于时间上非常明确的正德前白莲教文献，展示了明代中叶白莲教系文献之一角。

关键词：白莲教　成化禁书目录　民间宝卷

一　成化十年的“禁书目录”

中国历史上出现过多种民间宗教，持续时间长、影响范围广的白莲教，无疑是其中极为重要的一种。关于白莲教的起源，学术界存在不同看法。① 从其信仰和教义看，白莲教无疑源出于佛教净土宗。但净土信仰分为两个法门，一是遵奉弥勒佛的弥勒净土，二是遵奉阿弥陀佛的弥陀净土，这两种净土信仰与白莲教都有关系，学者们对其源流的追溯也出现明显差异。如戴玄之认为，该教前身系源于弥勒净土的弥勒教，其历史可追溯到南朝时期的傅大士，自隋到南宋一直属于反政府的秘密宗教，到了元朝，因为遵奉阿弥陀佛的白莲社受到政府保护，弥勒教遂易名白莲会以作掩护。② 而杨讷认为，白莲教系由茅子元创立于南宋初年，源出于弥陀净土，但在元代，很多白莲教徒也接受了“弥勒下生”的说法，甚至对这种说法的宣传竟然超过了“弥陀出世”。③ 两位学者的说法差异颇大，但也有共同之处，即都认为到元朝后期，两者实已混同难分，弥勒净土成为其核心信仰。既然从信仰和教义已难以区分清楚，或许可以将两者以及其他类似的民间教派笼统地称为“白莲教系”。④

在佛教经典中，弥勒佛被视为未来佛，与现在佛释迦牟尼佛、过去佛燃灯佛并称“三世

---

① 〔日〕野口铁郎：《明代白莲教史の研究》，（东京）雄山阁，1986年，第41—46页。

② 戴玄之：《中国秘密宗教与秘密会社》，台湾商务印书馆，1991年，第84—99页。

③ 杨讷：《元代白莲教研究》，上海古籍出版社，2017年，第1、2、9章。

④ 关于“白莲教”是否存在，学界颇有争议，参看刘平《“白莲教”质疑：无时不在抑或子虚乌有》（《四川大学学报》2020年第3期）。本文所说“白莲教系”，统指元代后期以降信奉传播“弥勒下生”的各种民间教派。

佛"。传说现仍在兜率天修菩萨道的弥勒，在遥远的未来会从兜率天下生人间，修道成佛，救度众生。在中国佛教世俗化过程中，弥勒被赋予改变现实世界的救世主形象，从北魏开始，不断有人利用这个传说发动武装起事。① 元朝末期爆发的反元起义，可能是其中规模最为浩大的一次。当时大宋红巾军宣扬"天下大乱，弥勒佛下生"，② 天完红巾军宣扬"弥勒佛下生，当为世主"，③ 皆以"弥勒下生"相号召，吸引了大批民众参加。朱元璋曾描述说："愚民误中妖术，不解偈言之妄诞，酷信弥勒之真有，冀其治世以苏其苦，聚为烧香之党，根据汝颍，蔓延河洛。"④ 正因深刻认识到其对统治秩序的危害性，所以明朝建立后，很快便下令禁止"白莲社、明尊教、白云宗、巫觋、扶鸾、祷圣、书符、咒水诸术"。⑤《大明律》中也专门设立"禁止师巫邪术"一条，规定："凡师巫假降邪神，书符咒水，扶鸾祷圣，自号端公、太保、师婆，及妄称弥勒佛、白莲社、明尊教、白云宗等会，一应左道乱正之术，或隐藏图像、烧香集众、夜聚晓散、佯修善事、扇惑人民，为首者绞，为从者各杖一百、流三千里。"⑥ 不过，朝廷禁令无法阻止这些教派的传播，实际情况仍是"白莲、弥勒之教盛行民间"，⑦ 就连都城也是如此，嘉靖年间给事中赵格曾奏请"禁都城内外妄称弥勒佛、白莲社者"。⑧

为了传播教义、吸引徒众，很多民间宗教都编撰了自己的经典。《元典章》中有一条"伪造佛经"，提到"峡州路远安县太平山无量寺僧人普昭，自号无碍祖师，伪造论世秘密经文，虚谬凶险，刊板印散，扇惑人心"。⑨ 元朝官方只说"那经里更有犯上的难说的大言语"，并未引述其片言只语，所以无从了解其具体内容。明代民间宗教编造经书蔚成风气，他们自己称这些经书为"宝卷"，而官方则斥之为"妖书"。成化八年（1472 年）二月，明宪宗令都察院出榜禁约，其中规定："今后官吏、军民、僧道人等，但遇一应妖书，即时烧毁，不许收藏传用惑众。敢有奸邪之徒，假以修行为名，妄捏妖书，诱惑良善者，许人指实首告，拿解赴官，勘问明白，处以重罪。"此后查获"妖言犯人"刘通，"招系直隶东光县民，不合听信山东武定州已死逃民于福全，收藏《九龙战江神图》《通天玩海珠》等项妖书，时常与民人高昶等讲说，谋为不轨"。成化十年五月，朝廷再下禁令，加重处罚，规定今后"敢有仍前捏造收藏传用惑众者"，"正犯处死，全家发烟瘴地方充军随住"。禁令发布不久，拿获山东济宁州民陈福礼等，"追出《番天揭地搜神记经》等项妖书、龙凤勘合朝章并休粮药丸等件"。都察院左都御史李宾等题请将这些"妖书"名目刊刻榜示天下，以免军民不知这些"俱应禁妖言，往往传造，冒犯宪章"。⑩

成化十年（1474 年）发布的"禁书目录"，一向受到民间宗教研究者的高度重视，如周绍良谓其

---

① 马西沙、韩秉方：《中国民间宗教史》第 2 章，上海人民出版社，1992 年。

② 《元史》卷四二《顺帝纪五》，中华书局，1976 年，第 891 页。

③ 《明太祖实录》卷八，庚子年闰五月戊午条，台北"中研院"历史语言研究所，1962 年，第 100 页。下引《明实录》版本同。

④ 《皇明诏令》卷一《太祖高皇帝上·讨张士诚令》，《续修四库全书》第 457 册，上海古籍出版社，2002 年，第 31 页。

⑤ 《明太祖实录》卷五三，洪武三年六月甲子条，第 1037—1038 页。

⑥ （明）姚思仁：《大明律附例注解》卷一一《礼律·祭祀》，北京大学出版社，1993 年，第 474 页。

⑦ 《明世宗实录》卷三〇四，嘉靖二十四年十月甲午条，第 5756 页。

⑧ 《明世宗实录》卷五三三，嘉靖四十三年四月辛丑条，第 8675 页。

⑨ 《元典章》卷五二《刑部十四·诈伪·伪造佛经》，天津古籍出版社、中华书局，2011 年，第 1742—1743 页。

⑩ 参看《皇明成化十年条例·申明禁约妖书妖言例》，《天一阁藏明代政书珍本丛刊》第 4 册，线装书局 2010 年，第 69—76 页。

“是极为可贵的”,[①] 李世瑜认为“这大约是白莲教最早的一批见于著录的经卷”。[②] 笔者在此稍加说明的是，这份目录实际上有两个版本系统：一个首见于《明宪宗实录》,[③] 并被《典故纪闻》《国朝典汇》《涌幢小品》等书传抄;[④] 另一个首见于《皇明成化十年条例》,[⑤]《皇明条法事类纂》亦有转录。[⑥] 这两个版本所列书目大部分相同，但也有一部分此有彼无或书名有异。现代学者引用这份书目，基本上都依据前一版本（多数录自《涌幢小品》）。由于这个版本系统均将书目连续抄录，而学者们对书名断句不尽相同，所以有88种、90种、92种等不同说法。此外还有一个问题，就是《涌幢小品》抄录这个书单时，把它与山西王良、李钺联系在一起，谓“成化中，山西崞县民王良，学佛法于弥陀寺僧李金华……于是良与钺撰妖言数十篇，谓皆梦中佛所授者”云云。[⑦] 很多学者受其误导，认为这批经书系成化年间查办王良、李钺一案所得。其实《涌幢小品》这个说法抄自《明实录》，但《明实录》系此事于弘治二年（1489年）,[⑧] 比这个书单发布时间整整晚了15年。后一版本则是将书目分行抄录，每行两项，共92项。兹将《皇明成化十年条例》所载目录移录于下（原文有个别错别字，为保持原貌均照录未改），并为每项加上次序号：

1. 番天揭地搜神记经	2. 杂集药道
3. 安天定世绣莹关	4. 九龙战江神图
5. 飞天历	6. 镇天降妖铁板达
7. 通天混龙图	8. 定天定国水晶珠经
9. 金锁洪阳大策	10. 金锋都天玉镜
11. 换天图	12. 通天彻地照仙炉经
13. 降妖断怪伍家经	14. 九关七返纂天经
15. 八宝擎天白玉柱	16. 夫子金地历
17. 玄娘圣母亲书	18. 刘太保泄漏天机
19. 伍公经	20. 七返无价紫金船
21. 紧避周天烈火图	22. 收门纂经
23. 佛手记	24. 三然截鬼经

① 周绍良：《无为教经三种》，《文献》第18辑，书目文献出版社，1983年。

② 李世瑜：《〈宝卷辑本〉导论》，陈平原主编《中国俗文学》，北京大学出版社，2011年，第7页。

③ 《明宪宗实录》卷一三六，成化十年十二月甲午条，第2550—2552页。

④ （明）余继登：《典故纪闻》卷一五，中华书局，1981年，第266—267页；（明）徐学聚：《国朝典汇》卷一六四《兵部二十八·妖术》，《四库全书存目丛书》史部第266册，齐鲁书社，1997年，第423页；（明）朱国桢：《涌幢小品》卷三二《妖人物》，《续修四库全书》第1173册，上海古籍出版社，2002年，第463—464页。

⑤ 《皇明成化十年条例·申明禁约妖书妖言例》，第76—81页。

⑥ 《皇明条法事类纂》卷三二《刑部类·造妖书妖言》第3条《申明禁约妖书妖言例》，《中国珍稀法律典籍集成》乙编第5册，科学出版社，1994年，第245—248页。按，程德《关于成化年间“妖书妖言”案的一则史料》（中国社会科学院历史研究所明史研究室编《明史研究论丛》第3辑，江苏古籍出版社，1985年）介绍了这个题本，不过并未转录禁书目录，但加说明云：“以下开列经书九十六篇，篇名从略。”

⑦ 前揭《涌幢小品》卷三二《妖人物》，第463页。

⑧ 《明孝宗实录》卷三一，弘治二年十月己酉条，第705—707页。按，曹新宇在《新发现“成化禁书”与白莲教的关系——兼答王见川教授问题》（《清史研究》2015年第1期）一文中已指出这个误解，但其谓王良、李钺一案发生在成化二十三年，亦不甚确。

续表

25. 太子玄元宝镜	26. 三天九关夜海金船经
27. 金锁栏天记	28. 天宫知贤变愚神图经
29. 朝章十四张	30. 金龙八宝混天机神经
31. 夺册	32. 银城图样龙凤勘合二十八张
33. 玉盒经	34. 六甲明天了地金神飞通黑玩书
35. 镇国定世三阳历	36. 天形图
37. 天髓灵经 39. 通玄济世鸳鸯经	38. 定世混海神珠 40. 锦珊瑚
41. 清江引	42. 通天立世滚云裘
43. 银城论	44. 显明历
45. 金璋紫绶经	46. 转天图
47. 玉贤镜透天关尽天历	48. 玉贤镜
49. 四门记	50. 龙女引道经上天梯
51. 双燕破国经	52. 金光妙品夺日金灯
53. 红尘三略	54. 玄娘圣母经
55. 照天镜	56. 通天无价锡包袱
57. 三圣争功聚宝经	58. 金历地经
59. 飞龙记	60. 夺天策
61. 海底金经	62. 九曜飞光历
63. 土伞金华盖	64. 木鉴书
65. 九关番天揭地神图	66. 照贤金灵镜经
67. 珠书符诫	68. 金锋都天玉镜
69. 坐坛记	70. 普济定天经
71. 周天烈火图	72. 玉树金蝉
73. 六甲天书	74. 三灾救苦金轮经
75. 智锁天关书	76. 感天述化经
77. 变化等经	78. 透天关
79. 玄元宝镜	80. 神工九祷转王瓮金灯记
81. 换海图	82. 天形图应劫经天图形首妙经
83. 推背书	84. 九曜飞天
85. 弥勒颂	86. 通天玩海珠
87. 照天镜	88. 玄天宝镜等经
89. 上天梯等经	90. 龙女引道经
91. 消灾救苦经	92. 穿珠偈

从其中所列“朝章十四张”（第29项）等名目看，这份目录应是源自锦衣卫镇抚司查办刘通、陈福礼等案所获“妖书”以及“龙凤勘合、朝章”的汇总名录。其中绝大多数每项即为一种，但也有每项包含两种以上者。如第32项“银城图样龙凤勘合二十八张”，可能包括《银城图样》《龙凤勘合》两种；第47项“玉贤镜透天关尽天历”，可能包括《玉贤镜》《透天关》《尽天历》三种；第50种“龙女引道经上天梯”，可能包括《龙女引道经》《上天梯》两种；第82项“天形图应劫经天图形首妙经”，可能包括《天形图》《应劫经》《天图形首妙经》三种。此外，第77项“变化等经”、第87项“上天梯等经”、第88项“玄天宝镜等

经”，应当也包含不止一种。另一方面，有些书目又存在重复，除第55项与第87项均为“照天镜”外，还有第36项“天形图”与第82项“天形图应劫经天图形首妙经”，第47项“玉贤镜透天关尽天历”与第48项“玉贤镜”、第78项“透天关”，第50种“龙女引道经上天梯”与第89项“上天梯等经”、第90项“龙女引道经”，等等。这可能是因查获“妖书”既有单行本又有合订本所致。

二 《钦明大狱录》转录的两种“妖书”

成化“禁书目录”开列的这些民间宗教文献，绝大多数已经失传，流传至今的少量名称相同或近似的文献，也未必能够反映成化年间的面貌。近年曹新宇在田野调查中发现了《照贤金灵镜经》《聚宝经》《通天彻地照仙炉经》《应劫经》，他认为这就是“（成化）禁书中的四种经卷”。① 但王见川提出“如何判定这些经卷就是成化禁书经目中的同名经卷”的疑问，认为“民间宗教经卷的断代、真伪问题，研究难度很大”。② 曹新宇针对这种疑问做了一些解释，认为“新发现《照仙炉经》等经卷，很大程度上就是‘成化禁书’的原抄”，③ 但究属推测而缺乏确证。此外，20世纪90年代曾发现一种《佛说皇极结果宝卷》，上卷卷末有一行字“宣德五年孟春吉日刻行”，当时李世瑜和欧大年（Daniel L. Overmyer）均相信这个刊刻时间。④ 但后来李世瑜对这个问题做了重新思考，认为“最早刊本的宝卷不可能出现在罗清的‘五部经’之前”，《皇极宝卷》当出现于万历以后，其刊刻着宣德年号属于托古和作伪。⑤ 换句话说，截至目前，“学界并无公认的明正德之前的白莲教文献”。⑥

正德七年（1512年），陕西洛川县发生了一次由邵进禄、惠庆等人发动的白莲教起事，根据平定后官方的审讯，这次叛乱是由一个名叫李五的人煽惑所致。据说李五在该地行医年久，从正德三年开始，“妄称弥勒佛教”，吸引了来自陕西各州县以及毗邻的山西、河南等地的大批信徒。李五用以吸引徒众的主要工具是两本“妖书”，邵进禄、惠庆等人就是因为听说他藏有这些书籍，特地前来投拜为师，“请去邵进禄家侍奉，穿带白衣白巾，习学白莲教法”。正德五年，李五离去，行前对他们说：“我有天分，今磨劫年了，轮该我掌教天下。我且回家，你们只管多招好人好马，待我来时起手。”邵进禄等人“各用前术扇惑人民，夜聚晓散”。正德七年九月，因

---

① 曹新宇：《“新发现”的重要明清秘密宗教文献：代导言》，《明清秘密社会史料撷珍·黄天道卷》第1册，博扬文化事业有限公司，2013年，第1页。

② 王见川：《民间宗教经卷的年代及真伪问题——以〈九莲经〉〈三煞截鬼经〉为例》，《清史研究》2015年第1期。

③ 前揭《新发现“成化禁书”与白莲教的关系——兼答王见川教授问题》。

④ Daniel L. Overmyer and Thomas Li Shiyu, “The Oldest Chinese Sectarian Scripture, The Precious Volume, Expounded by the Buddha, on the Results of [the Teaching of] the Imperial Ultimate [Period] (Fo Shuo Huang - Chi Chien - Kuo Pao - Chüan, Pub. 1430)”, *Journal of Chinese Religions*, Vol 20, No 1, 1992. 此外，欧大年在其专著《宝卷——十六至十七世纪中国宗教经卷导论》（马睿译，中央编译出版社，2012年版）中，特设一章《早期模本：十五世纪文本〈皇极宝卷〉中救赎的官僚性》，详细介绍和分析了这部宝卷的内容。

⑤ 李世瑜：《〈宝卷辑本〉导论》，陈平原主编《中国俗文学》，第14—15页。“五部经”又称“五部六册”，包括《苦功悟道卷》1册、《叹事无为卷》1册、《破邪显正钥匙卷》2册、《正信除疑无修正自在宝卷》1册、《巍巍不动泰山深根结果宝卷》1册，系无为教创始人罗清撰写，刊刻于正德四年（1509年）。

⑥ 前揭《新发现“成化禁书”与白莲教的关系——兼答王见川教授问题》。

官府差人缉捕紧急，邵进禄等特派李铁汉到山西邀请李五，李五对他说："本年十月下旬内是好时分，你们只管铺派起手，那时我来。"李铁汉回来向邵进禄等说知，他们商量说："爷爷曾分付这十月下旬是好时分起手，倘若爷爷来迟，大事不成，咱们都是死。莫若不待他来，先自加些官职，就行起手。"遂自称大大王、二大王、三大王、四大王、元帅、副元帅、大爷爷、大将、国公、尚书等名号发动起事，但很快就被官军镇压。①

明代历史上，白莲教系多次发动武装起事，野口铁郎据《明实录》等资料统计，从洪武到正统年间就有43次。② 在缉查过程中，官府收缴了数量众多的"妖书"，但官府肯定不会将其公布于世，所以无法知悉其具体内容。但李五收藏并让人传抄的两本"妖书"，却因特殊缘由保存下来部分内容。嘉靖三年（1524年），有人举报在山西省城太原以及五台、太谷等县置有庄房地土，并捐有太原左卫指挥使职衔的张寅，就是弘治二年（1489年）参与山西王良、李钺谋反的李福达，当时他被问发陕西山丹卫充军，逃回后又以李五为名传教惑众，促发了正德七年（1512年）邵进禄等人叛乱。为了调查张寅的身份，山西方面咨请陕西方面抄来当年邵进禄案的招词，其中录有两本"妖书"部分内容。都察院、刑部等官员向皇帝题奏案情时，也都原样照录，而两份题本又被收录于《钦明大狱录》中，遂得以留传至今。根据上述陕西案卷，正德三年李五就已传播这两本"妖书"，而在审鞫张寅是否李五时，来自陕西的证人们又说李五"正德元年不知去向"。③ 从"妖书"内容看，不像李五自己编造，应是抄自他人。根据这些情况判断，这两本"妖书"应属于在时间上非常明确的"正德之前的白莲教文献"。

李五收藏传播的"妖书"之一，名为《风流记》，内容为：

> 庚午辛未显灾厄，后至饥馑在猴鸡。
> 戌亥之年兵乱起，燕秦楚魏骨成泥。
> 东海涌出十八子，燕京城里血成泥。
> 回回达达都杀尽，满城男女哭啼啼。
> 人民个个无路走，鬼神号哭满城悲。
> 个个出声叫苦杀，宰相官员疾诛泥。
> 尔时弥勒佛赞言："善哉，善哉"等语。④

李五收藏传播的另一种"妖书"，名为《太上玄天垂文》，内容为：

> 嘱付你招募一般人，教你着意受坚心。
> 等爷爷是当阳掌教尊，九品莲台你受用。
> 爷爷这里撒天星，撒下七百四十名。
> 陕西界上一百二十单五名，不论男妇哥姐们。
> 爷爷北京望东京，治了事来望西行。
> 陕西界上且安身，老爷爷要坐雍州城。

① 《钦明大狱录》上卷，《四库未收书辑刊》第1辑第15册，北京出版社，2000年，第641—646页。

② 前揭《明代白莲教史の研究》，第143—187页。

③ 《钦明大狱录》上卷，第663页。

④ 《钦明大狱录》上卷，第641—642、666页。

龙亭里面且安身，二十八宿护主人。
七十二贤在延边，九耀星官护金船。
八十一洞真人在秦川，五百罗汉星当头见。
撒下天星要变乱，世人不知古今人。

题本在抄录上面这首“妖曲”后，以“又唱”领起，抄录如下一首“变乱之曲”，但未知是否也属于《太上玄天垂文》的内容。该曲内容为：

交年正月又不收，人民都愁，
九个女人守一夫，妻不顾。
二月里时年又临近，人民急紧，
磨劫之年又受困，磨劫之年饿死，人民逃生。
三月里百草生芽，谁人识，
咱锦鸡叫一声，赴龙华寺。
四月里时年渐渐来，把人都熬坏，
西佛如来交世界，世界乱。
五月里天兵又下凡，人受磨难，
三十五佛赴金船。①

上录《风流记》和《太上玄天垂文》，均未见于成化“禁书目录”，笔者暂时亦未从存世宝卷中发现名目相同者。其中《风流记》只抄录了开头一道偈语，后面部分全部缺失。民间宗教文献辗转传抄，不仅内容多有增删篡改，名同实异或名异实同的现象并不鲜见。笔者经过初步搜检，发现传世的《风轮经》开篇偈语与《风流记》高度相似，鉴于《风流记》不太像个经书名，笔者怀疑其为《风轮经》或《风轮记》之音讹。《风轮经》民间抄本和翻印本极多，有《弥勒古佛风轮真经》《弥勒古佛风轮经》《弥勒尊佛风轮经》《弥勒风轮经》《佛说风轮记经》等多种名称，文字也略有差异，兹将两种不同版本的开篇部分转录于下，以资参照对比。一种名《弥勒风轮经》（录自民国抄本）：

偈曰：
壬午癸未显灾迍，后至饥荒见猴鸡。
戌亥二年世大乱，燕京秦楚骨成堆。
东海涌出十八字，满世儿女哭啼啼。
人民个个无路走，鬼哭神号满城堆。
人人出阵声叫杀，宰相官员泪悲啼。

尔时，弥勒古佛赞曰：善哉善哉！今告失乡儿女，早早向善，收拾贪心。申酉二年，刀兵灾病死亡，虎狼毒蛇害人，人贫寿妖，田禾损伤。早立向善，烧香念佛，持斋修行，片念早修，永不退意，早早安排符章，多持经文。到此时年，刀兵杀人无数。如无此经文，难躲刀兵虎狼盗贼侵害。若有人授此经文，千妖百怪，不敢入门，鬼王妖邪。都不来害。如无此

① 《钦明大狱录》上卷，第642、666页。

经文，难免灾厄。（下略）

另一种名《佛说风轮记经》（录自清刻本，卷末有“龙飞岁在癸丑端月重刊”“嵊邑四十六都普济寺素士印传百叩行世”两行文字）：

> 风轮吹动太行山，赶得诸邪走慌张。
> 天愁地暗黄风起，乾坤打得都粉碎。
> 鬼王见了远远离，世香儿女西界留。
> 壬午癸未显灾由，后来饥馑痢鸡猴。
> 戌亥之年说大乱，燕秦楚骨堆城头。
> 东海涌出十八子，满城儿女哭忧愁。
> 人民个个无路走，鬼哭神嚎满城愁。
> 个个走来叫声杀，宰相官员泪珠流。
>
> 尔时，弥勒尊佛赞曰：善哉善哉！今生世上儿女，早早修持，酉年多见灾殃，刀兵灾劫后，难过此日。世香儿女，急急修持，休生退意，但要牌信瑚璋，谨求经文。到此之年，刀兵离乱，人无印信经文，难躲灾劫虎狼贼军侵害。人民到此之年，速速早牌印信经文。世香儿女，若有知人收得《风轮记经》，千妖百怪不敢近身，末劫鬼王妖怪不敢侵害。无有此经，难遮难免。（下略）

可以看出，上录《弥勒风轮经》《佛说风轮记经》与《风流记》的开篇偈语，虽然文字有所差异，但相似程度很高，显然都是同一经书的不同传抄本；当然也有明显差异，就是《风流记》中的“回回达达都杀尽”一句，在后出版本中消失不见了。前曾提到，曹新宇通过将《照仙炉经》与成化十年（1474 年）李宾题本的内容加以比较，认为《照仙炉经》等经卷很大程度上就是“成化禁书”的原抄，他还指出：“民间文书虽然没有传统文献学意义上的‘定本’，但通过学界同仁不断努力，挖掘抢救珍贵的文献，我们同样可以在民间文书充满改动的断裂性表象之下，探索其顽强的延续性特征。”① 《风轮经》与《风流记》之间的高度相似性，为曹新宇的推断提供了一个更具说服力的证据。换句话说，通过传世的《风轮经》，我们或许可以大概了解《风流记》的缺失部分，从而窥知明代中叶白莲教系文献之一角。

（高寿仙：北京行政学院教授）

---

① 前揭《新发现“成化禁书”与白莲教的关系——兼答王见川教授问题》。

阳明学的消解

——论晚明河南府的讲学活动

陈时龙

内容提要： 晚明河南一带的讲学活动的活跃地区，大抵与传统的“河洛文化”地域范围相一致。在对阳明学的接受与传播中，洛阳一带则显现出较强劲的文化底蕴和理学传统，成为北方王门的核心区域之一。然而，一个具有深厚理学传统的地区对一种新学术的到来，其反应往往是复杂的。因此，对明代河南府讲学的活动的诸多问题，很有细致梳理的必要。

关键词： 明代　河南府　阳明学　讲学活动

黄宗羲在《明儒学案》中说：“北方之为王氏学者独少。穆玄庵既无问答，而王道字纯甫者……其后趋向果异，不可列之王门。非二孟嗣响，即有贤者，亦不过迹象闻见之学，而自得者鲜矣。”① 黄宗羲笔下的“王氏学”即阳明心学，“二孟”则分别指山东茌平县的孟秋（1525—1589 年）与河南新安县的孟化鲤（1545—1597 年）。照黄宗羲言，明代北方学术若无孟秋和孟化鲤，最多只能称为“迹象闻见之学”。黄宗羲之学源出明代王学殿军刘宗周，此论并不奇怪。黄宗羲《明儒学案》对河南一带的阳明学者，除著录孟化鲤以及孟化鲤的老师尤时熙（1503—1580 年）之外，并未再收录其他学者。清初汤斌《洛学编》网罗稍富，于尤、孟之外还著录了虞城杨东明、睢县徐养相，以及孟化鲤门人陕州王以悟、渑池张信民等。② 自然，在黄宗羲、汤斌所列举的河南府阳明学者之外，应该还有不少曾接受过阳明学的地方学者，只是因为缺乏足够的学术影响力而无法进入到学术史视野之中。因此，探寻这些学术史上的消失者，本身是一件有意义的事情。从黄宗羲、汤斌所列举的几位河南阳明学者来看，除杨东明、徐养相外，尤时熙、孟化鲤、王以悟、张信民等都是河南府人。

明代河南府位于河南布政司的西部，西临陕西，北临山西，下辖陕州、洛阳、偃师、巩县、登封、孟津、宜阳、新安、嵩县、永宁、渑池、卢氏、灵宝、阌乡等 1 州 13 县。这是阳明学在河南传播最盛的地区，恰恰这一区域大体上与“河洛文化”的地域范围一致。正如学者所指出的那样，北宋以后，河洛地区的社会经济已经在全国不占重要地位，河洛文化从整体来讲处于一种下降趋势。③ 虽然如此，在晚明对阳明学的接受与传播中，洛阳一带还是显现出较强劲的文化底蕴和理学传统，成为北方王门的核心区域之一。然而，一个具有深厚理学传统的地区对一种新

---

① （清）黄宗羲：《明儒学案》卷二九《北方王门学案》，《黄宗羲全集》第 7 册，浙江古籍出版社，1992 年，第 7391 页。

② （清）汤斌：《洛学编》卷四，《四库全书存目丛书》影清康熙树德堂刻后印本，齐鲁书社，1997 年，第 82—83 页。

③ 薛瑞泽、许智银：《河洛文化研究》，民族出版社，2007 年，第 64—74、375 页。

学术的到来，其反应往往是复杂的。[①] 河南府对阳明学会全盘接受呢，还是也会作出不同的反应呢？迄今为止，对明代河南府的讲学活动的相关研究除却概述了当地阳明学者的讲学活动外，于北方王门学者对阳明学的态度问题也有所触及，[②] 但对明代河南府讲学的细致梳理仍然有必要。实际上，从尤时熙到孟化鲤再到王以悟、张信民，他们并不是亦步亦趋地讲授以“致良知”为宗旨的阳明学。而且，在传播阳明学时，他们确实也会面临如何处理此前丰富的理学资源问题。在面对和处理这些地域性学术遗产时，他们对于阳明学的态度会因之而变化。在明代河南府一带的讲学中，“良知”还是重要的话题，但却不是唯一话题。阳明学在晚明河南府的讲学历程中，一变而为尤时熙“格物之学”，再变而为“洛阳之学”或“洛洞之学”，而最终似乎完全化归于“伊洛之学”，完成了由传入到消解的全过程。

一　尤时熙在洛阳的讲学

河南洛阳一带较早接触并传播阳明学的人是尤时熙。民国十八年编纂的《河南新志》说：“河南为姚江之学者，自尤时熙起。”[③] 尤时熙，字季美，自号西川居士，河南洛阳县人，[④] 嘉靖元年（1522 年）举人，先后任元氏、章丘两县教谕、国子博士，以户部主事榷税浒墅，课足而止，不私一钱，以终养归。尤时熙之学，以《传习录》为入门。嘉靖二年（1523 年），他从友人方伊东家得《传习录》而读之，遂信从不疑。[⑤] 在任元氏、章丘两县的县学教谕时，尤时熙“一以致良知为教”。[⑥] 从师承来看，尤时熙师事阳明门人刘魁（1507 年举人），则在嘉靖二十三年（1544 年）任国子博士时。[⑦] 其时刘魁下狱，尤时熙乃“时时从狱中质问”。至于尤时熙晚年学术趋向，《明史》称其“病学者凭虚见而忽躬行，甚且越绳墨自恣，故其论议切于日用，不为空虚隐怪之谈”，[⑧] 可以说是一个成功规避了王门末流弊端的学者。尤时熙的另一位老师朱得之，

---

① 嘉靖年间陕西关中地区以马理为代表的学者对阳明学的排斥，以及明代中后期浙江宁波府慈溪县的学者在接受阳明学时总是强调阳明学与当地先贤杨简的慈湖学的趋同，就是例证。参见拙文《明代关中地区的讲学活动》，（台北）《政治大学历史学报》第 27、28 期，2007 年；《以慈湖学的名义——十六世纪阳明学在浙江慈溪的传播》，《国学研究》第 25 卷，2010 年。

② 戴霖《明代洛阳地区讲会论略》一文以讲会活动为主线，郑旭东《明代北方王门之洛阳王学综述》一文以人物为主线，提供了尤时熙、孟化鲤、张信民等学者的思想及讲学活动的主要轮廓。谢广山《孟云浦与豫西讲会》对孟化鲤及其门人的讲学活动有细致研究。翟爱玲《明代洛阳地区文化发展研究》也专设一节探讨“明代中后期洛阳地区心学的发展与变迁”。参见戴霖：《明代洛阳地区讲会论略》，《河南科技大学学报》23 卷 4 期，2003 年；谢广山：《孟云浦与豫西讲会》，《兰台世界》2008 年 10 月上半月，第 48—49 页；翟爱玲：《明代洛阳地区文化发展研究》，郑州大学出版社，2018 年，第 78—88 页。

③ 刘景向：《河南新志》，中州古籍出版社，1990 年，第 1005 页。

④ 按，孟化鲤所撰《行状》及张元忭《志铭》皆称尤时熙“河南卫”人。

⑤ （明）尤时熙：《拟学小记续录》卷四《与王龙阳》（丁卯），《四库全书存目丛书》影清同治三年刻本，第 46 页上。

⑥ （清）张廷玉：《明史》卷二八三《尤时熙传》，中华书局，1974 年，第 7286 页。

⑦ （清）吕孔良：《刻拟学小记跋》，《拟学小记》附录下卷，第 41 页上。

⑧ 《明史》，第 7286—7287 页。

也是王阳明的门人。[①] 可见，尤时熙不但因《传习录》私淑阳明，而且也是有切实的传授系谱可寻。至其生平举止行为之间，对王阳明的尊崇亦极诚敬，非但言必称“老师”，且“斋中设文成位，晨起必焚拜，来学者必令展谒”。[②] 对良知学，尤时熙也是信从不疑。他在论学中反复申明良知的本体性。嘉靖二十五年（1546 年），他在写给窦竹川的信中说：“良知者，虚灵知觉之本体也，不待安排算计，自能了了。”[③]《拟学小记》中涉及良知的语录不少。例如，他曾说：“仁敬孝慈信只是一个良知，良知即至善。”又说：“近谈学者多说良知上还有一层，此言自静中端倪之说启之，夫良知无始终，无内外，安得有上面一层?”[④] 整部《拟学小记》中，阳明学对尤时熙的影响始终可见。孙奇逢说“西川字字句句不失王阳明”，是有根据的。[⑤] 门人王以悟在概括尤时熙之学时也说：“其学宗旨根良知而实致。”[⑥]

嘉靖二十六年（1547 年），户部主事尤时熙乞终养归，[⑦] 此后“三十余年，日以修德明道为事”。[⑧] 乡居岁月，尤时熙唯以讲学为务。他自己说：“讲学是解缚之法，有世俗缚，有贤傅缚，有圣经缚，有师说缚，有意见缚，皆是名利做根，讲学只是解得缚了。”[⑨] 在尤时熙看来，人皆当讲学，所以应该来者不拒，而且意见未必需要皆同：“苟不随流俗，肯来讲求道理，不必所见皆同，即是同志，但当虚心切己，共求精一耳。”[⑩] 然而，即便来者不拒，嘉靖末年尤时熙在洛阳的讲学还是没有得到太多响应。嘉靖三十四年（1555 年），尤时熙写信给徐阶说：“归家后，师友违隔，旧游惟李子天宠及二、三后进相切磋。”[⑪] 李天宠是孟津县人，[⑫] 其子李根是尤时熙之婿。嘉靖四十二年（1563 年），尤时熙在写给友人的信中说：“此间有邱（丘）方山老兄父子及周氏昆玉为同志，小婿李根亦有志向，其同会一二友亦信此学，可相告语，然皆相去数十里，

---

① 朱得之（1485—? 年），字本思，号近斋，南直靖江县人。《明儒学案》卷二九《主事尤西川先生时熙》也说：“师事刘晴川……又从朱近斋、周讷溪、黄德良名骥考究阳明之言行。”（第 744 页）《四库全书总目在为尤时熙《拟学小记》所作提要说：“书中于魁称晴川师，于守仁则称老师，不忘所本也。”从尤时熙的著作看，“老师”指王阳明，而以“师”称刘魁、朱得之，而称讷溪为“先生”，称黄骥或称“黄师”，或亦直呼其字“德良”，此可见尤时熙学术渊源。朱得之在太学，尤时熙为国子博士，故而偶而反称尤时熙为“师长”。关于朱得之，参见黄红兵《朱得之的庄学思想研究》，《宜宾学院学报》2009 年第 10 期，第 21—24 页。

② （明）张元忭：《张阳和先生不二斋文选》卷五《河南西川尤先生志铭》，《四库全书存目丛书》影明万历张汝霖张汝懋刻本，第 5 页。

③ 前揭《拟学小记续录》卷三《与竹川窦先生》，第 24 页下。

④ 前揭《拟学小记》卷一，第 5 页下；卷五《长语质疑》，第 34 页下。

⑤ （清）孙奇逢：《理学宗传》卷二二，《续修四库全书》影清康熙六年张沐、程启朱刻本，上海古籍出版社，2000 年，第 32 页。

⑥ （明）王以悟：《王惺所先生文集》卷一《重刻拟学小记序》，《明别集丛刊》第 5 辑第 7 册，黄山书社，2016 年，第 69 页。

⑦ 前揭《拟学小记续录》卷三《上晴川刘师》：“自丁未（1547 年）辞师回家。”第 13 页上。

⑧ 前揭《河南西川尤先生志铭》，《拟学小记》附录上卷，第 30 页下。

⑨ 前揭《拟学小记》卷二，第 42 页下。

⑩ 前揭《拟学小记》卷二，第 43 页上。

⑪ 前揭《拟学小记续录》卷四《上徐存斋相公》（乙卯），第 44 页。

⑫ 按，李天宠字子承，嘉靖十七年（1538 年）进士，官至右佥都御史巡抚浙江。正是在尤时熙写信给徐阶的嘉靖三十四年，李天宠在六月以赵文华之诬告从浙江巡抚抗倭前线被黜，同年十月被杀。李根字伯生，号育吾，举人，官至陕西按察佥事备兵延安，参见耿介《中州道学编》卷二，《四库全书存目丛书》影康熙三十年嵩阳书院刻本补修本，第 38 页上。

不能数会。”① 丘方山即丘凤（1493—1571 年），字鸣岐，以世居新安县方山下，故号方山。王以悟《乡贤方山丘先生实纪跋》中说：“河南自两程子殁，寥寥数百年，我西川尤夫子始接其绪，倡道洛阳，以淑后学，而先生实与之友，上下其论议者三十余年。”② 丘凤长子丘岳，字仰之，号金峰，早逝，③ 次子丘陵，字本高，号西亭，④ 兄弟二人皆遵父命从学于尤时熙。同学之人中，还有丘凤之侄丘都（？—1602 年），字汝会，号南溪。后来丘都于晚年在丘沟村建理学尤西川先生祠，“朔望致祭，里人化之”。⑤ 周氏昆玉，即新安周玩易、周玩书、周雍易兄弟。⑥

尤时熙所谈嘉靖末年洛阳一带讲学相对冷落的情形是实情。后来孟云浦在《周玩易墓表》中谈及当时新安县学风时说：“邑中故未知讲学，自方山邱先生交西川尤先生，令岳、陵从之游，嗣是玩易兄弟亦执弟子礼，讲格物之学，始亦独惟自修，未敢以告人。人视其举止，莫不讪笑，玩易不顾也，逢人必诱以学。”⑦ 从孟云浦的记载看，当时新安县理学风气未开，周玩易兄弟从尤时熙学，“独惟自修”，不敢轻易语人。身体的原因也使尤时熙的讲学局限于洛阳一带，而不能像同时期江南一些学者那样四处游学。嘉靖四十年（1561 年），尤时熙写信给丘凤说：“经年不面，每一动念即思吾方山……奈贱体久虚弱，不能行数十里外。”⑧ 学者也指出，由于洛阳一带的学者之前主要接受曹端、薛瑄的程朱之学，所以讲阳明学的尤时熙在当时应者寥寥。⑨ 不过，尤时熙身边逐渐聚集了一些学者。嘉靖末年，因触犯权贵或进谏而罢官的洛阳学者谢江（1547 年进士）、陈麟（1553 年进士）集于尤时熙门下。耿介《中州道学编》载：“谢江，字仲川，洛阳人，嘉靖丁未进士，授工科给事中……自谢政归田，怡然曰：‘以直道贾罪，非名教所弃绝，今而后讲学之志庶大慰也。’于是从游尤西川之门，与李春野、陈仁泉诸公互相证发，朝夕不倦，著有《滋心语录》，皆其所领悟有得者也。”⑩ 陈麟在削籍归里后从尤西川讲学，“家居专以阐明圣学为事，所著有《归田漫录》”。⑪ 隆庆二年（1568 年）三月，尤时熙在给李根的信中谈到孟化鲤、张稽、李根、梁许等门人：“带川大廷之对，必然高第，未得专书致贺。子腾近回新安，居厚读书有依。然思昔年书舍之聚，每一想即诸友群在，今各分散矣，颇深衰老离深之感。”⑫

尤时熙门人渐广，乃有举行讲会之议。嘉靖四十四年（1565 年）七月，尤时熙写信给李根

① 前揭《拟学小记》卷四《与窦竹川兄》之二，第 11 页下。

② 前揭《王惺所先生文集》卷八《乡贤方山丘先生实纪跋》，第 162 页。

③ 前揭《拟学小记》卷四《答李两山》之三（戊辰），第 15 页上。

④ 民国《新安县志》卷一一《人物》，《中国方志丛书》华北地方第439号，据民国二十七年石印本影印，台北成文出版社，1975 年，第 35 页下。

⑤ 民国《新安县志》卷一一《人物》，第 34 页下。

⑥ 前揭《拟学小记》卷五《纯直周翁墓表》，第 48 页上；《拟学小记续录》卷三《答周尚时》（戊午），第 29 页上。周氏本洛阳人，后徙居新安。周玩易字尚时，玩书、雍易字号不详，参见民国《新安县志》卷一一《人物》，第 26 页下。

⑦ 民国《新安县志》卷一一《人物》，第 26 页下。

⑧ 前揭《拟学小记续录》卷三《与方山邱先生》之二（辛酉），第 27 页上。

⑨ 扈耕田：《尤时熙与明代洛阳的学术转型》，《河南科技大学学报》27 卷 3 期，2009 年 6 月，第 6 页。

⑩ （清）耿介：《中州道学编》卷二《谢仲川江》，第 44 页上；卷二《陈道征麟》，第 45 页上。

⑪ 前揭《河南新志》，第 1005 页。

⑫ 前揭《拟学小记续录》卷三《答伯生》之二（戊辰三月），第 31 页上。梁许字君可，号带川，约于隆庆元年（1567 年）中举。《拟学小记续录》卷三《答梁君可》（戊辰）：“高中，不胜同志之喜。”（第 31 页上）居厚乃尤时熙之孙。《拟学小记续录》卷三有《示孙居厚读书孟津》（乙丑）。

说："昨示欲与诸友会日约，甚喜，但须宽以居之，有和乐之意，莫太苦，恐难久也。举业自不妨学，只得失之念相妨耳，勉祛之。"① 这种强调讲会须"宽以居之，有和乐之意"的态度，在尤时熙后来的《拟作会约》中体现得更为具体。尤时熙本人，大约也是很希望举行讲会的。隆庆元年（1567 年），尤时熙信中对朱得之举行讲会充满羡慕之情，说："来谕郡公请会，郡公为谁？与会为谁？想云集风动，成人小子兴起可知。衰病阻远，不能近亲，南望怅然。"② 隆庆三年（1569 年），经过数年动议之后，以尤时熙为核心的洛阳城南讲会终于举行。尤时熙同年写给孟化鲤的信中说："近日诸友约会城南，略依鄙约，大抵此学起头，便要洁净，不得拖泥带水，相观而善，乃为有益也。"③ 其所自称"鄙约"，即《拟作会约》。《拟作会约》的拟定，应该在隆庆二年或者更早，④ 对会所、会期、会仪有详细的规定：

> 拟作会，择宽敞处为会所，设先师位，随便植花竹，置书籍、雅乐、弓矢、投壶。会友择同志者，不拘人数，随宜相约。每几日一会。至日侵晨，入会所。先谒先师，次相揖序坐，取书史内可以警发人者数段，令声朗者诵一过，皆肃听毕。起，再揖，却任意行坐，或歌诗，或鼓琴，或投壶，或射箭，或讲论书史，或静坐，兴到为之，各从其便。如近山水，乘兴游衍，随事切磋，务在相成相下，物我一体，若曾点之携童冠、樊迟之从舞雩，使此心活泼，生意油然。将晚，仍拜□□先师，相揖，序坐，听诵书史如晨仪，乃散归。如未及会期，或遇有难遣之情及事有处不去者，即赴会所，或但约相近一二人，相与讲解消遣，务请融释。会不厌数，惟在从俭。一，每会一日，两饭不用酒肉，蔬盘菜羹随意任便，但取足用，深戒奢靡，一则养心，一则可久。一，茶饭或轮管，或共置会田，募人耕之，有力出分，无力则否。一，作乐。雅乐任作，俗乐尽屏。一，歌诗。贵和平，主于养心。一，投壶射箭，执事敬，去胜心。一，讲论虚心观理，勿牵文义。一，静坐息思虑，勿执着。一，游山。对时洗心，勿贪光景。⑤

从《拟作会约》看，尤时熙绝不是一个刻板的讲学者。遵行《拟作会约》而行城南讲会的具体时间，则应该是在隆庆三年（1569 年）的冬天。洛阳门人刘贽在《刻拟学小记引》中说："去年己巳冬，遵先生所为社条，以共有城南会之约，师事先生，而日有请益。"⑥ 至于具体的地点，则似乎没有固定的会所，或谓"陈子祥城南书舍"，或谓"荒圃"。据门人吕孔良述，城南讲会之萌，始于吕孔良"问及成己成物合内外之道"，而"先生慨然有接引后学意，乃约纯甫温子、子礼刘子、伯仁昌子、子仁李子同邀先生会于陈子祥城南书舍，期以请益。一时同志者如梁子子福、王子复性、王子季才、方子敏之、刘子子密、董子汝正、刘子从喻，并士华、伯准陈氏二子及邻邑诸子咸翕然宗之，以为依归"。⑦ 尤时熙的另一位门人陈麟在《祭尤西川先生文》中则记载说："抵冬，同志帖来告先生有郭外荒圃之行。至则先生果来，缙绅诸儒云集，先生首命

① 前揭《拟学小记续录》卷三《答伯生》（丙寅七月），第 30 页下。

② 前揭《拟学小记》卷四《与朱近斋》之四（丁卯），第 6 页下。

③ 前揭《拟学小记》卷四《答孟子腾》（己巳），第 26 页。

④ 前揭《拟学小记续录》卷四《答化鲤》之七（戊辰）已谈及"谬拟之约"，第 52 页下。

⑤ 前揭《拟学小记》卷五《拟作会约》，第 51 页下—52 页上。

⑥ （明）刘贽：《刻拟学小记引》，《拟学小记》附录下卷，第 39 页。

⑦ （明）吕孔良：《刻拟学小记跋》，《拟学小记》附录下卷，页四一下。其中，子仁李子，即李士元，字子仁，举人，依尤时熙讲学，历官如皋教谕、国子监助教、代州知州，参见耿介《中州道学编》卷二，第 42 页。

予歌诗，随见和焉……揭约为会，予乃抠衣而师事之。”① 参与的人员，作为尤时熙门人之中的最杰出者，孟化鲤自然是少不了的。尤时熙的洛阳门人郭文士描述了自己参加城南讲会的情景及一时与会诸人的姓名：“一日聚讲，先生命叔龙歌诗，自齐和之，王子敬斋、朱子桂麓、傅子心虞、王子见朋、苏子嵩阳皆侍坐。”② 尤时熙门人，又有金文中、郭弘宇、扬宇兄弟，且郭弘宇著有《日省录》。孟化鲤《翟家庄义塾塾田记》记载：“余友洛阳金文中倜伟嗜义……余师西川尤先生阐圣学，为昭代大儒而文中笃信服从。”③ 王以悟曾说：“负笈从（尤时熙）游者彬彬济济，称一时之盛也，韦布中，如洛阳弘宇郭先生伯仲，尤其杰出云。”④ 吕良怀说尤时熙作城南讲会的目的是“接引后学”，而尤时熙本人则自谦地说举行讲会的目的是“相观摩，求寡过”。实际上，从一开始，尤时熙讲会就没有刻板地限制于研讨学问，而更多的是追求社会教化的实现与性灵陶冶。明太祖的六谕是讲会重要内容之一。尤时熙谈道：“岁己巳（1569 年），予因寡过之难，而叹离索之孤陋也，与二三友朋约会城南，相观摩，求寡过也，而怀龙与焉。于是揭圣谕六言于上，而疏附于其下方曰：‘学至乎礼而止，礼莫大于分也，凡巨细举措，必稽焉，窃自谓不悖于宪章，庶免坐蠹于明时耳。’”⑤

城南讲会对于尤时熙学术影响的扩大起到明显作用。陈麟《祭尤西川先生文》说不少人是从 1569 年冬天的城南之会开始成为尤时熙的门人，且尤时熙的《拟学小记》正是因隆庆四年（1570 年）城南之会而得以梓刻出版。孟化鲤《拟学小记续录引》说：“西川先生《拟学编》，嘉靖己丑（1529 年），鲤初谒即请而手抄之。是后凡切磋于朋友，授受于门人，随得而录，藏在私箧久矣。隆庆庚午（1570 年），洛中诸君子遵先生约，作会城南，质问间，得睹此编，虑手抄之不及也，相与刻梓，为卷凡八。”⑥ 在尤时熙逝后，洛阳县的讲会也并未就此完全停止。王以悟在《与张见室》的信中谈道：“夏中过郡城，辱承郊送，诸同志会集先师祠中，歌声迭和，三五年来，一乐事也。”⑦ 王以悟这封信应该作于他告病归乡后的天启年间，以信中有“向衰之年”“今而后可以无出”等语。可见，讲学与讲会到天启年间仍有痕迹，且依然是以尤时熙祠为依托。

尤时熙是河南洛阳一带最早讲授良知学的学者。孟化鲤在为尤时熙门人刘鈛所作墓表记载道：“一日过予，予出《阳明集》观焉，先生每观一通，忻然曰：‘此即吾师训也，何幸得闻至教乎！’”⑧ 刘鈛见感叹“此吾师训”，正表明其平素于尤时熙处所闻之学问，是以阳明学为主的。孟化鲤曾明确说：“吾师西川先生讲文成致良知之学。”⑨ 王以悟说：“洛阳西川尤先生，其

---

① （明）陈麟：《祭尤西川先生文》，《拟学小记》附录上卷，第 35 页下。

② 前揭《拟学小记续录》卷七《孔彦私录》，第 13 页下。

③ （明）孟化鲤：《孟云浦先生集》卷四，第 13 页。

④ 前揭《王惺所先生文集》卷一《日省录序》，第 71—72 页。

⑤ 前揭《拟学小记续录》卷五《贺怀龙陈姻家晋礼部儒士序》（壬申，1572 年），第 4 页上。

⑥ 前揭《孟云浦先生集》卷四《拟学小记续录引》，第 2 页。孟化鲤《拟学小记续录引》说：“今所传六卷，则表兄李伯生氏别为编次，梁君可久刻诸关中者也。”可见，八卷本《拟学小记》在当时的流传就不如李根所辑的六卷本《拟学小记》。孟化鲤所辑八卷本的《拟学小记》今不易见，日本尊经阁文库、美国国会图书馆收藏，题录作“明嘉靖版，4 册”。从孟化鲤自述看，八卷本的《拟学小记》似乎应该是隆庆年间刊本，而不可能是嘉靖刊本。

⑦ 前揭《王惺所先生文集》卷四《与张见室》，第 104 页。

⑧ （明）孟化鲤：《乐吾刘先生墓表》，乾隆《新安县志》卷一三《艺文四・墓表四》。

⑨ （明）孟化鲤：《明王母赵氏贞节墓表》，民国《陕县志》卷二二《文征》，第 17 页下。

学宗旨根良知而实致，其教人使开悟本心而务真修，其论说不离人伦日用，其工夫不出改过力行。”① 尤时熙的门人，像孟化鲤、李根等人，都可以说是典型的阳明学者。《孟津县志》称誉李根“下帷攻苦，搜圣贤未发之精；开诚晤对，阐良知一脉之传”。② 李根还为一些著名的阳明学者作年谱，如《罗念庵年谱》《程松溪年谱》。③ 他的另一位孟津门人李潘泉，“深口良知宗旨，动履不苟”。④ 在孟化鲤的《尊闻录》中，记载了不少他与尤时熙之间的谈话，兹举数条：

> 化鲤问：知与物对，则知是虚灵，属内，物是感应，属外，然亦只分别知与物耳，实无内外也。先生曰：是。
>
> 化鲤问：好恶不逐物，虽应感不失虚灵之体，是否？先生曰：应感即虚灵之有事也，何失之有？
>
> 化鲤问：良知是习知之合则，习知是良知之偏向否？先生曰：合则则不为习，偏向则不为良，毫厘千里。习知是习染之知，其来远矣。⑤

由以上三条看，尤时熙对于阳明学内外合一、即本体即发用，以及良知措之于外而无不中节的精神，是有真切的领会的，而其授徒讲学似乎亦不离此。在他与孟化鲤的对答中，他还曾经谈到过罗洪先的《夏游记》。他说：“《夏游记》当以龙溪之言为正，绪山语亦要善看，以意会之可也。念庵似尚错会，然其指谈学之弊，可为药石。窃观阳明先生之学，一再传便失真，君子所以贵亲炙也。”⑥ 他明确表示赞同王畿的观点。当然，王畿在《夏游记》中所论述的问题颇多，我们并不能确知哪一点对尤时熙的触动最大？然而，王畿在谈及心、物关系时的一段论述，似乎却与尤时熙的格物之论有一种内在的联系。王畿说：“吾儒之学，本以经世，此心与物相为流通。人有弗善而不能委曲成就，即于己心有碍。故此心与万物析离不得，见稍有偏，便落无情。此二氏见解，吾儒之所不道者。”⑦ “便落无情”一语，原非王畿所论的重点；但是，到尤时熙的格物论中，心物关系成了心、物、情三者间的关系。“格物”本就不是良知学最重视的概念。聂豹曾说：“学本良知，致知为学。格物者，致知之功也。学致良知，万物皆备，神而明之，广矣大矣，故曰知皆扩而充之，足以保四海，无他，达之天下也。”⑧ 至少按照聂豹的理解，格物相对于致知来说，是第二义的，不是作为一种学的必要而是作为一种结果出现的。致知是向内的，自然扩充而及于物，便是格物。这种理解是否忠实于王阳明的良知学本义？与聂豹辩论的王畿则

① 前揭《王惺所先生文集》卷一《重刻拟学小记序》，第 69 页。

② 康熙《孟津县志》卷三《理学》，康熙四十七年刻本，第 6 页。

③ （清）黄虞稷：《千顷堂书目》卷一〇，上海古籍出版社，2001 年，第 273 页。

④ 康熙《孟津县志》卷三《理学》，第 7 页。当然，康熙《孟津县志》对尤时熙另外几位门人——梁许、王价、郑梦麟的描述略异，记载梁许“研穷圣贤精旨，辩悉诸儒语录”，王价“深契先生（指尤时熙）之旨，历宦真定、大名太守，早晚政暇辑《二程类语》为弟子讲学”，郑梦麟“殚心理学，深契濂洛关闽之学”，但是却没有具体提及他们对于良知学的态度。

⑤ 前揭《孟云浦先生集》卷一《尊闻录》，第 1—2 页。

⑥ 前揭《孟云浦先生集》卷一《尊闻录》，第 7 页。

⑦ （明）罗洪先著，徐儒宗编校整理：《罗洪先集》卷三《夏游记》，凤凰出版社，2007 年，第 66 页。

⑧ （明）聂豹：《双江聂先生文集》卷三《重刻传习录序》，《四库全书存目丛书》集部第 72 册据明嘉靖四十三年吴凤瑞刻隆庆六年刻本，第 1 页下。

说：“格物正是致知下手实地”，“良知本虚，格物乃实，虚实相生，天则常见，乃是真立本也”。[①] 尤时熙将他的重点放在了“格物”上，而且按照自己的理解对阳明的格物解进行改变。[②] 在《格训通解》一文中，[③] 他集中表述了其对于“格物”的见解。尤时熙不同意训“格”为正”，最初认为应训“则”，后改从朱得之训“格”为“通”。尤时熙认为，“好恶”非物，而是“情”，“好恶所在”是物，所以，“格物”即是“通物情”。《格训通解》说：“好恶，情也。好恶所在，则物也。好之恶之，事也。学本性情，情通物我，故于好恶所在用工，而其要则在体悉物我好恶之情……致知必在通物情，物情通而后吾之良知始快足而无所壅遏，是以必物格而后知乃至也。”[④] “情”的概念，较早是指“喜怒哀乐爱恶欲”等与“性”相对的东西。唐人李翱在《复性书》中说情是“惑其性者”。朱熹则认为，情是性之动，心为性情之主。[⑤] 在阳明那里，心、物一体，不须分析，所谓“仁即心也，心即知也，知即物也”。[⑥] 情是心之用。阳明说：“心统性情。性，心体也；情，心用也。”[⑦] 所以，性情分疏的做法应该也是不妥的。陈来先生也指出，阳明的格物论“把格物的方向从外在事物移向意向行为本身，实现了‘反求诸心’的战略转变”。[⑧] 显然，尤时熙的格物论将物、我分为两截，复赖情以通物我，是极不合阳明反求诸心的精神的。[⑨]

黄宗羲对于朱得之和尤时熙都没有给予太高的评价，在《明儒学案·北方王门》的序论中强调孟化鲤、孟秋而不谈尤时熙。朱得之曾对尤时熙说：“格物之见，虽多自得，未免尚为见闻所梏，虽脱闻见于童习，尚滞闻见于闻学之后，此笃信先师之故也。不若尽涤旧闻，空洞其中，听其有触而觉。”黄宗羲为此感叹：“即此可以观其自得矣！”[⑩] 相对而言，朱得之以一种近乎庄老式的洒脱偏离了阳明学，而尤时熙对阳明学的偏离则在其拘谨。在黄宗羲看来，尤时熙主张的“学者只于发动处用功，故工夫即是本体，不当求其起处”，近似于胡居仁所主张的“古人只言涵养，言操存，曷尝言求见本体”与朱熹的“应酬酢处特达见本根工夫”，并感叹说：“安可据此为学的？”[⑪] 正如前文所引，要使良知“无所壅遏”，工夫便是“通物情”。如果“格物”

---

① （明）王畿著，吴震编校整理：《龙溪王先生全集》卷九《与聂双江》，凤凰出版社，2007年，第200页。

② 钟治国在《阳明学的格物说的演变——以尤时熙的格物说为中心的考察》文中指出，尤西川格物说经历了由训“格”为“则”、训“物”为“好恶”，到训“格”为“通”、训“物”为“好恶之所在”的转变，是对阳明格物说的误解。《第二届阳明文化国际论坛论文汇编》（中国·崇义，2019年10月），第95页。

③ 按，《拟学小记》卷三即《格物通解》。据尤时熙《格训通解序》，《格物通解》成于隆庆元年（1567年）。

④ 前揭《拟学小记》卷三《格训通解》，第54页下—55页上。

⑤ （宋）黎靖德：《朱子语类》卷五，中华书局，1992年，第89页。

⑥ 前揭《双江聂先生文集》卷三《重刻传习录序》，第1页下。

⑦ （明）王守仁：《王阳明全集》卷四文录一《答汪石潭内翰（辛未，1511年）》，上海古籍出版社，1992年，第146页。

⑧ 陈来：《有无之境：王阳明哲学的精神》，人民出版社，1991年，第134页。

⑨ 按，王学门人中论情之议论不少，如邹守益《东廓邹先生文集》卷一《堂北余哀诗序》云：“哀乐，情也，过则无留也，留于情惑也，留于情而不忒，其平正也……夫道明而后欲净，欲净而后情正，情出于正，则虽留而不害。”（第20页）朝鲜的阳明学者郑齐斗（1649—1736年）曾绘有“良知体用图”，其最核心圈为性圈，外为情圈，再外为万物圈。情圈左右写“恻隐羞恶”、“是非辞让”，上写“喜怒哀惧爱恶欲”，下写“心之情”“心之发”“良知之用”。崔在穆《东亚阳明学》，中国人民大学出版社，2009年，第59—60页。

⑩ 前揭《明儒学案》卷二五《南中王门·明经朱近斋先生得之》，第682页。

⑪ 前揭《明儒学案》卷二九《北方王门·主事尤西川先生时熙》，第744页。

（“通物情”）是尤时熙所主张的工夫，那么，按照“工夫即是本体”说法，“格物”便会是尤时熙的全部。这或许也是为什么尤时熙比较少谈致良知而多谈格物的原因。据孟化鲤《周玩易墓表》，周玩易兄弟从学尤时熙，“讲格物之学”。可见，“格物”说在尤时熙的讲学中是一个重点。总而言之，尤时熙虽然信从阳明学，但他不是王阳明的直系传人，对于“良知”教的信从并不确切，相反在“格物”说上还与阳明学有较大的分歧。在为孟秋所写的传中，孟化鲤还不但转引张元忭对尤时熙所作的“善学文成而救其末流之弊”的评价，而且还强调尤时熙、孟秋二人“格物之学不诡于孔孟”。

二　孟化鲤在新安的讲学

新安县在洛阳之西。民国《新安县志》引康熙《新安县志》的风俗评语说：“本邑民心向化，古遒犹存，地瘠山深，而多仁让之风，又诸前辈倡理学于前，邑人化之，至今称为仁里。”①隆庆、万历初年，提倡理学的新安县学者，或为尤时熙之友，如丘凤，或为尤时熙之门人，如孟化鲤、刘鈗、周玩易等人。尤时熙对新安县的讲学始终非常关注。他曾经参加过新安县的讲会。孟化鲤《尊闻录》记载：“新安会友云集，先生（指尤时熙）曰：‘闻诸友兴起，皆子学力所到，足以验此学之不差矣，但须包荒乃可。盖吾人学问，人皆我师，非我为人师，故尝自见己过。’”② 不过，因为体弱多病，尤时熙亲赴新安讲会的机会并不多。隆庆六年（1572年），尤时熙说：“诸友多欲枉顾，衰病不支，望体悉，尤幸。”③ 因此，他还会以其他方式关注新安讲会。他给孟化鲤写信，希望讲会不要刻板，说：“衰躯路遥，不能追随诸友入会，不知诸友会时如何，会后如何。大抵须有欢欣鼓舞，不知手舞足蹈，乃为佳处，有生意，世俗之乐自不能入。若拘促迫狭，妆点门面，则失其意矣。如是则凡所讲求，只成知见，无益于得，非善会者也。”④不赴会时，尤时熙会给讲会寄去自己文字，并希望孟化鲤给他寄去会中语录：“愚心尤望诸友作会相切磋，或有见笔出，时赐教，盖彼此有进”，“鄙语只作草稿。义理无穷，先觉阻远，不得已与诸友商榷，为自省之伴”，“令此友将鄙稿讨论，有不协即笔记示下，乃可相讲也”。⑤ 而且，新安县讲会的主要组织者，除孟化鲤之外，还有另一位尤时熙的门人刘鈗。因此，可以说新安县的讲会，完全是在尤时熙讲学的感召下产生的，正如尤时熙所自述的那样，“吾邑（指新安县）立会，讲洛阳之学且十年”。⑥ 所谓“洛阳之学”，即指尤时熙之学。当然，在16世纪后半期，支撑新安讲会的主要领袖人物，是尤时熙的弟子孟化鲤。

孟化鲤，字叔龙，河南新安人，万历八年（1580年）进士，历任户部主事、吏部郎中，万历二十一年谪为民。他在嘉靖四十四年（1565年）师从尤时熙，自谓“嘉靖乙丑（1565年）入洛，录西川先生语”而成《尊闻录》。⑦ 孟化鲤对于讲学是极热衷的。当得知孟秋“无相从者”

① 民国《新安县志》卷九《风俗》，第10页。

② 前揭《孟云浦先生集》卷一《尊闻录》，第7页。

③ 前揭《拟学小记续录》卷四《答化鲤》十一（壬申），第54页上。

④ 前揭《拟学小记续录》卷四《答化鲤》之八（戊辰），第53页上。

⑤ 前揭《拟学小记续录》《答化鲤》之五（戊辰），第52页上；《答化鲤》之七（戊辰），第52页下；《答化鲤》之十二（壬申），第54页上。

⑥ 民国《新安县志》卷一一《人物》，第24页上。

⑦ 前揭《孟云浦先生集》卷一《尊闻录》，第1页。

而只能“自修自证”时，他写信劝慰说：“侧闻门下在贵乡无相从者，虽家居自修自证，不假于人，然不免形影相吊……岂其道高而人不敢就邪？抑亦有所择而后与邪……吾人一生居乡时多，宦游日少，十室之邑，必有忠信，矧贵镇非十室比？顾独无可过资乎？所愿加意接引，不但成物，正所以成己，不但善吾乡，正可以验吾学。高明以为何如？”① 所以，他对于举办讲学会的热情，比尤时熙更高。实际上，孟化鲤在新安县举行的讲会，比尤时熙隆庆三年在洛阳城南的讲会更早。早在隆庆二年（1568 年），尤时熙就谈道：“三周暨乃侄崇口近亦入孟生之会，更有一二后进及小孙居厚亦从学，然新安处西，东县旧友尤难会。”② 所谓孟生之会，自然是孟化鲤的讲会。至于当时讲会的名称，或名“文峰讲会”。杨东明《云浦孟先生墓志铭》载：“乙丑始拜西川先生门下，读其《拟学小记》诸书，欣然有当于心。凡先生片言只字，罔不籍记，佩服久之，幡然解悟，吟弄而归。创文峰会讲，兴起斯文，远近趋门墙受业者甚众。西川先生曰：“吾道大明于西方。”③ 孟化鲤的讲会，从一开始即遵行尤时熙的《拟作会约》。尤时熙在隆庆二年（1568 年）给孟化鲤的信中说：“见示作会如谬拟之约，闻之踊跃。”④ 所以，我们可以推断，新安县最早的阳明学讲会形成于隆庆二年（1568 年）。至于讲会的会址与频率，孟化鲤曾说：“吾邑立会，讲洛阳之学且十年，始讲于宝云寺，寻讲于城南精舍，又讲于陈仁甫书屋，月三举，未尝辍。”⑤《孟云浦年谱》则称：“先集陈存吾书舍，后来者渐众，舍不能容，寻迁于邑城隍庙庭，来者益众。同志虑非久计，谋各量力捐分，买地城南川上，建立会所，讲习其中。”宝云寺在新安县治之北，慕容山前。⑥ 城南精舍与陈仁甫书屋皆无从考证，比较有名的讲学之所是川上书院。《明史·孟化鲤传》载：“（万历二十一年）斥化鲤等为民。既归，筑书院川上，与学者讲习不辍，四方从游者恒数百人。”⑦ 其实，《明史》的这段记载应该不是很准确，因为川上书院之建并非在孟化鲤被斥为民“既归”之后，而应该更早。大约在 1579 年尤时熙逝世后，孟化鲤即开始建两贤祠，以祀尤时熙、丘凤，后来又建宗贤楼。据吕维祺记载，孟化鲤“于川上建两贤祠，后为宗贤楼，聚图书，罗俊乂”。⑧ 川上书院的两贤祠，奉祀的是尤时熙与丘凤。宗贤楼非但藏书，也起到讲堂的作用，所谓“会学讲贯于此”。⑨ 院以“川上”为名，盖源自《论语》“子在川上曰：逝者如斯乎，不舍昼夜”一语，亦以此劝学者珍惜光阴。民国《新安县志》记载：“川上书院。在城南涧水上，明儒孟云浦先生讲学处。”⑩ 孟化鲤《川上会簿序》即反复申说：“吾党每月会川上，凡三日，可谓知讲学矣……自今各务真修，饬躬励行，过相规而德相劝，心相下而情相亲。会不可虚，亦不可间，庶几仰体孔子之忧，不辱川上，而讲会亦尚有益

① 前揭《孟云浦先生集》卷二《与孟我疆》，第 1 页。

② 前揭《拟学小记》卷四《答李两山》之三，第 15 页上。

③ 转引自孟昭信《孟云浦先生年谱补注》。

④ 前揭《拟学小记续录》卷四《答化鲤》之七（戊辰 1568 年），第 52 页下。

⑤ 民国《新安县志》卷一一《人物》，第 24 页上。

⑥ 民国《新安县志》卷二《庙寺》，第 50 页下—51 页上；卷二《山系》，第 15 页下。

⑦《明史》卷二八三，第 7290 页。

⑧（明）吕维祺：《明德先生文集》卷一一《孟先生传》，《四库全书存目丛书》影清康熙二年吕兆璜等刻本，第 2 页。

⑨ 乾隆《新安县志》卷一《营建志·学校十一》，乾隆年间刊本。

⑩ 民国《新安县志》卷八《教育》，第 1 页下。

哉。”[①] 他的门生王以悟说：“昔余之寓新安也，每从讲川上。”[②] 王以悟寓新安十余年，即1578年从师至1593年贡入太学之间的那段时间。王以悟的自述，也足以证明川上书院的建立应该是在万历初期。

孟化鲤的讲友中，有同为尤时熙门人的刘鈗。刘鈗，字伯举，初号玉铉，后改号乐吾，新安县学诸生，年五十从尤时熙游，潜心理学，与孟化鲤为至交。[③] 参加孟化鲤新安讲会的学者，自然有不少乃新安人，如赵永澄、周玩易兄弟、万汝仁、江汝复、陈仁甫、王亲贤。孟化鲤《四子传》载：“四子者，赵永澄、张腾霄、王尔恕、邓州牧也……赵永澄字则映，余新安人也……在里中则亲周静涯昆弟，善万汝仁、江汝复、陈仁甫；适弘农则交王幼真、张希龙……张腾霄即希龙……幼真负笈来新安，遭希龙子道，问何之，幼真具言其事，希龙曰：‘善哉，终身事业自此定矣，君前驱，我将率吾弟冲霄趋步。’曩弘农士只攻举业，自幼真东来，济济务学，俗尚丕变，希龙从臾之力也……王尔恕，幼真侄，字一之……邓州牧，字信斯，亦希龙同郡人。”[④] 王亲贤，字希明，“从孟云浦先生学，先生器重之”。[⑤] 此外，参加讲会的新安学者，还有黄道、郭士悫、王诰诸人。黄道，字性轩。郭士悫（？—1597年）字子智，号梅山，皆布衣平民；王诰号前川，邑增广生，“笃行嗜学，为孟云浦先生所敬重，与之同讲席，秉性端凝，气宇豁达”。[⑥] 黄道、郭士悫与孟化鲸、杨道醇诸人，后来都配祀孟化鲤于川上书院的宗贤楼。[⑦] 然其讲学者又不限于新安一邑者，如陕县王以悟、王尔恕叔侄、张腾霄、冲霄兄弟及邓州牧。这些人中，更有动辄居新安十余年者，如陕县王以悟、崔儒秀、洛阳穆景星等人。[⑧] 吕维祺说，孟化鲤讲学川上书院时，“四方之士闻风负笈，若陕、渑、嵩、永、雒、孟、汝、罗、秦、晋联翩而至无虑数百人”。[⑨] 之外，江西吉安府吉水县的著名学者邹元标，亦曾在万历二十二年（1594年）讲学于此。乾隆《新安县志》载：“邹元标，江西吉水人，云浦先生道友，同讲学川上书院，数载始归。”[⑩] 至于会讲时问答之余，孟化鲤又常以批注的方式答疑解惑。张信民记载说：“昔孟老师于及门士，命各置一册，上书所得语或难处事，或未明书旨，于会日持以相正，师亲注数语为答。”[⑪] 丘凤的侄子丘都（？—1602年），可能非但亲身参与孟化鲤的讲学，而且还在丘沟村建尤时熙祠以讲学。民国《新安县志》载：“邱都，字汝会，号南溪，邱沟人，为方山先生侄。幼失怙恃，惟兄嫂弟妹五人，潜心理窟。孟云浦先生雅重之……建理学尤西川先生祠于邱沟村，朔望致祭，里人化之。”[⑫] 这极可能便是后来王以悟所称的丘氏克终会。王以悟《丘氏克终会约序》记载说：“克终会在新安方山之阴，盖乡贤丘先生故里，而吾尤先师所与先生游息谈论处

① 前揭《孟云浦先生集》卷四《川上会簿序》，第9页。

② 前揭《王惺所先生文集》卷七《处士怀麓夏公墓表》，第152页。

③ 前揭《乐吾刘先生墓表》，乾隆《新安县志》卷一三《艺文四・墓表四》。

④ 前揭《孟云浦先生集》卷五《四子传》，第6页。

⑤ 民国《新安县志》卷一一《人物》，第45页上。

⑥ 民国《新安县志》卷一一《人物》，第27页上—28页上。

⑦ 乾隆《新安县志》卷一《营建志・学校十一》。

⑧ 乾隆《新安县志》卷一一《人物志・游寓二》。

⑨ 前揭《明德先生文集》卷一一《孟先生传》，第22页。

⑩ 乾隆《新安县志》卷一一《人物志九・游寓一》。

⑪ （明）张信民：《张抱初先生印正稿》卷一《正学会语》，《四库全书存目丛书》影清雍正四年王箴舆刻本，第9页。

⑫ 民国《新安县志》卷一一《人物》，第34页下。

也。先生卒，其孙子暨姻党有志者思二先生不得见，即其地为祠，且朔望会讲其中……固不以假道滥竽辈，以立会为名高，以讲学为般数，以群居为谈薮，以缔众为树交，使人望而嘲之曰彼向道者而犹若是，其沮人好修之心多矣。诗云‘靡不有初，鲜克有终’。余不肖，愿与诸君子勉克终乎，而因以名其会，盖取交警之义也。”①

王以悟对孟化鲤的学术概括为：“孟先生学本伊洛，功专主敬。”② 孟化鲤自称“讲洛阳之学”，意在继承和发扬尤时熙之学，故亦间接地传播了阳明的良知之学。对阳明学持反对态度的唐伯元，曾在写给孟化鲤的信中说：“足下力学笃行，已逼古人，乃其论学也，犹今人也。生今而今，虽贤者不能免也……乃其要归，在明心体。”③ 从孟化鲤的门人看，也都是笃信阳明学的学者。张信民、王以悟等人下文再论，其他人如郭士悫“日坐一室，取《阳明文录》《拟学小记》诸理学先生书，焚香朗诵”。④ 黄宗羲说：“西川既传晴川之学，先生（指孟化鲤）因往师之。凡所言‘发动处用功’，及‘集义即乎心之所安’，皆师说也。”其《论学书》称“吾之心正，则天地之心正”，心学的态度很明确。比较有意思的是孟化鲤对“浩然之气”的论述。他说：“人者天地之心，而人之心即浩然之气。浩然者，感而遂通，不学不虑，真心之所溢而流也……或者知气塞天地，而不求诸心，而不本之集义，心非真心，气非浩然，欲希天地我塞，难矣!”⑤ 对于气的论述，是明代河南学者的传统。从前辈学者王廷相（1474—1544 年），到与孟化鲤同时的杨东明（1548—1624 年），都重视“气”的哲学。作为杨东明的讲友，孟化鲤对气的问题有所回应，应该是可以想见的。然而，在孟化鲤那里，“气塞宇宙”，但却要“求诸于心”。如此一来，“气”的哲学成了“心”的哲学。这与王阳明所说的“（良知）以其流行而言谓之气”及其理气一体的思想是一致的。⑥ 因此，孟化鲤对于阳明心学有真切的理解。其门人吕维祺概括孟化鲤之学说：“大抵公之学以无欲为宗，其教人以孝弟慎独为要，尤精于《易》……盖伊洛之真传，而良知之嫡脉，月川之后一人而已。”⑦ 抛开伊洛、月川等因素来看，“良知之嫡脉”的评价是不过分的。吕维祺还说：“先生（指孟化鲤）于道益精进，所发明益开朗澄澈，非独扩良知之绪，即上溯洙泗，中衍伊洛，当亦非先生莫属也。”⑧ 清初名儒孙奇逢对孟化鲤的评价就很高，认为孟化鲤之学“从统宗处理会，其魄力自大”。⑨ 之外，尤时熙所重视的太祖《六谕》，也是孟化鲤讲学之重点。吕维祺说，孟化鲤以户部主事榷河西务时，“惟与士子讲《圣谕》，明正学”。⑩

在河南府的讲学活动中，孟化鲤是一个关键人物。在他之后，河南府的讲学开始进入一个高潮。天启三年（1623 年），冯从吾在写给山西名儒辛全的信中说：“近伊洛之间学会复兴，王惺所讲于陕州，吕豫石讲于新安，张抱初讲于沔池。不佞昨过其地，俱赴会大讲，二程之风再振，

① 前揭《王惺所先生文集》卷一，第 72—73 页。

② 前揭《王惺所先生文集》卷一《重刊云浦孟先生语录序》，第 73 页。

③ （明）唐伯元：《醉经楼集》卷五《答孟吏部叔龙书》，中华书局，2014 年，第 87—88 页。

④ 前揭《王惺所先生文集》卷七《布衣梅先生墓表》，第 149 页。

⑤ 前揭《明儒学案》卷二九，第 755 页。

⑥ 〔日〕上田弘毅：《明代哲学中的气——王守仁与左派王学》，小野泽精一、福永光司、山井涌编、李庆译《气的思想：中国自然观和人的观念的发展》，上海人民出版社，1990 年，第 439、448 页。

⑦ 前揭《明德先生文集》卷六《理学应谥已经三院特请奉旨下部者二人》，第 3 页。

⑧ 前揭《明德先生文集》卷一一《孟先生传》，第 22 页。

⑨ （清）孙奇逢：《理学宗传》卷二五，第 5 页。

⑩ 前揭《明德先生文集》卷六《理学应谥已经三院特请奉旨下部者二人》，第 3 页。

殊可喜也。"① 所谓"昨过其地"，是指天启二年（1622 年）冯从吾辞官归里，途经河南，讲学于新安、陕州。王惺所、吕豫石与张抱初诸人，则都是孟化鲤的门人。

三 王以悟、张信民、吕维祺等人的讲学

王以悟在陕州的讲学活动，是从万历十三年（1585 年）在陕州张茅镇修建祭祀尤西川的祠堂开始的。陕州在洛阳之西，"为豫西岩邑，地居崤函之间，当秦陇巴蜀之孔道"。② 在晚明，陕州因为王以悟等人的关系，成为河南府一带的讲学重镇，而且因为其交通位置，秦晋之地的学者也常过此讲学。王以悟（1557—1638 年），原字希赐，其师孟化鲤为其改字幼真，③ 后又自号惺惺主人，名其书斋常惺惺所，万历甲辰（1604 年）进士，历任邢台知县、兵部主事、山西参政，著有《常惺惺所稿》10 卷。④ 王以悟在万历四年（1576 年）以前从陕州高翼（1533—1598 年）受举子业。高翼字云衢，号南浦，信从朱子学，后曾赴洛阳谒见尤时熙、孟化鲤促膝剧谈，逾月而返，能宗旨终未能契。万历六年（1578 年），年方弱冠的王以悟听人传说"新安讲道学有会"，"窃异焉，遂裹粮而东"，与尤、孟之学结缘。⑤ 他还说："余惟戊寅（1578 年）之岁，谒孟先师而受学川上也。"⑥ 他馆于孟化鲤居所之旁舍，"昕夕相与切劘"。⑦ 据乾隆《新安县志》载，王以悟"儒童时闻云浦先生讲学，裹粮执贽，佩服德教，居新十余年"。⑧ 后来经孟化鲤的引见，王以悟曾谒见尤时熙，因此也算是尤时熙的门人。高维岳称其"为尤、孟两先生高足弟子而有以接其传"。⑨ 修筑尤西川祠堂，是王以悟讲学之始。孟秋《明陕州创建西川尤先生祠记》记载："陕庠之英王以悟从学于洛阳西川尤先生。先生没，以悟述其教，服膺益厉。乡人化之，乃与其徒张腾霄、赵一麟及里民六十余人集五十余金即所居谋建祠以祀，且游息焉。会郡守步泉康公雅慕先生，捐地址一区，阔十步，长八步，中构祠三楹，左右翼以斋房，各四楹。祠后旧有土洞，以居守者，周缭以垣，时万历乙酉（1585 年），盖先生没之六年也。"⑩ 王以悟自记，"初建尤先师祠，竭力经营，实数一同志捐分为之"。⑪ 从孟秋的祠记看，张茅镇的尤西川祠非但有祠堂三楹，而且左右还各以六楹斋房以供"游息"，是一个兼具祭祀和讲学功能的场所。此时王以悟的身份仍然只是一名生员。当时同志有张希龙、夏叔正、赵则映等，所谓"结社张茅而论交最久者"。⑫ 万历二十一年（1593 年），王以悟以贡游太学，寻领庚子（1600 年）乡荐，甲

① （明）冯从吾：《冯少墟集》续集卷五《答辛复元茂木》，清康熙十二年洪琮刻本，第 4 页。

② 民国《陕县志》卷二六《叙录》，《中国方志丛书》华北地方第 114 号影民国二十五年铅印本，台北成文出版社，1968 年，第 1 页上。

③ （明）李虞夔：《常惺惺所稿序》，《王惺所先生文集》卷首，第 54 页。

④ 民国《陕县志》卷二〇《艺文》："《常惺惺所稿》十卷，王以悟著，分陕张而讷辑录，洛阳张孔训编次，刊于天启三年，传本甚稀……其书流传未广，《明儒学案》未获列人，故世鲜有知者。"（第 1 页）

⑤ （明）王以悟：《陕西淳化县知县南浦高先生墓志铭》，民国《陕县志》卷二二，第 16 页。

⑥ 前揭《王惺所先生文集》卷七《布衣梅山先生墓表》，第 149 页。

⑦ 前揭《孟云浦先生集》卷四《王生字幼真说》，第 26 页。

⑧ 乾隆《新安县志》卷一一《人物九·游寓二》。

⑨ （明）高维岳：《书惺所王先生诗集后》，《王惺所先生文集》，第 193 页。

⑩ 民国《陕县志》卷二二《文征》，第 8 页下。

⑪ 前揭《王惺所先生文集》卷二《九龙宫修建上帝庙记》，第 77 页。

⑫ 前揭《王惺所先生文集》卷七《处士夏公墓表》，第 151 页。

辰（1604年）成进士，任邢台知县。其在国子监时，“都中讲学久废，乃约同志举行，闻者四集”。[①] 在邢台时，“与诸友订期立会”，并重刊张信民刻于陇西之《云浦孟先生语录》，“与诸友共诵而习之”。[②] 万历四十年（1612年）擢兵部，[③] 天启元年（1621年），王以悟出任山西布政司参政，三月即乞休归里。

王以悟所处的时代，恰是讲学之风渐衰的时代。在他的多封书信中，都谈及斯时讲学之难。在给吕维祺的信中，王以悟谈到世人以为做官即不当讲学，并且加以辩驳：“世俗谓作宦妨讲学，然讲学正所以作宦。先师孟云浦，何尝一日不讲学？而人品宦绩，巍然如泰山北斗。”[④]《复杨修龄侍御》一书中说：“吾人讲学一事，舍此别无驻足，而入都门，未见有出头承当者，盖世道又一变矣。空言无补、愆尤丛生，因噎废食，亦讲学者之自变耳，非于世道也。”[⑤] 在给另外一位朋友的信中，王以悟将此时的讲学风气与他万历中期在国子监时的讲学风气进行比较，说：“昔游桥门，海内同志大会，讲明圣学，意气向往，翕然同风，亦一时之盛也。后二十余年，弟五游都下，同志会聚，落落晨星，至今日则以讲学为讳矣。盖行疏者招尤，假道者贾怨，好修者自全，以生人至要之事，多未肯出头承当，不亦因噎废食乎？”[⑥] 王以悟入国子监的时间，是在万历二十年。“二十余年后”，当即万历朝后期至天启年间。在王以悟离开陕州的那段时间，陕州的讲学之风也沉寂了。王以悟自叙说：“自余之应公车而游虎闱也，吾乡讲学之会浸微浸散也。”[⑦] 既然居官尚且讲学不辍，乡居则更应讲学。回到陕州后，王以悟开始其乡居讲学之事，重开讲学之会，名为鼎新会。友人陈大道序其语录时说：“惺所游虎闱而归，引鼎新会以固同志。”[⑧] 王以悟说：“比其归也，要诸同志而鼎新之，因以名其会簿焉。”[⑨] 他自己谈到晚年生活说：“数年以来，结三椽于橐水之上，日与后进有志向者联会观摹，求身体而力行，暇中掩关静坐，除寻常经书外，取宋儒及我明薛、曹、陈、王诸先生书时讽咏之。”[⑩]

晚年王以悟讲学的主要场所是州城东门外的依仁书院。民国《陕县志》载：“以悟自山西冀宁道谢病归，与张抱初、张春宇、吕豫石诸人倡明师说，一时学者多向风。适河东盐使李缉敬巡历过陕，与以悟讲学于萧寺，旋为葺依仁书院，为以悟讲学之地。”[⑪] 李缉敬，名日宣，字晦伯，缉敬乃其号，江西吉水人，万历四十一年（1613年）进士，后官至吏部尚书。其出理河东盐政，在天启元年（1621年）。[⑫] 据此，依仁书院建于天启元年。民国《陕县志》载：“依仁书院，在陕县城东门外驿路官厅之北……明熹宗天启元年，惺所王公自山西冀宁道谢病归陕州，适河东盐使缉敬李公日宣巡历过陕，与公讲学于萧寺中，旋筹款葺东郭书院，为王公聚徒讲学之地。李公

---

① 前揭《王惺所先生文集》卷七《太医院医士正田张翁暨配习孺人墓表序》，第150页。

② 前揭《王惺所先生文集》卷一《重刊云浦孟先生语录序》，第74页。

③ （明）王以悟《书王西皋卷》：“岁壬子，余补司舆。”民国《陕县志》卷二二《文征》，第7页下。

④ 前揭《王惺所先生文集》卷四《与吕豫石吏部》，第121页。

⑤ 前揭《王惺所先生文集》卷四《复杨修龄侍御》，第122页。

⑥ 前揭《王惺所先生文集》卷四《与杜友白观察》，第122页。

⑦ 前揭《王惺所先生文集》卷一《鼎新会簿序》，第72页。

⑧ （明）陈大道：《叙惺所王先生语录》，《王惺所先生文集》卷首，第54页。

⑨ 前揭《王惺所先生文集》卷一《鼎新会簿序》，第72页。

⑩ 前揭《王惺所先生文集》卷四《奉赵见翁老师》，第101页。

⑪ 民国《陕县志》卷一七《人物》，第15页上。

⑫ 《明史》卷二五四《李日宣传》，第6566页。

颜其额曰‘依仁’，榜其堂曰‘与人为善之堂’。”① 除了依仁书院外，孙少涧山房也是会讲之所。王以悟《会集孙少涧山房》云：“何处得星聚，今朝大会开。烟村历涧道，古洞傍林隈。董子下帷馈，长沙治世才。四方政多事，碌碌亦何哉！”② 从“董子下帷馈，长沙治世才，四方政多事，碌碌亦何哉”四句看，聚讲孙少涧山房之时，不是王以悟的早年，而应该是他晚年致仕后乡居讲学的阶段。王以悟自言，“瓶山李子、绍麓夏子、惺所王子、乐庵沈子四人者，同社友也”。③ 除了这几个人，刘许（少槐）也是社中之友。④ 关中地区的冯从吾、张舜典，也都是王以悟的讲友。王以悟早先与张舜典的信中曾说：“冯少翁倡道西方，一准于洙泗濂洛。”⑤ 不过，民国《陕县志》却说，王以悟为阳明之学，以良知为宗旨，时关中冯恭定公被劾，归，过陕，与以悟讲学，不能契，盖同学姚江而微有不同也。⑥

在王以悟讲学的影响下，陕州的一些学者也纷纷立会讲学。赵廷辅，字对峰，陕州熊耳山侧西马村人，万历元年岁荐，初宦盩厔训导，升永寿教谕，归乡后不入城市。“癸未（1583 年），闻王以悟讲学伊、洛之间，遣子良栋、良桂从游。比归省，辄喜曰：‘吾儿闻正学，得所依归，吾德尽矣。’戊子（1588 年），孟云浦家居，廷辅年七十，神气不减壮岁，犹往来于峭渑间，引二子求为引证，旋而集姻党及族属联会聚讲，昕夕观摩，二子学益进，远近多悦从之，于戊戌（1598 年）三月卒”。⑦ 赵廷辅在万历十一年遣二子从学王以悟，而斯时王以悟尚在新安从学于孟化鲤，故谓“讲学伊洛之间”，后来赵廷辅在万历十六年更往来峭渑间，与孟云浦等人讲学，复集姻党族属为讲会。因此，赵廷辅集姻党族属为会，大约在万历十六年到二十六年间。这种举族为会的情形，还有不少。王以悟在京城时，曾有《复杨少冈》一书，其中写道：“先师山颓之后，旧时朋友落落晨星，闻贵族诸兄设神主于鸡足山头，朔望瞻拜会讲，为同志倡。吾道中兴，当在今日，喜而不寐。王寅吾、段心闻与里中二三布衣，俱真切有根气，便中亦招之同来，久之庶不落莫也。”⑧ 王以悟的学生王寅吾，似亦曾欲立会讲学。王以悟在给王寅吾的一封信中写道：“承谕立会聚讲，甚慰甚慰。但欲绘圣贤图像，似犹在形上求之。吾侪尚友古人，只在此志，如谓友朋萃聚，不有宗盟，精神无所收摄，亦设尤、孟二先师神主可矣。然建祠事重大，恐未易就，且目前迁动无常，安主亦未便，不若于讲堂正面，大书阳明先生客座，私祝一纸粘于壁间，每会左右列侍，共相瞻依，且其中训诲恳切，并可借为触目惊心之助也。”⑨

王以悟的讲学以阳明学为宗旨，且严格继承尤时熙、孟云浦之师说。清人张谐之说：“胜国末，惺所先生提倡心学，屹然洛西儒宗。”⑩ 民国《陕州志》在王以悟《常惺惺所稿》下所下的按语中说：“以悟学有渊源，讲习要旨，在知行合一。盖洛西自先儒曹月川而后，尤、孟继起讲学，一时蔚为风气，而以悟实集其成。”⑪ 他要求学问须理会源头处。他谈慎独，就批评那种

---

① 民国《陕县志》卷一九《古迹》，第 3 页下。

② 民国《陕县志》卷二三《诗征》，第 15 页下。

③ 前揭《王惺所先生文集》卷二《巽山灵官祠记》，第 76 页。

④ 前揭《王惺所先生文集》卷二《创建白衣观音庵记》，第 83 页。

⑤ 前揭《王惺所先生文集》卷四《复张鸡山明府》，第 107 页。

⑥ 民国《陕县志》卷一七《人物》，第 14 页下。

⑦ 民国《陕县志》卷一七《人物》，第 13 页下—14 页上。

⑧ 前揭《王惺所先生文集》卷四《复杨少冈》，第 109 页。

⑨ 前揭《王惺所先生文集》卷四《复王寅吾》，第 119 页。

⑩ （清）张谐之：《壬辰科副贡候选分州长人王先生懿行》，民国《陕县志》卷二二《文征》，第 23 页下。

⑪ 民国《陕县志》卷二〇《艺文》，第 1 页下。

“即知慎矣，而源头处未能理会，终日从事于扫除防检”的做法，认为这种做法“久之劳苦烦难，厌怠潜滋”，是“支吾眼前”之学问。他强调“尽其道，方寸即为宇宙”“道本在人，觉之即是”。① 至于其继承尤、孟二人之学的相关评论则更多。他自己称：“守先师遗训，盖亦有年。”② 孟秋称：“（尤时熙）先生没，以悟述其教，服膺益厉。”③ 王以悟著有《解缚编》二卷，“内选集程、朱、阳明、白沙之诗而加以释解，多超悟处”。④ 解缚二字，很容易让人联想到尤时熙的“讲学是解缚之法”。在京城时，王以悟曾经合尤时熙的《拟学小记》此前三种刻本“校而正之，以命诸梓”。⑤ 其教人，则授以“先师语录”，命门人“时一展玩”，而“玩时果有启发否，抑有疑难否，便中幸笔示之”。⑥ 对孟化鲤，王以悟也始终恪尽弟子之责。孟化鲤逝世十七年后，王以悟以“奉差过里，抱病谢安”，“芳药之暇，每忆先生（指孟化鲤）平生动静出处，日记一条，久而成帙”，梓成《云浦孟先生年谱》。⑦ 与其师孟化鲤一样，王以悟自称自己所讲乃是“洛涧之学”。在《坚白吴君号说》中，王以悟写道：“吴君坚白……一日负笈从王子讲洛涧之学。”有时，王以悟也自称讲“伊洛之学”：“癸未（1583 年），闻王子讲伊洛之学，遣其二子良栋、良桂来游。”⑧

张信民（1562—1633 年）的讲学主要在家乡渑池县。张信民，字孚若，号抱初，又号洗心居士，学者称洗心先生，⑨ 是孟化鲤的门人。据《年谱》记载，早在万历十二年，当时张信民尚未从学于孟化鲤，即已“从学者王晋川等同志立会讲学，每以初二、十六为期，来学者日众”。⑩ 万历十四年（1586 年），张信民游学新安，师从孟化鲤。⑪ 从学孟化鲤的当年，张信民就积极投身于讲学会的创建。他在家乡渑池建洗心精舍，与及门之士讲学，号召德业、举业双修，以为“天下只德业一事，举业是其中条件”。⑫ 该年春天，张信民抵陕州，与王以悟讲学于龙兴寺。⑬ 万历十五年，张信民应范世重之约讲学于马岭，次年于马岭建书舍，大开讲筵，并吸引了孟化鲤

---

① 前揭《王惺所先生文集》卷二《顺德府重修儒学记》，第 81 页。

② 前揭《王惺所先生文集》卷四《复李瓶山姻家》，第 104 页。

③ （明）孟秋：《明陕州创建西川尤先生祠记》，民国《陕县志》卷二二《文征》，第 8 页下。

④ 民国《陕县志》卷二〇《艺文》，第 1 页下。

⑤ 前揭《王惺所先生文集》卷一《重刻拟学小记序》，第 69 页。

⑥ 前揭《王惺所先生文集》卷四《与陈兰台》，第 108 页。

⑦ 前揭《王惺所先生文集》卷一《云浦孟先生年谱序》，第 70 页。按，为编纂《云浦孟先生年谱》，王以悟尝向孟云浦之弟孟云瀚请教。《王惺所先生文集》卷四《复孟云瀚先生》：“先师年谱叙有其半，中间不能悉者，尚俟请教。”（第 108 页）

⑧ 前揭《王惺所先生文集》卷五《永寿县儒学教谕对峰赵公墓志铭》。

⑨ 《王惺所先生文集》卷一《月川曹先生年谱序》载：“吾友张有孚氏既为月川先生年谱。”按，张信民的生卒年，郭光复《张信民传》谓生于辛丑（1541 年），当误。据嘉庆《渑池县志》，张信民卒年 72 岁。张信民卒于 1633 年，则当生于 1562 年。

⑩ （明）冯奋庸等编：《理学张抱初先生年谱》，万历十二年甲申条，《北京图书馆藏珍本年谱丛刊》第 54 册影清雍正乾隆间刻本，第 6 页上。

⑪ 据王以悟说，张信民从师在己丑年，即 1589 年。《王惺所先生文集》卷五《儒官春皋张先生元配郭氏合葬墓志铭》：“万历戊寅（1578 年）余负笈东从云浦先师学，后十一年己丑吾友张孚若与其邑同志数人亦相继来学，与余遂定交。比孚若归，具述洛涧之学。其父春皋先生大悦，亦北面吾先师，执弟子礼。”嘉庆《渑池县志》引《中州理学考》，则称张信民“十五游庠，闻新安孟云浦倡道函关，往从之，毅然以斯道为己任”，则从师之年在 1574 年。

⑫ 前揭《理学张抱初先生年谱》，万历十四年丙戌条，第 6 页。

⑬ 前揭《理学张抱初先生年谱》，万历十四年丙戌条，第 7 页上。

于万历十七年前来观学。[①] 马岭在渑池“治东二十里，世传赵惠王牧马于此”，故名。[②] 甘扬声说张信民“龙山论道而格物义明，马岭传经而英才类聚”。[③] 万历十九年（1591 年），景行堂建成，张信民约王晋川讲学。[④] 万历二十二年在国子监读书时，他又与同志创“柏林讲会”。[⑤] 谪官陕西按察司检校时，则与冯从吾商订学问。“归田后，秦晋之间以及汝颍睢阳之士云拥川至，室不能容”。[⑥] 总之，张信民是天启、崇祯年间最著名的讲学者之一。

张信民归乡之后的讲学之所，有同乐堂、暗修堂、绿野堂等，而最著名的则是正学书院。嘉庆《渑池县志》载：“同乐堂，张抱初讲学处，今稻沟泉即其遗址；暗修堂，张抱初以从学者私谒无寻址，作暗修堂，榜曰：‘矮乎斗室，袭几种花香，疑是邵窝陶径；小也盆池，映一帘秀色，期同周草程鱼。’绿野堂，治东十五里马岭村，张抱初讲学处。”[⑦] 民国《渑池县志》对此的记载略似，但谈及了几处讲堂创建的缘由及次序：暗修堂在宅后；绿野堂之辟，以训子婿；同乐堂之建，乃是因为绿野堂隘，遂于村西稻园树繁水洌处建。[⑧] 由其年谱可知，暗修堂基本上不作讲学用，倒颇合“暗修”之旨，而绿野堂与同乐堂之建，似都在天启三年（1623 年）。正学书院之建，则应该更早，当在万历四十八年（1620 年），后以李日宣之请改名正学书院，则在天启五年（1625 年）。该年十月，以巡盐御史李日宣疏请，“奉旨表正学会所为正学书院”。[⑨] 改会所之名为书院，而且禁毁书院的高潮阶段——天启五年，正学书院的确是一个很特殊的例子。张信民在正学书院的堂柱上写了两副对联。其一曰：“学在敦伦，讲明乎君臣父子夫妇兄弟朋友之理，方无愧于斯地；人须卫道，媲美乎羲农尧舜禹汤文武周孔之行，始无忝于所生。”另一联写道：“有大纲维真真切切尽性达天为要领，无多径略坦坦平平诚身明善是工夫。”[⑩] 正学书院还有一联：“学以正为宗，远超寂灭虚无之教；道以中为至，近在饮食日用之常。”有人问正学之名，张信民回答说：“正学二字，乃孟老师所定，前语皆发明正学之义，盖所谓正学者，非二氏寂灭虚无之学，则彼非正，而我为正矣。”[⑪] 前来参加正学会的人，有来自山西垣曲的鲁乐尹、刘澄远、李多闻、绛州的陈宗正，还有所谓的“垣曲会长”王永锡。[⑫] 王永锡、鲁乐尹都是绛州名儒辛全的门人。张信民与鲁乐尹之间的对话，谈到鲁乐尹的师承及为学宗旨，谈到阳明学的致良知与无善无恶。鲁乐尹谈道：“王阳明先生言致良知可也，而曰无善无恶心之体，分明是禅语了。”张信民没有作正面的回答，只是说：“看先辈书，且当于其是处着力，其有不合者，姑放过以俟融通，不必深非也。”鲁乐尹还问及张信民有何“持以用功”的“所得”，而张信民的回答只是

---

① 前揭《理学张抱初先生年谱》，万历十五年丁亥条、万历十六年戊子条、万历十七年己丑条，第 7 页上—8 页上。

② 嘉庆《渑池县志》卷一《山川》，第 18 页上。

③ （明）甘扬声：《重修张抱初先生洗心祠记》，嘉庆《渑池县志》卷一四《艺文》，第 15 页。

④ 前揭《理学张抱初先生年谱》，万历十九年辛卯条，页八上。至万历二十五年（1597 年），仍有张信民讲学景行堂的记载。该年，陕西华州布衣张三重以制冠为业，业冠于景行堂外，每遇会期，闻先生讲论，辄停工门外，听之深为心折，求入会，遂精《四书》，“后归秦，立会讲学”。

⑤ 前揭《理学张抱初先生年谱》，万历二十二年甲午条，第 8 页下。

⑥ 嘉庆《渑池县志》卷五《人物》，第 2 页。

⑦ 嘉庆《渑池县志》卷八《古迹》，第 14 页。

⑧ 民国《渑池县志》卷二《古迹》，第 8 页下。

⑨ 前揭《理学张抱初先生年谱》，万历十四年丙戌条，第 36 页下。

⑩ 嘉庆《渑池县志》卷八《古迹》，第 13 页下。

⑪ 前揭《张抱初先生印正稿》卷一《正学会语》，第 1 页。

⑫ 同上书，第 5—12 页。

"只将令师所言，一一体会，不使间断，常自惺惺，便是工夫"。[①] 看得出来，张信民讲学，只是对于佛道二氏之学表示明确的反对，而对儒家内部不同的观点，却抱着融通的态度。张信民的讲学，也似其前辈尤时熙的讲学，力求乐在其中。王永锡问他："家师辛先生言：'前看敬字是严肃的，今看敬字是活泼的。未知是否?'"张信民回答说："最是，最是。昔……我疆（指孟秋）任山海关，老师（指孟化鲤）偕王幼真往候之。我疆见幼真过于谨饬，曰：'学是乐的，不是苦的。若拘促甚，反苦而不乐，何以为学?'即此可以得敬字旨。盖敬者主一无适之谓。阳明先生云谓主于一理而无他适也。主于理则敬亦是乐，何尝不活泼也。令师可谓知言矣。"[②] 正学讲会，参与者可能还有王以悟等人。嘉庆《渑池县志》引《中州理学考·张信民传》说："建正学书院，日与王惺所、张泰宇、孟宇键、吕豫石诸公讲《太极》《周易》。"[③] 正学书院在渑池的影响是深远的。在张信民之后，其门人冯奋庸曾"设科于正学书院，渑诸生半出其门"。[④]

除了正学会之外，张信民还在万历末年主持脱粟会，天启年结真率会，在崇祯年间主持洛社。郭光复《张信民传》说："先生……惮俗靡侈，立脱粟会……天启改元，卢龙兵宪张公讳春、新安诸生孟君一诚暨光复同证疑难，副结真率会，复建景运堂，日课后学。迨讲学禁厉，先生始杜门玩《易》。"[⑤] 甘扬声说他"广同乐之会，登洛社而群推首座"。[⑥] 在洛社中，张信民"发致和之义，闻者莫不悦服"，额曰洛社真儒。[⑦] 张信民自述创建脱粟会的起由说："此会何由而起，盖因在正学会所中，论世风奢靡。追忆古人脱粟一饭，情意相洽，今之罗列珍羞，而反面相仇者在在皆是，岂不薄甚！一友跃然起曰：'今便立一脱粟会何如?'……遂订期约会。又念会非为饮食，必质疑问难，方始有益。今后须如簿所云'过相规、德相劝、心相下、情相规'方可。"[⑧] 脱粟会其实也是一个商讨理学之会，阳明学中的致良知与格物，都曾是主题。脱粟会的举办场地中，马岭的同乐堂是其一。[⑨] 除了在渑池讲学外，张信民还赴陕州、新安与吕维祺、王以悟讲学。郭光复《张信民传》说："先生犹以学之不讲为忧，西与王惺所先生会讲于甘棠书院，东与吕豫石先生联会于川上书院。"[⑩] 据年谱的介绍，他在天启六年（1626年）赴新安芝泉书院，与吕维祺讲学。

张信民对良知是信从的。脱粟会中，张信民曾多次跟门人谈及良知。例如，上官允化问良知之说。张信民说："良知是孩提知爱知敬，孺慕的一点心肠，无丝毫情欲夹杂，故谓之良。今人谁无良知？第不知讲学，反将此知埋没。故讲学为吃紧工夫也。"[⑪] 潘汝璧问："还朴先生诗云：'若问源头何处是，良知活泼是源头。'必良知何如，才能活泼?"张信民回答说："良知人所同具，本自生生不息，即是活泼景象。但不致则不能自得焉。得左右逢源，惟致其良知。"[⑫] 而且，

---

① 前揭《张抱初先生印正稿》卷一《正学会语》，第5页。
② 前揭《张抱初先生印正稿》卷二《正学会语》，第12页。
③ 嘉庆《渑池县志》卷五《人物》，第2页。
④ 同上书，第3页。
⑤ 嘉庆《渑池县志》卷一三《艺文》，第6页上。
⑥ （明）甘扬声：《重修张抱初先生洗心祠记》，嘉庆《渑池县志》卷一四《艺文》，第15页。
⑦ （明）郭光复：《张信民传》，载嘉庆《渑池县志》卷一三《艺文》，第6页。
⑧ 前揭《张抱初先生印正稿》卷三《脱粟会语》，第17页。
⑨ 同上书，第41页。
⑩ 嘉庆《渑池县志》，卷一三《艺文》，第6页上。
⑪ 前揭《张抱初先生印正稿》卷三，《脱粟会语》，第17页。
⑫ 同上书，第26页。

张信民对于“格物”的理解，似乎也不并不遵循尤时熙的格物之论，认为“圣人之学，是求于内，不是求于外，故格物只是格吾心之物，何等简易”，① 回归到王阳明的原旨上。不过，除了信从良知之外，张信民的讲学另有“洗心”之旨。清人王箴舆曾评价说：“先生（指张信民）之学，乃深得于洗心者。”按照张信民的理论，人为什么要“洗心”呢？王箴舆演绎其洗心之义，说：“人心之初，本然至诚，至静至正至明，与天地圣贤原无间隔，第为物□习染，憧憧往来，以致渐昏淬坏，而遂失其本然之□，□□于禽兽若也。学者苟能洗涤此心，以复其初，则仍与天□圣贤之心相合。”且“周子主诚、程子主静、朱子主敬、《中庸》曰慎独，《大禹谟》曰惟精惟一，是皆洗心之妙义也”，甚至“月川先生正维道脉而克欲澄源之功，亦岂外于洗心之义哉”！② 由此来看，张信民自谓其洗心之说，与周子的主诚、程子的主静与朱子的主敬，乃至曹端的克欲，是一贯的。

吕维祺的讲学主要在新安县及洛阳县。吕维祺（1587—1641 年），字介孺，号豫石，河南新安县人，万历四十一年（1613 年）进士，历任兖州府推官、吏部主事、员外郎、郎中，崇祯六年（1633 年）官至南京兵部尚书参赞机务，后于崇祯十四年（1641 年）死于农民军攻陷洛阳之时。他曾在洛阳建明德堂，群洛人为明德会，故学者称为明德先生。③ 吕维祺也是信从良知之学的。门人所编年谱说他在天启二年（1622 年）“扩良知之传，学问随在自得”。④ 由于同是孟化鲤的门人，吕维祺与王以悟之间的交往颇多，常有书信往来。吕维祺谈浩气，谈集义，讲利善，似乎有其师孟化鲤及友人张信民的影响。其《次韵》诗两首称：“吾曹所重在躬行，浩气还于集义生；若向口头去敷衍，宁知天载本无声”、“下手何愁认取艰，分明利与善之间；其中倘得真扃钥，夜夜柴扉不必关”。⑤ 重视躬行与道德，在吕维祺的学问中占很大的比重。

吕维祺的理学兴趣开始于 20 岁时，即万历三十四年（1606 年）。是年，他开始“究心伊洛之学”，而且私淑孟化鲤。⑥ 他的讲学活动，则始于天启二年（1622 年），当时他正省亲在新安县老家，立芝泉讲会。芝泉讲会之所为芝堂，而“门人袁应参、刘标、姜品高、陆冲霄、王泽弘、韩赵璧、张芮等及胞弟维祜、婿戚孟瑛、郭允清等讲学于芝堂百余人，布衣儒童咸与焉”，且“立格致、诚正、修齐、治平、中和、位育社名，不时移易，寓劝励之法，朝夕讲诵”。⑦ 之外，据他“扩良知之传，学问随在自得。筑斗园于县北斗山”，⑧ 则斗园更似为他悠游之所，但也或与友人讲学于此。从某种意义上来说，芝泉讲会遥遥地呼应着京城首善书院的讲会。孟津人王铎即说，天启年间吕维祺省亲归时，“海内靡然诋正学，毁书院，公建芝泉书院，与□门人讲诵不辍”。⑨ 同在这一年，冯从吾因首善书院讲学受到攻击，离开京城，在

① 前揭《张抱初先生印正稿》卷四《脱粟会语》，第 32 页。

② （明）王箴舆：《张抱初洗心祠记》，嘉庆《渑池县志》卷一二《艺文》，第 7—8 页。

③ （清）施化远：《吕明德年谱》卷一，《明德先生文集》附录，《四库全书存目丛书》集部第 185 册，第 387 页。

④ 前揭《吕明德年谱》卷一，第 397 页。

⑤ 嘉庆《渑池县志》卷九《艺文》，第 31 页。按《年谱》，两首诗为《和张抱初讲学四首》中之两首，系于天启四年（1624 年）。

⑥ 前揭《吕明德年谱》卷一，第 388 页。

⑦ 前揭《吕明德年谱》卷一，第 396 页。

⑧ 前揭《吕明德年谱》卷一，第 397 页。

⑨ （清）王铎：《大傅吕公志铭》，乾隆《新安县志》卷一三《艺文四》“志铭八至十”。

十二月七日路过河南时与吕维祺便讲学于之前孟化鲤曾经讲学的川上书院。① 次年，芝泉讲会的会所进一步扩大为芝泉书院。《年谱》载："天启三年……建七贤书院于芝泉。"② 所谓"七贤书院"，是因为芝泉书院祀先儒七人。芝泉书院在城北芝泉之上，"中立七贤祠，祀宋二程子、邵子、司马温公及明曹月川端、尤西川时熙、孟云浦化鲤七主"。③ 后来天启年间因为书院祀有宋代先儒，赖以不毁。在吕维祺看来，新安的芝泉之会有重振昔日孟化鲤讲学的寓意。他说："新安会自孟云浦先生始，而修复之者吕介孺氏及先生诸门人也。"④ 这似乎也得到了孟化鲤在其他县的门人的积极响应。建芝泉书院时，陕州王以悟写信给吕维祺，为书院之建捐助银子，信中说："闻贵县讲学日新月盛，自先师山颓之后，二十余年，仅见今日，可为吾道一快……书院落成，当任何时？敬具区区分金，聊充工匠之费，愧未丰办，嗣容图之。"⑤ 邹元标的门人、河东巡盐御史李日宣（1613 年进士）经其地，亦与吕维祺讲学于芝泉书院。吕维祺为冯从吾、李日宣在新安县的讲学刻印了语录并为之作序，说："兴学训士者，新安解侯也。过化者，则关中冯仲好先生也。所至皋比而大倡明者，吉水李本晦先生也。此两会语录所以作也。两会者，壬戌（1622 年）十二月七日仲好归里，过此为会，介孺氏为会纪，又手籍记若干言。明年癸亥（1623 年）冬阳月五日，本晦行部，复为会，自记若干言，介孺又手删补诸门人所记若干言。解侯合而刊之，其意远矣。"⑥ 吕维祺在芝泉书院讲学八年，影响很大。后人称，吕维祺"家居八年，讲学芝泉书院，直接濂洛之传，发明奥蕴，从游日众，士风化之"。⑦

之后，吕维祺重新回到官场，直到崇祯八年（1635 年），吕维祺辞官，回到洛阳，自此以后主要居于洛阳。他在崇祯十年（1637 年）在洛阳举办伊洛会，讲学于程明道祠。《年谱》载："崇祯十年丁丑，先生五十一岁，在洛阳……立伊洛会。先生虑伊洛久湮，圣学不明，以姚赓唐、杨英、丁泰吉、杨镰、杨士英、刘绍、周石岳、山乃实、李毓楠、张鉴衡、张祖恕、吴治平、刘介、徐琦等来学五十余人，作伊洛社，讲学于程明道祠，以初二、十六为期，又以初三、十七为文会。谓诸子曰：'理学、举业，初非两事。'从游渐众，至二百余人。"⑧ 这一讲会除了讲理学之外，还行文会，但持续时间不明，然明末河南一地为农民起义军扫荡之地，而崇祯十四年（1641 年）正月吕维祺即殉难，其持续时间应该不长。

四 结语：阳明学的消解与伊洛传统的构建

晚明河南一带的讲学的兴起，自然不能说完全借助阳明学的传入。在阳明学传入河南之前，灵宝许诰、武陟何瑭在 16 世纪初期都有一定的讲学活动。但是，河南一带的讲学的活跃，却的确是在尤时熙将阳明学传入之后。从时间上看，河南地区的阳明学讲会活动在明朝的隆庆、万

① 前揭《吕明德年谱》卷一，第 399 页；前揭《明德先生文集》卷二三《川上会纪》。
② 前揭《吕明德年谱》卷一，第 402 页。
③ 乾隆《新安县志》卷一《营建志·学校十一》。
④ （明）吕维祺：《新安两会语录引》，第 10 页。
⑤ 前揭《王惺所先生文集》卷四《复吕豫石》，第 130 页。
⑥ 前揭《明德先生文集》卷八《新安两会语录引》，第 133 页。
⑦ 乾隆《新安县志》卷八《祀典志·乡贤四》。
⑧ 前揭《吕明德年谱》卷一，第 467 页。

历、天启数朝（1567—1627 年）进入活跃期。相比江西、浙江、南直隶等地嘉靖年间盛行的讲会活动，河南府的讲会活动慢了一拍。这种节奏上的后至，可以说是学术传播的正常规律：阳明学首先在王阳明频繁活动的浙江、江西等地流传，再因地缘的因素影响南直隶、湖广，然后因偶然因素流传到北方的河南、山东、陕西、山西等地。从规模上看，明代河南府的阳明学讲会也达不到江西、浙江、南直隶等地境内遍地开花的程度，而是主要集中于洛阳、孟津、新安、渑池、陕州、虞城、睢州等州县，而且常因几位代表性的阳明学者的存殁而有起伏。不过，从影响上看，在江南各地的讲会高潮既过而日趋平淡之时，河南府讲会活动的兴起反而更能折射出阳明学传播及影响之远。

然而，橘生淮南则为橘，生于淮北则为枳，生态环境会改变一个物种，学术环境的不同也会改变一种学术。翟爱玲在谈到晚明洛阳地区的学术风尚时说："自尤时熙起，洛阳地区的心学在学术风尚上就呈现出不同于南方的地域特色。这除了有洛阳地区长期盛行程朱理学形成的思维定式之影响外，也的确与尤时熙个人的学术风尚有密切的关系……尤时熙在将阳明学传播于洛阳地区的过程中，自觉或不自觉地在一定程度上也包容或融汇了在此地区有着深厚传统的程朱理学的某些思想倾向。"① 对于从晚明到清初河南地区的学风，吕妙芬先生也有一段概括，说："明代河南理学有尤时熙、孟化鲤、吕维祺、张信民等学者的倡导，晚明讲学活动亦相当活跃，概括而言，此地学风是兼具阳明学色彩与北方笃实实践的精神。不过，清初河南理学的发展，则主要源于孙奇逢的领导，并逐渐与阳明学区隔，力主程朱学为正统。"而且，到"耿介这一代的中州理学家，除了少数新安县的学者以外，都明显地比老师孙奇逢更断然地摆脱了阳明学的影响，独尊程朱学为正统"。② 尽管从尤时熙到张信民、吕维祺，都仍然在强调其对于良知之学的继承。然而，从尤时熙开始，河南学者是否就是一成不变地、亦步亦趋地将阳明学传授到洛阳一带，还是会向阳明学加入自己的理解呢？在传授阳明学的同时，又是如何面对与处理河南府传统的理学资源，怎样面对伊洛之学的？例如，在尤时熙的讲学中，虽讲良知，然而因为受了朱得之的影响，却偏离阳明之旨讲"格物"，即工夫以求本体而不欲观未发之中，这些跟阳明学都有距离。尤时熙在讲会中也自然少不了要讲自己对"格物"的理解，以至于有人径称尤时熙所讲为"格物之学"。尤时熙的格物论，固然有朱得之的影响，然根源应该也有北方学者不尽圆融的性格。这很显现阳明学在北方传播的不易。更强调笃实与躬行，也是河南一带学者赋予其良知学的新特征。有人概括孟化鲤之学说："大都先生平以伦常为标，以笃诚为修，以正直为学问之本，以礼义为进退之准。"③ 相似的评价也见于张信民、吕维祺等人。在整个讲学活动附带的祭祀活动上，同样可以观察到阳明学的传入与消解。在尤时熙的讲学场所，祭祀王阳明是常见的。然而，孟化鲤的川上书院，则主要祭祀其师尤时熙和尤时熙的讲学友丘凤。到吕维祺的芝泉书院七贤祠，七贤便全是河南一地的学者，即二程、邵子、司马温公、曹端、尤时熙、孟化鲤等。

实际上，在晚明河南府一带的讲学中，阳明学的因素在不断地消解，而伊洛之学的传统在不断地加强。构建伊洛学统时，二程自不用说了，而最重要的一点乃在于对明初儒者曹端的地位的始升。孟森先生说，有明一代讲学之风即始自曹端："明帝王之不知正学，自宣宗始，而讲学之风，亦始宣德时。明儒绍宋儒之学，史家皆言自月川先生曹正夫始。"④ 《明史·曹端传》称：

① 前揭《明代洛阳地区文化发展研究》，第 82—83 页。

② 吕妙芬：《孝治天下：〈孝经〉与近世中国的政治与文化》，台北联经出版社，2011 年，第 220、226 页。

③ （清）王铉：《理学云浦孟先生年谱序》，乾隆《新安县志》卷一三《艺文四》，序一至二。

④ 孟森：《明清史讲义》上册，中华书局，1981 年，第 119 页。

"初伊洛诸儒，自明道、伊川后，刘绚、李吁辈身及二程之门，至河南许衡、洛阳姚枢讲道苏门，北方之学者翕然宗之。洎明兴三十余载，而端起崤、渑间，倡明绝学，论者推为明初理学之冠。"① 所谓"论者"，即正德间兵部尚书彭泽。② 然而，曹端在学术史上的地位最初不高。万历年间出版的两部学案体著作——刘元卿的《诸儒学案》与周汝登的《圣学宗传》，都没有著录曹端。直到寄居河南的孙奇逢撰述《理学宗传》，曹端才在其"明儒考"中居于首位。可以说，曹端的影响，是在晚明河南的讲学活动之中被逐渐唤醒的。

从明代理学传统看，渑池曹端是明初著名的思想家，在河南一带的影响是很深远的。曹端(1376—1434 年)，字正夫，号月川，河南渑池县人，永乐六年（1408 年）举人，官山西霍州学正、蒲州学正。曹端自入仕后，任霍州、蒲州学正，最后卒官霍州学正。其讲学渑池的时间，大约是在他第一次出任霍州学正后丁艰的那段时期。张信民《曹月川先生年谱》将曹端讲学渑池的时间系于永乐十六年（1418 年）至十八年，所谓"倚庐墓所，四方学者愈众"，而留下姓名的从学者有新安游艺、渑池戴振。③ 据年谱说，自宣德三年（1428 年）起，曹端自称"伊洛后学"。④ 在尤时熙逝世时，即万历初年，曹端的影响似乎尚未得到公认。最早表彰曹端的学者，也许是尤时熙的门人李根。李根曾著有《象山月川语录抄》一书。⑤ 在尤时熙的《行状》中，孟化鲤称尤时熙之学直接二程："河南自两程夫子，继此学者鲜矣。先生崛起五百余年后，以圣学为己任。"⑥ 张元忭基本同意孟化鲤的论断，在《河南西川尤先生志铭》中写道："河南自两程子殁，寥寥数百年，其间策名砥行之士岂少乎，而知学者鲜矣。予曩闻沔水有曹先生，间尝阅其书，论其世，盖笃行君子也。视先生见大而识，有径庭焉！叔龙谓先生二程之后一人，岂溢美乎哉！"⑦ 在所有这些 16 世纪前期的论述中，曹端的地位还没有突出，而尤时熙是直接二程的。

然而，到孟化鲤撰《创建曹月川祠记》时，便对曹端的道学地位有所确立："月川曹先生倡圣学于永宣之际，渑池其故里也……盖先生崛起于兵戈扰攘之余，首取六经、八子书深绎而实践之，而圣学赖之以倡。"⑧ 到山东重刻《拟学小记》时，吕坤于二程与尤时熙之间，则加入曹端之学，其《山东刻拟学小记序》说："盖河南自二程后，渑池曹月川先生其续响也，兹又有西川云。"⑨ 至王以悟于京城重刻《拟学小记》，则曹端在河南理学传承中的地位则更清晰："伊洛自程邵诸大儒而后，以理学名昭代者三先生焉，月川倡道于洪武永宣之际，迨嘉隆而尤孟两夫子出，斯道益大明于中土。"⑩ 又说："河南自程邵而后，月川曹先生首倡正学，与薛文清公先后齐名，迨我西川先师私淑于王文成公，体验阐发，斯道益大明于中州。"⑪ 在《儒官春皋张先生元

① 《明史》卷二八二《曹端传》附，第 7239 页。

② 前揭《洛学编》卷四《曹月川先生》："正德中大司马彭泽称月川为本朝理学之冠，又举从祀孔子庙庭。"第 50 页。

③ （明）张信民：《曹月川先生年谱》，《曹端集》第 277、278 页。

④ 前揭《曹月川先生年谱》，《曹端集》第 295 页。

⑤ 康熙《孟津县志》卷三理学，第 6 页。

⑥ 前揭《孟云浦先生集》卷五《河南西川尤先生行状》，第 13 页上。

⑦ 前揭《张阳和先生不二斋文选》卷五《河南西川尤先生志铭》，第 5 页。

⑧ 嘉庆《渑池县志》卷一一《艺文》，第 9—11 页。

⑨ （明）吕坤：《山东刻拟学小记序》，《拟学小记》附录下卷，第 44 页下。

⑩ 前揭《王惺所先生文集》卷一《云浦孟先生语录序》，第 69 页。

⑪ 前揭《王惺所先生文集》卷一《日省录序》，第 71 页。

配郭氏合葬墓志铭》一文中，他说："伊洛自两程子而后，月川曹先生再倡道于五池。"[①] 他在《谒曹月川先生祠》一诗中写道："统绪承濂洛，颉颃共薛王。" 也就是说，他认为曹月川是可以跟薛瑄与王阳明并提的。到16世纪末，河南府的一般士人也都会对曹月川有很高的评价。张孔训的父亲在吩咐他前往就学于孟化鲤时就说："吾伊洛自程、邵而后，讲理学者前有渑水曹先生，吾不及见矣。嗣尤先生与吾生同时，悔未能从诸士人后朝夕其门。今孟先生主盟新安，固尤门高弟也。问学渊源，千载一时，尔曹可孤负此生耶?"[②] 郑国光、郑国耀之父郑琮"闻云浦先生倡道新安，即曳杖相访，命两郎君从之……诏子姓曰：'讲学生人大事，吾乡前有月川，后有尤、孟，皆当世真儒。'"[③] 曹端的"兴起"，与孟化鲤及其门人张信民关系最巨。孟化鲤辑录《月川曹先生录粹》，表明了他对曹端的兴趣。吕维祺在孟化鲤之学时便说他是曹端之后一人："大抵公之学以无欲为宗，其教人以孝弟慎独为要，尤精于《易》……盖伊洛之真传，而良知之嫡脉，月川之后一人而已。"[④] 作为门人，王以悟自然沿着其师的思路，继续对曹端的理学加以表彰，认为其有功于道，过于韩愈。在《月川先生录粹序》中，王以悟说："其所以主张宇宙，挽回气化，维持人心，统承往圣而启佑后学者，独赖有躬行斯道之人，殆吾乡月川曹先生欤……先生当国初，士鲜知学，能褒然自树，非圣人之道不志，非周程诸子之说不从，言行合一，始终不二，固已然矣。嗣后白沙、阳明诸贤，相继而兴，尧舜禹汤文武周公以来之道遂昭然大明，非先生其谁倡之？方之昌黎，又径庭焉。"[⑤] 这其间最重要的提倡者，是孟化鲤的门人张信民。明代河南渑池县的讲学，虽说最早可以追溯到明初的曹端。但到明代晚期，曹端之学在当地的影响似乎已经很式微了。只是随渑池张信民的讲学，曹端的影响才重新得以建立。张信民7岁就学于外祖时，"即遵曹月川先生程范，作圣之志始基之也"，25岁游新安孟化鲤门后，"慨月川后里人鲜知学者，毅然以兴斯道为己任"。[⑥] 当然，张信民聘娶曹端六世孙曹营之女，[⑦] 也是促使张信民益对曹端之学投入了更多热情的一个缘故。张信民对曹端的推崇，包括刻印其著作及编纂《曹月川年谱》。张信民的学术中，曹月川、尤西川、孟云浦都是很重要的，在任陇西令时曾将三人的著作刻为《三先生约言》。通过曹端的抬升，伊洛之学自宋至明的传承便完整起来了，即"伊川（程子）——月川（曹端）——西川（尤时熙)"，至于尤时熙的真正的阳明学的背景，反而在晚明、清初逐渐模糊了。

吕妙芬先生曾敏锐地觉察到："阳明学在经过三代、四代的传承之后，学者对王阳明的学术虽依然尊重，但对这位先师本人则不再有那种全然相信、愿意奉献已生以传其道的个人情感，加上不同声音的思想论辩普遍激荡、阳明学被严格地反省与修正……已有意识脱离阳明学的内容。"[⑧] 清人似乎也在尽力淡化阳明学在明代对洛阳一带的影响。乾隆《新安县志》卷八祀典为丘凤所立的小传中说："邱凤，字鸣岐，家世方山……与尤西川先生善，共阐伊洛之学。"[⑨] 最有意思的是一位名叫吴昺的人所写的《裴芦院先生年谱序》，说："逮二程夫子上接濂洛，下开关

① 前揭《王惺所先生文集》卷六，第137页。

② 前揭《王惺所先生文集》卷七《太医院医士正田张翁暨配习儒人墓表序》，第150页。

③ 前揭《王惺所先生文集》卷六《医学训科信庵郑公配戴氏焦氏墓志铭》，第140页。

④ 前揭《明德先生文集》卷六《理学应谥已经三院特请奉旨下部者二人》，第3页。

⑤ 前揭《王惺所先生文集》卷一《月川曹先生录粹序》，第71页。

⑥ （明）郭光复：《理学张抱初先生传》，《理学张抱初先生年谱》，第9页上。

⑦ 前揭《理学张抱初先生年谱》，万历五年丁丑条，第5页上。

⑧ 吕妙芬：《阳明学士人社群——历史、思想与实践》，台北"中研院"近代史研究所，2003年，第185页。

⑨ 乾隆《新安县志》卷八《祀典志·乡贤四》。

闽，继千载绝学，炳焉与洙泗同风，猗与盛哉。自是而后，理学之传口不乏人，当明盛时，洛闽之学几晦蚀于姚江，而后曹月川起于渑而程朱益尊，季年孟云浦、吕明德振于新，皆嵩高之正气含宏亭毒以间出者也。"① 显然，吴昺为了刻意宣称明代河南一带的"正学"，非但不管不顾地将曹端放到了姚江之学"晦蚀"洛闽之学之后，而且也绝不愿提及孟云浦等人其实是姚江之后的事实。清初，即便当初一些从孟化鲤学的家族，也转而转向程朱之学了。例如，王亲贤乃孟化鲤门人，而其子王泽溢于清初乃命侄王桂就学耿介之门。②

（陈时龙：中国社会科学院历史研究所研究员）

① （清）吴昺：《裴芦院先生年谱序》，乾隆《新安县志》卷一三《艺文四》，序三。

② 民国《新安县志》卷一一《人物》，第45页上。

家风融汇与文脉传承

——明代衍圣公姻亲问题探析

孔　勇

内容提要：明代是衍圣公结姻望族、走向“世姻化”的关键时期。受统治者尊孔崇儒政策影响，明代衍圣公的“圣裔”身份较之前得到极大凸显，衍圣公家族子弟成为儒林世家缔姻时的优选对象。同理，明代衍圣公结姻过程中也镌刻了讲求家世与门第的鲜明印记。通过联姻，衍圣公家族与其他世家之间实现了良好家风的融汇互通，得以分享彼此的文化和政治资源，并借此涵育出更为深厚的教养环境，达致传承文脉的长远功效。探究衍圣公的姻亲谱系，应充分兼顾孔氏家族“此方”与缔姻对象“彼方”的相关历史细节，从动态视角加深对此问题的理解。

关键词：衍圣公　姻亲　门第　家风　文脉

作为中国传统王朝敕封孔子嫡裔的封号，“衍圣公”之称始于北宋仁宗至和二年（1055年），止于民国二十四年（1935年），前后相沿近900载。在不同的历史时期，衍圣公及其近支家族子弟无不格外用心经营自身的姻亲网络，借以实现与其他家族之间的家风融汇和门第互结，并最终达到传承文脉的效果。但受到各朝统治政策和社会环境的影响，衍圣公的姻亲也往往呈现出相应的特点。对此，孔祥林先生按时间顺序将其归纳为三个方面，即宋、金、元衍圣公“择偶乡贤里宦”，明代衍圣公“姻结权贵天潢”，清代衍圣公“世姻名门望族”。① 另有学者着重分析清代衍圣公的姻亲谱系，印证了“结姻望族”与“世家联合”两方面特征。② 然而有待进一步思考的是，衍圣公结姻显然不只是孔氏家族“此方”之事，还应充分探究缔结对象即“彼方”的考量及所带来的影响，从动态视角加深对此问题的了解。作为衍圣公姻亲走向“世姻化”的重要转折时期，明代诸衍圣公的结姻案例为我们提供了重新探索这一问题的素材。

一　“圣裔”身份凸显与明代衍圣公结姻取向的变化

虽然“衍圣公”一称早自北宋即已确立，但受政治局势和社会环境影响，衍圣公的世系在

---

① 孔祥林、管蕾、房伟：《孔府文化研究》第六章《书香鼎食姻九州》，中华书局，2013年，第312—350页。

② 徐雁平编著：《清代文学世家姻亲谱系》，凤凰出版社，2010年，第11—12、18—23页；徐雁平：《清代文学世家联姻与地域文化传统的形成》，《华南师范大学学报》（社会科学版）2011年第3期；姚金笛：《衍圣公的婚姻及夫人之表现》，杜泽逊主编：《国学茶座》第4辑，山东人民出版社，2014年。

很长时间内并没有得到稳定传续，爵秩、品级亦不崇高,[①] 这在衍圣公家族子弟的姻亲方面也有直观体现。早期衍圣公在选择婚配对象时并非全然讲求门第家世，其中不乏元配夫人即出自寻常家庭之女。她们之所以显贵，进而受到不同等次的追封，乃是进入衍圣公家后才享有的殊荣。如四十六代衍圣公孔宗愿元配侯氏及继配王氏、高氏，均名不见经传，后相继被封为“太君”。孔宗愿三子若愚，虽未袭爵衍圣公，依理而论同样身份贵重，其夫人沈氏和继配李氏的家世却一无所知，很可能出自普通人家。[②] 五十四代衍圣公孔思晦元配张氏，史册只记载“封鲁郡夫人”，其他信息却难详知，亦应属于相似类型。[③]（图1）

出现这一局面，是否与史籍乏载上列各衍圣公夫人的家世以致被人忽视有关，尚不得而知。同样应该看到，如五十代衍圣公孔揔元配孙氏，系宋副枢密、泗水孙传之孙女，孔揔之女则适兖州宣武韩昺。[④] 五十一代衍圣公孔元措元配张氏，系御史大夫、日照张行信次女。[⑤] 五十三代衍圣公孔治，娶翰林应奉任振文之女，女孙5人分别适广东廉使杨倬、当地儒士吕恪、蕲州路府判马侃子元鲁、主泗水簿马克仁、礼部尚书李庭寔孙士良,[⑥] 又展现出明代以前衍圣公与官宦人家联姻的痕迹。就官品来说，此时衍圣公家族联姻对象整体上处在相对中低的等级，籍贯也不越邻近地区。

衍圣公自身的才德、学识和作为，往往成为影响其婚匹对象的内在要素。从同时代人所撰部分衍圣公的墓志铭中，颇能看到这一特点。如五十三代衍圣公孔治，史载其：“弱冠，从翰长鹿庵游，同门李、孟、阎、徐恒以斯文相谘议。年登二十，袭尹乡邑。鸡鸣而起，坐以待旦，勤于庶务，声达朝廷。其待同僚，爱百姓，咸尽其道。时潜斋杨君师表于鲁，公退食执弟子礼，得知亲之益。损斋杨公继之，复从游，尽仕优则学之道。”孔治的优异举止引起了人们的关注和嘉许，最后“相下处士任公持正，嘉其才德，以女妻之”。[⑦] 任氏以女相许，并没有特别突出孔治作为孔圣后裔的身份标签。五十四代衍圣公孔思晦，也是在和睦宗族、奉祀庙庭等方面恪尽职守，进而引起了人们的赞誉和结纳。[⑧]

沿至明代，衍圣公及其子弟的秉性才能固然仍是儒林瞩目之所在,[⑨] 但其“圣裔”身份开始跃居主要地位。明初国子祭酒胡俨在为孔希范撰作的墓表文中即体现了这一变化。孔希范是五十

① 王宇：《宋代衍圣公制度试述》,《孔子研究》2009年第3期；赵文坦：《蒙元时期衍圣公袭封考》,《孔子研究》2012年第2期；赵文坦：《孔氏南宗“让爵”考》,《史学月刊》2012年第3期。

② （清）孔宪璜纂录，孔庆馀校补：《孔氏大宗谱》，同治十二年刻本。

③ （明）危素：《故袭封衍圣公赠中奉大夫河南江北等处行中书省参知政事护军追封鲁郡公谥文肃孔公神道碑》,（明）陈镐撰、孔胤植等增修《阙里志》卷二四,《四库全书存目丛书》史部第76册，齐鲁书社，1996年，第488页。

④ （金）党怀英：《金赠正奉大夫袭封衍圣公孔公墓表》,《阙里志》卷二四，第485页。

⑤ （金）赵秉文：《滏水集》卷一二《张左丞碑》，《文渊阁四库全书》第1190册，台北商务印书局，1986年，第280页。

⑥ （元）蔡文渊：《元赠中议大夫袭封衍圣公孔公神道碑记》,《阙里志》卷二四，第486页。

⑦ 前揭《元赠中议大夫袭封衍圣公孔公神道碑记》，第485页。

⑧ 史载，孔思晦“端重简默，动容不苟，嗜学诲人，本乎真诚，于宗族尤隆恩义。尝曰：‘吾蒙祖宗遗泽，殊流同源，可不念诸’？或不自给者，周之子弟，皆籍于学，教养不息”。前揭危素《故袭封衍圣公赠中奉大夫河南江北等处行中书省参知政事护军追封鲁郡公谥文肃孔公神道碑》,《阙里志》卷二四，第488页。

⑨ 如明初国子祭酒兼翰林侍讲胡俨，特别称赞五十七世衍圣公孔讷：“天性仁孝，待宗族克尽礼意，奉祭祀极其严敬。至于庙庭修作，朝夕程督，竭其心力，不以为劳。”（明）胡俨：《五十七代世孙袭封衍圣公神道碑铭》，阙里志》卷二四，第493页。

图1　孔府大门

五代衍圣公孔克坚的第三子，曾任曲阜知县。居官期间，希范“为政直道而行，于宗族，于乡人，不以私废公，不以恩掩义”，以致“远近之间，小大亲疏，咸怀其惠”。胡俨在表彰孔希范的义举品格时，特意提到这些秉性继承其先祖孔子遗教，所谓：“公之心纯而正，行洁而方，才敏而周，政通而和。孝友忠信，出乎自然。高怀雅量，不见畛域。而又文以诗书，节以礼乐，雍容揖让于其间。”无怪胡氏最后要感叹：“信乎神明之裔，卓然不可及矣，而遗爱之在人者，讵可泯耶?”① 兵部尚书兼华盖殿大学士杨士奇，更明确道出了孔氏后裔之表现受惠于其先祖孔子的垂训：“孔子明先圣之道，立教万世，而礼为大防。天下之人，其言与行有一弗迪于礼，不可以名士，矧为孔子之后者哉?”如同五十八代衍圣公孔公鉴能够知礼明义者，“真不忝孔氏之后哉”!②

衍圣公的“圣裔”身份之所以在入明以后开始受到推崇，显然与明太祖朱元璋对儒学及孔子的重视密不可分。朱鸿林先生注意到，尽管此前元武宗海山于至大元年（1308 年）加封孔子尊号为“大成至圣文宣王”，但元朝帝王其实并不真诚尊孔，很多表象的尊祀行为也都旨在敷衍利用而已。反观明太祖朱元璋，不仅切实尊孔崇儒，兴起开办学校的热潮，而且定行释奠孔子仪典，虔恪之质远迈前代。除此，终洪武一朝，朱元璋至少六七次接见了包括五十五代衍圣公孔克坚及其子希学、孙讷在内的三代衍圣公，既予优待以示加恩笼络，也借此宣扬明朝立基的正统

① （明）胡俨：《承事郎曲阜县知县孔公墓表》，《阙里志》卷二四，第494—495 页。

② （明）杨士奇：《五十八代袭封衍圣公孔公墓表》，《阙里志》卷二四，第495 页。

图2　孔府重光门

性。①这便能够理解，缘何衍圣公的爵秩、品级及其在皇家和士林等阶层心目中的分量，呈现出逐渐加重的趋势。明成祖朱棣在召见新袭爵的五十九代衍圣公孔彦缙（年甫10岁）时，“观其言动进退，从容详雅，喜谓侍臣曰：‘真神明之裔也’”。随后“馆之太学，礼待甚厚”。②曾官至吏部尚书的王直分析说：“明之治天下，所以绥万邦、和兆民者，不用他术，惟宣圣之道是用，尊其道而及其子孙，是以若是其厚也。”③权臣严嵩也称“维孔有家，实肇洙泗，圣有遗泽，施于世世”，④真切反映了明朝开启的褒崇孔氏后裔的崭新动向。（图2）

政治环境和儒林风向的变化，直接影响了衍圣公家族子弟的结姻状况。在门第方面，有明一朝衍圣公联姻对象的官阶有了明显提升，且不乏位极人臣的内阁首辅乃至皇室姻亲。比如，六十一代衍圣公孔弘绪元配李氏，是内阁首辅、河南邓州李贤次女；⑤六十二代衍圣公孔闻韶元配李氏，为内阁首辅、湖南茶陵李东阳长女；⑥六十三代衍圣公孔贞干夫人张氏，乃明孝宗孝康张皇后弟、故建昌侯延龄之女；⑦六十四代衍圣公孔尚贤元配严氏，系吏部尚书兼华盖殿大学士、江

① 朱鸿林：《明太祖的孔子崇拜》，原载台北《“中研院”历史语言研究所集刊》第七十本第二分册（1999年6月），收于氏著《中国近世儒学实质的思辨与习学》，北京大学出版社，2005年，第70—119页。

② （明）王直：《故袭封衍圣公孔公神道碑》，《阙里志》卷二四，第496页；《明史》卷二八四，中华书局标点本，1974年，第7297页。

③ 前揭《故袭封衍圣公孔公神道碑》，《阙里志》卷二四，第496页。

④ （明）严嵩：《明故袭封衍圣公成庵孔公墓志铭》，《阙里志》卷二四，第507页。

⑤ （明）李东阳：《前衍圣公南溪孔先生墓志铭》，《阙里志》卷二四，第501页。

⑥ 前揭《明故袭封衍圣公成庵孔公墓志铭》，《阙里志》卷二四，第507页。

⑦ （明）葛守礼《明诰封衍圣公可亭夫人张氏墓志铭》、（明）严嵩《明故衍圣公可亭孔公墓志铭》，分载《阙里志》卷二四，第508—509页。

西分宜严嵩孙女，工部侍郎严世蕃之女。① 虽仍有部分衍圣公夫人或继配出自普通民众之家，但与高门联姻已成为难以阻逆的趋势。

相较后来的清代，明代及之前宋元时期衍圣公的结姻大多只停留在单一代次，尚未形成累世通亲局面。再以六十一代至六十四代衍圣公为例，饶是他们的夫人均出自内阁首辅如李贤、李东阳、严嵩等名门之后，却也只是各维持一代的单方面聘定，而无其他子女或族人互相结合。这也导致，清代以前衍圣公家族并没有编织出堪称规模和体系的姻亲网格，联姻所能带来的涟漪效应自不会太过宽广和深远。这种现象，与随后清代衍圣公渐次积累起来的强大“外姻”之势和累世数代联姻等局面迥然不同。② 接下来，我们不妨以六十二代衍圣公孔闻韶与内阁首辅李东阳之女的结姻等案例，探讨缔姻双方在此过程中的内在考量和取选标准，以及对彼此造成了何种影响，深化对明代衍圣公姻亲问题的认识。

二　门风与门第：明代衍圣公缔姻双方的互相考量

在明季六十五代衍圣公孔胤植等人增修的《阙里志》中，收录了此前多位衍圣公及部分衍圣公夫人的墓志表文。综合阅读和比对，不难发现，衍圣公的生平事迹主要围绕传主勤读好学、恪遵祖训、职守祀事以及亲睦宗族等方面，展现了士大夫群体理想中的“圣裔”形象。③ 对衍圣公夫人行状的表述，则不外乎其端淑知礼、相夫治家、督训子侄，具备传统女性应有的美德。这些文字固然带有褒扬逝者的色彩，实也透露出衍圣公在择取姻亲对象时内在的标准和要求。

如六十代衍圣公孔承庆夫人王氏，籍出山东宁阳，系顺天府尹王贤之女，“少读女教诸书，善于笔札，且天性孝友严慈，女工家务，如素习然，井井有法”。因王家与阙里孔家相去不远，“互闻有素”，遂“一言而姻缔矣”。④ 归适阙里后，王夫人事姑相夫，一遵家礼，成为阖族子妇效仿的典范。六十一代衍圣公孔弘绪继配袁氏，籍隶河南兰阳，父袁端官至山东按察司副使。袁氏自幼“庄雅娴静，识者知其为贵人”。适逢孔弘绪元配李氏卒，“大圣人后，宗妇治家相祀，实难其选”。遂经袁端的幕卿介绍，认为袁氏“实天作良匹”，将其许至弘绪为配。⑤ 六十三代衍圣公孔贞干夫人张氏，父为明孝宗孝康张皇后弟、建昌侯张延龄，可谓毓德高门。但她“仪性端淑，恪遵母训，读《孝经》《列女传》，能通其义”，从不恃贵骄人，贤名为前衍圣公孔闻韶所知，遂聘为贞干之配。⑥（图3）

上引诸例中，衍圣公的夫人并非全都出自名望贵戚之家，但无不品端性慈，为人颂扬，所以会成为衍圣公家族子弟聘定的对象。然而，首重女方秉性绝非说衍圣公结姻时便忽略对双方交谊和科宦家世的考量。按照近代学者潘光旦先生从“优生学”角度对望族联姻的分析，一个人或

---

① （明）姚希孟：《明故六十四代圣裔诰赠太子太傅袭封衍圣公龙宇孔公暨配张氏合葬墓志》，《阙里志》卷二四，第512页。

② 笔者另有专文论述清代衍圣公的“外姻”势力及其与皇权之间的冲突。

③ 这种记述，很大程度上也是由衍圣公的主要职责所决定，即奉祀孔子，统宗睦族，如清人孔继汾就曾观察说：“（孔氏）后之绍封者，自修明祀事而外，举无他事可纪述。”（清）孔继汾：《阙里文献考》卷九《世系第一之九》，山东友谊书社影印本，1989年，第187页。

④ （明）刘珝：《赠衍圣公孔公夫人王氏合葬墓志铭》，《阙里志》卷二四，第498页。

⑤ （明）翟銮：《明诰封太夫人衍圣公南溪先生继配袁氏墓志铭》，《阙里志》卷二四，第503页。

⑥ （明）葛守礼：《明诰封衍圣公可亭夫人张氏墓志铭》，《阙里志》卷二四，第508页。

一个家族优良品性的形成，实与家族遗传和生长环境的作用密不可分。① 同理，当衍圣公选择了一位在德、才、智等层面均较突出的女性时，背后自然也是基于对彼方家世积淀的综合考量。官至吏部尚书兼华盖殿大学士的严嵩，与六十二代衍圣公孔闻韶、六十三代衍圣公孔贞干父子均有深交，后其孙女嫁与贞干之子尚贤，原因便在于两家“雅相契好”，因此“以予求婚，遂许聘焉”。② 彼此的身份和交谊，无疑是促成此次结姻的最重要因素。

图3　孔府忠恕堂

同样的例子，还有六十二代衍圣公孔闻韶与内阁首辅李东阳之女的结姻。后之撰志者以“冰玉”二字转述当时朝野对孔李两氏结合的称美：“（闻韶）年弱冠，召至阙下，美风仪。孝宗皇帝面赐玉带麒麟服，人咸荣之。时少傅西涯李公（即李东阳）名重海内，登公于门，归以其子。一时倾动朝著，有‘冰玉’之称焉。”③ 从中不仅能够看到衍圣公所享有的殊荣恩遇，以致当朝权臣也希望以女相许，结为姻亲，而且直观展现出朝野上下均认为两家结合实乃门当户对，理所当然。但进一步爬梳史籍，将历史场景回溯，则能看到孔李两家之间更为深厚的交往印迹以及婚配时的双向考量。

作为典型的传统儒家士大夫，李东阳幼读诗书，后科第入仕，宦途飞腾。在他脑际，始终萦绕着对孔子及其后裔的崇敬和亲近之情。李东阳曾说：“每按阅载籍，及闻学士大夫谈阙里之胜，心窃慕之。”④ 成化、弘治之际，李东阳居官京师，得与六十一代衍圣公孔弘绪之弟弘泰相交，诗文往还，遂成莫逆。⑤ 时李东阳之女方幼，却已“眉目清湛”，加之东阳此前有二女一子皆早夭，所以该女受到了特别关爱和瞩目。当众多贵家前来议婚时，李东阳以其“非凡儿匹”，皆未许聘。弘治九年（1496年），孔弘绪之子闻韶方及冠，弘绪便委托胞弟弘泰前往李府议亲。李东阳详细记述了此次结姻的经过：

> 弘治丙辰（即弘治九年，1496年），前衍圣公南溪先生有子闻韶方冠，属其弟衍圣公东庄先生来议于京。陈都宪玉娶于孔氏，与二公通家，又视予为知己，首为请曰：“是宣圣六十二代大宗子也，简雅而文。”予谓族大非耦，且以远故，未应。太宰屠公朝宗辈十人恳予不置，予要以三事曰：“吾女尚幼，必三年后成礼，礼必从俭，孔氏子必令读书。”皆应曰：

① 潘光旦：《明清两代嘉兴的望族》，商务印书馆，2015年，第248、300页。

② （明）严嵩：《明故衍圣公可亭孔公墓志铭》，《阙里志》卷二四，第509页。

③ （明）严嵩：《钤山堂集》卷三九《明故衍圣孔公墓志铭》，《续修四库全书》集部第1336册，上海古籍出版社，2003年，第332页。

④ （明）李东阳：《东祀录序》，周寅宾点校：《李东阳集》第一卷，岳麓书社，1984年，第681页。

⑤ （明）李东阳：《前衍圣公南溪孔先生墓志铭》，《阙里志》卷二四，第499—501页。

图4　孔府圣书房

> “如约。”乃许之。庚申（即弘治十三年，1500年），东庄以闻韶至。纳征之日，少师守静焦公实相礼焉。①

“南溪先生”即孔弘绪，“东庄先生”即孔弘泰。看得出来，虽然李东阳与衍圣公家族颇有交谊，但先后仍需经由陈玉、屠朝宗等臣僚屡谏和劝说，方定踵其事。李东阳所看重者主要有两点：一是孔闻韶的“大宗”身份，即在未来可袭爵衍圣公；二是阙里孔氏诗礼传家的深厚传统。对此，李东阳在后来为孔弘泰撰作祭文时还再次强调称：“婿我犹子，聘我令仪。曰此大宗，实维本支。”② 弘治十三年（1500年），孔李两家如约完婚，自此正式揭开了衍圣公家族与当朝显宦结姻的序幕。（图4）

李东阳之女与孔闻韶结合的事例说明，纵然位极人臣，士大夫阶层也十分看重孔圣后裔的独特身份，所以东阳才会在众多请聘中选定闻韶。如果予以区分的话，李东阳无疑属于因仕宦显赫而为人瞩目的典型代表，衍圣公家族则拜君恩祖泽所赐，象征着文脉绵延不绝。一官一文的结合，盖不仅在于两家门当户对，更在于对方能为自身带来所需的政治和文化资源。

对官宦家族来说，结姻阙里孔氏相当于无形之中与孔子血脉发生了某种关联，从而进一步沐浴在先圣诗礼学说涵育的文化氛围之中。在这方面，李东阳的心底感受仍然颇具代表性。弘治十二年，即孔闻韶与李东阳之女即将完婚之际，阙里孔庙发生火灾，明廷闻奏，旋下诏发帑重建。

---

① （明）李东阳：《亡女衍圣公宗妇墓志铭》，周寅宾点校《李东阳集》第三卷，第436页。

② （明）李东阳：《祭衍圣公孔以和文》，《李东阳集》第三卷，第218—219页。

图5　孔府诫贪影壁

5年后的弘治十七年，阙里庙工告成，李东阳奉敕往祭。礼成之后，李东阳特在婿家居住十数日，“谒孔林，登尼山，经曲阜，挹洙泗之余波，访邹鲁之遗风，观汉魏以来遗文断刻。山川灵秀之秘，礼乐声容之美，衣冠文物之会，信一时之盛也”。[①] 孔子故里浓厚的诗书气息和“圣裔”身上展现出的儒雅风范，均给李东阳以深刻印象，也更坚信几年前的联姻之举实属智选。

李东阳不止一次在诗文中透露出这种特殊感情。作《望阙里》诗称：“阙里分明圣域开，鲁邦遗址岂蒿莱。衣冠夹路清风引，香帛迎门好雨来。天外远山皆拱护，眼中新庙已崔嵬。兹行合是平生事，况有文章出上台。”[②] “衣冠夹路”一语，是指李东阳等祭庙人众行近阙里时，受到了孔氏子弟欢洽接迎。虽然当时去孔子生活的时代已有两千余年，但目睹孔姓人丁滋生繁茂，且能恪守先祖庭训，仍如近距离接触孔子一样。在《曲阜纪事》一诗中，李东阳还说：“天下衣冠仰圣门，旧邦风俗本来敦。一方烟火无庵观（原注：本县僧道不入境），三世弦歌有子孙。城郭已荒遗址在，书文半灭古碑存。凭谁更续东游记，归向中朝次第论。”[③] 孔李结姻已不独为两氏之荣，也成为儒林群体乐于谈论的话题，所以李东阳才会迫切地“归向中朝次第论”，以抒此行带来的快意和兴奋。

前文已述，明太祖以降对儒学和孔子格外尊奉，成为后来衍圣公家族逐渐望重儒林的根源所在。明代衍圣公姻亲对象门第抬升，也是以此为基础方得以实现。无论仕宦之家，还是衍圣公府，对此均有深刻体认。告祭阙里孔庙礼成后，李东阳特意对袭爵不久的女婿孔闻韶说：“是惟

① （明）李东阳：《东祀录序》，《李东阳集》第一卷，第681页。
② （明）李东阳：《望阙里》，《李东阳集》第一卷，第685页。
③ （明）李东阳：《曲阜纪事》，《李东阳集》第一卷，第687页。

先师道德之深泽，圣天子崇儒重道之盛心，更新图远，方始自今日，而式克成之。尚慎守祗奉，以无负于吾君，无忝于尔所生也。”孔闻韶自当了解岳翁言后深意，自称“敢不于斯言是图”。①换言之，但凡国家崇儒尊孔的政策延续不辍，则孔氏后裔的恩荣也将相随永伴，亘古弥新。对衍圣公来说，最重要的任务便是慎守庙庭，祗奉祀事，以无忝于先圣子孙。（图5）

综上，李东阳等仕宦家族结姻衍圣公家族，重在雨沾孔圣后裔的文脉传承及其在士林群体中的特殊影响。这种文化资源，相较政治权势虽然并不那么显见，也难以立时发挥作用，但确实为时人看重，故念兹在兹，格外珍求。自六十一代衍圣公孔闻韶以降，还有多位衍圣公聘娶当朝贵重大臣之家的女儿或孙女，李东阳之女的例子也被常加提及对照，引为佳话，可见贯穿各段联姻背后的考量也一以贯之。

三　文化与政治之间：明代衍圣公姻亲网络的意义

在人类发展历史上，婚姻呈现出的意义远不止于男女个体结合这一狭隘层面，而是带有联络不同族群、不同部落或不同家庭的特定用意。对于讲求宗法制的中国传统社会而言，此一特点尤为明显，即如《礼记》所载：“昏礼者，将合二姓之好，上以事宗庙，而下以继后世也，故君子重之。”为此，在各种礼制程序中，婚礼连同凶礼一道，向为人所看重，根源在于“敬慎重正昏礼也”。②

无论“事宗庙”，抑或“继后世”，均强调了婚姻结合对于奉祖续嗣的重要意义。③但对于天潢贵胄、阀阅世家以及地方望族来说，这些阶层的婚姻行为并不仅停留在延续后代和奉祀庙庭两方面，往往还包含更深层的文化、政治等多方面考量。这便是恩格斯所论：“结婚是一种政治行为，是借一种新的联姻来扩大自己势力的机会。”④在此过程中，决定能否联姻的基础是家族利益，而非个人意愿。人类学家列维·斯特劳斯接续恩格斯的论述，进一步强调婚姻在构成社会网络方面的重要作用，“扮演着为地方性群体避免其内部性自足的角色，因而婚姻也起着促进社会进行更广泛的社会连接的作用”。易言之，一个成熟稳定的群体或世家，必得依赖于开放的婚姻网络，才能保持生机活力，同时化解内部矛盾。斯特劳斯将婚姻看作一种“文化形态和社会逻辑”，称其不只是群体社交的重要媒介，还是缔造族群内外和平安定秩序的力量。⑤（图6）

---

① （明）李东阳：《重建阙里孔子庙图序》，《李东阳集》第二卷，第493页。

② （汉）郑玄注、（唐）孔颖达疏：《礼记正义》卷六一《昏义第四十四》，北京大学出版社，2000年，第1888页。

③ “（传统中国）婚姻的目的只在于宗族的延续及祖先的祭祀……二者的关系自异常密切，有时是不可分的”。相较而言，后者显然要比前者更重，乃因先是有了满足祖先享用血食这一前提，方迫切要求后世繁衍子孙，以保证家族延续不辍，祖先祀事有承。从这个层面上看，寻常民众“结二姓之好”只不过是婚姻的连带效用，保证家族祭祀和延续才是第一要义。参见瞿同祖：《中国法律与中国社会》，中华书局，2003年，第97页。

④ （德）恩格斯：《家庭、私有制和国家的起源》，《马克思恩格斯选集》第四卷，人民出版社，1972年，第74页。

⑤ Claude Levi—Strauss, *The Elementary Structures of Kinship*, Boston, London: Eyre and Spotiswoode, 1969［1949］. 转引自王铭铭：《人类学讲义稿》，世界图书出版公司北京公司，2011年，第43—44页。

图6　曲阜“万仞高墙”

通过简述古今中外理论家对婚姻意义的深刻阐释，我们借此来思考，围绕明代衍圣公所形成的姻亲网络，对孔氏家族“此方”和缔姻对象“彼方”来说，究竟分别意味着什么，即存在何种意义和影响？

明代以前，衍圣公多兼任地方官职，扮演着爵职一体的综合角色。但自明太祖朱元璋以后，只崇其爵而不以政事相烦，以致衍圣公的职司范围多限于县域和庙庭之内。① 所以，衍圣公家族也亟需与权贵之家结姻，以期巩固既得权势利益，并希望通过他们的影响，努力延续王朝尊奉孔子、褒崇孔裔的既定思路。除此，无论衍圣公结姻高门之女，抑或择配乡里望族，无不建基于对彼方家世、才学、品德等条件的综合考量。这种设定和预期，可以说有其内在的合理性，其意义也在结姻之后逐渐显现出来。

史籍记载中，衍圣公夫人多能在归适孔氏后起到相夫持家教子的贤良内助作用。如六十一代衍圣公孔弘绪继配袁氏：“既归南溪公，克闲妇道，上下交贺，翁姑咸喜。阙里春秋，享献非常，夫人主荐豆羞，必敬必戒，相祀惟谨。家众以万指计，夫人驭之，感恩畏威，南溪公因无内顾忧。宗族疏戚远迩，爱憎非一，夫人内则懿范，罔不仪刑。南溪公义方训严，太夫人乃申戒诸子谓：‘国家崇德象贤，优礼世世，汝辈宜图报称，以光厥祖，毋自纵逸坠厥宗’。以故诸子咸务学秉礼，有闻于时”。袁氏后孔弘绪三十余年而卒，终以子贵，被封为“太夫人。”②

孔弘绪继配江氏，同样诫子持家，怀有懿德。史称孔弘绪夫人李氏逝后，“艰于择偶，闻（江）夫人贤，遂聘焉”。既归阙里，江氏“因摄家政，怡容惠心，恪遵纪度，相祀宗庙。凡豆登苹藻，瀡·之荐，无不殷洁。事夫子，婉而恭，善讽谏。凡进退词气，无不恪慎庭帏，雍肃内外，群仆婀无间辞，偲偲焉，惟恐夫人之弗专内政也”。孔弘绪续娶袁氏后，江氏亦相处为善，“贬抑寅畏，事无己出，即袁夫人咨之言弗隐也，命之所弗后也，袁夫人安焉”。而在约束子弟方面，江氏的表现更为后人所铭记，称其：“性俭素，自奉甚约，慈惠喜赒予，工女红，华而不

① 骆承烈汇编：《石头上的儒家文献——曲阜碑文录》，齐鲁书社，2001年，第350页。

② （明）翟銮：《明诰封太夫人衍圣公南溪先生继配袁氏墓志铭》，《阙里志》卷二四，第503—504页。

图 7　曲阜阙里坊

靡……先圣公训诸子严，夫人相之亦严，尝命诸子曰：‘尔先圣人后也，国家崇德象贤，世表上公，以维王道。夫苟纤微弗度，则弗若祖矣；弗若祖，则弗若君矣。慎哉！毋庸纵逸。其若而家训，乃报国恩已也’。诸子拜受焉。”①

上引文字中，对六十一代衍圣公孔弘绪继配袁氏和江氏言行事迹的描述，颇有相似甚至重叠之处。我们固然可以理解成这是她们人生的真实写绘，但同样不难想见，其间实包含了墓志撰作者及后之子孙所格外突出和显扬的某些层面。根本上讲，便是阙里孔氏所代表的世家名门，以耕读立家、道德传家而逐渐积淀起的深厚家风。如有学者已指出：“优良家风既是一个文化世家兴盛之因，也是其永续发展之基。越是成功的家族，越是注重优良家风的培育和传承，越是注重优良家风的传承，越能促进家族的永续繁荣发展，从而形成良性的循环往复。”② 衍圣公家族与其他世家缔姻，促成了优秀家学、门风等无形文化资源的流通和融汇，反过来进一步推动世家发展和文脉传续。（图 7、8）

即使贵如六十二代衍圣公孔闻韶元配李氏，即内阁首辅李东阳之女，除了其家世显赫外，同样代表了优秀环境造就的女性“良匹”形象。史称其“性朗慧，其母口授《女孝经》及名物之书，意领颔签，皆略能默记”。既归衍圣公孔闻韶，“相祀勤恪，处诸妯娌和逊有节，接姻戚无骄色，婢仆数十，指驭之皆有恩。端居一室，虽名园别墅，未尝一至”。③ 孔闻韶的另一位夫人卫氏，乃宣城伯卫颖之孙、卫璋之女。当李东阳之女早逝后，卫氏归适闻韶，出色地完成了衍圣

① （明）李时选：《明故袭封衍圣公成庵孔公生母江夫人墓志铭》，《阙里志》卷二四，第 505 页。

② 王志民：《中国名门家风丛书·总序》，人民出版社，2015 年，第 3 页。

③ （明）李东阳：《亡女衍圣公宗妇墓志铭》，《李东阳集》第三卷，第 436—437 页。相似的文字描述，又见李氏《祭孔氏女文》，《李东阳集》第三卷，第 221 页。

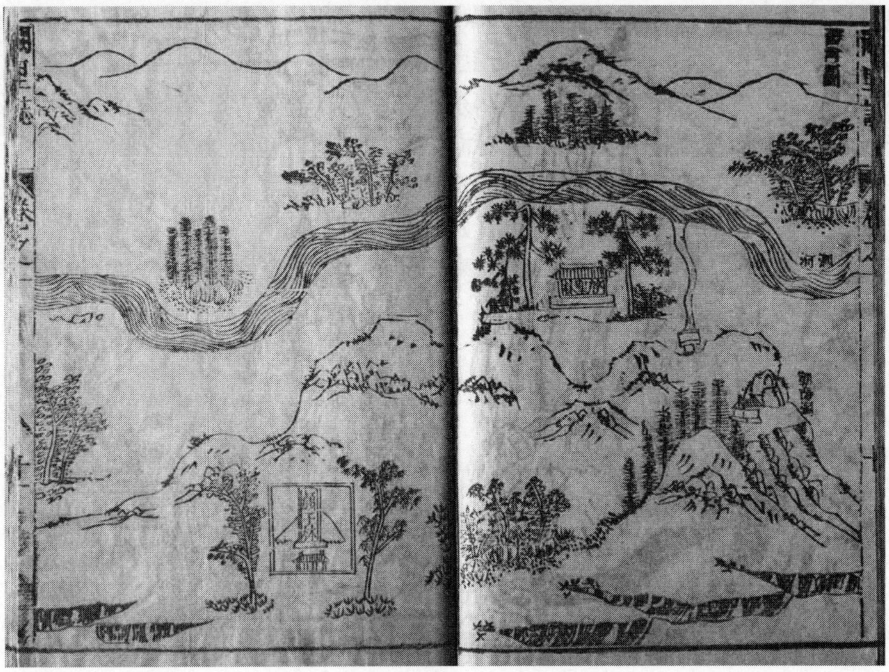

图 8　《阙里志》（明刻清印本）

公冢妇所应担当的职责。撰志者记载卫夫人："及归阙里，不以闺中矜，事袁、江二太夫人至敬，处众妯娌以礼。宗治家政，井井有纪，庙享家祀，罔不躬洁，上下翕然称之。成庵公（即孔闻韶）丰养乐施，太夫人佐以节约。逮可亭公（即闻韶子贞干）缵袭，御下严，则恒以宽为诲。至后冢妇张夫人早故，可亭公复旋逝，时龙宇公（即孔尚贤）方幼，上下杌陧。太夫人一志嫡孤，无少眷溺、少爱意，抚翼保持，殚尽心力。间白于诸司，择延师诲，陈请钦命，取入国学习礼，爵祀不以紊坠"。[①] 卫夫人享寿 79 岁（1497—1575 年），身历孔闻韶、孔贞干、孔尚贤祖孙三代衍圣公，堪称冢妇持家的典范。这些案例，不仅鲜明展现了衍圣公结姻贤达之女时的考量，更突显了其带给衍圣公家族的重要影响和深远意义。

相似的例子，可以说贯穿明代始终。明季衍圣公、六十五代孔胤植侧室陶氏，"恪执妇道，克谨苹蘩"。[②] 孔胤植去世后，陶氏抚子兴燮承祀，子卒，又抚孙孔毓圻，"以母兼父与师，俾厥胄子成立，为贤上公"。[③] 祭祀林庙时，"凡朝祭重典，教之必度于礼"。[④] 这些表现，可以说与明代诸衍圣公夫人的行举一以贯之，也在后来清代衍圣公夫人身上得以延续和发扬，成为维系衍圣公府上下运行不紊的重要力量。

总之，明代是衍圣公的姻亲网络从宋、金、元"择偶乡里贤宦"走向清代"世姻化"的重

① （明）殷士儋：《明故袭封衍圣公成庵公继配累诰封卫太夫人合葬墓志铭》，《阙里志》卷二四，第 510 页。

② 孔德成纂：《孔子世家谱》卷三之一，《山东文献集成》第 1 辑第 11 册，山东大学出版社，2006 年，第 90 页。

③ （清）潘相纂修：乾隆《曲阜县志》卷九七，《中国地方志集成 · 山东府县志辑》第 73 册，凤凰出版社，2009 年，第 534 页。

④ （清）曾尔泰修、陈顾𤅢纂：乾隆《兖州府志》卷二四，《中国地方志集成 · 山东府县志辑》第 71 册，第 488 页。

要转折时期。受明太祖朱元璋以降各统治者尊奉孔子、褒崇孔裔政策的影响，衍圣公的“圣裔”身份和地位较诸此前得以显著提升和凸显，衍圣公及其家族子弟成为上自天潢权贵、下至普通官宦缔姻时的优选对象，内阁首辅李贤之女、李东阳之女和严嵩孙女先后适至孔府等案例，直观反映了在王朝加恩之下衍圣公姻亲出现的崭新动向。同理，明代衍圣公的结姻取向，除了一贯对彼方才、学、德、识等综合素养的内在期许和考量，也深刻镌印了讲求家世与门第的痕迹。通过联姻，明代衍圣公家族与其他世家之间实现了良好家风的融汇互通，或有形、或无形地分享彼此的文化和政治资源，并借此涵育出更为深厚的教养环境，达致传承文脉的长远功效。

（孔勇：山东大学历史文化学院）

16 世纪以降内外趋势与清朝大一统国家再建

徐 凯

内容提要：明清之际，明王朝、农民军、清王朝几股政治势力逐鹿中原。农民军历时 18 年，推翻了腐朽明朝统治，为清兵统一全国铺平道路。清朝又利用 20 年，击败了农民军残部及南明势力，统一全国。16 世纪以降历史发展呈现两大趋势，一是多民族融合已经形成，为大一统国家再建奠定基础。二为西方殖民者东来，觊觎中国。客观上，要求国家统一，民族团结，方可抵御外辱。清朝肩负起了这副历史重担，积极调整政策，增强国力，开启了“百年之治”，出现“康乾盛世”。18 世纪时清朝已是亚洲一个强盛的大帝国。这是中国历史发展的必然产物。

关键词：民族融合　殖民列强　清王朝　大一统国家再建

16 世纪中叶到 17 世纪前期，正是明清改朝换代之际，也是我国古代社会末叶大动荡、大分化、大改组的时代。① 此时内外呈现出两大趋向：一是国内多种政治势力金戈铁马，逐鹿中原。腐朽的明朝大厦将倾，统治者奋力维护“金瓯”一片；李自成率领农民军以摧枯拉朽之势，攻克北京城，而兵败山海关；清兵乘机大踏步地入关，直奔北京。他们上演了一幕幕威武雄壮的历史活剧。二为西方伴随“地理大发现”，早期殖民者葡萄牙等已走出欧洲，寻找“黄金”之地。英国等相继兴起工业革命，由中世纪农奴制向资本主义制度过渡，冲向世界，逐渐将各大洲联为一个整体，加速了全球殖民地化进程。很多国家与民族被卷入这场原始资本积累的血腥漩涡中，他们正面临着生死存亡的严峻考验。

从万历十一年（1583 年）五月起，建州左卫指挥使努尔哈赤举兵，统一建州女真各部及海西、野人女真等部。四十四年（1616 年）正月，在赫图阿拉（今辽宁省新宾县）建“大金”国（史称“后金”），以“七大恨”誓师反明，挺进辽沈，打破了明朝 200 余年在东北地区的稳固统治。直到康熙二年（1663 年）八月“茅麓山之战”，清兵于湖北郧阳县击溃了最后一股抗清势力农民军“夔东十三家”，统一了全国，前后持续了 80 年。满洲贵族面临的局势恰是中原地区民族融合之势已成，有利于统一多民族国家的再建；同时殖民者陆续东来，竭力敲开古老中国的大门，南北边疆形势紧迫。时局亟待国家统一，民族团结，方能抵御西方列强的欺辱。然而，这副沉甸甸的历史重担就着实地压在了清王朝肩上。

---

① 徐凯：《明清之际社会变革浅析》，《庆祝王钟翰先生八十寿辰学术论文集》，辽宁大学出版社，1993 年，第 139—150 页。

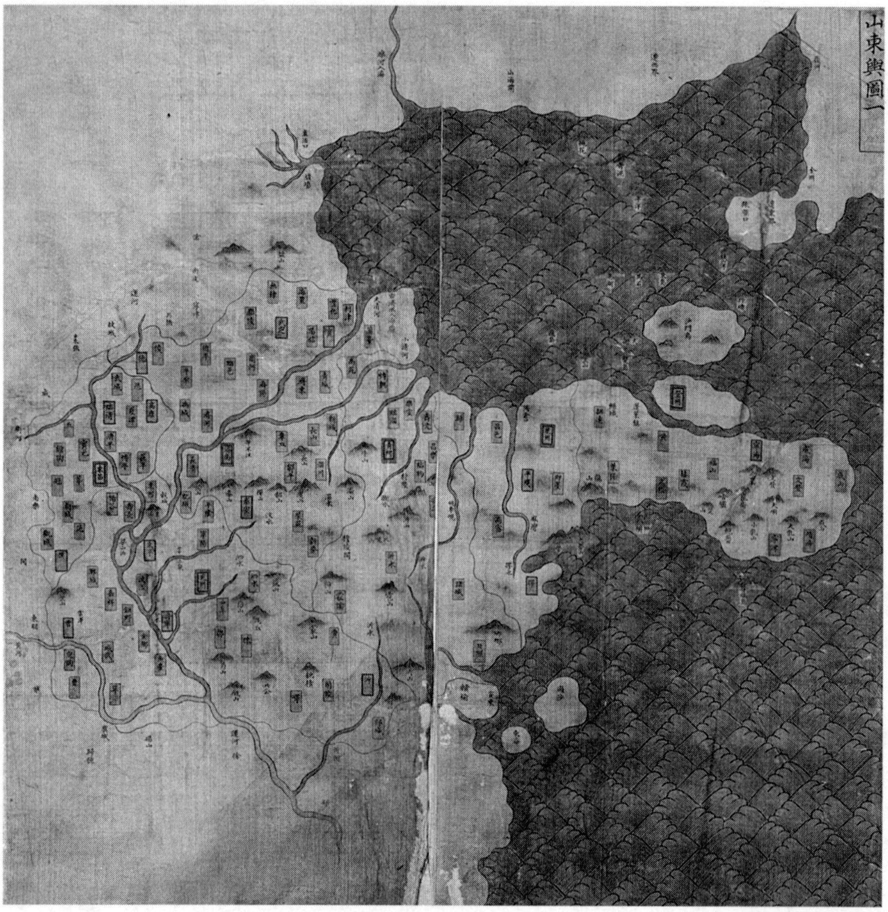

图1　明代《山东舆图》

一　“今代山东氏族，其出于金元之裔者多矣”

此言出自明清之际的思想家顾炎武《日知录》卷二三《二字姓改一字》。① 他指明16世纪中叶以来山东地区民族构成状况，其他省份民族结构亦大体类似。这说明边区与中原民族双向融合趋势已经形成。（图1）

我国是一个历史悠久的多民族国家。千百年来，勤劳勇敢的各民族人民在政治、军事、经济、文化等方面展开了广泛深入的交流，关系密不可分。早在秦汉时期就形成了大一统的国家，中经魏晋南北朝短暂分裂，隋唐又建统一的多民族王朝。尔后，又陷宋、辽、金时期南北割据的状态，元朝再现统一多民族国家。明朝建国之初，力图重建大一统国家，因庙堂失策，导致与北方蒙古等部族关系紧张，战事频发。然而，北方各民族经历了长期而多次的大迁徙，进入中原腹地，与广大汉族人民聚居交往，加速各民族大融合，他们彼此依存，日益加深。

早在魏晋南北朝时期，“王胡乱华”，频仍的战争迫使南北民族相互迁徙。尤其辽金元时期，

① （清）顾炎武著，黄汝成集释：《日知录集释》（外七种）卷二三《二字姓改一字》，上海古籍出版社，1985年，中册，第1723页。

战争规模不断扩大，人口流动数量激增。辽代将燕京定为“五京”之一，金朝将上京会宁（今黑龙江省阿城市）迁到中都，元代定鼎大都（蒙古语“汗八里”），三个王朝统治重心南移到今天北京，带动了北方契丹、女真、蒙古、色目等民族大批涌入中原，与汉族人民逐渐地融为一体。直到明代中期，民族迁徙之势仍然未止，民族之间彼此融合已成为一种历史发展趋势。15世纪以后，这种形势越发明显。其表现在以下三个方面：

（一）边区与内地的民族双向迁徙频繁

少数民族进入中原，颇多汉族人民投奔边塞。在北方，西北蒙古族等多次内迁。诸如，游牧于西亚与新疆北部的原瓦剌部中一部分厄鲁特人东迁到宁夏、青海等地，原住斡难河流域的鞑靼蒙古不少部落迁徙到内蒙古鄂尔多斯草原。明末，甘肃肃州（今酒泉市）定居不少喀什噶尔等地维吾尔商人，“这些商人很多已在此地娶妻，成家立业，以此他们被视为土著，再也不回他们的本土”。① 而汉人迁入边区的方式之一是战争掠夺人口。蒙古部落首领率骑兵侵入中原，大肆掠夺人口财产，将抓获汉人押解边塞。比如，明英宗正统中期，瓦剌首领也先杀入辽东与华北地区，一次就俘获汉人数万人。正统十四年（1449 年）八月，瓦剌也先军队进入中原，与明军大战河北怀来土木堡，明兵惨败，大量汉人被押解西北边陲。景泰元年（1450 年）闰正月，镇守陕西兴安侯徐亨奏：“达贼入宁夏境，抢掠人口，及中护等卫军屯驿递，王府苑马、寺马、牛羊，不计其数。”② “土木之变”后，瓦剌骑兵频繁地闯入内地，大肆杀掠人口、牲畜与钱财，造成不少地方渺无人烟。这种状况引起代宗朱祁钰重视。景泰六年（1455 年）五月，颁敕书致哈密忠顺王，其云：

> 累闻迤北走回人言，汉人男女，有先被达贼抢去，有转卖与尔哈密地方者，有自逃回尔地方潜住者，有经过尔处被尔部下拘留不发者，前后有三千余人。中间，被尔部下卖于撒马儿罕地面去者，约一千余人，其余尚有二千余人。朕以尔自祖以来，世受朝廷爵禄赏。尔亦自称与朝廷守把后门，岂可以求微利，致失尔之信义。敕至，尔即以朕言，宣谕部言下，但有拘留人口者，尽数遣人送还。朝廷自有赏赐，决不吝惜。尔其体朕至怀。③

从代宗的敕书可知，瓦剌军队进入内地，大量掠夺汉族男女，贩卖为奴，迫使汉人留居西北哈密等地。嘉靖初年，蒙古右翼土默特万户俺答汗突起，为了扩充势力范围，四处用兵。嘉靖二十一年（1542 年）六月，俺答汗骑兵直入太原等地，七月始出塞，“破卫十，破州县三十八，杀略二十余万人，马牛羊二百万，衣袱金钱称是，焚公私庐舍八万区”。④ 史称“庚戌之变”。足见蒙古骑兵杀掠人口与财产之多，危害之大。当然，一些汉人为了躲避战乱，逃亡边地，人数也会不少。

---

① 〔意大利〕利玛窦、金巴阁著，何高济等译：《利玛窦中国札记》第 5 卷第 13 章《鄂本笃修士在中国逝世》，中华书局，1983 年，下册，第 560 页。

② 《明英宗实录》卷一八八《废帝郕戾王附录第六》，景泰元年闰正月甲寅，日本中文出版社，1984 年，第 3328 页。以下《明实录》版本同。

③ 《明英宗实录》卷二五三《废帝郕戾王附录第七十一》，景泰六年五月壬申，第 3740 页。

④ （明）瞿九思：《万历武功录》卷之七《中三边 · 俺答列传上》，《中国野史集成》，台北广文书局，1972 年，第 64 页。

在东北，后金汗努尔哈赤攻城略地，大量捕获辽东人口为奴。天命六年（天启元年，1621年）七月，“建州尽徙诸堡屯民出塞，以其部落分屯开（原）、铁（岭）、辽（阳）、沈（阳），驱屯民男女二十万北行。男子不得挟赀，妇女不得缠足，道死相属。闻镇江兵变，寄所掠二十万众于海州城下”。①正如明辽东巡抚熊廷弼在《陈边情大略疏》所言，“辽左今日之患，莫大于无人”。从万历初年到中期，建州卫等首领大掠人口，致使宁远前屯卫、锦州、义州、右屯卫、广宁、开原、铁岭、辽沈迤北、辽海迤西南等地之“人尽”，造成“辽敝已极，辽人已空”的惨状局面。②自天聪三年（崇祯二年，1629年）至崇德七年（崇祯十五年，1642年），十余年间，皇太极亲自或派遣诸贝勒率领清兵，6次绕道进入京畿、山东、山西等地，大规模掠夺人口及财产，俘获的人畜有近百万。清兵将大量的河北、山东、山西汉人，昼夜不停地押解关外地区。

在西南，因诸种缘由，少数民族移居内地，大量汉人迁住边区生活。万历时期，汉人纳入云南户籍者，多达70万人。西藏、青海、甘肃与四川西南部的藏族，同内地贸易往来频繁，雅安、打箭炉等地成为汉藏人民贸易的主要场所，商品交换兴旺。明后期，四川凉山等地彝族奴隶主时常闯入汉族居住区，“罗（猡）鬼人掠中国男女”为奴。③在东南地区，福建、广东沿海的汉族与台湾高山族等交往增强，留居当地，从事商贸者人数不少。崇祯年间，福建大旱。巡抚熊文灿采纳郑芝龙建议，“乃召饥民数万，人给银三两，三人给一头牛，用海舶载至台湾，令其茇舍，开垦荒土为田。厥田惟上上，秋成所获，倍于中土”。④“漳泉之人归赴之如归市”。数万人开发台湾，大陆与台湾联系日益加深。

此外，明朝赋役繁重，自然灾害丛生，亦迫使汉人逃离家园，他们从腹地不断向边区逃逸，融入“胡地”。明代中期，官府赋税徭役加重，逼迫失去耕地的农民携家带口踏上逃亡之路。隆庆万历年间，陕西、山西一带，不堪忍受压榨的贫困农民向北方蒙古逃跑，仅在丰州（今内蒙古呼和浩特附近）就有5万余人。该地区一些边吏等人组织秘密结社“白莲教”，以反抗官府。因被有司缉拿，他们率众北上，投奔蒙古土默特部首领俺答汗，代表人物如山阴人李自馨、阳和人赵全等。南方一些省份的汉人为躲避徭役，逃亡到两广、湖南、四川、云贵等山区，即苗族、土家族、瑶族、彝族、僮族等民族居住地，以谋生计。

（二）各民族之间经济文化交流越发密切

自北到南，从东至西，边区开拓，茶马互市，民族之间经济与文化交流不断深入，反映在农技、建筑、医药、艺术等方面变化明显。兹以隆庆万历年间投靠俺答汗帐下的山西人为例，可知蒙汉人民经济文化交融之深。《万历武功录》卷之八《俺答列传下》记载：

> 先是吕老祖，与其党李自馨、刘四等，归俺答。而赵全又率渫恶民赵宗山、穆教清、张永宝、孙天福，及张从库、王道儿者，二十八人，悉往从之。互相延引，党众至数千。虏割

① （明）彭孙贻：《山中闻见录》卷三《建州》，《清入关前史料选辑》第3辑，中国人民大学出版社，1991年，第35页。

② 参阅《国立北平图书馆善本丛书》第一集《筹辽硕画》卷一，民国二十六年（1937年），第52页。

③ （明）包汝楫：《南中纪闻》（不分卷），王云五主编《丛书集成编初编》之《骖鸾录》（及其他二种），上海商务印书馆，1936年，第2页。

④ （明）黄宗羲：《赐姓始末》，《台湾文献史料丛刊》第6辑，台湾大通书局，1997年，第114册，第6页。

图2　明代《马市图》

板升地家焉。自是之后，亡命者，窟板升，开云田丰州地万顷，连村数百，驱华人耕田输粟，反资虏用。所居为城郭宫室，极壮丽。全多略善谋，自馨谙文字，周元治扁仓术，刘四有膂力，能陷坚。①

移居内蒙古地区成千上万的汉人村落相望，开垦丰州上万顷，耕田输粟。他们之中的能工巧匠将中原农耕、园艺、建筑、医药等先进技术与工艺带到蒙古地区，促进了当地社会经济文化的快速进步。例如，李自馨等人为俺答汗建筑宫殿，复起朝殿及寝殿，凡七重，东南建仓房，凡三重；城上起滴水楼，五重，“会画工绘龙凤五彩，艳甚”。土堡中建大宅，两道门，门额曰“石青开化府”“威华夷”。又建滴水土楼，凡三重，题楼曰“沧海蛟龙”。② 汉族精良的建筑理念与工艺，对蒙古人“行则车为室，止则毡为屋”的生产生活方式的改变产生了积极影响。（图2）

① 《万历武功录》卷之八《俺答列传下》，第11页。
② 《万历武功录》卷之七《俺答列传中》，第159—160页。

西北维吾尔族居住地区，一般从事农业生产，接受汉族先进农耕技术，生产效益大增。于阗地方“桑麻禾黍，宛如中土”。维吾尔商人以“贡使”为名，深入内地，“多市贸物”，“络绎于途”。西南藏族以农牧业为主，明朝设立茶马互市与他们贸易，携回大量的彩帛、茶叶、盐巴、瓷器等物品，汉藏交往日不能停。散居于深山荒野的苗、彝、瑶、僮等民族，与汉族人民毗邻或杂居，践习农作，以土特产交换汉人的生产工具、生活日用品等。东北地区的建州、海西女真等族，向南迁徙后，借鉴汉族农业生产技术，海西、建州女真屋居耕食，“密近边墙”。嘉靖年间，辽东“海西夷，居屋田食，建官置卫，颇同中国”。① 他们通过“朝贡”开展官私贸易，流通货物，积累了丰厚的资财。②

进入中原的北方民族与汉族融合更加深入，主要表现在与汉族杂居、改汉姓、相互通婚、习汉俗等，加大了“华化”色彩。通过查阅家谱，方知不少汉人的先世是色目、女真、蒙古族等。例如，晚明著名思想家李贽（1527—1602 年），福建泉州人，先祖为回族；清初杰出的文学家、《聊斋志异》作者蒲松龄（1640—1715 年），山东淄川（今淄博）人，先祖是蒙古族。这就充分地反映了北方民族与中原汉族在思想文化深层次上的融合。

（三）明末农民战争与抗清斗争促进了民族融合

18 年的农民大起义推翻了明王朝腐朽统治，很多民族壮丁投身农民军，与汉族兄弟并肩战斗，“番汉降丁”颇众。陕甘地区贫困的回民则为“兵逾百万”的“闯王”李自成队伍中重要成员之一。例如，“十三家之一”首领老回回马守应，就是其中的代表。崇祯十六年（1643 年）正月，湖南苗人、土家人揭竿而起，攻克武岗，杀戮明宗室岷王朱企鐨，投奔李自成部队。少数民族为了反抗剥削与压迫，以求生存，与汉族共同奋战。这样的事情在官私著述中不乏其例。全国大规模的抗清斗争也推动了民族交融。譬如，在东南地区，“延平郡王”郑成功起兵抗清，于南澳募兵数千人，为汉族与少数民族组成，多次重创闽粤浙苏清兵。他驱逐荷兰人，收复台湾，受到汉族与高山族“箪食壶浆”的欢迎。在西南云贵地区，坚持抗清的南明“晋王”李定国军队中，便融入湖南、云南等少数民族，其队伍几十万人，“半为倮倮（彝族）傜（瑶族）佬（仡佬族）”。他们一边作战，一边开垦田地，兴修水利，挖掘矿产，对西南地区的开发建设做出了积极贡献。（图 3、4）

边区民族与中原汉族相互交融，经济文化交流则成为割舍不断的纽带，它将各民族紧密地联系在一起。这种历史发展趋势的形成，就为清初统一多民族国家重建奠定了基础。

二　“粤之有澳夷，犹疽之在背也；粤之有倭贼，犹虎之傅翼也”

此话为万历四十二年（1614 年）两广总督张鸣岗针对“然番又潜匿倭贼”而檄令驱倭出海的上疏之语。③ 这反映了万历后期西方殖民者及倭寇在东南沿海活动猖獗，海疆安全受到严重威胁。

---

① 《明世宗实录》卷二三四，嘉靖十九年二月丁卯，《明实录》（九中册），第 8669 页。

② 袁良义：《明末农民战争》，中华书局，1987 年，第 1—12 页。

③ （清）印光任、张汝霖著，赵春晨校注：《〈澳门纪略〉校注》上卷《官守篇》（政令附），澳门文化司署，1992 年，第 68 页。

图 3　《皇清职贡图》之“建昌等处猓猡”

图 4　《皇清职贡图》之“西隆州土人”

16 世纪，正是西方殖民主义势力不断由大西洋向印度洋与太平洋扩张时期。其先遣队陆续来到“繁华富庶”的东方，打着互通有无、平等贸易的幌子，试图敲开古老中国的大门。最早东来的是老牌殖民者葡萄牙。明正德八年或九年（1513—1514 年），他们占领马来西亚马剌加（今马六甲），控制南洋商道。不久，葡国人商船抵达广东海面。广东官府不准其船只靠岸，只许海上交易，“然诸商人皆得售出其货，获大利而归”。正德十年（1515 年）左右，葡萄牙驻马六甲总督佐治·达尔伯克喀（Jorge d’AIboquerque）派遣舰队上意大利人裴勒斯特罗，乘坐马来人商船来华，“出售货物，获大利而先归”。巨大的利润激发了殖民者的贪欲。总督佐治决定再次派遣啡瑙·安拉德（Fernao Perez d’Andrade），率领装载胡椒等货物的 8 艘商船（4 艘马来商船）组成商队，来华贸易。并让同行的药剂师皮来资（Thomas Pirez）以葡萄牙国王大使名义，与中国商谈建立正式关系。十二年（1517 年）七月，商队抵达广东东莞县属屯门。明地方官员不许葡人商船驶入，他们不顾禁令，闯入广州，北上南京。十五年（1520 年）四月，在南京城，葡人以贿通权臣江彬，得以朝觐正在“南巡”的武宗朱厚照。此后，葡人皮来资一行以通商为名达到北京，依仗江彬淫威，“或驰马于市，或享大官之馔，于刑部或从乘舆，而馂珍馐享于会同馆，或同仆臣卧起，而大臣被诬者，皆以桎梏幽囚，意颇轻侮朝官”，① 横行街市。葡人不法行径激起官民的愤慨，在御史邱道隆、何鳌诘责下，明廷不准葡人来华通商，下令驱逐盘踞屯门者。

葡萄牙人来华不仅是做贸易，更主要的是妄图将中国变成葡国殖民地。啡瑙·安拉德等退居屯门，就在岛上“盖房树栅，恃火铳自固”，准备长期驻扎，赖着不走。尔后，马六甲葡人总督佐治派遣其弟西蒙·安拉德，接替啡瑙·安拉德，从此大肆“设立营寨，大造火铳，为攻战具，杀人抢人，势甚猖獗”。他们抢掠商旅，袭击广东沿海一带，“所到之处，硝磺刃铁，子女玉帛，公然搬运。沿海乡村，被其杀掠，莫敢谁何”，这就充分地暴露了葡萄牙殖民者贪婪凶恶的本性。嘉靖二年（1523 年），明军于广东新会草湾击败葡人武装进攻，缴获佛郎机炮。十四年（1535 年），葡人

① （明）严从简撰，余思黎点校：《殊域周咨录》卷九《佛郎机》，中华书局，1993 年，第 321 页。

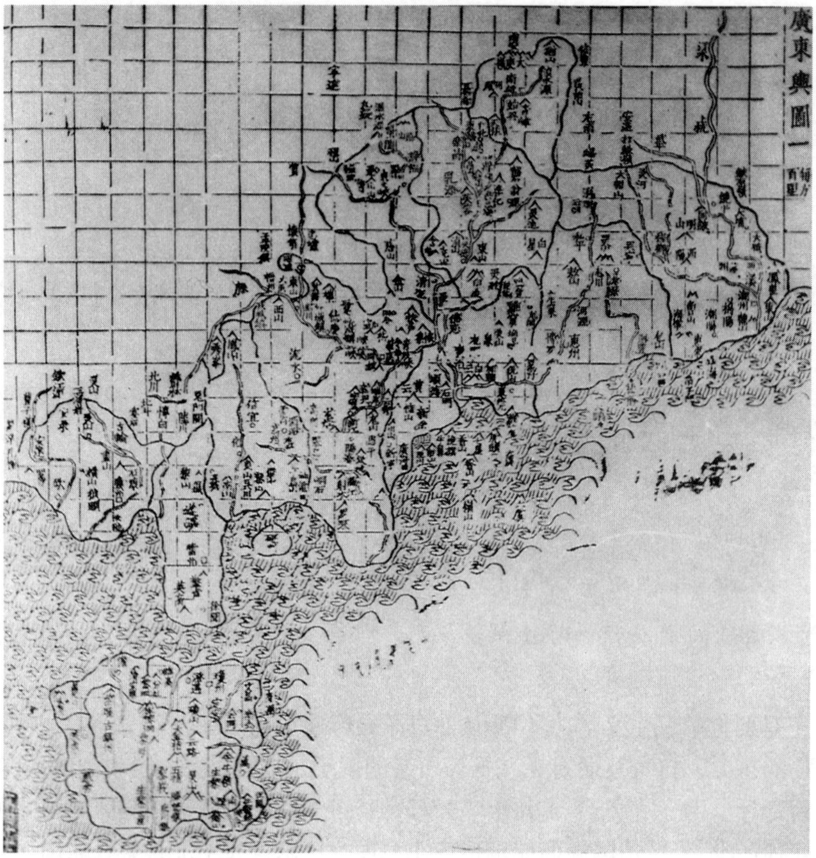

图5　明代《广东舆图》

诈称商船遇到风暴，买通明海道副使汪柏，请求借住澳门，晾晒货物。他们竟然将澳门窃为己有，肆意构建房屋，修筑炮台，置官管理，视为属地。二十六年（1547 年），巡抚朱纨下令“严禁通番”。葡人无所获利，于是北上侵犯漳、泉州之月港、浯屿，被明军击溃。朱纨病逝，海禁复弛，葡萄牙人又纵横海上，“其市香山澳、壕镜者，至筑室建城，雄踞海畔，若一国然”。① 万历以后，“更久居不走，来者日众”，“吏兹土者，皆畏惧莫敢诘，甚有利其宝货，佯禁而阴许之者”，② 养痈成患。大西洋人来中国，做贸易、传教等活动，一居此澳。昔日“孤悬海表，直接外洋”的小渔村澳门，已成为葡萄牙国在东方的殖民据点，即东南沿海中外贸易口岸与中西文化交融的中心地。此后，“尽管葡萄牙人占有澳门几乎达三个世纪之久，他们从未获得澳门的主权”。③（图5）

接踵而至的是另一老牌殖民者西班牙。明穆宗隆庆五年（1571 年）四月，西班牙人米格尔·洛佩斯·德·勒格斯比（Miguel Lopez de Legaspi）率领的一支400 人的远征队，征服吕宋岛上的一些部落，占据马尼拉城，控制了菲律宾诸岛，将其作为通向中国的基地。万历二年（1574 年）十一月，海上反明武装势力首领林凤，遭受明军重创，遂率属下2000 人，乘船62 艘，离开澎湖至菲律宾。他们联合当地部族与华人，与西班牙人展开激战未捷，退居吕宋傍佳施栏。此时福建把总王

---

① （清）张廷玉等纂：《明史》卷三二五《外国六·佛郎机》，中华书局，1974 年，第8432—8433 页。

② 《〈澳门纪略〉校注》上卷《官守篇》（政令附），第68 页。

③ 〔瑞典〕龙思泰（Anders Ljungstedt）著，吴义雄等译：《早期澳门史》1832 年版《自序》，东方出版社，1997 年，第1 页。

望高奉命到吕宋，寻找林凤行踪。西班牙驻菲律宾总督会见了他。次年，西班牙人派两名教士拉德（Martin de Rada）与马丁（Geronimo Martin）为使者，随把总抵达福州，力图通商，无果而返。二十六年（1598 年）八月，总督再次派遣萨摩第（Juan de Zamudio）到达广州，请求通商贸易，再遭官府拒绝。他们退到虎跳门，"结屋，群居不去"。明广东海道副使章邦翰令守兵"焚其聚落"，将西班牙人驱赶离境。天启六年（1626 年）四月，西班牙人为了争夺中国对日本的生丝贸易，维持马尼拉与福建海上航道，派出 14 艘船，侵入台湾鸡笼港。两年后，又占领淡水，分别建筑城堡，修建教堂，作为据点，不断向外扩张，在当地维系了 16 年的统治。①

16 世纪后期，荷兰殖民者异军突起，从事远东贸易，目标打开中国市场，凭借海上霸权，力压葡萄牙、西班牙。万历二十九年（1601 年），荷兰东印度公司派遣韦麻郎（W. V. Waerwijk）率领八艘战舰，攻打马尼拉城，受到西班牙军队顽强抵抗。三十二年（1604 年）七月，韦麻郎率军抵达澳门，又遭到葡萄牙军队阻击。荷兰人出师不利，与日本海盗相勾结，在林凤授意下，他们侵占澎湖，"遂伐木筑舍，为久居计"。明南路总兵施德政即派官兵晓谕，下令他们撤离。福建巡抚徐学聚上疏力陈其弊："养门庭之巨寇，为心腹之隐忧。因红番而祸闽省，因闽省而祸中原。"② 在明军压力之下，荷兰人被迫转移，占据台湾台南，"筑室耕田，久留不去，海上奸民，阑出货物与市"。③ 荷兰人在击败西班牙人后，占领整个台湾。他们在台湾依靠大陆的丝绸、瓷器等商品，从事转口贸易，同时经营岛上农业等，发展殖民经济，掠夺台湾。④ 康熙元年（1662 年）十二月，南明"延平郡王"郑成功率领战舰，以"复我先人故土"为号，收复台湾，结束荷兰人在台湾 38 年的殖民统治。

17 世纪 30 年代，西方列强在东亚争夺殖民地的形势发生变化，英国以"日不落帝国"称霸海上，⑤ 开辟广州等贸易市场，取代了葡萄牙、西班牙、荷兰掌控远东的霸主地位，葡人在澳门繁荣的商贸随之转向衰落。《澳门纪略》下卷《澳番篇》（诸番附）记载："澳素饶富，国初洋禁严诸番率借其名号以入市，酬之多金，财货盈溢。今诸番俱得自市，又澳舶日少，富庶非昔比。"⑥ 崇祯十年（1637 年）五月，英国商队在船长约翰・威德尔（John Weddell）率领下，第一次抵达澳门附近横琴岛，葡萄牙人不准登陆，禁止与中国人贸易。威德尔决定派出几只小型舰船，直达广东虎门登陆，又气势汹汹地闯入珠江，遭遇明军炮火阻击。英国人攻占明军炮台，强求广州通商。八月，他们占领了虎门市镇。在两广总督张镜主持下，将英国商队驱赶出境，不许他们再出现在中国领海⑦。然而，英国殖民者的野心并没有收敛，而是蓄意策划更大规模的侵华战争。鸦片战争之前，法国、美国、德国等国列强纷至沓来，中国正面临着被吞并之势。

40 年代，沙俄已将魔爪伸向我国东北与西北边疆。崇祯十七年（1644 年）六月，俄国波雅科夫（B. ПoRpkoB）率领 130 余人抵达外兴安岭北麓，再次"远征"黑龙江。顺治年间，从西伯利亚而来的罗刹分成几批侵入黑龙江中上游地区，伐木构屋，修建雅克萨城堡。这里是《清

① 萧致治、杨卫东编撰：《鸦片战争前中西关系纪事（1517—1840）》7《西班牙人来华（1575—1598）》，湖北人民出版社，1986 年，第 42—45 页。

② （明）徐学聚：《初报红毛番疏》，《明经世文编》卷四三三，中华书局，1987 年，第 6 册、第 4727 页。

③ 《明史》卷三二五《外国六・和兰》，第 8435—8436 页。

④ 《鸦片战争前中西关系纪事（1517—1840）》16《荷兰觊觎澎湖、侵略台湾（1604—1624）》，第 68—72 页。

⑤ 据清人夏燮《中西纪事》卷一《通番之始》记载，万历二十四年（1596 年），英女王嗣位，"欲修好中国"，3 艘英船途中"遇飓风而没"。英国人东来较早，《明史・外国传》将其视为"红毛"荷兰人，故英吉利之名不见于明代史书。中华书局，2020 年，第 15—16 页。

⑥ 《〈澳门纪略〉校注》下卷《澳番篇》（诸番附），第 141 页。

⑦ 前揭《中西纪事》卷一《通番之始》，第 15—16 页。

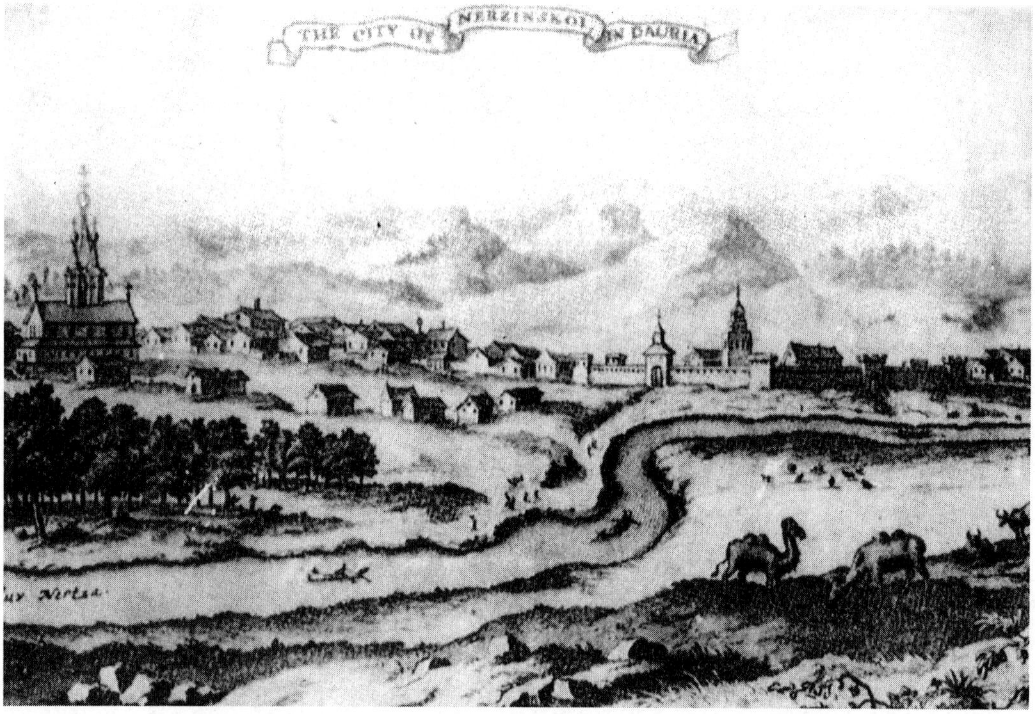

图 6　沙俄尼布楚城堡

圣祖实录》所说的“虞人阿尔巴哈”地区，即达斡尔、赫哲、鄂伦春民族居住地。他们还越过贝加尔湖东，又建筑尼布楚城堡，此地为“毛明安”地区，是蒙古茂明安部与索伦（鄂温克）居住地。罗刹“其人猛如虎豹，而火器尤利，法无不中，梭伦（索伦）时被其害，子女参貂，抢掠殆尽”。[①] 康熙帝玄烨指出：“向者罗刹，无故犯边，收我逋逃。后渐越界而来，扰害索伦、赫哲、飞牙喀、奇勒尔诸地，不遑宁处，剽劫人口，抢掳村庄，攘夺貂皮，肆恶多端。是以屡遣人宣谕，复移文来使，罗刹竟不报命，反深入赫哲、飞牙喀一带，扰害益甚。”[②] “上既平三藩，未尝一日忘罗刹。”[③] 康熙十年（1671 年）、二十一年（1682 年），玄烨两次“东巡”盛京等地，其活动内容之一，是为反击沙俄做准备。同时，沙俄又派遣军队侵入新疆鄂尔齐斯河上游，又与准噶尔部首领噶尔丹相勾结，在准部骑兵中，有不少沙俄军官参与其中。他们欺凌喀尔喀部土谢图汗，直驱叶尔羌等广大地区。西北边疆形势亦岌岌可危。（图 6）

从当时外部形势看，西方殖民者与沙俄侵略者凭借“船坚炮利”侵略我国疆土，从南到北，他们像一把钢钳伸向我边地，蚕食我领土，态势越发明显。面对亘古以来未有的新局势，客观上要求民族应团结，国家需统一，方可应对外来侵扰。这就成为新王朝必须解决的当务之急。

① （清）刘献廷：《广阳杂记》卷二，中华书局，1997 年，第 85 页。

② 《清圣祖实录》卷一一九，康熙二十四年正月癸未，《清实录》第 5 册，中华书局影印本，1986 年，第 256—247 页。以下版本同。

③ 《广阳杂记》卷二，第 85 页。

三　“自古得天下最正，莫如我朝”

此语为康熙五十六年（1717 年）十一月圣祖玄烨召见皇子、满汉大学士等谈话。他阐述“流贼”李自成攻破京城，崇祯帝自缢，清兵进京，臣民相率来迎，乃剪灭“闯寇”，“入承大统”。“我朝承袭先烈，应天顺人，抚有区宇，以此见乱臣贼子无非为真主驱除耳。”① 雍正四年（1726 年）九月，世宗胤禛对内阁、九卿、翰詹科道等官指明：“尔等汉官，读书稽古，历观前代以来，得天下未有如我朝之正者。”② 乾隆四十二年（1777 年）八月，高宗弘历下令编纂《满洲源流考》，指出：“我世祖章皇帝，定鼎燕京，统一寰宇，是得天下之堂堂正正，孰有如本朝者乎？”③ 尔后，他在论述历史上的“正统论”时，再次重申清入主中原是“正统者，继前统，受新命也”，“我朝为明复仇讨贼，定鼎中原，合一海宇，为自古得天下最正”。④ 列帝一再驳斥清朝“得位不正”的“怨诽”之言，充分论证了本朝承袭中原历代王朝统绪与统治天下的合法性。

那么，满洲贵族是如何再建与巩固大一统多民族的国家呢？

雄踞关外的清朝从奴隶制过渡到封建领主制，他们生机勃勃，锐意改革，迅速发展壮大，统一了东北，建立起以盛京为中心的巩固根据地，虎视中原。以李自成、张献忠为代表的农民军推翻明朝腐朽统治，为清朝大踏步地进入关、统一全国铺平道路。正如时令民谣所言：“朱家（明）面，李家（自成）磨，蒸了一个大馍馍，送给对过的赵大哥（爱新觉罗氏，冠汉姓一为赵）。”⑤ 这就生动形象地阐述了明朝、农民军与清朝三者之间的相互关系，而农民军扮演了“改朝换代”的历史工具。明山海关总兵吴三桂在威远城剃发降清，打开关门，加快了满洲贵族夺取天下的步伐。

顺治元年（1644 年）五月，“创业垂统”的摄政王多尔衮率领清军进驻北京城，“令兵部传檄直省郡县，归顺者官吏进秩，军民免迁徙，文武大吏籍户口钱粮，亲赍至京，观望者讨之”。⑥ 从此清兵开始了长达 20 年的民族征服战争。内秘书院大学士范文程建言：“我国虽与明争天下，实与流寇角也。”⑦（图 7）满洲贵族打着为明朝“报君父之仇”旗号，将打击矛头对准李自成、张献忠等为首的农民军，以及南明势力。他们分兵两路，北路以和硕英亲王阿济格为靖远大将军，统兵追杀陕西大顺军，进河南，入湖广，抵江西。南路以和硕豫亲王多铎为定国大将军，率军过河南，下南京，擒福王，征战如火如荼。随之相伴的是清朝实行“圈房”“圈地”“剃发”“易服”等民族高压政策；清兵南下蛮横屠城，抢掠人口财物，强行“迁界”等，严重地破坏社会经济发展，给百姓造成深重的灾难，全国民族矛盾骤然激化，立即掀起了以汉族官民为主体的抗清斗争高潮。

在经济文化繁荣的江南地区，官民抗清情绪高涨，诸如嘉兴、平湖、嘉善、江阴、华亭、青浦、嘉定、昆山、上海、句容、溧阳等地，“所在逐杀长吏为明守”。“时吴中民兵十余万，客贾僧

---

① 《清圣祖实录》卷二七五，康熙五十六年十一月辛未，《清实录》第 6 册，第 695 页。

② 《清世宗实录》卷四八，雍正四年九月乙卯，《清实录》第 7 册，第 731 页。

③ 《清高宗实录》卷一〇三九，乾隆四十二年八月壬子，《清实录》第 21 册，第 920 页。

④ 《清高宗实录》卷一一四二，乾隆四十六年十月甲申，《清实录》第 23 册，第 309 页。

⑤ 转引自金启孮《试论清代满汉关系》，白寿彝主编《清史国际学术讨论会论文集》，辽宁人民出版社，1990 年，第 278 页。

⑥ 《清史稿》卷四《世祖本纪一》，中华书局，1977 年，第 86 页。

⑦ 《清世祖实录》卷四，顺治元年四月辛酉，《清实录》第 3 册，第 51 页。

图 7　范文程像

道，咸来助师”。[①] 江阴四乡居民，“咸分队伍（时至数万），其志坚，其气锐，均以战守为尚。树旗帜，集教场，议战守，填塞道路，无容足处”。[②] 当地士人情绪激昂，投身抗清斗争，秀才许用在明伦堂上高声发出“头可断，发决不可剃”[③] 的呐喊，激发人们抗清斗志。“以侠名江湖”自诩的学者黄宗羲亦合子弟数百人组建“世忠营”，随着明军江上阻击清兵南下。尔后进入四明山，结寨自固。一些有影响的士人参与抗清斗争，显然起到了号召、组织等作用。顺治九年（1652 年），两江总督马国柱疏荐明代崇祯进士、南京国子监司业、左庶子吴伟业（号梅村），以病力辞。次年，世祖诏下授他秘书院侍讲。临行前，三吴士大夫齐集虎丘，为他饯行。忽然，有一位少年投来一函。打开一看，为绝句一首，诗云：“千人石上坐千人，一半清朝一半明。寄语娄东吴学士，两朝天子一朝臣。”一时“举座为之默然”。[④] 足见此时江南不少士大夫、士人秉持“春秋大义”，对“一仆二主”、仕清之人的鄙视。

清朝在民族征服战争中统一了全国，建立起疆域辽阔、人口众多、民族多样的王朝。面对着错综复杂的民族矛盾与阶级矛盾，如何巩固发展统一的多民族国家呢？清朝统治者也在不断地调整政策与策略，力图缓和尖锐的社会矛盾，维护已经取得的成果，稳固统治秩序。清兵入关伊始，满洲贵族就旗帜鲜明地提出“为明讨贼”与“除暴救民”的口号，宣称废除明朝陈规陋习，颁布措施安抚明代官民，争取百姓人心。

（一）军事政治方面

严明军纪，尊崇前朝，争取明朝官吏，稳定局势。

1. *严明军纪，违者必惩*

山海关之战，清兵与吴三桂军联合，击败大顺农民军。在清军追杀“流贼”时，多尔衮与诸将“誓约”，传谕士兵：“此次出师，以除暴安民，灭流贼，以安天下也。今入关西征，勿杀无辜，勿掠财物，勿焚庐舍。不如约者罪之。仍晓谕官民，示以取残不杀，共享太平之意。”此令一出，“凡百姓逃窜山谷者，莫不大悦，各还乡里，剃发迎降”。[⑤] 清兵从山海关至北京的一路上，抚宁、昌黎、滦州、开平、玉田、丰润、蓟州、遵化、通州等文武官员开城迎降。当然，这是清官修文献的说法，而攻城不降者杀戮，不少明臣以身殉国，也确有其事。

---

① （清）温睿临：《南疆逸史》卷三六《死事》，中华书局，1959 年，第 255 页。

② （清）赵曦明：《江上孤忠录 · 守城实迹》，《台湾文献史料丛刊》第 6 辑，110 册，台湾大通书局，1997 年，第 2 页。

③ 前揭《江上孤忠录 · 守城实迹》，第 2 页。

④ 前揭《广阳杂记》卷一，第 10 页。

⑤ 《清世祖实录》卷四，顺治元年四月己卯，《清实录》第 3 册，第 55 页。

图 8　崇祯帝思陵谕祭碑

图 9　康熙帝亲题明孝陵“治隆唐宋”碑

2. 为明帝后发丧，尊崇前朝

崇祯十七年三月，李自成率领农民军攻克紫禁城，崇祯帝朱由检缢死万岁山（今景山）东侧，标志着明朝覆亡。五月，多尔衮榜示故明官员耆老兵民，“为崇祯帝服丧三日，以展舆情。著礼部、太常寺，备帝礼具葬”。① 未久，“以礼葬明崇祯帝后，及妃袁氏、两公主，并天启后张氏、万历妃刘氏，仍造陵墓如制”。② 七月，清廷制定守护明帝陵寝与祭典规制，每陵设置护陵太监、陵户，加强管理。顺治十六年（1659 年）十一月，世祖福临途次昌平，目睹明陵城垣倾圮，指示工部加以修葺，并将此道“上谕”刻碑，立于成祖朱棣长陵。同时，充分肯定明初开国皇帝的历史功绩，将明太祖朱元璋神牌，入祭历代帝王庙。康熙三十八年（1699 年）四月，第三次“南巡”的圣祖盛赞朱元璋“乃英武伟烈之主，非寻常帝王可比”，亲为其孝陵题写“治隆唐宋”黄绫一幅，匾额享殿。③ 满洲贵族常以明朝灭亡为训，修正治道，以此接续以往朝代法统。(图 8、9)

3. 优抚明宗室勋戚，启用前朝降官

入关当年五月，多尔衮指示兵部：“朱姓各王归顺者，亦不夺其王爵，仍加恩养。”④ 次月，明宗室朱帅欽“具启投诚”。多尔衮“嘉其知命来归”，允诺待全国底定“入朝优用”。七月，他下令保护明勋戚田产，“明勋戚赡田已业，俱准照旧，乃朝廷特恩，不许官吏侵渔，土豪占

---

① 《清世祖实录》卷五，顺治元年五月辛卯，《清实录》第 3 册，第 57 页。

② 《清世祖实录》卷五，顺治元年五月己酉，《清实录》第 3 册，第 59 页。

③ 《清代起居注》康熙朝第 13 册，康熙三十八年四月十一日、十五日，台北联经出版事业公司，第 7077 页、7096 页。

④ 《清世祖实录》卷五，顺治元年五月庚寅，《清实录》第 3 册，第 57 页。

种。各勋卫官舍，亦须加意仰体，勿得生事扰民”。[①] 多尔衮晓谕故明内外官民人等，“各衙门官员，俱照旧录用，可速将职名开报，如虚饰假冒者罪之。其避贼回籍、隐居山林者，亦具以闻，以原官录用”。[②] 并宣布“在京内阁、六部、都察院等衙门官员，俱以原官同满官一体办事”。[③] 摄政王专书致前明大学士冯铨，他“闻命即至”，多尔衮亲赐衣帽、鞍马、银币。一时归附清朝的明代官员颇众，赐投诚总兵官孔希贵蟒衣一袭，副将唐铨等14人各缎2匹，其余有差。以此争取更多的明宗室勋戚及文武官员效力新朝。

（二）经济方面

采取积极措施，恢复生产，发展经济。

1. 鼓励垦荒，“永给为业”

从顺治元年五月清兵入关，到康熙二年八月“茅麓山之战”，历时20年，清朝完成统一大业。加之此前明末农民战争18年，金戈铁马，烽火连年，“大兵所至，而田舍一空”，[④] 农业生产受到严重破坏。顺治六年（1649年）四月，世祖福临指示户部、都察院传谕各抚按，并转道府州县有司，恢复生产，从垦荒复田开始，命令：“凡各处逃亡民人，不论原籍别籍，必广加招徕，编入保甲，俾之安居乐业。察本地方无主荒田，县官给以印信执照，开垦耕种，永准为业。”[⑤] 道府县官催督，岁末抚按官考核奏报。圣祖玄烨亲政，停止满洲官兵掠买人口、跑马圈地、抓捕逃人等社会弊政，集中精力恢复发展农业经济。康熙六年（1667年）闰四月，湖南道御史萧震疏称：“查各省荒田，尚有四百余万顷。”[⑥] 可见清初荒芜田地之多。二十九年（1690年）议准，四川荒地甚多，流寓之人，情愿在川居住垦荒者，“将地亩永给为业”。三十二年，准许陕西招民开垦，“准予议叙”。准许云南明代勋庄田地，照老荒地招恳，“免其纳价”等。[⑦] 康雍时期，官府大力推广民人垦荒，宣布暂免三年、六年或十年“课税”。这些措施调动了农民生产积极性，耕地面积不断扩大。

2. 整顿田赋制度，减轻农民负担

清初农民的赋税负担比较重，朝廷开始调整赋役制度，缓解社会矛盾。康熙八年开始，颁布“更名田”措施，“将前明废藩田产，给与原种之人，改为民户，号为更名地”，“与民田一例输粱”，[⑧] 以解民佃耕者输粮之外，又纳租银，重为民累。这批“更名田”分散在河北、山东、山西、河南、陕西、甘肃、湖北、湖南8个省份，约166000亩。这样原来的佃农转化为小地主和自耕农、半自耕农，一定程度上缓和了明末土地高度集中的现象。清初仍照明代赋役旧制“一条鞭法”征收，按地征田赋，照丁（16—60岁）派徭役。徭役银或按地派，或按丁摊，丁银征收不一。有的地方丁银重，如边远的甘肃巩昌每丁一年纳银八九两，山西则每丁每年要纳银四两，而山东、山西、陕西等省丁银数量不均。加之官吏从中作祟，寻由添加，使得农民隐匿户

① 《清世祖实录》卷六，顺治元年七月乙未，《清实录》第3册，第67页。

② 《清世祖实录》卷五，顺治元年五月庚寅，《清实录》第3册，第57页。

③ 《清世祖实录》卷五，顺治元年五月癸巳，《清实录》第3册，第58页。

④ （清）萧震：《请正人心疏》，《清经世文编》卷一四，第367页。

⑤ 《清世祖实录》卷四四，顺治六年四月壬子，《清实录》第3册，第348页。

⑥ 《清圣祖实录》卷二二，康熙六年闰四月戊子，《清实录》第4册，第304页。

⑦ 光绪《钦定大清会典事例》卷一六六《户部·田赋·开垦一》，台北新文丰出版公司，1976年据光绪二十二年原刻本影印，第9册，第7270页。

⑧ 《清朝通典》卷一《食货一田赋》，万有文库本，上海商务印书馆，1935年，第2024页。

丁，甚至逃亡。圣祖玄烨深知其弊会再现“李自成之乱”。康熙五十一年（1712 年）二月，宣布：“今海宇承平已久，户口日繁，若按见在人丁，加征钱粮，实有不可。人丁虽征，地亩并未加广。应令直省督抚，将见今钱粮册内，有名丁数，勿增勿减，永为定额。其自后所生人丁，不必征收钱粮。编审时，止将增出实数察明，另造清册题报。”① 即以康熙五十年编审册 2462 万丁口数与年征 335 万余两银数为准，以后再添成丁，不再征缴丁银，此即“盛世滋生人丁，永不加赋”。在此基础上，雍正元年（1723 年），世宗胤禛采纳直隶巡抚李维钧“请丁银随地起征”建策，将丁银全部摊入田赋，“每地赋一两，摊入丁银而钱七厘”，各地耕地多寡，实行有别。② 此称“地丁合一”，或称“摊丁入亩”。从此清朝取消“人头税”，完成役法的最终改革，将秦汉以来的赋役分征变成赋役合征。清代赋役制度的改革减轻了自耕农、半自耕农、佃农、雇农等一定负担，有利于“安业力农”。这样就使得农民与国家的人身依附关系有所松弛。

3. 实行蠲免，厉行节俭

清朝采取措施，恢复社会生产，蠲免钱粮与力行节俭就是其中两项举措。顺治元年十月，顺治帝下令“凡辽饷、新饷、练饷、召买等项，俱行蠲免”。三年（1646 年）四月，又命“蠲除明季横征苛税，与民休息”。③ 圣祖指出：“蠲免乃古今第一仁政。”在位 60 余年“屡颁恩诏，有一年蠲及数省者，一省连蠲数年者，前后蠲除之数，殆逾万万”。④ 雍正元年，世宗“普免天下康熙五十年以前宿逋”，仅江苏一省至 880 万。尔后，次第免除直隶、福建、浙省、甘肃、四川、广西、云贵等省近 300 万两。高宗初政，诏免天下田租，先后免除雍正十三年前各省逋赋。乾隆十年（1745 年），高宗“恩准”，直省“三年之内，轮免一周，计为数二千八百二十四万有奇”。⑤ 足知清代蠲免数额之大。古来王朝均行蠲免，而清前期蠲免的次数与额度均远超历代。此项措施对占田多的大中小地主有利，而自耕农、半自耕农亦从中获益，“民生渐裕”。

与此同时，清朝革除铺张浪费，厉行勤俭节约。清初战事频仍，“库帑亏绌，日不暇给”。加之统治者奢靡，财政极度困难。顺治七年七月，摄政王多尔衮议于口外建城避暑，加派直隶、山西、浙江等九省钱粮 250 万两有奇。⑥ 世祖将“金花钱粮，尽给宫中之费，未尝节省发施，及度支告匮”，“经营殿宇，造作器具，务极精工。无益之地，靡费甚多”。⑦ 尽管清廷采用裁减官员，增额关税，加大盐课，扩大捐纳等措施，但财政仍无起色。此时孝庄文皇后带头厉行俭节。世祖“驾崩”火化寿皇殿前，她下令禁止焚烧随葬珍宝等物，令将其变卖充国用。吴三桂作乱西南，兵燹有年。她挂念出征将士劳苦，“将宫中缎匹银两赏给官兵”。⑧ 祖母之举感染着孙子玄烨。康熙二十六年（1687 年）十一月，他指示：“历年敦崇节俭，严核浮冒，盖欲为布德行惠之资。”⑨ 他压缩衙署、宫廷经费开支，例如，“前光禄寺一年用银一百万两，今只用十万两；工部一年用银二百万两，今止用二三十万两”，裁减理藩院等部门浮费。严查财政支出，户部、工部编修“十日一次奏闻”。世宗即位，罢去一切急务，如河防海塘等巨费，“皆罢不修，体恤民

① 《清圣祖实录》卷二四九，康熙五十一年二壬午月戊子，《清实录》第 6 册，第 469 页。

② （清）王庆云：《石渠余纪》卷三《纪丁随地起》，北京古籍出版社，1985 年，第 117 页。

③ 《清史稿》卷四《世祖本纪一》，第 88、102 页。

④ 《清史稿》卷一二一《食货志二》，第 3551 页。

⑤ 前揭《石渠余纪》卷一《纪蠲免》，第 12—19 页。

⑥ 《清史稿》卷四《世祖本纪一》，第 118 页。

⑦ 《清史稿》卷五《世祖本纪二》，第 162 页。

⑧ 《清圣祖圣训》卷一《圣孝》，《大清十朝圣训》卷一，北京燕山出版社，1998 年，第 156 页。

⑨ 《清圣祖实录》一三一，康熙二十六年十一月辛丑，《清实录》第 5 册，第 418 页。

力”。特置封桩库于内阁之东，“一切赃款羡余银两，皆贮其内，至末年至三千余两，国用充足”。[①] 乾隆初年，高宗仍“自奉俭率，深惜物力”，“不许街市用金银饰，禁江浙组绣，代以绛丝。御膳房日用五十金，上屡加核减。近侍虽告匮，不顾也”。[②] 清廷实施开源节流，财政状况大有改观。

当然，清朝发展经济的措施尚有治理黄河，修筑海塘，预防水患，以利民生，以及除匠籍为民，释贱为良，释放生产力等。农业经济的迅速恢复，带动了手工业与商业的发展，全国乡村、城镇也活跃起来。例如，江南工商重镇之一苏州已是“郡城之户，十万烟火”，“阊门内外，居货山积，行云流水”。这说明清前期社会经济有了较大发展。康熙二十二年（1683 年）起则是清代经济恢复发展的标志年。此前国家经济贫困之极，如同卒于当年的浙江大儒吕留良曾言：“今日之穷，为羲皇以来所未见。”[③] 此后国力渐强，府库盈积。理学名臣陆陇其在《论直隶兴除事宜疏》中提出恢复经济要“缓征之宜请”“垦荒之宜劝”“水利之当兴”“积谷之宜广”“存留之宜酌复”“丁审之不宜求溢额”6 项建策，疏中指明：“自康熙二十年以后，再颁恩诏，渐次奉复，海内始有起色。”[④] 康熙二十三年，圣祖玄烨首举“南巡”。这正是清前期社会经济发展、财政明显好转的一个例证。

（三）文化思想方面

崇儒重道，安抚士人，作为“文治”的基本国策。

1. 尊崇孔子，弘扬理学

满洲贵族入主中原，这是中西文化交融的时代，面临着多种文明并存的局面，例如佛教文明、伊斯兰文明、基督教文明等。如何选择国家的主导文明？他们审时度势，采纳以儒家文化为核心的华夏文明，迅速地将其发展方向调整到中原王朝的轨迹上来。世祖福临继承先祖崇正儒学，加强政治文化建设。清人关后，即令更换国子监孔子神位为“大成至圣文宣先师孔子”，恢复其六十五代孙孔胤植“衍圣公”封号，修缮孔庙等。康熙初期，“夙好程朱”的圣祖将理学奉为官方哲学，认为孔孟之后，“朱子之功，最为弘巨”。起用一批理学名臣汤斌、李光地、熊赐履、张伯行等，主持编纂《朱子全书》《性理精义》等书，颁行天下，并将朱熹《四书集注》定为科举命题与作八股文之据。“宋学昌明，世多醇儒耆学，风俗醇厚，非后世所能及也”。[⑤] 世宗亦非常推崇孔子，指出：“孔子德高千古，道冠百王，以正彝伦，以端风化，为往圣继绝学，为天下开太平。自天子以至庶人，皆受师资之益。”[⑥] 并将理学提升到国家兴亡的战略高度，指出：“为国家者，由之则兴，失之则乱。”高宗强调“崇尚经术，良有关于世道人心”，[⑦] 并把孔子提高到与帝王同尊的地位，以“崇儒重道”“稽古右文”维护“纲常名教”，作为治国的基本方略。

---

① （清）昭梿撰，何英芳点校：《啸亭杂录》卷一《理足国帑》，中华书局，1980 年，第 9 页。

② 前揭《啸亭杂录》卷一《普免天下租税漕粮》，第 17 页。

③ 《清世宗实录》卷八一，雍正七年五月乙丑，《清实录》第 8 册，第 74 页。

④ （清）陆陇其：《论直隶兴除事宜疏》，《清经世文编》卷二八《户政三》，中华书局影印本，1992 年，第 689 页。

⑤ 前揭《啸亭杂录》卷一《崇理学》，第 6 页。

⑥ 《雍正朝起居注册》雍正三年八月初八日癸酉，中华书局，1993 年，第 1 册，第 548 页。

⑦ 《清高宗实录》卷三五二，乾隆十四年十一月己酉，《清实录》第 13 册，第 860 页。

2. 开科取士，笼络天下士人

江南为抗清斗争的激烈之区，“风俗浇漓，有甚他省”。满洲贵族深知，天下是否安宁，要看士子们的人心向背。他们大力弘扬孔孟之道、程朱理学，宣扬“中外一体，满汉一家”，以此笼络士人。清朝沿袭了明代科举制度，开科取士。顺治元年十月，世祖福临诏定：“文武制科，仍于辰戌丑未年举行会试，子午卯酉举行乡试。”清前期特举两次制科：一次为康熙十八年（1679 年）三月，举行“博学鸿儒科”。此前圣祖颁诏，为“振起文运，阐发经史，以备顾问”，令京内外大员荐举地方名士、硕儒，计 143 人，“集试诗赋”于体仁阁。圣祖亲选彭孙遹等 50 人，授予翰林院官，编纂《明史》。二次是乾隆元年（1736 年）九月，又举“博学弘词科”。应考者 176 人，考中 15 人，乃授翰林院编修、检讨、庶吉士。次年补试后到者，再取 4 人，合计 19 人。[①] 康乾两次制科，应试者心态迥异。前者“如此江山残照下，奈何心事菊花边”，[②] 不少名流抵触情绪大，或拒绝应举。如黄宗羲，翰林院掌院学士叶方蔼呈其名于圣祖，“以诗寄公，从就道臾”；又由门人陈锡嘏再邀，他两次力辞。[③] 或与试而不答卷，如山西太原傅山“以老病辞”，严绳孙以“目疾”退场，潘耒作诗非韵，等等。圣祖玄烨仍予优待，朱彝尊、潘耒、尤侗、毛奇龄、傅山等 30 人，“赐中书放归”。后者，社会秩序趋稳，士人心仪朝廷，参试人数增多，考中者反而少。[④] 诚然，两科目的相同，就是网罗天下名士，为我所用。圣祖、高宗在各 6 次“巡幸”江南途中，亦多次召试士子，中选者赐银两进京，录用为官。清朝极为争取士人，使天下英才“尽入吾彀中”，为其效力。康乾时期，士风蔚然向化，人心悦服。

3. 吸取中原传统文化精华，加深满汉高层次文化交融

清初列帝采取措施加强文化建设，尤其是在满洲贵族上层，积极吸纳中原文化精髓，形成宗室贵胄的人文群体。

一是设置翻译房。清初在紫禁城太和门西廊下，设立翻译房，组织旗人中谙习汉清文者，专职翻译汉文经史与文学名著等。例如，《资治通鉴》《性理精义》《古文渊鉴》等，“以为一时之盛”。[⑤] 户部郎中和素翻译的《西厢记》《金瓶梅》等名著，译本绝精，“人皆争颂焉”。顺治初年，阿什坦“通经学，笃于践履”，通译《大学》《中庸》《孝经》等诸书，“以教旗人，皆出其手”。其谏言：“学者以圣贤为期，经史为导，此外无益杂书当屏绝。”圣祖尝召见阿什坦咨询政务，他以儒家学说，一一应答。玄烨环顾左右，称赞道：“此我朝大儒也。”[⑥] 此时涌现出不少著名翻译家，比如，翻译《诗经》《礼经》的鄂貌图、译著《择翻聊斋志异》的“五费居士”扎克丹等。（图 10）

二是建立上书房。圣祖玄烨重视皇子教育，以大臣汤斌、耿介等讲授。康熙二十六年（1687 年）六月十日，在畅春园，玄烨当着诸大臣面，检验皇子们读书成效。取出经书十余本，让汤斌主持：“汝可信手拈来，令皇子诵读。”皇三子胤祉、四子胤禛、七子胤祐、八子胤禩以次前进，各读数篇，“纯熟舒徐，声音郎朗”。皇长子胤禔颂“格物致知”一节，胤祉讲《论

---

① （清）黄炳垕撰，王政尧点校：《黄宗羲年谱》卷下，康熙十五年九月，黄宗羲复至海昌，同仇沧柱等至北门，至范文清东篱，有此诗句。中华书局，1993 年，第 39 页。

② 前揭《黄宗羲年谱》康熙十五年九月九日，第 39 页。

③ （清）全祖望撰，朱铸禹校注：《梨洲先生神道碑文》，《全祖望集汇校集注》上册《鲒埼亭集内编》卷一一《碑铭六》，上海古籍出版社，2000 年，第 220 页。

④ 前揭《石渠余纪》卷一《纪制科特举》，第 42—43 页。

⑤ 前揭《啸亭续录》卷一《翻译房》，第 396 页。

⑥ （清）陈康祺：《郎潜纪闻二笔》卷三《圣祖称完颜给谏为大儒》，中华书局，1984 年，下册，第 362 页。

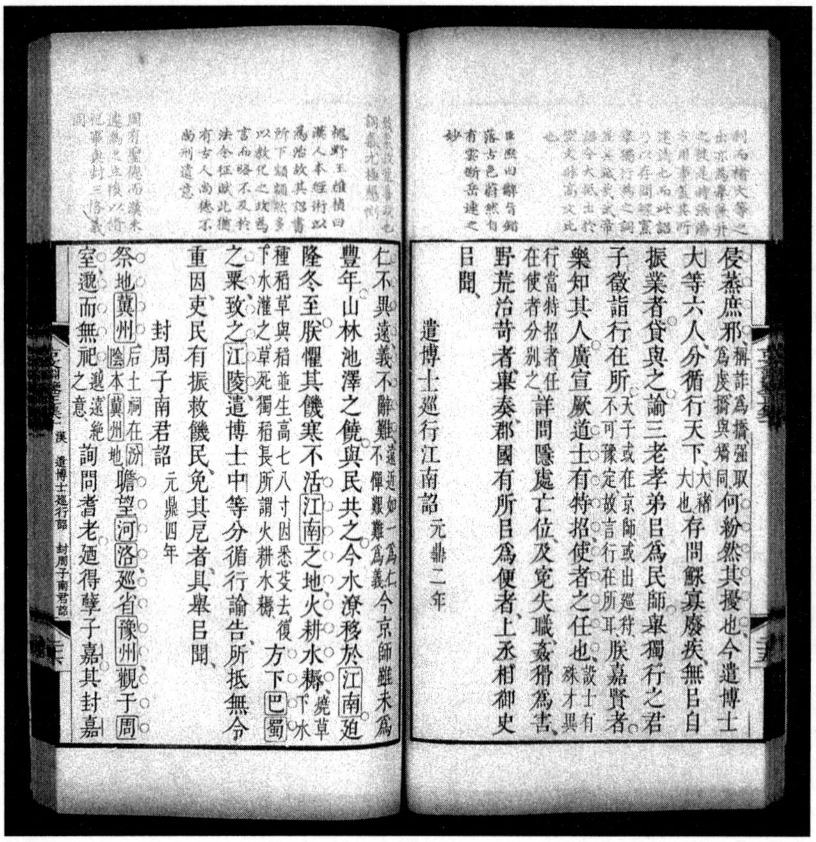

图 10　《古文渊鉴》（康熙内府四色套印本）

语·乡党》首章，“皆逐字疏解，又能融贯大义”。诸臣“忻喜无已”。① 雍正中期，世宗胤禛设置上书房，皇子六龄，入学就傅。鄂尔泰、张廷玉为总师傅，教授《五经》《史记》《汉书》《策问》，及诗词歌赋，研学清语，践习步射，寒暑不辍，渐成定制。② 皇子孙“不惟诗文书画，无一不擅其妙，而上下千古成败理乱，已了然于胸中”③。

三是王公宗室，“文人代出”。诸如，太祖六子辅国将军塔拜之孙、巴都海之子、镇国将军博尔都，号“东皋渔父”，“亦以诗名”，刻《白燕楼诗》。太祖七子饶余郡王阿巴泰之孙、固山贝子岳端（后更名蕴端），号“红兰主人”，“工诗画”。其诗“清婉奇丽，出于太白（李白）、昌谷（徐祯卿）、义山（李商隐）、飞卿（温庭筠）之间”，④ 有《玉池生集》，又刻郊、岛二家诗《寒瘦集》。饶余郡王曾孙“紫幢居士”文昭，著《紫幢诗抄》。太祖十二子英亲王阿济格五世孙敦成与其弟敦敏，“诗宗晚唐”，“齐名一时”。太宗第六子镇国公高塞，号“敬一主人”，

① 《康熙起居注》第 2 册，康熙二十六年六月初十日，中华书局，1984 年，第 1644—1645 页。

② （清）福格：《听雨丛谈》卷一一《尚书房》，中华书局，1984 年，第 218—219 页；前揭《啸亭续录》卷一《上书房》，第 397 页。

③ （清）赵翼撰，李解民点校：《檐曝杂记》卷一《皇子读书》，中华书局，1982 年，第 8 页。

④ （清）奕赓撰，雷大受校点：《佳梦轩丛著》，《东华录第三卷缀言》，北京古籍出版社，1994 年，第 16—17 页。

"喜读书，善弹琴，工诗画，精曲理"，[1] 著有《恭寿堂诗》一卷。被誉为"宗室第一诗人"。圣祖十四子恂勤郡王允禵嫡孙、腽仙将军永忠，"诗体秀逸，书法遒劲，颇有晋人风味"。[2] 他们的文学、书法等作品得到当朝王士禛、沈德潜等名流赞誉。"天潢多好学如此，足见本朝文教之盛"。[3] 满洲贵族汲取传统文化精华，既丰富了满洲文化内涵，又加速了满汉文化高层次的融合。

清前期统治者不断地强化皇权，多方调整治国方略，缓解民族矛盾与阶级矛盾，稳定了社会秩序，同时大力恢复发展社会经济，增强国力。从康熙初期开始，圣祖玄烨认为，"天下大权，定当于一"。于是铲除鳌拜专权，整饬朝纲，展开了反对民族分裂、捍卫国家统一的战争。相继平定"三藩之乱"，收复台湾，阻击东北沙俄入侵，荡平西北准噶尔部噶尔丹作乱。世宗胤禛、高宗弘历继承先祖衣钵，在西藏设立驻藏大臣，在新疆建置将军与参赞大臣等，不断消除内乱与外患。经过多半个世纪的奋斗，清朝开启了"百年之治"，出现"康乾盛世"新局面。清朝担负起了团结各民族、抵御外来侵扰、维护国家主权的历史重任，致使西方殖民列强在一个较长时期里奈何不得中国。从清初满洲贵族统一全国，再建统一多民族国家，到乾隆时期，"寰宇镜清，幅员恢拓"，其疆域"东极库页岛，西尽葱岭，北连西伯利亚，南至西沙群岛。大一统规模，洵亘古所未有。"[4] 18 世纪时清朝已经成为亚洲一个强盛的大帝国，这是中国统一多民族国家发展史的必然产物。

附记：20 世纪 80 年代初期，先师许大龄教授为本科生讲授《中国通史》（元明清部分），我担任助教。讲到明清鼎革时期，先师嘱咐我，这段历史错综复杂，要从宏观上把握各种政治势力动向、民族关系、阶级矛盾、殖民列强东来，以及清朝统一多民族国家重建等大问题。拙文一些观点即受先师当年教诲。特铭记于此。疫情期间，陈昱良博士从网上帮我收集相关资料，在此表示谢意。

（徐凯：北京大学历史学系教授）

① （清）王士禛：《池北偶谈》卷一五《敬一主人诗》，中华书局，1980 年，第 362 页。

② 前揭《啸亭杂录》卷一《宗室诗人》，第 34 页。

③ （清）王士禛：《香祖笔记》卷一一，上海古籍出版社，1982 年，第 211 页。

④ （清）刘锦藻：《清朝续文献通考》卷三〇五《舆地考一》，《万有文库》，第 10501 页。

清朝前中期经营台湾旨向的转型及其影响

刘俊珂

内容提要： 清朝完成国家的统一之后，即拉开了全方位治理边疆的序幕。与陆地边疆相比，海疆治理过程中充满了更加复杂的社会背景和内外变局。清朝克台后，逐步对台湾实行了较为全面的经营和管辖，并出台了诸多旨在维护台湾社会稳定和发展的政治、经济、文化和军事等举措，台湾社会的面貌为之一新。但是清朝的台湾政策也有值得检讨的地方，如过度化的民族隔离政策、以稳定抑制发展政策等，事实上阻碍了台湾社会的良性发展，在一定程度上也激发了民族矛盾和社会矛盾。所以在嘉庆朝以后，开始进一步关注对台湾社会内部矛盾的解决，"开山抚番"的力度有所扩大，其主旨即在于化解当时台湾社会颇为紧张的社会矛盾。当然，随着鸦片战争的爆发，清朝海防局势发生了"千古未有之变局"，清朝在台湾的施政也已进入到了新的历史发展阶段。

关键词： 清朝　台湾　经营　检讨

清朝统一台湾是台湾发展史上具有里程碑意义的重大历史事件。偏居海徼的台湾一向被视为化外之地。郑氏政权投降后，清朝高层在经过多次的论争之后终于确立了对台湾进行经营和管理的根本宗旨，自此开启了由中央王朝进行全方位治理开发台湾的新篇章。清朝对台经略是构筑外海防御体系重要一环，对于确保中国海疆安全具有重大的战略意义。

一　弃留论争与行政建置的创设

台湾郑氏政权的归降，标志着清朝持续20余年收复台湾这一目标的最终实现。疆域的统一为此后的规划和治理提供了前提条件，然而由于台湾地理位置的特殊性以及诸多现实因素的影响，对于是否进一步加强对台湾的经营和弃留问题，在清朝朝野之间引起了长期的论争，最终清廷接受了经营台湾的建议并出台了诸多旨在加强对台湾管辖的举措。

（一）对台湾地位的再认识

郑成功收复台湾后，对台湾地区进行了卓有成效的开发，汉文化的传播和先进生产方式的引进，使昔日四野荒芜的台湾岛逐渐现出文明社会的勃勃生机。然而，郑成功及其后世的活动区域和实际影响力主要集中于西南沿海地区，而对于其他地区则仅以"遥制"的方式进行名义上的统治。因此，虽然郑氏政权在台经营了近40年的时间，但台湾各地社会发展水平仍存在相当大的差别："山以西民番杂居，山以东有番无民。番所聚处曰社。于东西之间，分疆画界，界内番

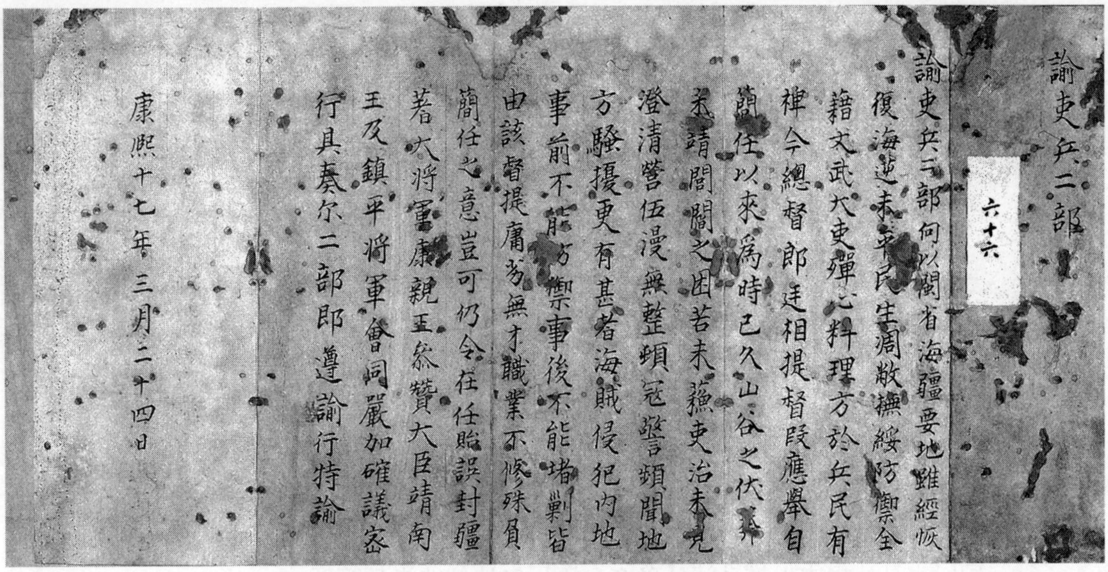

諭吏兵二部　六十六
諭吏兵二部向以閩省海疆要地雖經恢
復海逆未平民生凋敝撫綏防禦全
藉文武大吏殫心料理方於兵民有
裨今總督郎廷相提督段應舉自
簡任以來為時已久山谷之伏莽
未靖閭閻之困苦未蘇吏治未見
澄清營伍漫無整頓寇警頻聞地
方騷擾更有甚者海賊侵犯內地
事前不能力禦事後不能堵剿皆
由該督提庸劣無才職業不修殊負
簡任之意豈可仍令在任貽誤封疆
著大將軍康親王參贊大臣靖南
王及鎮平將軍會同嚴加確議密
行具奏爾二部即遵諭行特諭
康熙十七年三月二十四日

图 1　康熙帝《整饬海疆朱谕》

或在平地，或在近山，皆熟番也；界外番或归化，或未归化，皆生番也。”① 故台湾统一后，对清朝统治高层而言又面临着一个新的抉择，即台湾的弃与留问题。当时朝中不少大臣主张，既然郑氏集团已平，东南海疆晏然，不如弃之以卸防卫之重负。有人甚至提出：台湾“海外泥丸，不足为中国加广；裸体文身之蕃，不足与共守。日费天府金钱于无益，不若徙其人而空其地。”② 以文渊阁大学士兼吏部尚书李光地为代表的弃台派认为：“台湾隔在大洋之外，声息皆不相通，故应弃之。即空其地，任夷人居之而纳款通贡。”③ 诸臣的论争对于最高决策者康熙帝显然也产生了一定的影响。所以在平灭郑氏集团后，当臣下奏请为康熙帝加封尊号时，康熙说出了“台湾仅弹丸之地，得之无所加，不得无所损”的话语。④ 虽然此中有康熙帝的自谦之意，但台湾的地位在当时确实并未引起清廷的高度重视。（图 1）

以闽浙总督姚启圣和福建水师提督施琅为首的亲历海疆的官员，提出了截然相反的意见。台湾战事甫定，姚启圣即上疏指出：“今幸克取台湾矣，若弃而不守，势必仍作贼巢，旷日持久之后，万一蔓延再如郑贼者，不又大费天心乎……况台湾广土众民，户口十数万，岁出钱粮似乎足资一镇一县之用，亦不必多费国帑，此天之所以为皇上广舆图而大一统也，似未敢轻言弃置也。”⑤ 作为闽浙总督，熟谙台湾的姚启圣的疏请从地理位置、战略地位、物产以及与国家疆域的高度分析了台湾地位之重要，表达了台湾不可弃的战略思想。

与此同时，在征台过程中立下不世之功的福建水师提督施琅，尤能体会到台湾对于大陆海疆安全的重要，其所上奏的《靖海纪事》，不仅是一位多年驰骋海疆的军事大员对台湾全方位的考

① （清）邓传安、陈盛韶：《蠡测汇钞・问俗录》，书目文献出版社，1983 年，第 1 页。

② （清）郁永和：《裨海纪游》（下），台北大通书局，1959 年台湾银行排印本，第 31 页。

③ 张本政主编：《〈清实录〉台湾史资料专辑》，福建人民出版社，1993 年，第 58 页。

④ 《康熙朝汉文起居注居选录・康熙二十二年十月十一日》，厦门大学台湾研究所、中国第一历史档案馆编辑部编《康熙统一台湾档案史料选辑》，福建人民出版社，1983 年，第 327 页。

⑤ （清）姚启圣：《姚启圣题为舆图既广请立洪远规模事本》，前揭《康熙统一台湾档案史料选辑》，第 301 页。

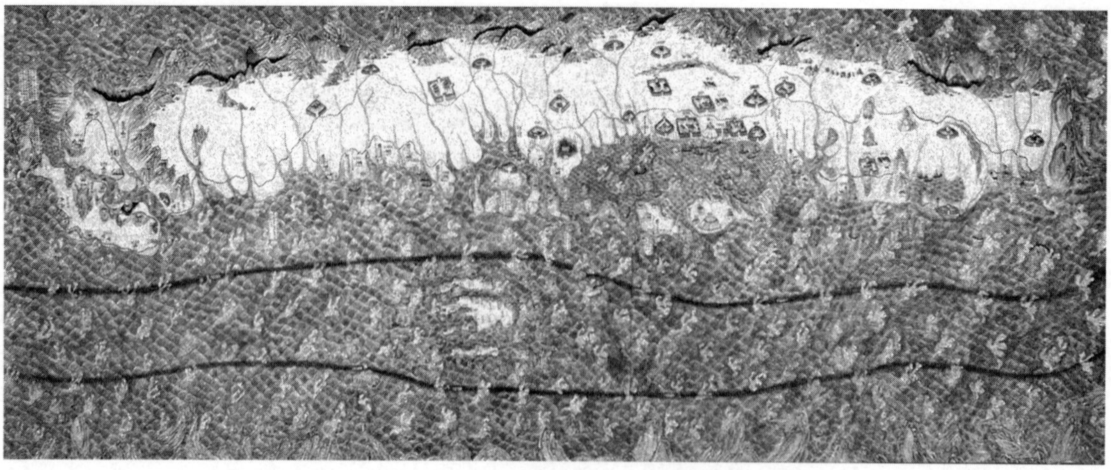

图 2　康熙年间绘《澎台海图》

察与心得，同时也是从根本上推动清廷确立台湾历史地位的光辉篇章。

施琅的“保台”奏疏，实质上是在诸多“弃台”言论甚嚣尘上的情况下而出台的。平台后施琅上奏的《恭陈台湾弃留疏》，可视为是当时对台湾战略地位进行深入研判的关键性奏章，其所分析的范围几乎涵盖了台湾的地理、人口、物产、地位，以及弃守台湾的所带来的严重后果等：

其一，从地理位置上看，台湾“乃江、浙、闽、粤四省之左护”。① 台湾若失，将会影响到自江苏到广东的整个东南海疆的安危。

其二，从台湾的物产上看，由于施琅亲历台湾，所以其切身感受更加具体和真实。台湾“野沃土膏，物产利薄，耕桑并耦，鱼盐滋生，满山皆属茂树，遍处俱植修竹。硫磺、水藤、糖蔗、鹿皮，以及一切日用之需，无所不有”。②

其三，施琅驳斥了弃台而让夷人据之的谬论：“此地原为红毛住处，无时不在涎贪，亦必乘隙以图。一为红毛所有，则彼性狡黠，所到之处，善能蛊惑人心。重以夹板船只，精壮坚大，从来乃海外所不敌。未有土地可以托足，尚无伎俩；若以此既得数千里之膏腴复付依泊，必合党伙窃窥边场，迫近门庭。此乃种祸后来，沿海诸省，断难晏然无虑。至时复动师远征，两涉大洋，波涛不测，恐未易再建成效。”

其四，对于“弃台守澎湖”的论调，施琅认为“如仅守澎湖，而弃台湾，则澎湖孤悬汪洋之中，土地单薄，界于台湾，远隔金厦，岂不受制于彼而能一朝居哉？是守台湾则所以固澎湖。台湾、澎湖，一守兼之。沿边水师，汛防严密，各相犄角，声气关通，应援易及，可以宁息”。③（图 2）

其五，施琅为台湾的海防进行了规划，“台湾设总兵一员、水师副将一员、陆师参将二员，兵八千名；澎湖设水师副将一员，兵二千名。通共计兵一万名，足以固守。又无添兵增饷之费。其防守总兵、副、参、游等官，定以三年或二年转升内地，无致久任，永为成例”。

---

①（清）施琅：《恭陈台湾弃留疏》，（清）施琅撰、王铎全校注《靖海纪事》（下卷），福建人民出版社，1983 年，第 120 页。

② 前揭《恭陈台湾弃留疏》，《靖海纪事》（下卷）第 121 页。

③ 前揭《恭陈台湾弃留疏》，《靖海纪事》（下卷）第 121—122 页。

通过以上的条缕分析，施琅认为："盖筹天下形势，必求万全。台湾一地，虽属外岛，实关四省之要害。勿谓彼中耕种，尤能少资兵食，固当议留，即为不毛荒壤，必借内地挽运，亦断断乎其不可弃。"若"弃之必酿成大祸，留之诚永固边圉"。①

姚启圣与施琅对台湾弃与留的精辟分析，对清廷处置台湾问题产生了重要影响，也最终促成了清朝高层决定实施经营台湾的战略性举措。

（二）台湾行政建置的创制与完善

为了审慎地处理台湾问题，康熙帝命福建总督、提镇等诸官员会同共商台湾事宜。康熙二十三年（1684 年）四月十四日，差往福建料理钱粮工部侍郎苏拜与会同福建军政大员就台湾的建置问题提出建议：

> 台湾地方千余里，应设一府三县，设巡道一员分辖。应设总兵官究一员，副将二员，兵八千，分为水陆八营。澎湖应设副将一员，兵两千，分为二营。每营各设游、守、千、把等官。②

此议得到康熙帝同意。一府为台湾府，三县为台湾县、凤山县与诸罗县，府治驻跸于台南，此为中央政府在台湾设立正式行政建置的滥觞，台湾成为福建省下辖的第九个府。此后台湾的行政建置得到进一步加强和完善：额设巡视台湾监察御史满、汉各 1 员；提督学政 1 员；分巡台湾道 1 员；知府 1 员；台湾县知县 1 员；凤山县知县 1 员；诸罗县知县 1 员；雍正元年新设彰化县，设知县 1 员；台湾府学教授 1 员，训导 1 员；台湾县学教谕 1 员，训导 1 员；凤山县学教谕 1 员，训导 1 员；诸罗县学教谕 1 员，训导 1 员；彰化县学教谕 1 员，训导 1 员；府首领官经历 1 员，兼司狱务；台湾县县丞 1 员；凤山县县丞 1 员；诸罗县县丞 1 员；台湾县典史 1 员；凤山县典史 1 员；诸罗县典史 1 员；彰化县典史 1 员，台防同知 1 员，专司稽查鹿耳门海口，兼督台、凤、诸三县捕务；淡水同知 1 员，负责稽查北路，兼督彰化捕务；澎湖通判 1 员，专司稽查船只，管理钱谷。雍正元年（1723 年）至嘉庆十五年（1810 年），台湾的行政建置为一府四县二厅时期。（图 3）

雍正五年（1727 年），清廷将台厦道改为台湾道，这是清朝在台湾建置体系上的重要举措。台湾道的职守中不再管辖厦门沿海地区，而只专注于台湾的防务，说明清廷已经认识到台湾在东南海疆战略地位的重要性。同时比照内地沿海巡检司制度，分别在台湾县新港、凤山县淡水、诸罗县佳里兴、彰化县鹿子港、彰化县猫雾捒、淡水竹堑、淡水八里坌设巡检一员以稽查地方。巡检一职对于维护社会治安的作用不容小觑，清朝对台湾巡检的职责、巡防线路均有明确的规定：

> 陆巡由妈祖宫澳四里至暗澳，有巡检司；三里至东卫，五里至大；城北三里至隘门仔，一里至林头仔、埯南、香炉屿、鼓架礁，四里至尖山仔，一里至文良港、东鼻头，烽台一，可望阳屿、阴屿；北五里至果叶仔，二里至奎壁港，北三里即奎壁港山；西三里白湾坑，二里至湖东，二里至湖西，五里至红罗罩；北三里至青螺仔。红罗罩半里至西溪仔，南三里至太武仔，西三里至港底，北一里至东石，六里至沙港头，南三里至鼎湾，西北三里至中墩

① 前揭《恭陈台湾弃留疏》，《靖海纪事》（下卷）第 123 页。

② 前揭《〈清实录〉台湾史资料专辑》，第 64 页。

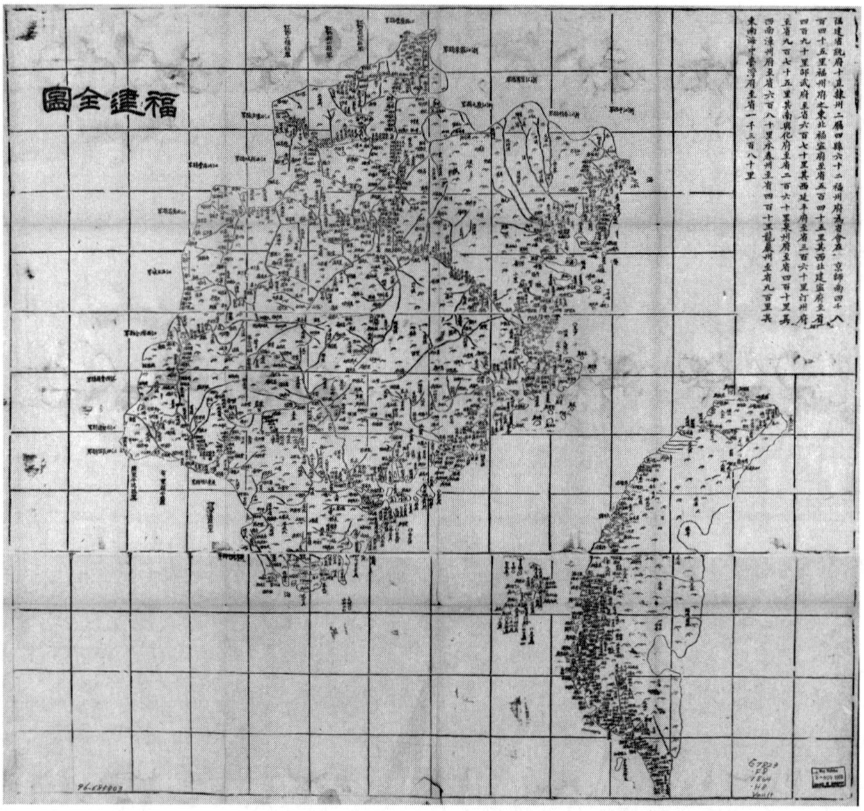

图 3　清代《福建全图》

屿，潮退可通；西南二里至潭边，南二里至港仔尾，三里至蚱脚屿，二里至东卫，四里至西卫，三里至后堀潭，四里至妈祖宫澳。再陆巡用大杉板往跱里后山登岸；跱里澳口炮台一，山顶烽台一。五里至风柜尾澳口；炮台一，烽台一。东二里至井仔埯，东南四里猪母落水，东北二里锁管港，西北一里鸡母坞，北五里至铁线尾，八里至乌嵌，五里至双头挂，与大城北相对；三里至菜园，三里至暗澳，回妈祖宫澳。①

另外，清廷对于台湾各级官员的选任非常重视，雍正时期曾对官员留任事宜专发上谕："台湾地方，远隔重洋，全在道、府、厅、县各得其人；而该员又须熟悉其风土情形，殚心办理，于地方始有裨益。"② 虽然在台官员的任期前后有所变化，但清廷遴选官员时"拣选贤能"的标准始终没有改变，说明清朝对于台湾吏治的关切和社会稳定的长久考量。

嘉庆间，台湾知府杨廷理、台湾镇总兵武隆阿、台湾道清华、福州将军赛冲阿、后任台湾知府徐汝澜、嘉义县教谕谢金銮等台湾军政官员，共同向嘉庆帝力陈噶玛兰之重要性，促成了清廷在嘉庆十四年（1809 年）同意噶玛兰设治：

蛤仔栏北境居民现已聚至六万余人，且于盗匪窥伺之时，协力备御，帮同杀贼，实为深

① （清）黄叔璥：《台海使槎录》卷二《赤嵌笔谈》，台北文海出版社，1978 年，第 29—30 页。
② 前揭《〈清实录〉台湾史资料专辑》，第 103—104 页。

明大义，自应收入版图，岂可置之化外。况其地豪腴，素为贼匪凯觎，若不官为经理，妥协防守，设竟为贼匪占据，岂不成其巢穴，更为台湾添肘腋之患乎！著该督抚熟筹定议，应如何设官经理，或用文职，或驻武营，随宜斟酌，期于经尽善为要。①

由此说明清廷已经充分认识到噶玛兰地区对于东南海疆战略的影响。两年后即嘉庆十六年（1811 年）清廷置噶玛兰厅及其相应属官，所治五围（今台湾宜兰县）。噶玛兰设厅置官是清廷开发经略台湾的另一项重大举措，此举不仅使清朝的统辖面积得到扩大，而且对于噶玛兰地区的管理以及进一步开发都具有积极意义，更为重要的是强化了清朝对台湾东北部的海防，从而使清朝在台湾的海防体系得到了进一步的完善。

由于郑氏政权与清朝相抗争的数十年间战争频繁，导致台湾社会经济也较为残破。清统一台湾后至康熙末年，经过数十年的经营和发展，台湾社会已经发生了较大的变化：“国家初设郡县，管辖不过百余里，距今未四十年，而开垦流移之众，延袤二千余里，糖谷之利甲天下。”②

二　台湾的内外防务建设

台湾的防务建设基本上与行政建置的创立同步，在一府三县的行政建置设立的同时，清廷已开始着手加强台湾的防务建设。康熙二十三年（1684 年）六月底，杨文魁被任命为台湾首任总兵官，陛辞之前康熙帝指示：“台湾远在海隅、新经底定。将弁立功者颇多。俱未简用。因尔系旧人、可以委任、故特简为总兵官。彼处新附兵丁、以及土人黑人、种类不一。向来未沾教化、不知礼义。尔莅任、务期抚辑有方。宜用威者、慑之以威。宜用恩者、怀之以恩。”③ 从康熙帝的指示中可以窥测到清廷对于台湾的初期经略重在“抚辑”，当然军事的上威慑必不可少。

由于台湾地处大海之中，没有一定的军备力量就不可能实现有效防务的目标，所以清统一台湾后军制体系很快建立起来，其创立方式主要比照内地的规制，亦设水陆两种营制。（图 4）

台湾镇标设中、左、右三营，挂印总兵官 1 员，驻台湾府城。中营设中营游击 1 员，驻府城中路口，设守备 1 员，千总 2 员，把总 4 员，步战守经制兵额 910 名；左营游击 1 员，驻府治北路口，守备 1 员，驻镇北坊，千总 2 员，把总 4 员，步战守经制兵额 930 名；右营游击 1 员，驻府治南路口，守备 1 员，驻府治东门，千总 2 员，把总 4 员，步战守经制兵额 930 名。

为了加强对府城的防守，雍正十一年（1733 年）添设台湾城守营左、右二军，置参将 1 员，驻防府治北门内；左军守备 1 员，驻防冈山，千总 2 员，把总 3 员，步战守经制兵额 500 名；右军守备 1 员，驻防下茄冬，千总 1 员，驻防府治，把总 2 员，步战守经制兵额 500 名。

台南是清朝经营台湾的重点区域之一，因此在凤山、淡水等处专设了南路营，置参将 1 员，驻防凤山县，都司 1 员，驻防下淡水，守备 1 员，驻防营后，千总 3 员，把总 6 员，步战守经制兵额 1500 名；北路协标原设一营，雍正十一年（1733 年）分设为中、左、右三营，原设参将 1 员，驻诸罗县，雍正十一年（1733 年）改设副将 1 员，驻扎彰化县；中军都司 1 员，驻彰化；

---

① 《福建通志台湾府》（上），《台湾文献史料丛刊》第 2 辑，台湾大通书局，1984 年，第 19 页。

② （清）蓝鼎元：《复制军台疆经理书》，《鹿洲全集》下册《东征集》卷三，厦门大学出版社，1995 年，第 552 页。

③ 前揭《〈清实录〉台湾史资料专辑》，第 65 页。

图 4　清前期《台湾地图》

左营守备 1 员，驻诸罗县；右营守备 1 员，驻竹堑，千总 6 员，把总 12 员，步战守经制兵额 2400 名。

淡水和安平两港是台湾重要的贸易港，为加强对海外贸易的控制以及海防的需要，清朝于此设立了淡水营，设都司 1 员，驻淡水港；千总 1 员，驻淡水港，把总 2 员，步战守经制兵额 500 名。安平水师协标由中、左、右三营组成，设副将 1 员，驻安平港。

澎湖列岛历来是进入台湾的门户，也是进取或防守台湾的战略要地，明代曾于此驻军。清朝对澎湖的驻防尤为重视，其军备建置的级别也较高。清朝于此设澎湖水师协标左、右二营，置副将 1 员，驻澎湖；左营游击 1 员，驻妈宫澳，守备 1 员，驻于本营署东，千总 2 员，把总 4 员，步战守经制兵额 1000 名，战船 18 只。驻台武职共计 114 员，步战守经制兵额共 12670 名，战船 92 只。①

为了进一步加强台湾海防和完善台湾的海疆防御体系，康熙五十七年（1718 年）二月，清廷根据"亲渡环海要地"的福建浙江总督觉罗满保的建议，② 分别在鹿耳门、安平镇和澎湖设若干座炮台，台湾的海疆防御能力得到进一步提高。

乾嘉时期，台湾各地所设炮台有所变化，如安平副将所辖中营炮台 7 座，其中蚊港汛 4 座、大港汛 3 座。在营炮台 7 座，其中安平镇 3 座，笨港、海丰港、三林港、鹿仔港各 1 座，右营炮台 5 座在打鼓港。而鹿耳门重地独无炮台之设，仅中营有炮台 8 座、右营有炮架 7 座。蚊港在治西南 60 里，扼要之地，为青峰、阙猴屿港、冬港、咸水港、茅港尾、铁线桥、麻豆港诸处出入之所，属水师协标中营巡防。其兼辖北门屿、马沙沟、青鲲身，俱停泊取汲地，各设炮台烟墩瞭

① （清）范咸纂辑：《重修台湾府志》卷九《武备一》，台湾文献委员会，1983 年，第 293—301 页。

② （清）蔡新：《兵部尚书总督浙闽觉罗公满保墓表》，（清）钱仪吉《碑传集》卷六八，中华书局，1993 年，第 1967 页。

望；笨港在治西北30里，扼要之地，南接猴屿港，北接海丰港，属水师协标左营巡防，兼辖猴屿港，有炮台烟墩瞭望。此外噶玛兰厅和澎湖厅也设有炮台。①

康熙末年台湾发生的朱一贵起义使清廷大为震动，清统治高层已经意识到除了防外的军事震慑之外，对岛内同样也必须加以高度关注。因此进入雍正时期后台湾的防务开始由海上防务开始向内防转变。雍正初年，闽浙总督满保向朝廷提出：

> 台湾南路与中路，适中扼要为岗山地方；北路与中路，适中扼要为下加冬地方，应设兵弹压。今将镇标右营守备领把总一员、兵二百四十名，驻扎岗山。镇标左营守备领兵一百五十名，驻扎下加冬。再令台协水师中营千总一员，领兵一百二十名，驻扎盐水港。左营千总一员，领兵一百五十名，驻扎笨港。至安平镇城甚为扼要，应令水师副将领守备一员、兵五百名，驻扎城内。②

满保的建议中涉及此前并未着意关注的下加冬、岗山、笨港、安平镇等要冲地区。疏上即得到雍正帝的允准并很快得以实行。雍正末年，台湾的城池建设也逐步得到了完善。

乾隆帝继位后基本上秉承了其父雍正帝的治台精神，在加强外转防务的同时，进一步强化对台湾的内防措施。乾隆七年（1742年）颁发谕旨：

> 台湾地隔重洋，一方孤寄，实为数省藩篱，最为紧要……台湾惟借鹿耳门为门户，稽查出入；今任游匪潜行往来，海道便熟，将鹿耳一门亦难恃其险要，殊非慎重海疆之意。③

乾隆时期在台湾的防务上，主要体现在强化港口防务和台湾的城池建设等方面。鹿耳门、鹿港、八里坌海口是台湾最重要的港口，嘉庆以后随着海疆形势的变化，台湾的海防又有所增加和完善，新设艋舺营和噶玛兰营，鹿耳门等险要冲增加了梭船，全岛的汛塘数量达到200余个，依制“设弁带兵者曰汛，仅安兵者曰塘，城内治兵戍守者曰堆”。④ 沿海汛地根据其战略地位又分为最冲要、冲要、次冲要等若干级别。如澎湖地区，其军事建置分左右两营，共有驻汛防地13处。

台湾水师的海上防御主要以巡哨为主，有总巡和分巡。澎湖水师是清朝在台的主要海防军事力量，所以其巡哨之制也颇为完善。澎湖水师的出巡仿内地之制：

> 每岁于二月起、至九月底止，副将坐驾兵船四只出洋，在于左、右两营所辖洋面总巡；自二月起、至五月底止，两营游击各带兵船四只出洋，在于本辖洋面分巡；自六月起、至九月底止，两营守备各带兵船四只出洋，在于所辖各洋面梭织哨捕。又十一月、正月系单月分，两营游击各带兵船四只出洋轮巡；十月、十二月系双月分，两营守备各带兵船四只出洋

① 《福建通志台湾府》（中），（清）陈寿祺总纂、洪燕梅点校《台湾史料集成·清代台湾方志汇刊》第26册，台北远流出版事业股份有限公司，2007年，第569页。

② 《清世宗实录》卷九，雍正元年七月壬午，《清实录》第7册，中华书局，1985年，第165页。

③ 前揭《福建通志台湾府》（上），第7页。

④ （清）谢金銮：《续修台湾县志》卷四《军志》，《台湾文献丛刊》第140种，台湾银行排印本，1970年，第251页。

轮巡。定例：凡将备出洋巡哨，每月于初二日在南势左右两营交界之花屿洋面兑旗会哨，十六日在北势左右两营交界之鸟屿洋面兑旗会哨。①

总之，从整个台湾的防务上看，由文武职两套体系共同构成了维护台湾社会稳定和安全的防御体系。从军事力量的构成上看，绿营是清军防守台湾的主要军事力量，勇营和团练等属于辅助性的军事力量。康熙帝收复台湾后，台湾的防务得到快速加强，沿海汛、塘、堆、炮台、烟墩、谯楼等海防据点和工事相继得到创立，雍正初期有所加强。嘉庆以后海疆形势趋紧，台湾防务又有所加强，如噶玛兰营的创设以及更多汛、塘的设立等。从海防的格局上看，自南而北的沿海地区是清朝在台湾的重点防御区，在这些地区军事力量的设置又多集中于沿海要冲之地，如港口、河口和部分海岛。

三　清朝对台湾社会管理的强化

“台湾雄踞海外，直关内地东南半壁。沿海六七省，门户相通。其乱其平，非于国家渺无轻重者。”② 故台湾内政治理是清朝在克台后不得不面对的关键性问题。清初台湾民族分布的大致格局是：“后山为生番巢穴，名曰高山番；山外皆熟番所居，名曰平埔番：总计生、熟番千百社。其余贸易、耕种，漳、泉人居多。”③ 克台后内地民众赴台者渐趋增多，大量人口的涌入、先进生产方式的引进以及儒学文化的传播等，使台湾地区的社会面貌得到快速改观，但同时也引发了诸多的社会问题。整体上看，康雍时期是对台湾社会治理的奠基时期，乾隆及其以后则为不断完善和发展时期。在具体措施上则表现为抚番、化解汉番矛盾与完善社会管理网络等方面。

（一）清朝的“抚番”政策

所谓“番”，是清代文献中对台湾土著民族的指称，也称“番人”“社番”等。根据其发展水平以及是否输饷等情况又分为“熟番”和“生番”。台湾统一后汉民相继进入，从而形成了“生番”“熟番”与汉民并立的分布格局。当时台湾的社会状况是“番多民少，生番均未归化，熟番苦于诛求，故康熙、雍正间乱亦三起。”④ 由于三者生产方式和整体发展水平的差异，所以其分布区也有明显的不同，大致呈“生番群聚内山，熟番错居社地，汉民散处各庄”的态势。移居台湾的汉民多以农耕为主，随着入台汉民的不断增多和土地的开垦面积不断扩大，逐渐出现了与台湾土著民族的“争地”的现象，土地、水源、林木的争夺等都成为汉番矛盾不断加剧的诱因，加之两者风俗、信仰、文化背景的差异过大，所以汉番之间的冲突始终是清朝对台湾社会治理的重点内容之一。（图5、6）

---

① （清）胡建伟：《澎湖纪略》卷六《武备记》，中华书局，1961年，第129—131页。

② （清）蓝鼎元撰，蒋炳钊等点校：《鹿洲全集》，厦门大学出版社，1995年，第816页。

③ （清）黄逢昶：《台湾生熟番纪事·台湾驱寇论》，《明清台湾档案汇编》第5辑第92册，清光绪十一年七月至十二年二月，台湾历史博物馆、远流出版事业股份有限公司、台湾大学图书馆，2009年，第384页。

④ （清）丁绍仪：《东瀛识略》卷七《奇异·兵燹》，台湾银行，1957年排印本，第86页。

图5　清人绘《台湾风俗图说》之“台东番社捕鱼”

清前中期对于台湾土著民族大体上采取“招抚”政策。这一政策的推行和当地民族的社会发展水平有极大关系。如汉化程度较低的“生番”：“好杀人取头而去，漆其顶骨贮于家，多者称雄。”① “内山生番，野性难驯，焚庐杀人，视为故常。”② 清朝克台后即开始实行“招抚”政策。康熙时期陈大辇任台厦道时，“安辑流亡，抚绥部落，生番归化者接踵”。③ 康熙三十二年（1693年），诸罗县“木武郡赤口等六社生番，咸愿附籍输饷。查男妇老幼共四百八十七名”。④ 康熙五十四年（1715年），闽浙总督觉罗满保上疏曰：“南路生番山猪毛等十社土番匝目等共四百四十六户，男妇老幼计共一千三百八十五名口，北路生番岸里等五社涂番阿穆等共四百二十二户，男妇老幼计共三千三百六十八名口，俱各倾心向化，愿同熟番一体内附。”⑤ 这些成果的取得使清廷认为只要对“番人”抚辑得法，自可保证台湾的社会稳定，因此对当地民众“加意抚恤”成为赴台官员重要职责之一。

在主政台湾的官员中，确实涌现了一批能够较为妥善处理台湾原住民问题的“能吏”。“康熙六十年，阿里山、水沙连各社乘乱杀通事以叛。六十一年，邑令孙鲁多方招徕，示以兵威火

① （清）蒋毓英撰，陈碧笙校注：《台湾府志》卷五《土番风俗》，厦门大学出版社，1985年，第58页。

② 前揭《台海使槎录》卷八《番俗杂记》，第167页。

③ （清）王必昌：《重修台湾县志》，台湾银行1961年排印本，第345页。

④ 前揭《〈清实录〉台湾史资料专辑》，第73页。

⑤ （清）觉罗满保：《题报生番归化疏》，《明清台湾档案汇编》第5辑第100册，清光绪十八年九月至十九年六月，第268页。

图6 清人绘《台湾风俗图说》之“生番炙鹿”

炮，赏以烟布银牌。十二月阿里山各社土官毋落等、水沙连南港土官阿笼等就抚。雍正元年正月，水沙连北港土官麻思来等亦就抚”。① 雍正二年（1724年）十一月二十六日，台湾镇总兵林亮曾得“生番六十五社，男妇五千七百九十九口”。② 至乾隆时期，由于清朝在台湾的统治已逐渐稳固，所以早期较为粗暴的民族政策已有所改变，为政的官员也大多能够贯彻抚辑当地民众的政策。如乾隆时期主政台湾的杨景，“撤逐通事社丁、厘定疆界、永免番役及严禁私垦、私派、采买、办差、供应，凡不便于民番者数十余条”。③

针对台湾地方大员的“战果”，雍正帝却保持着高度的清醒：“今日之接踵输诚固属可称，他日之掉臂逃叛亦属可虑，全在地方上文武官弁安辑得法，始不至贻笑将来也。此等处封疆大吏不可不预为筹及，严饬属员，施恩布教。务令野番心悦诚服，向慕归附，永无变更，方不愧柔远之道。”④ 所以实质上这些“就抚”的战果并没有使清朝的“理番”真正获得成效。因为雍正及乾隆初年仍不断出现番人杀人事件。雍正六年十二月，邱仁山等14人被杀害。水沙连社、山猪毛社、大甲西社的“番变”，更令清廷感到“番政”的棘手。关于汉民被杀事件频发的原因较

① 前揭《台海使槎录》卷六《番俗六考·北路诸罗番七·附载》，第123页。

② 福建台湾镇总兵官林亮：《奏报生番归化情形折》，梁志辉、钟幼兰主编《（台北）故宫博物院清代宫中档奏折台湾原住民史料—台湾原住民史料汇编》（七）之“雍002”，雍正二年八月二十四日，1998年。

③ （清）蒋师辙：《台湾通志》，台湾银行1962年排印本，第813页。

④ 《福建巡抚黄国材奏闻事折》、《福建巡抚黄国材恭缴谕旨折》，《雍正朱批奏折选辑》（1）之“25、26”，台湾银行1972年排印本，第24—25页。

图7　清人绘《台湾风俗图说》之“台南生番归化”

多，但主要是汉民的活动区域不断向“生番”传统的生产和生活区域推进，使部分“生番”甚至“熟番”丧失了原来的生活家园。康熙时诸罗县令周钟瑄曾言：“番民世守之业，竟不能存什一于千百。”① 所以雍正帝时期诏谕台湾地方官要“使生、熟番夷及内地百姓各安生理，两不相侵，始可免意外之虞”。② 总体来看，尽管清初的“抚番”政策取得了一定成功，但其局限制性也较为明显。

（二）“分界”政策与理蕃同知的设立

随着汉番矛盾的不断加剧，双方械斗与仇杀事件时有发生。至于事件的起因，浙闽总督高其倬曾在奏章中指出：“番人焚杀一节，此事情节中有数种：一则开垦之民侵入番界及抽藤吊鹿，故为番人所杀；一则番社俱有通事，通事刻剥，番人愤怨之极，遂肆杀害，波及邻住之人；一则社番杀人数次，遂自恃强梁，频行此事，杀人取首，夸耀逞雄。”关于“治番之法，最先宜查清民界、番界，树立石碑。如有焚杀之事，即往勘查，若民人侵入番界耕种及抽藤吊鹿致被杀死，则惩处田主，并纵令扰入番界之保甲乡长、庄主；如汉民并未过界，而番人肆杀，则应严惩番人”。③（图7、8）

实际上，汉番隔离政策在康熙末年已开始施行。康熙六十年（1721年），觉罗满保向清廷提出了汉番分界举措：“台湾、凤山、诸罗三县山中居民，尽行驱逐，房舍尽行拆毁，各山口俱用

① 前揭《台湾通志》，第250页。

②《巡台吏科给事中赫硕色、兼理学政御史夏之芳奏闻事折》，《雍正朱批奏折选辑》(1) 之“71”，第72页。

③《台湾研究资料汇编》第1辑第7册，台北联经出版社，1993年，第2226页。

图 8　清人绘《台湾风俗图说》之“台北凶番归化”

巨木塞断，不许一人出入，山外以十里为界，凡附山十里内民家，俱令迁移他处；田地俱置荒芜，自北路起，至南路止，筑土墙高五六尺，深挖壕堑，永为定界。越界者以盗贼论。”① 次年清廷严令：“凡逼近生番处所相去数十里或十余里，竖石以限之；越入者有禁。”② 高其倬的奏疏得到了清廷的高度重视。此后汉番隔离政策的推行进一步升级，由康熙初年的隔绝“生番”不断扩大到“熟番”的活动区域。至乾隆初年已停止了对“生番”的“招抚”政策，将其列为“化外之民”，实际上是民族隔离政策的不断扩大。同时，清廷以法律的形式界定了汉番各自的活动区域，两者不得私自越界：“凡民人偷越定界私人台湾番境者，杖一百；如近番处所偷越深山抽藤、钓鹿、伐木、采樱等项，杖一百，徒三年；如有贿纵，计赃从重论。”③ 针对汉民藉与番社通婚而侵占番人土地的现象，清廷出台了非常严厉的律令：“嗣后汉民不得擅娶番妇，番妇亦不得牵手汉民，违者即行离异。”④ 在清政府看来，这一政策的初衷是为防止汉民过度侵占番人的传统生活区域，但实际上却起到了隔离民族交往的负面作用。

乾隆时期清朝在台湾的民族隔离政策有所扩大。乾隆三年（1738 年），闽浙总督郝玉麟疏奏：“台湾熟番与汉民所耕地界，饬令查明，有契可凭，输粮已久者，各照契内所开四至亩数，

① （清）蓝鼎元：《复制军划界迁民书》，前揭《鹿洲全集》下册《东征集》卷三，第 556—557 页。

② 前揭《台海使槎录》卷八《番俗杂记》，第 167 页。

③ 《清会典台湾事例》，台湾银行，1966 年排印本，第 169 页。

④ （清）蒋毓英等：《台湾府志三种》，中华书局，1985 年，第 2238 页。

立界管业。"① 汉番隔离由"生番"区逐渐扩大到了"熟番"区。

为了解决汉番矛盾，乾隆三十年（1765 年）清朝在台设立南北两路理番同知，这一职设标志着清政府对台湾内部事务的进一步加强。

理番同知之设，源于闽浙总督苏昌于乾隆三十年（1765 年）的《请设鹿港理番同知疏》：

> 台湾府海防同知，专管船政，事务简少，应请以海防同知兼管，换给台湾府海防兼南路理番同知关防。似此酌量裁添，既无需添官糜帑，番务保有专员经理。熟番见主持有官，自必知所感激，安分守法；汉奸豪恶，亦无所施其伎俩，海外数万户熟番，生计咸获裕如，永为台郡御侮藩篱，边疆自臻宁谧之效矣。②

此疏指出了汉番矛盾出现的背景、原因以及处理方法，同时认为"理番"重在北路而且需专职经理的官员负责此事。疏到乾隆帝案台后引起了清廷的重视，经过朝野内外的多方论证，终于于乾隆三十一年（1766 年）十一月二十八日，乾隆帝批准在台湾设立了专门处理"番务"的理番同知一职。

理番同知的主要职责有：（1）取缔汉人典购先住民田地，以防遏侵占之弊；（2）每年巡视各族社，每五年丈量地籍一次。如有侵害越界者，责归先住民；（3）汉人娶民妇女先住民，占居先住民土地者，拿交逐出之；（4）管理先住民土地义学，督励学童就学监督社师；（5）鼓励先住民改易汉俗，并指导从事生产；（6）防御未归化，先住民保护人民；（7）官吏人先住民地界采买及需索供应者，经查予以处分；（8）选拔先住民人才，充任土目举用通达事理之先住民或汉人为通事。令土目统率社内之男妇，办理官府之社务；（9）依旧例以汉人为先住民社族之通事，令掌管贸易，并劝导其归化；（10）管理一切输饷事务。③ 从理番同知的职掌来看，几乎涉及汉番之间的各个方面，故此职也被视为要缺。

理番同知的设立是清朝管辖台湾历程中的标志性事件，是清朝对台湾民族关系认识不断深化的切实反映。从历史事实来看，理番同知的设立对于调整汉番关系、推动台湾社会的发展具有一定的促进作用。乾隆中期以后汉番矛盾日渐缓和，出现了汉番互助的和谐民族关系。

（三）推动台湾经济与文化发展

郑氏据台的数十年间，台湾社会发展水平虽有一定的提高，但主要局限于南部一隅，其他区尚未进行规模式的拓展与开发。清朝统一台湾为岛内社会经济以及文化的发展提供了有利条件。

1. 规模性地屯垦与开发

屯垦是清朝开发台湾的一项重要举措。乾隆五十五年（1790 年），清廷对《军机大臣会同兵部等部议奏前案折》的指示成为台湾实行屯制的基本原则和章程：

> （1）分设屯所，应酌量地方以资捍卫；（2）严屯弁之责成，以资约束；（3）计丁授地，宜酌筹配拨；（4）清出侵占界外田园，定等征租以昭平允；（5）已垦田园，应请分别

① 《台湾府志三种》，第 2239—2230 页。

② （清）姚莹：《树苓湖归鹿港分运台谷状》，《明清台湾档案汇编》第 3 辑第 56 册，清道光十七年五月至二十年，第 124 页。

③ 〔日〕伊能嘉矩原著，台湾文献馆编译：《台湾文化志》（上），台湾书房出版有限公司，2011 年，第 165 页。

图9　清人绘《台湾风俗物产图》之“射鱼”

开免；(6) 现文戈声图册，应发厅、县存档，仍按户另给易知文单，以便输将；(7) 定征收之法，以垂永久；(8) 征收租银，应酌定匀给存留，以裕丁食而资经费；(9) 支发屯饷，立定章程以杜弊窦；(10) 应用器械，分别编验以从番便；(11) 隘丁循旧安设，以重边防；(12) 重立界石永禁争越。①

与此同时，清朝还对彰化的埔里等地进行的规模式的开垦。乾隆五十三年（1788年），于此屯丁，水里、埔里二社内有屯田100余甲，当地番族自耕田有百余甲，未垦荒埔则大量存在。至嘉庆时期姚莹任台湾知府时，彰化的万山之中已建有二十四社。② 由于开发规模的不断扩大和人口的增加，道光时期于此设立了埔里社厅和卑南社厅。鸦片战争后清廷批准援淡水、噶玛兰改土为流之例，在台湾设官抚治，一体开垦。③ 自清朝统一台湾至鸦片战争前的200余年间，入台汉民和台湾当地民族手足胼胝地共同开发，不仅使大陆先进的生产技术传入台湾，而且在一定程度上促进了汉民族与当地民族的交流和融合，其间虽有诸多的冲突和矛盾发生，但整体来看入台汉人与原居民族的和谐相处是民关系的主流。诚如代理台湾知府邓传安所言：“地益辟，民益集，番益驯。”④（图9、10）

2. 推动台湾地区的文化教育建设

推进文化建设是清朝经营台湾的另一举措。大量历史事实表明，仅以军事和行政手段而欲达

① 《台案汇录》（甲集）卷一《军机大臣会同兵部等部议奏前案折》，台湾大通书局，1959年印行，第17—26页。

② （清）姚莹：《东槎纪略》卷一《埔里社纪略》，台北文海出版有限公司，1974年，第32页。

③ （清）丁曰健：《治台必告录》卷三《奏勘番地疏》，台湾大通书局，1984年，第226页。

④ （清）邓传安等撰，杨犁夫标点：《蠡测汇钞问俗录·台湾番社纪略》，书目文献出版社，1983年，第1页。

图 10　清人绘《台湾风俗物产图》之“蔬果”

到真正的统辖目的是不现实的。而作为“软实力”代表的文化教育措施的推动对于一个地区的长治久安而言则不可或缺。清朝在加强台湾防务和经济开发的同时也相继出台了若干旨在推动台湾社会文化发展的措施。

康熙二十五年（1686 年），台厦道周昌向时任福建巡抚的金鋐上《设学校开科考试》一文曰：“台湾既入版图，万年起化之源，正在今日。此移风易俗，厚生与正德相维为用。宪台与道宪之请建学校、行考校，诚审乎教养之根本，为海天第一要务也。”① 周昌的呈文从“化顽梗之风”的角度阐述了在台湾实施文化政策的重要性，并将此视为“海天第一要务”，说明了深谙台湾当时社会状况的台湾地方官员，已充分认识到了统一后必须推行文化教育的急迫心情。此议得到清廷同意后，台湾地方教育体系开始逐渐建立起来。

台湾的教育体系大致由府学、县学、社学、土番社学和书院组成。府、厅、州、县设有教授、学正、教谕、训导等各级教育管理职官。台湾府儒学由台湾巡道周昌和知府蒋毓英创建于康熙二十四年（1685 年），每年额定进文童和武童各 20 名，科进文童 20 名、廪膳 20 名，增广生员 20 名。岁贡的标准以廪生食饩浅深为纲，一年举贡 1 人；台湾县儒学每年额定进文童和武童各 12 名，科进文童 12 名、廪膳 10 名，增广生员 10 名，每两年举贡 1 人；凤山县儒学每年额定进文童和武童各 12 名，科进文童 12 名、廪膳 10 名，增广生员 10 名，每两年举贡 2 人；诸罗县儒学每年额定进文童和武童 12 名，科进文童各 12 名、廪膳 10 名，增广生员 10 名，每两年举贡

① 台湾省文献委员会编：《台湾省通志》（第 1 册）卷五《教育志考选篇》，台北众文图书股份有限公司，1973 年，第 27 页。

1 人；彰化县儒学每年额定进文童和武童各 8 名，科进文童 8 名。雍正十三年（1735 年），设廪、增各十名，每四年举贡 1 人。

社学是清朝在台湾基层社会所设置教育机构。台湾各县基本上均设有社学，如在台湾县由知府蒋毓英建于康熙二十二年（1683 年）的东安坊二处社学和巡道王效宗在康熙二十八年（1689 年）所建的镇北坊社学；同年，知府蒋毓英在土墼埕建凤山县社学；诸罗县社学由知县刘作揖奉巡抚张伯行之命于康熙四十八年（1709 年）筹建，共有 7 所，分布于县内红毛井、新化里、善化里、开化里、安定里、打猫后庄、斗六门庄；彰化县在半线庄设社学一处。

为了加快对“土番”的教化进程，在台湾原居民区设置了为数众多的土番社学。康熙三十四年（1695 年），台湾知府靳治扬赴台后即令“番童有未知礼仪者，立社学延师教之”。① 台湾县有土番社学 5 处，凤山县有土番学社 7 处，诸罗县土番社学 11 处，彰化县有土番社学 17 处，淡水厅土有番社学 6 处。为鼓励番童参加考试，清政府特令：“凡有番社地方，今年科试务须口传，令其应考；府、县破格录送数名，注明‘番童’字样，以凭酌量节取入泮，以示鼓励。”②

同时，清朝为了在台湾“兴贤育才”，先后筹办了海东书院、崇文书院、白沙书院、文开书院、明志书院、学海书院和仰山书院等。书院要求入学者“端学则、务实学、崇经史、正文礼、慎交游”，从而达到“俾成人有德，小子有造”的目的。③

为保障各级教育机构的正常运作，还专门为学校配置了数量不等的学田。台湾府学田共有 3 处：一处在凤山县港庄，计 158 甲 1 分 6 厘 7 毫；一处在台湾县二赞行，计 7 甲 7 分 7 厘 8 丝 5 忽；一处在凤山县荆蓁林，计 4 甲 2 分。台湾府义学田在诸罗县芦竹角海丰仑，计 37 甲 1 分 4 厘 4 毫；台湾县学田在永康里嵌顶，下则园一片。凤山县学田有 3 处：一处在赤山庄，下则园 10 甲，一处在硫磺水土番园，中则园 90 甲 6 分；一处在兴隆庄，下则园 4 甲 3 分。诸罗县学田在目加溜湾；彰化县学田在猫雾拺保上脚，计田 51 甲 6 分 2 厘。④

基于保证教学质量的考虑，台湾地方官员在选拔各级学校教师时极为慎重，多遴选通晓文义和行谊谨厚的汉族知识分子。在台湾原居民区，一般“择汉人之通文者，给馆谷，使教番童”。⑤另外“择熟番子弟之秀颖者入学读书，训以官音，熟习之后，令其往教生番子弟”。番童入学后，除“正句读、解字义外，教以应对进退之节、忠信孝友之义，使之怡然有会于心，趋向自正”。⑥

经过清政府的长期努力，台湾社会风貌已经开始逐步改观。雍、乾时期的番族区：

> 合南北各熟番其杂俗俱相仿佛，无甚大异。向者皆罔知廉耻，不识尊卑。数十年来沐圣化之涵濡，感宪恩之教养，渐知揖让之谊，颇有尊亲之心。多戴冠著履，身穿衣裤。凡近邑之社，亦有知用媒妁联姻，行聘用达戈纹及绸布，并以花草作相遗，名曰‘搭搭子’。女嫁于外，媳娶于家，大改往日陋习。且多‘剃’剃头留须，讲官话及漳、泉乡语，与汉民相等。⑦

① （清）王必昌：《续修台湾县志》，台湾大通书局，1987 年，第 335 页。
② （清）丁宗洛：《陈清端公年谱》，道光六年济上东署不负斋刻本，第 71 页。
③ 前揭《重修台湾府志》卷八《学校》，第 288 页。
④ 前揭《重修台湾府志》卷八《学校》，第 292—293 页。
⑤ （清）徐珂：《清稗类钞》第 2 册，中华书局，1984 年，第 560 页。
⑥ 前揭《东瀛识略》卷三《学校》，第 29—31 页。
⑦ （清）尹士俍纂，李祖基点校：《台湾志略》中卷《番情习俗》，九州出版社，2003 年，第 61 页。

清朝文教政策在台的推行，使台湾地区原住民的文化水平得以提升，汉化程度进一步加快。同时，在儒学不断传播的过程中，也使汉番民族之间的隔阂逐渐消解，民族融合的广度和深度得到质的飞跃。

综上所述，清朝统一台湾后逐步实行了较为全面的经营和管辖，并出台了诸多旨在维护台湾社会稳定和发展的政治、经济、文化、军事等举措，台湾社会的面貌为之一新。昔日鲜有人迹的高山密林相继得到开发，文化落后的台湾原居民区在儒学的熏染下社会风气大为改观，汉番民族的交流与融合得以快速发展，台湾与大陆的一体化进程进一步加快。但是清朝的台湾政策也有值得检讨的地方，如过度化的民族隔离政策、以稳定抑制发展政策等，事实上阻碍了台湾社会的良性发展，在一定程度上也激发了民族矛盾和社会矛盾。持续的民变事件已充分说明了清朝对台政策所显示的负面影响。所以在嘉庆以后，开始进一步关注对台湾社会内部矛盾的解决，“开山抚番”的力度有所扩大，其主旨即在于化解当时台湾社会颇为紧张的社会矛盾。当然，随着鸦片战争的爆发，清朝海防局势发生了“千古未有之变局”，清朝在台湾的施政也已进入到了新的历史阶段。

本文系国家社科基金重大项目“中国海疆治理与海权维护文献整理应用研究”（17VHQ003）阶段性成果之一。

（刘俊珂：云南民族大学人文学院副教授）

因旧与革新

——清朝前中期西北边疆治理体制研究

陈　跃

内容摘要：清朝西北疆域是动态变化，从甘肃青海拓展至新疆，至乾隆二十年定型。晚清时期，受到俄国侵蚀，西北边疆范围大幅减缩。随着边疆范围的变动，清政府对西北边疆治理体制也随之动态发展。明清鼎革后，清政府继承明朝在西北边疆的政治遗产，在甘肃境内沿袭明代卫所制，在青海地区沿袭土司制。统一新疆后，清政府依据当地不同族群及其对待清政府的政治态度而实施了不同的治理体制，分为军政合一的八旗驻防制、道府州县制、驻扎大臣指导下的伯克制以及理藩院监理下的札萨克制，这充分体现了清政府对新疆治理采取“分治与制衡相济互补”的思想。在上述体制中，以南疆驻扎大臣管辖下的伯克制最为失败，官民矛盾突出，基层治理不力，酿成晚清新疆社会动荡。收复新疆后，在全疆实施与内地一致的州县制度，废除吐鲁番地区札萨克制，在较大范围内实现治理深入基层，加强了对西北边疆的治理，维护边疆稳定，促进边疆发展。清代西北边疆治理的总体趋势是边疆不断内地化，清廷对基层治理逐渐深化，管控力度不断增强。

关键词：清代　西北边疆　边疆治理　内外相维　陕甘总督

疆域辽阔的统一多民族中国，是历经曲折发展过程后大致定型的。中国疆域的发展可分为形成、发展、奠定和变迁四个阶段。① 其中，清朝疆域发展既是中国疆域的奠基阶段，也是变迁阶段。故此，研究清朝疆域的形成、发展、演变及其治理就有着鲜明的特色和重要的价值。学术界对清朝疆域治理的研究自晚清以降，绵绵不绝，成果丰硕。仅就西北边疆而言，魏源《圣武记》、曾问吾《中国经营西域史》、余太山《西域通史》、马大正主编《中国边疆经略史》和《中国古代边疆政策研究》、马汝珩与马大正主编《清代的边疆政策》、吕一燃《近代中国边界史》，均从宏观角度阐述了阐述清朝西北疆域及其治理。此外，张永江《清朝藩部研究》、管守新《清代新疆军府制度研究》、苗普生《新疆伯克制度研究》、林恩显《清朝在新疆的汉回隔离政策》、王东平《清代回疆法律制度研究》、日本学者佐口透《18—19 世纪新疆社会史研究》、美国学者米华健《嘉峪关外：1759—1864 年新疆的经济、民族和清帝国》等从各个角度论述了清朝在新疆的治理政策。相关研究论文更是不胜枚举，此不一一列出。上述研究主要是从治理政策的某些角度或层面进行论述，对探索清朝疆域及治理有重大帮助，然而较少从清朝西北疆域发展与治理政策调整互动的动态发展角度论述。故此，本文就在借鉴前贤成果的基础上，从清朝西北疆域发展与治理政策调整互动的动态发展角度，论述清朝西北边疆治理体制的发展演变。

---

① 马大正：《中国疆域的形成与发展》，《中国边疆史地研究》2004 年第 3 期。

一 顺康雍时期清朝西北疆域发展及其治理

顺治元年（1644 年），清军进入京师后，随之展开对李自成军的追击。顺治二年初，清军占领陕西西安，四月又攻占秦州、固原等地。六月，阿济格派人招抚河西，河西等地先后归附。陕西三边总督孟乔芳在攻灭甘州贺锦部后，派土官李天俞、祁廷谏等到西宁及河西等地招抚当地土司。至此，清朝在陕西、甘肃及青海中东部地区的统治秩序基本确定下来。清廷以孟乔芳总督陕西三边军务，加兵部右侍郎兼右都御史，总领陕甘青地区。

（一）陕甘地区高层次治理体制的确立

清初因袭明朝旧制，在地方治理上设置总督、巡抚和布政使司。顺治年间，清政府在陕西三边总督下设陕西巡抚、甘肃巡抚、延绥巡抚和宁夏巡抚。陕西巡抚下设布政使司和按察使司，分管全书民政、财政和司法。康熙初年，清政府对陕甘青行政建置进行调整。康熙元年（1662 年），裁撤延绥巡抚，陕北归属陕西巡抚管辖。康熙三年裁省宁夏巡抚，宁夏并归甘肃巡抚管理。

就陕西而言，顺治初年因明之旧，设左、右布政使司，领八府一州，分别为西安府、凤翔府、汉中府、延安府、临洮府、巩昌府、平凉府、庆阳府及兴安州。（图 1）康熙三年，清廷为加强对陕西西部及甘肃东部的治理，“添设甘肃按察使司按察使员缺，命统辖平、庆、临、巩四府、驻扎巩昌府。”①《甘肃通志》卷三《建置》记载与此有异：“康熙二年，以右布政司分管临洮、巩昌、平凉、庆阳四府，驻扎巩昌府，裁卫所八十五。”

此后，清政府又将巩昌布政司治所西迁至兰州。《清实录》记载，康熙八年十二月，清廷“令甘肃藩、臬二司由巩昌移驻兰州，临洮道由兰州移驻临洮，陇右道由秦州移驻巩昌”。②《甘肃通志》卷三《建置》记载与此有异：“康熙五年，改为甘肃布政使司，移驻兰州，行都御史台治焉，领四府九州二十八县。”值得注意的是，虽然清政府将巩昌布政使改称甘肃布政使，但在政府文件中，仍存在巩昌布政使和巩昌按察使的称呼。康熙六十年九月，川陕总督年羹尧在《请简巩昌布政使折》中，提到巩昌布政使折尔金和署巩昌按察使傅善。③ 雍正年间，清政府还将甘肃布政使和按察使称为“陕西甘肃布政使”和“陕西甘肃按察使”，陕西布政使和按察使则称为“陕西西安布政使”和“陕西西安按察使”。④

（二）陕甘基层治理体制：从卫所制到府县制的转变

以上均为清政府对陕甘两地治理体制中高层的调整，对治理基层而言，则经历了从沿袭明代卫所到改制为府县的转变。虽然清朝因袭了明朝在陕甘青地区庞大的都司卫所体系，但对之进行了改造，首先就是剥夺了都司卫所的军事功能，改为绿营卫所。顺治三年，兵部奏称：“指挥、千百户名色既已尽裁，而卫所必不可裁。应每卫设掌印官一员，兼理屯事，改为卫守备；千户改为卫千总，每所设一员，俱由部推。百户改为卫百总，每所设一员，由督抚选委。其不属于卫之所，俱给

① 《清圣祖实录》卷一一，康熙三年正月癸丑。

② 《清圣祖实录》卷三一，康熙八年十二月庚午。

③ 季永海、李盘胜、谢志宁翻译点校：《年羹尧满汉奏折译编》，天津古籍出版社，1995 年，第 223 页。

④ 《清世宗实录》卷四，雍正元年二月甲戌；卷一三八，雍正十一年十二月庚申。

图1　明人绘《陕西舆图》之“西安府”

关防。卫军改为屯丁。凡卫所钱粮职掌及漕运造船事务，并都司、行都司分辖，皆宜照旧。”清廷批准此议“从之”。① 顺治十三年（1656年）五月初一日，礼科给事中孙光祀具题《核镇将以清军饷疏》称：“卫所之设，前代以军与民分为二项，今卫所之军不足资捍御，其官徒糜俸禄，俱属赘员；其地不隶郡邑，豪强易于侵占，奸民易于诡冒”，“不如将卫所名色尽行裁去，地粮归并郡县，以便稽查征派。冗员去而滥费可节，事权一而夙弊自清，此尤足兵足饷一大政也。”初六日奉旨，“兵部议奏。”② 顺治十五年，左都御史魏裔介也奏称：“臣窃思漕运卫所有限，其非漕运卫所者甚多，若将不运粮卫所归并附近州县管理，则有四大利。”③ 顺治十六年，清政府在直隶、山东、山西及陕西大范围裁撤卫所，归并地方。虽然如此，全国仍有很多卫所。

雍正二年（1724年）闰四月，“兵部等衙门议覆，条奏内改并各卫所归于州县管辖一条。查得各处军民、户役不同，未便归并，且武官科甲出身人员、专选卫所守备、千总，若尽裁卫所，必致选法壅滞。应无庸议”。雍正认为：“此事部议所见甚小。滇蜀两省曾经裁减卫所未闻不便，今除边卫无州县可归，与漕运之卫所民军各有徭役，仍旧分隶外，其余内地所有卫所悉令归并州

① 《清世祖实录》卷二八，顺治三年十月乙未。

② （清）孙光祀著，魏伯河点校：《孙光祀集》，齐鲁书社，2014年，第234页。

③ （清）魏裔介著，魏连科点校：《兼济堂文集》卷二《兴利除弊之大疏》，中华书局，2007年，第39页。

图 2　《大清分省舆图》之“甘肃”

县。饬令直省督抚分别详悉区画其武举、武进士作何铨选，不令壅滞之处。吏兵二部详议奏闻。”① 由此就可见，雍正除了边卫和漕运之卫所外，应将内地所有卫所裁撤，并令归并州县。六月，② 接到谕旨后，川陕总督年羹尧在回复奏折中指出：“天下卫所，各有不同。若陕省内地之各卫所与州县所管地方参差错杂，其弊不可胜言。臣原拟回省时，有如此类者三四条，具疏请旨施行。今既有此奏，伏祈圣主特下明旨，除边卫现无州县可归，与有漕运之卫所民军各有徭役，仍旧分隶外，其余内地所有卫所悉令归并州县。事既画一，官民两便。”仅从奏折看，年羹尧之所以支持裁撤卫所，主要原因是因为各卫所与州县所管地方参差错杂，影响了清政府对社会基础的治理。对此，雍正帝朱批：“朕观此事有理，因廷议如此，朕意未定。你今如此奏，朕谕行矣。”③ 4 日后，雍正下旨批准兵部就裁撤卫所时原武官的安置问题。“守御所千总裁减之外，存缺无几。旧例粮船回空随帮千总，以卫千总推用。此等人员，总漕称为明季世职子孙，今既非世职，应停其顶补。请将拣选之武举，候推守御所千总人员内顶补推用。再裁缺之卫守备及现任卫所千总，应升卫守备者，请于单月营守备各班之末添设裁班，相间轮补。至卫千总领运，有二百一十一缺，加以边卫千总照旧分隶，则所裁卫千总之缺无几，应以候推卫千总之武举照常铨选。其裁缺另补者。仍以卫千总原班补用。守御所千总裁缺人员亦应仍以原班补用”。④ 随后各边“无州县可归”的卫所先后被裁撤，改为府州县地方民治机构。（图 2）

① 《清世祖实录》卷一九，雍正二年闰四月甲申。

② 现存年羹尧的奏折未有月日，查《清世宗实录》卷二一可知，雍正二年六月甲申日“以军前正黄旗蒙古都统苏丹、署理陕西西安将军”。由此可知，年羹尧回复奏折当为六月。

③ （清）年羹尧：《奏为遵旨传令苏丹署理西安将军事宜并卫所归并州县等情形事》，雍正二年月日不详，中国第一历史档案馆藏《朱批奏折》（档号：04－01－30－004－1633）。

④ 《清世宗实录》卷二一，雍正二年六月己丑。

十月，川陕总督年羹尧奏请裁撤河西各卫所有府县。他在《奏称河西各厅请改郡县折》中指出，河西地区裁撤卫所改设州县既有历史原因也有现实需求。因为“甘属之河西各厅自古皆为郡县，独至有明改为卫所，国家经制遂因其旧”。他在遍历河西各厅所属地方凉州、甘州、肃州、西宁、宁夏后发现，虽然“田畴开辟，生齿繁庶不减内地”，“而考其吏治，未为尽当，此则卫所之故也。”“卫所各官亦有才能，而抚字催科，多不过问”。卫所治理体制下基础官员的治政不力，是影响社会基层治理的重大隐患。故此，年羹尧“询诸道厅，访之舆论，佥谓宜改卫所为州县”。

他进而规划裁撤河西各地的卫所及安置计划，具体如下：

宁夏卫改为宁夏府，所属宁夏卫左卫和右卫改为两县，分别为宁夏县和宁朔县，平罗所改为平罗县。中卫改为中卫县。灵寿所改为灵州。宁夏中路厅改为宁夏水利同知。西路厅应仍旧驻扎中卫，以资弹压。以上俱隶宁夏府管辖。

西宁厅请改为西宁府，所属西宁卫改为西宁县，碾伯所改为碾伯县。西宁通判专管盐池，即为西宁盐捕通判。西宁之北川，因其新归附，应设一卫为大通卫。以上俱隶西宁府管辖。

凉州厅请改为凉州府，所属凉州卫改为武威县，镇番卫改为镇番县，永昌卫改为永昌县，古浪所改为古浪县，庄浪所改为平番县。庄浪同知经理茶务，应仍其旧。以上俱隶凉州府管辖。

甘州厅请改为甘州府，所属左右两卫，合并改为张掖一县，另设县丞一员佐之。山丹卫改为山丹县，高台所改为高台县，并以肃州之镇彝所并入高台县。以上俱隶甘州府管辖。

肃州卫事务，仍令肃州通判管理。靖远卫事务改归靖远厅管理。以上所有卫所之守备、千总及旧有大使3员，悉行裁去。以上四府，设知府4员，经历4员；灵州设知州1员，吏目1员；知县14员，典史14员，其大通卫设守备1员，张掖县添设县丞1员。至各处教职，或添设，或改移。①

在甘肃裁撤卫所的同时，陕西境内卫所也先后被裁撤。雍正二年，裁撤陕西都司和陕西行都司，裁撤潼关、榆林二卫及西安州一所，俱归并附近州县。雍正四年，进一步裁撤陕甘的卫所，裁撤庆阳、平凉、固原、临洮、河州、兰州等卫及西固所，归并附近州县。岷州卫改属岷州厅，拆分部分地区归并附近州县。

从雍正二年至九年，全国多数非漕运和非新建卫所均被裁撤。雍正九年以后，全国保留下的卫所还有十余个。这些卫所在乾隆二十七年（1762年）也逐渐被裁撤，改归州县体制。洮州卫在雍正二年改属巩昌府，八年改为都司，属陕西河州镇，乾隆十三年裁撤卫所改为洮州厅。② 乾隆二十四年，随着新疆的收复，甘肃西部的卫所随之变革，改甘肃安西镇为安西府，裁撤靖逆卫，改为玉门县；裁撤安西、柳沟二卫，改为源泉县；裁撤沙州所，改为敦煌县；裁撤柳沟所和赤金卫，归并敦煌县。③ 乾隆二十六年，裁撤大通卫，改设大通县，裁撤归德所，归并西宁县，置西宁县县丞管理。④

（三）理藩院管理下青海驻扎大臣制度的确立

在此阶段，清政府对青海的治理也是值得关注的。在清军入关定鼎中原前，青海地区主要为厄鲁

---

① 前揭《年羹尧满汉奏折译编》，第306—307页；《清世宗实录》卷二五，雍正二年十月丁酉。

② （清）包永昌纂：《洮州厅志》卷二《沿革》，光绪三十三年刻本。

③ 《清高宗实录》卷五九七，乾隆二十四年九月丙寅。

④ 《清高宗实录》卷六三五，乾隆二十六年四月丁亥。

图3　顾实汗像

特蒙古和硕特部固始汗掌控，并与清朝建立归属关系。顺治十年，清政府授顾实汗以金册、金印，封“遵行文义敏慧顾实汗”。次年，固始汗病逝，其子鄂齐尔汗继位。康熙三十五年七月，为防止噶尔丹进入青海，清廷命员外二郎保赍敕往谕青海诸台吉，归顺清廷，不得参与噶尔丹叛乱。[①] 康熙三十六年十二月，得知清军平定噶尔丹叛乱后，鄂齐尔汗派其弟扎什巴图尔为代表赴京请求内附，次年清廷封扎什巴图尔为和硕亲王。[②] 康熙五十五年十二月，扎什巴图尔去世，清廷封其子罗卜藏丹津为亲王。[③]（图3）

康熙五十六年（1717年），清政府为“驱准保藏”，调遣大军进驻西北。次年，康熙陆续派三路大举出兵准噶尔，中路军以皇十四子允禵为抚远大将军，驻节西宁，统帅进藏诸师。五月，允禵以其前赴甘州驻扎办理调遣事宜，奏请朝廷派遣大员驻扎西宁，节制驻扎西宁的大军，并提出两个人选，一个是曾经驻防过西宁的西安将军宗查布，另一个是办青海事宜业已有年的侍读学士常授。最终，清廷授常寿理藩院额外侍郎（康熙六十一年升为右侍郎），驻扎西宁办事。[④] 康熙六十一年十月，罗卜藏丹津叛乱，驻扎西宁办青海事务兵部左侍郎常寿仅带少量随处前往劝降，却被罗卜藏丹津囚禁。[⑤] 随后，罗卜藏丹津大举进攻西宁。清廷命川陕总督年羹尧为抚远大将军，率军前往平叛。雍正二年四月，清军平定叛乱。五月十一日，年羹尧在召集青海蒙古诸部会盟时，提出青海禁约12条，并就青海善后事宜拟定13条意见。其中最重要的就是对青海蒙古“宜定分地而编佐领也”。具体分为16个部，各处其地。“以百户编以佐领，不足百户者编半个佐领，所属台吉为札萨克，每札萨克各设协领、副协领、参领各一员，每佐领各佐领、骁骑校一员，小博硕库各四员”。另，“每年盟会，不许自称盟长，必择其老成忠顺者，听候谕旨点定，使其主盟，盟讫各散”。关于朝贡，“凡西海王、贝勒等，分为三班，三年一次，九年而周，周而复始，使知所以遵尊朝廷”。[⑥] 清廷认为青海厄鲁特蒙古与喀尔喀一体归顺，“即编设旗分佐领，停补协领、副协领，悉照喀尔喀之例，补授管旗章京、副章京以下等官，每五佐领设一参领”。[⑦] 青海厄鲁特编旗为28旗（一说29旗，另一说27旗），分别为“和硕特部20旗，绰罗斯部2旗，土尔扈特部4旗，辉特部1旗，喀尔喀1旗”。[⑧]（图4）

---

① 《清圣祖实录》卷一七五，康熙三十五年八月甲申。

② 《清圣祖实录》卷一八七，康熙三十七年正月辛巳。

③ 《清圣祖实录》卷二七〇，康熙五十五年十二月乙卯。

④ 《清圣祖实录》卷二九二，康熙六十年五月壬戌，甲申。

⑤ 前揭《年羹尧满汉奏折译编》，第57—58页。

⑥ 前揭《年羹尧满汉奏折译编》，第127、283—284页。

⑦ 赵云田点校：《钦定大会会典事例理藩院》，中国藏学出版社，2006年，第189页。

⑧ 《钦定大会会典事例理藩院》，第39—44页。

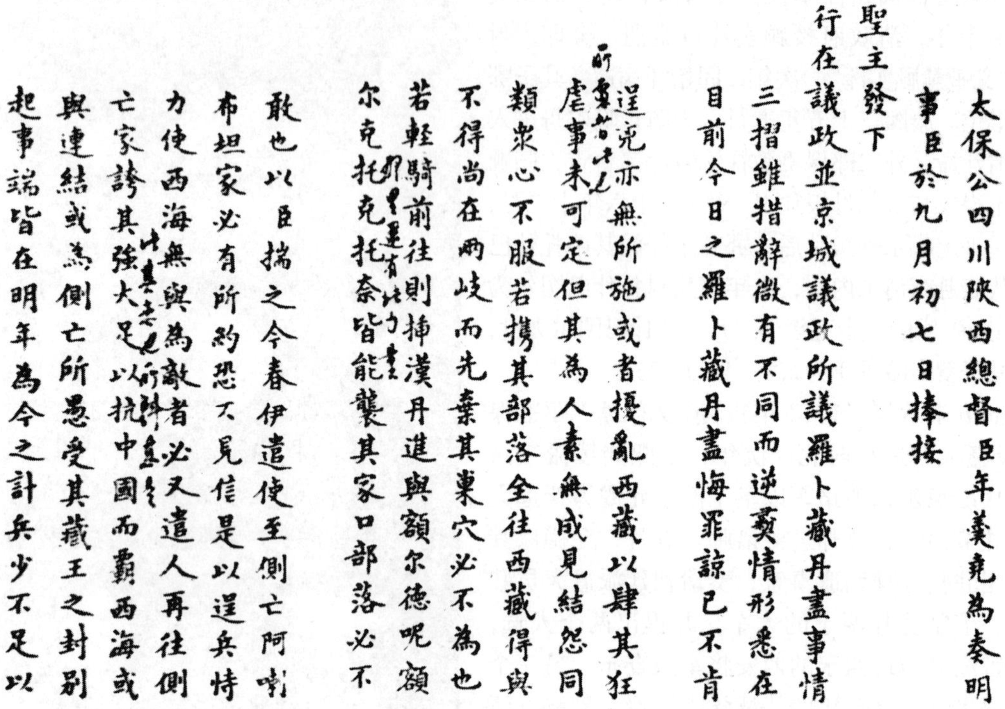
太保公四川陕西總督臣年羹堯為奏明
事臣於九月初七日捧接
聖主發下
行在議政並京城議政所議羅卜藏丹盡事情
三摺雖措辭微有不同而逆賊情形悉在
目前今日之羅卜藏丹盡悔罪諒已不肯
逞兇亦無所施或者擾亂西藏以肆其狂
虐事未可定但其為人素無成見結怨同
類衆心不服若攜其部落全往西藏得與
不得尚在兩歧而先棄其巢穴必不為也
若輕騎前往則捧漢丹進與額爾德呢額
爾克托克托奈皆能襲其家口部落必不
敢也以臣揣之今春伊遣使至側亡阿喇
布坦家必有所約恐不見信是以逞兵恃
力使西海無與為敵者必又遣人再往側
亡家誇其強大足以抗中國而霸西海或
與連結或為側亡所愚受其藏王之封號
起事端皆在明年為今之計兵少不足以

图4　年羹尧关于罗卜藏丹津的奏折（局部）

在此基础上，清廷进一步加强对青海蒙古各部的管理。雍正三年三月，清廷以理藩院侍郎鄂赖管理“西海一切蒙古事宜”。① 十二月，铸给驻扎青海副都统达鼐“总理青海番子事务关防”。② 这是清廷首次正式设立管理青海蒙古各部的职务。③ 从此，将其纳入了清政府直接统治下。达鼐之后，清政府以工部左侍郎署西安巡抚马尔泰“奉差西宁”为“总理青海番子事务”官员。④ 此后，清廷又任命在肃州协办军需的湖北巡抚德龄前往西宁办理马尔泰“所管西宁事务”。⑤ 总体观之，雍正年间，清政府对“总理青海番子事务”多为差官，遂临时差遣，并无定制。

乾隆元年（1736年），清廷正式定名管理青海官员为“西宁驻扎大臣”，这既因为“西宁为青海门户”，也是因为“总理青海番子事务”驻扎之地均为西宁。不过在《清实录》中，仍多次出现“青海办事大臣”和“西宁办事大臣”名称。其铨选制度为“西宁驻扎大臣一人，本院

① 前揭《年羹尧满汉奏折译编》，第318页。

② 《清世宗实录》卷三九，雍正三年十二月辛巳。

③ 杜党军、张冬林认为达鼐是“钦差总理青海蒙古番子事务大臣”。参见《雍乾时期西宁办事大臣建制考述》，《青海民族研究》2013年第2期。查史料及其所转引王德胜《清朝首任西宁办事大臣达鼎及其家族考》，《内蒙古大学学报》（人文社会科学版）1999年第3期引文，达鼐官职是“总理青海番子事务大臣”，并无“蒙古”二字。

④ 《清世宗实录》卷一二四，雍正十年十月壬午。

⑤ 《清世宗实录》卷一四六，雍正十二年八月丙寅。

（笔者按，即理藩院）司官以人、笔帖式三人，皆令互相交错更代，统以三年为期。其更换大臣，右院于散秩大臣、八旗护军统领、副都统暨各部院侍郎内，视其谙练蒙古事务者，开列简用”。① 作为管理青海少数民族事务的最高官员，清政府不断增加青海办事大臣的权限。乾隆五十六年，令“贵德、循化番子，改隶西宁办事大臣兼管”。② 嘉庆十年（1805年），又令“西宁文职自道府以下，武职自镇协以下，均归西宁办事大臣兼辖节制”。③

（四）青海、甘肃地区土司制度

土司制度是我国古代王朝对地方治理的一直独特制度，源于秦汉羁縻治理模式，定型于元代。明太祖在西北、西南很多地方设置土司。明政府对西北甘肃、青海等地归附的元代土司或军功人员，授予土司或将卫所官员中百户以上级别官员授予土司。④ 在明末李自成军进攻青海、甘肃期间，众多土司进行抵抗，土司祁廷谏、李天俞被李自成军关押于西安。顺治二年，清军攻入西安，将土司释放。陕西三边总督孟乔芳代表清朝分别给各家土司颁发敕书，允许土司继续享有明朝授予他们的特权，以招抚各家土司。青海东部地区众多土司的归顺，使清朝在较短时间内确立了对青海东部的统治权。⑤ 陕甘总督杨应琚曾高度评价孟乔芳的招抚业绩：“孟总督乔芳请仍锡以原职世袭。今已百年，输粮供役，与民无异。惟是生息蕃庶，所分田土多鬻民间，与民错杂而居，联姻而社，并有不习土语者。故土官易制，绝不类蜀、黔诸土司桀骜难驯也。”⑥ 顺治五年（1648年），清政府仍特别注重招抚各地土司：“各处土司应世守地方，不得轻听叛逆招诱，自外王化。凡未经归顺今来投诚者，开具原管地方部落，准与照旧袭封。有擒执叛逆来献者，仍厚加升赏。已归顺土司官，曾立功绩及未经受职者，该督抚按官通察具奏论功升授。”⑦ 顺治年间，甘肃青海地区的土司主要是归顺后授予的土司，如狄道州赵氏土司于顺治二年归附，清廷仍令管理临洮卫指挥使土司事务。河州何氏土司和韩氏土司、岷州马氏土司、西宁县祁氏土司和陈氏土司、平番县鲁氏土司等均是顺治年间归顺。康熙三十五年，清政府在西喇古尔八族归附后，分封各部落首领，设正副头目，给守备、千户等职衔，⑧ 成为新设土司。康熙六十年，清军在征服果洛地区后，封中果洛头人为土千户，上果洛和下果洛头人均为土百户。⑨（图5）

平定罗卜藏丹津叛乱后，川陕总督年羹尧认为“西番之为害不让于西海也”，遂建议“西番既经归附，即为编氓，择其土地之宽广者，添设卫所，以资抚驭，以征赋税；再于番部之中，有为番民信服之头目，请给以土千户及土巡检职衔，分管番众，仍听附近道厅及添设卫所管辖”。⑩ 雍正五年，青海办事大臣达鼐安置西宁、河州及洮州各番部，设千户长、百户长及百长，发给委牌，增置土司40家。⑪ 雍正九年，青海办事大臣达鼐奏请川、陕派员勘定巴彦南称（今玉树地

---

① 《钦定大会会典事例理藩院》，第190页。

② 《清高宗实录》卷一三八六，乾隆五十六年九月丁丑。

③ 《清宣宗实录》卷一五四，嘉庆十年十二月壬辰。

④ 李玉成：《青海土司制度兴衰史略》，《中央民族学院学报》1987年第4期。

⑤ 陈跃：《明清之际的孟乔芳与西北政局变革》，《满学论丛》第4辑，2014年，第288—298页。

⑥ 《清史稿》卷五一七《土司六》。

⑦ 《清世祖实录》卷四一，顺治五年十一月辛未。

⑧ 《清史稿》卷一三四《兵防·土兵》。

⑨ 青海省编辑组：《青海省藏族蒙古族社会历史调查》，青海人民出版社，1985年，第74页。

⑩ 前揭《年羹尧满汉奏折译编》，第285页。

⑪ 《清史稿》卷七九《地理志二十六青海》。

图5　永登鲁土司衙门

区）藏族七十九族界址。次年夏，西宁派出员外郎武世齐、四川派雅州府知府张植、西藏派主事纳逊额尔赫图，三方会同勘定，确定近西宁者归西宁管辖，近西藏者暂隶西藏，其族内人户，千户以上设千户1人，百户以上设百户1人，不及百户设百长1人，俱由兵部颁发号纸，准其世袭。① 其中，归青海办事大臣所管四十族，设土司四十，"以上纳赋於西宁办事大臣"。② 此外，年羹尧还将归顺的罗卜藏丹津之揣宰桑部授予土百户之职，授予归顺的宰桑革弄、色复坦达什等"给以土千、百户号纸"，安置于潘州。③ 此外，乾隆元年，清政府还在青海大通卫设土千户1人，凉州武威县上古城堡设土千户1人，永昌县属番目土千户1人，庄浪书番族土千户1人，古浪县千户1人，均给号纸，授予千户职衔。清代西北甘肃青海地区的土司存在时间较长，首先原因是上述土司忠于朝廷，积极协助政府平定地方叛乱，在平定罗卜藏丹津叛乱和三藩之乱等重大军事行动中出力甚大，得到清政府肯定。其次是清政府对其管理加强，基本剥夺了土司对地方的管辖权。如岷州马氏、后氏、赵氏三家土司"所辖虽号土民，与汉民无殊，钱粮命盗重案，俱归州治，土司不过理寻常词讼而已"。④

顺治、康熙、雍正年间及乾隆初年，是清朝西北逐渐形成的重要阶段。在此期间，西北边疆还处于不稳定阶段，主要是面临着内部的农民起义及个别少数民族贵族分裂叛乱活动，更大动荡

① 前揭《青海省藏族蒙古族社会历史调查》，第113页。

② 《清史稿》卷七九《地理志二十六青海》。

③ 前揭《年羹尧满汉奏折译编》，第284页。

④ 《清史稿》卷五一七《土司六甘肃》。

源头则是新疆准噶尔势力的存在。故此，完成对新疆的统一，就成为乾隆朝处理西北边疆事务的首要任务。

图6 达瓦齐像

二 统一新疆后西北疆域的奠定及其治理

从顺治元年至乾隆二十年（1644—1755年），清朝对新疆的经营历经111年。在一个多世纪的时间里，清政府与割据新疆的准噶尔势力有和平交往也有激烈冲突，但总体趋势是清政府综合实力不断增长，而准噶尔实力不断下降。双方一升一降的变化，为清政府统一新疆奠定了坚实基础。

乾隆十年，珲台吉噶尔丹策零逝世后，上层贵族们为争权而内讧不断，下层大批牧民为逃避战乱，纷纷投降清朝。乾隆十八年和十九年，和硕特部台吉三策凌、辉特部台吉阿睦尔撒纳、杜尔伯特部台吉讷默库等贵族归顺清政府，乾隆帝果断决策统一新疆。

乾隆二十年春，清军分西、北两路出击。五月，直抵伊犁。六月，擒获达瓦齐。起初，乾隆帝对统一新疆后治理总方案是“众建以分其势”。① 军机大臣们商议认为，平定准噶尔善后事宜包括：（1）查四卫拉特台吉户口。给爵、授扎萨克及编列旗分佐领设官，俟班第等议奏。其四卫拉特之人，应安置各原驻附近地方，不必将一姓聚处。（2）回人俱有地亩，岁纳贡赋于准噶尔。今准夷底定，回人内属，除岁供喇嘛外，余赋悉蠲，贡额亦应议减；内如吐鲁番原系内地，应将其回目查出，俾管所属；瓜州居住之额敏和卓属下回人，亦仍移吐鲁番安置。（3）现收之乌梁海，既编列旗分佐领。有续收者应照办，同移置各原地方。其管辖人，令班第等选奏。（4）大兵撤回，应于满洲蒙古兵内留500名，随班第等驻扎伊犁。各盟、回部、乌梁海咨报伊犁文移，应设台站，令班第等酌办。（5）伊犁既驻大臣，应择形胜地驻兵为声援。西路吐鲁番、鲁布沁地方，膏腴可耕，请驻兵1000名；再，瓜州、乌鲁木齐俱可屯田驻兵，则伊犁、鲁布沁，声息相通，亦展疆土。② 至于分封事宜，乾隆第认为“准噶尔平后，朕亦不过将伊四卫拉特台吉分封为汗，令各管属下而已。并非只封阿睦尔撒纳一人，统管准噶尔地方也。若果如此是，仍如达瓦齐矣。”③（图6）

乾隆二十年五月，清政府决定在伊犁不驻扎重兵，主要是考虑伊犁在战后损失巨大。因为班第曾奏称：“伊犁河北从前原有存贮米粮、缎匹等物上年为哈萨克抢掠，所余马匹牲畜俱经达瓦齐携往特克斯地方。厄鲁特、回人等生计艰难，不足以供应大兵口粮。”乾隆帝认为“准噶尔地方数年以来屡遭兵革，又为哈萨克抢掠，现在居住之厄鲁特、回人等生计自属拮据。若于伊犁多

① 《清高宗实录》卷四六四，乾隆十九年五月壬午。

② 《清高宗实录》卷四八〇，乾隆二十年春正月辛巳。

③ 《清高宗实录》卷四八一，乾隆二十年春正月辛卯。

驻大兵，深属未便。从前萨喇勒等奏请停止伊犁驻兵。经朕传谕班第等令其酌留兵丁一二百名，为驻扎大臣差遣委用。今功已告成，大兵即宜陆续撤回”。①

六月，乾隆帝下旨明示治理新疆的总体方略：“将军大臣等暂留驻扎，亦因准噶尔地方初定，现有应办事宜。俟一二年后，诸事俱定，即行撤回。再，将彼处各台吉酌量劳绩，及所属人数众寡，分别加恩，封为汗、贝勒、贝子、公、等爵。虽各项爵秩，视汗自有等差，其为办理各该旗事务，职任维均。至本部落、各扎萨克等事务，即不归其统辖。向来喀尔喀、内札萨克等体制皆然。朕视准噶尔众台吉与喀尔喀蒙古喀尔喀诸部落无异，凡事俱一体办理。四卫拉特台吉亦应照喀尔喀，每部落设立盟长、副将军各一员。遇有应奏事件，即报明驻扎大臣转奏。至大臣等回京后，即著报部转奏。所有应放盟长及副将军之人，俟伊等到热河入觐后，朕量其人才，再降谕旨。”②

八月，乾隆帝再次下旨安排具体事宜：“准噶尔各台吉，按其户口，封爵授职，俟伊等入觐之日，再降谕旨。其给与俸禄，应先为查办。再，管理事务之宰桑等，既有职分，亦应给俸，但道理辽远，若俱颁自内府，未免繁费，非久远可行之道。除王公扎萨克俸禄，仍由内地颁发外，其给与宰桑等俸禄，若于众鄂拓克应交赋税内支给，较为便捷。著传谕班第等，将准部王公扎萨克等，照内地扎萨克一体给俸。”“准噶尔四卫拉特台吉等，俱照内扎萨克一体分封汗、贝勒、贝子、公、札萨克等爵秩，令各管辖所属，诸事俱应照内札萨克一体办理。此时尚无庸分派旗分，其归公管辖之宰桑等，无人统辖，此项鄂拓克等，应照察哈尔等，拟定八旗名目。著班第等将归公管辖之二十一昂吉，仍存其旧日名号，分立八旗。”③ 然而，此方案刚刚实施，抱有政治野心的阿睦尔撒纳即发动叛乱，仅率领少量驻兵的驻扎大臣班第在战败后自杀。

乾隆二十一年（1756年）初，清军西、北两路再次出动，击败叛军，收复伊犁，阿睦尔撒纳先率残部出逃。七月，乾隆帝再次下旨规定新疆伊犁驻扎大臣制度。“著传谕兆惠，至伊犁时，即留索伦兵二百名、察哈尔兵二百名、健锐营满洲兵或一百名或二百名，共兵丁五六百名，为驻扎伊犁大臣差委之用。其伊犁办事大臣亦毋庸永远驻防，一切事宜俱与图什墨勒、扎尔呼齐等商酌妥协，令伊等熟习内地条例。俟一二年后，即交伊等轮班管理。所有办事大臣印信已饬部铸给管理厄鲁特二十一昂吉印信颁发，其图什墨勒向用图记之处亦著停止，俟驻扎大臣撤回后，此印贮于公所，即令值班之图什墨勒掌管，永著为例。再，蒙古等遵奉黄教，固勒扎系伊犁善地，理宜重新庙宇，遣大喇嘛前往诵经，著即将此庙为大臣等办事之地，但应酌量于厄鲁特内派人就近防守。”④ 这四份谕旨清政府治理新疆的重要文献。从中我们可知，清政府当时是依据对喀尔喀蒙古及内札萨克治理的经验，对新疆实施驻扎大臣管理下的札萨克制度，并且在数年后亦将驻扎大臣撤回。

然而，在清军撤回后，阿睦尔撒纳又纠集叛军，卷土重来。二十二年春，清军第三次出征，逼近伊犁。七月，穷途末路的阿睦尔撒纳逃往哈萨克中帐、俄国。九月，病死于俄国托博尔斯克。

在清军平定阿睦尔撒纳叛乱之际，被清军从伊犁救出且被令回疆招抚各城的大小和卓也谋划叛乱。乾隆二十一年九月，定边右副将军兆惠等奏称，“上年遣往回城晓谕之侍卫托伦泰至今未

① 《清高宗实录》卷四八九，乾隆二十年五月庚子。

② 《清高宗实录》卷四九〇，乾隆二十年六月癸卯。

③ 《清高宗实录》卷四九五，乾隆二十年八月辛酉。

④ 《清高宗实录》卷五一七，乾隆二十一年七月壬午。

图7 《平定伊犁回部战图》册之“巴达山汗纳款”

回”，认为“回人地方似有事故”，随即派遣副都统衔阿敏道带兵前往“收服各处回人。并探取侍卫托伦泰信息”。① 然而不久，叛军即将阿敏道杀害，正式叛乱。清政府迅速出兵平叛。二十四年七月，清军克复喀什噶尔，霍集占、波罗尼都率残部四五百人，逃入巴达克山。在清朝的压力下，巴达克山素勒坦沙处死了霍集占、波罗尼都。清朝最终完全统一了天山南北，清朝西北疆域至此形成。(图7)

（一）新疆治理最高官制的确立：从甘肃总督到伊犁将军转变

在平定大小和卓叛乱期间，清政府就平叛后的新疆治理体制进行探讨。乾隆二十四年七月，陕甘总督杨应琚就西北边疆治理体制陈述意见，认为“西陲平定，幅员广大，陕西甘肃非一总督所能兼理，请将西安总督改为川陕总督，四川总督改为四川巡抚。甘肃巡抚改为甘肃总督管巡抚事”。清廷予以批准，并令“杨应琚著补放甘肃总督”。②

从当时情形分析，杨应琚和清廷似将新疆归属甘肃总督管辖。九月，经廷议，甘肃总督驻地定为肃州。原署固原提督张接天奏请甘肃总督应驻扎凉州。对此，乾隆帝下旨军机大臣：“总督驻扎地方，关系控制西陲，事体崇重……殊不知就甘肃内地而论，则凉州固为适中；若就统驭新附各部落而言，则肃州犹为近地；而凉州则相距转遥。”③ 杨应琚则认为，甘州较为适宜。因为“凉州地近腹里，未足控制西陲。肃州虽为厄要，而增置标营，办理供支，诸多掣肘。惟甘州距肃止四百余里，紧要文报，不日可达。若以总督驻扎，即将提标五营改为督标，一切妥便。肃州

① 《清高宗实录》卷五二〇，乾隆二十一年九月己巳。

② 《清高宗实录》卷五九三，乾隆二十四年七月丁丑。

③ 《清高宗实录》卷五九七，乾隆二十四年九月戊辰。

图8 清末喀什噶尔水田

原有督臣行署，有事即驻肃办理，遇操演等务，仍可回甘”。对此，清廷予以批准。①

此后，甘肃总督杨应琚就全面新疆屯垦、建置及人员铨选提工作。十一月，乾隆帝下旨：“西陲大功告成，一应事宜必期熟筹可久。从前哈密、巴里坤、辟展等处办理粮饷台站诸务，俱由内地派员经理。今军需事竣，而新隶版图，均有专责。若仍行兼办，致本任久悬，殊非常制，且甘省各营伍官职，较他省独多。原为地属边疆起见，今准噶尔回部荡平屯田驻兵，自伊犁以达叶尔羌，向日之边陲又成内地，则文武员弁，均应依次移补，方与舆地、官制俱为合宜。其哈密、巴里坤以西应需用道、府、同知若干员，一半于内地事简处裁汰移驻，一半酌量添设。驻兵屯田各营应设将弁等，亦一体筹办，庶于国计边防两得经久之道。著传谕杨应琚或途遇兆惠等详悉会商，或与舒赫德等悉心酌议具奏”。② 数日后，杨应琚遵旨议奏：“新疆效用武职人数请于在京在部、候补候选人员内拣选副、参、游、都、守共二十员，发交甘省。遇有辟展等处差务，陆续委用。其勤慎出力者即由驻扎各该处办事大臣确核出具考语，移咨总督，不拘题选各缺，一例补用，仍与内地应补应升人员，通融办理；如遇内地人员较少，而出缺多，即将在外应补者，多用数员；或内地员多，即将在外应补之员，量为轮用，俟伊犁等处添设绿营兵加增额缺之时，择其谙练勤奋之员，题请坐补。坐补外尚有未用者，仍于内地题选各缺，照前分别补用。至此项拣发人员，除按品级给与半俸外，仍照委署出征人员例，副将酌给随粮二十分，参将十二分，游击十分，都司八分，守备六分，于截旷项下支销。”对此，清廷予以批准。③ 十二月，杨应琚还受命前往新疆阿克苏、喀什噶尔、英吉沙尔等地劝导当地民众耕种谋生，并与参赞大臣舒赫德商议筹办新疆屯垦、驻兵、运粮及添设文武大员事宜。（图8）

乾隆二十五年四月，甘肃总督杨应琚就新疆治理体制总体规划，提出建议。他认为：“阿克苏至叶尔羌、喀什噶尔一带，相距数千里，地方空阔。前与舒赫德等会议，设立文武大员，分地

① 《清高宗实录》卷五九九，乾隆二十四年十月丁酉。

② 《清高宗实录》卷六〇一，乾隆二十四年十一月甲戌。

③ 《清高宗实录》卷六〇一，乾隆二十四年十一月丙子。

驻扎，不可无居中联络关通之处。查与叶尔羌相距八九站，有地名巴尔楚克，傍近河流，泉源充裕，若多召无业回民，保聚耕作，则灌溉有资，可渐成村落。又距阿克苏六七站，有多兰回民，亦借耕作而食，其旧居之恒额拉克，可垦地亩甚多，若招散处回民，听其垦艺，亦可成一大聚落。应俟阿克苏等处筹办驻官后，各酌派千总一员，驻扎恒额拉克及巴尔楚克，庶可声息相通。其应召回民，有贫乏不能自立者，官为借给口粮籽种，统于收成后，酌量分限缴完。”对此，军机大臣们商议认为：“伊犁及回部，非巴里坤、哈密、内地可比，即须驻兵屯田，仍当以满洲将军大员驻守，非镇道绿营所能弹压，当即行知。”① 次日，乾隆帝下旨：“西陲新辟疆圉，所有驻兵屯垦事宜，前令杨应琚会同舒赫德等查勘。嗣据该督前后奏到，已屡经降旨传谕令其随宜妥办。现在阿克苏、叶尔羌、喀什噶尔等处已有舒赫德等在彼专司其事，自可遵旨次第经画成规。杨应琚身任总督，内地事务，亦关紧要，且舒赫德等所办事宜正资该督为之接应。著传谕杨应琚，此时既无会商事件，竟可即回总督之任。”② 五月，乾隆帝再次下旨谕令军机大臣：“新辟疆土如伊犁一带，距内地窎远，一切事宜难以遥制。将来屯田驻兵当令满洲将军等前往驻扎，专任其事，固非镇道绿营所能弹压，亦非总督管辖所能办理。杨应琚如未经到彼，即可不必前往，既已亲履其地，略悉情形，即可回任。总之，该督统辖所及，至乌噜木齐而止。自此以外，现有舒赫德等在彼经理，该督自应仍回内地，俟将来有应行接应之处，妥为料理。是其专责。此时正毋庸久驻口外，筹办一切，反致遗误内地要务也。”③

十二月，乾隆帝再次下旨，重新调整西北边疆治理体系：“前因平定西陲，版图式扩，朕本意欲于伊犁、叶尔羌等处皆置屯田，令地方官管理。因念陕甘总督所辖既广，势难兼顾，是以准议将陕甘总督改为甘肃总督，而陕西一省归于川督管辖。然军需之际，恐隔省呼应不灵，是以虽定有此制，仍令照旧统辖，俟军需办完，再降旨如新制。今思新辟各处，俱有大臣驻扎，无须更设道员，则甘督无鞭长莫及之处，莫若仍旧管辖，著将甘肃总督仍为陕甘总督，统辖二省，其四川总督不必兼管陕西。”④ 由此可知，乾隆帝此前确有将新疆归属甘肃总督治理之意，但考虑到新疆甘肃范围过大，甘肃总督恐难以有效治理各处。加之，新疆各主要地方均有办事大臣驻扎，自然无须再改设建置。同时，限定陕甘总督对新疆的行政管辖范围自乌鲁木齐而止。

乾隆二十七年，乾隆帝最终确定设置将军驻扎伊犁，以明瑞为首任将军。“伊犁为新疆都会，现在驻兵屯田，自应设立将军，总管事务。昨已简用明瑞，往膺其任。著授为总管伊犁等处将军，所有敕印旗牌，该部照例颁给”。⑤ 其职权是“凡乌鲁木齐、巴里坤所有满洲、索伦、察哈尔、绿旗官兵，皆听将军总统调遣。至回部与伊犁相通，自叶尔羌、喀什噶尔以至哈密等处驻扎官兵，亦归将军兼管。其地方事务，有各处驻扎大臣，仍照旧例办理。再叶尔羌、喀什噶尔等回城皆在边陲，如有应调伊犁官兵之处，亦准各处大臣咨商将军就近调拨”。⑥ 不久，又在伊犁设立参赞、领队大臣，以协同办事。总体而言，伊犁将军的职权在三个方面：总统调遣乌鲁木齐、巴里坤八旗及绿营官兵；兼管自叶尔羌、喀什噶尔以至哈密等处驻扎官兵；回疆需调伊犁官兵，咨商伊犁将军。总之，伊犁将军职权重于军事，而轻于治理。各地地方事务仍归各驻扎大臣

① 《清高宗实录》卷六一〇，乾隆二十五年四月己丑。
② 《清高宗实录》卷六一一，乾隆二十五年四月庚寅。
③ 《清高宗实录》卷六一二，乾隆二十五年五月丙午。
④ 《清高宗实录》卷六二七，乾隆二十五年十二月丙戌。
⑤ 《清高宗实录》卷六七三，乾隆二十七年十月乙巳。
⑥ 《平定准噶尔方略》续编卷一九，乾隆二十七年十月壬子。

管辖。（图9）

图9　明瑞像

此后，清政府不断完善新疆军府驻防管理体制。乾隆二十八年十二月，伊犁将军明瑞奏称，“塔尔巴哈台与伊犁相接，若不筑城驻兵，设卡巡查游牧，则西北两路，声势不能联属”。因而奏请在塔尔巴哈台设置驻军，加强西北边疆防卫。① 随后，清政府从东北及乌鲁木齐调集大军进驻雅尔城（后因当地风雪过大而内迁至楚呼楚）。次年，清政府设塔尔巴哈台参赞大臣，隶属伊犁将军节制。② 乾隆三十七年提升了新疆东部的军事管辖，提升乌鲁木齐副都统为都统。“伊犁将军舒赫德等奏称，乌鲁木齐、巴里坤移驻满兵。前经奏请添简乌鲁木齐参赞大臣一，领队大臣一，巴里坤领队大臣一。除巴里坤明年移兵，临时奏请简放外。乌鲁木齐参赞大臣、领队大臣请旨简派起程。”乾隆帝下旨：“乌鲁木齐参赞大臣著索诺木策凌补授，领队大臣著德云补授，俱受伊犁将军节制”。③

（二）伊犁塔尔巴哈台八旗驻防管理体制

伊犁原本是准噶尔汗国的统治中心。灭准噶尔汗国后，清政府也以“伊犁为新疆总汇之地”。④ 乾隆二十四年冬，新疆底定。次年春，参赞大臣阿桂率军移镇伊犁。此后，归降的哈萨克及布鲁克仍不时骚扰抢掠，为镇戍边防，清政府不断增加在伊犁的驻军。为解决驻军粮食问题，乾隆二十六年春，清政府调总兵金梁带绿营兵进驻伊犁屯垦，广治田畴，继而令副将国柱带兵专司营建城池。经数年发展，伊犁地区“城郭相望，鸡犬相闻，禾黍盈仓廪，畜牧满山谷”。⑤ 二十六年九月，清政府调户部侍郎明瑞前往伊犁代替阿桂处理事宜，并增加满洲官兵至3000名。最终派京师满洲兵2000名、黑龙江满洲索伦兵1000名、察哈尔及厄鲁特兵1000名前往驻防。⑥ 二十七年十月，清政府设伊犁将军“总统”新疆事务，并不断增加伊犁驻军。二十九年，调黑龙江索伦及达虎尔官兵携家眷1000户移驻伊犁，设八旗八佐领。三十年，调盛京锡伯官兵携家眷1000户移驻伊犁，设八旗八佐领。同年，调热河达什达瓦厄鲁特官兵携家眷500户移驻伊犁，在整合原厄鲁特官兵的基础上，设八旗八佐领。三十一、三十二两年，再调庄浪、凉州、热河满洲蒙古官兵移驻伊犁，分为八旗四十佐领。三十五、六两年，又调西安满洲蒙古官兵移驻伊犁，设八旗四协领。三十八、九两年，又调北口外察

① 《清高宗实录》卷七〇一，乾隆二十八年十二月乙巳。

② 《清高宗实录》卷七一七，乾隆二十九年八月庚子。

③ 《清高宗实录》卷九〇四，乾隆三十七年三月戊戌。

④ 马大正主编：《清代新疆稀见史料汇辑》，全国图书馆文献缩微复印中心，1990年，第18页。

⑤ 前揭《清代新疆稀见史料汇辑》，第19页。

⑥ 《清高宗实录》卷六四五，乾隆二十六年九月乙丑。

图 10 阿桂像

哈尔官兵携家眷 1800 户移驻伊犁，设八旗十六佐领。经过多次增补，伊犁地区形成“满营”“索伦营”“锡伯营”“察哈尔营”“厄鲁特营”“绿营”，共计“六营”多民族驻军体制，总兵力达 15000 余人。① 总之，伊犁地区“云屯之部落，率有统制之员，整肃规仪，兵农各安其业焉”。②

作为伊犁的右翼屏障，塔尔巴哈台也是清政府经营西北边防的重镇。乾隆二十五年，哈萨克部落不断越过边卡进入塔尔巴哈台地区游牧。清政府令参赞大臣阿桂带兵四五百名以巡察边界为由前往塔尔巴哈台等处驱逐哈萨克牧民。③ 不久，鉴于俄罗斯在克木克木齐等处驻兵，已经严重威胁到清朝西北边疆，乾隆帝令阿桂领兵千余名前往额尔齐斯等处巡查。此后，迁于旧游牧之地额尔齐斯的杜尔伯特部落续又内移。这样，塔尔巴哈台地区面临着严峻的边防压力。阿桂提出，应在塔尔巴哈台设置驻军，以备边患。虽然乾隆帝没有当即同意，却指出“朕意塔尔巴哈台虽终须驻兵，此时不必太速。伊犁官兵，在外日久，俟新兵更换后，耕牧渐有积蓄，再行议及，始为有益……另派参赞大臣在科布多屯田。数年后将官兵移驻。将来塔尔巴哈台、额尔齐斯等处驻兵便成掎角之势”。④（图 10）

乾隆二十七年春，参赞大臣阿桂奏护军统领伊勒图等率军至自辉迈拉呼、爱呼斯、招摩多、阿勒坦额默勒至伊犁河岸 17 处，立木为记，并在对伊犁河 4 处垒石为记划定西北边疆界限。⑤ 此后，哈萨克仍不断进入边卡至塔尔巴哈台游牧，不胜其烦的乾隆帝指出：“至塔尔巴哈台等处，虽未便即驻满洲绿营兵丁，似应将厄鲁特兵酌令驻扎防守。著传谕明瑞等，将来驱逐哈萨克后，作何移驻厄鲁特兵丁之处会同妥议具奏。”⑥ 乾隆二十八年十二月，伊犁将军明瑞奏称：“塔尔巴哈台与伊犁相接，若不筑城驻兵，设卡巡查游牧，则西北两路声势不能联属。”⑦ 乾隆二十九年，清政府从乌鲁木齐和库尔喀喇乌苏调派参将 1 员，率绿营官兵 500 名进驻塔尔巴哈台，进行屯垦和筑城。次年，分别从乌鲁木齐及伊犁满洲、锡伯、索伦、察哈尔四营官兵内派出 1150 名，从察哈尔、厄鲁特营官兵内派出 550 名，前往塔尔巴哈台驻防。其中，满洲、锡伯官兵系二年更换一次，索伦、察哈尔及厄鲁特官兵系一年更换一次。⑧ 乾隆四十二年，又从乌鲁木齐调派

① 前揭《清代新疆稀见史料汇辑》，第 35—40 页。
② 前揭《清代新疆稀见史料汇辑》，第 36—37 页。
③ 《清高宗实录》卷六一三，乾隆二十五年五月辛未。
④ 《清高宗实录》卷六四四，乾隆二十六年九月辛丑。
⑤ 《清高宗实录》卷六六三，乾隆二十七年闰五月戊寅。
⑥ 《清高宗实录》卷六七四，乾隆二十七年十一月辛酉。
⑦ 《清高宗实录》卷七〇一，乾隆二十八年十二月乙巳。
⑧ 前揭《清代新疆稀见史料汇辑》，第 40 页。

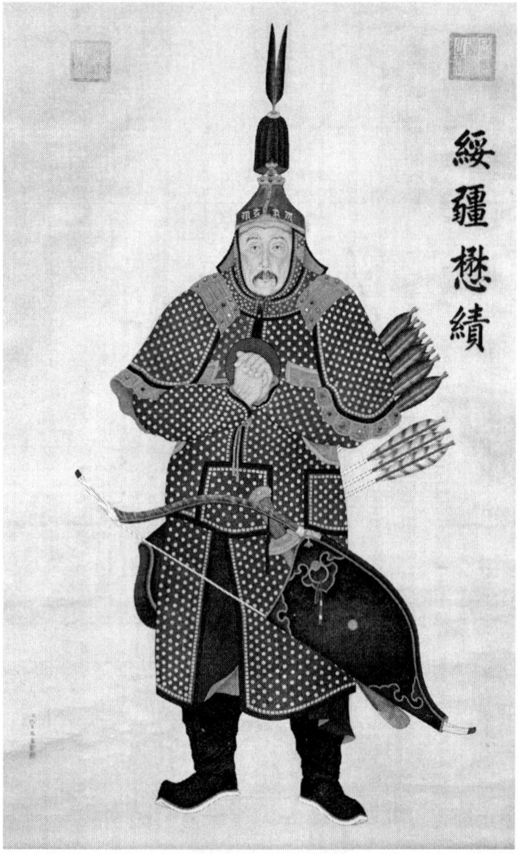

图 11 兆惠像

厄鲁特官兵携家属 1000 户移驻塔尔巴哈台。

同年，设立塔尔巴哈台参赞大臣一员统领当地军民。乾隆三十年起，陆续有投诚而来的哈萨克。乾隆四十三年，参赞大臣庆柱奏请将其编旗，设佐领等官以资管束，仍属厄鲁特总管统辖。此外，乾隆三十六年，土尔扈特部回归，清政府将部分牧民安置在塔尔巴哈台所属霍伯克塞里地方游牧，实施编旗，设盟长一员及章京 3 员、佐领 15 员，隶属塔尔巴哈台参赞大臣管辖。①

总体观之，清政府在伊犁和塔尔巴哈台两个地区实施完全意义上的军府制。虽然不同民族或是游牧，或是屯垦，经营不同生产，但均被纳入八旗制度下，是名副其实的军事化管理。伊犁与塔尔巴哈台两地是西北边疆的最前沿，同时也是清政府对其控制力度最强大的地区。

（三）回疆驻扎大臣管理下伯克制度

清政府对天山南路回疆各城治理体制的构建，早在平定大小和卓叛乱中就已经确立，就那就是驻扎大臣制度。

在平定大小和卓叛乱期间，清政府拟定从库车、阿克苏，进取叶尔羌、喀什噶尔等城的作战计划，同时采取平定一城善后一城的办法，力争在较短时间内完成战后社会秩序和生产的恢复。攻克阿克苏后，清军将此城定为前进指挥基地，驻扎重臣，兆惠、舒赫德、永贵、阿桂等大臣均驻扎于此。同时，兆惠奏请将归顺的库车阿奇木伯克鄂对为“总管”。乾隆帝谕令：“令鄂对暂行管理尚可，若平定叶尔羌、喀什噶尔办理安插回众时，朕意不必用回人为总管，仍循其旧制，各城分设头目，统于驻扎伊犁之将军，再于库车派大臣一员管理。”② 由此可见，乾隆帝治理回疆的思路非常清晰，就是仍遵循准噶尔汗国对回疆治理旧制，各城分设头目，统辖于伊犁将军，并派一员大臣驻扎回疆就近治理。（图 11）

清政府认为“阿克苏为各城总汇”，决定以此城为总理回疆办事大臣驻地。乾隆二十三年十一月，驻扎阿克苏办事的舒赫德被授予参赞大臣，旋又授予副都统，全权负责总理回疆招抚善后事宜。此后，永贵一被派往驻扎阿克苏，协助舒赫德办事。乾隆二十四年闰六月，乾隆帝谕令：“朕意叶尔羌、喀什噶尔全定，霍集占兄弟俱获，仍着舒赫德于阿克苏驻扎，督办一切事宜。”③ 可见，当时的阿克苏是清政府在回疆治理的首府。乾隆二十八年，清政府以驻扎喀什噶尔参赞大臣“总理回疆事务”，驻喀什噶尔新城（即后来的徕宁城）。由此，清政府对回疆治理高层设计完成。

① （清）兴肇：《塔尔巴哈台事宜》，台北成文出版社，1969 年，第 44—52 页。

② 《清高宗实录》卷五七一，乾隆二十三年九月丙午。

③ 《清高宗实录》卷五九一，乾隆二十六年闰六月丁酉。

对回疆基层治理，也是清政府思考的问题。乾隆帝曾给舒赫德的谕旨中明示："舒赫德等奏称，阿克苏系回部大城，村庄甚多，旧系伯克密喇布等管理，今虽不必准以内地官制，而品级职掌，宜为厘定，庶足以辨等威而昭信守等语。所奏甚是。著照所请，以阿奇木伯克为三品，伊什罕伯克为四品，噶匝纳齐伯克为五品，将应升人员奏请补授；其小伯克密喇布等为六、七品，俟缺出拣选补授。其余各城俱一体办理。但回部诸城皆大兵进剿所定，非哈密吐鲁番之向化归诚可比。从前玉素布、额敏和卓之属人等本其世仆，故所设官员俱不支俸。此等回人虽承办公事，有官职大小之殊，皆系朕之臣仆，将来如阿奇木等大伯克，或令其轮班入觐，酌给官俸；其小伯克等，或于所定租赋内通融支给亦可。著传谕舒赫德查核定议具奏，俟回部全定后举行。"① 这个谕旨是研究回疆伯克的关键性文件。由此可见，乾隆帝认为回疆各城是清军平叛后而获得的，故此对各城伯克的待遇自然不能像诸多归顺的哈密吐鲁番贵族一样。前者是"臣仆"，后者是"世仆"。这是二者的重大差别。

收复喀什噶尔后，定边将军兆惠再次呈请回疆治理方略。"谨陈喀什噶尔设官、定职、征粮铸钱及驻兵分防各事宜"。回疆"总计大小十城七村庄一万六千余户数十万余口。各城村办事，应设官职……今喀什噶尔阿奇木一缺，请暂委吐鲁番副台吉茂萨署理，其余各职臣等查随营效力之著姓回人及并未从逆之回人子孙等三十四人，拣选补授"。对此，乾隆帝批示："兆惠等抚定喀什噶尔城以办理事宜具奏，俱著照所请行。其新授伯克等三十四人著赏给顶戴，仍将军营，缎匹酌量赏给；如有奋勉出众者，准戴奖赏翎。"另，"原任喀什噶尔阿奇木伯克之和什克伯克等，今若授为阿克苏之伯克，恐日久终生觊觎，应送京安置为妥。叶尔羌、喀什噶尔二城，乃回人根本，补授阿奇木伯克甚为紧要，朕意欲以额敏和卓管叶尔羌，玉素布管喀什噶尔"。②

此后，清政府任命对朝廷忠顺且能力较强的伯克担任各城管理，并对伯克制度进行改造，包括：废除世袭，实施选任；实施回避制度，不许任职本城；政教分离，专司民事；划定品级，明确职掌；实施朝觐，强化国家认同。虽然如此，各城伯克依然通过巴结贿赂各城驻扎大臣获取厚利，甚至利用驻扎大臣不熟悉当地民族语言的漏洞而为虎作伥，中饱私囊。

清政府在回疆治理上，坚持特殊化政策，比如叶尔羌办事都统新柱曾奏称："叶尔羌乃回疆大邑，共二十七城村，兼之安集延、布噜特、敖汉、玛尔噶朗、巴达克山、博罗尔等部落之伯克，遇有事件，皆遣人前来与臣等商酌。土伯特、安集延商贾，亦云集往返，行旅众多。现在居民夹杂，窃恐奸宄藏匿，请照哈密、吐鲁番、一体编立保甲"。军机大臣则认为："查从前安西、吐鲁番等处回部编立保甲，究以附近内地，尚易仿行。今叶尔羌、喀什噶尔等城，乃新定之区，可否照内地一体编立保甲之处，必须体察回民情性，熟酌地方情形，始为有益。"并令总理回疆事务的舒赫德同新柱、额敏和卓等商议。③ 不久，舒赫德等认为："查哈密、吐鲁番皆仿内地之例，十家设一甲长，巡缉稽察，但该二处设官分职皆与旗民相似。至回部各伯克，凡一切事务，俱系分员专管，尚属严密。若改编保甲，势必裁汰旧缺，转觉纷更。且伯克等不得其人，则保甲亦属具文，应请仍照旧制。责成阿奇木伯克等将各村庄头目，遴选补授，即如各村庄之噶匝纳齐一缺，管辖地方，甚为紧要。倘有疏防故纵等情，即行革退，分别查处，或地方辽阔，即酌量添设。该管大臣等仍与阿奇木不时巡察。"④ 最终，清政府还是拒绝在回疆实施里甲制度，而是要求各城驻扎大臣与伯克加强巡查而已。

---

① 《清高宗实录》卷五九二，乾隆二十四年七月己未。

② 《清高宗实录》卷五一九，乾隆二十一年八月庚午。

③ 《清高宗实录》卷六三二，乾隆二十六年三月癸卯。

④ 《清高宗实录》卷六三八，乾隆二十六年六月丙子。

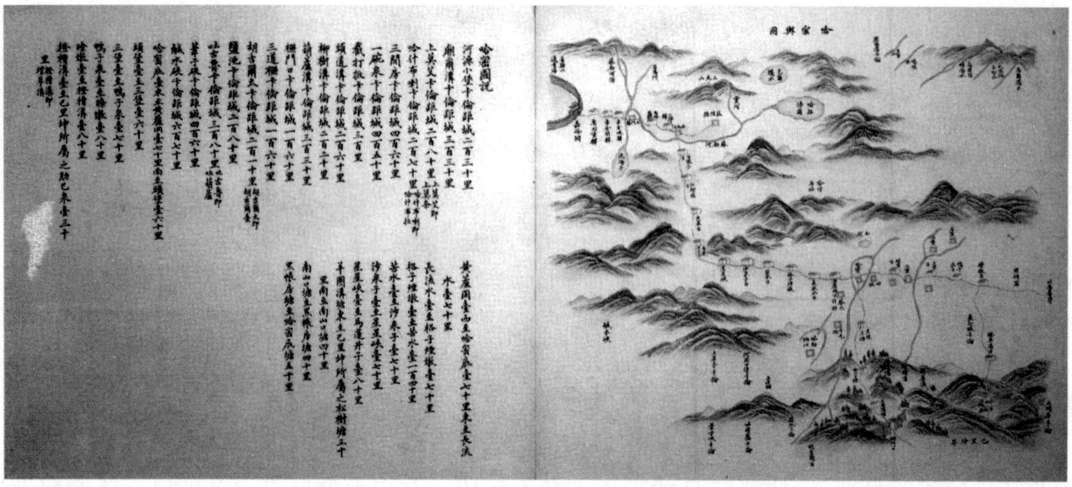

图 12　清人绘《新疆图说》之“哈密图说”

（四）理藩院管辖的吐鲁番、哈密特殊札萨克制

虽然吐鲁番和哈密二地民族也属于维吾尔人，但在清朝统一新疆过程，较早归顺，故清政府对两地贵族实施札萨克制度，给予较多的自主权。

康熙三十六年（1697 年），哈密额贝杜拉达尔汉白克遣子郭帕白克擒噶尔丹子塞卜腾巴尔珠尔献给清军，由此结怨于噶尔丹属下。为求自保，他请求朝廷敕印，以壮威武。康熙帝认为额贝杜拉诚心向化，擒噶尔丹之子及属下人来献殊为可嘉，应以示鼓励，遂将额贝杜拉授为一等部长，其子郭帕白克白奇白克授二等部长，分编旗队，并令其子郭帕白克率 100 人驻扎肃州，应给额贝杜拉管辖哈密国印，遣理藩院郎中布尔赛前往，分部和编旗队。清政府颁札萨克印，赐红纛。① 三十七年，哈密编旗队，设管旗章京、参领等官。安插在肃州的部分哈密民众设佐领一员。② 至此，额贝杜拉成为清朝正式册封的地方长官，哈密与清政府之间正式建立了臣属关系。鉴于哈密归顺有功，清政府授予哈密回王以较多权限，包括对属民赋税的征收、实施赋税及掌握属民的生杀大权。平定大小和卓叛乱期间，哈密回王玉素甫积极出力，收到乾隆帝高度赏识，先封贝勒，再赐郡王衔，显赫一时。

除了旗制，清朝还曾在哈密地方实行了中原的保甲制度。《清高宗实录》就有“哈密、吐鲁番，皆仿内地之例，十家设一甲长，寻缉稽查”的记载，③ 这也是清朝为了加强对哈密地区维吾尔人控制的一种手段。（图 12）

吐鲁番是哈密西的重要城镇。雍正十年，吐鲁番万余名维吾尔人在首领额敏和卓带下归顺清军，随军东迁，收到清廷重奖。雍正帝下旨“额敏和卓著封为扎萨克辅国公，其余头目等有应加恩赏授官职者”。④ 次年，吐鲁番维吾尔民众 8013 口自塔勒纳沁迁入瓜州。乾隆二年，吐鲁番入觐，清政府规定札萨克视喀尔喀辅国公，正千户视佐领，副千户而下

① 《清圣祖实录》卷一八五，康熙三十六年十月己酉。

② （清）和瑛：《三州辑略》卷一《沿革门·哈密》。

③ 《清高宗实录》卷六三八，乾隆二十六年六月丙子。

④ 《清世祖实》卷一二五，雍正十年十一月乙未。

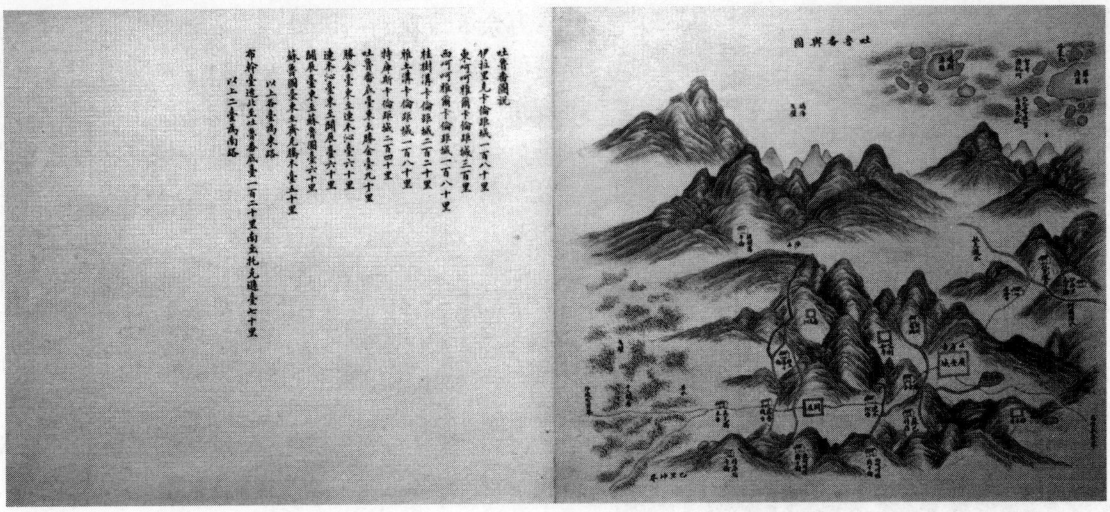

图 13 清人绘《新疆图说》之“吐鲁番图说”

视骁骑校。十九年，清政府遣官赴瓜州对该部编旗队，置管旗章京、参佐领、骁骑校各员如哈密例。二十年，清军西征，招抚当地民众莽噶里克部。据兆惠奏，莽噶里克恳请将伊属众编次旗分佐领。乾隆下旨：“莽噶里克感戴朕恩，甚属可嘉，著施恩封授公爵，即照额敏和卓之例，编次旗分佐领。再，宰桑赛赍喇呼、得木齐之子阿布济尔噶勒等将盗窃台站马匹贼人擒拿，亦属可嘉，著授赛赍喇呼为散秩大臣，赏缎二匹，阿布济尔噶勒等赏缎一匹，银二十两，以示鼓励。”① 至此，清政府在吐鲁番设立两大札萨克首领，分别是额敏和卓和莽噶里克。随后，清政府划定二者管辖范围“查吐鲁番东界，自辟展至喀喇和卓地方，系额敏和卓旧地，应仍给管辖。其西界，自伊拉里克至阿斯塔克地方，应令莽噶里克管辖”。② 吐鲁番东西分治局面由此确立。大小和卓叛乱期间，莽噶里克参加叛乱后被杀。乾隆帝本计划令额敏和卓兼管莽噶里克所辖之地，但在平定后却坚持东西分治，“从前办理回人莽噶里克后，因伊属人无所统束，暂令安插吐鲁番，交额敏和卓管理。今大功告成，回部皆朕臣仆，自应各率其属，不相兼并。朕意将此项回人内，择其贤能者授为伯克等职，仍安插原处，查明旧日赋役，照例供办”。③ 故此，清政府一直坚持对吐鲁番实施东西分治，目的就是分而治之。与对待哈密一样清政府对基层民众施行保甲制度。此外，清政府还在吐鲁番设置八旗驻防，安置内地民众，从而形成错综分治的“一地多元化”治理。（图 13）

无论是哈密回王，还是吐鲁番回王，清政府据规定当地首领定期朝觐制度，从而通过理藩院对两地维吾尔人进行管理。与喀尔喀蒙古、漠南蒙古及青海蒙古的札萨克制度不同，哈密和吐鲁番的札萨克制度只设旗没有盟制度。

（五）理藩院管理下土尔扈特蒙古札萨克制

乾隆三十六年，因不堪沙俄的苛刻要求，土尔扈特汗渥巴锡率领族人 17 万余人东归，最后

① 《清高宗实录》卷五一九，乾隆二十一年八月癸丑。

② 《清高宗实录》卷五一九，乾隆二十一年八月戊午。

③ 《清高宗实录》卷六三二，乾隆二十六年三月丙午。

图 14 渥巴锡像

月 4 万余人成功到达伊犁。为妥善安置归来的土尔扈特部众，清政府指派官员勘查水草丰美之地，将巴音布鲁克、乌苏、科布多等地划给土尔扈特人作牧场，让他们能够安居乐业。最后确定的游牧地为“渥巴锡所领之地”，也称旧土尔扈特，分东西南北四路，设四个盟，各任命了盟长，舍楞所领之地，称新土尔扈特，舍楞为盟长；还有和硕特恭格部，下设四个旗，恭格为盟长。清政府规定，回归的土尔扈特部实施札萨克制度，定期入觐。（图 14）

（六）陕甘总督与乌鲁木齐都统兼辖的道府州县制

随着新疆叛乱的平定，清政府决定大规模迁徙陕甘地区汉人移居新疆。经过努力，大批汉人进入哈密、吐鲁番、奇台、木垒、吉木萨尔、乌鲁木齐、阜康、呼图壁、库尔喀喇乌苏等地。此外，清政府还将内地犯人流放至上述地区，设置犯屯，待犯人服完刑期后，改为民籍，成为普通民人。清政府对上述地区实施道府州县管理制度，上述地区由陕甘总督与乌鲁木齐都统兼辖，基层社会实施保甲制度。

三 总结

清代西北疆域的形成历经较长时间，且过程较为曲折复杂。经过百余年较量，清政府于乾隆二十年（1755 年）完成对新疆的统一，但旋又遭遇地方贵族叛乱，再历经 4 年平叛，最终确定下来。至此，清朝的疆域完成奠定。

清朝对西北边疆的治理过程，随着疆域的发展而分成两个阶段。第一个阶段是顺康雍时期陕甘青地区的治理，从因袭明制到确立新制，体现在废除明朝的卫所制改为府县制，实现边地与内地的治理一体化；设立西宁办事大臣的地方驻扎大臣体制，管理当地民族事务，纳入理藩院管理体系；保留原来土司制度，并进行改革。

第二个阶段是乾隆统一新疆后到建省前的新疆治理，具体分为乾隆二十四年至二十七之间的陕甘总督与驻扎大臣兼管新疆体制；乾隆二十七后伊犁将军总统新疆的管理体制。在后一阶段中，清政府坚持因族而治与因政而治相结合的原则，对新疆各地采取多元化治理模式，实现对新疆“分而治之”的治理目标。具体而论，即伊犁将军直接管辖下的伊犁塔尔巴哈台八旗驻防体制、陕甘总督与乌鲁木齐总督兼管的道府州县体制、回疆驻扎大臣管辖下的伯克制度、理藩院管理下的吐鲁番哈密及土尔扈特部札萨克制度。

总体而言，清代前中期，清政府对西北疆域治理发展的大趋势是两点：一是从边疆特殊化到边疆内地一体化的转变；二是对边疆治理坚持多元化方针，目的是“分而治之”。在上述体制中，以南疆驻扎大臣管辖下的伯克制最为失败，官民矛盾突出，基层治理不力，酿成晚清新疆社会动荡。收复新疆后，清政府在全疆实施与内地一致的州县制度，废除吐鲁番地区札萨克制（哈密札萨克制在民国时期被废除），在较大范围内实现治理深入基层，加强了对西北边疆的治理，维护边疆稳定，促进边疆发展。清代西北边疆治理的最大趋势是清廷对基层治理逐渐深化，管控力度不断增强。

（陈跃：西北大学历史学院副教授）

清杜尔伯特贝勒色布腾事迹述略

隋晓霖

内容提要：色布腾是乾隆十八年厄鲁特蒙古杜尔伯特部三车凌内附的主要人物，在平定准噶尔战争中被乾隆帝加以委用。通过对有关史料的梳理，发现一些关于色布腾的事迹记载，主要有参与乌梁海事、追讨巴朗及蒙克特穆尔事、征讨达瓦齐事，以及协办北路军务。从中可以看出乾隆帝的边疆政策，以及平准过程中借助降众之力最终赢得战争的军事策略。

关键词：色布腾　厄鲁特蒙古　杜尔伯特部　准噶尔部

色布腾（又作塞卜腾？—1755 年），清乾隆十八年（1753 年）厄鲁特蒙古杜尔伯特部三车凌内附事件的主要人物。① 三车凌的内附，与新疆准噶尔汗国内乱有关。此事不仅引起清政府极大重视，也由此坚定了乾隆帝出兵伊犁，统一新疆地区的决心。② 在乾隆朝平定准噶尔的战争中，色布腾作为三车凌“最可信之”属下，曾被乾隆帝加以委用，且“奋勉效力”“颇著勤劳”“著赏郡王品级”。③ 但查阅清宫画家所画“平定准部诸将图像约二百张”，尚未发现有其肖像图画，④《清史稿》也没有他的传记，事迹主要见于《钦定外藩蒙古回部王公表传》（以下简称《表传》）卷九十六《郡王品级扎萨克多罗贝勒色布腾列传》。在有关的清史研究中，其事迹很少

---

① 色布腾生卒年无载。乾隆帝敕撰《钦定外藩蒙古回部王公表传》（文渊阁四库全书本，台北商务印书馆，1986 年）卷九六《郡王品级扎萨克多罗贝勒色布腾列传》：乾隆二十年十一月，诏色布腾赴乌里雅苏台，偕驻防大臣等筹军务，仍授参赞大臣。命甫下，色布腾驰就道，寻以疾道卒。乾隆二十一年正月己卯，其子巴桑承袭贝勒。据此推测，其卒似应在乾隆二十年十一月至十二月间。“三车凌”，即车凌（又作策凌）、车凌乌巴什（又作策凌乌巴什）、车凌孟克（又作策凌孟克），统称杜尔伯特台吉，为厄鲁特蒙古杜尔伯特部首领，乾隆十八年内附。《清高宗实录》：乾隆十九年五月庚寅，“上诣皇太后行宫问安。加杜尔伯特台吉车凌等封号。谕曰：杜尔伯特台吉车凌、车凌乌巴什等，皆准噶尔渠帅，向慕德化，率领万众，倾心来归，甚属可嘉。应施恩赏给封号，以示怀柔至意。其台吉车凌封为亲王，车凌乌巴什封为郡王，车凌孟克、色布腾封为贝勒，孟克特穆尔、班珠尔、根敦、封为贝子，公刚、巴图孟克、玛什巴图封为公，达什敦多布、恭沙喇、巴尔封为一等台吉，均授为扎萨克”。色布腾位居受封人员第四，是仅有的二位贝勒之一。

② 《清高宗实录》卷四六四：乾隆十九年五月上旬，“伊之宗族车凌、车凌乌巴什等率众投诚，至万有余人，亦当思所以安插之。朕意机不可失。明拟欲两路进兵，直抵伊犁，即将车凌等分驻游牧，众建以分其势。此从前数十年未了之局，朕再四思维，有不得不办之势”。

③ （清）乾隆敕撰：《钦定外藩蒙古回部王公表传》卷九六《郡王品级扎萨克多罗贝勒色布腾列传》，清文渊阁四库全书本。

④ 汤开建：《清宫画家法国耶稣会修士王致诚在华活动考述》，《国际汉学》2012 年第 2 期。

图 1　清人绘《西域图》册之“厄鲁特”

受到关注，仅涉及相关题材时被提及，[①] 亦无专门文章论述。笔者在整理平准战争资料时，查阅对照《清实录》、清朝档案史料等，发现一些关于色布腾的记载，未见有学者引述。这里以《表传》为线索，依照相关史料，对色布腾的事迹进行梳理。这些史料体现了乾隆帝在平准战争中，借助准噶尔降众之力最终打赢战争的军事策略。不妥之处，敬请方家指正。

一　参与征服乌梁海事

《表传》色布腾列传：“色布腾，杜尔伯特人。姓绰啰斯，扎萨克特古斯库鲁克达赖汗车凌族祖……乾隆十八年，从三车凌来归……十九年，诏参赞军务，偕内大臣萨拉尔议招乌梁海及扎哈沁。复以所部诸台吉避痘，谕色布腾驰至张家口外，命大学士公傅恒迎劳之。传旨，封多罗贝勒。归牧，协理所部盟长务。既而，三车凌率诸台吉来朝，行在赐爵有差，诏各授扎萨克，色布

① 如：马汝珩、马大正《论杜尔伯特三车凌的贡献》文“车凌的族弟色布腾、积极请战，要求率兵征讨叛军”，《厄鲁特蒙古史论集》，青海人民出版社，1984 年；杨鸿英《乾隆朝两次平定准噶尔始末》文“色布腾跟随部族与清政府攻打达瓦齐”，《故宫博物院院刊》1988 年第 4 期。

腾如之。时色布腾归牧，以议乌梁海务赴萨拉尔军。”①(图 1)

按参赞军务，即指参与协助军务。内大臣萨拉尔，又作萨喇尔、萨喇勒、萨赖尔，为同一人，《清史稿》有传。② 据载，萨拉尔，厄鲁特蒙古人，初隶准噶尔台吉达什达瓦为宰桑。乾隆十五年（1750 年），准噶尔内乱，萨拉尔率所属 47 户投诚，安置察哈尔，命入旗，授散秩大臣。乌梁海（又作吴梁海）地处极边，③ 清朝统治者将乌梁海人分为唐努乌梁海、阿尔泰乌梁海和阿勒坦淖尔乌梁海三部分，统称乌梁海三部，原分别属于蒙古喀尔喀与准噶尔部。乾隆十九年招抚乌梁海事，主要指清朝征服阿尔泰乌梁海的过程。④ 扎哈沁，为准噶尔部 24 鄂托克之一，位于清朝与准噶尔分界处，专为准噶尔守边。

据《表传》色布腾列传，色布腾参与协助征服乌梁海军务，共有两次：一次是乾隆十九年二月，偕内大臣萨拉尔“招乌梁海及扎哈沁”；一次是同年六月，“以议乌梁海务赴萨拉尔军”。

第一次偕内大臣萨拉尔“招乌梁海及扎哈沁”事，起因是与三车凌内附事件有关的玛木特事件。乾隆十八年十一月，三车凌因不堪准噶尔内乱，率领厄鲁特杜尔伯特部三千余户万余人到达清朝卡伦请求内附。不久，传来边报，准噶尔扎哈沁部宰桑玛木特为追讨三车凌，强行进入清界，乌梁海也有人同玛木特一起追逐策凌直入清界。⑤ 乾隆帝接到奏报，一方面下旨对玛木特及乌梁海人进行谴责，一方面以“若不惩治，必致肆意妄行”为由发兵征讨。并力排军机大臣兵部尚书舒赫德的阻挠，把征服乌梁海的任务交给了萨拉尔。

乾隆十九年二月，乾隆帝命拣选察哈尔兵及新降厄鲁特等，发往军营拨给萨拉尔调遣。原本内大臣萨拉尔请派厄鲁特兵 500 或 1000 名，发往军前调遣，但乾隆帝不放心，只命令“舒赫德会同萨喇尔、策凌、策凌乌巴什等商议，将伊属下最可信之塞卜腾（色布腾）等台吉宰桑酌派数员，领兵一二百名，再令御前侍卫永柱，会同总管阿敏道，拣派察哈尔八旗兵五百名，带领交与萨喇尔，为招谕驱逐乌梁海之用”。⑥ 可知此次战事，是针对乌梁海人的招抚与驱逐，所用之人是经过皇帝亲自挑选的最可信之人。

第二次色布腾“以议乌梁海务赴萨拉尔军”，发兵的理由是次年清军进剿时，乌梁海人可能会与达瓦齐暗地串通，阻碍出兵准噶尔。

乾隆十九年六月，乾隆帝命筹办乌梁海事宜。谕军机大臣：“今年春，萨喇尔等带兵驱逐准噶尔之乌梁海等，俱已远避前去。今我兵既撤，正青草发生之时。乌梁海等或仍在远处逃避，或即潜回旧游牧居住，未经查办。若仍回原处，明年大兵进剿时，伊等或暗行送信与准夷，或在大兵之后乘间偷窃，俱大有关系，应即遣兵先为办理。着传谕策楞等，先遣卡伦人等，查验确实。俟萨喇尔、塞卜腾等到军营时，公同商酌。应如何办理之处，详悉具奏。”⑦ 乌梁海为出兵准噶尔必经之地，可知此次战事是准备采取武力，解决乌梁海问题，为进剿准噶尔扫平障碍。对此，

---

① 《钦定外藩蒙古回部王公表传》卷九六《郡王品级扎萨克多罗贝勒色布腾列传》。

② 《清史稿》卷三二一《萨赖尔传》。

③ “乌梁海即明时兀良哈部族，在蒙古诸部之北，而役属于蒙古诸部”，（清）何秋涛：《征乌梁海述略》。

④ 特尔巴依尔：《清朝征服阿尔泰乌梁海若干问题探讨——以乾隆十九年战事为例》，内蒙古师范大学硕士论文，2013 年。

⑤ “特因乌梁海等追逐策凌直入我卡伦，若不惩治，必致肆意妄行”，《平定准噶尔方略》正编卷一。

⑥ 《平定准噶尔方略》正编卷一。

⑦ 《平定准噶尔方略》正编卷三。

图2　郎世宁等绘《万树园赐宴图》

《扎萨克特古斯库鲁克达赖汗车凌列传》记载更加明确："复以所部兵五百，从萨拉尔剿乌梁海。"① 此战所用之人，亦是经过乾隆帝钦定的最可信之人。

如此调兵遣将，体现了乾隆帝平准战争用兵策略的特点，在于就地取材，多重用新归附的准噶尔人。杜尔伯特贝勒色布腾、内大臣萨拉尔均为厄鲁特蒙古人，初隶准噶尔，于其语言"性情及彼处事宜，均为熟悉"。乾隆帝得知三车凌等内迁报告后，即刻派人前往接待，安排在乌里雅苏台附近游牧，同时派人询问三车凌等言语情形。"甫屯牧内汛。三车凌以色布腾善约众且内附诚，告我视牧臣。上知其才，将任之"。②

乾隆十九年四月，乾隆帝即命军机大臣对色布腾加以委用："来降台吉策凌等一百六十余人，各求前赴热河瞻仰朕躬。但此内有台吉塞卜腾，现在军营办理招服乌梁海事。台吉塞卜腾人明白有材，具朕早知之。着于今年暂留军营办事，令在参赞上行走。俟明年朕巡幸木兰之时，再行前赴瞻仰。"③因色布腾未出痘，又派军营侍卫永柱将其带至张家口，命大学士公傅恒至张家口传旨迎劳，并封色布腾为贝勒。色布腾也因身担军务，未能赴热河觐见，所以《万树园赐宴图》没有画他的肖像。(图2)

二　参与追讨巴朗及蒙克特穆尔事

《表传》色布腾列传记载，乾隆十九年六月，"时色布腾归牧，以议乌梁海务赴萨拉尔军。族台吉巴朗、蒙克特穆尔等，蓄叛志久，至是乘间挈众逃。上闻之，谕嘉色布腾善辖众，诏速以兵擒叛党。色布腾驰追之，巴朗入准噶尔境，不及而返。是年冬，诏偕新降辉特台吉阿睦尔撒纳

① 《钦定外藩蒙古回部王公表传》卷九五《扎萨克特古斯库鲁克达赖汗车凌列传》。
② 《钦定外藩蒙古回部王公表传》卷九六《郡王品级扎萨克多罗贝勒色布腾列传》。
③ 《平定准噶尔方略》正编卷二。

图3　车凌像

入觐。"①

巴朗，史书无传，事迹见其父《扎萨克多罗郡王车凌蒙克列传》。② 车凌孟克，杜尔伯特人，姓绰啰斯。乾隆十八年，偕车凌、车凌乌巴什来归。子四，长齐默克早死，次巴朗，次巴雅勒当（又作巴雅尔党），次博斯和勒巴朗，从父内附。蒙克特穆尔（又作孟克特穆尔），史书无传，事迹见其弟《扎萨克一等台吉额布根列传》。③ 额布根为车凌族子，其兄弟5人，蒙克特穆尔为长。乾隆十八年，额布根昆弟，从三车凌来归。十九年，额布根入觐，蒙克特穆尔留视牧。乾隆帝以蒙克特穆尔为其昆弟长，诏封扎萨克固山贝子。

关于巴朗、蒙克特穆尔叛逃事，《清高宗实录》及以上二传均有记载。这一事件发生在三车凌内附不久，人数虽然不多，但"蓄叛志久"，早有预谋。乾隆十八年冬，巴朗等在随其父车凌孟克内附途中，就"谋窜归准噶尔。以告其弟巴雅勒当（又作巴雅尔党），及宰桑济尔哈朗、达瓦达尔扎纳木凯赞卜尼玛齐崖等，未敢发"。乾隆十九年五月，车凌孟克等要赴热河朝觐，欲将巴朗、巴雅尔党一同带往。巴朗"诡称疾，不之从"。车凌孟克恐其脱逃，因将巴雅尔党及宰桑济尔哈朗、达尔扎达瓦齐崖等带往热河。色布腾原被乾隆帝命令照看游牧，此时因有乌梁海军务，前往麒麟保驻扎处议事。于是巴朗乘机"背父潜逃"，并煽动其长兄"齐默克子巴布勒及属众二百余遁，族台吉蒙克特穆尔从之"。④

乾隆帝接到奏报，十分恼火。一方面下旨对巴朗的叛逃进行谴责，"伊等系甫经投顺之人，复又逃亡，情殊可恶"；一方面把追讨叛军的任务交给色布腾，着将军策楞等将此"旨晓谕塞卜腾，令其领兵追擒，务期弋获"；又命策楞等"速派弁兵，堵截各卡伦路径，实时擒获"。⑤ 因巴朗等逃入准噶尔境，色布腾此次追擒，未能获。至乾隆二十年，蒙克特穆尔为北路军所擒。巴朗寻就擒，偕蒙克特穆尔械至（京）。六月庚申，乾隆帝御午门楼行受俘礼。"恶其首附叛，且词谲"，⑥ 命刑部将巴朗、蒙克特穆尔即行正法。⑦

巴朗、蒙克特穆尔叛逃事件，其规模和影响虽然不大，但也引起了乾隆帝的警觉和关注。为防止此类事再次发生，数次发旨、亲自筹划部署了一系列防范措施。色布腾得到皇帝信任，其中也包括对他的行事亲加委派。

① 《钦定外藩蒙古回部王公表传》卷九六《郡王品级扎萨克多罗贝勒色布腾列传》。
② 《钦定外藩蒙古回部王公表传》卷九六《扎萨克多罗郡王车凌蒙克列传》。
③ 《钦定外藩蒙古回部王公表传》卷九八《扎萨克一等台吉额布根列传》。
④ 《平定准噶尔方略》正编卷三。
⑤ 前揭《平定准噶尔方略》正编卷三。
⑥ 《钦定外藩蒙古回部王公表传》卷九八《扎萨克一等台吉额布根列传》。
⑦ 《清高宗实录》，乾隆二十年六月上。

一是命军机大臣、驻防官员等，留心详察车凌等属下人的一举一动，即速明白奏闻。乾隆十九年六月，乾隆帝谕军机大臣等："车凌等属下人，闻知巴朗等逃走，不免疑惧，所关甚要。朕颇费筹划。军营无甚应办之事，着寄信舒赫德，令伊仍回车凌等游牧暂住，加意护守。俟拿巴朗麒麟保一到，再赴军营。再伊至车凌游牧后，车凌等闻知巴朗逃走作何光景？车凌蒙克情形如何？属下人如何谈论？留心详察，即速明白奏闻。如有应办事件，即一面办理，一面奏闻。"①（图3）

二是谕军机大臣、驻防官员等，严防车凌蒙克与其子巴雅尔叛逃。乾隆十九年八月，副都统纳木扎勒奏报："据杜尔伯特贝勒色布腾告称，车凌孟克与伊子巴雅尔当商议，欲与色布腾同逃。臣令色布腾密为防守，勿露形迹。并知会策楞、舒赫德，密令库克岭喀喇阿济尔汗之驻防大臣与扎萨克等，妥为防范等语。纳木扎勒办理此事，甚合机宜，若稍露风声，于新旧降来之厄鲁特大有关系。可寄信班第、策楞、舒赫德等。于应防守之处，豫先防备。倘果有其事，即行追赶，不可稍有疏纵，亦不可稍有泄漏。"乾隆帝谕旨："令萨喇勒于十一月前来陛见……但巴朗甫经逃叛，车凌孟克属下之人复有此言，不可不暗加防备。可密寄萨喇勒，令其严加防范，并酌量调派察哈尔喀尔喀兵丁豫备。十一月色布腾来陛见时，萨喇勒暂不必前来。俟色布腾回军营后，萨喇勒再来陛见。"②

三是命军机大臣等，密谕色布腾临时称患病，取消赴热河入觐，以防车凌孟克乘其不在游牧，肆行侵扰。乾隆十九年九月，命军机大臣等："昨曾降旨，令阿睦尔撒纳等赴热河入觐，色布腾亦令同来……倘色布腾入觐，车凌孟克乘其不在游牧，肆行侵扰，不惟于色布腾家口有碍，于国家之事亦大有关系。色布腾如在游牧，车凌孟克必不敢侵扰，即侵扰，色布腾亦能办理。此时，可暂不必入觐。俟明年成功后来朝，承受朕无穷恩眷。可寄信玉保，密谕色布腾，令其在游牧密防，以期无事。此事朕如明降谕旨，止其入觐，恐车凌孟克等益生猜疑。色布腾临时但称患病，不必前来，众人亦无所疑虑矣。"③

由此可知，为防范杜尔伯特部内附人员再次发生叛逃，色布腾秘密配合皇帝安排，忠诚守护游牧地的安全。由此，也导致他未能按原计划赴热河觐见。而《表传》色布腾列传，仅记载"是年（乾隆十九年）冬，诏偕新降辉特台吉阿睦尔撒纳入觐"，不记色布腾因故取消赴热河入觐事。

三　参与征讨达瓦齐和协办北路军务

《表传》色布腾列传记载，乾隆二十年（1755年），"诏授参赞大臣，从西路军征达瓦齐。大军抵伊犁，达瓦齐不即降。定北将军班第，令色布腾辖乌噜木齐至博啰塔拉邮务。达瓦齐就擒，色布腾入觐，饮至。诏授左翼副盟长……诏赴乌里雅苏台，偕驻防大臣等筹军务，仍授参赞大臣……著赏郡王品级……寻以疾道卒"。

参赞大臣主要职责是参赞军务，综理政事。战时亦临时置参赞大臣，辅佐统帅，助理军务，分统军队，由皇帝特旨简派。达瓦齐，准噶尔大策凌敦多布之孙。乾隆十年（1745年），准噶尔

---

① 《清高宗实录》，乾隆十九年六月下。

② 《清高宗实录》，乾隆十九年八月下。

③ 《清高宗实录》，乾隆十九年九月上。

图4　《平定伊犁回部战图》册之“格登山”

首领噶尔丹策零病逝后，内部因争夺汗位大乱。乾隆十七年（1752年）底，达瓦齐在伊犁自立为汗。乾隆十八年，三车凌等不堪达瓦齐的压迫内附清廷。准噶尔内部相互杀戮，达瓦齐众叛亲离，为清军征讨准噶尔创造了机会。

色布腾“诏授参赞大臣，从西路军征达瓦齐”，即指乾隆二十年的平准战事。这年二月至六月，清政府发两路大军进讨达瓦齐：一路由定北将军班第和投诚的阿睦尔撒纳率领军队，出乌里雅苏台，翻越阿尔泰山脉至伊犁；另一路由定西将军永常和萨拉尔率领军队，从巴里坤经乌鲁木齐至伊犁。三车凌所部诸台吉，踊跃从大军征达瓦齐，“或隶萨拉尔队称西路哨探军，或隶阿睦尔撒纳队称北路哨探军”,① 为大军征讨做向导。五月初，两路清军骑兵5万人，在博罗塔拉（今博乐）汇合，进军伊犁。“达瓦齐不即降。走格登，驰击之。达瓦齐复逸，诸军分道蹑，皆以马疲返”。②（图4）时乌鲁木齐为西路军驻扎地，博啰塔拉为两路清军会师之地，定北将军班第“令色布腾辖乌噜木齐至博啰塔拉邮务”。可知，色布腾以参赞大臣身份，辅佐将军班第辖两地邮务，为保障战事情报的传递，发挥了重要作用。不久，达瓦齐即被俘获，押解至北京。

《表传》色布腾列传称，达瓦齐被擒后，“色布腾入觐，饮至”。此事在其他史籍无明确记载。《清高宗实录》乾隆二十年六月戊午：“定北将军班第等奏。臣等公同酌议，派亲王车凌、车凌乌巴什、讷默库等，同去年未经入觐之亲王班珠尔等五人，前赴热河入觐。”③所报称5人，但只列出4人名字。九月，乾隆帝以“官军奏凯，召诸部台吉齐集热河，行

① 《钦定外藩蒙古回部王公表传》卷九七《扎萨克固山贝子班珠尔列》。

② 《钦定外藩蒙古回部王公表传》卷九七《扎萨克固山贝子玛什巴图列传》。

③ 《清高宗实录》，乾隆二十年六月上。

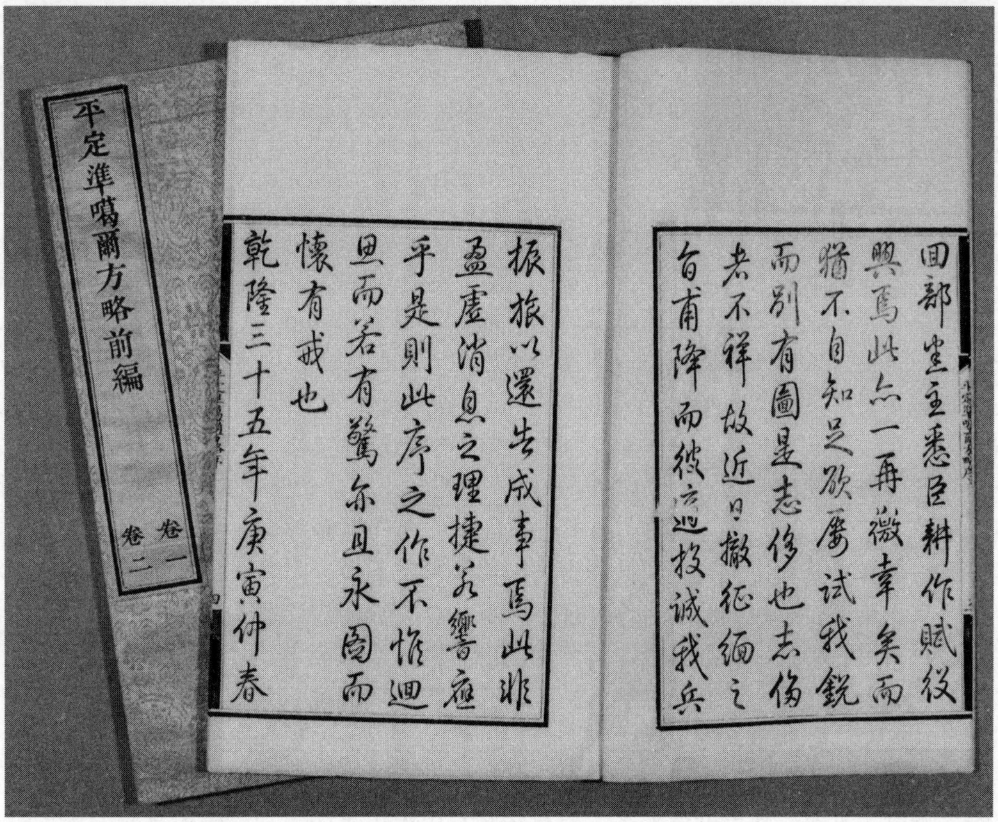

图5 《平定准噶尔方略》(乾隆武英殿刻本)

饮至之典”，并赏给车凌、讷默库银两。① 色布腾曾两次因故，前一年未经入觐，推测应是5人中未被提名者，随车凌、车凌乌巴什赴热河入觐。所以《表传》称“色布腾入觐，饮至”。史传所记，可相互印证。又热河入觐时，乾隆帝曾说“今入觐诸台吉宰桑等，俱云四卫拉特，多系阿睦尔撒纳仇雠”。《表传》色布腾列传称，“未几，以色布腾与阿睦尔撒纳夙怨，且悉厄鲁特情，诏赴乌里雅苏台，偕驻防大臣等筹军务，仍授参赞大臣”。② 史传所记，亦可相互参考。

色布腾被“诏授左翼副盟长”，是在热河觐见后的十月。起因是八月发生的阿睦尔撒纳叛逃事件。阿睦尔撒纳，厄鲁特蒙古辉特部台吉，准噶尔汗策妄阿拉布坦外孙。曾归附清廷，封为亲王。达瓦齐被平定后，阿睦尔撒纳的野心逐渐显露，很快就发动了战乱。九月热河入觐时，乾隆帝就曾指出：“阿睦尔撒纳已为无家之人。而窜匿之初，乘厄鲁特诸部台吉现俱入觐，辄布流言，希图煽惑众听，抢掠台站。乃西路各部台吉，俱坚心内向……今入觐诸台吉宰桑等，俱云四卫拉特，多系阿睦尔撒纳仇雠。前来入觐时，即已各饬游牧，豫为防范。”③

可知热河觐见时，乾隆帝已命厄鲁特诸部台吉，注视阿睦尔撒纳的行动，在游牧地做好防

① “车凌、讷默库，去年曾赏给银两。今来入觐，着再加恩赏。车凌银三千两，讷默库银二千两”，《平定准噶尔方略》正编卷一八，乾隆二十年秋九月壬午。

② 《清高宗实录》，乾隆二十年六月上。

③ 前揭《清高宗实录》，乾隆二十年六月上。

范。不久下诏，重封厄鲁特四部，以其对清政府的“坚心内向”，对阿睦尔撒纳的“仇雠”，调动参与平叛的积极性。十月，又下旨命授准噶尔诸部盟长，“前因都尔伯特部落人众，已分为两翼，各授盟长。看来盟长一员，尚属不敷。着将策凌、策凌乌巴什、讷默库，俱授为盟长。并着塞卜腾为策凌之副，策凌孟克为策凌乌巴什之副”。① 杜尔伯特部三车凌内附后，一直积极参与清政府的平叛军事行动。《表传》色布腾列传称：“时阿睦尔撒纳叛，请率兵往剿。上以甫从军还，不欲数劳之，慰归牧。”（图5）

十一月，色布腾被命为“北路参赞大臣”，赴乌里雅苏台协办北路军务。此前，乾隆帝就曾密令乌里雅苏台军营，密切注视阿睦尔撒纳的行动，并且做好防备。“阿睦尔撒纳诱伊等同来，侵扰蒙古，明系扬言，以耸听闻。然或揣度西路进兵，北路无备，前来滋扰，亦未可定。宜先时设备，使叛贼不得逞其诡计。哈达哈等现领兵三千名，此外乌里雅苏台兵丁甚多，米粮亦甚丰裕，着合为一万，分驻乌里雅苏台军营，及哈达哈等所据形胜之处，以为声援。第以预备进兵为言，不必宣露防御阿逆前来之意，使贼闻风退避”。此时，乾隆帝又“以色布腾与阿睦尔撒纳夙怨，且悉厄鲁特情”，命其前往协助。谕军机大臣：“今乌里雅苏台，无通晓厄鲁特情形之人。贝勒塞卜腾，前在参赞大臣上行走，甚属奋勉。着派伊属下兵丁，或百名或五十名，仍授为参赞大臣，前赴乌里雅苏台，协同哈达哈等办理一应事务。应给俸饷及兵丁口粮，已降旨哈达哈等办理。如欲将户口一并带往，即准其带往，仍赏银三百两，令其整装。”又密谕哈达哈等：“至添兵豫备之处，未经谕塞卜腾知悉，哈达哈等亦不必转谕。此非疑伊，恐其属人漏泄，于事无益。”②

色布腾接到命令，即刻带领20余人驰赴乌里雅苏台军前。乾隆帝听闻奏报十分高兴，下旨封贝勒色布腾郡王品级，协办北路军务。对色布腾自内附以来的表现，给予嘉奖：“塞卜腾自投诚以来，黾勉效力。春间进兵，颇著劳绩。今一闻朕旨，即带兵驰赴军前，急公任事，诚可嘉予。著赏给郡王品级。若能更立殊勋，朕当加以重赏。”同时，密令色布腾到达军营后，留心查察陆续来降之辉特人众的行事：“现在擒拿叛贼，俱由西路进兵，北路尚无所事。惟今年收服之汗哈屯乌梁海等，及陆续来降之辉特人众，其中尚不可全信，应加防范。着塞卜腾留心查察，不必宣露。再塞卜腾抵军营后，协同哈达哈等办事，并无驰驱之处。其户口俱着带往居住所，有陈奏事件，准其列名在桑寨多尔济成衮扎布之后，雅尔哈善之前。”③可见色布腾是乾隆帝亲自挑选的最可信之人。

《表传》色布腾列传记载，色布腾寻以疾道卒。二十一年（1756年）春正月，乾隆帝得知消息，即命“郡王品级塞卜腾之子巴桑承袭贝勒”，并谕军机大臣：“据阿兰泰奏称，郡王品级贝勒塞卜腾，前赴军营中途病故等语。塞卜腾自入觐以来，深知感戴朕恩，遇事诚心效力，人亦明白。今闻身故，深堪悯恻。著赏银一千两，经理丧事。其贝勒职衔，即著伊子巴桑承袭。”④

综上，史传关于色布腾的记载，始于乾隆十八年冬随杜尔伯特部三车凌内附，止于乾隆二十年正月命其子巴桑承袭贝勒。清宫画家所画“平定准部诸将图像约二百张”，也未发现有其肖像图画。可以说这是一个小人物，甚至生卒年月都没有明确的记载。但通过梳理他的相关事迹，却

① 《平定准噶尔方略》正编卷一八，乾隆二十年冬十月。

② 《平定准噶尔方略》正编卷二一，乾隆二十年冬十一月。

③ 《平定准噶尔方略》正编卷二二，乾隆二十年冬十一月丁酉。

④ 《平定准噶尔方略》正编卷二四，乾隆二十一年春正月己卯。

可以发现蕴含其中丰富的内容。厄鲁特蒙古杜尔伯特部三车凌内附事件，引发了清政府平定准噶尔的战争。而内附的杜尔伯特人，则成为平准的积极参与者。以色布腾为例，其参与的战事就有征服乌梁海、追讨巴朗及蒙克特穆尔、征讨达瓦齐和协办北路军务，直至在前赴军营中途病故。这些都表现出其“善约众且内附诚”的才能与品质，也因此得到皇帝的信任和嘉奖。而平准战事的胜利，降众力量也功不可没。

（隋晓霖：故宫博物院研究室）

清朝在汉藏边区的行政建置与人事管理

——以洮州厅为例

张振国

内容提要：洮州地处甘肃东南部，自古以来是中原王朝有效统治整个甘青藏区乃至西藏地区的关键区域。乾隆十三年，清廷裁撤洮州卫，设立洮州厅，并派遣抚番同知一员，定为“边番缺”，遇有缺出，由督抚在外拣选调补，限定任期，俸满即升，改变了从明初以来沿袭数百年的统治方式。这是清代在汉藏边区实施的特殊的统治政策和管理模式，具有明显的“西番”地域特征和族群特色，体现清代边疆制度建设过程中的灵活变通和因地制宜。在具体执行时，这一管理模式曾对西部的边疆统治产生积极作用，但也受困于清后期政局而存在诸多弊端。

关键词：洮州厅　边番缺　行政建置　选任　地方治理

作为中国历史上强大的帝制国家，清朝建立了辽阔的疆域版图，并在边疆地区形成了一套独特的政治统治、职官建置和人事管理制度。就人事管理而言，突出特点表现为，在置派流官之地，因地制宜设置边疆缺，实施不同于内地的特殊的选任办法和管理政策。如在东部沿海订立“海疆缺”，在南部瘴区订立“烟瘴缺”，于西南苗疆订立“苗疆缺”“夷疆缺”，于西北新疆订立“边远满缺”，于北部蒙汉交界之地订立“边远缺”，遇有缺出，在外拣选，俸满即升。这是清朝边疆管理不同于往代的重要内容，也是清代边疆统治的重要特色之一。

鲜为人知的是，清代还在今天的云南东北部、四川西部、青海东北部和甘肃东南部等藏彝、藏蒙回或藏蒙回汉等族杂居之区，设置“边番缺”，在外拣选调补，限定期限，俸满即升。这是清朝因地创设的一种边缺类型，反映清代制度建设的灵活和变通，亦是清代统治“西番”、管理藏蒙聚居区的特殊政策，对边疆治理和地方社会产生影响。因资料零散，兼之关注点不同，目前还未有学者进行探讨，有必要予以认真梳理。

边番缺的分布较广，其中位于甘肃东南部的洮州（今甘肃临潭县）地区，地处青藏高原东北边缘，为“西番门户”，是古代王朝有效统治整个甘青藏区乃至西藏地区的关键区域。其族群复杂，藏、蒙、回、汉等族交错杂居，政治、经济、文化、风俗等迥异于内地，治理匪易。清政府于此设置洮州一厅，派遣抚番同知一员，定立边番缺，实施特殊的选任和管理政策，在西北边疆统治史上占有特殊的地位。故此，考察洮州厅的建立过程，分析洮州厅被定为边番缺的原因、过程和管理办法，探讨制度执行的效果和影响，无疑会对清代西北边疆统治和民族地区的认知具有积极意义。①

---

① 目前学界集中探讨了洮州地区的行政建置、社会治理及演变，如牛敬飞《论汉魏南北朝洮西地区之开拓》（《中国历史地理论丛》2017 年第 3 期）、杜常顺《从“西番诸卫”看明朝对甘青藏区的统治措施》（《青海师范大学学报》1989 年第 6 期）、李亚娟《明代西番诸卫研究》（西北师范大学硕士学位论文，2007 年）、宋建东《明代河岷洮地区的社会稳定与政府控制》（陕西师范大学硕士学位论文，2010 年）、沙勇《明朝对洮州卫的经济管理》（《常州大学学报》2011 年第 2 期）等。但这些成果主要集中于明代，而对清代洮州地区的建置、管理及治理效果仍有待深入探讨。

一　裁卫设厅：洮州厅的创设

洮州，“为西番门户，西控番戎，东蔽湟陇，自古以来为极边要冲”。① 古为禹贡雍州城地，秦汉为临洮县地，东晋后为吐谷浑所据，后周武帝逐吐谷浑，置洮阳郡，寻撤郡立州，名为洮州。隋炀帝废洮州，置临洮郡。唐时复为洮州，或为临洮郡，属陇右道；末年陷于吐蕃，号临洮城。宋大观二年收复之，改临洮城仍名洮州，属秦凤路。不久没于金，领通佑、铁城二堡，属洮州路。蒙元代金后，仍名洮州，隶吐蕃等处宣慰司。明洪武四年（1371 年），废州改置洮州军民千户所，隶河州卫。十二年，番族叛乱，明廷讨平之，废洮州城为堡，于东陇山构筑新城，并升千户所为洮州卫军民指挥使司，领前、后、左、右、中五千户所，隶陕西都司管辖，行军政合一之体制。②

入清后，仍设洮州卫，置守备一员，下辖五千户所，隶陕西都司统辖。顺治十二年（1655 年），裁左、前、后三所，仅领中、右二所。③ 随着统治的稳定和形势的变化，从雍正初年开始，各省陆续掀起一股裁军设政的行政化浪潮，裁都司，撤卫所，设府厅，置州县，以变更从明代沿袭下来的军政合一体制。④ 甘肃省亦不例外，从雍正二年（1724 年）十月至雍正四年九月短短两年时间内，逐渐裁撤陕西都司、陕西行都司、宁夏卫、宁夏左卫、右卫、中卫、西宁卫、凉州卫、镇番卫、永昌卫、甘州左卫、右卫、山丹卫、肃州卫、平凉卫、固原卫、庆阳卫、临洮卫、河州卫、兰州卫、岷州卫、古浪所、庄浪所、高台所、镇彝所、西固所等。在甘省北部、西部和西南部沿边一带，持续建置宁夏府、西宁府、凉州府、甘州府、庄浪厅、肃州厅、灵州、宁夏县、宁朔县、中卫县、平罗县、西宁县、碾伯县、武威县、镇番县、永昌县、古浪县、平番县、张掖县、山丹县、高台县等府厅州县，大力削弱以军代政体制，推动甘省的行政化进程。⑤ 而洮州卫地处甘省南部，当时未能顾及，但因都司裁撤，上无统辖机构，于是署理甘肃巡抚彭振翼上本题请，将其改隶巩昌府管辖，改变了固有的隶属关系。⑥

经过一段时间的开发，到乾隆初年，洮州地区人口增殖，经济发展，原有之以卫管民、以军行政的管理体制，愈来愈不适应日益深入的边疆统治需要。十二年（1747 年），甘肃按察使顾济美综合考察洮州特殊的地理位置和人文生态后，向上司建议，洮州卫体制于地不合，应进行调整，予以行政化建置。得到巡抚黄廷桂首肯后，当年十二月二十四日，顾氏具折上奏，向皇帝详细解释洮州的形势和困局：

---

① 光绪《洮州厅志》之“序”，《中国地方志集成·甘肃府县志辑》第 41 册，凤凰出版社，2009 年，第 4—5 页。

② （清）许容等监修：《甘肃通志》卷三上《建置沿革·巩昌府·洮州卫》，《文渊阁四库全书》第 557 册，台湾商务印书馆，1986 年，第 84 页；光绪《洮州厅志》卷二《舆地·沿革》，《中国地方志集成·甘肃府县志辑》第 41 册，第 104—106 页。

③ 《清世祖实录》卷九〇，顺治十二年三月丙申，《清实录》第 3 册，中华书局，1985 年，第 707 页。

④ 顾诚：《卫所制度在清代的变革》，《北京师范大学学报》1988 年第 2 期。

⑤ 《甘肃通志》卷三上《建置沿革·甘肃布政司》，《文渊阁四库全书》第 557 册，第 72 页。相关研究，请参周振鹤主编、傅林祥等著《中国行政区划通史·清代卷》下编“甘肃省”部分，复旦大学出版社，2013 年，第 373—397 页。

⑥ 《清世宗实录》卷三三，雍正三年六月癸巳，《清实录》第 7 册，第 512 页。

甘省地处边陲，幅员辽阔，从前半系卫所，雍正二年酌将河西各卫分别改为府州县缺之后，军民相安，土番向化。而河东巩昌府属之洮州一卫，未经并改。查该卫守备所管地方，三面临番，南与川省松潘连界，外接蒙古部落，并新归六哨虫库儿，户口繁多，番汉错杂，地称最要，故同城额设副将一员、都司千把七员、兵丁一千名，以资弹压。卫备管理民事，副将专司稽察，虽无统辖之责，究有崇卑之分。又如汉番交涉事件，番民应土司拘提，卫备审解，缘土司与卫备平行，不相统属，亦多呼应不灵。

另一方面，也寻找解决洮州问题的办法：

臣查西固旧驻阶州州同，因雍正六年土司黄登烛、坚错、赵廷贤朘剥属番，改土归流，设抚彝同知，隶巩昌府。迄今二十年来，番民安静，事务清简。而洮州为边疆要缺，措置宜周，若得衔缺相当文员移驻，与副将互相调剂，不特公事无牵制之虞，即所属土司亦必倍加循谨。臣愚请将洮州卫缺裁汰，即以西固同知改为抚番同知，移驻洮州，管理一切番汉事宜，仍隶巩昌府。①

奏上，朱批令兵部会同吏部议复。吏兵二部认为，洮州现有体制着实存在着弊端，用卫备“寄民社之责，不惟官阶体制未协，恐致边疆无裨，自不若改设文员经理为善”。顾济美建议较为合理，自应如其所请，裁汰洮州卫一缺，将西固同知改为抚番同知，移驻洮州，管理一切番汉事宜，仍隶巩昌府管辖。乾隆十三年二月二十一日具题请旨，第二天奉旨依议。② 可见，中央行政机构和最高统治者全都同意裁卫设厅，这为洮州厅的创设打下坚实的基础。

但改隶事宜非常复杂，牵涉方方面面，非一次奏请就能悉数解决。又因按察使仅为甘省副职，洮州卫如何改动，还需甘省主政者——总督和巡抚等商讨决定。故在折尾，吏兵二部又建议：“至一切改隶事宜，应令该抚等具题到日再议。”③ 重新将议题抛给甘省大员。接到吏部咨文，巡抚黄廷桂檄布政司去后，转饬道员，令巩昌府详酌办法。巩昌府知府吴绍诗筹划停当后，呈报洮岷道道台石柱，转详布政使阿思哈和按察使顾济美核查。在此期间，巡抚黄廷桂奉旨调任两江总督，甘肃巡抚一缺由固原提督瑚宝署理。④ 阿、顾二人商定后，转呈署理巡抚瑚宝酌核。后者与陕甘总督尹继善会商妥当，于乾隆十四年正月合词具题。⑤

甘省酌商的内容非常详细，涉及俸薪、养廉、关防、吏役、教官、学额，及衙署、厅学、仓库、监狱、文坛、庙宇等诸多方面。当年六月，吏部等遵旨议定：其一，西固同知准其移驻洮州，该州原设仓库、衙署、书吏照旧存留，并添给廉俸；其二，西固改设州同一员，为阶州分防；其三，洮州厅，礼部铸给“巩昌府洮州抚番同知”关防，阶州州同，礼部铸给“阶州分防

---

① 《甘肃按察使顾济美奏为敬陈请裁洮州卫缺将西固同知改为抚藩同知并设阶州州同分别管理汉番钱讼管见事》，乾隆十二年十二月二十四日，中国第一历史档案馆藏《朱批奏折》（以下简称《朱批奏折》。档号：04－01－01－0146－015）。

② 《署理甘肃巡抚瑚宝题裁卫设洮州厅等事》，乾隆十四年正月二十日，中国第一历史档案馆藏《内阁题本》（以下简称《内阁题本》。档号：02－01－0304662－009）。

③ 前揭《署理甘肃巡抚瑚宝题裁卫设洮州厅等事》。

④ 《清高宗实录》卷三二五，乾隆十三年九月丁卯，《清实录》第13册，第359页。

⑤ 前揭《署理甘肃巡抚瑚宝题裁卫设洮州厅等事》。

西固监收州同”关防；其四，将西固额取文武童生四名拨入阶州儒学，所有坛庙每岁祭祀银两，照旧存留。①

这样，由按察使提议、督抚会商、部院议复、皇帝裁决，历经一年半往返商讨，“巩昌府洮州抚番同知”即洮州厅一缺正式设立。这不仅改变了洮州地区从明初以来延续数百年的以军代政体制，成为洮州行政演变历程中的重要事件，也更动了洮州地区的治理模式，促进了边疆统治的深化。

二 官缺定性：边番缺的命名

行政制度建立后，如何定性官缺，乃是清朝中央和地方各级人事管理中的重要议题。

所谓官缺，“是指政府机构中所设官位的性质类别及编制额数，是解决已进入仕途的官僚不同集团在权力上如何分配、任官权由谁掌握、不同性质的官职如何派任，以及官职额数的控制等等问题”。② 作为一种制度，官缺制是清代选任制度中颇具特色的内容，不仅决定官员的选任和管理，亦关涉央地之间、不同机构之间的权力分配。

清代官缺的类型很多，标准不同，分类迥异。就地方官而言，最主要是划定官缺的繁简等级，进而确定官员的选任方式。据学界研究，清代官缺繁简制度，是由广西布政使金鉷于雍正六年首先提出，经吏部议复，清世宗裁决，于雍正九年订立在案。后因形势变化，又于雍正十二年、乾隆七年两次进行调整而最终定制。③ 其规定：凡道员、知府、同知、通判、知州、知县，均以“冲”（“地当孔道”）、“繁”（“政务纷纭”）、“疲”（“赋多逋欠”）、“难”（“民风刁悍、命盗案多”）四项为标准划分等级，其中四项俱全者为“最要缺”，兼有三项者为“要缺”，兼有二项者为“中缺”，仅有一项或四项俱无者为“简缺”。

划分繁简只是一种手段，其目的是通过该手段，调整固有的选任结构，弥补掣签造成的缺陷，提高官员的行政素质。清朝入关后，沿袭明制，凡同知以下官员，均由吏部选任，每月一次，掣签补授，谓之“月选”。这虽能在一定程度上避免选官中的暗箱操作，保证选任的相对公平，但将人和缺的结合完全寄托于抽签者的运气，显然又违背了量才受职的基本原则，不利于地方治理。为改变这一局面，从康熙朝中期开始，清廷就尝试将职掌紧要、地域特殊或专业性较强的官员，从月选体系中独立出来，交由督抚于属员中拣选人员，量才受职。繁简制就是在此基础上订立的。其规定：最要缺和要缺，遇有缺出，由各该督抚于属员中拣选人员，具题补授，谓之“题补”（因在外补授，又称“外补”）；中缺和简缺，仍归吏部负责，按月掣签补授。④ 可见，繁简等级不同，选任方式迥异，选任程序和权力分配亦有差别。这是官缺定性中的核心内容，也是清廷订立繁简制、划分缺分繁简的根本所在。从这一意义上来说，繁简制的订立是清代选任制度演变的分水岭，也是地方行政制度进程中的转折点。

---

① 《清高宗实录》卷三四三，乾隆十四年六月庚子，《清实录》第13册，第751页。

② 杜家骥：《清代官员选任制度述论》，《清史研究》1995年第2期，第11页。

③ 刘铮云：《“冲、繁、疲、难”：清代道、府、厅、州、县等级初探》台北《“中研院”历史语言研究所集刊》第64本第1分，1993年3月，第175—204页；张振国：《论清代“冲繁疲难”制度之调整》，《安徽史学》2014年第3期，第37—44、157页。

④ 张振国：《清代道、府、厅、州、县等级制度的确定》，《明清论丛》第11辑，故宫出版社，2011年，第382—400页。

此外，一些特殊地区或特殊职掌的官员，或地处边地、多民族杂居，或环境恶劣、时有瘴气出没，或职掌特殊、专业性较强，诸如苗疆、夷疆、烟瘴、极边、沿海、沿河等缺，则不论繁简，遇有缺出，均由各该督抚在外拣选题补，逐渐形成独具地域特征的官缺类型，诸如苗疆缺、夷疆缺、烟瘴缺、极边缺、海疆缺、沿河缺等。

繁简制和特殊官缺制二者同时并存。清政府在确定地方官缺性质时，要将繁简、等级、选任办法、种族特色、地方特征等悉数呈现出来，集职务繁简、选任方式和区域特征于一体，全面呈现缺分的特质，为人事管理服务。这是清代官缺制的独有特色，也是清代人事管理和政治制度不同于往代的鲜明特点。

与其他地区一样，洮州厅订立后，亦须按照制度规定，确定官缺的性质，这是洮州厅后续建设中的重要内容。经过核查，布政使张若震、按察使顾济美认为：

> 巩昌府属之洮州抚番同知，原系洮州卫裁改之缺，所管地方三面临番，南与川省松潘连界，外接蒙古部落，并新归六哨虫库儿，户口繁多，番汉错杂，兼之弹压土司，稽查边境，事务纷繁，俗悍民刁，素称难治。①

而厅制设置之前，洮州系卫守备，属武弁，“并未与文员各缺造报繁简”，现在改设文职后，若再不拟定繁简，不仅与定例相违，“恐将来部选初任之员不能熟谙，致有贻误”。洮州事务繁杂、三面临番，故应将正印官——洮州厅抚番同知“定为繁难、边番、要缺，嗣后遇有缺出，在于甘属现任人员内拣选，或升或调，以资料理，庶于吏治民生均有裨益”。②

可见，“繁难、边番、要缺”和“拣选升调”，是布按二司对洮州厅同知的缺分定性，其中“繁难”标示洮州厅的繁简状况，“要缺”标示洮州厅的等级高低，“拣选升调”标示洮州同知的选任方式，而“边番”则呈现出洮州厅的地域特征和种族特色。由此，“边番缺”之名在清代公文中正式出现。

建议呈上，巡抚鄂昌认为藩臬二司所拟缺分比较合理，遂会同陕甘总督尹继善于乾隆十五年正月二十二日合词具题。③ 这样，边番缺之名经过甘省主政官员——巡抚和总督的批准，得以进一步传播。

皇帝接到奏疏后，转令吏部议覆。吏部一方面查核制度规定，一方面考察洮州情况，参照已定繁简之制、陕甘边缺之例，于三月十八日议复具题：应如甘抚所请，巩昌府移驻洮州之抚番同知，“准其定为繁难、边番、要缺”，遇有缺出，令该督抚照例于现任属员内拣选调补。吏部亦对边番缺之名表示赞同。题本呈上，乾隆帝批准依议。边番缺之名亦得到皇帝的认可。④

这样，经藩臬酌拟、督抚核准、吏部议复、皇帝裁定，边番缺之名最终订立在案，成为有清一代对洮州厅的缺分定性。嗣后，凡遇洮州厅同知之选任，无论地方还是中央，均以此名称之。如乾隆十九年，甘抚鄂乐舜题补洮州同知：“巩昌府属之洮州抚番同知陈旭病故，业蒙会疏题报

---

① 《大学士兼管吏部事务傅恒题为遵旨议准甘肃巡抚请将洮州抚番同知西固州同二缺定为繁难边番要缺事》，乾隆十五年三月二十八日，《内阁题本》（档号：02-01-03-04785-002）。

② 前揭《大学士兼管吏部事务傅恒题为遵旨议准甘肃巡抚请将洮州抚番同知西固州同二缺定为繁难边番要缺事》。

③ 同上。

④ 同上。

在案，所遗员缺，地处洮州，三面临番，南与松潘连界，外接蒙古部落，并新归六哨虫库儿，户口繁多，风俗刁悍，系繁难、边番、要缺，例应于见任对品人员内拣选调补。”① 乾隆二十五年（1760 年），吏部议复甘省题请以永德补授洮州厅同知：“查洮州厅设处边疆，民番杂处，同知一官，有弹压地方抚驭番族之责，向定为繁难二项边番要缺，例应在外拣选调补。”② 道光十六年（1836 年）七月，陕甘总督瑚松额具题：“洮州同知周濂告病遗缺，系繁难二项边番要缺，例应在外拣选。”③ 同治十一年（1872 年）十月，陕甘总督左宗棠奏曰：“甘肃洮州同知景春丁忧遗缺，系繁难二项边番要缺，例应在外拣选调补。”④ 通过行政交流和公文往来，边番缺之名在清朝流传开来。

那么，洮州厅同知为何被定为边番缺？综合考察甘省所具缘由和吏部议复结果可知，其是基于两方面的考虑：一是地理位置。所谓“边”，即边区、边地之意。洮州厅位于甘肃省之东南部，南与四川松潘厅接壤，西南与青海蒙古相连，“稽查边境”，距省城窎远，在当时官员眼中是典型的边远之地。二是地域特征和民族分布。所谓“番”，其一，指古吐蕃所辖之地，明代常称之为“西番”。据内阁大学士叶向高考证，“西番，古吐番地，本羌属，凡百余种，散处河湟江岷间”。⑤ 大体分布于三个区域：（1）陕西北部沿边一带，从甘州、凉州至庄浪一带；（2）陕西南部沿边一带，从西宁直至河州、洮州、岷州一带；（3）四川西部沿边一带，包括松潘、打箭炉、杂谷等地。清代沿袭之，仍以“西番”称呼这些地区。⑥ 其二，指西番之地所辖之少数族众。据学者考证，“西番”指称较为复杂，大体是对分布在甘肃、四川、云南等地、操藏缅语族中不同语种的少数民族的泛称，这些人群是从青海河湟谷地南迁的氐羌民族与迁徙所到之处的族群混合交融以后形成的新族群。⑦ 无论从哪一方面来说，洮州厅均为“西番”之重地，即“三面临番”“番汉杂处”。这是当时地方执政者眼中洮州的地理区位和族群生态。而这一认识，又经过吏部议准，皇帝裁定，从地方官员层面上升到中央朝廷层面，从而在地方、中央和朝廷达成

---

① 《甘肃巡抚鄂乐舜题请以莫世忠升补洮州抚番同知陶万达署理成县知县事》，乾隆十九年二月初九日，《内阁题本》（档号：02－01－03－05105－014）。

② 《大学士兼管吏部事务傅恒题为遵议甘肃请以永德补授洮州抚番同知准其补授事》，乾隆二十五年二月十九日，《内阁题本》（档号：02－01－03－05655－005）。

③ 《陕甘总督瑚松额题请以宁夏县知县刘诗升补洮州同知事》，道光十六年七月初四日，《内阁题本》（档号：02－01－03－10202－037）。

④ 《陕甘总督左宗棠奏请以平治补授洮州同知事》，同治十一年十月十五日，《朱批奏折》（档号：04－01－12－0514－016）。

⑤ （明）叶向高：《西番考》，（明）陈子龙等选辑《明经世文编》第 6 册，中华书局，1962 年，第 5055 页。据方泽、赵心愚考察，明代关于“西番”的分布范围，有两种不同的观点：一是以《明史·西番诸卫传》为代表，涵盖河、湟、洮、岷、松、茂、黎、雅之地，即今天甘、青、川、滇边外诸土司地；二是以叶向高《西番考》为代表，涵盖的范围更广，除上述边外诸土司外，还包括藏人聚居之乌斯藏都司和朵甘都司地，即今天的西藏和青海大部。参见方泽、赵心愚：《明初西番地区统治策略研究》，《西南民族大学学报》（人文社会科学版）2017 年第 1 期。

⑥ 如雍正二年五月，年羹尧条奏青海善后事宜十三条，其中有“西番人等宜属内地管辖也”一条曰：“查陕西之甘州、凉州、庄浪、西宁、河州，四川之松潘、打箭炉、里塘、巴塘，云南之中甸等处，皆系西番人等居住牧养之地，自明以来，失其抚治之道，或为喇嘛耕地，或为青海属人交纳租税，惟知有蒙古，而不知有厅卫营伍官员。今西番人等尽归仁化，即系内地之良民，应相度地方，添设卫所，以便抚治。”《清世宗实录》卷二〇，雍正二年五月戊辰，《清实录》第 7 册，第 332 页。

⑦ 李志农、刘虹每：《“西番”族称辨析》，《北方民族大学学报》（哲学社会科学版）2017 年第 1 期。

共识。

需要指出，洮州厅是清代边番缺的典型代表，但并非唯一案例。与洮州厅同时设置的西固州同一缺，也定为“繁难、边番、要缺”。[①] 受此例之启发，在此前后于“西番”地区添设的一系列地方厅，诸如甘肃之循化厅、贵德厅、丹噶尔厅、巴燕戎格厅，四川之松潘厅、杂谷厅、打箭炉厅等，行政档案和官方政书在表述时亦以边番缺称呼之。如道光七年十二月初五日，吏部议复四川省题补松潘同知曰：松潘直隶同知，“地方边要，控制番夷，必须廉明干练、熟谙夷情之员，方足以资治理”，系“冲繁难边番要缺”。[②] 又如道光十三年六月二十七日，吏部移会内阁稽察房曰：“奉上谕：杨遇春奏请拣员调补边番要缺同知一折，罗文楷未完罚俸银两，现已照数解交，著照所请，甘肃循化同知员缺，仍准其以罗文楷升补，俟边俸年满，照例送部引见。”[③] 再如道光十九年十一月二十三日，吏部移会内阁稽察房曰：“奉上谕：瑚松额奏遴员请升边番要缺同知一折，著照所请，甘肃贵德同知员缺，准其以那逊阿古拉升补，照例送部引见，该部知道。”[④] 这样，边番缺就成为清代官缺中的一种特殊类型固定下来。相对于苗疆缺是西南苗人聚居区、夷疆缺是滇西南少数民族地区和烟瘴缺是南边瘴气环绕地区的缺分定性，边番缺乃清朝对设于“西番”、信奉喇嘛教的藏人、羌人、彝人聚居之地的流官的缺分定性，具有明显的“西番”地域特征和种族特性。这是清代人事管理中因地命缺的典型案例，从根本上体现出清代制度设计和边疆统治的灵活、多样和因地制宜。

三 人事管理：选任与任期

随着厅制和缺分的订立，厅同知的选任和管理，就成为清廷和甘肃省亟须关注的问题。前文已言，月选授官，是由吏部掣签补授，遇有缺出，吏部先区分官缺类型，统计各类出缺额数，拟定参掣人员名单，届期将官缺一一写于竹签上，封固后置入签筒，每月二十五日在天安门外抽掣，掣到某签，即补授某缺。[⑤] 与掣签不同，外补缺则由各该省官员拣选，具题补授。具言之，须经历：（1）布按二司拣选；（2）督抚核查人选，出具考语，具题请旨；（3）吏部议复；（4）皇帝裁决等环节。若是由低品级官员升任者，还须督抚给咨赴京，由吏部带领引见，经皇帝面验，以定准否。即除以上四环节外，还须经历：（5）吏部带领引见；（6）皇帝面验裁决两个流程。[⑥]

作为在外拣选缺的一分子，洮州厅同知也不例外。如嘉庆二年（1797 年），同知庆格告病出缺，兼署甘肃布政使陆有仁会同按察使广厚于属员中拣选，择得西宁县知县庆龄一员，会详陕甘

---

① 前揭《大学士兼管吏部事务傅恒题为遵旨议准甘肃巡抚请将洮州抚番同知西固州同二缺定为繁难边番要缺事》。

② 《吏部尚书文孚题为遵议四川省请以曾逢吉升补松潘直隶厅同知事》，道光七年十二月初五日，《内阁题本》（档号：02 - 01 - 03 - 09698 - 029）。

③ 台北“中研院”历史语言研究所藏：《明清大库档案》（登录号：148837 - 001）。

④ 前揭《明清大库档案》（登录号：207312 - 001）。

⑤ 有关清代月选程序和掣签过程，参见张振国《清代文官选任制度研究》，南开大学博士学位论文，2010 年，第 237—247 页。

⑥ 魏光奇：《有法与无法——清代的州县制度及其运作》，商务印书馆，2010 年，第 55—56 页；张振国：《清代文官选任制度研究》，第 190—197 页。

总督曰："本兼署司等于现任对品人员内逐加遴选，非现居要缺，即人地未宜，并无堪调之员。惟查有西宁县知县庆龄，年四十四岁，系正白旗满洲苏楞额佐领下人，由监生捐纳笔帖式，学习期满，补授吏科笔帖式，乾隆五十年保送引见，奉旨记名以知县用。钦此。五十三年拣发甘肃，五十四年正月到省，题补通渭县知县，十月十八日到任。历署华亭、平凉县知县、循化同知各印务，嗣蒙奏调今职，于五十七年闰四月十一日到西宁县任。该员年力富强，办事明练，以之升署洮州抚番同知，实与要缺有裨。"代办陕甘总督印务陆有仁核查后，认为人缺相宜，于二月初三日注考具题："臣查庆龄年壮才明，办事勤练，以之升署洮州抚番同知，实与要缺有裨。查该员系知县请升同知，应俟部覆至日，照例给咨送部引见，仍扣满年限，另请实授。"① 题补进入核查裁决流程。

题本呈上，四月初五日奉旨，吏部议奏。吏部详查本部则例，核议陕甘总督所拣之人，并将结果于二十一日呈报皇帝："今洮州厅同知系繁难边远要缺，例应在外拣选调补。庆龄，正白旗满洲监生，现任西宁县知县，乾隆五十七年闰四月十一日到任……该署督既称于现任对品人员内逐加遴选，非现居要缺，即人地未宜，并无堪调之员。惟查有西宁县知县庆龄年壮才明，办事勤练，以之升署洮州抚番同知，遵例声明，恭疏具题，相应请旨。行令该署督给咨西宁县知县庆龄赴部，臣部带领引见，可否准其升署洮州同知之处，恭候钦定。"② 两天后，嘉庆帝于部本上批红："依议。"③ 题补转入引见流程。

迨吏部咨文到甘，总督给咨注考，庆龄交代停当，赴部报到。嘉庆三年三月二十一日，吏部带领引见，面验无讹，嘉庆帝颁旨："庆龄准其升署洮州同知。"④ 至此，庆龄之题补流程全部结束。

可见，在外拣选是个复杂的过程，需经两司物色、督抚拣定、吏部议复、皇帝裁决、吏部引见、皇帝裁定等若干环节，权力既分散又集中。其中，布按拣选物色，提出人选，行使初始提名权；督抚核准人选，具题请旨，享有最终提名权；吏部照例核查、带领引见，具有审核建议权；皇帝最终决策，予以准否，是为终极决策权。所有环节缺一不可，流程规范，审核严格，既能发挥地方长官的积极性和主动性，审慎拣择，因缺择人，量才授官，又能展现吏部核查和皇帝裁决的功能，统权力于朝廷，保障中央集权和君主专制。在这些环节中，皇帝决策是最关键一环，决定职位人选。然而，无论吏部议复，抑或皇帝决策，都以督抚布按拣选为基础，只有后者才熟谙官缺，了解何人适宜、何人不宜，进而确保制度有效实施。这是清代订立外补制的初衷，也是定洮州厅为边番缺的原因。

将人事的选择权交给地方督抚，目的是为缺择人，保证人缺相宜。如上举嘉庆二年所选之西宁县知县庆龄，曾任吏科笔帖式、通渭县，"历署华亭、平凉县知县、循化同知各印务"，长期任职甘省，有丰富的行政阅历，无疑能与洮州厅缺相宜。再如道光十六年所选之宁夏县知县刘诗，年50岁，湖北钟祥县人，道光壬午科进士，分发甘肃，历任两当县、山丹县知县，署任盐

---

① 《代办陕甘总督事务陆有仁题请以庆龄升署甘肃洮州抚番同知事》，嘉庆二年二月初三日，《内阁题本》（档号：02-01-03-08234-032）。

② 《大学士管理吏部事务和珅题为遵议甘肃省拣选庆龄升署洮州抚番同知请旨事》，嘉庆二年四月二十一日，《内阁题本》（档号：02-01-03-08239-020）。

③ 前揭《大学士管理吏部事务和珅题为遵议甘肃省拣选庆龄升署洮州抚番同知请旨事》；《陕甘总督长麟题为甘肃省洮州同知庆龄试署期满请实授事》，嘉庆五年十一月二十日，《内阁题本》（档号：02-01-03-08406-024）。

④ 前揭《陕甘总督长麟题为甘肃省洮州同知庆龄试署期满请实授事》。

茶同知、静宁州知州，道光十三年调补宁夏县知县，有丰富的甘省行政阅历和边地实践。故甘省拣选并注考："该员老成练达，办事实心，且在甘有年，于该处情形较为熟悉。现莅宁夏要剧，筹办庶务悉臻妥善，颇著循声，以之升补洮州同知，人地极为相宜。"①

熟谙地方情形，到任后能即刻进入角色，借实际需要予以施政，有利于地方治理。如周濂，道光五年出任洮州厅同知，在洮十余年，"刑轻政简，听断如神，莅任十余载，以救民养士为己任，尝创建义仓，以生息余钱，作为义学经费"。至光绪末年，洮人仍"称道之"。② 严长宦，江西进士，道光二十一年出任洮厅，"凡所行必登日记，习书、接宾、决狱、视案牍各有定时，在洮十余年如一日也。治民仁于贫弱，严于盗贼，有召信臣风"。政务之暇，勤于著学，创学院，聘山长，"公余或夜分至书院，呼诸生讲经史"，洮厅"士风由此丕振"。遇乱有勇武之谋，道光二十六年，黑错寺番人劫掠，公奉禀剿办，亲抵黑错，与番民接战数次，平定叛乱，"自是六十余年过黑错者不持械而行，皆公力也"。③ 李日乾，云南增监生，光绪十年（1884年）任洮州同知，"明断而□发擿如神，民无遁情"。素尚"李悝平粜法，凡遇灾祲谷价稍长，必开仓贱粜之，在任九年，市斗未尝过二百"。平生"尤好造士"，原有莲峰书院毁于兵燹，"公下车课士，于接宾厅即聘举人高振震主讲"。又"新建书院，以进士魏立、举人张焕瀛等递为院长"，一有闲暇，"公必坐讲堂与诸生切磨之"。并于新旧二城设立义学，"选师训蒙，捐廉俸以作修金"，洮地"士风由此盛焉"。④

迨清代后期，政局动荡，财政困难，官府大兴捐纳，滥行保举，致使大批捐纳、保举、军功人员涌入官场，分发各地，充斥省城。为疏通仕途，保障捐纳和军功人员的入仕权益，吏部规定：凡在外拣选缺出，先尽候补人员题补；若无人，才以应升人员题升；再无人，于现任人员内拣选调补。⑤ 遵循部定章程，遇有缺出，各督抚不得不从候补人员中择员题补。如同治十一年，洮州厅同知景春丁忧缺出，甘省拣选候补同知平治具题请补。而平治者，"年三十二岁，系内务府正黄旗三保管领下汉军人，由监生遵例报捐六品苑丞，咸丰十年二月补授静明园六品苑丞，同治三年京察一等，引见奉旨记名以同知用，钦此。十年十一月分选授甘肃宁夏水利同知员缺，验放后领凭起程，于十一年四月十八日到臣安定行营，当据缴凭咨部，嗣准部咨，宁夏水利同知准改为宁灵抚民同知，该员平治照例留省另补。"⑥ 捐纳出身的平治，无任何外任阅历，更无任职甘省边地的经验，骤然题补边地要缺，无疑会对边地治理产生不利影响。当然，这是时局之使然，亦是清后期官员选任的普遍困境，非独洮州厅一缺为然也。

同时，将权力下放给督抚，也会出现舞弊徇私、频繁更替之弊。因为边地艰苦，人多视为畏途，为平衡铨法，均平优瘠，督抚不得不行调剂之法，频繁更调，一再委署，官员像走马灯一样换来换去。因文献记载缺略，无法统计有清一代洮州厅同知的平均任期，我们只能从光绪七年后

① 《陕甘总督瑚松额题请以宁夏县知县刘诗升补洮州同知事》，道光十六年七月初四日，《内阁题本》（档号：02-01-03-10202-037）。

② 光绪《洮州厅志》卷一〇《职官·名宦》，《中国地方志集成·甘肃府县志辑》第41册，第561页。

③ 光绪《洮州厅志》卷一〇《职官·名宦》，第561—563页。

④ 光绪《洮州厅志》卷一〇《职官·名宦》，第569—570页。

⑤ 光绪《大清会典事例》卷五九《吏部·汉官遴选·官员题升》。

⑥ 《陕甘总督左宗棠奏请以平治补授洮州同知事》，同治十一年十月十五日，《朱批奏折》（档号：04-01-12-0514-016）。

的任职状况中窥其一斑。据光绪《洮州厅志》记载，从光绪七年始，至三十三年止，任职洮州同知者依次为：喻光容，光绪七年署；德彬，光绪八年署；承绪，光绪九年署；李日乾，光绪十年任；彭年，光绪十八年代理；吴人寿，光绪十八年署；王南薰，光绪十九任；赵谦，光绪二十二年署；熊振槃，光绪二十四年署；姬恺臣，光绪二十六年署；陈瑞瀛，光绪二十七年署；郭成礼，光绪二十八年署；□□□，光绪二十八年代理；□□□，光绪二十八年署；张彦笃，光绪二十九年任；张作霖，光绪三十一年署；叶克信，光绪三十二年署；余重基，光绪三十二年署；张彦笃，光绪三十三年任。① 27 年间，共有 19 人（次）出任洮厅缺，平均每人任期仅 1.4 年。若将任职 9 年之李日乾暂且抛开，其余 18 人平均任期仅 1 年。在这 19 人（次）中，仅李日乾、王南薰、张彦笃三人是正式任命官员，任期相对较长，其余 15 人，均为署理、代理人员，一年一换，甚至一年两换、三换，无有久任者。

官不久任，则行无常制，官员“于民风土俗不暇周悉情形，属吏之姓名甫经记忆，面貌尚未遍识，贤否更茫乎莫辨”，以致“贤者功效未彰，不肖者劣迹未著”。“至于系图之待质，案牍之迟延，胥吏乘新旧交代之际，玩法舞文，家人利本官历任之多，饱索规礼，其弊俱相因而至”，紊乱社会秩序，扰害政治统治②。道光二十六年黑钳寺番人之乱，同治二年回民之乱和光绪二十一年回民之乱，尤其是同治二年回民之乱，持续多年，直至六年五月才被平息，③ 不能不与官员的治理不善、搜刮括求有密切关系。笔者遍阅厅志所载名宦群体，计有同知七人，其中周濂“莅任十余载”，④ 严长宦“在洮十余年”，⑤ 叶克信两任洮厅近七年，⑥ 李日乾“在任九年”等，⑦ 大都是久任此地者。这从侧面再次证明久任的重要性，要想出政绩，必长时一往，持之以恒；若动辄更调，不仅风俗未谙，人心思变，非但有深刻影响，甚至会紊乱社会秩序，致使地方动荡不安。

兼之，洮州“土瘠民贫，岁仅一收”，⑧“所属各族距城过远，催科为难，加以语言不通，地产无出”，每年丁粮多有抗欠。⑨ 而清朝国库空虚，地方难以为继，多靠捐廉为续，行起政来步履维艰。无怪乎张彦笃慨叹：“洮邑汉回番民杂处，守土者有繁疲难之忧，而安边固圉，兵政尤为要务。今或以筹款无策而频事捐廉，坐食无用而频致扣饷，岂称重禄劝士、约人轻

---

① 光绪《洮州厅志》卷一〇《职官·历宦》，第 514—516 页；《陕甘总督杨昌濬奏请王南薰调补洮州同知事》，光绪十八年七月二十二日，《录副奏折》（档号：03－5296－005）；《陕甘总督陶模奏为候补道周景曾候补同知熊振槃期满甄别事》，《录副奏折》（档号：03－5383－089）；《陕甘总督升允奏为委任郭成礼试署理抚彝厅通判事》，光绪三十二年五月二十七日，《录副奏折》（档号：03－5462－022）。

② 《工科掌印给事中张鉴奏为条陈官宜久任事》，道光二年十月初二日，《录副奏折》（档号：03－2845－016）。

③ 光绪《洮州厅志》卷一八《杂录》，《中国地方志集成·甘肃府县志辑》第 42 册，第 407—413 页。而《伤洮州》一诗则记载了当时的惨状：“不见干戈二百年，忽教城市满腥膻。防边自古推岩邑，旷野于今剩土田。白骨何人收道路，青山无主锁寒烟。伤心万户归谁屋，犹说将军唱凯旋。”光绪《洮州厅志》卷一五《艺文下·诗》，第 253 页。

④ 光绪《洮州厅志》卷一〇《职官·名宦》，《中国地方志集成·甘肃府县志辑》第 41 册，第 561 页。

⑤ 同上书，第 562 页。

⑥ 同上书，第 514、516 页；《陕甘总督左宗棠奏为人地攸宜请宁灵抚民同知喻光容洮州抚番同知叶克信对调事》，光绪六年九月十一日，《录副奏折》（档号：03－5153－030）。

⑦ 同上书，第 569 页。

⑧ 同上书，第 571 页。

⑨ 光绪《洮州厅志》卷一六《番族·番属》，《中国地方志集成·甘肃府县志辑》第 42 册，第 345 页。

死之意哉？必也久任以尽其才，厚糈以恤其私，选练以齐其力，爱养以励其勇，庶可课吏治而讲胜算欤！”①

四　结语

综上可见，边番缺是甘省执政者在充分考察洮州厅的客观环境和民族生态的基础上，仿效其他边疆缺之例，因地制宜创设的一种官缺类型和人事管理方式。其集繁简等级、选任方式和地方特征为一体，不仅丰富了清代的边缺和官缺类型，集中体现了“西番”的区位特征和族群特点，更从根本上反映出清代制度设计和边疆统治过程中的灵活、变通和因地制宜，在加强边疆统治和管理的同时，亦深化了我们对边疆地域特征的认知。

边番缺设立后，边番官员的选任和管理就从吏部月选体系中独立出来，遇有缺出，先由布政司物色人选，与按察司商定后，呈督抚核查，具题请旨，经吏部议复、引见，交皇帝最终裁定。既能发挥地方长官的积极性和主动性，因缺择人，量才授官，利于地方治理和秩序稳定，又能保障吏部的核查和皇帝的裁决，统选任权于朝廷，加强中央集权和君主专制。相比吏部月选，在外拣选使地方、中央和朝廷三者之间形成新的互动关系和权力格局。

但边番地区土瘠民贫，环境艰苦，将权力赋予地方官员，徇私舞弊在所难免，为缺择人经常演变为“为人择缺”，致使官员更调频繁，委署盛行。尤其是清朝后期捐纳泛滥，保举盛行，官员更是一年一调，甚至一年几调，鲜有久于其任者。不仅违背边番缺订立的初衷，更影响番边统治的稳定。这一吊诡现象的出现，是实际执行与制度设计相互背离的结果，亦是行为短视与长程规划相互矛盾的结果，反映出清后期人事管理和边疆统治过程中的尴尬局面及内在困局。

本文为国家社科基金后期资助项目（16FZS023）“清代文官选任制度研究”阶段性成果。

（张振国：安徽师范大学历史与社会学院副教授）

① 光绪《洮州厅志》卷一〇《职官·禄饷》，《中国地方志集成·甘肃府县志辑》第41册，第579—580页。

嘉庆朝山东巡抚任免升迁述略

徐春峰

内容摘要：清代山东巡抚作为一省最高长官，其具体任免升迁情形如何？本文以嘉庆朝山东巡抚为对象，利用档案等史料，对其设置、职衔及19任巡抚任免升迁做出统计与分析，概括其整体特点。嘉庆朝山东巡抚延续清前期满多于汉的传统，满洲官员升迁方式更为直捷。较之他省，山东巡抚任期过短，任免频繁，缺乏政策连续性与稳定性，给山东地方治理带来了不利影响。同时，山东巡抚被皇帝斥革者约占总数的三分之一，反映了巡抚总体素质的因循平庸，从而造成地方吏治趋于败坏。

关键词：嘉庆朝　山东巡抚　任免升迁　满汉因素

清代督抚制度发展至乾隆朝，无论是在其设置、职掌和统属三个方面，还是传统观念的认定上，督抚正式列于地方官员之首，成为真正意义上封疆大吏。① 乾隆朝之后，地方督抚的具体情形又是如何呢？兹以“畿辅藩卫，水陆兼冲，山海交错”、② 朝廷倚重大省山东巡抚为例，侧重考察其在嘉庆朝任免升迁及官制的特点。

此前对山东巡抚的研究，大部分以明清两代或者是有清一代山东巡抚群体为对象，主要有《明清时期山东巡抚群体研究》、③《明清时期山东巡抚任期与迁转考略》、④《明清山东历任巡抚考略》、⑤《清代山东巡抚民族构成成分分析》等。⑥ 与此相对应，则是对明清历任山东巡抚中个体进行考察和探讨。例如，《嘉靖时期的山东吏治与巡抚洪芳洲的吏治举措》、⑦《“巨野教案”中的山东巡抚李秉衡》、⑧《山东巡抚袁世凯》、⑨《论周馥任山东巡抚时期的经济改革举措》、⑩

---

① 清代督抚设置与裁撤的原因等内容，参见徐春峰《清代督抚制度的确立》，《历史档案》2006年第1期。

②《山东巡抚伊江阿题为补授山东巡抚谢恩事》，嘉庆元年七月二十一日，中国第一历史档案馆馆藏内阁吏科题本（档号：02－01－03－08205－020）。以下档案均为该馆所藏。

③ 刘秋增、王耀生：《明清时期山东巡抚群体研究》，《中国地方志》2007年第9期。

④ 刘少伟：《明清时期山东巡抚任期与迁转考略》，《汉声杂志》2012年2月第279期。

⑤ 刘少伟：《明清山东历任巡抚考略》，山东省曲阜师范大学硕士论文，2012年4月。

⑥ 刘少伟：《清代山东巡抚民族构成成分分析》，《剑南文学》2011年10月下半月刊。

⑦ 余同元：《嘉靖时期的山东吏治与巡抚洪芳洲的吏治举措》，《烟台师范学院学报》（哲社版）1997年第3期。

⑧ 杨光：《“巨野教案”中的山东巡抚李秉衡》，《山东大学学报》1998年第1期。

⑨ 高峰刚：《山东巡抚袁世凯》，《春秋》1998年第1期。

⑩ 汪志国：《论周馥任山东巡抚时期的经济改革举措》，《青岛农业大学学报》（社会科学版）2008年第1期。

《丁宝桢治理山东述论》、[①]《论清末山东巡抚孙宝琦》《山东巡抚张汝梅与黄河水患赈济研究》、[②]《袁树勋与清末山东新政》等。[③] 以朝代为限研究山东巡抚的论文，则有《康熙时期山东巡抚与地方社会治理》和《近代山东巡抚的群体构成探析》。[④] 而关于嘉庆朝山东巡抚群体任免升迁之文尚未得见，故本文运用历史档案等史料，通过统计与分析嘉庆朝巡抚任免升迁情况，探讨其官制的群体特征。

一　清代山东巡抚的设置及职衔

清代山东设置巡抚，始于顺治元年（1644 年），贯穿清一代。顺治元年到二年，全国共设巡抚 22 处，[⑤] 其中今山东之地就有山东巡抚和登莱巡抚两处。顺治九年，裁“巡抚登莱等处一员”。[⑥] 康熙、雍正、乾隆朝的巡抚员额均为 18 名，山东巡抚为其中之一。其间，顺治六年至十五年、康熙四年（1665 年）至八年，曾两设两裁直隶、山东、河南总督；顺治十八年至康熙四年，设山东总督；雍正六年（1728 年）到十二年，曾设河南山东总督。雍正十二年之后，山东巡抚再无总督直辖或兼辖。[⑦] 乾隆二十五年（1760 年），各省共设置 18 处巡抚中，有四省巡抚兼提督，“山东巡抚兼提督”即为其中之一；[⑧] 四省之中，除江西省之外，山东和山西、河南三省均无总督统辖。

清代山东巡抚的加衔、兼衔，在不同时期也不尽相同。清代“初沿明制，督、抚系右都御史、右副都御史、右佥都御史衔，无定员”。[⑨] 顺治时期，总督巡抚多兼“右佥都御史”衔。顺治元年七月，以方大猷为“都察院右佥都御史巡抚山东”；[⑩] 次年六月，升登莱道参政丁文盛为“都察院右佥都御史巡抚山东督理营田、军务”。[⑪] 康熙、雍正两朝，山东巡抚全称为“巡抚山东等处地方、督理营田、兼理军务”。[⑫] 康熙元年四月，吏部议定“总督加兵部衔，巡抚既停止

---

① 张立胜：《丁宝桢治理山东述论》，《哈尔滨学院学报》2009 年第 6 期。

② 张启龙：《山东巡抚张汝梅与黄河水患赈济研究》，《临沂大学学报》2016 年第 2 期。

③ 杜恩义：《袁树勋与清末山东新政》，《聊城大学学报》（社会科学版）2017 年第 6 期。

④ 孙智坤：《康熙时期山东巡抚与地方社会治理》，湘潭大学硕士论文，2008 年 5 月；张立胜：《近代山东巡抚的群体构成探析》，《德州学院学报》2009 年第 5 期。

⑤ 钱实甫：《清代职官年表》之“巡抚年表”，中华书局，1980 年。22 处巡抚为：顺天、天津、保定、宣府、江宁、安庐池太、凤阳、山东、登莱、山西、河南、陕西、延绥、甘肃、宁夏、浙江、江西、郧阳、南赣汀韶、湖广、偏沅。

⑥ 《清世祖实录》卷六四，顺治九年四月丁未，中华书局，1985 年。参阅（康熙）《大清会典》卷一四六《都察院・督抚建置》。

⑦ 总督设置裁撤，参阅《清代职官年表》之“总督巡抚年表”。

⑧ 乾隆《大清会典》卷六三《兵部・营制》，清乾隆二十九年武英殿刊本。

⑨ 赵尔巽等：《清史稿》卷一一六《职官三・外官・总督巡抚》，中华书局，2003 年。

⑩ 《清世祖实录》）卷六，顺治元年七月壬辰。

⑪ 《清世祖实录》卷一七，顺治二年六月乙卯。

⑫ （康熙）《大清会典》卷一四六《都察院・督抚建置》，清康熙二十九年内府原刻本；（雍正）《大清会典》卷二二三《都察院一・督抚设置》，清雍正十年武英殿刊本。

提督军务，应加工部衔”。① 至二年五月“直隶各省巡抚奉旨停止管理军务”，② 此后总督加衔多为兵部尚书，巡抚加衔多为工部右侍郎，如康熙三年六月，山东巡抚周有德加“工部右侍郎”。③ 之后多有调整，康熙十年四月奉旨，“各省巡抚不必概令管兵，其不设总督、提督省分，副将以下武官令巡抚兼辖”。④ 十二年，巡抚又兼兵部衔，山东巡抚赵祥星被“授为兵部右侍郎”，不久“议叙兵部尚书”。⑤ 此后，巡抚的军事职能增强，十七年正月，山东巡抚赵祥星“署山东提督”。⑥ 随着政治形势的稳定，至三十一年又定，“凡加尚书侍郎衔，总督兼兵部，巡抚兼工部”。⑦ 雍正元年（1723 年）议定督抚兼衔，川陕总督、两江总督“俱应授为兵部尚书”，其余各省总督巡抚“俱为兵部右侍郎”。⑧

关于巡抚的军事职权及相应兼衔，乾隆八年（1743 年）皇帝指示，“山东巡抚著照山西、河南之例，兼提督衔”。⑨《乾隆会典》亦明确记载：“山东巡抚兼提督。”⑩ 乾隆十四年（1749 年），又议定总督巡抚“其应否兼尚书侍郎衔之处，请旨定夺”。四十八年（1783 年）奉上谕：“向例总督俱兼兵部尚书右都御史衔，巡抚俱兼兵部侍郎右副都御史衔。”⑪ 至此，总督巡抚加衔兼衔基本固定下来并渐成定例。

在嘉庆《大清会典事例》中，都察院右副都御史系“各省巡抚兼衔”。⑫ 不过，此时的巡抚加衔仍沿袭乾隆朝事例，大多在其职官任命后进行，这一点可以在档案中找到佐证。以伊江阿为例，嘉庆元年七月二十一日，在其“谢恩”题本中，其职衔为“巡抚山东等处地方督理营田节制全省军务”，⑬ 至当年十月十八日，其职衔全称为“兵部侍郎兼都察院右副都御史、巡抚山东等处地方、督理营田兼提督衔节制全省军务、承袭三等轻车都尉”。⑭ 又如倭什布，嘉庆七年十一月初三日，他由本省布政使“加恩以三品顶戴补授山东巡抚”，⑮ 整个十一月都没有加衔，职衔全称为“赏给三品顶戴巡抚山东等处地方、督理营田兼提督衔节制全省军务”；⑯ 直到十二月始加都察院右副都御史衔，全称为“都察院右副都御史、巡抚山东等处地方、督理营田兼提督

① 《清圣祖实录》卷六，康熙元年四月辛亥。

② 《清圣祖实录》卷九，康熙二年五月戊寅。

③ 《清圣祖实录》卷一二，康熙三年六月甲午。

④ 《清圣祖实录》卷三五，康熙十年四月丙申。

⑤ 王钟翰点校：《清史列传》卷一〇《赵祥星传》，中华书局，1987 年。

⑥ 《清史列传》卷一〇，《赵祥星传》。

⑦ 雍正《大清会典》卷八《吏部六・文选司》。

⑧ 嘉庆《大清会典事例》卷二〇《吏部七・官制》，清嘉庆二十三年戊寅本。

⑨ 嘉庆《大清会典事例》卷二〇《吏部七・官制》。

⑩ 乾隆《大清会典》卷六三《兵部・营制》。

⑪ 嘉庆《大清会典事例》卷二〇《吏部七・官制》。

⑫ 嘉庆《大清会典事例》卷一四《吏部一・官制》。

⑬ 《山东巡抚伊江阿题为补授山东巡抚谢恩事》，嘉庆元年七月二十一日，内阁吏科题本（档号：02-01-03-08205-020）。

⑭ 《山东巡抚伊江阿题请旌表历城县贡生刘笃善五世同堂事》，嘉庆元年十月十八日，内阁礼科题本（档号：02-01-005-023147-0018）。

⑮ 《军机处上谕档》，嘉庆七年十一月初三日第 4 条，中国第一历史档案馆馆藏（下同）。

⑯ 《山东巡抚倭什布题请以王化昌署理文登县知县事》，嘉庆七年十一月二十九日，内阁吏科题本（档号：02-01-03-08512-022）。

衔节制全省军务、三品顶戴”。①

在嘉庆朝的山东巡抚中，蒋兆奎任职时间为嘉庆五年正月至闰四月，百龄任职时间为嘉庆十三年十二月至十四年正月，均因时间过短，目前缺少档案而无从查证其加衔；全保则是由理藩院右侍郎署理山东巡抚，无加衔，衔名全称为“署理巡抚山东等处地方、督理营田、兼提督衔节制全省军务、革职留任”。② 除以上3人外，其他山东巡抚均可从档案记载中查找到具体的职衔，如倭什布为赏给三品顶戴，仅加“都察院右副都御史”衔，其余14人全称则均为“兵部侍郎兼都察院右副都御史巡抚山东等处地方、督理营田、兼提督衔节制全省军务”。又有4名旗人官员有承袭或世袭爵位，如伊江阿“承袭三等轻车都尉”、铁保“世袭恩骑尉”、惠龄和长龄兄弟分别为“世袭一等轻车都尉”和“世袭云骑尉”。③

二　嘉庆朝山东巡抚的任免升迁

嘉庆朝25年间，除巡抚任免交接期间几次暂时性的署理和护理外，山东巡抚共历经19次职官任免，其中吉纶曾两次任职，故嘉庆一朝山东巡抚共有18人。（表1）

表1　　嘉庆朝山东巡抚任免一览表④

序号	姓名	民族	前任职官	任职时间	职衔	任职年限	后任职官
1	玉德	满洲	刑部左侍郎	乾隆六十年（1795年）正月至嘉庆元年（1796年）六月	兵部侍郎兼都察院右副都御史巡抚山东等处地方督理营田兼提督衔节制全省军务⑤	1年半	浙江巡抚
2	伊江阿	满洲	镶白旗副都统	嘉庆元年六月至嘉庆四年（1799年）正月	兵部侍郎兼都察院右副都御史巡抚山东等处地方督理营田兼提督衔节制全省军务、承袭三等轻车都尉	2年7个月	革职

① 《山东巡抚倭什布题请以马振玉署理蓬莱县知县事》，嘉庆七年十二月初九日，内阁吏科题本（档号：02-01-03-08513-008）。

② 《署理山东巡抚全保题请更换德平县印信事》，嘉庆十年九月二十六日，内阁礼科题本（档号：02-01-005-023202-0034）。

③ 14名巡抚中，伊江阿加衔已见于文内，其余13人加衔及4人爵位参见下文之《嘉庆朝山东巡抚任免一览表》。

④ 本表以一史馆馆藏《军机处上谕》等档案为据制成，具体来源见文内引文，参以《清代职官年表》之“巡抚年表”。该表以山东巡抚任免时间的衔接性作为具体人物取舍的根据，故嘉庆十年正月全保署理列入，而四年正月陈大文未到任仓场侍郎宜兴暂署、四年二月宜兴补授苏抚布政使岳起署理、五年正月及闰四月蒋兆奎未到任及革退时布政使全保暂护、八年正月倭什布补授粤督时布政使陈钟琛暂护、十九年七月同兴革职后吏部尚书章煦暂署、二十四年三月程国仁未到任布政使广庆暂护等均不列入。

⑤ 《山东巡抚玉德题为曹州府单县张余庆等五世同堂请旌表事》，乾隆六十年十一月初十日，内阁礼科题本（档号：02-01-005-023139-0015）。

续表

序号	姓名	民族	前任职官	任职时间	职衔	任职年限	后任职官
3	陈大文	汉	广东巡抚	嘉庆四年正月至嘉庆五年（1800年）正月	兵部侍郎兼都察院右副都御史巡抚山东等处地方督理营田兼提督衔节制全省军务①	1年	丁忧免职
4	蒋兆奎	汉	工部右侍郎	嘉庆五年正月至闰四月	未见诸档案	5个月	革职，降为三品卿衔休致
5	惠龄	蒙古	兵部左侍郎	嘉庆五年闰四月至嘉庆六年（1801年）十一月	兵部侍郎兼都察院右副都御史巡抚山东等处地方督理营田兼提督衔节制全省军务、世袭一等轻车都尉②	1年7个月	陕甘总督
6	和宁	蒙古	安徽巡抚	嘉庆六年十一月至嘉庆七年（1802年）七月	兵部侍郎兼都察院右副都御史巡抚山东等处地方督理营田兼提督衔节制全省军务③	9个月	解任
7	祖之望	汉	刑部左侍郎	嘉庆七年七月至十一月	兵部侍郎兼都察院右副都御史巡抚山东等处地方督理营田兼提督衔节制全省军务④	5个月	陕西巡抚
8	倭什布	满洲	山东布政使	嘉庆七年十一月至嘉庆八年（1803年）正月	都察院右副都御史巡抚山东等处地方督理营田兼提督衔节制全省军务三品顶戴	3个月	两广总督
9	铁保	满洲	广东巡抚	嘉庆八年正月至嘉庆十年（1805年）正月	太子少保兵部侍郎兼都察院右副都御史巡抚山东等处地方督理营田兼提督衔节制全省军务、世袭恩骑尉⑤	2年	两江总督
10	全保	蒙古	理藩院右侍郎	嘉庆十年正月至十一月	署理巡抚山东等处地方督理营田兼提督衔节制全省军务、革职留任	11个月	湖广总督

① 《山东巡抚陈大文题请实授宁德胶州协副将事》，嘉庆四年十一月二十日，内阁兵科题本（档号：02－01－006－003363－0012）。

② 《山东巡抚惠龄题为莱州府潍县寿妇郭张氏年逾百龄请旌表事》，嘉庆六年四月二十五日，内阁礼科题本（档号：02－01－005－023184－0003）。

③ 《山东巡抚和宁题为保举山东登州镇水师前营游击李景曾事》，嘉庆六年十二月十三日，内阁兵科题本（档号：02－01－006－003467－0006）。

④ 《山东巡抚祖之望题请核销临清州建窑用过工料银两事》，嘉庆七年十一月初二日，内阁工科题本（档号：02－01－008－002584－0009）。

⑤ 《山东巡抚铁保为题请兰兴龙承袭云骑尉世职事》，嘉庆九年四月二十二日，内阁兵科题本（档号：02－01－006－003532－0036）。

续表

序号	姓名	民族	前任职官	任职时间	职衔	任职年限	后任职官
11	长龄	蒙古	安徽巡抚	嘉庆十年十一月至嘉庆十二年（1807年）五月	兵部侍郎兼都察院右副都御史巡抚山东等处地方督理营田兼提督衔节制全省军务、世袭云骑尉①	1年7个月	陕甘总督
12	吉纶	满洲	漕运总督	嘉庆十二年五月至嘉庆十三年（1808年）十二月	兵部侍郎兼都察院右副都御史巡抚山东等处地方督理营田兼提督衔节制全省军务②	1年7个月	江西巡抚
13	百龄	汉军	山东布政使	嘉庆十三年十二月至嘉庆十四年（1809年）正月	未见诸档案	2个月	两广总督
14	吉纶	满洲	江西巡抚	嘉庆十四年正月至嘉庆十六年（1811年）闰三月	兵部侍郎兼都察院右副都御史巡抚山东等处地方督理营田兼提督衔节制全省军务革职留任③	2年3个月	理藩院右侍郎兼右翼总兵
15	同兴	满洲	贵州巡抚	嘉庆十六年闰三月至嘉庆十九年（1814年）七月	兵部侍郎兼都察院右副都御史巡抚山东等处地方督理营田兼提督衔节制全省军务④	3年4个月	革职
16	陈预	汉	浙江巡抚	嘉庆十九年七月至嘉庆二十三年（1818年）四月	兵部侍郎兼都察院右副都御史巡抚山东等处地方督理营田兼提督衔节制全省军务、三品顶戴⑤	3年9个月	署兵部左侍郎，旋降
17	和舜武	满洲	河南巡抚	嘉庆二十三年四月至嘉庆二十四年（1819年）三月	兵部侍郎兼都察院右副都御史巡抚山东等处地方督理营田兼提督衔节制全省军务⑥	1年	死于任

① 《山东巡抚长龄题为临清州民妇冯章氏五世同堂请旌表事》，嘉庆十二年正月二十二日，内阁礼科题本（档号：02－01－005－023380－0013）。

② 《山东巡抚吉纶题报现任甘肃文县知县赵凤辉母故丁忧事》，嘉庆十二年十月二十七日，内阁礼科题本（档号：02－01－005－023210－0041）。

③ 《山东巡抚吉纶题为恩县印信模糊请更换事》，嘉庆十四年十一月二十五日，内阁礼科题本（档号：02－01－005－023224－0030）。

④ 《山东巡抚同兴题为郯城县烈妇李张氏请予旌表事》，嘉庆十七年二月二十二日，内阁礼科题本（档号：02－01－005－023241－0039）。

⑤ 《山东巡抚陈预题报嘉庆二十一年丙子科乡试出闱日期事》，嘉庆二十一年八月二十四日，内阁礼科题本（档号：02－01－005－023268－0010）。

⑥ 《山东巡抚和舜武题报嘉庆二十三年戊寅恩科山东乡试出闱日期事》，嘉庆二十三年八月二十二日，内阁礼科题本（档号：02－01－005－023278－0036）。

续表

序号	姓名	民族	前任职官	任职时间	职衔	任职年限	后任职官
18	程国仁	汉	浙江巡抚	嘉庆二十四年三月至嘉庆二十五年（1820年）三月	兵部侍郎兼都察院右副都御史巡抚山东等处地方督理营田兼提督衔节制全省军务①	1年	病免
19	钱臻	汉	江西巡抚	嘉庆二十五年三月至道光元年（1820年）六月	兵部侍郎兼都察院右副都御史巡抚山东等处地方督理营田兼提督衔节制全省军务②	1年3个月	湖南布政使

通过统计该表中巡抚之民族成分、任职时间及山东之前、后任职等，分析可知嘉庆朝山东巡抚任免之大概情形。

一是民族。嘉庆朝山东巡抚并未限定满缺汉缺，但在实际任免升迁中，满洲八旗官员数量最多，有玉德、伊江阿、倭什布、铁保、吉纶、同兴、和舜武7人；次之为汉官，有陈大文、蒋兆奎、祖之望、陈预、程国仁、钱臻6人；再次之为蒙古八旗官员，有惠龄、和宁、全保、长龄4人；汉军八旗官员唯百龄1人。旗人或者说广义上的“满洲”官员共计12名，为一朝巡抚总数的三分之二，占据了绝对优势。

二是任期。嘉庆朝巡抚任期普遍较短。具体说来，连续任职年限超过3年者2人，其中同兴任职约3年4个月、陈预任职3年9个月。若将勉强称为“连任”，实际上两次任职时间总和3年10个月的吉纶（第一次任职1年7个月，第二次任职2年3个月，间隔了百龄被任命为山东巡抚的两个月时间），任职年限超过3年者也仅仅3人而已，还不到总数的五分之一；任职年限两年及以上者亦有2人，其中伊江阿2年7个月、铁保2年；任期一年以上、两年以下者7人（吉纶两次任命不再重复计入），接近总人数的五分之二，是所占比例最大的一个群体；任职年限不足一年者6人，接近总数的三分之一，以月份虚数计算，百龄2个月、倭什布3个月、蒋兆奎与祖之望5个月、和宁9个月、全保11个月。25年共有18名巡抚任职，平均每名巡抚每次任职时间还不到一年半。

三是任免升迁。具体到山东巡抚前后的任官情况，以19次任免为基数考察。以布政使升任山东巡抚者，有倭什布、百龄2人，且均为山东布政使；以他省巡抚改调者10人，其中广东2人、安徽2人、江西2人、浙江2人、贵州与河南各1人，超过总人数的一半还多，所占比例最高；以中央机构衙门侍郎改调者5人，包括刑部左侍郎2人、工部左侍郎1人，兵部左侍郎1人，理藩院右侍郎1人，接近总人数的三分之一；此外，以镶白旗副都统、漕运总督补授者各1人。

至于山东巡抚后任职去向，其免职者2人，陈大文丁忧、程国仁病免；改调他省巡抚者3人，吉纶调江西（未到任），玉德调浙江，祖之望调山西；改任中央衙门侍郎者2人，吉纶任理藩院右侍郎兼右翼总兵，陈预署兵部左侍郎；直升总督者6人，其中惠龄、长龄迁陕甘总督，倭

① 《山东巡抚程国仁题报嘉庆二十四年己卯科山东乡试入闱日期事》，嘉庆二十四年八月初六日，内阁礼科题本（档号：02－01－005－023284－0007）。

② 《山东巡抚钱臻题报接到大行皇帝遗诏日期事》，嘉庆二十五年九月十八日，内阁礼科题本（档号：02－01－005－023290－0009）。

什布、百龄迁两广总督，铁保迁两江总督，全保迁湖广总督；革职及降职者5人，伊江阿、蒋兆奎、和宁、同兴革职解任，钱臻降任湖南布政使；和舜武死于任。

三 嘉庆朝山东巡抚任免升迁之分析

上述内容乃是嘉庆朝山东巡抚任免统计、分析的结果，若考察范围不再仅仅局限于山东巡抚之任，而追溯个人升任巡抚前后具体职务及轨迹，其细节分析及结论又会有所不同。

1. 玉德：乾隆六十年正月刑部左侍郎补授山东巡抚，嘉庆元年六月调补浙江巡抚，四年十月暂署闽浙总督。①

2. 伊江阿：嘉庆元年六月镶白旗满洲副都统补授山东巡抚，② 四年正月革职，③ “旋放塔尔巴哈台领队大臣”。④

3. 陈大文：嘉庆二年四月广东布政使补授本省巡抚，四年正月调补山东巡抚，五年正月丁忧，六年六月未服满而署理直隶总督。⑤

4. 蒋兆奎：嘉庆五年正月工部左侍郎补授山东巡抚，⑥ 闰四月革退，降为三品卿衔休致。⑦

5. 惠龄：嘉庆五年闰四月兵部左侍郎补授山东巡抚，六年十一月补授陕甘总督。⑧

6. 和宁：嘉庆六年十月仓场侍郎补授安徽巡抚，十一月调补山东，七年七月解任。⑨

7. 祖之望：嘉庆七年七月由刑部左侍郎授山东巡抚，⑩ 十一月调补陕西巡抚；八年八月调补广东巡抚，九月省假；九年正月补授刑部右侍郎，九月转补左侍郎。⑪

8. 倭什布：嘉庆七年十一月山东布政使补授巡抚，八年正月补授两广总督。⑫

9. 铁保：嘉庆七年十一月漕运总督补授广东巡抚，八年正月调补山东，十年正月补授两江

---

① 《军机处上谕档》，乾隆六十年正月初三日第1条、嘉庆元年六月二十九日第1条、嘉庆四年十月初三日第5条。

② 《军机处上谕档》，嘉庆元年六月二十九日第1条。关于伊江阿补授山东巡抚前职官，从《清代职官年表》之“巡抚年表”，参《清高宗实录》卷一四九三，乾隆六十年十二月壬寅“调镶红旗汉军副都统伊江阿为镶白旗满洲副都统”。

③ 《军机处上谕档》，嘉庆四年正月二十日第2条。

④ 《董诰等奏为审拟已革湖北知府王树勋曾经披剃假托佛法交接多人案事》，嘉庆二十年五月初九日，军机处录副（档号：03-2238-025）。钱实甫《清代职官年表》之“巡抚年表”中“二月辛丑改苏抚”，应为误。

⑤ 《军机处上谕档》，嘉庆二年四月初六日第3条、嘉庆四年正月二十日第2条、嘉庆五年正月初十日第4条、嘉庆六年六月初十日第7条。

⑥ 《军机处上谕档》，嘉庆五年正月初十日第4条。其中，蒋兆奎山东巡抚前职官，可参嘉庆五年正月初八日第2条军机处上谕“工部右侍郎员缺著蒋兆奎补授”。

⑦ 《军机处上谕档》，嘉庆五年闰四月初七日第2条。

⑧ 《军机处上谕档》，嘉庆五年闰四月初七日第3条、嘉庆六年十一月初四日第1条。

⑨ 《军机处上谕档》，嘉庆六年十月二十六日第2条、嘉庆六年十一月初四日第1条、嘉庆七年七月二十六日第1条。

⑩ 《军机处上谕档》，嘉庆七年七月二十六日第1条、第4条。

⑪ 《军机处上谕档》，嘉庆七年十一月初三日第4条、嘉庆八年八月初五日第2条、嘉庆八年九月十四日第1条、嘉庆九年正月二十日第5条、嘉庆九年九月二十四日第4条。

⑫ 《军机处上谕档》，嘉庆七年十一月初三日第4条、嘉庆八年正月初四日第8条。

总督。①

10. 全保：嘉庆十年正月理藩院右侍郎署理山东巡抚，十一月补授湖广总督。②

11. 长龄：嘉庆九年十二月直隶提督补授安徽巡抚，十年十一月调补山东，十二年五月补授陕甘总督。③

12/14. 吉纶：嘉庆七年十一月工部右侍郎补授漕运总督，十二年五月补授山东巡抚，十三年十二月调补改江西，十四年正月仍回山东巡抚之任，十六年闰三月补授理藩院右侍郎兼右翼总兵。④

13. 百龄：嘉庆十三年十二月山东布政使升补本省巡抚，十四年正月补授两广总督。⑤

15. 同兴：嘉庆十四年八月安徽布政使补授云南巡抚；⑥ 十五年二月调补湖北，十一月调补浙江，十二月调补贵州；十六年闰三月改山东，十九年七月解任。⑦

16. 陈预：嘉庆十九年三月，刑部右侍郎补授福建巡抚；⑧ 五月调补浙江，⑨ 七月调补山东，二十三年四月署理兵部左侍郎，⑩ 旋降。⑪

17. 和舜武：嘉庆二十二年七月，山东布政使补授山西巡抚；十二月调补河南；二十三年四月调补山东，⑫ 二十四年三月初十日死于任。⑬

18. 程国仁：嘉庆二十三年七月，甘肃布政使补授浙江巡抚；⑭ 二十四年三月调补山东，二

---

① 《军机处上谕档》，嘉庆七年十一月二十四日第3条、嘉庆八年正月初四日第8条、嘉庆十年正月二十六日第1条。

② 《军机处上谕档》，嘉庆十年正月二十六日第1条、嘉庆十年十一月初七日第7条。

③ 《军机处上谕档》，嘉庆九年十二月初三日第3条、嘉庆十年十一月初七日第7条、嘉庆十二年五月十八日第1条。

④ 《军机处上谕档》，嘉庆七年十一月二十四日第3条、嘉庆十二年五月十八日第1条、嘉庆十三年十二月二十九日第1条、嘉庆十四年正月初七日第1条、嘉庆十六年闰三月二十九日第2条。

⑤ 《军机处上谕档》，嘉庆十三年十二月二十九日第1条、嘉庆十四年正月初七日第1条。

⑥ 《军机处上谕档》，嘉庆十四年八月二十二日第5条。其同兴补授云南巡抚前职官，可参军机处上谕嘉庆十四年七月初六日第10条，“安徽布政使员缺著同兴补授”。

⑦ 《军机处上谕档》，嘉庆十五年二月十二日第8条、嘉庆十五年十一月十三日第3条、嘉庆十五年十二月十九日第1条、嘉庆十六年闰三月二十九日第2条、嘉庆十九年七月初七日第4条。

⑧ 《军机处上谕档》，嘉庆十九年三月十二日第9条。

⑨ 《军机处上谕档》，嘉庆十九年五月初六日第6条。《清代职官年表》之“巡抚年表”作“七月丙申改浙抚”，时间应有误。

⑩ 《军机处上谕档》，嘉庆十九年七月二十三日第1条、嘉庆二十三年四月二十日第3条。

⑪ 此处从《清代职官年表》之“巡抚年表”，参阅《清仁宗实录》卷三四一，嘉庆二十三年四月丁亥，“以山东巡抚陈预不能整顿地方，命来京署兵部左侍郎，寻降三品京堂”。

⑫ 《军机处上谕档》，嘉庆二十二年七月二十三日第5条、嘉庆二十二年十二月二十七日第3条、嘉庆二十三年四月二十日第3条。

⑬ 《山东布政使广庆奏为抚臣和舜武病逝事》，嘉庆二十四年三月初十日，该奏折三月十四日奉朱批，军机处录副（档号：03-1581-087）。《清代职官年表》之“巡抚年表”作“三月丙午（十四日）死（恭慎）”，时间应有误。

⑭ 《军机处上谕档》，嘉庆二十三年七月十五日第2条。《清代职官年表》之“巡抚年表”作“七月己酉（十三日）迁浙抚”，时间应有误。程国仁浙江巡抚前职官，参阅军机处上谕，嘉庆朝二十一年七月十五第3条“甘肃布政使员缺著程国仁补授”、嘉庆朝二十三年七月初七日第1条“藩司程国仁”。

十五年三月因病开缺；四月补授刑部右侍郎。①

19. 钱臻：嘉庆二十一年六月，直隶布政使迁江西巡抚；二十五年三月改山东；道光元年六月降湖南布政使。②

考察升任巡抚前任官及履历，除倭什布、百龄2人为山东布政使升任外，他省巡抚改调山东者10人中，又有陈大文、同兴、和舜武、程国仁和钱臻5人亦为布政使升任巡抚者。其中，陈大文由广东布政使升任本省巡抚，后改山东；同兴由安徽布政使迁云南巡抚，调湖北、浙江、贵州后改山东；和舜武由山东布政使迁山西巡抚，调河南后改山东；程国仁由甘肃布政使迁浙江巡抚，后改山东；钱臻，由直隶布政使迁江西巡抚，后改山东。因此，嘉庆朝山东巡抚中，有7人是由布政使升任巡抚一职。

至于巡抚任后升职之去向，其惠龄、倭什布、铁保、全保、长龄、百龄6人均为山东巡抚直接升任他省总督。此外，玉德由山东改浙江巡抚三年后升署闽浙总督，陈大文丁忧服制未满署直隶总督。至于和宁，革职戍边辗转7年后于十四年署陕甘总督之事则不计，嘉庆朝山东巡抚中，由巡抚升任总督者共计8人。

综合进一步的考察和分析，可以得出以下看法：

1. 嘉庆一朝山东巡抚任免升迁的情形，基本符合传统认定的“布政使升任巡抚，巡抚升任总督”的概念，这也应该是巡抚最直接的升职方式。进一步具体分析这种升迁方式的官员身份，可以看出：布政使升任巡抚7人中，除百龄为汉军外，倭什布、同兴、和舜武3人为满洲，陈大文、程国仁、钱臻3人为汉人，基本保持了一种满汉平衡的趋势；巡抚升任总督8人中，仅有陈大文1人为汉官，其他如玉德、倭什布、铁保为满洲，惠龄、全保、长龄为蒙古，百龄为汉军，皆为“满洲”官员。

2. 与此相对应，嘉庆朝山东巡抚任免升迁之实际情形与会典规定相较，可以看出具体制度规定与职官任免事例之间的差异，或者称为制度执行过程中灵活性的体现。

其一，嘉庆《钦定大清会典事例》虽规定巡抚品级为从二品，③ 但此朝中山东巡抚品级亦有例外，如倭什布、陈预均为“三品顶戴”。其二，会典事例载，满洲官员正二品“太子少师、太子少傅、太子少保，系内阁各部院大臣、督抚加衔”；④ 汉官则有从一品“少师、少傅、少保、太子太师、太子太傅、太子太保”，正二品“太子少师、太子少傅、太子少保”，均可作为督抚加衔。⑤ 嘉庆朝山东巡抚中，仅有铁保一人在任内加衔“太子少保”。⑥ 其三，会典中规定，从二品内阁学士、翰林院掌院学士，正三品都察院左副都御史，可升任各省巡抚，⑦ “各省巡抚，由内阁学士、都察院左副都御史、顺天府府尹、奉天府府尹、各省布政使升任，升各省总督”，

① 《军机处上谕档》，嘉庆二十四年三月十四日第4条、嘉庆二十五年三月十七日第2条、嘉庆二十五年四月十四日第3条。

② 《军机处上谕档》，嘉庆二十一年六月三十日第11条、嘉庆二十五年三月十七日第3条、道光元年六月二十六日第3条。

③ 嘉庆《钦定大清会典事例》卷一五《吏部二·官制·汉官品级》。

④ 嘉庆《钦定大清会典事例》卷一四《吏部一·官制·满洲官员品级》。

⑤ 嘉庆《钦定大清会典事例》卷一五《吏部二·官制·汉官品级》。

⑥ 《山东巡抚铁保为题请兰兴龙承袭云骑尉世职事》，嘉庆九年四月二十二日，内阁兵科题本（档号：02－01－006－003532－0036）。

⑦ 嘉庆《钦定大清会典事例》卷一四《吏部一·官制·满洲官员品级》。

又有“翰林院掌院学士”亦可升任巡抚。① 实际上，嘉庆朝山东巡抚除由布政使升任之外，中央机构衙门侍郎外放者亦有7人，漕运总督补授者2人，镶白旗副都统、直隶提督各1人。与其时会典事例中内阁学士、都察院左副都御史、顺天府府尹、奉天府府尹、翰林院掌院学士可升任各省巡抚全不相符。另外，除了降革死者外，由山东巡抚任内直升或后来升任总督者8人，其余4人均回京改任中央衙门侍郎。由此可知，会典所规定巡抚“升各省总督”虽然便捷，但并非唯一的升迁之路。其四，会典中并未规定各部侍郎与各省巡抚之间的调补升迁，但在嘉庆朝山东巡抚任免中，既有各部侍郎外放任巡抚，又有巡抚改调中央衙门任侍郎的具体事例。

3. 嘉庆朝山东巡抚任免升迁之实际情形，与会典所规定的制度框架相比，档案中还记载了一些会典中不曾涉及或更为细节的内容案例。

当时山东巡抚任内革职者4人，除蒋兆奎革职后降为三品卿衔，即予休致，再无后续记载外。其他3人虽均被发往边地效力，但其职官生涯并未终结。其中，伊江阿革职后不久被任命为塔尔巴哈台领队大臣，确切地说是“降为蓝翎侍卫令往塔尔巴哈台办事”，后因事“革为兵丁发往伊犁效力赎罪”；② 和宁“发往乌鲁木齐，自备资斧効力赎罪”，③ 后曾任喀什噶尔参赞大臣、乌鲁木齐都统、热河都统、署陕甘总督、中央部院大臣等职，④ 嘉庆二十三年二月“在军机大臣上学习行走”；⑤ 同兴“发往盛京，交普恭等派在工程处效力”，⑥ 后曾任“古城领队大臣”及“阿克苏办事大臣”。⑦ 因此可以看出，清代除死罪外，革职解任废员还可以通过“效力赎罪”获得重新列位大吏的机会。同样，升职调任各员，也会因各自在山东巡抚原任内的废弛贻误而被后续追责。如原任山东巡抚同兴，“因匪徒聚众隐匿不报革职，又因罚赔山东积亏案内银两迁延未缴，革去阿克苏办事大臣，解京勒追”；⑧ 陈预，署理兵部左侍郎后，“因捕役豢窃分赃任听属员延案不结，又于东省积案任意废弛，降补刑部主事，因病开缺”；吉纶，任工部尚书后，“因在步军统领任内于逆匪入城毫无觉察革职，又因在山东巡抚任内废弛贻误，发往吉林释回，嘉庆二十四年九月奉旨以主事用，现在吏部行走”；程国仁，“因参革教谕李训不将该革员摘去顶戴严行管押，以郎中降补”。⑨ 这些事例，可补嘉庆《钦定大清会典事例》记载之阙如。

综上所述，嘉庆一朝山东巡抚任免升迁群体概括起来有以下几个特点。

1. 山东巡抚任职者满人多于汉人。嘉庆朝山东巡抚并未限定满缺或汉缺，但在其一朝山东巡抚共任免18人中，汉官仅有6人，其隶属八旗之官员共有12人，为汉官数量的2倍。也就是说，若以满汉二者相较，嘉庆朝山东巡抚以满洲官员居多，居一朝巡抚任职总数的三分之二，仍持续了清前期督抚任用“满多于汉”的传统。

2. 满洲官员的升迁方式更直捷。嘉庆朝山东巡抚基本符合“布政使升任巡抚，巡抚升任总督”升迁方式的8人中，仅有陈大文一人为汉官，余者均为“满洲”。因此可以说，与汉官相比较而言，嘉庆朝山东巡抚中，满洲官员的升迁之路更为顺畅和直捷。

---

① 嘉庆《钦定大清会典事例》卷一五《吏部二·官制·汉官品级》。

② 《军机处上谕档》，嘉庆四年六月二十七日第1条。

③ 《军机处上谕档》，嘉庆七年八月三十日第1条。

④ 《清史稿》卷三五三《列传一百四十·和瑛传》。

⑤ 《军机处上谕档》，嘉庆二十三年二月初三日第2条。

⑥ 《军机处上谕档》，嘉庆二十年十二月二十五日第5条。

⑦ 《随手档》，嘉庆二十一年十月十四日谕旨，中国第一历史档案馆馆藏。

⑧ 《军机处上谕档》，嘉庆二十五年九月初三日第4条“缘事革职遣戍释回未邀录用文武各员名单”。

⑨ 《军机处上谕档》，嘉庆二十五年九月初三日第4条“缘事降革蒙恩录用未复原官文职人员名单”。

3. 任期时间较短，更替过于频繁。嘉庆朝任职山东巡抚者18人，严格说来，每人任职年限平均不足一年半。其中，任期不足一年者有6人，最短时间为仅2个月，其次为3个月，5个月的有2人。包括吉纶，任职超过3年的仅3人。整体看来，较之清前期，嘉庆朝山东巡抚普遍任期时间过短，任免过于频繁。

4. 山东巡抚的革职降职比例较大。嘉庆一朝的山东巡抚，皇帝亲自斥革者约为任职总数的三分之一，其中任内革职降职者5人，另有陈预调离巡抚任后不久降职。因此可以看出，时任一省最高长官的官员总体素质趋于因循平庸，其才具短浅不能胜任、甚至是政务废弛者不乏其人，从一个方面反映出嘉庆朝地方吏治趋于败坏的现实。

嘉庆朝山东巡抚任免的群体特点，充分显示了作为满洲贵族建立的清朝在治理地方过程中，尤其在选任封疆大吏上体现“首崇满洲”的一贯思想，重要之区多用满洲大员，在满汉官员任用上不平衡，突显了鲜明的民族特色。同时，由于任免过于频繁，普遍任期时间较短，令巡抚疲于适应新任和熟悉地方事务；也因任职时间短促，巡抚守成尚且困难，更不用奢望去开拓新局面。这种情形使得巡抚于地方管治很难有所作为。而当时大多数巡抚表现因循平庸，不能不说也是其中一个影响因素。此外，一省巡抚更换频繁，也必然导致地方整治缺乏连续性与稳定性，这对当时甚至后来山东地区整体治理造成了不小的负面影响。

（徐春峰：中国第一历史档案馆副研究馆员）

论唐炯与光绪朝边疆危机下的云南治理

许新民

内容提要：光绪初年，英法两国分别以缅甸、越南为“跳板”，进逼位于中国西南边疆的云南省，企图实现包抄中国大后方，攫取中国领土和各种利权的战略目标。云南巡抚唐炯不愿与法国交战，其对越政策核心为放弃越南，退守关内。其治理云南着眼于抓住时机，勤修内政，具体措施有裁革夫马，整顿厘金，振兴铜务，对推动云南社会经济复苏做了一些切实的工作。

关键词：唐炯　边疆危机　国家治理

从地理区位上看，云南是东亚、东南亚和南亚的自然结合点，具有过渡地带的特征。作为中国西南通往南亚次大陆和中南半岛的重要通道，滇东南、滇南、滇西、滇西南分布大量通往境外的陆路通道，同时还拥有怒江——萨尔温江、澜沧江——湄公河、元江——红河3条重要国际性水道，成为沟通云南与国际联系的“动脉”。随着英法等西方国家侵略势力染指中南半岛，缅甸、越南相继成为英法两大帝国殖民地体系的“拼图”。光绪初年，英法两国分别以缅甸、越南为“跳板”，从西、南两面逼近云南，企图包抄中国大后方，达到攫取中国领土和各种利权的目标。云南势必成为西方侵略势力伸展中国的战略通道之一，地缘政治新格局影响下，云南在国家安全形势中的战略意义提升到前所未有的高度，是为光绪朝云南一系列重大事件发生的背景。

一　云南社会经济复苏的重任

咸同云南反清大起义退潮后，云南进入社会经济恢复期。从光绪初年至19世纪末期，恢复过程旷日持久。1876年，赴任云贵总督的刘长佑谈到对战后之初云南形势的认识和治理难题,①他说：“云贵两省地处边隅，界连藩服，甫平寇乱，未起疮痍，凡察吏安民，筹边讲武，一切善后事宜，均关紧要。总督职司兼辖，责备綦严。现在滇边又有中外交涉事件，臣情形不熟，识虑尤疏，深惧弗克胜任。”②

10年之后，1886年（光绪十二年）谭钧培调任云南巡抚,③身负恢复云南元气的治理任务，抵任时奏报说：“云南为边疆重地，兵燹后元气未复，近复加以缅、越边防，举凡练兵筹饷，察

① 刘长佑（1818—1887年），字尔眷，号荫渠，又作印渠，又号子默、扶彝黑叟，湖南新宁人。

② 《云贵总督谢恩疏》（光绪元年十二月二十二日），刘长佑《刘武慎公遗书》卷一八，台北成文出版社，1968年。

③ 谭钧培（1829—1894年），字宾寅，别字序初，贵州镇远人。

吏安民，在在均关紧要……惟有殚竭愚诚，随事与督臣和衷商办，实力图维”。[①] 1890 年，王文韶到任云贵总督时，[②] 观察到云南仍没有走出战争后遗症，经济凋敝，民生艰难，说：“滇黔两省被兵过久，受害过深，民间凋敝情形，非一时所能骤复．”[③] 主张继续推行休养生息政策。

与此同时，英法殖民势力侵入云南，封疆大吏治理云南面临全新的外部环境，如何有效施行国家治理以捍卫领土主权及相关权利、抵御侵略，成为时代的严峻挑战：“迤西界连缅甸，迤南壤接越南，大局变迁，势成逼处，交涉之事日益纠纷，地方文武尚未能谙习洋情，少见多怪，深恐措置失宜，此固围弭衅之方所亟宜讲求者也。”[④]

图 1　唐炯

1875 年（光绪元年），马嘉理案发生，云南笼罩在边疆危机的阴影之下。1884 年，中法战争爆发，云贵总督岑毓英率军出师越南抗法，[⑤] 在刘永福黑旗军协同下，与法军大战宣光，后又取得临洮大捷。然而清政府不败而败，屈辱、妥协地与法国议和、签约，云南蒙自通商设领，西南门户洞开。内忧外患的时局，形塑云南封疆大吏内政外交政策的选择与治理措施。

二　边疆危机之下唐炯的对越政策

唐炯（1829—1909 年），字鄂生，贵州遵义（今贵州省遵义市）人。父唐树义官至湖北按察使。1829 年（道光九年）唐炯出生于湖北天门县，1849 年（道光二十九年）举人。1856 年（咸丰六年）赴京师捐纳知县，分发四川使用。历署南溪县知县、绵州知州、绥定府知府，带兵镇压李永和、蓝朝柱起义和围堵石达开残部。1868 年（同治七年）率川军入黔，镇压贵州苗民起义。光绪初年，获得四川总督丁宝桢的支持，整顿四川盐务，卓有成效，于 1878 年（光绪四年）升建昌道。(图 1)

1882 年（光绪八年），清廷认为唐炯娴于军事，“素称知兵”，特简云南布政使，令其带领亲兵小队赴中越边境察看法军情形，节制关外滇军。时值中法战争爆发前夕，越南前线战云密布。

早在同治初年，法军通过发动多次侵略越南的战争，胁迫当时的越南政府签订《顺化条

① 中国第一历史档案馆编：《光绪朝朱批奏折》第 5 辑，中华书局，1995 年，第 144 页。

② 王文韶（1831—1908 年），字夔石，自号耕娱，晚号退圃，浙江仁和（今属杭州市）人。

③ 前揭《光绪朝朱批奏折》第 120 辑，第 587 页。

④ 中国第一历史档案馆编：《光绪朝朱批奏折》第 120 辑，中华书局，1995 年，第 586 页。

⑤ 岑毓英（1829—1889 年），字彦卿，号匡国，广西西林人。

约》，趁机侵占越南南圻（南部6省）。从19世纪70年代起，进一步将侵略魔爪伸向越南北部即北圻，直接威胁中国云南、广西两省边防安全，法国旨在实现变越南全境为殖民地并从西南方向侵略中国的“法兰西东方帝国”计划。① 1874年，法国通过第二次《西贡条约》（《越法和平条约》），攫取北圻通商权和红河通航权，以此为契机，积极加紧向北军事侵略活动的步伐。法国在越南北圻大肆扩张，对中国西南边疆领土和主权构成严重威胁。清廷不得不对此高度关注，上谕说：“越南孱弱已甚，如果法人意在并吞，该国万难自全。论藩属之义，中国即应派兵救援，而在我既鞭长莫及，在彼又弱不能支，揆度情形，势难筹议及此。惟越南北圻各省多与滇粤毗连，若法尽占北圻，则藩篱全撤，后患将无穷期，强弱安危，关系綦重，何可坐失事机，致成不可收拾之局。”并特别提醒云南封疆大吏说，法国侵略重点在云南：“探闻法人添置兵船，欲图越南北圻地面，由保胜以通云南。请饬该督抚于红江一带，预为设法堵截，即彼以通商为词，亦不轻许等语。法人冀由越南以达滇省，觊觎通商之利，自在意中，该省防务较粤西为尤要，亟应加意绸缪，以期有备无患。”② 下令云南地方增强军备，实力经营，妥善布置，严加防范。

图2 刘长佑

云南封疆大吏中的有识之士对法国的侵华野心保持警惕，揭露法人图滇背后隐藏的更宏大的战略意图，在于从中国西南边疆侵入内地，并掌控长江流域。云贵总督刘长佑奏报说：“洋人向来但于沿边各省设埠通商，本属便益，今必于舟楫不通、山川深阻之云南开设码头，事极劳费，其用意殊不可测。将来由此北通川、陕，东出楚、粤，彼可任其纵横，我已失所依据。”③ 刘长佑认为法人谋滇，绝不仅仅觊觎通商之利：“西夷通商，自沿海各口外，其长江一带口岸已至宜昌，距滇仅夔、涪、泸、叙之隔，若于云南再设口岸，则又据岷江上游，窟巴蜀南境，与江、汉各口声息相通，如仅营谋商贩，贪采硐矿，所夺不过一时之利，所蹙不过滇民之生，苟或规取形胜，拊楚蜀之背，而兴江海之戎，则长江三千里屏蔽已空，关系大局良非浅鲜。”④（图2）

从军事地理角度而论，云南省是中国西南门户，越南是中国西南藩篱，云南与越南唇齿相依，唇亡齿寒：“边省者，中国之门户，外藩者，中国之藩篱，藩篱陷则门户危，门户危则堂室震矣……越南为滇粤之唇齿”，“法人此举志吞全越无疑，既得之后，必请立领事于蒙自等处，以攘山矿金锡之利，或取道川蜀，以通江汉，据列邦通商口岸之上游。”⑤ 法国由越南侵滇，牵

① 何耀华总主编，蒋中礼、王文成主编：《云南通史》第5卷，中国社会科学出版社，2011年，第97页。
② 《清德宗实录》卷一四四。
③ 邓辅纶、王政慈编：《刘武慎公年谱续编》卷三，台北文海出版社，1970年。
④ 同上。
⑤ 前揭《刘武慎公年谱续编》卷三。

图 3　刘永福

一发而动全身，云南势已成为抗击法国侵略的前沿阵地之一，肩负着重大国防任务。刘长佑的继任者岑毓英在中法战争前也有加强边防的战略构想，在滇越毗邻的临安、开化、广南府一带进行防御部署。①

法国殖民者侵占东京后，进逼越南北圻地区所属的山西、北宁，一旦攻占上述军事要冲，北圻陆路将无险可守，水路则法国军舰自由进出各条水道，云南沿红河以下必须步步设防，军事上陷入全盘被动。依据中越边境地区地理环境，中国要取得国防主动权，必须从广西、云南出师越南，扼要部署，东西两路遥相呼应。在法国政界一意孤行，蓄意扩大侵略战争，云南边患已深的形势下，中国军队相继出境，进驻越南北部边境地区。其中布政使唐炯、迤南道沈寿榕率领滇军布防于越南兴化、山西一带，与刘永福黑旗军保持联络；广西布政使徐延旭率军驻防越南谅山、北宁等地。然而，清廷内外面临着既要保卫疆土又不能"衅自我开"的战略死结，在越南问题上处处陷于被动，战略思想混乱直接影响到地方督抚的作战决心，清廷上谕指示说："总期预杜外人窥伺，亦不致启衅端，如能保护北圻，即以固吾疆域。"②（图 3）

1883 年 7 月（光绪九年六月），唐炯在前线被补授云南巡抚，清廷一再督促他带兵到前线，加强中越边境防务。在法国侵略者大举压境的危险局势之下，唐炯内心怯懦，不愿与法国开战，他对越南问题有一套系统看法，核心在于放弃越南，退守关内，说：

越南自同治初元以来，南圻财赋皆为法人设官征收，官民半从天主教，其国王日在法人掌握。北圻诸省本属穷瘠，又为李扬才等蹂躏，虽经粤西屡次用兵歼除，而余孽未尽，两广犯事无业之民视为逋逃薮，所在盘踞，该国王命令久不能行，其势积弱，殆不能国。

朝廷命三省出兵压其境上，只以越南藩服用示字小之意，但今法人与越南虽和局未定，法人与我尚兵端未开，前督刘公（云贵总督刘长佑）议以滇粤之军分扎越南各省，渐次进步，似属稳固。然悬军深入，转运艰难，水土恶劣，瘴疠甚盛，在我已非立于不败之地。法人志在全据北圻，如见我分扎越南各省，举兵相向，退则示弱损威，战则兵连祸结。如谓法人占据河内，倘招纳我亡命，侵轶我边鄙，则我滇粤不得安枕，势当收复河内，然后我武维扬。不知滇粤相距数千里，文报动须两月始达，声气隔绝，进止不齐，迟速之间，事机已

① 黎瑛：《审时度势未雨绸缪——论中法战争前岑毓英的边防思想》，《中国边疆史地研究》2008 年第 3 期。

② （清）唐炯：《成山老人自撰年谱》卷六，台北广文书局，1971 年。

图4　刘永福黑旗军堡垒

失，即使通力合作，幸而集事，又安能长为越南戍守乎？一旦旋师，仍为法人所有。①

研读上述文字，归纳唐炯的观点为：其一，越南落入法国侵略魔爪是大势所趋，“天之所废不可兴”，无力挽回情势；其二，清军出师越南遇到许多实际困难，中国因为越南问题与法国开战，有损无益，即唐炯所谓的中国耗费云南、广西、广东三省之军力、武力、财力为越南守土，对越南而言“无丝毫之益”，对于中国而言“有邱出之损”，而且对法战争缺乏胜算，“出境兴师，甚非长算”，从战略上综合考虑不应战，“统筹全局不宜用兵”，主张撤军，固守国内关隘，“敛兵保险，以固吾圉”，保存国体，又何必冒着劳师远征的风险，去打一场缺少准备、胜败难料的战争，“徒兵连祸结，掣动全局”。

唐炯提出的抗法方案是抛出刘永福率黑旗军独自与法军周旋，云南、广西军队撤回国内自守关隘，“我军止宜分布边内要害，暗资刘永福以军饷器械，使之固守，以拒法人。永福兵力甚精，地利甚熟，主客之形便，劳逸之势殊。永福不为法并，越南势可苟延，是我不过岁弃四五万金，而法人终为永福所困，以视劳师构衅，利害不侔”。上述不合时宜的方案当然不可能被清政府采纳。(图4)

唐炯将国防安全与内政相比较，认为治理云南宜抓住时机，修治内政，“开办厂务，以裕生计；整顿练军，以收实用；裁革夫马，以苏民困；归并厘卡，以通商贾”，如此卧薪尝胆，上下一心，才是固圉安边、杜绝外人窥伺的万全之策。如果滇军出关武力抗击法军失利，内乱相继，后果会不堪设想：“师老财匮，民穷盗起，何以善后，是自困也”。②

① 前揭《成山老人自撰年谱》卷六。

② 以上均见《成山老人自撰年谱》卷六。

图5　昆明忠爱坊

三　兴革内政

唐炯治滇期间，如其所言，对推动云南社会经济复苏做了一些切实的工作，具体如下：

（一）裁革夫马

杜文秀起义爆发后，云南地方政府军政、财用废弛，恢复向民间征发劳役（称为“派夫”），并复派马，二者合称“夫马”。地方官凡抬轿、敲锣、打旗、撑伞、把扇、看门看堂、看监守犯、扫地喂官马，以及上任、离职、出差，都派夫，少则数十名，多则一两百名。派马则有跟班马、听差马、送差马各种名目。除派实夫实马外，还重复收夫马银。到了承平时期，云南全省人民承担的赋役正供约合银20余万两，而仅夫马一项每年即耗费达100万两左右，负担沉重，民不聊生。全省各地无论交通要道还是偏僻州县，遍设夫马局，各级官吏层层加征、压榨，从中分肥。夫马银的征收对象是平民百姓，文武绅士、衙门兵差一概不交银、不当差。战乱和苛派将云南摧残得田地荒芜，城乡萧条，人民不堪扰害者以夫马为第一。

1881年（光绪七年），善后局出台章程，规定一夫折钱300文，一马折钱600文，通过折价的形式免除征派实夫实马，然而由于地贫民瘠，根本推行不下去。次年，唐炯制订章程，自1883年正月初一日起，将通省实夫实马、夫马银、夫马局裁撤，与民休养生息，所有官府大小差使需用夫马之处，由善后局发给官费，照市价向民间公平雇募。章程规定：“督抚出入境，由善后局拨银二千两，所过州县概不支应；主考、学使五百两，学使按临各郡每棚夫百数十名，马数十匹，由善后局委员随棚料理，此外一律裁禁。臬司衙门京控、上控要案，应委员往提，由善后局察照民间价值，按官阶大小量给银两，令其自行顾（雇）备。此外上下衙门、一切例差，悉予停止。”①

此项改革收效迅速，对于减轻人民负担作用甚大，唐炯统计该年学政按临五棚，花费不到4000两，文武差使不到2000两，转运军火不到2000两，民间总共节省300万两之巨。（图5）

（二）整顿厘金

杜文秀起义期间，云南开征厘金筹饷。抽厘项目分为板厘、活厘两种。板厘取之于坐商，按月征收；活厘取之于行商，设卡征收。开征之初，清地方政府对于抽收的货物种类、数量及抽收的金额，无法进行监督和稽查，完全是放任各级政权和军队对商贾进行随意性经济掠夺。1874年（同治十三年），云南开办牙厘，同时设局征收盐厘，三迤各地更是“自行分界抽收，借供兵饷，章程错出，款目难稽”。② 1879年（光绪五年），清中央政府提出整顿云南各地的厘金分局，以除积弊，要求只在省会昆明及大镇保留厘金局，免除偏远州县抽收厘金。1883年（光绪九年），唐炯制定全省统一的抽厘章程，规定征收种类、征收税率、征收办法等，并下令各局遵照办理。云南厘金经过整顿之后，计有百货厘、红糖厘、川烟厘、土烟厘、土酒厘、绸缎厘、鹿茸厘、麝香厘、大锡厘、省货厘和各项杂收（含随厘加色、开支扣获平余、核减各局开支、包收省城牲畜油酒厘、罚款）等11类，是为云南地方当局就厘金的征收和管理向清朝汇报的方便而大致作出的分类。

云南全省厘金总局起初设于省会昆明粮储道衙门，后移归司道会办，改设于云南布政司署。同治末年，云南地方政府进行清理，划一税率，统计出全省各地设有厘金局23局，分别是云南府所辖的府城局、新兴局（今玉溪市）、武禄局（武定、禄劝合称），曲靖府所辖的宣威局、平彝局（今富源）、陆凉局、罗平局，广南府属剥隘局，昭通府管辖的副官村局、镇雄局、盐井渡局，楚雄府所辖的三姚局（即大姚、姚州、姚安合称），大理府管辖的下关局、永北厅局，永昌府属的府城局、腾越局（今腾冲）和龙陵局，临安府属蒙自局，普洱府属思茅厅局，丽江府局，东川府局，顺宁府局（今凤庆），开化府局（今文山市）。此后经过数次增设，增加到70余局，所管辖的分卡、查卡超过200个。唐炯抚滇期间，全省厘金年征收24万两，而所设厘金局卡几乎无乡不有，密如蛛网，征厘委员、书役因缘为奸，商人不堪重负，严重阻碍商品流通。唐炯一方面大力裁并局卡，“乃留边要十余局，余悉罢除”，一方面奏参二三名最贪劣的委员，以震慑、警示其余，加之制订了统一的抽厘章程，“视货物之畅滞，资本之厚薄以为衡，大率百分而取一，入境、出境各只抽收一次，于是商贾畅行，穷民始欢然有生气”。③ 经此一番系统整顿，每年厘金收入剔除支销局用之外，达到30多万两。（图6）

（三）筹办铜务

咸同云南反清大起义给滇铜生产造成摧毁性打击，滇铜开采全面停顿。同治末年战争结束，云南巡抚岑毓英奏请试办厂务，滇铜运京路线改道广西，然而由于漫无章程，缺乏通盘筹划，加之委用其部下武将办理，利不外流，滇铜开采没有较大起色，岁运仅50万斤，亏欠公款复多，以致难以为继。后来改归地方官办理，委令道员督办，弊端益多，亏欠更巨，岁运量跌落至50万斤以下。唐炯认为滇铜开采不仅是经国大计，而且关乎国家利权，“法人议由越南通商，只缘

---

① 前揭《成山老人自撰年谱》卷六。

② （民国）龙云、卢汉修，周钟岳纂：《新纂云南通志》卷一五三《财政考》四，1948年刊本。

③ 前揭《成山老人自撰年谱》卷六。

图6 大理下关城门

觊觎厂利，尤当早图”，积极加以筹划、整顿，奏请改归故道运京，并拟订章程，剔除诸弊，遴委官绅分赴迤东、迤西次第开办。又奏定京铜春秋两运，鼓励招商集股开采铜矿。该年运储四川泸州铜店及东川、宣威各店的滇铜总量超过100万斤，个旧锡厂、东川铅厂产量也畅旺起来。

客观地说，唐炯整顿云南内政是有较大的政策力度，也取得相当成效。然而，越南形势急转直下，改变了唐炯的政治命运。1883年9月21日（八月二十一日），唐炯返回省城接收巡抚关防。后再次从越南前线返回省城筹措饷需，并办理吏治、厂务。次年二月，法军对驻越清军发动攻势，军事重地北宁、太原相继失守，越南战局陷入崩溃境地。清廷震怒，派贵州巡抚张凯嵩至滇，当面宣布将唐炯革职惩办：“前派唐炯督带滇军防守越南、山西等处，乃该抚并未奉有谕旨，率行回省，以致边防松懈，当经摘去顶戴，革职留任，以示薄惩。近日山西、北宁、太原相继失陷，皆由唐炯退缩不前，而致军心怠玩，相率效尤，殊堪痛恨！着张凯嵩驰赴云南，传旨将唐炯革职拿问，派员解京，交刑部治罪。”① “边防松懈，临敌退缩”的定罪使唐炯从主政一方的封疆大吏“断崖式”沦落为一名阶下囚。之后他被解送到京师，经过数轮会审，定拟为“斩监候”。

四 余波

经过朝廷大员李鸿章、左宗棠、丁宝桢、岑毓英等人多方奔走、活动和求情，唐炯最终逃脱牢狱之灾，获得宽免。1887年（光绪十三年），唐炯被清廷开释，发回云南任用，以巡抚衔督办

① 《清德宗实录》卷一七八。

云南矿务。自此主导云南铜矿开采近 20 年，他招集商贾开采，聘请日本矿师，开办矿务公司，先后奏请提高铜价、豁免积欠，并通过增加商铜所占比例来鼓励开采，然而收效并不明显，滇铜产量仅能保证“京运无缺”。云贵总督王文韶为其开脱说：“滇民生计向来视铜厂为盛衰，军兴以后，铜政废弛，民生日困。现特派前抚臣唐炯督办矿务，创设公司，招集商股，整理旧厂，开辟新场，惨淡经营，煞费心力，只以荒废日久，未能克期收效。”①《清史稿》评论道：“仅岁解京铜百万斤，（唐炯）为时论所讥”。② 时过境迁，滇铜生产无法恢复到乾隆年间鼎盛局面了。

唐炯晚年告病回乡，1909 年（宣统元年）卒于贵阳，享年八十有一。其仕途上的大起大落生前身后给人们提供了丰富的话题。《清史稿》本传作者对于唐炯居然逃脱死刑，苟且终老，愤愤不平，埋怨“朝廷固宽大，亦失刑甚矣”。③ 李慈铭指出他是“张之洞之妻兄”，暗示唐的升迁缘于裙带关系。王闿运早年说唐“坦直寡言”，后来看法大为转变，当听说唐下狱论罪时，觉得理所当然，认为唐“贪位侥幸，正使杀之，亦所应得”，此后又讥讽唐办理云南矿务“拼命弄钱，念唐鄂生真如一大梦也”！④ 费行简《近代名人小传》批评唐炯作战只知道一味强攻，导致精锐消耗严重，“实不知兵”，⑤ 并揭露他性格执拗，重私谊，行军打仗期间随带专职厨师和炊事用具，中法战争期间嫌越南水土恶劣，雇用马匹从省会昆明专程运输黑龙潭水到前线泡茶，简直一副纨绔子弟的做派。晚年放纵自我，讲究吃喝，喜好算命卜相之术，四处搜罗字画附庸风雅，但艺术修养很差，往往上当受骗。

本文为教育部人文社会科学研究青年基金项目“晚清云南边疆治理体系转型研究”（19XJC770012）阶段成果。

（许新民：云南师范大学历史行政学院教授）

① 前揭《光绪朝朱批奏折》第 120 辑，第 587 页。

② 《清史稿》卷四五八《列传》二四五。

③ 《清史稿》卷四五八《列传》二四五。

④ 金梁：《近世人物志》，《清代传记丛刊》第 62 册，台北明文书局，1989 年，第 271 页。

⑤ 费行简：《近代名人小传》，《清代传记丛刊》第 202 册，第 622—623 页。

1900—1905年辽阳州蒙受俄日兵灾述论

喻大华

内容提要：辽阳位居奉省中部，是东北的历史名城。光绪二十六年（1900年），沙俄军队以镇压义和团、保护中东铁路为借口，入侵东北，占领辽阳州，盘踞近5年之久。此间，俄军扣车、抓夫、占房、搜抢牛马，在大战临近之际又扒城墙、修道路、建碉堡、挖堑壕、布陷阱、埋地雷、架设铁丝网，为此拆房毁坟、霸占田地，致使当地官民苦不堪言。光绪三十年（1904年），日俄战争爆发，日军发动辽阳会战，大败俄军，取而代之。在两军交战期间，辽阳州民众死于日俄枪炮之下者达450余人，财产损失近270万两白银。日军占据辽阳州后，对政府和人民发号施令，甚至拘押辽阳州知州，侵犯中国主权，其他扰害民众之事不一而足。当地官民也奋起自救，协调国际红十字会组织，救济难民。总之，1901—1905年间的辽阳州俄日兵灾构成了晚清东北史上的一段典型时光，由此折射出中国人民在半殖民地社会里的悲惨命运，至今回想，仍令人感愤不已。

关键词：辽阳州　俄军　日俄战争　兵灾

自光绪庚子（1900年）俄军入侵东北，盘踞不走，至甲辰（1904年）日俄战争爆发，东北经历了历史上最黑暗的时段。此间，俄日轮番蹂躏，官民损失惨重。长期以来，国内外史学界对此重视不足、研究薄弱，对当地人民的生命财产损失也往往笼统言之，[①] 缺乏细致的探究。有鉴于此，笔者不揣谫陋，以辽阳州为例，揭示俄日兵灾的惨况，以小见大，反映半殖民地时期东北官民的惨痛命运。不当之处，在所难免，敬请方家批评指正。

一　俄军的入侵和盘踞：日俄战争前的辽阳州兵灾

辽阳是东北的著名古城，位居奉天中部，治所在省城之南120里。顺治十年（1653年）设辽阳府，十四年裁府置县，康熙三年（1664年）升为州。[②] 日俄战争后清政府设本溪、辽中二县，辽阳州的辖区面积开始缩小，但终于清末，由于鞍山尚未设治，故面积仍远大于今，堪称是奉省大邑之一。其东南“群山环绕，如重关叠锁”，其西北则“平原旷野，一望莽苍”，太子河

① 笔者按：关于俄日两军的暴行，国内论著多以“抢掠奸淫”“无恶不作”“罄竹难书”之类词语笼统言之，对于辽阳州官民蒙受的损失，往往引用出处不明的时论：“辽阳之役，华民死者不亚于俄日两军之数。”见佟冬主编《中国东北史》（修订版）第5卷，吉林文史出版社，2006年，第341页。

② 赵尔巽等撰：《清史稿》卷五五《地理志二·奉天》，中华书局，1977年，第1927页。

图 1 辽阳南城门天佑门旧影

及其支流蜿蜒曲折，中东铁路贯穿全境，“凭山俯河，不啻拊背而扼吭，为兵家攻守必争之地”。①

据《辽阳乡土志》记载：“道咸以前，境内乂安，几于民不识兵。”② 同治以后，境内匪患渐起，但地方官尚能掌控全局。甲午战争期间，日军自海城北犯，辽阳州南境受扰，地方军力薄弱，长官率团练苦苦支应，“昼张旗帜，夜燃火把，出没往来，虚实兼用”。③幸而旋即马关议和，战争结束，辽阳州有惊无险，地方官弹冠相庆。然而，光绪二十六年(1900 年)，古城辽阳终于卷进了一场震撼世界的大波澜之中。在京津灭洋斗争如火如荼之际，当地义和团与清军一同烧毁教堂、攻打车站，拆毁建设中的中东铁路。沙皇俄国在参与八国联军，进兵京津之际，以护路为名，出兵入侵东北，这样一来，辽阳在劫难逃了。(图 1)

入侵东北的俄军分南北两路：北路集结了 10 万余人的兵力，在制造了史称“庚子俄难”的海兰泡大屠杀和江东六十四屯惨案的同时，全面入侵黑龙江；南路则为驻旅大租借地的俄军，此时出兵北进，攻取城邑，计划与南下俄军在东北中部会合。侵占辽阳州乃至奉天的俄军主要是这支部队。

---

① 裴焕星等监修，白永贞等纂：《辽阳县志》卷一《疆域》，《中国地方志集成 · 辽宁府县志辑 2》，凤凰出版社，2006 年，第 148—149 页。

② （清）洪汝冲修，白永贞编：《辽阳乡土志》，《中国地方志集成 · 辽宁府县志辑 4》，第 612 页。

③ 《辽阳县志》卷二一《兵事志》，《中国地方志集成 · 辽宁府县志辑 3》，第 275 页。

图2　盛京将军增琪（前排左二）等官员与俄国军官合影

奉天清军阻击北上俄军，在熊岳、盖平（今盖州）、营口、海城一线，与俄军拉锯月余，直到8月中旬，俄军才攻占海城。海城一失，辽阳州首当其冲。光绪二十六年闰八月初五日（1900年9月28日）下午两点，俄军兵临辽阳城下。此时俄军兵力6000人，拥有重炮和丰富的军用物资。辽阳守军自城上向俄军开炮，在击伤7名俄兵后，弃城逃往东部山区。俄军随即占领了辽阳州城。此时，京津战事败局已定，朝廷流亡，大势已去。奉天地处边疆，在经济开发、防务建设方面欠账太多，实力不济，孱弱之师，无力回天，其难敌俄军并不意外。

占据辽阳州之后，俄军又占领了奉天省城，东北的战事实际上结束了。俄军逼迫盛京将军增祺与其签订了“奉天交地暂且章程”，① 为了美化侵略，愚弄国际舆论，从而永久占据东北，所以未做出类似“海兰泡大屠杀”和“江东六十四屯惨案”这样的暴行，但这场战争仍给辽阳州人民带来了苦难。据记载：“俄国军队每过一地，中国城市居民相率逃跑，他们害怕俄国人，害怕义和团，害怕战争的蹂躏。田里庄稼无人收割，等到战事结束之后，绝大部分庄稼已被秋日骄阳晒枯，被义和团众焚毁，或被双方军队踏坏了。这样，对于和平居民来说，战争结束并不意味着苦难的终了，饥馑遍地蔓延。”②（图2）

① 笔者按：“奉天交地暂且章程”共9条，虽然保留了清政府的行政机构，但规定解散奉省军队，收缴军械、拆毁炮台、营垒等，俄军驻扎奉天，保护铁路、维持治安，还有监管行政之权。见王彦威、王亮辑编，李育民等点校：《清季外交史料》卷一四四，第6分册，湖南师范大学出版社，2015年，第2765—2766页。

② 〔美〕乔治·亚历山大·伦森著，陈芳芝译、陈庆华校：《俄中战争——义和团运动时期沙俄侵占中国东北的战争》，商务印书馆，1982年，第159—160页。

沙俄早就对东北垂涎三尺，其利用此次事变，出兵占领，妄想永久霸占。他们认为："在满洲，外国利益的单一性，使得这三个省份的安定在中国人不能解决的情况下，成为一个纯属俄国的问题。"① 但是，沙俄此举打破了远东的势力均衡，激起了列强的"众怒"，从而面临着普遍的国际压力。清政府利用这一国际形势与其交涉，争取沙俄早日从东北撤军。

《辛丑条约》签订后，国际形势对沙俄更加不利。光绪二十八年三月初一日（1902年4月8日），俄国迫于压力，与清朝在北京签订了中俄《交收东三省条约》，规定俄军在一年半内分三期从中国东北撤退。条约中不乏不平等的内容，如：俄军撤出之前，中国驻扎东三省军队的人数和地点，须与俄国军官商定；俄军撤完以后，中国若欲酌增兵力，应随时知照俄国等。但毕竟俄军撤出东北，结果还算差强人意。

然而，俄方并不打算履行这个条约。从辽河一带撤退的俄军大多调驻中东铁路沿线。一个当时正在东北的俄国皇家东方学会会员承认："从我方来说，这个条约很快就被破坏了，并非所有的军队都按期撤出，也不是到处都撤出，除辽河地区外，占领时所设立的各个军事管制机构都仍在继续活动。"② 到光绪二十九年（1903年）春第二期撤军届满时，沙俄不仅拒绝履行条约，还节外生枝地向清政府提出了撤军的新条件。这显示了沙俄独霸中国东北的野心，更表明其签订的《交收东三省条约》不过是欺骗世界舆论的一个花招！日本气急败坏，直接介入了中俄东北交涉。

日本表现激动的原因是沙俄独霸中国东北挤压了其扩张的空间，日本的立场是拟在一定程度上承认俄国在东北具有优越权利的同时，换取俄军结束对东北的独占，并承认日本在朝鲜的特殊利益。但是，沙俄根本没有将日本放在眼里，它一方面在谈判桌上推诿扯皮，一方面向中国东北增兵。日本也调兵遣将，针锋相对，形势越来越紧张了。

俄军自光绪二十六年（1900年）占领辽阳州后，一直驻扎于此。此时战云密布，俄军加紧备战，给辽阳州官民带来了沉重的负担。（图3）

辽阳州官员为俄军的粮秣之事伤透了脑筋。最初，俄军在辽阳州驻扎1900人，③ 每日需要谷草6000斤，责令地方代为筹办，而辽阳州谷草有限，时间一长，"各屯会咸以无草为词，纷纷告免"。其实，当地居民不愿提供谷草的原因还在于俄军以过低的价格强买。辽阳知州向上级诉苦："俄人虽经给价，每俄一布袋合草三十斤，仅发俄洋二角七分，合之市价每一布袋尚不敷龙洋二角三四不等。"地方政府不得不自己垫资，"统计每日应付之草则需赔垫四十八元有零"。地方官请求俄军加价，被一口拒绝；如果撒手不管，"使俄人自行赴屯购买，又虞别生事衅，苦累民间"。④ 原以为俄军撤军有期，为了顾全大局，不得不竭力供应，但俄军赖着不走，时间一长，地方官苦不堪言。当时，俄军后勤补给很差，士兵饥肠辘辘，军纪荡然无存。辽阳州出产粮食以高粱、玉米为主，不合俄军的口味，俄军居然抢夺耕牛，枪杀拦阻的村民。地方官交涉无果，百姓控告无门。

俄军不断向辽阳州增兵，北起烟台（今灯塔市），南至今鞍山市，俄军据点星罗棋布，城内更是住满了俄兵，书院、庙宇、商铺都被占用，又大肆"号房"，在其看中的房门上写下洋字，

① 〔美〕安德鲁·马洛泽莫夫著，商务印书馆翻译组译：《俄国的远东政策（1881—1904）》，商务印书馆，1977年，第149页。

② 复旦大学历史系《沙俄侵华史》编写组：《沙俄侵华史》，上海人民出版社，1986年，第326页。

③ 《俄国满洲兵数》，《东方杂志》1904年第1期。

④ 辽宁省档案馆编：《日俄战争档案史料》，辽宁古籍出版社，1995年，第1—2页。

图3　辽阳白塔

百姓就得立即搬家。结果商铺无法营业，百姓居无定所。俄军到处操演，阻止农民耕作，两万余亩耕地撂荒。俄军还勒令辽阳州为其代雇车辆，动辄需要几十辆之多，所发车价又十分低廉，以致农村车辆不敢进城，这又造成了城市居民粮食蔬菜供应的紧张。

光绪二十九年（1903 年）春，俄军在辽阳铁路以西强租千亩田地，用于军队操演，又以辽阳站为核心，开始修筑环绕辽阳城的道路。奉天当局担心此路可能会向东延伸，达于凤城、安东（今丹东），为此焦灼万分。而俄军又在城郊挖掘战壕、修筑土围、建设炮台、安设炮位，阻止农民耕作，表明形势已经十分严峻了。

光绪二十九年腊月二十四日（1904 年 2 月 9 日）零时 28 分，日本海军突然袭击驻扎在旅顺口的俄舰，日俄战争爆发。日军锋芒毕露，俄军剑拔弩张，辽阳州如暴风骤雨、惊涛骇浪中的一叶孤舟，随波逐流，其人民的命运也堕入了深渊。

二　艰难的“局外中立”：日俄战争漩涡中的辽阳州

其实，辽阳州本来应该避免被战火蹂躏，因为其在清政府划定的“战地”之外。

原来，在日俄交涉陷入僵局的时候，清廷就开始筹商其在即将爆发的日俄战争中何以自处。经过争吵、权衡，最后不得不接受列强的建议，决定采取“局外中立”的立场，对此笔者曾撰文论述,① 在此就不赘述了。

日俄战争爆发后，清政府在宣布“局外中立”的同时，颁布了《中立条规》，划定了交战范围，声明：“两国开战及驻扎之军队，只能在战地限内，不得逾指定战地界限之外。”② 其划定的“指定战地”——西起盖平县所属的熊岳城，经黑峪、龙潭、洪家堡、老岭、一面山、沙里寨、双庙子，至安东县为止，界限以南至海的范围是指定战地。可见，清政府划定的交战区域限于辽东半岛和今丹东市，而辽阳州在此以外，应该是安全的。

然而，清政府划定的交战区域遭到了沙俄的否决，其蛮横地坚持交战区域是整个“满洲”。

① 喻大华：《日俄战争期间清政府“中立”问题研究》，《文史哲》2005 年第 2 期。

② 王芸生编著：《六十年来中国与日本》第 4 卷，三联书店，2005 年，第 185—186 页。

图 4 辽阳车站附近的俄军兵营

清政府驻俄公使胡惟德“与辩至再”，但俄国“不允商议”。① 这样一来，日本势必也不能遵守清政府划定的交战区域界限，随着战事的推进，全东北，尤其是奉天的城镇都可能成为日俄交战的战场。(图 4)

此时奉天的行政运作已经紊乱，从光绪三十年至三十一年（1904—1905 年）的两年间，辽阳州居然换了 5 位知州，而且其中 4 人是“署理”，1 人是“护理”，任职最长者不过 10 个月，最短者仅 2 个月。② 盛京将军增祺更是焦头烂额，他一再上奏，表示自己任职六载，叠经事变，补救毫无，恳请朝廷“俯予罢斥，另简贤员”，③ 希望尽快远离这块是非之地。

光绪三十年正月十六日（1904 年 3 月 2 日），署理知州鲜俊英抵达辽阳。刚一下车，城郊民众即纷纷前来控告，事项以俄军占据民房为主，次则为各种俄军扰害地方事件。十八日，鲜俊英前往拜会驻辽阳俄军统领武廓米萨尔，做了如下交涉：

1. 鲜俊英向俄方详细解释了中国的“中立”立场，对此俄军未表异议。

2. 鲜俊英表示，为了履行中立国的义务，从此将不再为俄军号房、雇车、购买粮草。俄军一再希望辽阳州继续为其提供粮秣供应，被鲜俊英拒绝。

3. 鲜俊英希望俄军不再随意扣留农村进城的大车，以保证城内居民的粮菜供应。俄军未表态。

---

① 《清季外交史料》卷一八二，第 7 分册，第 3338 页。

② 笔者按：光绪三十年至三十一年的两年间，辽阳州知州先后为鲜俊英（署理）、陈良杰（署理）、顾承瀛（护理）、沈金鉴（署理）、何厚琦（署理）。《辽阳县志》卷一八《职官志》，《中国地方志集成 · 辽宁府县志辑 3》，第 123 页。

③ 前揭《日俄战争档案史料》，第 194 页。

4. 鲜俊英请求俄军退还占据的民房，严格约束士兵，不要扰害百姓。俄军含混应答。①

当时，汉奸扮演了为虎作伥的角色。一个英国人指出："由于俄国人全部不会说中国话，他们就受到本地译员的操纵。这些译员滥用职权向中国人肆意勒索。"② 辽阳州俄语翻译李剑芝在为俄军号房的过程中敲诈勒索、欺压百姓。鲜俊英将其收押审办，拟加惩处。俄军向奉天当局交涉，请求释放。鲜俊英也同意从轻发落，表示审结后即行释放。然而，俄军急不可待，居然强闯公堂，硬将李剑芝带走。③

平心而论，身处日俄战争漩涡中的奉天地方官当然渴望能切实贯彻中立政策，从而不偏不倚，置身事外。如今《中立条规》已经公布，地方官再为俄军提供粮秣补给将属违法行为，还可能招致日军的报复，所以奉天地方官立场一致：不再为俄军号房抓夫扣车强买粮草等。但俄军在中国土地上作战，又离不开地方的支持，故一再"要求官民帮助购办粮草及应用各项，并称倘华官民仇视俄军，俄政府定于殄灭"。④ 结果"商民既势难与抗，官吏复力有未逮"，俄军在辽阳州等地搜索牛马、强购粮草、伤毙人命之事屡见不鲜。⑤

光绪三十年正月初二日（1904 年 2 月 17 日），俄关东总督照会增祺，蛮横地通知："所有阻碍军务之城塞、桥梁、民房等类，届时应由本大臣查明，随时拆毁，不得抗阻。"⑥ 果然，担心的事情发生了，光绪三十年三月二十九日（1904 年 5 月 14 日）中午，俄军突然将辽阳城小南门、大南门两处城墙扒毁。⑦

辽阳城墙是明初在元故城的基础上重修的，清代曾有维修，内实夯土，外砌砖石，周长二十多华里，是东北著名的古城墙。此时俄军将城墙挖开豁口，其目的是为了方便炮车的出入。地方官拦阻无效，立即向盛京将军报告。增祺与俄方交涉，以有碍治安为词，恳请俄方不再拆毁城墙，并将缺口修好。俄军置若罔闻，又陆续将辽阳城墙挖开 6 处缺口，⑧ 结果城墙残垣断壁，四面开放，失去了城防功能，辽阳州官民的生命财产面临威胁。（图 5）

俄军积极备战，在辽阳城外十里内修筑炮台 12 座，展开演习，践踏青苗，又划定禁区，不许居民进入采药砍柴，因搜索牛马粮草，不断与居民发生冲突，甚至发生侵害妇女事件。地方官前去交涉，俄军居然要求中方提供加害者的姓名、其长官姓名及部队名等。⑨ 地方官无法交涉，辽阳州受害者得不到任何补偿。知州报告称："今春城外十里内，东西南北四面建造炮台，挖掘战壕，修垫车路，占地数千百亩。兵队散处，占房亦数千百家，而城东至分水岭一百八十里又节节驻兵，城南至海界六十里，亦无不有队。俄兵太多，俄官约束不周，俄兵时时出外抢牛搜物，杀伤人命，奸淫妇女，无所不为，则占房乃小事耳。其害最烈者，一经调队捕盗，玉石不分，往往杀伤良民，烧毁民房至数百间，以致流离失所，哀鸿遍野，惨不忍言。卑职屡次照会俄员，并面见陈说，令其严束兵队，分别查办，逐件赔偿。俄员因军务紧急，无暇兼顾，每多置若

① 前揭《日俄战争档案史料》，第 126—128 页。
② 前揭《俄中战争——义和团运动时期沙俄侵占中国东北的战争》，第 161 页。
③ 前揭《日俄战争档案史料》，第 127 页。
④ 前揭《日俄战争档案史料》，第 134 页。
⑤ 前揭《日俄战争档案史料》，第 135—136 页。
⑥ 前揭《清季外交史料》卷一八二，第 7 分册，第 3337 页。
⑦ 前揭《日俄战争档案史料》，第 324 页。
⑧ 前揭《日俄战争档案史料》，第 325 页。
⑨ 前揭《日俄战争档案史料》，第 327 页。

图 5　辽阳东南角城墙

罔闻。”①

随着战局的日趋紧张，俄军源源不断向辽阳增兵，达 20 余万人。俄军以辽阳城为核心，在距城 30 千米、15 千米、8 千米处布置了三道防线，又在城郊高地设置重炮阵地。为此，扒城墙、凿隧道、修道路、建碉堡、挖堑壕、布陷阱、埋地雷、架设铁丝网。在这一过程中，平毁坟地、拆毁房屋、砍光树木，甚至连铁路线附近和阵地前的高粱也被一片片地砍倒。辽阳州人民家园被毁、生活无着，挣扎在死亡线上。

严峻的现实表明大战在即，为了避免厄运，盛京将军增祺一再与俄军交涉，反对将辽阳作为战场。他表示：“查辽阳城内商民聚居不下数十万家，若将该城作为战地，并于城墙上修造缺口，以备战事，则民命财产损失必多。自来人物繁阜之区，有由两战国议定作为无城而免于轰击者，载在公法，令人钦佩。夫战国之于敌国，尚有作为无城处所，则战国之于局外一切城镇，自必格外设法保全，以重邦交而彰义战。”② 他所说的“无城”，应该是“不设防城市”，他希望将辽阳确定为“不设防的城市”，免遭战火蹂躏。他不断照会俄军，坚定地表示：“辽阳为居民萃聚之区，不得作为战地。”③

奉天当局反对日俄两军在辽阳交战无疑是合情合理合法的诉求，因为这是中立国的基本权利，并且符合人道主义的原则。但是，这一诉求也是苍白无力的，因为当时的中国本是列强宰割

① 前揭《日俄战争档案史料》，第 488—489 页。

② 前揭《日俄战争档案史料》，第 323 页。

③ 同上书，第 325 页。

的羔羊，日俄双方都蔑视中国官民的基本权利。此时，杀得尸山血海的日俄两军达成了一个默契——在辽阳展开一场大会战，一决雌雄，辽阳州官民的厄运已经无法避免了。

三　无妄之灾：日俄会战中的辽阳州

日俄辽阳会战是战争中两军主力的首次正面对决。对于这次大会战，可从两个角度理解：其一，辽阳城的攻防战；其二，辽阳州辖区内的攻防战。前者从1904年8月28日日军攻城开始，至9月4日占领辽阳城止，历时8天；后者则从1904年7月日军突入辽阳州境起，至1905年1月黑沟台激战结束止，历时半年多。此间，日俄两军合计投入兵力近40万人，发射炮弹10余万发，死伤4万余人。

1904年6月20日，日本大本营成立了“满洲军总司令部”，以大山岩为司令官，儿玉源太郎为参谋长，下辖第一军、第二军、第三军、第四军。其中第三军负责进攻旅顺要塞，其余各军则负责阻击奉天中部俄军对旅顺的援助，并寻找战机，与俄军决战。

俄国满洲集团军由库罗帕特金任总司令，统辖22万余人的部队，拥有500余门火炮。而日军三个军合计仅13万余人，火炮数量略少于俄军。可见，俄军在兵力和武器方面均占优势，所以俄军未将局势看得过于悲观，也没有积极援助旅顺。这给了日军可乘之机，日军第二军迅速北进，至6月底，已抵达盖平，并很快攻占了营口、大石桥等地，这既为日军在东北作战获得了一个补给的港口，也刺激了日军的士气。“满洲军总司令部”及时调整策略，决定迅速北进，争取在辽阳一带与俄军展开决战。7月初，日军分成三路，向辽阳进军。

其实，虽然日军实力弱于俄军，但其指挥官大多在甲午战争期间入侵过奉天南部，熟悉战场，又有周密的情报体系和细致的作战计划，后勤补给也较为及时，官兵的军事素养较高，战斗力较强。比较而言，俄军不熟悉战场，不了解对手，自大轻敌，被动防守，军官思想僵化，士兵士气低落，纪律败坏，面对敢打敢拼的日军，并不占优势。所以，从7月中旬起，在日军凌厉的攻势下，俄军就不断退却，一直败退至鞍山。即使这时，俄军依然未改变轻敌的思维，他们企图依靠辽阳的各级防线，与日军展开决战，击败对手。(图6)

东北的雨季如期而至，俄军在泥水中跋涉，向辽阳撤退。库罗帕特金重新编组，布置阵地。截至此时，俄军仍有20余万之众。而兵力居于劣势的日军则大胆布局，从东北、西南两个方向夹击辽阳，其中以西南方向为主攻。

8月24日，日军发起进攻，第一军与第二军、第三军互相配合，虚实兼用，俄军被动应付，其第一、第二道防线陆续被突破，日军兵临距辽阳城8公里的首山堡，激战三天三夜，以惨重的代价占领了首山堡。日军升起气球，遥测目标，指挥炮兵炮击辽阳火车站。

8月28日，辽阳会战的核心性战役正式打响，日军猛攻俄军防线，双方合计30余万人的兵力展开了殊死搏杀。俄军发挥火力优势，日军伤亡很大，但俄军战斗意志薄弱，即使战场形势有利也不转入反攻，而日军利用夜战、白刃战与俄军拼杀，以巨大的代价陆续拿下了一个又一个阵地，兵锋直指辽阳城下。俄军决定死守城防。此时，辽阳城内尚有7万居民，挣扎在日俄两军的枪林弹雨中，命运堪忧。

然而，此时日军第一军突然出现在辽阳城东北方向。其实，在此方面俄军守卫力量依然占优，连日攻击使得日军伤亡惨重，疲惫不堪，战斗力并不强。但前线俄军将领已被日军吓破了胆，他们夸大其词，请求撤军。库罗帕特金也担心被日军截断退路，为免遭全军覆没的结局，决

图 6　被日军炮火击毁的俄军哨所

定放弃辽阳，立即下令焚毁车站、辎重，向省城退却。日军于 9 月 4 日凌晨占领了辽阳城。据辽阳州官方统计，此间日军攻城，城内及城外关厢商民被击毙 113 人，受伤 89 人，西门烧毁房屋 32 间。[①] 好在俄军很快溃退，否则当地人民的损失将更大。（图 7）

俄军败走辽阳后，沙皇大怒，严令库罗帕特金夺回辽阳，所以，1904 年 10 月，俄军从省城南下，向辽阳反扑。日军在沙河阻击，两军隔河对峙，展开阵地战。战至 1905 年 1 月，两军又在黑沟台展开激战，结果日军以少敌多，取得了辽阳会战的全胜，俄军从此退出了辽阳。但对当地的民众来说，虎去狼来，再遭蹂躏，并非是厄运的结束。

俄军败走后，日军成了辽阳的主宰者，他们下令城内居民在门口悬挂日本国旗，服从日军管理，甚至设立了“军政署”，派驻“军政官”松浦宽威驻在辽阳城内，对人民和地方政府发号施令。如勒令百姓上缴捡拾的“战利品”，规定铁路、桥梁、阵地前不许种植高粱、玉米，处罚“破坏”铁路的村民等。此时，俄军败退到省城，仍对辽阳虎视眈眈，为了防御俄军南下反扑，日军随意拆毁民房，构筑工事，驱使村民为其无偿服役，至于其他骚扰不一而足。此间，曾发生了日军拘押辽阳州知州事件，此事严重侵犯了中国主权，国内论著也往往提及，又多语焉不详，甚至不乏误解。其实，此事的原委是这样的：

从光绪三十年十二月初三日（1905 年 1 月 8 日）起，日军宪兵陆续拘押了辽阳州巡捕队的兵丁陆全胜、巡长张永清等六七人，严刑拷打，逼迫供认知州陈良杰私通俄军、泄露日军军情问题，被拘押者被打得“奄奄待毙”。[②] 十二月二十三日（1 月 28 日），五六名日本宪兵来到知州

① 《日俄战争档案史料》，第 491 页。

② 前揭《日俄战争档案史料》，第 199—200 页。

图 7　俄军撤退时烧毁粮食

衙门，将知州陈良杰拘押，从此，“封狱公事，无人经理”，辽阳州政务停摆。此案被拘押者近 20 人之多。

辽阳州知州陈良杰被拘后，坚决不承认“通俄”之事，并保证“即巡长、兵役、门丁、幕友人等均无结交俄人探听日军情事”。此案侵犯了中国的国家主权，引起清廷的重视，由外务部与日本驻华使馆交涉，要求立即释放陈良杰。后来查明，前日军翻译安振邦在辽阳开设赌局犯案被拿，以此结怨，遂向日军诬告陈良杰。日军偏听偏信，蛮横无理，将其拘押，所谓“通俄”一事全属子虚。① 光绪三十一年三月十七日（1905 年 4 月 21 日），日军释放了陈良杰。他署理了两个月零 20 天的辽阳州知州，又当了近 3 个月的日军囚徒，被释放后就前往省城接受调查，然后退出了官场。国内有著作说陈良杰被日军拘押后处死，② 也不是事实。（图 8）

光绪三十一年（1905 年）二月，日军占领了奉天省城，两个多月后，联合舰队在对马海峡全歼了沙俄舰队，至此日俄两军胜负已分。考虑到日俄议和在即，为了能在未来的东北交涉中多些讨价还价的“砝码”，清廷决定调查奉天的战争损害情况。奉天当局指令各州县认真调查、限期上报。

光绪三十一年九月初七日（1905 年 10 月 5 日），辽阳州上报了具体损失数字：

俄军误毙人命 252 口，致财产损失约估值 1944927. 50 两白银。

日军误毙人命 178 口，致财产损失约估值 490395. 45 两白银。

日俄交战误毙人命 21 口，致财产损失约估值 169082. 93 两白银。

---

① 前揭《日俄战争档案史料》，第 199—200 页。

② 前揭《中国东北史》（修订版）第 5 卷，第 342 页。

日俄两军损害官物约估值 93639. 26 两白银。[①]

可见，在辽阳会战中，辽阳州人民死于非命者合计 451 人，财产损失公私合计约估值 2698045. 14 两白银。比较而言，俄军给辽阳州造成的损害最大，因为其屡战屡败，士气无存，纪律败坏，“奸淫掳掠，无所不为”。地方官一再与俄方交涉，“俄员亦只允而未办，其实亦难约束也”。[②] 追兵败如山倒之际，又实行焦土策略，不惜玉石俱焚，故其所致损失最大。

应该指出，上面数字并非辽阳州官民所受损失的全部，很多损害难以数字衡量，比如“农工之旷时，商贾之辍业”等。战争导致辽阳州数万亩田地抛荒，二十多万株树木被砍，也不知如何折价。有居民对政府并不信任，“情甘不报”。[③] 此间，俄日两军发行大量钞票，如俄军的“羌票”、日军的“手票”，强迫兑换流通，使中方蒙受了难以估计的损失。但是，这些调查数据仍十分珍贵，因为这较为具体、直观地反映出当地蒙受俄日兵灾的惨况，可以纠正以往认识笼统之弊。

图 8　日军占领当日的辽阳街道

四　辽阳州的兵灾赈济

在辽阳会战之前，俄军盘踞已近 5 年，“已有杀人烧房荡析离居情事，战过之后，其困苦自不待言”。[④] 总之，“此次俄日之战，各县均有兵灾，不过一隅而已，惟辽阳为铁路之冲，四通八达，俄队四面防守，日军亦四面进攻，遍处皆受兵灾”。[⑤]

早在光绪三十年（1904 年）春，日俄战争刚刚爆发，尚未波及辽阳之时，百姓人心惶惶，不乏外出逃难者。考虑到民以食为天，辽阳州就劝告百姓及时耕作，以免耽误农时。然而，随着大战的临近，俄军将铁路、炮台、阵地前的庄稼一律割去，开始承诺赔偿，随即又食言不给。其他庄稼也遍遭践踏，秋收无望。迨到辽阳会战结束，已近白露节气，无法安排补种，转眼寒冬将至，无数生灵饥寒交迫，何以为生！（图 9）

面对辽阳，乃至奉天的兵灾，国内外都伸出了援手。

慈禧太后停止了原定的七十大寿庆典，指示奉天当局：“各路难民，着即遴派贤员，分投赈抚，毋任失所。仍着该将军等督饬巡警各队，随时认真稽察防范，以安人心，钦此。”[⑥] 又拨款 30 万两白银，交盛京将军，命“妥为经理，尽心赈抚，以奠灾黎”。[⑦] 还豁免了辽阳州一年的钱粮。直隶总督袁世凯派员携款两万元驰赴辽阳，会同赈济难民。全国各省纷纷向奉天地区捐款捐物，粮食、棉衣、现金源源不断运往灾区。加之奉天当局未雨绸缪，早在大战前就协调外运粮食

① 前揭《日俄战争档案史料》，第 447 页。

② 前揭《日俄战争档案史料》，第 488 页。

③ 同上书，第 447 页。

④ 同上书，第 474 页。

⑤ 同上书，第 487—488 页。

⑥ 《清末日俄战争善后档案》第 2 册，全国图书馆文献缩微复制中心，2008 年，第 781 页。

⑦ 《清德宗实录》卷五三九，光绪三十年十二月丁巳，中华书局影印本，1987 年。

图9 辽阳附近铁路桥

至奉，又严禁本地粮食出境，此时在未受战乱波及的辽西地区采买杂粮，所以粮食问题得到缓解。奉天当局向遭受兵灾较重的辽阳州下拨款物，展开赈济。

战争造成了大量难民，救济难民是最繁重的工作。在此，辽阳州协调国际力量，为善后打开了一条新出路。当时，中外红十字会派英国的吴医士前来辽阳，拟开展救济，其与辽阳州政府商定，在城中开设"医院"，名为英华同善会，救治伤病，收容难民。为此，地方政府出资1万两白银。此外，尚有各地捐款和红十字会的善款，而"难民闻城中有医院可保护，搬进城中，络绎不绝"。① 开设的一个多月中，共收留难民707名，医治伤员107名。由于前来避难者较多，又在城内腾出空屋，令难民居住。城乡内外极贫无食之户，不住院者酌给口粮，共计大小884名。②

清政府有着较为严密的灾害救济制度。辽阳州兵灾救济，参照的是"水灾"救济标准，死者每名给埋葬银4两，受伤者每名给医治费2两，被毁房每间给银3两，按"极贫""次贫"分别给与一到两月的口粮。③ 为了防止疫病的发生，指示各地赶紧掩埋死者。城内设立粥厂，逐日散放粥米，发给棉衣。

转眼到了光绪三十一年（1905年）春，奉天境内的日俄战事基本结束，辽阳州开始遣散难民，鼓励其回乡开展春播，为无力耕种者补助了每亩五角的牛具银和二角的籽种银。在粥厂解散之际，给每名难民5个月口粮——成人五斗，小孩减半。至此，辽阳州的兵灾救济告一段落。其效果如何？缺乏难民方面的反馈，官方也未做总结评估，但此间没有发生较大规模的疫病流行或难民冻饿死亡的事件，可见其工作不乏成效。（图10）

① 前揭《日俄战争档案史料》，第487页。

② 同上书，第491页。

③ 同上书，第491页。

图 10　辽阳火车站

光绪三十一年八月初七日（1905 年 9 月 5 日），在美国的调停下，日俄两国签订《朴茨茅斯和约》，日本获得了一定的利益，涉及中国东北的内容是沙俄将旅大的租借权和中东铁路的长春以南段转让给日本（日本称其为“南满洲铁道”）。十一月二十六日（12 月 22 日），经过艰苦的谈判，清政府与日本签订了《会议东三省事宜条约》，承认了日俄和约规定的日本在中国东北的权益，并将辽阳等地开放为通商口岸。此后，日军除留少量兵力保护南满铁道外，大部队陆续撤退回国。附带指出，日俄战后，清政府尝试索赔，向俄国提出了《俄军在奉损毁人命财产合银清单》，又在东北善后的中日会议上委婉地表示：“东三省官民无故被累，禀请恤救者颇多”，希望能“妥定恤救之法”。[①] 但日俄两国均未回应，最终不了了之，辽阳州官民的生命财产损失未得到赔偿。

日俄战争结束后，辽阳州沦为日本的势力范围，日本在这里划定铁路附属地，驻扎“护路兵”，倾销商品，大量移民，在辽阳北部“采炭”，在南部“制铁”，大搞资源掠夺，而遗弃在战场的弹药依然威胁着辽阳州人民的生命安全。同时，清政府东北新政也开展起来，古老的城市开始了现代的转型。总之，1901—1905 年间的辽阳兵灾构成了晚清东北史上的一段典型时光，由此折射出近代东北人民在半殖民地社会里的悲惨命运。至今回想，仍令人感慨深思，并立志奋起。

（喻大华：辽宁师范大学历史文化旅游学院教授）

① 前揭《清季外交史料》卷一九四，第 7 分册，第 3522 页。

《奏为庆亲王奕劻任事忠诚宅心笃实事》密折考

李学峰

内容提要：中国第一历史档案馆藏有一道与丁未政潮有关的重要奏折，通过考证可以确定为袁世凯呈递。由于这道奏折原件既无署名，又无具奏日期，未引起学界的足够重视，骆宝善、刘璐生耗费30年心血主编的《袁世凯全集》也未将其收录。该折保奕劻、击政敌、给建议、表忠心，环环相扣，一箭数雕，极为高明，时机选择也恰到好处，对稳固奕劻地位起到不小作用，对丁未政潮后的政治权力格局也产生了一定影响。

关键词：丁未政潮　奕劻　袁世凯

一

丁未政潮是光绪末年奕劻、袁世凯一派，与瞿鸿禨、岑春煊一派的一场政治厮杀，对清末政局产生了巨大影响。笔者在中国第一历史档案馆检索档案时，发现一道与丁未政潮有关的重要奏折，具体内容如下：

再密陈者，庆亲王奕劻任事忠诚，宅心笃实，识量宏远，器度宽容，数十年阅历甚深，又能虚衷受言，不自满假，久办外务，熟悉洋情，各国人均信其谙练约章，能固邦交，今之贵胄中尚无其比，即京外诸大臣亦罕有能及者。近年来扶危定倾，功在社稷，声望卓著，尤非诸臣所敢望近。有人掊击奕劻，合谋动摇，或以逞私，或以沽直，皆未知统筹全局，审计时艰。纵去奕劻，谁堪替代？恐非公忠谋国者也。至谓奕劻纳贿鬻官，未免诬之太甚。据臣所知，前侍郎臣盛宣怀，拥资甚富，素工钻营，始欲谋放巡抚，继欲谋收一缺，而竟不可得。前内阁侍读学士臣蔡钧，在京开设银号，专谋运动，尚未见其见其录用。此外，记名道府人员，挟资尝试，希冀得缺者时有所闻，亦未见获偿所欲，即此足见奕劻必非纳贿鬻官者也。若亲友酬酢，为人情往来之常，京都此风由来已久，固不自近年始，亦不自奕劻始。闻奕劻于酬酢之中亦颇有斟酌，尚不至因酬酢之私而扶徇误公。本年二月间，奕劻蒙恩赐寿，尚书臣铁良曾馈万金为寿仪，奕劻以同居京曹，何来巨资，呵斥掷还，即此又可见奕劻并非滥与酬酢者也。惟奕劻年届七旬，素性长厚，久在圣明洞见之中，有时耳目未周，揽才或未能悉当，思虑偶疏，遇事或未能明决，臣亦不能为奕劻讳，然谓其限于精神才力则有，谓其有心欺误，又实非奕劻所敢出也。惟在皇太后、皇上体恤勋旧，眷顾懿亲，宜慎简贤才，以资佐理，使奕劻主持大纲，群才分任，庶务庶可洪织毕举，日起有功。否则，综内政外交军事诸大端萃诸奕劻一人之身，而无得力贤才协心共辅，无论奕劻如何竭诚尽瘁，恐非一手一足之烈所克济事，即才如周公旦，如诸葛亮，亦未必能措置裕如。闻奕劻近以流言横生，颇自危惧，而言事者揣摩风气，妄生觊觎，意谓奕劻宠眷已衰，正可乘机以攻仆之。但臣伏思，现值列强窥伺，逆徒鸱张，而我之亲贵重臣，老成夙望如奕劻者，綦难其选，奕劻实为时局必不可少之人，又为百官领袖，责任重大，中外具瞻，心不自安，何以赞襄圣治。伏祈我皇太后、皇上衡度轻重，廑念艰危，曲予优容，略假词色，先有以安奕劻之心，方可以责辅弼之效。臣闻古之事君者，曰食其禄者忠其主，又曰谋国如家，臣四世受国厚恩，幸叨禄养者已八十余年矣。臣又蒙圣主特达之知，身膺疆寄，在奕劻柄政以前，与奕劻本无私德，自无所用其阿比，况臣生性戆直，不解趋附，徒以世变方殷，奕劻责任关系大局，受恩如臣，不敢不言，冒渎宸严，悚惶万状，谨附片以闻。伏乞圣明密鉴。谨奏。①

图 1 奕劻

二

档案原件没有署名，此折是何人所奏？通过考证，可以确定具奏者为直隶总督袁世凯。根据有二：

其一，盛宣怀坐探陶湘十分熟悉京师政情，他在给盛的信中，提到袁世凯奏保奕劻、参劾铁良，情节与此奏折内容高度吻合。陶湘在信中说："雪公保庆、劾宝，其措词系：庆，人多谓其营私，以为用人知人，自古为难。（庆）之用人或有不当处，亦不能免，其操守廉洁，实为当世之罕。尝闻本年（庆）寿时，宝送寿仪巨，（庆）坚拒不纳，是（庆）之操履人所共知。而宝管军务不久，何来如许巨金？（大致如此）"② 这里"雪"是指袁世凯，《后汉书》中记袁安卧雪一事，故陶湘在给盛的信中常以"卧雪""卧雪轩""雪公"代指袁世凯。"宝"是指铁良，因其字"宝臣"。"庆"即奕劻，因其爵为庆亲王。密折与信函所转述内容主旨都在保奕劻，劾铁良也是为保奕劻，吻合之处一也。密折与信函所转述内容都为奕劻用人辩解，为其营私纳贿辩"诬"，吻合之处二也。密折与信函所转述原折内容皆举奕劻拒纳铁良巨贿一事，在时间、缘起、情节一般无二，甚至在奕劻斥责铁良何来如此巨金这一细节上也高度一致，吻合之处三也。两相对照，密折与陶湘所提到的袁折符契相合，凿枘毫无，为同一奏折。（图 1、2）

其二，袁世凯给端方的一道密电与此密折高度一致。袁电谓："兄久有去志，甚愿大谋（岑

---

① 《奏为密陈庆亲王奕劻任事忠诚宅心笃实事》，第一历史档案馆藏档案藏缩微胶卷（档号：04－01－13－0429－054，缩微号 04－01－13－035－1363）。

② "齐东野语"，陈旭麓、顾廷龙、汪熙等主编《辛亥革命前后——盛宣怀档案资料选辑之一》，上海人民出版社，1979 年，第 67 页。

图2　袁世凯

春煊）或武进（盛宣怀）来代。但大局攸关，受国厚恩，何敢任其败坏也……大老心地厚道，事理明白，阅历深久，声望远著，如推翻之，何人替代？当今实无第二。"①

将密折与袁电对比：密折谓"受国厚恩""不敢不言"，袁电谓"受国厚恩，何敢任其败坏也"；密折谓奕劻"素性长厚"，袁电谓奕劻"心地厚道"；密折谓奕劻"数十年阅历甚深"，袁电谓奕劻"阅历深久"；密折谓奕劻"声望卓著"，袁电谓奕劻"声望远著"；密折谓"纵去奕劻，谁堪替代"？袁电谓"如推翻之，何人替代"？可以看出，密折与袁电不仅基本内容相同，甚至具体措辞如出一辙，可为密折出自袁世凯之手的有力佐证。

三

密折没有具奏日期，是何时呈进？从折中为奕劻纳贿鬻官辩"诬"一节来看，作为保奕劻的重要一环，此折应在赵启霖奏参奕劻父子之后，载沣、孙家鼐复奏之前。

丁未政潮为"大谋"岑春煊所发动。岑与奕劻、袁世凯等人的矛盾由来已久，署理两广总督之始，就奏请将劻党粤海关道周容曜削职监追。1906年，滇边片马交涉事起，奕劻、袁世凯借机暗施手脚，将岑春煊改任云贵总督，袁世凯亲家周馥出任两广总督。岑春煊认为，如此安排非由慈禧、光绪本意，是奕劻等欲屏之远去，然后得任所欲为，"遂疏陈病状，乞假就医上海，以图后举"。1907年2月，岑春煊奉旨调补四川总督，毋庸赴京请训。岑春煊"知仍出庆、袁之意，念巴蜀道远，此后觐见无日，不于此际设法入都，造膝详陈种种危迫情形，机会一失，追悔无穷"。②加以瞿鸿禨"暗许引进"，③遂以赴川就任为名，由上海乘船沿长江西下。行至汉口，弃船登岸，乘车北上，自行进京觐见慈禧。赵炳麟、赵启霖、江春霖，"同时为谏官，甚相得，号称敢言"，④"皆协以谋当轴（奕劻）"，"闻西林（岑春煊）至，启霖迎至保定"。⑤赵炳麟等与岑春煊密谋，决定由岑春煊召见时面劾奕劻父子，赵炳麟等则具折参劾。三人经过抓阄，决定由赵启霖出奏。⑥

岑春煊在谢恩召对之时，首先攻击奕劻贪庸误国："近年亲贵弄权，贿赂公行，以致中外效尤，纪纲扫地，皆由庆亲王贪庸误国，引用非人。若不力图刷新政治，重整纪纲，臣恐人心离散

---

① 骆宝善、刘路生主编：《袁世凯全集》第16卷，河南大学出版社，2013年，第176页。
② （清）岑春煊：《乐斋漫笔》，荣孟源、章伯锋《近代稗海》，四川人民出版社，1985年，第99—100页。
③ 《袁世凯全集》第16卷，第176页。
④ 胡思敬：《国闻备乘》卷四。
⑤ 刘体智：《异辞录》，中华书局，1988年，第201页。
⑥ 前揭"齐东野语"，《辛亥革命前后——盛宣怀档案资料选辑之一》，第54页。

之日，强欲勉强维持，亦将挽回无术矣。”① 岑春煊还劾罢朱宝奎，并参劾唐绍仪等人。

5月7日，瞿鸿禨同乡、御史赵启霖具折奏劾段芝贵、奕劻、载振，折称：

> ……上年贝子载振往东三省，道过天津，段芝贵夤缘充当随员，所以逢迎载振者更无微不至，以一万二千金于天津大观园买歌妓杨翠喜献之载振，其事为路人所知，复从天津商会王竹林措十万金，以为庆亲王奕劻寿礼，人言籍籍，道路喧传，奕劻、载振等因为之蒙蔽朝廷，遂得署理黑龙江巡抚……段芝贵以无功可纪、无才可录并未曾引见之道员，专恃夤缘，骤跻巡抚，可谓无廉耻。在奕劻、载振父子，以亲贵之位，蒙倚畀之专，惟知广收赂遗，置时艰于不问，置大计于不顾，可谓无心肝。不思东三省为何等重要之地，为何等危迫之时，改设巡抚为何等关系之事，此而交通贿赂，欺罔朝廷，明目张胆，无复顾忌，真孔子所谓是可忍孰不可忍者矣！②

岑春煊的参劾本已引起朝廷对奕劻的不满，“颇有推翻萌芽”。③ 赵启霖奏折更是火上添油，慈禧大怒，面责奕劻：“汝为财耳。国亡，财于何有！”④ 内阁侍读润泰因事路过，“远闻御音悲厉，盖几于垂涕泣而道之矣”。⑤ 奕劻伏地请严查。是日，慈禧派载沣、孙家鼐查办杨翠喜一案。谕称：“有无其事，均应彻查。著派醇亲王载沣、大学士孙家鼐确切查明，务期水落石出，据实复奏。”⑥ 慈禧又面谕载沣、孙家鼐：“应说实话，我自有道理。”⑦

“大老（袁世凯在给端方的密电中代指奕劻）被困，情形甚险”，⑧ “凡依草附木者，有冰山将倒之势”。⑨ 袁世凯与奕劻父子关系最密，奕劻父子若倒，袁亦难保，因而竭力为之弥缝。刘体智在《异辞录》中记述了袁世凯为奕劻父子掩盖罪证的经过：“项城在天津，闻报大惊；立召杨以德至，令于一日夜，出翠喜于庆邸。以德素有干才，遂至京，以骡车挟翠喜出城。是夜行百里，至黄村，乘次日京奉车至津。世凯先使人利诱势怵盐商王竹贤，令自承为翠喜夫婿，遂以予之，赃证于是乎灭迹。”⑩ 至此，袁世凯心里有了一些底，在给同党端方的电报中说：“赵疏全虚，不足为害，勿念！”⑪ 袁世凯知道，即便载沣、孙家鼐查无实证，也不能消除慈禧对奕劻的怀疑和不满，奕劻倒台的危险依然存在，需要进一步采取行动，耸动上听，巩固奕劻的地位，密折就是在这种情况下出笼的。（图3、4）

---

① 前揭《乐斋漫笔》，《近代稗海》，第104页。

② （清）赵启霖：《奏为纠参署理黑龙江巡抚段芝贵夤缘亲贵物议沸腾请圣裁事》，第一历史档案馆缩微胶卷（档号：03-5478-156；缩微号：414-0903）。

③ 《袁世凯全集》第16卷，第99页。

④ 《袁世凯等以兵饷贿庆王》，《异辞录》，第203页。

⑤ 《载振纳妓杨翠喜案》，《异辞录》，第201页。

⑥ 第一历史档案馆：《光绪宣统两朝上谕档》第33册，广西师范大学出版社，1996年10月，第43页。

⑦ 前揭“齐东野语”，《辛亥革命前后——盛宣怀档案资料选辑之一》，第54页。

⑧ 《袁世凯全集》第16卷，第176页。

⑨ 前揭《载振纳妓杨翠喜案》，《异辞录》，第201页。

⑩ 同上。

⑪ 前揭《袁世凯等以兵饷贿庆王》，《异辞录》，第123页。

图3 载振

图4 杨翠喜

四

袁折首先盛赞奕劻人品、器度、见识、阅历、功绩、声望，强调其德才兼备，无可替代，攻击岑春煊、赵启霖等置大局于不顾，或出于政治野心，或为沽取直声，暗中勾结，图谋推倒奕劻。

奕劻是否真的如赵启霖所参纳贿卖缺，是慈禧处分奕劻的关键。因此，袁折在这个问题上竭力为奕劻辩"诬"。袁以盛宣怀、蔡乃煌等人运动未能获偿所欲为例，证明奕劻并非纳贿鬻官之人。不仅如此，他还以奕劻拒收铁良巨额祝寿礼金一事，说明奕劻于酬酢之中亦颇有斟酌，不会因酬酢徇私误公。经袁世凯的洗白，奕劻不仅不贪，而且成了极具操守的清官了。袁折的高明之处还在于：盛宣怀派人在京运动已有人对慈禧言及，奕劻当面掷还铁良馈赠万金一事更是流传颇广，慈禧理当有所耳闻。以这两件慈禧已知的事情为例，自然增加了奏折的可信性，也更容易打动慈禧。

既然奕劻并非因受贿简拔段芝贵，那么段芝贵由道员一跃为巡抚又如何解释呢？袁折的解释是奕劻为人长厚，精神才力有限所致，决非有意欺君误国。

奕劻为时局不可缺少之人，但精神才力有限，又有为人长厚这个"缺点"，怎么办呢？袁给出建议：一方面优容奕劻，对其假以辞色，以安其心；一方面简选贤才辅助奕劻，奕劻主持大纲，群才分任，如此可庶务毕举。最后，袁世凯向慈禧表明心迹，保奕劻并不是有意偏袒奕劻，而是出于深感朝廷厚恩，是为大局考虑。

从奏折内容来看，袁世凯既洞悉局势，又揣摩透了慈禧的心思，动之以情，晓之以势，保奕劻、击政敌、给建议、表忠心，环环相扣，一箭数雕，极为高明。从具奏时机来看，袁折避开慈禧盛怒之时，在“天颜渐霁，情形稍缓”之后呈上，① 既可为保奕劻增添一枚沉重的砝码，又不会引起怀疑，惹火烧身，可谓恰到好处。

5月16日，载沣、孙家鼐复奏，称：“杨翠喜实为王益孙，即王锡英买作使女，现在家内服役。王竹林，即王贤宾，充商务局总办，与段芝贵并无往来，实无措款十万金之事。调查账簿，亦无此款，均各取具亲供甘结。”慈禧据此将赵启霖革职。谕称：“该御史于亲贵重臣名节所关，并不详加访察，辄以毫无根据之词，率行入奏，任意污蔑，实属咎有应得。赵启霖著即行革职，以示惩儆。”② 1904年，御史劾蒋式瑆奏参奕劻“自简授军机大臣以来，细大不捐，门庭如市”，“将私产一百二十万金送往东交民巷英商汇丰银行存放”。③ 慈禧令清锐、鹿传霖带同蒋式瑆前往汇丰银行确查。清锐、鹿传霖查后复称：“该银行往来账目，不以示人，询以与庆亲王有无往来，据称未经见过，诘之该御史所陈何据，据称得之传闻，言官例准风闻言事，是以冒昧上陈。”④ 慈禧据此令蒋式瑆回原衙门行走。此次将赵启霖革职显然比对蒋式瑆的处分要重，一方面是因为赵参奕劻造成的负面影响更大，一方面也是为了安抚奕劻。次日，为平息物议，载振请求开去一切差事，得到慈禧的允许。至此，大局已定。随后，袁世凯向端方通报情况：“承泽（奕劻）已稳，育（载振）无大伤。”⑤ 此次奕劻有惊无险，度过危机，袁关键时期的奏保起到了一定的作用。

5月27日，奕劻独对。次日，慈禧从奕劻所请，将岑春煊外放两广总督。

6月17日，瞿鸿禨被赶出军机处。6月19日，奕劻以退为进，请开去军机大臣要差。慈禧懿旨慰留，谓：“军机处事务繁重，该亲王当差有年，遇事悉心筹画，诸臻妥善。现在时局多艰，该亲王谊属懿亲，自应亟图补救，不忍遽行隐退，益当不辞劳怨，力任艰难，所请开去军机大臣要差之处，著毋庸议。”⑥ 同日，慈禧命醇亲王载沣在军机大臣上学习行走。在此之前，慈禧先后命镇国公载泽、肃亲王善耆分掌度支、民政两部。让载沣等年轻亲贵出任要职，是慈禧对政治格局的一次重大调整，为载沣监国摄政埋下了伏笔，也开启了亲贵争权，政出多门之渐，对清末政局乃至清王朝的命运都产生了重大影响。慈禧如此安排，与袁世凯所谓“奕劻主持大纲，群才分任”主张正好相合，应与袁折不无关系。

（李学峰：河南大学马克思主义学院）

① 《袁世凯全集》第16卷，第108页。

② 《光绪宣统两朝上谕档》第33册，第49页。

③ （清）朱寿朋：《东华续录》，光绪一八六。

④ 《光绪宣统两朝上谕档》第30册，第42页。

⑤ 《袁世凯全集》第16卷，第157页。

⑥ 《光绪宣统两朝上谕档》第33册，第79页。

端方行实考辨

——附佚诗补辑

魏小虎

内容提要：近年来，对晚清重臣端方的研究有方兴未艾之势，但对于其学识人品的评价，甚至姓氏、字号等基本信息，却仍是一笔以讹传讹的糊涂账。有鉴于此，本文试图做一些初步的厘清。端方的诗作从未刊行，仅存的两部诗集抄本也挂漏甚多，故略作补辑，或对其生平研究亦有小助。

关键词：端方　姓氏　字号　佚诗

端方（1861—1911 年），字午桥，号匋斋（一作陶斋），谥忠敏，满洲正白旗托活洛氏。40 岁后历任陕西、湖北、湖南巡抚，湖广、两江、直隶总督等要职，后遭弹劾免官。辛亥年起复，率鄂军入川，途中遭兵变殉难。

百余年来，无论民国建立或共和国成立后，“满清权贵”皆长期沦为“政治不正确”的代表。似乎无论他们做过什么，必定都怀有不良动机，有多少负面传闻都不足为奇，不足以彰其反动，以天下诸恶归之亦不为过。辛亥四川易帜后，火速出炉的川剧“时事新戏”《杀端方》《杀赵尔丰》，风靡一时，两名主角贪婪、凶残的奸邪形象从此“定妆”。其后无论出自革命阵营的刘成禺所撰《世载堂杂忆》，以遗少自居的刘体智之《异辞录》，乃至掌故名家徐凌霄、徐一士之《凌霄一士随笔》等，无不对端方等口诛笔伐，污名化、嘴脸化的描述比比皆是，极尽嘲讽之能事，而颇多不实近诬之辞。一时风气诚如吴天任《梁节庵先生年谱》所言：“诸家随笔杂忆，常好为臆测是非，推波助澜之言，以自矜创获，耸人视听。”

即使端方的文物收藏一时无两，仍不免落得“贪宝炫富”“附庸风雅”的评语。尤其是所谓不学无术的纨绔子弟出身，甚至为一些学术论著所津津乐道。今溯其源流，皆应出自张祖翼《清代野记·海王村人物》：

> 当光绪初年，各衙门派员恭送玉牒至盛京，盛伯兮侍郎、王莲生祭酒、端匋斋尚书，皆在其中。一日夜宿某站，盛与王纵谈碑版，端询之，王奋然曰：“尔但知挟优饮酒耳，何足语此。”端拍案曰：“三年后再见。”及归，遂访厂肆之精于碑版者，得李云从，朝夕讨论，购宋明拓本无数，又购碑碣亦无数，其第一次所购，即郛休碑也，以五百金得之，罗列满庭院，果不三年而遂负精鉴之名矣。①

张祖翼曾入端方幕府数载，为其审鉴碑帖拓本数百种，颇受器重。但此说是否因其经历便确

---

① 梁溪坐观老人（张祖翼）：《清代野记》，《民国笔记小说大观》第 2 辑，山西古籍出版社，1996 年，第 119 页。

凿可信，抑或不过道听途说？似乎并无人深究。

早在光绪七年辛巳（1881 年），端方年方弱冠，已辑有《时文选》1 卷，计收尹明廷、熊伯龙等 30 人、32 篇。① 其自序云："方既订《寅宾馆读本》三十有二卷，举凡曩所诵习，集中收拾殆遍，而嵚奇怪刻之作，如沈厚田《国初文选》所存，则阙而未之收，而陈大龟《时文轨范》以及传钞之佳作而不见诸坊本者，亦颇逸焉。方因钞集是卷，有明文，有国初诸老文，有嘉道才士文，而近科墨卷与焉。"（图 1）足见他年少时至少已对制科文章下过一番苦功，次年壬午科顺天乡试中举可谓水到渠成。

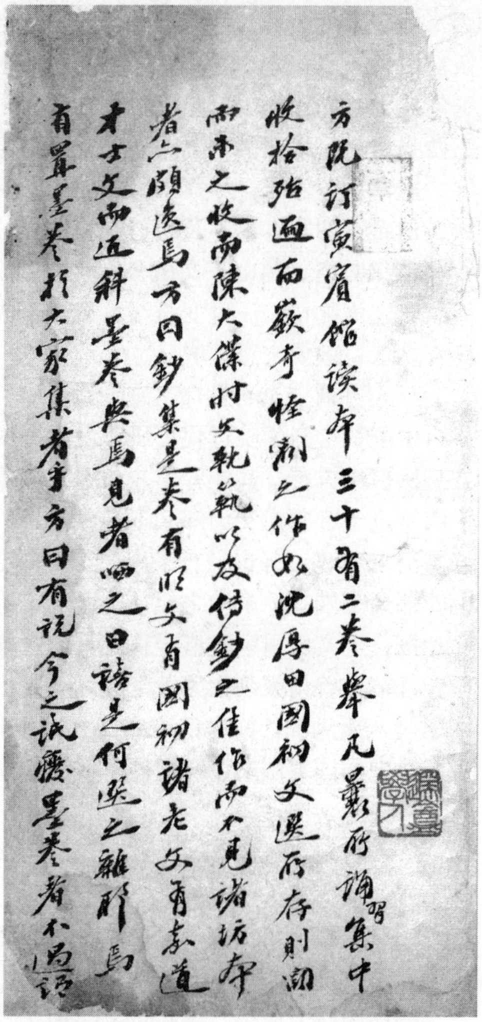
方既订寅宾馆读本三十有二卷举凡曩所诵习集中收拾殆遍而嵚奇怪刻之作如沈厚田国初文选所存则阙而未之收而陈大樽时文轨范以及传钞之佳作而不见诸坊本者亦颇逸焉方因钞集是卷有明文有国初诸老文有嘉道才士文而近科墨卷与焉

图 1　端方《时文选》自序

再看《翁同龢日记》中的记载，光绪十七年辛卯（1891 年）正月十九日："访王莲生，遇端午桥于座，谈碑读画，抵暮方行。"② 此时他的见识已足与翁、王（懿荣）"谈碑读画"了。其实翁同龢与其伯父桂清交情匪浅，多年前便对这位通家子欣赏有加。如《日记》光绪十年甲申（1884 年）五月二十二日："端午桥方来长谈，借《史通》读，勤学可嘉也。"又六月初九日："端午桥来还《史通》，借归评《史记》。其人读书多，与名流往还甚稔。"③

被从不轻易许人的两代帝师夸奖为勤学好读，与"但知挟优饮酒"的轻浮纨绔，会是同一个人吗？

王懿荣、盛昱为一时学界翘楚，三十几岁时均已出任过国子监祭酒，却对相差十余岁、初入士林的后生端方青眼相加，引为同道。王懿荣之子王崇烈《种瓜亭笔记》曰："端忠敏天资过人，先文敏亟称之，复以学术有根抵，故为后来大家……端忠敏与先君契好，即伯羲之介绍。每纵谈深夜，令人听之不倦……端忠敏尝笑谓余曰：'王文敏是我大仇家，教我好古，我今日除古玩，无宦囊也。'"④ 而贵为宗室的盛昱，还曾委托翁同龢去端方家说亲联姻，见《翁同龢日记》光绪十二年丙戌（1886 年）十月二十二日："访盛伯曦，谈数刻，伯曦请我为端午桥说亲伯曦堂妹。"⑤

光绪十七年辛卯（1891 年）前后，端方任张家口税关监督，悉心搜访传拓直隶各处碑刻，同时与王懿荣尺素频传，委托鉴定京宅所购石刻，反复研讨切磋，并问及盛昱病情："伯兮病好

① 中国国家图书馆藏稿本。

② （清）翁同龢著，翁万戈编、翁以钧校订：《翁同龢日记》第 6 卷，中西书局，2012 年，第 2469 页。

③ 《翁同龢日记》第 4 卷，第 1877、1889 页。

④ 《中华小说界》1914 年第 7—8 期。

⑤ 《翁同龢日记》第 5 卷，第 2100 页。按，此时端方已婚，或系为其弟说亲。

否？亟今未能去看。獭肝觅着否？”① 盛昱病逝数年后，端方在湖北巡抚任上，还曾参与其生辰祭奠活动。② 王懿荣庚子殉国后，端方也时有文字追悼。如《匋斋臧石记》卷一《武孟子买田玉券》条：“汉建初买地玉券，光绪壬辰出山西忻州。余官张家口监督，命人往求之，已为潍贾王西泉所得，以归吴窓斋中丞。逾年，窓斋携以入都，王文敏、盛伯希皆叹为稀世之宝。庚子春，窓斋病罢家居，尽鬻所臧，吾友施云侪以六百金为余致之，其风谊古矣。独恨文敏抗节千秋，伯希蚤谢宾客，不及相与共忻赏耳。”③又如题四石本《黄初残石》：“余在京师得《黄初残石》四纸具备，福山王文敏公深加叹羡。戊戌陈臬秦中，文敏属求彼间金石，曾以‘少昊’一纸殷殷乞为物访……世变纷纭，文敏遂成千古，其所臧蓄，半落佣贩富儿之手，深恨当日无以副良友之求，效要之意。”④

三人可谓“金石性命之友”（前人多只言王、盛二人交谊），情契如手足，至死而不渝。

中国社会科学院近代史研究所编著的《中华民国史资料丛稿·民国人物传》第10卷，有董方奎所撰端方传，其注释第一条引《八旗奉直宦豫同乡录》上卷载：“端方之祖父文雅，嘉庆二十四年进士，曾祖父为郑亲王乌尔棍布，曾任九门提督。”⑤ 此后国内第一部端方研究专著《端方与清末新政》等也径直采用，⑥ 影响甚广，似乎端方出身皇族爱新觉罗氏，即同治顾命八大臣中的郑亲王端华、肃顺之侄孙，已成定论。

按，上文已引宗室盛昱曾打算让堂妹与端方家联姻，若两家皆属皇族，似无族内同姓通婚之理。且端方曾请篆刻大家黄士陵刻“托活洛氏”“满洲托活洛氏端方藏书印”等印鉴，托活洛氏见于《八旗满洲氏族通谱》卷四九，渊源有自，与爱新觉罗氏全不相干。

检中国国家图书馆藏旧抄本《八旗奉直宦豫同乡录》，原文作：

> 托活洛·端锦，号叔絅，三十五岁，满洲正白旗人。附贡生，花翎三品衔，在任补用知府，汝州直隶州知州。
>
> 曾祖乌尔棍布，祖文雅，父桂清。

端锦为端方胞弟，早年过继给伯父桂清。董文中“嘉庆二十四年进士”“郑亲王”云云，究竟从何而来？乌尔棍布（或译作乌尔衮布）本是旗人常用名，何以见得非郑亲王莫属？且据玉牒（皇族宗谱）所载，郑亲王（其名通常译作乌尔恭阿）生有八子，两子早夭，其余六子中最年长的肃和生于嘉庆十二年。而名文雅者玉牒中仅有一位，生于乾隆六十年，卒于嘉庆四年，亦为冲龄夭折。可知嘉庆二十四年进士文雅绝非宗室皇族，更与郑亲王毫无瓜葛。至于桂清之父、端方之祖若曾中进士，可谓书香世家，何以未见任何同时代人提及？故其可能性甚微。（图2）

引用原始史料时，仅凭名氏译音相近就毅然断作同一人，并擅自添出十余字的人物身份，此作法实不可取。若予以采信，又将如何处置Tohoro（托活洛）、Aisingioro（爱新觉罗）归属同族的推论？转引时若足够谨慎，又何至沿袭至今？

---

① 《端方书与莲生十三兄信札》，上海敬华2009年秋季拍卖会，中国古代书画490号。

② 河北省图书馆藏《端午帅手札》，计端方致李葆恂手札原件76封。第66札云：“今日节盦在鹤楼为祭酒盛公作奠，盛公今日生也。公能午刻扶病强起，鼓兴一还否？”

③ 《匋斋臧石记》44卷、《藏砖记》2卷，宣统二年（1910年）浭阳端氏石印本。

④ 拓本今藏故宫博物院。

⑤ 娄献阁、朱信泉主编：《中华民国史资料丛稿·民国人物传》，中华书局，2000年，第518页。

⑥ 张海林：《端方与清末新政》，南京大学出版社，2007年。

图2 端方

中国古代的智识阶层，表字与别号是彰显身份格调必不可少的“标配”。但不论是长辈所赐，还是自行拟定，都基本在儒家经典、历史典故或文学名作中取材，天长日久，难免出现雷同。若年代相隔较远，一般还不至于引起误会，而一旦牵涉到同时代人物，后世张冠李戴的论述便比比皆是了。

《近代史所藏清代名人稿本抄本》第1辑（大象出版社，2011年）143—145册《端方档》共计24卷，其中多达3卷（卷二十一至二十三）却是盛宣怀致郑观应的信函。郑观应著有《盛世危言》，畅销不衰，被誉为“中国近代出版史上版本最多的书”。他和端方同以陶斋为号，且都与盛宣怀交从甚密，当初整理档案者将这3卷归入了《端方档》也就不足为怪了。

无独有偶，半个世纪前的《兰亭序》真伪大论辩，发端于1965年郭沫若在《光明日报》和《文物》上发表的《由王谢墓志的出土论到〈兰亭序〉的真伪》一文，其中引用了一条最早明确否定王羲之著作权的重要论据，即李文田题《定武兰亭》拓本（有民国九年文明书局珂罗版影印本）的跋文。此跋末云：“光绪己丑，浙江试竣北还过扬州，为午桥公祖同年跋此。”其后又有端方跋语，故郭文中称“汪中藏本后归端方收藏，李的跋文就是应端方之请而写的”。此后无论正方反方，无数的相关论著辗转引述，却从未对李氏此跋究竟为何人所题提出质疑。

李文田（1834—1895年），广东顺德人，咸丰九年己未（1859年）一甲第三名进士，一代书法名家，曾藏《西岳华山庙碑》原石拓本一部，后人称顺德本。而存世的此碑其余三件原石拓本，皆先后入端方之手。李文田去世多年后，端方曾委托陈伯陶致函李氏之子李渊硕，商购顺德本，而遭后者拒绝，[①] 完全看不出顾念与其父的昔日交情。最令人瞠目者，咸丰九年端方尚未出生，李文田怎会以意为同榜中第的“同年”相称？如此醒豁的破绽，为何数十年以来研究者们皆习焉不察，未置一词？

检《明清进士题名碑录》《民国江都县续志》等，咸丰已未科二甲第五名为扬州仪征人张丙炎（1826—1905 年），字午桥，号药农、榕园，曾官廉州知府、肇庆知府，“富收藏”，则科第、籍贯、表字、官职（公祖为知府的别称）、爱好无一不符，而端方跋则明言“朴孙得容甫《兰亭》后”，可知此《定武兰亭》拓本经汪中、张丙炎、完颜景贤（号朴孙）递藏，李文田跋乃为张丙炎题，端方跋则为完颜景贤题，他本人根本未收藏过此拓本。两位“午桥”相继与同一件拓本结缘，本是个小概率事件，稍不小心便易混淆，但导致郭文等错上加错的根本原因，恐怕还是对端方的生平太过陌生，不会想到他与李文田年纪差距颇大，进而将科第同年列为疑点。

姓氏、字号研究常被目为壮夫不为的雕虫小技，而上述三例是否可为“大处之不足，由于小处之不谨”作一注脚？

附：佚诗补辑

中国国家图书馆藏端方诗集抄本两种：《端陶斋诗》《宝华庵遗诗》。然前者仅存部分早期之作，时间跨度约在光绪十三年丁亥至二十三年丁酉之间（1887—1897 年），合计 60 余首。后者系褚德彝抄录，篇幅 7 页，20 余首而已。笔者自中外博物馆藏品及拍卖品题诗中又辑出 30 余首，皆未见于此两集和前人笔记，今以题写时间为序录之，聊作补遗。

1. 光绪二十三年丁酉（1897 年）六月，题何乃莹藏戴以恒《春堤试马图》卷七绝 1 首。北京文津阁 2017 秋季拍卖会“文津——中国书画与文房雅玩 58 号”：

> 十八年前新翰苑，三千里外好湖山。
> 黄尘乌帽青骢马，争及西泠日往还。

2. 光绪二十六年庚子（1900 年），寄赠梁鼎芬秦权诗扇。梁鼎芬过录此诗于光绪拓《百二十斤秦权》，西泠印社 2017 年秋季拍卖会“吉金嘉会·金石碑帖专场 3927 号”：

> 梁髯四十益嵚奇，炼骨人间仰大师。
> 遂恶鹰鹯真远识，凌虚雕鹗本难羁。
> 媿无累疏推张奂，喜拓残铭证李斯。
> 却月城边今肄武，知君扬为国张维。
> 咸阳新出秦权，拓之便面以寄节堪兄长，并系以一律乞教。

3. 题何乃莹藏吴允徕《草堂情话图》卷七绝 4 首。北京翰海 2012 秋季拍卖会“古代书画

---

① 顺德本《西岳华山庙碑》（今藏香港中文大学文物馆）有李渊硕 1932 年跋：“此碑藏吾家泰华楼六十年矣。虽经天地干戈、乙卯大水，先人遗泽幸获保存。光宣间，陶斋端方督两江，既得华阴、四明、长垣三本，欲并此而四，数来书以好官作饵，然吾终不忍以此易彼也。子孙宜识斯意。”

1136 号”：

徐沟寂寞人琴杳，灵石缠绵图尘存。
即此已堪风薄俗，况闻挥涕过妙门。

少时游钓最关情，老去前尘忆倍明。
久客浑忘家在晋，梦痕时绕泰州城。

维扬去此三千里，亲旧相违三十年。
从此不须劳梦想，披图人在草堂前。

闻道名园半就荒，鸟啼花落傍斜易。
祝君乞得扬州守，嵌刻长题位曲廊。
右俚句四章，题奉润夫二兄大人郢政。

4. 光绪二十七年辛丑（1901 年）十月，题费念慈藏吴云《篝灯课读图》卷七古 1 首。北京翰海 2009 春季拍卖会“中国古代书画 556 号”：

辛丑十月西蠡至，示我篝灯课读之长图。
开卷满堂风色动，如见寒皋瓦屋携遗孤。
践图洪图表母教，此图先后同劳劬。
巨人长德遍题咏，柳丸欧荻争陈铺。
我有一言进区区，君无惨淡悲崔舆。
儒林长翁文学昶，惟君嚏起相追驱。
吁嗟乎，沧海横流天地芜，以今视昔何其殊。
凿楹纳书世不用，请君更读百二十国之宝书。
费太母徐太夫人《篝灯课读图》，为其曾孙屺怀太史作。

5. 光绪二十八年壬寅（1902 年）正月，题易顺鼎藏唐人写《往生净土经》残卷及《释迦牟尼佛会图》卷七绝 2 首。今归美国华盛顿弗利尔美术馆：

喜向莲花结净因，千年几见市朝新。
神焦鬼烂金容在，妙湛依然说法人。

辨鴂真宜补旧编，梵书满半尽喧阗。
笔端舍利余唐法，消得荃蘼一穗烟。
光绪壬寅正月，易子石父携庐山开先寺唐人《地狱变相图》并写经残字见示，留观阅月，敬题两截句归之。

6. 二月，题易顺鼎藏唐寅（款）《秋声赋图》卷七绝 1 首。天津君瑞麟 2011 秋季拍卖会

"中国书画专场 237 号"：

仲硕见示唐子畏《秋声赋图》卷，惜无款识，特纪以一截。
庐陵深夜方摊卷，茂苑西风自闲门。
约略书情思北海，萧疏画意比东村。

7. 四月，题赠光绪拓《百二十斤秦权》七绝 4 首。中国书店 2017 年春季书刊资料文物拍卖会"古籍善本、碑帖、西文、影像专场 1051 号"：

大翩征车去不回，之罘沦没绎山灰。
权量独著臣斯法，不数琅邪海上台。

枣木痴肥本失真，青铜镵刻见精神。
销锋更铸明疑器，岂独金镕十二人。

盛德成功勒岱云，南稽北碣并铭勋。
诏书遍刻权量左，且自坑儒且好文。

东门逐兔恨无穷，鸟尽弓藏感慨同。
信是亡秦刀笔吏，上书犹侈不刊功。
松峤刺史索敞藏秦权拓本，系之以诗即正。

8. 五月，自书七律、七古各 1 首，分和陈衍、郑思肖；又书咏郑思肖七古 1 首。北京保利 2016 春季拍卖会"艺林藻鉴——中国古代书画日场 5358 号"：

和陈石遗韵：
居邻秀野惯停骖，相约精庐访竺昙。
结夏槐风舞龙树，寻秋芦雪满凫潭。
眼中尉顾高京洛，别后朱厓感海南。
善为潜研补遗憾，论功计属合同龛。
君著《元诗纪事》，可竟竹汀先生之遗绪，与《唐》《宋诗纪事》鼎足而三矣。

和郑所南翁兰诗：
秋来空谷幽芳坠，灵芽笔底含顑颔。
地老天荒墨不枯，中有孤臣数行泪。
一自钱塘潮汐停，木波转徙水云醒。
不向竹山赞花柳，惟闻夜雨泣冬青。
南去闽峤云烟变，渔沧潭下人凄恋。
抱香竟欲死枝头，那管北风横白雁。

用所南《咏寒菊诗》韵：

野人三拜洞元机，处士无弦说义熙。
梦里山川犹本穴，觉来竟体自芳菲。
芳菲建品缃丛碧，伸纸擩毫不盈尺。
当门委弃任诛□，托根无地乾坤窄。
是花是叶两模糊，持向伽蓝示女鬘。
莫问此花真色相，十空经里本虚无。
七百年来留妙笔，锦线诗存铁函出。
东碑文渺旧阡邱，白眉说法无祇律。
祇余缣素展温馨，疑是青泥化碧痕。
一样国香零落尽，天涯何处有王孙。

江盈科《雪涛诗》云：“赵子昂，宋宗室。有人题子昂《画兰》诗：‘近日国香零落尽，王孙芳草遍天涯。’盖讥之耳。”

9. 十二月初八日，拓赠黄士陵《百二十斤秦权》。今归浙江省博物馆：

半两甾朱许并传，祖龙廿六亥元年。
陈吴莫漫矜奇获，我有三量十二权。
大翩征车去不回，之罘沦没峄山灰。
权量独著臣斯法，不数琅琊海上台。
枣木痴肥本失真，青铜镵刻见精神。
销锋更铸明疑器，岂独金镕十二人。

10. 书七律《游栖贤寺》，赠纪钜维。天津文物2014春季拍卖会“中国书画82号”：

栖隐匡庐本有心，栖贤佳处快登临。
桥高仰见祥符字，塔古疑涂武肃金。
飞瀑远闻狂虎吼，深潭时作老龙吟。
山僧艳说天久好，似病兹山尚未深。

11. 光绪甲辰（1905年）八月初一日，题李葆恂藏清拓《梁比丘释慧影造像》七绝2首。北京翰海1996年春季拍卖会“古籍善本737号”：

江总残碣亘白虹，萧敷双志冠江东。
南碑寥落真星凤，历劫犹看中大同。

谁遣遗珍属阿瑛，一鳞片甲诩连城。
漫矜瑰宝真无两，我有元嘉共大明。

12. 十一月初四日，与李葆恂、陈曾寿、林开謩、蒯光典等游镇江焦山，题汤贻汾《如此江山图》卷七绝2首。北京永乐2007秋季拍卖会“中国近代书画78号”：

凭岩夕望润州城，无尽云山万景清。
大似春初好天气，不须惆怅晚来晴。

斜阳一道贯江红，细腻波纹织晚风。
如此风光岂相负，会图归卧此山中。
再游焦山，自然庵主六静上人属题《如此江山图》卷，因录《观音岩远眺》二截付之。

13. 十一月，题《不娶毁铭》拓本七绝2首赠朱之榛。苏州吴门拍卖2016年春季艺术品拍卖会“吴风盛祺·文人情怀专场193号”：

京尘已震匡时略，吴会亲闻治盗方。
九列外台犹始改，百年耆旧此灵光。

主恩久合逢文景，国难终应仗管桑。
自有声施襮当世，不徒风雅续椒堂。
甲辰仲冬，将之湖南，留别竹石老兄廉访，即希鉴定。

14. 同年，题团扇七律《游慧泉山一首若冰石洞陆鸿渐》赠景厚。今归湖北省博物馆：

竹垆长卷久沦湮，来试新茶活火煎。
品水真从陆［鸿］渐，题名直造九龙颠。
若（洞）［冰］石洞馀残碣，文甫书堂有闷泉。
定为名园理荒秽，高风端赖令君贤。
时许东畬五少欲谋葺秦氏寄畅园，故诗中及之。《游慧泉山一首（若冰石洞陆鸿渐）》，敦甫吾友属书。

15. 光绪丙午（1906年），题七绝诗扇赠景厚。今归湖北省博物馆：

火山已熄连天火，红海何曾蓦地红。
火热水深权莫问，归轮稳趁一帆风。
红海舟中口占。

16. 光绪丁未（1907年）十月十六日，题景贤藏钱选《柴桑翁像》、鲜于端书《归去来辞》合卷七绝2首。今归美国纽约大都会艺术博物馆：

鄱雨匡云旧梦留，柴桑遗迹尚堪求。（甲辰曾游匡庐）
吾家饶有栖迟地，不羡桓公据上游。

满室琴书那算贫，尽携壶榼自游春。
愿寻神妙丹青手，为著追随杖履人。

17. 光绪戊申（1908 年）二月，题王仁东藏黄绍宪《双钩玉簪花》轴七绝 2 首。中国嘉德 2012 秋季拍卖会“中国古代书画 1609 号”：

谁省丰容出内家，纷红骇绿但横斜。
新妆素袂庄严甚，此是江南第一花。

待取遗珠付汗青，离骚草木揔芳馨。（意园题诗留坨写刻本未收，当属其补入）
更吟天壤神来语，凉月西风未可听。

18. 三月十五日，题世增藏余集《美人把镜图》轴七绝 1 首。北京匡时 2013 春季拍卖会“古代绘画专场 505 号”：

零落寒花飐碧帷，连朝轻减细腰支。
鱼书一寄无消息，不敢殷勤拦镜窥。

19. 六月十六日，题赠夏曾佑行楷书《七律诗团扇》。上海鸿海 2010 年金秋季拍卖会“书画、杂项 237 号”：

孙黄并世皆千古，櫜钥多能属后来。（剬缉平看迁史笔谓所著历史教科书，回翔时举皖公杯）
方州小试缘儒术，世难方兴重霸才。
未尽钟山留客意，鹤觞他日待重开。
穗卿先生过金陵，快谭数日。将行，赋此为赠。

20. 九月，题自藏万寿祺《秋江别思图》卷七绝 2 首。今归浙江省博物馆：

易名何事学陶朱，也僭扁舟泛五湖。
载得无穷家国恨，多烦点笔到菰芦。

君为四海习凿齿，我是弥天释道安。
一样江湖感离别，残梅秃颖耐人看。

21. 题梁鼎芬藏归庄《墨竹诗翰》卷五律 1 首。今归浙江省博物馆：

万事不可说，萧然墨两浓。
自怜身沮丧，犹有气横纵。
三绝嗟何用，千秋怅未从。

江湖孤途处，愁煞蒋山佣。
戊申九月，为节盦大兄作。

22. 十月初一日，题自藏康熙初拓《崔敬邕墓志铭》并题七绝2首。今归上海图书馆：

崔祠蔓草已全荒，古志犹臧宅庙旁。
却怪沉霾三百载，不闻毡蜡两三行。

久隔名碑两界春，天然拍凑益堪珍。
浓烟澹雨妙柶闲，璧合珠联如有神。

《崔贞志》世所见传本不多，近十年所见，独王孝禹许陈香泉本、费屺怀许沈韵初本及此本耳。邻苏老人持一复本，索直三百金，宜其无问津者。此本纸墨虽不一色，而浓澹相间，又有胜处。以视王、费两本，未易轩轾也。近取随《常丑奴志》与此志并几校观，亦自谓"二难并"矣。

23. 同年，行书题七律诗扇赠冯祥光。中国嘉德2018春季拍卖会"笔墨文章、信札写本专场1979号"：

十万松声夕吹哀，稠云大雾一时开。
方知雨后凄凉绝，悔不花时次第来。
垒石成碁天景巧，结松如笠化工才。
田盘仙去田畴老，空见岿然般若台。
旧作写奉玉潜仁弟疋教。

24. 宣统己酉（1909年）二月初八日，题自藏杨文骢《松梅竹石图》卷七绝2首。巴黎苏富比"墨缘——德国私人旧藏中国书画金石拓本专场30号"：

光绪甲午得杨龙友画《松梅竹石》卷，而刘念台篆其首，书而有作。
早岁风规别圣狂，晚年成就略相当。
激昂死龙友就获，（不屈死与从容死念台投水不死，旋饿死）此事千秋费品量。

友善山阴记所详，松梅一卷表同芳。
史臣亦有深文笔，枉说趍承马凤阳。

25. 四月二十七日，《申报·文苑》刊七律《亢晴日久，身云老人及诸僚属步祷得雨身云以诗见贺勉酬一律》：

共说西门见道真，（云门力主毁如皋瘟神祠）淫祠初毁雨侵农。
乘云龙蜥洵能致，救世牺牲不自珍。
水至又将酬保障，雨丰稍易算丁缗。

高低禾黍芃芃起，无限苍生待劳郇。

26. 宣统庚戌（1910 年）十二月十九日，题翁之廉藏罗聘《坡仙游迹图》册七律 1 首。今归美国翁万戈：

名图喜得两峰描，名集新从鄂渚雕。（余复刻成化本《东坡七集》初成，新从武昌寄来）
百岁家珍犹世守，（何梅叟臧《东坡生日宴集图》，朱野云画笔，其家百年旧物也）
二龄孙女恰生朝。（孙女陶瞻，与东坡先生同日生）
金莲送院空余泪，玉带留山懒束腰。
自是身撄磨蝎厄，不关朝议抗青苗。

宣统庚戌嘉平东坡生日，同人集宝华盦，敬之世讲以所臧《东坡游迹图》遍示座客，即席为赋一律，以酬其意。

27. 题赠刘世珩《叶刻翁书金刚经塔图》拓本。叶志诜旧藏，玉海堂石印本影印，上海朵云轩朵云四季十四期拍卖会“中国书画（一）525 号”：

矩公梵典精校研，持此赠君君其镌。
九峰奇峰上插天，会看宝气腾星躔。

28. 宣统辛亥（1911 年）二月初十日，题完颜景贤藏王蒙、黄公望（款）《竹趣图》轴七绝 1 首。天津文物 2014 春季拍卖会“中国书画 311 号”：

错刀清削传松雪，山色空蒙认徂徕。
更喜人间双璧合，一峰补得一峰来。

（魏小虎：上海博物馆副研究馆员）

明后期到清前期无锡县域社会面貌

——基于《锡金识小录》的考察

范金民　黄　泳

内容提要：乾隆初年无锡人黄卬，抱持经世致用的理念，念切地方民生，撰《锡金识小录》一书，以亲历者的眼光，对县志所缺如田则粮额、均田均役、官收官兑官运、兵燹寇盗等，所不详如汇追始末、漕弊兴革、社仓乡约、保甲关栅、灾祥之类，所不同者如里甲职能、士绅行为，所略如田土之利、场圃之利、山泽之利、力作之利、米价、交易银钱、汇追、漕弊、关栅、社米、衙棍、胥吏、邑绅、士习、风俗变迁、日常节序等内容作考辨性记载，提供了大量反映明后期到清前期无锡社会经济、民生日常和人文活动的资料。黄卬崇正斥邪，富于社会责任感和士人使命感，极为留意前人和时人行事理政对后世可能产生的影响和鉴戒作用，在民生利病、赋税征收、银钱粮价、基层机构、社会救助机制、地方治安、自然灾害、地方官箴、士习民风、大众风尚、个人节操、生活样态等方面，发表了诸多富有警醒意义的看法，留下了展示无锡县域社会风貌的不少珍贵资料，其联系当时对相关史事作的评论，为我们考察论断其时无锡县域社会提供了诸多参考。《锡金识小录》一书，堪称如实记录并全面反映明清时期无锡县域社会的重要地方文献，在江南地方文献中极为难得。

关键词：黄卬　《锡金识小录》　无锡　社会面貌

明清时期，无锡是常州府的属县，经济发达，人文昌盛，是江南的重要县域。然而有关无锡地方社会情形的文献，县志以外，笔记稗乘寥寥无几，较之同时期苏州、杭州属县以及上海等县域城市，远为逊色。幸运的是，乾隆时当地人黄卬的《锡金识小录》一书，能够较为全面而有侧重地反映明后期直到乾隆早期无锡地方的社会面貌，堪称弥足珍贵。

作者黄卬，字惺吾，一字尧咨，咨又作资，县学生。曾注释诸经，尤长于《易》。乾隆六年（1741年）乡试见斥后，与修乾隆十五年的《无锡县志》。因有感于县志格于体例未能尽载地方民俗利病，乃纂辑成《酌泉录》12卷，未及刊行而殁。其中表弟顾奎光对全书重加编排，更改卷目，并加以增删，易名为《锡金识小录》。其中最后两卷，因“秉笔直书，无稍隐避，恐触世忌之故”，当光绪二十二年（1896年）刊刻成书时抽删出去，后以《乾隆南巡秘记》单独成册，在民间流通。[①] 现今所见的《锡金识小录》，全书10卷，嘉庆《无锡金匮县志》论为“于邑中掌故多所辨正”，[②] 嘉道时熟稔地方掌故的当地人钱泳称其“网罗邑中轶事”。[③] 全书对县志所缺者补之，疏略脱漏者详之，出入者正之，舛讹者订之，特别是于社会经济、民生艰难、民俗利病、风尚变迁、士绅行为方式等，惓惓垂意尤多。书中所记，大多是作者黄卬据所见所闻所历而

---

① 范金民：《乾隆帝首次南巡地方备迎驾事务实录——黄卬《乾隆南巡秘记》解读》，《明清史论丛》第2辑。

② 嘉庆《无锡金匮县志》卷二一《文苑》，第36页。

③ （清）钱泳：《锡山补志·儒林》，《锡山先哲丛刊》第4册，凤凰出版社，2005年，第360页。

新撰，有些条目，虽然大多本之于前人记载，但加了作者按语，反映了其时实际情形。后人窦镇，大概意识到该书的价值，因而续作《锡金续识小录》，然则无论篇幅，还是内容价值，似与前书不啻天壤。《锡金识小录》一书，提供了大量反映明后期到清前期无锡社会面貌和人文活动的新资料，于我们了解明清江南县域社会大有裨益。

学界对于如此重要的一部地方文献，也曾有所利用探讨，[①] 但采撷主要局限于明末清初的社会经济，而且略嫌粗浅，似乎尚未探明该书的基本价值与主要特色，尚有较大的学术空间。爰作专论，期能更进一步，有所深化。

一　民生经济与赋税钱粮

黄卬从自然地利出发，认为无锡“山之利不逮宜兴，水之利不逮江阴，远者又无论已”，[②] 自然之利并不优裕，所以民贫。

（一）副业生产

明清时期的江南农村，多有程度不等的特色副业生产，是农家生计的重要来源。黄卬先记了田土之利、场圃之利、山泽之利后，着重记“力作之利”，即副业生产。无锡不种棉花，但清前期棉布织作相当发达，产量可观。黄卬记载：

> 常郡五邑，惟吾邑不种草棉，而棉布之利独盛于吾邑，为他邑所莫及。乡民食于田者惟冬三月，及还租已毕，则以所余米舂白而置于囷，归典库以易衣。春月则阖户纺织，以布易米，而食家无余粒也。及十月田事起，迫则又取冬衣易所质米归，俗谓“种田饭米”。及秋稍有雨泽，则机杼声又遍村落，抱布贸米以食矣。故吾邑虽遇凶年，苟他处棉花成熟，则乡民不致大困。布有三等，一以三丈为匹，曰“长头”；一以二丈为匹，曰“短头”，皆以换花；一以二丈四尺为匹，曰“放长”，则以易米及钱庄坐贾收之，捆载而贸于淮、扬、高、宝等处，一岁所交易，不十数十百万。尝有徽人言：“汉口为船马头，镇江为银马头，无锡为布马头。”言虽鄙俗，当不妄也。坐贾之开花布行者，不数年即可致富。盖邑布轻细不如松江，而坚致耐久则过之，故通行最广。……惟东北怀仁、宅仁、胶山、上福等乡，地瘠民淳，不分男女，舍织布纺花而别无他务，故此数乡出布最夥亦最佳云。[③]

此处所载，具体介绍了无锡兴起织布的经济背景，棉布织作的地域范围、生产总量、加工方式、棉布规格及其销售地域商品量。由此可知，无锡虽然不种棉花，但通过“换花”方式，全境基本上都在春秋农事前后为棉布字号加工织作，而以东北怀仁、宅仁、胶山、上福等乡地瘠民淳地区最为普遍。这种织作棉布的方式，清中期无锡人钱泳就在“换棉花”条目中记道：“余族人有名焜者，住居无锡城北门外，以数百金开棉花庄换布以为生理。邻居有女子，年可十三四，

① 专论如森正夫《〈锡金识小录〉の性格について》，《名古屋大学文学部研究论集 122 · 史学》41，1995 年 3 月；涉及者如石锡兴《无锡布码头述略》，《江海学刊》1994 年第 2 期。

② 黄卬：《锡金识小录》卷一《备参上 · 山泽之利》，光绪二十二年木活字本，第 6 页。

③ 《锡金识小录》卷一《备参上 · 力作之利》，第 6—7 页。

娇艳绝人，常以布来换棉花。”① 城镇上的棉花庄，发放棉花给周围农家，农人在家纺纱成布，获取加工费，用以补贴生计。这种加工生产方式，延续了很长时间，后来直到20世纪70年代初年，还在当地流行过。② 有关无锡的棉布生产，嘉庆《无锡县志》仅以“布，邑中女红最勤纺织，上者重厚细密，次于标布，衣被之利极广”③ 一句概括带过，而黄印所记，堪称极为充实具体。以往我们只知道以布易棉、以布易粮的生产生活方式在松江等棉织区内部较为常见，黄印所记，则揭示了这种方式还曾扩大到距棉花种植地较远的地区。诚然，这种“纺”与“织”分离的生产方式，仍是以副补农性质，并不具有新的生产因素。黄印文中提到的“无锡为布马头”之说法，后来更广为人知，屡见引用。

换花织布以外，黄印还记载了其他副业生产：“惟开化乡民皆织席不能为布，新安乡半之，延祥乡之荡口则兼绩麻为手巾及织黄草缣。南门近城十余里则多劈竹为米簏、灯架、筅帚、竹箸之属。东南景云乡之近城者多窑户，居民亦多团土为砖瓦胚，然皆未尝废织也……成于邑人之手，而行于四方者，棉布最广，次则席，次则砖瓦，次则门丞。门丞惟出于吾邑，苏郡虽有，远不能逮，习此者多旧家子弟贫落不能读书者也。”④ 如此，则无锡全境的副业生产轮廓，已清晰可见。

（二）米价翔贵

清代前期的江南，已从长江长中游输入较多米粮，粮价变动较大，乾隆年间起持续上涨，但涵括较长时段的记载，殊为少见。黄印以“在场人”的口吻，前后比较，总结道：

> 邑中米价，雍正以上石不过两，以予幼时所见，康熙四十六七年迭遭水旱奇荒，树皮剥食殆尽，而米价未满二两。自六十年至雍正三年连旱五岁，米价亦未大昂。雍正五六年米更贱，价不满两。今天子嗣位于今十有八年，邑无大水旱，而米价反大踊贵，昔以一两为平者，渐以两半为平。戊辰年至庚午至二两外，辛未之冬正出米之时，而贵至二两五钱，至壬申之春，竟至三两矣。是今一石价抵昔三石也。富民一岁之收，比昔三岁之入，贫民一日之食，比昔三日之餐。富益富，贫益贫，贫百而富一，已伏不靖之机，而富民之奸者犹思私粜出境，以希厚利，能保民之无怨乎？幸锡民懦弱，不敢公肆抢劫，仅于出境米船拦截泼水，冀留米以活邑人，其情亦可悯矣。当事者每护富民，而惩贫民，何哉？必重罚富民以戒奸贪，而薄责贫民以示惩创，斯得其平耳。米价之贵实不可解，或言生息日蕃，食之者众，则圣祖太平六十一年，世宗十有三年，历七十余年之久，民不益众，近今十余年间，民遂大蕃，恐未必然也。或言全田放米出洋，故日益少，此则督抚及府州县官之责矣。愚按：邑中之田所收尚未足供邑人之食，更欲接济他省，势必不能。每岁乡民棉布易粟以食，大抵多借客米，非邑米也。雍正以前邑米未尝不出境，而湖广、江西诸处米艘麇集，至下流之去者少，上流之来者多，实当歉岁而米不甚贵者此也。近则他省之米罕至，而私贩出境者滋多，则米日少而价安得不增。至浙省大荒，反借资于苏、常之米，价高三倍无惑矣。始邑令犹严出米之禁，及浙省需米急，上官有遏籴之戒，奉文官籴者什之一，私贩出境者什之九矣。上

① （清）钱泳：《履园丛话》二三《杂记上》“换棉花”条，中华书局，1979年，第623页。

② 范金民：《农村青年记忆中的江南农村生活》，《江苏文史研究》2014年第2期，第27页。

③ 清嘉庆《无锡金匮县志》卷三一《物产》，第8页。

④ 《锡金识小录》卷一《备参上·力作之利》，第7页。

源既绝，下复决防以注，其涸也可立而待也。如曰米贵流通，必使上游之米先流通于下乃可。为邑令者，当视客米之通塞以为权衡，苟客米不至，则禁止牙行勿私通商贩，不可不严也。①

黄印不但总结了他所经历的康熙四十年代中期到乾隆十八年间将近40年间无锡的米价变化，认为由不足一石一两上涨到三两，前后三倍。而且探讨了米价上涨的原因，认为米价之高低取决于流通，米贵是官府放任米粮出洋接济浙东食粮所致，甚至还客观上透示了清前期无锡食米依靠上中游的流入。

此外，黄印还记载了万历年间张氏积米不粜遭受火灾，而倪氏、吴氏粜米致使米价趋平的事例，并议论道："张以力作起家，积粟不散，尚干天谴，彼刻剥致愦愦者，能无祖龙之降耶？倪、吴二公见灾而惧，其知几矣！今邑中富家蓄米千石者已少，真民穷财乏时也。"② 又在记载明代助赈捐赈后评论道："按此正当前明盛时，邑多富室，人心好义如此，今米价日昂，乾隆十四年以后民心惶惶，邑令劝富家平粜，复书名于榜，以彰好义，仅升米减一二钱文，而又迫于县官之命，然应者已寥寥矣。固由邑无甚富之家，亦可见人心之不如古也。"③ 由这些记载，可知无锡地区米价贵贱，与富户之囤积发散有着直接关系，而市场和社会力量在灾荒年间调节粮价的作用到清代前期已大为减弱。

（三）关栅税卡

明万历中期，江南曾因税卡设置额外征敛形成抗税冲突，清代内河如何设卡，其实至今不甚清楚。《锡金识小录》有"关栅"一目，则清晰地显示了无锡地方的税卡布设情形：

关栅之分立于邑境者，自太湖大渲口外，惟北之转水河、南之伯渎二处，盖商舟之自上而下者，经此二道，可不由浒墅关而抵苏矣。若乡间小港之可通者，商舟所不经，往来止民间薪米等物，固不容拦截禁止也。雍正十一年，关使海保罔利殃民，于九里河、麻塘桥、陆墅河、王庄河、羊尖、北阁等河，添设栅十余座，建立栅房，遍置关役，民舟过此，不分往来上下出境不出境，需索讹诈，刁难留滞，抢夺货物，民饮恨切骨。至雍正十三年，今天子登极，凡民所不便者悉报罢，万姓欢呼，愚民之情以为此栅必撤，可以泄忿，诸处新设栅，乡人刻日烧毁，不约而同，关役俱鼠逸。海保怒，移文督抚行县捕捉，波及多人。又妄听关役诬指富民，逼勒货贿，无辜被累，不可数计。海保曲护己非，不顾民怨，反将转水河、伯渎旧栅撤去，而乡间之栅复立如故。以一邑东乡数十里间，随处皆成机阱，民舟转侧有碍，如避寇盗，如畏豺虎，岂太平之世所宜有哉！使烧栅后，县令有根，能据旧章指陈地势，导达民隐，激切言于督抚，督抚据以上陈，幸遇天子宽仁，此栅未必不可去。乃任其恣肆，莫与执争，竟成不变之局，永贻害于无穷，是可慨也！昔王公乔林任金匮时，关使设立巡船于黄埠墩左右，时诸栅未立。欲王公添差以助之，公不从，关使嘱知府言于公。公曰："吾将逐之去，以公言，且暂留，添差则不能也。"使设栅时王公当事，未必不争，烧栅后值乾隆

① 《锡金识小录》卷一《备参上·力作之利》，第7—9页。

② 《锡金识小录》卷一〇《前鉴·米焚》，第17页。

③ 《锡金识小录》卷七《稽逸四·助赈》，第27页。

> 初年，未必不可详请复旧也。①

文中海保，即雍乾年间内务府派出的浒墅关税使海保。按黄印所记，无锡地方为了防止商船绕越漏税，只在北境转水河和南境伯渎二处设关稽税。可是雍正十一年（1733 年）海保任税使时，在只是载运民间菜蔬日常用品的九里河、麻塘桥、陆墅河、王庄河、羊尖和北阁等河道，添设关栅十余座，强行征税，需索讹诈。乾隆帝即位时，乡民以为新栅必撤，因而即日烧毁。海保却移文督抚，捕捉焚栅乡民，逼勒货贿，而且仅将转水河、伯渎两处旧栅撤去，而其增设的乡间栅卡却复立如故。如此一来，无锡东半部数十里间随处成为征税之区，极大地影响了民间正常的生产生活流通。黄印将此繁复过程记下来，就是指望地方官员能够从民生出发，为民呼吁，撤除新添关栅，恢复原先的乡间物货流通。

（四）银钱使用

清前期市面通货，通用银两抑或铜钱，前后变化较大，相当复杂，少见具体翔实记录，江南亦然。黄印有心民生，竟有大段记载：

> 邑中市易，银钱并用，而昔则用银多于用钱，今则有钱而无银矣。康熙中，自两以上率不用钱，虽至分厘之细，犹银与钱并用。其时多色银，九成、八成、七成不等，其精于辨银色者，若八二、八三俱能鉴别无误，稍一蒙混，多致被欺。其伪造假银亦不绝于市。雍正中犹然。其时收铜之禁甚厉，邑中铜器毁于官者殆尽，而银钱并用如故也。自乾隆五六年后银渐少钱渐多，至今日率皆用钱，虽交易至十百两以上率有钱无银，市中欺伪较少于昔。然昔钱价每以八十四文当银一钱，国初九十当一钱。后以八十文当一钱，今则以七十文当一钱矣。观于市，若昔钱少今钱多，然昔少而价平，今多而价贵，则知昔之多用银者，由银之留于下者多，而非由钱乏，今之专用钱者，由银之留于下者少而非以钱足也。民生穷困之由，观此亦可悟矣。康熙中，邑中用钱最净，凡私铸并新铸细小者皆不用，近则错杂已甚，除铅锡钱外，一概通用，并兼用前代旧钱。凡钱一贯，内必有宋元明钱及唐之开通元宝钱，即半两、五铢亦时间有。或专用旧钱市物，亦不嫌也。此皆起于十年以内，其故殆不可晓。惟宽永钱时禁不用，亦终不能禁。宽永钱者，日本国钱也，未知何时入中国。②

黄印记载了无锡地区自康熙中期至乾隆前期市面通行银两或铜钱的消长变化，银的成色、银钱比价、购买力的变化及其原因，认为乾隆五、六年前后由银多钱少转为银少钱多，说明民间流通的银两由多变少。在银两货币化后，一切以银计价，银少实际意味着民生水平的下降。从流通银两还是铜钱及银铜丰绌来观察实际生活水平，不失为是一个重要途径。黄印此记，不但将银钱转换的时间节点定得如此具体，而且在江南地方文献的同类记载中时代可能也最早，后来乾隆三十年代松江举人蔡显《闲渔闲闲录》、乾隆末年《常昭合志》、道光初年常熟人郑光祖《一斑录》才有相关记录。其中提到的“以七十文当一钱”的“七折”钱，至今人们说不清楚。③ 文

① 《锡金识小录》卷一《备参上·关栅》，第 11—12 页。

② 《锡金识小录》卷一《备参上·交易银钱》，第 9 页。

③ 〔日〕岸本美绪：《关于清代的“七折钱”惯例》，氏著《清代中国的物价与经济变动》，社会科学文献出版社，2010 年。

中所言“收铜之禁”，事在雍正四年，有严造用黄铜器皿之禁，京城三品以上官员方准用黄铜器皿，民间黄铜器皿交官收买，乾隆元年此禁方弛。①“宽永钱”，是铸有日本年号的日本钱，只见乾隆十四年七月浙江巡抚方观承、乾隆十七年江苏督抚尹继善与庄有恭等人曾在奏疏中提及，民间文献似乎仅见于此。由黄印和其时地方官员所记可知，宽永钱乾隆十年前后已在江南流通，官方查禁并未奏效。

（五）赋役改革

明代中期起，江南各地开展了趋向一条鞭法的一系列赋税徭役改革。《锡金识小录》记载的无锡的赋役改革，主要涉及田赋官民一则、徭役均田均役和漕粮征兑运交。

关于田赋官民一则。嘉靖十六年（1537 年），应天巡抚欧阳铎确定以征一和论田加耗为中心的税粮征收制度。常州知府应槚效法湖州府官民各为一则起科的办法，各县将官田平米总数摊于全县官田，民田平米总数摊于全县民田，“各自通融均派”；将各县折色银，验粮均派，每石本色米摊折色银若干钱。无锡县直到嘉靖三十二年，在丈田的基础上，“竟并官民田地，均为三则”，分别征税。② 后来江阴、靖江、宜兴、武进等县先后一则征税。对此赋役改革过程，黄印在溯述了官田及官田重赋后记载：“嘉靖二十六年嘉兴知府赵瀛创议，田不分官民，税不分等则，一概均摊后，苏、松、常三府从而效之。自官田之六七斗以上与民田之五升，通为一则，税额之轻重视官田之多少。苏郡长洲县官田至多，亩科至三斗七升，吾邑官田少，故以一斗九升五合为率也。常郡之官民均摊则由吾邑始。”③ 黄印此处所述“一则起科”，是指不分官田民田通为一则，而上述“均为三则”是指田地肥瘠不同程度分为三则，而后折成一则，表述各异，其义则同。所以黄印又在“地亩等则”中记道：“各省田粮，每分三则，或五则。吾邑则不分等则，然实未尝无等则也。邑有平田、高田、低田不同，高田一亩折平田七分九厘五毫八丝七忽，低田一亩折平田七分四厘一毫，是高田约以一亩二分五厘零当平田一亩，低田约以一亩三分零当平田一亩也。粮额则归画一，田册则有等差，是亦田分三则之意。又山滩荡亦折平田起科，约十亩折平田一亩，而轻重又略有别，是亦分为五则矣。此粮额所由定，志不宜脱略不载……良吏每于此尽心焉。今长民者惟以赋税为急，且不知高下殊形，农功难易，修邑志者盍纪其略，俾守土者知之乎?”④ 由此记载，我们才能明白，无锡县的一则起科，不是不拘土地肥瘠程度一概论田起税，而是分平、高、低三种田，按不同面积折成平田一亩，然后论平田一亩起科。黄印不独记下了无锡田则的原委，而且一再强调，作为地方志书，应该将中间的曲折叙明，俾使地方官员了解。可谓用心良苦。

关于均田均役。一条鞭法实行后，一年一编，计田纳银，官为募役，理论上说，里甲十年轮役的做法已经取消，但江南重赋区，解运漕粮和白粮的“北运”“南运”，解送布匹的“布解”等实物解交负担仍然存在，与此相关的经催、解户、兑仓、斗级、柜头之类差役非常繁重，里长、粮长等里役负担也依然严重。一条鞭法也没有废除里甲制度，作为佥定里役依据的土地占有关系与户丁都发生了重大变化，不同里甲内的土地人丁更多寡悬殊，里与里之间土地占有与赋役

① 乾隆官修《清朝文献通考》卷一五《钱币三》，浙江古籍出版社影印，2000 年，第 4984 页；乾隆《江南通志》卷八二《食货志·钱法》，程章灿主编点校本，凤凰出版社，2019 年，第 3757、3760—3761 页。

② 万历《无锡县志》卷九《田赋》。

③ 《锡金识小录》卷一《备参上·田粮》，第 1 页。

④ 《锡金识小录》卷一《备参上·地亩等则》，第 4—5 页。

负担严重脱节，因此明末清初江南各地继续推进赋役改革，就是均田均役法。入清后的均田均役法，开始实施于康熙元年（1662 年），江苏巡抚韩世琦下令所属“统计合邑田亩若干，分配区图，逐里均平，将一应图外户名尽归入甲”。如官户，需直开乡绅姓名，不得在子户名册内合开；如生员，必写明具体姓名，与学册相符，所有差役，一律按田征派。① 韩世琦饬令下达后，各县执行较为得力，无锡县同苏州府吴县、常熟等地，当年就行实施。此次均田均役改革，黄印记道：

> 前明绅户免役，富民之田多诡寄于绅户，于是贫民独出其力，以代大户之劳，最为一代弊政。又图不分甲，国朝邑绅高世泰始创议图分十甲，以次轮役。然每甲田数多寡不齐，有一甲多至千余亩者，有一甲仅数十亩者。田数悬殊，而应役则一，极为偏枯不均。康熙元年始行顺庄法，将邑中田亩配搭均平，截然划一，通计四百一十四图，每图额编田三千亩零，每甲以三百亩为率，不拘绅衿民户一概编入里甲均应徭役，民始不偏累矣。分县后，金匮之田每甲三百亩而赢，无锡之田每甲三百亩而缩，由金之田多于锡也。按：今日田役大段既均，而犹有小不均者。盖总甲之役有难有易，富户择善区，每甲多溢额，至沿塘诸图有每甲止一百四五十亩者，又皆零星细户，贫不堪应役。此其弊由于税书，必于推收时严禁受贿，使易役之区田不得溢，则难役之甲自田不致亏。苟留心查核，何能隐遁，惟漫不经意，视非急务，故令彼得上下其手耳。②

此记不仅叙明了均田均役的基本要义是以县为单位，顺庄编成 414 图，每图十甲，将全县田亩“配搭均平，截然划一”，不论绅衿民户一概编入里甲均应徭役，“民始不偏累”。江南各县因为人均土地占有量不同，无锡每甲为 3000 亩，每甲田为 300 亩，比苏州府属吴县、长洲等地一图一甲之田要多，而雍正二年无锡析为无锡、金匮二县后，各图各甲之田也不一样。此记更难得的是，均田均役实施后，理论上而言一县之内各图各甲地亩相等，但无锡地区因为富书税胥作弊弄奸，有些地区如沿塘诸图的田亩并不平均，而多寡悬殊，一定程度上揭示了均田均役后的实际情形，相当难得。

关于漕粮征兑运交，有漕粮官兑官运和剔除漕弊两项。明清时代，江南漕粮（含白粮）征收解运是第一要务，大体上以三四石之代价解运一石，最为民累，无锡县承应的任务也极为繁重。有关漕粮征解兑运，黄印记载：“明代漕粮，皆民收民兑，有粮长米头等名色。国朝初年尚有收头及兑户，以孱弱农民为刁军悍丁之鱼肉，常正米一石，费至二倍余，民以田为累。至康熙六年始定官收定兑之法，每漕百石，加耗米五石、银十两。此即所谓漕项。惟州县正官与卫军睹面，纳户完粮即日归农，军民两不相见，民困始得苏息。”关于只有苏松常嘉湖五府交纳的白粮，黄印则记：“白粮旧系民运，签殷实之户为粮长主运事，大抵八石运米一石。充是役者无不破家。顺治二年，御史黄徽胤具题改为官运，民如脱水火而解到悬。后并革当头名色，而白粮犹分款征收，民间完纳白粮视漕米较为艰苦。至康熙二十年，将额征漕米一条鞭征收，官拣好米□办，民始不知从前办白粮之苦矣。”③ 漕粮和白粮的解交方式，前后变化较大，从明代中期起的民收民兑改为清初的官兑官运是一大关捩点。对此关涉民生极为切要的事项，黄印专门记录，并

---

① 道光《苏州府志》卷一〇《田赋·徭役》。

② 《锡金识小录》卷一《备参上·均田均役略》，第 2—3 页。

③ 《锡金识小录》卷一《备参上·官兑官运略》，第 3—4 页。

且交代原委，给予高度评价。他将均田均役和官收官兑官运两项改革举措，评为“本朝第一善政”,① 从而弥补新修《无锡县志》的缺失，予以载录，颇具眼力。

漕粮征收解运，弊窦丛生，历任地方和漕运官员，采取禁弊措施，未曾间断，而其中最为有名和最具实效的，恐怕当属康熙六年（1667 年）的“五米十银”法和雍正七年两江总督尹继善的漕务改革。对后者及其前后情形，黄卬记载：

> 吾邑收漕积弊，以予所见，康熙中胥吏一签收书，即买奴婢，置田宅妻孥，鲜衣美食，若顷刻致富者。其收粮也，进仓十斛，止算九斛，是为暗扣。其斛口大逾尺，满必四五指。又有脚踢、凌尖、松斛诸弊，是为明扣，至加三加四不等。收书计米已足兑，则私折银，又串通小甲、斛手，私将米运出，官有所不及防者，府道间拿一二枷责，然意在取货，货入则益放纵无忌。至雍正中，制府尹公继善始尽革旧弊，每石加脚费钱五十二文，禁止九扣而暗扣之弊除，斛口较前小十之四，令纳户自挡，无籽粒浮，升斗与斛较准，而明扣之弊绝。凡修廒铺垫诸陋规洗涤殆尽，二十余年遵行不改。诚弊息风清，自古未有。至乾隆十五年，县令以办理南巡事，斛加大，浮二三指，约以加二为率，上官以方多费，知而故纵之，此端一开，将来恐不能复旧。是在后之良有司矣。方尹公定每石加制钱五十二文，众皆称便，有识者已虑日久废弛暗扣如故，而钱不可复除。盖昔九扣之由原以当日假兑粮使费为辞，因斛面浮满太甚，故议加一贴赠，不许浮满，始亦遵行，后浮满如故，而九扣永为例矣。今之脚费钱，安知不如是乎？有先事之虑者，当明载邑志，俾后有所据，庶可予绝其萌耳。②

黄卬推本溯源，既溯述了“五米十银”法实行后漕粮征收中仍然存在的弊窦，充分肯定了尹继善漕务改革的成效，但对每石加征 52 文原为追加的运费，日及弊生，其余弊窦故态复萌，而此额外费用遂演化为正粮的始料不及的后果，表示了极大的遗憾和忧虑，而且提出此事应该“明载邑志”，以便后人作为依据，或可减除。

（六）拖欠钱粮追征

江南是有名的重赋区，天长日久，也成为赋税拖欠最为突出的地区，清朝前后数次大规模实施清查，追征拖欠钱粮，其中实施时间最长、措置最为严厉的是雍正年间的清查。对于这次在江南赋税史和地方政治史上有着重要意义的清查，黄卬在好几则条目中有所记录。其中，“汇追”一目中记：

> 自康熙六十一年以上，邑多逋赋。时政令宽大，田粮完至八分者，为良民，其次完至五六分，亦有全不破白者。历年既久，无产而逋粮者有之，未有有田而无欠者。至雍正初，通计前后所欠而并征之，谓之“汇追”。委员逐户挨查，查毕，朱书“清查”二字于门，人心惶惧，计尽产不足以偿，生监之入狴犴者累累，逃亡远匿而株连亲族者不可胜计也。抚军张公坦疏请分十年均征，一时稍得息肩。然民力总不能办纳，瞬息五六年，计所当完之数，又将并征，人心忧惧，仍复如前。至今上登极改元，与民更始，大赦累年积逋，一时欢声动天，真若出水火而加诸衽席者，由是邑民皆鼓舞乐输。自乾隆元年以后，常郡所属他邑犹多

① 《锡金识小录》卷一《备参上・官兑官运略》，第 4 页。

② 《锡金识小录》卷一《备参上・漕弊》，第 11 页。

逋赋，惟吾邑无丝毫未完。十六年南巡，诏赦江苏旧欠钱粮，而邑中无可赦者。吾邑之民较他邑尤为柔懦易治，即此可见。又自康熙以上邑令鲜升擢，自雍正以后邑令无罢黜，由县无逋赋，上官以为征粮有功故也。按：清查时，粮道冯某希旨，谓积逋皆由官役包收侵蚀，乃搜索历旬，里书拘集查点，邑中骚然。然里书即业户轮值，而非官役，乃硬坐各区书严刑，令彼承认，区书择欠户之有力易完者，认归名下各数千，后收各户所欠，胥归己橐，不以纳公。至乾隆初均逢赦免，是冯某以为能搜弊剔奸，而不知适堕其计中也。须知区书之弊在飞洒不在包收。①

黄印此记，首先解释了清查的背景原因是钱粮拖欠严重。紧接着叙述清查的实际做法，堂而皇之地称为“汇追”，清查官员逐户挨查，朱书“清查”二字于门，清查过程中生监被关拘押入狱者累累无数，本身逃匿而受株连者不可胜计。而后述说清查后当地将拖欠钱粮分年带征，新赋也再无拖欠，民间负担极为沉重，而历任县令征粮有功，从未有因钱粮罢黜者。最后还对清查最力的冯景夏的做法发表看法，认为其自以为能搜弊剔奸抓住了要害，实际却是陷入吏书奸计之中而不悟。

黄印还在“滚单不善”一目中记：“雍正中，江令日容催粮用滚单法，设立催头，罚催下户，本户虽完，下户有欠，仍将催头责比。时逼夏至，不准停忙，三木囊头者数十人，皆完户，非逋户也。”后来酿成抗粮事件，黄印评论：“夫滚单之法，但令依限完纳，改滚下户，误单者罚催下户，乃恐喝之词，实不可行也。行之不善，既完之户重受枷责，宜人心之不服而致变矣。”② 又在“酷征套旧诗”一目中记：“雍正初，连旱五岁，继以岁灾，李令枚征历年旧欠，酷虐尤甚，民不聊生。时传有套旧诗者云：‘南北荒村多薄田，春秋差役各纷然。纸牌散作白蝴蝶，竹板染成红杜鹃。日里打枷眠地上，夜归儿女哭灯前。人家有产须当卖，一粒何曾到嘴边。’当时竞传之，不知何人所改，或曰旧有之，必明末时苦催科者所为也。存此以见酷征之虐。”③ 这些均是在书写赋税征收的严酷程度。更在“风俗变迁”一目中记载：“雍正中汇追旧欠，逐户挨查，朱书‘清查’二字于门。土音‘查’与‘茶’同，或谓谣言，若预兆云……城居者多贫室，有宿舂十不得一，而乡民颇多温饱。盖雍正间汇追旧欠，奉行不善，凡系旧家大抵皆破。”④ 这些叙述，清晰地形容了雍正清查钱粮的严厉程度及其对当地社会经济带来的消极影响。

上引黄印的相关记载，如此丰富翔实而生动形象，无疑相当罕见。所记清查为“汇追”，说明当时清查并不如皇帝和清查大员所说仅止于“清查”，只是为了摸清拖欠钱粮情形，而完全是为了追征钱粮。这一点，少见于其他记载，十分重要。黄印提到的冯某，是分查常州府钱粮的苏松粮储道冯景夏。他实心搜查，追出无锡、金匮等县历年经承区书李铭儒等家世相传的私立科销、抄柜、净欠等底簿，名色不一。据说每一区之底簿，可卖银二三百两不等，“总系从前各役舞弊花分并侵蚀钱粮实数粮户的名，俱在此项簿内开载，各有暗记，局外人不能深悉”。李雇请的书算民人杨士玉将李经管之天上一区私收15年的底簿200多本尽行首出。冯景夏随后令书吏

① 《锡金识小录》卷一《备参上·汇追》，第10页。
② 《锡金识小录》卷四《司牧·滚单不善》，第12页，总第55页。
③ 《锡金识小录》卷一二《杂言·酷征套旧诗》，第35—36页。
④ 《锡金识小录》卷一《备参上·风俗变迁》，第18—19页。

据实自行指出，“查核实在完欠，丝毫不爽”，将底簿连人一并差送到苏。① 此冯委员，在清查过程中名声卓著，成绩突出，因为起获了区书收粮的底簿，为清查的顺利展开立下了汗马功劳。②但对其具体做法，殊少记载，黄印以亲历其事者的身份，提供了此次清查的具体做法，补充了档案记录，具见重要价值。

二 地方官箴与士绅行为方式变化

无锡是人文重地，明后期至清前期，官府官员与地方士绅的关系前后呈现出较大的差异，于反映地方政治与官民关系方面颇有典型意义。作为当地士人，黄印较为熟悉，颇有感触，因而记录颇为丰富。

（一）地方官箴

县级政府在官员组织架构在国家政权结构中处于承上启下的关键环节，县级主政官员在发展经济、保障民生、维护稳定、促进国家长治久安中发挥着重要作用。明清时代的县级官员直接面对百姓，谓之亲民官，视为有关百姓生计痛痒的父母，称为父母官。作为基层官员，县官既是“要官”又是“苦官”。对此黄印认为：“无锡亦百里侯国也，自邑志所载遗爱外，前明以上行事之得失不可悉详，识其一二遗事，亦略可备参考。至本朝邑令之优劣，具在人口，有不可掩者，兹约略其大概，并数事之系于令者附焉，后之贤者亦可以鉴矣。”③ 有鉴于此，黄印择取了不少事例，无论优劣，直书无隐。

明代嘉靖元年（1522 年），县令畅华入觐，地方冠绅饯行于泉亭，分别以当官清、慎、勤三事，守令学校兴、田野辟、户口增、盗贼息、赋役均、词讼简六事赋诗以赠，“洋洋洒洒，清风穆时，推一时佳话”。黄印大为感慨，称“前辈风流觞咏，洵一时盛事，今不可复见”，但“邑志遗爱无传”。④ 嘉靖时县令卜大有，不苟取予，而只爱陶氏店肆之扇，考成获最入都，行李萧然，连平时珍爱的两柄陶扇也还给主人。⑤ 隆庆初年的县令邹墀，编发徭役时听任区总周养正和戴冠等人，操祸福之权，“优富役贫”，县民谤怨。而万历元年（1573 年）其门生分修县志，反谀称其“有冰蘖之操，时以为黑白倒置云”。⑥ 万历二十四年任县令的赵应元，“盘错利器，能声振一时，多惠政”，擢工部郎中，卒时无锡士民皆泪下。但邑志无传。⑦

清朝前期的县令，黄印认为县志只列传 4 人，其余无所表见，疏漏较多。黄印以亲身闻见，参以地方舆论，既有总体评价，又列举事例，臧否褒贬。在“国朝邑令”中记载，吴伯成与继任者韩文焜，“至今犹传其残酷”。久任者是康熙初年的徐永言和李继善，皆历 14 年。徐虽以墨著，而才干可称。李继任后，徐罢官仍居县中，绅士秦某与李交善，凡有讼事必经二人关白，李

---

① （清）马尔泰：《奏为奏闻事》，雍正七年九月初六日，中国第一历史档案馆编《雍正朝汉文朱批奏折汇编》第 16 册，江苏古籍出版社，1991 年，第 518—519 页。

② 范金民：《清代雍正时期江苏赋税钱粮积欠之清查》，《中国经济史研究》2015 年第 2 期。

③ 《锡金识小录》卷四《司牧・署印》，第 13 页。

④ 《锡金识小录》卷四《司牧・邑绅赠诗》本《锡山景物略》，第 7 页。

⑤ 《锡金识小录》卷四《司牧・受扇》本《锡山景物略》，第 6 页。

⑥ 《锡金识小录》卷四《司牧・编役不均》第 7 页，卷一〇《前鉴・必字》，第 18 页。

⑦ 《锡金识小录》卷四《司牧・遗爱》引《梁溪杂事》，第 8 页。

令唯命是听，时有“一县三官”之目。当清官张伯行任巡抚时，县民具款控诉，有“十三年奇贪极酷，亿万民负屈含怨”语，罢黜报闻传到时，县民纷纷担水泼县庭，谓之“洗堂”。后来县令林涛、涂仲俊、章颐“皆庸庸，而要不失为长厚，而林于文士尤能优礼”。雍正初年的李枚，“以悍挚酷烈为治，民之死刑罚，绅士之破家者累累，然豪暴敛迹，凡包揽词讼，侵蚀税粮诸弊，为之一洗”。分县后，无锡县令胡廷琦“人称明允”，蔡长沄“有威烈”，其余皆碌碌无为。金匮首任县令王乔林，“治奸以严，待士以礼，抚民有威惠，为诸令之冠”；而最为“巧宦”者，是王允谦，“任胥吏为心腹，纳贿不可胜计，善逢迎上官，得不败露，以升任去”；其余“皆无所短长云”。①

不独概括性叙述评价，在其他条目中，黄印还记载县令的嘉言。如康熙中期县令张灿，在任有一联云：“阳奉阴违，天有难遮之眼；民穷财尽，地无可剥之皮。”黄印认为“语虽粗而特为警确”。武承谟赴任时，在公座前悬联四副，照壁联为：“罔远道，罔咈民，正直公平，心斯无怍；不容情，不受贿，招摇撞骗，法所必严。”头门联为：“视民如伤，锡邑苍生皆我子；修即以敬，东林前辈是吾师。”堂联云：“人人论功名，岂即功名，功有实功，名有实名，存一点掩耳盗铃之私心，终为无益；官官称父母，何谓父母，父必真父，母必真母，做几件悬羊卖狗的假事，总不相干。”一时为先声所夺，“平日缙绅之出入县庭者，皆悚息危惧，有避之他省者”。可惜在任三月即病逝，未竟其志。王乔林任金匮时，也有一联：“半点模糊，已耗民财于暗地；一毫偏跛，即推赤子入危途。”这些县令的为官箴言，黄印特别强调“尤临民者不可不知”，说此三人能说出这样的话，“虽未必悉充于政，然不可谓非能存是心者矣”，而且以之与乾隆初期的无锡县令相比较，“今之有是心者何人哉”！② 这些联语，对于我们评价事主的事功，是颇具参考价值的。

黄印评价当地县令，自然不会只听其言而不观其行的。他认为，康熙中县令去任时，县人往往公叩上宪，联名保留，这种记录并不可靠，“大概绅士之出入公门者，迎合县令意而为之，未必出于公爱也”。他因而记录了诸多县令的实际行政。如前述张灿，丁母忧时，全县士民群起保留，截住仪门，不听其出署，适值巡抚船行经过，县人驾船数百艘，舟插黄旗，大书“保留清官”字样。这完全是出于县人之公心，“非保留常套也”。张灿当时在主持生员考试，撤闱后才闻仆报，步行到县署后，号啕大哭。黄印认为，张灿的表现与那些闻父母丧而匿不上报者，额外索取税契银者，“岂不判若霄壤乎”！③

县政好坏，很大程度上视胥吏行为为转移。黄印对县中胥吏的评价相当负面。他说：“胥吏之横，吾邑为尤，而在金匮者更凶恶。既成讼，必先讲差房使费，遇富者动以百计，即贫者亦必数十金。其居中说合抽分者谓之‘提篮钱’，彼意未厌，事不令审。茶肆酒肆，所耗费者更不资，舞文弄法，变乱黑白者犹不在此限。其为官所信任者则群走于其门，借以通线，暮夜之金非若辈无由致，有司视为腹心，为爪牙，无怪其日盛而靡有止极也。”因而主张：“为邑令者能使胥吏不敢妄取民财，则为第一贤令尹矣。”④ 黄印垂意于县令约束吏胥，专门记了两例。一例是明后期的知县何临海，对于吏胥，“尽心力而束缚之，人不能堪”，但地方安宁，“乡人不识衙人

① 《锡金识小录》卷四《司牧·国朝邑令》，第8页。

② 《锡金识小录》卷四《司牧·悬联》，第9页。

③ 《锡金识小录》卷四《司牧·保留》，第11页。

④ 《锡金识小录》卷一《备参上·胥吏》，第14页。

面"，被人颂为"百年来善政"，而且何优礼士人，深得士人好评。① 另一例是前述"有威烈"的蔡长沄。蔡深知无锡胥吏积弊，就任后，密召前令最信任的吏胥二人，假意要他们提供可以增加县令收入的办法，二人大喜，献计某项某事可出息若干。蔡却大怒，立即历数吏胥以前作弊情事，惩以重刑。自此"诸胥皆股栗不敢为非"。② 蔡之惩治吏胥，酷肖明宣德时苏州知府况钟。胥吏作弊弄奸的空间，既与县令的钤束有关，也与地方社会势力参与程度有关。黄印认为："康熙以前邑中有不便于民者，生监耆老得连名具呈，官吏有赃私，每恐人告发，生监之出入公门者得挟其短而把持之，故衙棍之势盛而吏胥有顾忌。雍正中，公呈有禁，则官无所畏，而胥吏之恶甚于虎狼矣。"③ 入清后地方官的威权和胥吏势力不断上升，就是因为士绅对地方事务的影响有所减轻的结果。

清前期，有些县令，酷虐成性，视民如草芥，这以雍正时期严厉催征钱粮时最为常见。在黄印的笔下，以酷烈著称的李枚，"残酷性成，草菅民命，多以非刑致死者，而催科尤酷"。催征钱粮规定不准停忙，每当五、六月间田事忙迫时，其他县域多稍缓敲扑，只有他"容纵差役出如虎狼，骚扰乡村"。村民被追征所迫，逃匿至胡埭山中，聚集数百人，"几至大乱"，等到冬月钱粮停征才陆续散出。平时为政，势如火烈，"人莫敢撄"。五牧人刘三，挺身而出，列其残酷杀人等劣迹数十款，控告至巡抚衙门，巡抚令李枚自讯。李大怒，集合全班民壮捕役下乡擒拿。刘三纠众抗拒，船毁役伤，逃匿不出。李四面设网，竟搜得之。刘自知必死，审讯时辞色侃侃，历数其恶，备受极刑，终不委靡乞生。李将其下狱，瘐死狱中。④ 黄印为此套引旧诗"以见酷征之虐"。⑤ 前述雍正中期催粮用滚单法的县令江日容，催征税粮，酿成民众抗粮事件。时际天旱，群情激愤甚，富安乡民男妇百余人执香吁官求雨，官员避而不出，民众愤怒，劈开枷锁放出粮户，而且以断石碑堵塞仪门。江等民众退去时，派出健吏捉拿为首者，乡民鸣金抗拒，役伤船毁，鼠窜而归。李只以擒获的一二人杖责，草草结案。⑥ 康熙早年的县令吴伯成虽为酷吏，但对于科试、岁试及季试前十名者，若未能考中生员者，后来任两广总督时，均寄给银两，作为援例入监之资，"高谊古今所无"。⑦

官员前后任交代，朝廷往往委官署理，署理县令之人，大抵是府州学之佐贰官，间有他县县令兼摄者。署官如打劫，兼摄者通常得过且过，很少有尽心民事者。黄印却专门记了二例，即苏州推官何图，署印三月，决狱英敏，"一时有神君之誉"；乾隆初年的署令迟维执，"亦有威烈"。⑧

评价地方官员，既重其德行操守，又重其才干能力，如此客观辩证、直抒胸臆的评价，在县志中几乎是看不到的。黄印《锡金识小录》一书所载，不仅补充了地方正志中所缺失的地方官箴内容，而且生动地反映出明后期到清前期无锡地方官员的理政形象。在黄印笔下，明清时代无锡的地方官员，其品德操守总体而言是在趋向下降的，这种情形到乾隆时期最为明显。综合而论，无锡县令大多乏善可陈，真正能够念切民生、兴利除弊、安定地方、推动经济和社会发展，

① 《锡金识小录》卷四《司牧・严治吏胥》引《清俨集》，第 6 页。
② 《锡金识小录》卷四《司牧・治滑胥》，第 11 页。
③ 《锡金识小录》卷一《备参上・胥吏》，第 14 页。
④ 《锡金识小录》卷四《司牧・苛虐》，第 12 页。
⑤ 《锡金识小录》卷一二《杂言・酷征套旧诗》，第 35—36 页。
⑥ 《锡金识小录》卷四《司牧・滚单不善》，第 12 页。
⑦ 《锡金识小录》卷四《司牧・邑侯高谊》，第 9 页。
⑧ 《锡金识小录》卷四《司牧・署印》，第 13 页。

而又廉洁自矢、苞苴不入、深受百姓爱戴者极为罕见，大多则庸庸碌碌无所作为，贪酷残虐、不恤民命者则不时可见。

（二）缙绅居乡

明清时代江南缙绅乡居时的行为方式及其前后变化，是江南地方史的重要内容，值得重视。明中期起，无锡同其相邻的苏州、常州等地一样，科举考试极为成功，簪缨望族接踵而起，缙绅势力大增，直接间接地影响着地方社会的盛衰。对于明代无锡籍的饱学硕望忠贞节操之士，黄印摭拾罗列，寄予深情，对于万历中期以后的东林君子，更心怀敬仰，从而在《锡金识小录》一书中，以较多篇幅大力表彰。书中有“乡评”一目，引《梁溪杂事》论道：“弘、正以上，品望推邵文庄宝，勋业推盛冰壑颙。嘉靖四十五年间，邑举进士者四十九人，而黄斗南正色、杨震涯成、周潜斋子义，鼎立一时，人钦为端人正士。隆、万间，兴复东林，顾叔时宪成充养完粹，学问深纯；高存之攀龙清修绝俗，风度凝远；叶参之茂才恬澹寡营，不立涯岸；顾季时允成忠实清真，有古人之风；刘伯先元珍嫉邪瘅恶，有烈士之概，海内莫不仰望丰采。其余则上官多畏，众庶鲜誉矣。其不与东林者，如施懋揭策、严有仪一鸥、万成甫象春、侯少芝先春，真心悃悃，温厚和平，暗然自修，不博时名，一时推梁溪硕望。”① 有“三文杰”一目，列明初王达、王绂甫、王源“梁溪三文杰”和以“诗名天下”的嘉靖时学士华察、佥事王问和县丞施渐3人，清初工于词翰的中允严绳孙、翰林顾贞观和宫谕秦松龄3人，工于古文的黄瑚、刘齐和陆楣3人。②

总体评价之外，对东林人士，有“东林八君子”一目，列顾宪成、高攀龙、钱一本、顾允成、薛敷教、刘元珍、安希范、叶茂材，其中6人是无锡人，只有钱一本、薛敷教2人是邻县武进人。对明代无锡的忠节之士，有“明末三忠”一目，记明末殉节北都的马世奇，殉节南明的翰林龚廷祥，顺治五年不肯剃发而死的吏部华允诚。有“二忠”一目，记正统中死于寇难的沈宗和天顺中死寇难的葛昊。有“锡谷四谏”一目，记嘉靖间顾可久、杨淮、张选、黄正色4人，又称“嘉靖四忠”。四谏之外，黄印更通观明代近300年间无锡的台谏忠臣：“考明代以言得罪者，洪武间有陆、葛、施、李四御史，永乐间有倪、黄二给谏，景泰则倪月楼，正统则盛冰壑，正德则葛支庵……万历初则胡莲渠，后顾、高、安、刘诸先生，皆以言得罪。崇祯间则华凤超先生劾温、闵得罪。是前明忠直之臣，三百年中吾邑固相继不乏也。由今仕宦者观之，岂不笑为愚乎？”③ 又援引《梁溪杂事》，有“二十五御史”一目，表彰25位御史，其行为“身依日月，光同爝火”。④

黄印对于东林人士的评价，绝非同乡的一偏之论，万历中期的苏州人伍袁萃就曾高度评价说：“梁溪一邑，而诸君子萃焉。顾泾阳充养完粹，学问深纯；叶玄室恬淡寡营，清修绝俗；顾泾凡、安我素、高景逸、刘楚磐皆志操超卓，而直言谠论，足以定国是，补衮阙，斌斌然盛矣。”⑤

对于无锡士大夫的乡居生涯，黄印秉持较为辩证客观的态度，给予相对公正如实的评价。明

① 《锡金识小录》卷四《综考·乡评》，第22页。

② 《锡金识小录》卷四《综考·三文杰》，第24页。

③ 《锡金识小录》卷一《备参上·邑绅》，第15页。

④ 《锡金识小录》卷四《综考·二十五御史》，第24页。

⑤ （明）伍袁萃：《林居漫录》卷六，《续修四库全书》第1172册，第151页。

代后期的无锡缙绅，同江南其他地区的缙绅大体一致，就是出入公门，动辄干预地方行政；侵夺小民产业，横行不法；把持乡里，奴役乡民，逃避差役负担；接受投献，蓄奴成风；生活奢侈淫佚，醉生梦死。① 这些行径，《锡金识小录》一书均有记载。

黄印援引《梁溪杂事》记载，说东林人士讲学县中，评论县中利弊，为益不小，唯有县令调动，县民受累不浅。对于知县，只要感到小有不顺，就“调之去，又择所爱好者，推毂于两台”，甚至三年之中，许令、陈令、姜令，换个不停，县民所费不止千金，深受其苦。黄印为此专门按语：“今邑令去来未见累民，当日何故费至千金，此亦可参考时代之异。”② 县令可以因为缙绅的好恶随意调换，其他地方政事可以想见。

无锡缙绅仗势欺人，纵容家人子弟奴仆侵夺田产，弱肉强食，刁钻残暴手段无所不用其极，而又隐漏纳税田亩，将应纳赋税千方百计转嫁到小民头上。如湖广按察使俞宪，居乡“抉取民膏甚厚”。③ 黄印“奴横”一目记，王问、俞宪二家家奴特别霸横，王之家奴多至500人，俞之家奴也有百余人，“无不绮衣鲜食，肆虐邻里，攫取市物，时有‘俞平分’‘王白夺’之谣”。万历中，布政龚勉家奴苗实欲填塞居民赖以泄水的塞家池建屋，黄某乡绅致书龚勉后才罢休。黄印于此又评：“大都当时搢绅以门客损誉者十之七八，以豪奴损誉者十之五六。”④ 江西布政使秦梁之子秦灯，与太仓王世贞之子王士骕、华亭乔敬懋之子乔相，自负贵介，挖空心思，诈人钱财，“或与百金，或数十金，不则目慑之曰：‘尔为我守金，不久我且提笔剿汝矣’”。⑤

无锡缙绅宦囊既丰，又兼营市利，鲸吞小民脂膏，百般役使细民弱户，积累起了巨额财富，又身处繁华之乡，见过世面，因而讲排场，摆阔气，砌园林，拥丽姬，嬖优童，精赌术，已属寻常，甚者荒淫糜烂，追求畸形生活方式，完全褪却了读书入仕人的本色。

黄印记乡绅声色享受。明中期曾为监利知县的高政，“富于赀，性豪侈，不事绳检”，建有藏春院，“选曲中艳异者居之。政所至，皓齿纤腰，哀筝急管，绝缨投辖，每忘晨暮”。曹怀以大礼议受杖，降为知府后归家，“姿意声色，产十子”。⑥

黄印更有“声色”一目，列举无锡乡绅生活奢靡者。今择其尤者，聊举数例。曾为州判的钱宪和举人顾可宗辈，在梁溪之曲建有水西楼，“清川华薄，缀以绮窗朱户，招致吴越名艳聚处其中，结肆情之社，日夕游娱，若恐不及。时人语曰：‘快活王召与钱宪，百年老人未之见’”。⑦ 冯夔，字廷伯，“风流文采照耀一世，田园宫室子女玉帛为三吴冠，沈酣在山水花木丝竹粉黛博塞之娱，黄白男女之乐者六十年。每晨，平头洒扫，在在焚香，列名卉几案笔砚布数处。廷伯起帏，众女作乐，隐隐闻外，宾客满四座矣。上座多海内诗人墨客，下尽鸡鸣狗盗辈也。廷伯出厅，笙箫竞作。顷之，与客分韵赋诗，或书匾联，或与挥麈谈笑。早食毕，任客绘画作字，围棋双陆，投壶弹琴，廷伯袖手旁观。花影三移，而午餐至，酒席之戏，任意更端所。最喜者少女秋千，妖童蹴鞠。席间舞剑，庭下斗鸡，分曹歌曲，列伍吹箫，至鱼龙角抵，燕官绅一用之。西日将沈，诸客醉归，群姬拥之入内矣”。⑧ 俞宪罢归后筑室弓河之上，以“天赐归闲”

---

① 范金民：《鼎革与变迁：明清之际江南士人行为方式的转向》，《清华大学学报》2010年第2期。
② 《锡金识小录》卷九《存疑·屡易邑令》，第23页。
③ 《锡金识小录》卷一〇《前鉴·声色》，第8页。
④ 《锡金识小录》卷一〇《前鉴·奴横》，第2页。
⑤ 《锡金识小录》卷一〇《前鉴·秦公子》，第14页。
⑥ 《锡金识小录》卷一二《杂言·断产方》，第32页。
⑦ 《锡金识小录》卷一〇《前鉴·声色》，第5—6页。
⑧ 《锡金识小录》卷一〇《前鉴·声色》，第7页。

颜其堂，“广辟督亢，创园池，畜女乐数十，色技冠一时。与老年搢绅为悦情会，以年高无嫌佳丽也”。乡居13年，“所用事者咸刚暴，强人居物致富”，乡评很差。俞宪还与谈恺、安如山、秦瀚、王瑛五位乡宦，结成五老会，“楼船、鼓吹、园池、声妓、服玩，使令之丽，甲于江南”，成天“沈酣声色，广取艳妓妖童”。秦瀚有“四时会约”，更交结严世蕃、胡宗宪等人，“极多奇味”。① 黄印在描写上述缙绅及其子弟纵情声色的生活后，先是援引尤伯升的说法，“艳妓优童，沈酣纵欲，固亦一时之豪，而破家丧身多由于此，即天幸无事，而累德败名已不少矣。此可以为戒者也”，又自出机杼，与清初无锡缙绅作比较谓：“国朝惟侯比部杲梨园数部，声歌宴会推一时之盛，然较之前明不及十之一，而比部诸孙已多贫乏不能自存者矣。吁，可畏哉!”②

黄印记乡绅华堂园亭之盛。正德时官至南京礼部尚书的邵宝，“性亦好土木，终岁治第”，尚书第中有十二景，“有曾侍堂泥金画仲尼居曾子侍像于屏，容春精舍庋藏书万卷于其中”。③ 巨富邹望，家有众香堂，“四面重轩复檐，八窗四向，中可布四十八席，旧名‘四照’，武功伯徐天全易名‘众香’。天全系相国别号。四季香花毕备，每种百余，布列檐下，花残即易之，无一日无花。深秋时以黄丝络香圆千颗于梁间，如繁星然”。④ 俞宪则筑有读书、独行两园，“巷架旱桥其上，以通往来，重楼邃阁，极一时之盛”。⑤ 按察佥事安如山有西林别墅，“巨沼数百亩，蔽以芳渚，荡舟登岸，不数武，复有一沼，沼外古松千章，风来谡谡递响，谓之‘松弦障’”。⑥ 黄印又引《梁溪杂事》，居官颇以贪墨出名的右都御史谈恺，罢官居家，捐三千金筑万备堂，“宏敞高合，三面皆乔松修竹，茂密阴郁，北枕巨池，池上垒石为山，参云摘月，炎暑若秋，真奇境也……万备堂竟成仙境矣。其中幽房曲径又极宛委，为邑城第一胜处”。此万备堂，据说不久就因家破售于孙侍郎，孙不久又售于王宦，在王宦手里，“日教歌伶，闲招契友”，不到20年又售于陆宦。⑦ 如此说来，明后期的乡绅均喜华堂高屋园林之享，概莫能外。

黄印记乡绅蓄养优童：“前明邑搢绅巨室多蓄优童。邹东湖家二十余辈，柳逢春、江秋水最善。东湖艳语，谓其尝入留京旧院，诸妓见之，皆失颜色，争投香扇玩弄之物，以要之。月夜歌于雨花台，趋听者万众，几为魏国公所夺。自后冯观察龙泉童名桃花雨，苗知县生庵童名天葩，陈参军童名王交枝，曹梅村怀童名大温柔、小温柔，葛救民童名大姑姑、小姑姑，朱玉仲爱奴称六姐，可谓名妖而主人放逸极矣。同时顾惠岩尤多此辈。俞是堂安胶峰亦称盛焉。曹氏之二温柔者，宝界山农家子也。”⑧ 顾可学家童李玉、李珉，“俱以声得名，其貌如丰艳妇人耳”。后来得华亭人何良俊的优童陈悦，“饮醉声益扬”。后有杨岳者，“尽得三人之传，为安、俞二氏教师焉”。⑨ 俞宪与安如山“皆有龙阳癖，既富且贵，以重资购得者，不可胜计”。安如山之孙绍芳也“大有祖癖”。⑩ 顾泾白和贾弘庵均宠优童，顾之优童名“草野郎君”，贾之犹童名“蒋科”，“人人称善”，但还远远不及安如山、俞宪家之优童。后来官至湖广提学副使的邹迪光百般访求，

① 《锡金识小录》卷一〇《前鉴·声色》，第8页。
② 同上书，第10页。
③ 《锡金识小录》卷三《旧迹·旧迹·尚书第》，第8页。
④ 《锡金识小录》卷三《旧迹·众香堂》，第8页。
⑤ 《锡金识小录》卷三《旧迹·旱桥弄》，第8页。
⑥ 《锡金识小录》卷三《旧迹·西林别墅》，第25页。
⑦ 《锡金识小录》卷三《旧迹·万备堂》，第8—9页。
⑧ 《锡金识小录》卷一〇《前鉴·优童》，第3页。
⑨ 同上书，第4页。
⑩ 同上书，第4页。

“妖姬美妾充牣，建十二楼以居之，优童数十，极一时之选”。① 陈尔驭家优童阿丑最美慧，“置诸园林邃阁中，日弄之股掌，客不得一窥……尔驭万金之产，百年家声冰消瓦解”。②

明后期无锡缙绅如此滥用特权放纵不受约束，生活奢糜不加节制，既留下了极为负面的名声，也恶化了社会生活风气。黄印既引用县人尤伯升所说，“吾邑本尚俭，始奢于冯龙泉、顾东岩，至嘉靖中，俞、谈诸老争以奢侈相尚，而风俗益靡矣”，③ 又有“邑绅口碑”一目，发表看法道：“嘉、隆时，邑谚云：‘若要生，乞二清；若要杀，惹三察’……三察谓讼师袁察，太守曹察，学士华察也……鸿山学士为德于乡甚多，特以不能容物，忤其意者必报之，故蒙此谤耳。”又与清初缙绅行为做比较说：“前明邑绅之贤者，敦气节，崇理学，今皆无之，其奢侈豪纵及奴仆之肆横，今亦罕闻。康熙以上犹有一二，近益醉谨畏法矣，亦时为之也。”④ 更在记载顾宪成为桑梓仕宦名声要求伍袁萃删除《林居漫录》中的不利评价后，议论道：“大抵前明邑绅，高者以气节理学清操著，其下者多耽于声色货利，而子弟奴仆多为乡里患，故人得而指斥之。今则无善可扬，亦无恶可指，一庸字足以概之矣。”⑤ 黄印所记所论，说明清代无锡缙绅与明代缙绅相比，既无劣迹昭彰者，也无高风亮节者，在参政议政国计民生方面更无所建树。

黄印崇正斥邪，关心地方民生，富于社会责任感和士人使命感，在对明代无锡缙绅作较为系统的考察并将之与清前期无锡缙绅的行为方式试作比较后，发表了总体看法：

> 本朝邑绅，居乡较前明远胜，风雅自命工于诗词者有之，闭户读书留心经史者有之，加意任恤惠及贫困者有之，谨饬自守不入县庭者犹间有之。其下者亦不过持筹握算餍额忧贫，或饱食无为呼朋纵博，至吊丧不拘良贱远近博取折帛舆金，斯其甚矣。若与闻讼事关说得财，则康熙中为甚，雍正中绝无之。近日虽稍通往来，而不至狼藉，于乡里未为有害。如前明之沈酣声色广取艳妓妖童者无有也，多收豪仆人号平分白夺者无有也。虽曰时势使然，以今观昔，概曰“今人不如古者”，过矣。第前明一代人物载于《明史》者，大抵多以气节胜，昌言正论，杖戍贬黜，累朝有之，即理学名儒，前如文庄，后如端文、忠宪，未有不以气节表著者。今科名日盛，列谏垣者有人，居九列者有人，百余年来从无有抗权幸，陈疾苦，谔谔不回如古人者。虽谨慎小心，不敢放纵，要之，保位安身之念，周其胸中，久不知有“气节”二字矣。故邑志于本朝先达，政绩可以铺张，即理学亦尚可缘饰，惟气节不可强为附会。二泉之清，九龙之峻，今昔非有差殊，岂无豪杰之士追踪哲者，惜吾未见其人也。⑥

时世不同，清廷的政策，地方官的举措，较之明朝均有不同，无锡缙绅的乡居生涯，同江南其他地区的乡绅一样，前后呈现出不同的风貌。江南绅士前后行为方式的转移，无锡地区堪为典型事例。东林风骨在丰亨豫大之势的逐渐消磨丧失，颇具药石惊醒作用。

---

① 《锡金识小录》卷一〇《前鉴·优童》，第4—5页。

② 同上书，第5页。

③ 《锡金识小录》卷一〇《前鉴·声色》，第8页。

④ 《锡金识小录》卷一〇《前鉴·邑绅口碑》，第10页。

⑤ 《锡金识小录》卷四《综考·林居漫录》，第30页。

⑥ 《锡金识小录》卷一《备参上·邑绅》，第14—15页。

（三）士人习气

明后期到清前期，江南士子在地方文化和社会生活中扮演了重要角色，无锡生员同江南其他地方生员一样，十分活跃，颇有地位声势。黄印系生员出身，对当地生员行为非常熟悉，《锡金识小录》一书记载不少。

1. 士人结社

明后期江南各地大兴结社之风时，无锡士子并不落后。隆庆、万历时有惜阴社，沈学、浦湛如等 24 人入社。① 明末有听社，华时亨、秦镳等十七子声名藉藉，“与几社、复社遥相应和，有合刻十七子社稿行于世”。② 有涯臻诗社，华私淑等 9 人参加，切磋诗道。直到清初，县中工诗歌古文者顾景文、顾贞观等 10 人，结云门社于惠山，“名动远迩”，四方名士如汤斌、汪琬、姜宸英等皆往赴会。康熙初年结社有禁，刘齐、刘学洙等 7 人为文会，称蓉湖七子，名噪一时。③ 黄印记下这些文社，是要反映前辈流风余韵，考见当地人文之盛，但明末的社集，兼具一定的政治色彩，自不待言。

2. 行为张扬

明末江南士子行为最为张扬无所顾忌。邹德基，有年到江阴去应院考，衣纸衣冠，纸冠皆皂色，如在服孝期中，与骑白牛、戴槲笠、被翠裘、拥橐驼、背置大壶卢的当地生员顾玉川相映成趣。④ 隆庆元年（1567 年），县令韩应元因某事不厌众心，致使“诸生大哗，面加唾骂”。韩以手相搏，生员 70 余人“皆排靡而退”。同年，常州知府李幼滋被五县生员“合击，几毙于市”。⑤ 崇祯十五年（1642 年）无锡生员驱逐县令一事，最为突出。按惯例，明末无锡生员每年可免粮银五钱，若无田须免，可直接领银，称为“扣散米”，生员的待遇相当厚。知县庞昌胤未能按时发米，五月初三日，生员杜景燿等约同学群哄县堂，打碎堂上纱厨。龙教官令生员跪，生员也迫令教官跪。市民更毁碎县令轿伞、执器，围住马素修家。庞县令步行至西门下船出城，极为狼狈。故事，无锡县令出西门，即不得复入。当时诸生大书一纸云：“逐出无锡知县一名庞昌胤，不许复入。”用朱笔傍竖，粘于芦席上，作为牌子高擎。并将县衙吏役笞散。庞昌胤出城后，城门即关闭。后庞悄悄入城，初五日下午，秀才又哄闹县堂。庞昌胤哭诉于巡抚，调为嘉定知县。事隔很久，官方只逮系带头闹事的五六人，革去生员功名，竟不置重典。⑥ 无锡生员借钱粮好处未能及时发放，小题大作，竟然将朝廷命官堂堂知县“驱逐”出境，目无法纪已极，而当局居然不予深究，从轻发落，江南生员气焰嚣张可谓登峰造极。

3. 生活奢侈

这以明后期较为常见。通判黄撍之子邦礼，每年行乐之资多达银 300 两。进入南京国子监后，“沈酣平康者数年。归而发父瘗金十瓮，肆志纷华，遍聘美丽，于燕、赵、齐、楚得十二人，钱塘、维扬得九人，秣陵六院中得十余人。其选虽以貌，而妙歌舞、巧谐谈者为最宠……六

---

① 《锡金识小录》卷四《综考·惜阴社》，第 26 页。

② 《锡金识小录》卷四《综考·听社十七子》，第 26 页。

③ 《锡金识小录》卷四《综考·涯臻诗社》《云门十子》《蓉湖七子》，第 27 页。

④ 《锡金识小录》卷七《稽逸二·邹公履德基》，第 6 页。

⑤ 《锡金识小录》卷四《司牧·手搏诸生》，第 8 页。

⑥ （清）计六奇：《明季北略》卷一八，崇祯十五年，“无锡诸生逐令”条，中华书局，1984 年，第 337—338 页。

十年中，出纳美姬不可胜计，人间声色之欢，享之殆尽”。①

4. 鱼肉乡民

如出入公庭，左右官府，包揽钱粮。黄印记：“生监之出入县庭，把持官府，鱼肉乡民者，在顺治、康熙初曰‘十三太保’。时有‘正十三’‘拗十三’之称。康熙中曰‘州桥七棍’。盖此辈上以邑绅之不肖者为靠山，下以各乡之土棍为爪牙，乡民有讼事，则土棍牵引，令投此辈为之主。先以甘言慰之，而阴量其家之厚薄，产不垂尽，事不得结也。有殷实畏事者，借端恐吓，不遂其欲不止。大约最易指陷人者，莫如漏税一事。凡交易田产事，其契未经官印者，曰‘漏税’。又有包揽税粮窃其余以自肥者，俗谓之‘仓老鼠’。至雍正以后，此风始息，而胥吏之横则十倍于前，即有衣食公门者，亦仰胥吏之鼻息，而分其余润耳。”② 生监成为衙棍，其社会形象与明代无异。

5. 考试作弊

这在人文重地的江南也司空见惯。黄印记录了不少事例。万历时，先有安氏研亭、研泉兄弟参加乡试，行贿作弊案发，兄逃后弟获，在淮清桥关押一个月。万历二十二年，又有薛存仁，案发后关押两个月，“榜掠无完肤”。万历四十三年又有强泰阶乡试作弊败露。安、薛两家各行贿巨万金，得保性命。③ 康熙中，全县滥取童生，多到将近300人。康熙五十二年，知府允许参加府试之人多达千人，而无锡一县遗弃者甚多，一个名额只卖银3两。④ 康熙五十五年，督学谢履厚在江阴科试，无锡县与试者，“颇有以贿得者”，而其中因乡绅情面得中者尤多，考试不公，“人情忿忿，即手执燎火将辕门四围木栅悉皆烧毁，并‘天开文运’额亦被焚。诸童被执者亦数人，以不便声扬，数日后俱纵之”。⑤ 黄印以过来人的角色发表看法道：“本朝邑中科场以贿败者颇少。当康熙中奔竞之风盛，中者多以关节，雍正初力矫其弊，而士子多事夹带。乾隆甲子知其弊，搜检特严，邑士远北闱败露者有二华，一贫士，一富家，捐赀几得官矣，俱以夹带枷责斥革。庚午又有宋某，亦北闱。近日夹带之风少杀，而誊录改文弊兴矣。”⑥ 又说，乾隆初年无锡入试人数较前减少十之六七，推原其故，“盖由雍正间邑旧族皆破坏，子弟多无力读书，而为商贾及力农有骤富者，又不知读书。此人文所以日衰也……盖俗之贫莫甚于吾邑。邑中之贫又莫甚于读书之家，又何怪徙业者之多乎”！⑦ 由黄印所记，可知无锡士子作弊成风，而且到了清朝雍、乾年间文风萎靡，无复昔日之盛。

黄印对无锡士人习气，有“士习”一目予以总体评价：

> 国朝邑中未遇之士，以志励学行表见者，较诸邑绅似反胜之。如顾宛溪祖禹、黄守中庭、华霞峰学泉、刘言洁齐、钱禹田仲选、高紫超愈、顾畇滋培、吴卜臣之枚诸先生，或负经济，或著清操，或狷介不为诡随，或硕德见推乡里，或闭户穷经著作垂后，或远宗前哲讲学淑人，洵后学之仪型，末俗之砥柱，求诸搢绅中殆无此等人物也。故吾邑士风于一郡五邑中最称淳谨，非前辈之流风余韵渐被者广欤！近者老成凋丧，学者无所矜式，一二浮薄之子

① 《锡金识小录》卷一〇《前鉴·声色》，第9—10页。
② 《锡金识小录》卷一《备参上·衙棍》，第13—14页。
③ 《锡金识小录》卷一〇《前鉴·科场败事》，第25页。
④ 《锡金识小录》卷四《司牧·县试》，第10页。
⑤ 《锡金识小录》卷一二《杂言·送学文》，第37页。
⑥ 《锡金识小录》卷一〇《前鉴·科场败事》，第25页。
⑦ 《锡金识小录》卷四《司牧·县试》，第10页。

妄窃文誉，矜夸放纵，濡首决防，慢侮老成，眩惑后辈，转相仿效，浸成浇漓之俗，益远敦朴之风，兼北籍之径窦一开，争务为蝇营狗苟之计，苟以义命自安者，反目为迂拙，而嗤笑之，滔滔日下，士风坏而搢绅益无人品。我思古人，岂无有志者出而挽之。①

黄印认为，清初无锡士风，在常州一府范围最为淳谨，士人行为，可圈可点，业绩不俗，若较之缙绅行为反为优胜，但进入乾隆年间，似也趋向浇薄，风气变坏，士子人品益少称道。

三　社会生活与大众风尚

对于社会生活与大众风尚，黄印身当其世，感触既多，关切尤深，在记载其时社会生活和大众风尚生动内容的同时，发表了不少真知灼见，为后人留下了极为丰富有价值的资料。

（一）地方事务

1. 关于基层职掌

黄印关注地方民生，在“田粮”一目后，即设“民役”一目，论述无锡地方基层组织及其职能变化：

自一条鞭之法行，一切民间杂役俱改折编入正供，其田上轮役惟总甲、里长、里书三者。总甲管一图事务，里书管推收过割，里长管图内钱粮。昔邑中多逋赋且多死绝逃亡，惟责成里长一人，赔累不堪，多被杖责，往往破家。康熙初，邑士孙洊佳等条列其弊，具呈于邑令吴公兴祚，详请革去里长钱粮，止责成的户，勒碑永禁。自后但有总甲、里书在官，在民久不知里长名目矣。乃今无锡新志并不载里长已经革除，朦胧照旧志平列三项，云“里长管一图钱粮，凡盈缩完欠催追比较皆其责”，亦草率不明甚矣。设邑令下车，惟据新修志书，钱粮完欠将于里长是问，岂不大误乎？又按雍正中新旧并征，乡民多逃匿，其时拿捉欠户牌票，必协同总甲，总甲与里长皆业户轮役耳，使里长未革，分当承值钱粮，何反舍里长而问总甲乎？是今无里长，尤显然可见。当时又有总甲催粮之议，渐以钱粮完欠波及总甲，是总甲而兼里长之役矣。昔里长专在钱粮，犹以被累不堪而罢，况总甲事既繁重，奈何复以钱粮责之。此皆未考旧章之故。修志者当先详载旧志，俾知钱粮完欠本里长之任，于总甲无涉，次载里长之所以革而细列其赔累重困之由，俾知里长尚不能独任，则总甲断不能兼任，庶令观者晓然，而总甲催粮之萌可免矣。大抵一涉笔，即当详计民生日后利害，奈何既昧于古，复暗于今，惟苟简塞责哉！②

由黄印此论可知，明后期实施一条鞭法后，无锡基层赋税徭役钱粮征收各有职掌，总甲管一图事务，里书管田产推收过割，里长管图内钱粮。里长专管赋税钱粮，清初钱粮拖欠累累，责成里长一人，赔累破家。康熙初年在士人的呈请下，官府革去里长，钱粮征收落实到业户。此后只有总甲、里长承役，民间“久不知里长名目”。对于这种变化，乾隆《无锡县志》就未曾厘清，

① 《锡金识小录》卷一《备参上·士习》，第16页。

② 《锡金识小录》卷一《备参上·民役》，第1—2页。

今人更难究其蕴。黄印此论，为我们真正弄清江南地方基层组织及其职能演变提供了极为重要的参考材料。

2. 关于社会治安教化

明初以来推行的乡约，江南地区实行得如何，殊为疏阙。《锡金识小录》有“十家牌”等目，载：“十家牌法，联十家为一牌，又一家自为一牌，牌书某姓名，习某业，男妇若干口，悬于门。总甲散牌于各图各家，其事已毕，实未尝互为纠察，窝赌之家安然如故，徒费纸墨，岂有纤毫之益哉!”又对施行的实际发表看法道：“近岁以来，县奉上台命，所饬行者有三：乡约也、十家牌也、社仓也。乡约之法，每乡举生员一人为约正，举耆老二人为约副，于村镇庙坛宽阔处设台置案，约副宣《圣谕广训》一条毕，约正以俗语演说讲解，举行三四次后，上官不复催督，遂止。然当其升讲时，举止羞缩，语言謇涩，观听者辄指目姗笑，使数行之，益供戏玩，毫无裨于风教也。”① 如此看来，当时推行的诸多社会治安和教化措施，往往敷衍了事，大多徒具形式，而鲜少实效。

3. 关于社仓

《锡金识小录》有“社米”一目，载：“乾隆五年奉宪檄县，各图设立社仓，备社米以济贫乏。图内业户照田蠲米有差，即令本乡生监家殷实者管领，俾于青黄不接之时借给贫民，成熟后加利一分偿还。其立意甚善，且不积于县而积于乡，不司于官吏，即司于本乡殷实之户，既可免役隶之侵渔扣克农民，又无奔走伺候之患，宜于民实有济矣。然实力奉行者殊少，其不肖者至借以营运取利，尤甚者私照乡间放米例，取息至四五分。有北郭袁某者，以社米盘取重息，为监生朱姓者所发，佐证甚具，邑令王允谦得袁重贿，力为弥缝，首者坐以诬告律，佐证咸被斥责，而所费盖至万矣。呜呼，上官有如此美意而反为继富之赀，于贫人毫无裨补如袁某者，明不畏法律，幽不畏鬼神，为民牧者不能惩其罪，反婪贿而曲护之。此可为长太息者也。”② 又在“社米”一目中评论：“惟社仓之法，苟得实心任事之人，真可于民有济，而邑之为社长者，多平日垄断罔利之人，但有剥民之心，岂能行利民之事，虽有良法，究同具文，可叹也!”③ 黄印充分肯定社仓在救济贫民方面的积极作用，但也指陈出当时实心奉行者其实很少，有些社仓甚至成为主事者盘剥取利的利源，个别官员更颠倒是非，婪贿曲庇，良法美意，徒为具文。如此描述，一定程度上揭示了其时社仓的实际功用。

（二）大众风尚变迁

关于大众风尚，黄印较为看重，认为“观习尚之推移，亦得失之林也”。《锡金识小录》因而有“风俗变迁”一目，就他亲历亲见四五十年间大众衣服冠履的式样、用料、质地，丧服颜色，孩童发式，妇女衣饰，宴会菜肴，酒馆茶坊，城居乡居贫富情形，农家钱粮诉讼，大众节序生活，赌博之风等内容及其前后变化，夹叙夹议，做了较为翔实的记载，提供了清代康乾年间社会生活习尚变化的一手资料，彰显了无锡地区大众风尚特色，极为难得。

如衣服冠履，康熙时犹尚古朴，常服多用布，冬月衣裘者不过百中二三，夏月长衫多用枲葛，间用黄草缔，而乾隆时则以布为耻，绫缎绸纱，争为新色新样，间有老成布素者，则指目讪笑之，冬月富者服狐裘、猞猁狲之属，服貂者亦间有之，羊裘等则是贫者之服矣。马褂原来只有

① 《锡金识小录》卷一《备参上・社米》，第13页。

② 同上书，第12—13页。

③ 同上书，第13页。

营兵穿着，当康熙之末偶有富家子服用，众人都以为怪，甚而有作俚句嘲笑者。到雍正间服者渐众，但属游荡子弟者居多，而到乾隆时，由少年至老成，无论仆隶还是绅士，无人不服，乡僻亦纷纷效用。如儿童发冠，三四岁即辮发戴冠，与成人无别，或加金银、水晶顶，著补服以为华饰，“此则亵名器之尤者也”。如妇女衣饰，近日反尚雅淡，年长者尚老色，少者尚嫩色。宾朋宴会，康熙初犹尚宋碗，质小而粗，鸡鱼蛰蛋，便可速宾。每岁时伏腊，新正春酒，比户互相邀饮，累夕醺酣，情意周浃，姻睦之风，敦厚之象，犹可想见焉。乾隆时则宴客喜丰，必具时鲜海错，则奢靡竞而情意阔绝矣。如酒馆茶坊，原来大多在县治左右，乾隆时委巷皆有，各乡村镇也多开张。如民间抗粮，原来“乡鲜武断之豪，邑无抗粮之户”，康熙以前乡民大多朴鲁，“望官衙如在天上，见差役则畏惧避匿，完纳税粮皆须假手于人，桀骜者每乘势恐吓讹诈，故其时多土棍而钱粮亦多被侵蚀，然浑朴敦厚犹见古风”。至雍正中“包揽之禁甚严，投柜进仓必由的户，远乡山僻之民岁必再涉县庭，或止宿胥役之家，习闻讼事，以为不过尔尔，由是混沌凿而机智开，土棍之伎俩无所施，非尽畏法律之严也。迄今远乡细民之讼尤甚于城，向时愿悫之美意荡然矣”。如贫富程度，经过雍正时钱粮汇追，“城居者多贫室，有宿舂十不得一，而乡民颇多温饱”。乾隆间“米薪布帛诸食用物价三倍于前，而鲜衣美食之风日甚一日”。原来因迫于钱粮追呼，“但见田之为累，故弃田之家多而置田之家少，及乾隆以后大赦旧欠，闾阎无扰，又米价腾涌，益见田之为利，故今置田之家多而弃田之家少”。如丧礼，原来一殡之费或破中人数家之产，“近日婚丧皆趋苟简，而丧为尤甚，虽巨族显位，治丧至三日者，贫者砖圹不能具，姻族不相闻”，以难得之财供无益之费者很少。如赌博之风，“今之邑绅以赌博为公务，非此无以度余日，由是内则中阃效之，外则齐民效之，蔓延乡邑，靡间晨夜，无足怪矣”。①

（三）游春、祭祀与迎神赛会

按地方文献的描写，明清时期最好游赏的是苏州、杭州等地的城里人，各地均盛行迎神赛会。其实江南乡民，群体性的“春游”时日频繁，蔚为大观，而且游春与赛会结合起来，颇有特点。黄印《锡金识小录》从推断“风俗之升降”角度，有“补订节序”一目，按月类编，相关记载较为繁夥，节略如下：

正月初五日，祀五路财神，以祈利达。原来在当日五鼓起开始祭祀，乾隆时人多争先取早，于前一日晚间即祀。城中小娄巷金胜神庙，“诸贾人毕集，拜叩祈财”。市中店铺，直到康熙时，初五日后方为开张，“近则过元旦即遍开，与平时无异”。黄印认为：“一由谋利之心急，一由家少储蓄求于市者众，亦民多匮乏之征也。”

最早者可能是正月初九日的洞虚宫玉皇殿烧香。初八日晚上，村民老妪先到庙中宿夜，次日天明，睢阳、行灾、延寿、司南、水仙、西水仙、府城隍、无锡金匮两县城隍共9尊神祇皆前往祠山。

元宵夜游，可能是节序中最早的群体出游。是夜，家家户户断松木为薪，架而燃之于门左，佐以爆竹银花，曰“火炉”。游人多至锡山巅眺，城内外宛若火城。元宵灯火据说明季最盛，清初犹然，雍正以后因为经济实力下降逐渐衰少，放银花火树者百家而一而已。城中正街则结彩悬灯，争奇竞胜。南门外有舞龙灯表演。妇女结队出游，曰“走三桥”。到处锣鼓彻夜不绝。

迎神赛会，以二月初八日祀山神诞日为始。是日，八庙神俱往贺，从此拉开赛会序幕。舁神出谢，俗呼“谢酒会”。合时帐帷旗帜、彩亭云车缤纷络绎，鼓乐喧阗，香云雾袭，夜结灯棚，

① 《锡金识小录》卷一《备参上·风俗变迁》，第16—19页。

"明星烛龙，光耀数里，士女游观，拥塞街市"。其他神祇诞日，盛况相同。黄印特意说明："迎神赛会，他邑皆有之，以生辰庆贺为会，则惟吾邑所独。"中旬，北塘香灯极盛。明代，苏、松两郡往武当进香船，俱于北塘齐集。每船桅灯如进香人数，船数百，灯数千，城内看香斗之船也齐出，皆悬各色灯，箫管清吹，歌声拂水，士女云集，为一时胜观。"明季楚中多事，进香者少"，而乾隆时，此景不可复见。

三月，初三日，西高山游人最盛，近村神庙亦有会，俗有"三月三，蚂蚁上高山"之谣。军嶂山真武庙进香，游玩者亦从当日为始，"一月不绝"。初七日为南山仙诞日，"诸神赛会往贺"。三月中清明日，也是无锡人的扫墓日子，各地游山赛会最盛。城中惠山一带，盛行"踏青"。不到惠山者，大多登城，环绕周行，东城多游女，尤为聚众之所，"托言东林庵看桃花也"。斗山周围，当日"男女皆集，环山数里，居民皆刳豕待客，故昔呼斗山为'清明山'"，"男女毕集，江阴来者居三之一"。[1] 东部胶山，"游人亦盛"。西北部玉圻，有神会台扛，"奇巧夺目，城中神庙所不及，远近争往观之"。十八日，三茅君诞日，惠山、堠山、芙蓉山皆有庙。惠山周围，乡民十百为群，手持小木凳，炷香于其端，口诵神号，三五步一拜，数十里拜至山顶，"有手帕裹额，身穿妇人衣者，代母拜也"。前后三日，昼夜不绝。堠山、芙蓉山"男女填塞无隙地，抢亲及生产于山者，岁有之。村妇终岁机杼所积余钱零布，必罄用始为快"，"两山游人皆满"。此三山一带，远近村镇多赛会，神祇至山，"每户出纸钱一陌，纳神庙役，总所纳作数十担，标黄纸为旗，捆至山而焚之，曰'解钱粮'"。二十八日，东岳神诞。庙在锡山之麓，"群庙神皆往朝"。乾隆初年县中富人邹文锦新修岳庙，重建五岳楼，"诸神赛会亦倍盛，绮塍街挤塞不得行"。也有拜香者如三茅诞日，村妪隔夕止宿玉皇庙者。

四月初八日，寺院多为传经之会，尼庵尤盛。广场东西设高台二，站立两僧，妇女分立两班，"铜盘注水及澡豆置，悉达太子小铜像于其中，僧以水灌其顶，递传以遍，妇女投钱于盘，次取诸经，次第传遍。其立首坐者，为传首经，必倍多施舍"。这种传经之会，华藏寺最盛，祇陀寺次之，"两地居民盛设酒食，以待姻戚宾友"。其余诸村镇尼庵神庙，也多为会。有些地方因为农务将兴，也有先期举行者。

历叙至此，黄印特意按语："诸乡村去城远者，自二月至四月，或清明，或三月三日、三月十八等日，必有会。或于山，或于庙，或赛神，或传经，男女杂沓，喧哗扰攘，有一日者，有三日者。至可厌憎村氓，顾以为乐，盖终岁勤劬，不敢休息，欢乐嬉戏，止此数日，一张一弛，亦王政所不禁也。"

五月，自初一日起，户悬一灯，一月而尽，俗谓之"大老爷灯"，"灯四面为门，门内有睢阳神及护从人役像，门有联以五色纸，凿细花糊之，上有宝盖，点灯用油不用烛"。雍正以后，悬灯者只有20来家，"而一以民贫惜灯油费耳"。初五日，家酿角黍以献神。在此之前，饮雄黄酒，削蒲叶为剑，插于门，门帖灵符以辟邪。雍正以后，此风逐渐不如曩日之盛。荡口鹅湖一带则有赛龙舟之举。十三日，关圣诞日。而关圣神独不与赛会，"不敢亵也"。是日"多醵金为会，私祭之"。士人及商贾皆有会，北郭每次演戏数日，"大抵皆诸行家客商所为也"。

七月二十五日，睢阳神诞，诸神赛会往贺。"邑人事睢阳尤虔"。当日"数十家轮具香烛，朝夕捧盘水巾帨，盥洗上食如事生礼。里中户悬一灯，灯书'收灾降福'字，竟一月，结台演剧，具仪仗鼓吹，送归庙中"。无论城乡，各地多有，"由夏秋间多作时疫，谓神能祛役故也"。

---

[1] 《锡金识小录》卷三《旧迹·清明山》，第19页。黄印还专门考证，认为县志芙蓉山称为"清明山"，是斗山之讹。

八月初五日，大王神诞，庙祝集钱设祭，各里皆有。实际就是祭里社神，而不少地方之神有名有姓，石塘山、胶山为徐偃王，荡口居然为隋炀帝。

九月十九日，金匮县城隍诞日，诸神赛会往贺。

十月十三日，秽迹大士诞日。此神只有南郭保安寺有像。当日，前往烧香者甚多。①

此外，黄印还记，北郭后圻龙塘岸，并无寺庙，无塑像，“而男女焚香礼拜，远近赴之，终岁如市”，当地有画像三轴，诸神咸备，悬于民家，“民奉之甚虔”，每年十一月结台演戏，历时十余日。“其轴五六年一装裱，裱毕，具仪仗迎归。抬扛数十架，观者倾城，士女杂踏，谓之‘千人会’”，“近因功令严，凡聚众奉神佛者有禁。乾隆某年，邑令收缴其轴，贮之库，此风遂息”。②

上述所记，系统地记录了无锡地区一年四季的神会游赏活动，或许是最为详细的相关记载。由黄印所记，可知无锡地区民间崇祀的神灵，既有自然神、地方保护神、行业神、专门功用神，也有国家祀典中的正神，还有民间自奉的淫祀。当地大型迎神赛会活动，往往诸神毕集，互相祝厘，这种情形，他地似乎少见，正是各地民间日常生活多姿多彩的反映。一年之中，祀神活动不断，而尤以春季农事兴起之前最为集中。群体性大型迎神赛会活动多在农闲季节举办，神会有摊贩，出售日常用品，说明无锡地区的迎神赛会活动，与大众日常生活紧密相联，季节性、娱乐性和生产性的特色相当明显。阳春三月清明前后全县凡有山峰周围，游人最多，有些地方还以酒食招待亲友，说明当地赛会活动多与春天游赏有机契合，寓游于祀。尤其是五路财神祭祀时日稍为提前，小娄巷金胜庙神会商贾毕集，北塘市肆繁盛处香火最旺，说明无锡地区的迎神赛会活动，其商业性质、商品促销成分也较为浓厚。这些记载及其蕴含的地域文化意义，较之后来嘉庆《无锡金匮县志》“邑中凡遇神诞，不惜糜费财力，诸庙神来贺，为本庙神设宴，舁神出谢，事近于戏”的叙论，③ 不仅翔实，而且客观贴切得多。赛会与游赏，自是物力盛衰的象征，黄印曾感慨：“今承平既久，宜盛而反衰，如元宵灯火、端午龙舟，昔尚繁华，今殊萧索，岂侈靡之俗忽改为俭素之风？实缘物力之艰，不暇饰耳目之玩，观风者盍留意于斯焉！”④ 按其说法，无锡地区的迎神赛会活动，清代远没有明后期兴盛，其原因在物力不如以前。但参考当时地方官府对龙塘岸的香会的禁戢，或与官府的举措也有一定关系。

（四）地方灾祥

乾隆《无锡县志》于康熙四十二年至六十一年间的灾祥缺而不载，只注以“间有水旱，纪年未审，宁缺之”一句带过。黄印亲历其世，认为四十六年大旱、四十七年大水，与十八、十九两年完全无异，是进入清朝后的 4 次奇荒，人人尽知，不能阙载。有鉴于此，他专辟“祥异补”一目，不仅将两次奇荒考明年份，补载为“康熙四十六年大旱，官塘绝流，岁大饥。康熙四十七年大水，田禾淹没，岁大饥”，而且补录了五十三、五十五、六十年、六十一年 4 次旱灾、岁饥，并称“自六十年至雍正三年连旱五载，乡民至今言之犹心悸”。对乾隆年间的岁时米价，记载更为具体，载乾隆十六年，“邑田禾颇稔，而冬底米价石二两五钱，于出米之时价昂若此，虽奇荒之岁亦所未有也”；乾隆十七年春，“米石价三两，三四月之交麦石价三两三钱”；乾

① 《锡金识小录》卷一《备参上·节序补订》，第 20—27 页。

② 《锡金识小录》卷三《旧迹·龙塘岸》，第 20 页。

③ 嘉庆《无锡金匮县志》卷三一《风俗》，第 3 页。

④ 《锡金识小录》卷一《备参上·节序补订》，第 28 页。

隆二十一年，“自春至夏及秋，连绵多雨，田多淹没，八月虫食稻心及根，九月初旬霜，旱降大风，禾尽死，岁大饥，民食榆树皮，刮剥殆尽，客米价至石四两。十二月至正月施粥，日有死者十数人”。① 这些记载，简明而具体，为后世留下了清代前期无锡地区自然灾害和社会生活的相当珍贵的资料。

此外，在《锡金识小录》中，黄印记载县中谣言“南门豆腐北门虾，西门柴担密如麻。只有东门无甚某，壶卢茄子及生瓜”，说“言虽鄙而四门风物可以概见”。② 无锡城市日常生活布局大体可见。又记载明后期顾仲时在张泾招集流亡发展生产，华会通在鹅湖筑堤捍水、在胶山垦耕恢复农业，蒋尔翔、刘士元等贫而致富，并说顾仲时和华会通二人“能以经济施于乡，有力者当以为法”。③“元明巨室”一目记元时无锡四巨室富甲一郡，明时邹、钱、华三巨室丁众富强，明代助赈有四钱、四邹、七华，正德、嘉靖时有安国、邹望、华麟祥三家巨室。“南朱北杨”一目称“国朝邑无甚富之家，康熙中推南朱北杨为最”，记杨鸿生与朱尔恺业贾发家。更记下了明后期县中流行的“安国邹望华麟祥，日日金银用斗量”谚语。④ 这些，既记录了由元至清前期无锡地区的富豪经济实力，若与其他有关农业开发的记载合而观之，也可觇知前后四个半世纪中产业发展的大致历程。

而“邹顾构讼”等条目，引用时谚“顾氏三龙，不及安家一虎”，⑤ 既记录了明后期无锡巨富邹望与顾氏诉讼和顾氏与安氏之间的畸形斗富，也一定程度上揭示了当时的政治黑暗。“音曲”一目，援引余怀所记，载县中有潘荆南者，是昆曲革新创始人魏良辅的弟子，深得魏之真传，与县中顾渭滨、吕起渭、陈梦萱等人皆以箫管称绝技，随荆南游处时，必偕以箫管合曲，“一时竞相传习，世谓度曲之工始于玉峰，盛于梁溪，谚云‘无锡莫开口’，谓能歌者众也”，⑥ 反映出明后期无锡为昆曲重地的特色。“华礼部叔阳”一目援引《梁溪杂事》，补记“邑志无传”的华氏文物珍玩之富，称“所收王维以下至五代三百卷轴，宋人不与也，秦汉器二百件”，⑦ 参照书中有关安氏、谈氏的记载，可知在明后期江南文物收藏的红火时代，较之苏州等地，区区无锡一县，不遑多让。“巧匠”一目，载县人尤某，擅长雕刻犀象、玉石、玩器，“精巧为三吴冠”，康熙中曾征入内廷，应命刻《赤壁赋》于小于龙眼的玉珠之上。⑧ 明后期起，名扬天下的“苏作”能工巧匠，其实玉工、石工、窑匠不少是无锡人，尤某即为典型。

书中散记的无锡士大夫如顾宪成、安希范等人的家世经历和成长过程，专门注明顾仲时、蒋尔翔、刘士元 3 人各有一子考中举人等内容，实际上反映出无锡进士不少人崛起于世代乡农之家。“新举结姻俚句”一目，记录不少俚句，以说明万历时“士一中乡举，即若置身青云乡里，富人争与结姻”，⑨ 描摹当地重视科举士人地位显赫的情形极为形象。“兵燹寇盗”一目，县志所载甚为简略，于明中叶之倭乱和明末之寇盗这些影响无锡社会关系甚大者，县志全部失载，此目一一考证补录，保留了诸多资料。

---

① 《锡金识小录》卷二《备参下·祥异补》，第 21—23 页。
② 《锡金识小录》卷一二《杂言·邑谣》，第 29 页。
③ 《锡金识小录》卷七《稽逸四·华会通》，第 29 页。
④ 《锡金识小录》卷七《稽逸四·徐宗俊》，第 28 页。
⑤ 《锡金识小录》卷一〇《前鉴·邹顾构讼》，第 12 页。
⑥ 《锡金识小录》卷八《稽逸七·潘荆南》，第 11—12 页。
⑦ 《锡金识小录》卷六《稽逸一·华礼部叔阳》，第 20 页。
⑧ 《锡金识小录》卷八《稽逸七·尤犀杯巧匠》，第 14 页。
⑨ 《锡金识小录》卷一二《杂言·新举结姻俚句》，第 29 页。

四　结语

黄印《锡金识小录》一书，有憾于乾隆《无锡县志》的缺陷和不足，对该书缺失者补充之，疏略脱漏者翔实之，出入者纠正之，舛讹者辨订之。黄印抱持经世致用的理念，念切地方民生，以亲历者的眼光，参考前代相关记载，对县志所缺如田则粮额、均田均役、官收官兑官运、兵燹寇盗等，所不详如汇追始末、漕弊兴革、社仓乡约、保甲关栅、灾祥之类，所不同者如里甲职能、士绅行为，所略如田土之利、场圃之利、山泽之利、力作之利、米价、交易银钱、汇追、漕弊、关栅、社米、衙棍、胥吏、邑绅、士习、风俗变迁、日常节序等内容，依据所见所闻所历而新撰了大量内容，从而提供了大量反映明后期到清前期无锡社会经济、民生日常和人文活动的资料，不少材料不独不见于当地，甚至不见于其他地区，于我们了解明清江南县域乃至江南社会面貌大有裨益。黄印崇正斥邪，富于社会责任感和士人使命感，极为留意前人和时人行事理政对后世可能产生的影响和鉴戒作用，在民生利病、赋税征收、银钱粮价、基层机构、社会救助机制、地方治安、自然灾害、地方官箴、士习民风、大众风尚、个人节操、生活样态等方面，往往直抒胸臆，以按语的形式提醒世人，或揭示要义，从而发表了诸多富有警醒意义的看法，既留下了展示无锡县域社会风貌的不少珍贵资料，其联系当时对相关史事作的评论，为我们考察论断其时无锡县域社会提供了诸多参考，而因革损益，其常以“后之贤者亦可以鉴矣”的出发点，似也为当代治理者提供了不少颇具借鉴意义的方法。《锡金识小录》一书，堪称如实记录并全面反映明清时期无锡县域社会的重要地方文献，在江南地方文献中极为难得。

（范金民：南京大学历史学院教授；黄泳：南京大学历史学院博士后研究人员、苏州市经贸职业技术学院讲师）

重构中医生命观

——来自 17—18 世纪吴门医派的努力

余同元

内容提要： 吴门医派主要特征是名医御医众多，诊治疗效显赫，学术著作丰硕，生命哲学和生命科学理论先进。从明代中期到清代中期，吴门医派对传统中医理论进行发挥，并结合明清之际传入的西方生命科学，追寻生命本源，提出了“先后天本原论”“血气互本论”“元质元神论”“卫气营血论”及“人体体质论”等新学说，形成了一个完备的近代生命本体论、生成论及生命发展论体系，从而构建出近代中医生命观，在中医生命科学和生命哲学发展史上成就卓著。西医遵循“原子论”传统，中医遵循“元气论”传统，从根本上决定中西医生命观要以各美其美和美美与共的原则相互观照。

关键词： 吴门医派　生命观　17—18 世纪　中医文化　中医现代化

中国人最高的追求是生命不朽，中国历史最大的特点是人丁兴旺。据有关研究，1820 年中国人口约 3.8 亿，世界人口约 10 亿，中国占世界人口 36% 以上。① 这一辉煌的人口记录中，有着中医医疗保健养生的巨大功劳，特别是中医生命理论的完善和应用，是生命力长久旺盛的根本保障。17—18 世纪，各种瘟疫在世界流行。英国瘟疫不断，死亡挥之不去。仅 1665—1666 年间伦敦大瘟疫，就有四分之一伦敦人口死亡。天花是一种烈性传染病，据说 17 世纪欧洲有 4000 万人被天花夺去生命。整个 18 世纪，天花在沿大西洋海岸和圣劳伦斯河地区肆掠，破坏程度远比 17 世纪严重。1702—1703 年，美国魁北克、波士顿以及纽约城无一幸免，死亡人口成千上万。1729—1732 年间，这三个城市再次流行天花。直到 18 世纪末，英国医生琴纳才创造出用牛痘接种预防天花的办法。而同一时期的中国，不仅科学使用牛痘接种预防天花的办法，而且出现了医疗理论和技术都很先进的吴门温病学派。吴门医派吴有性《瘟疫论》成书于 1642 年，分列 80 多个论题，全面阐发瘟疫病的发生、发展、演变规律，及辨证论治的原则方法。吴门医派叶天士（1667—1746 年）创立“卫气营血”辨证论治纲领，奠定了温病学说的技术理论体系，其所述《温热论治》等医学文献，至今仍有重要的指导意义和实用价值。温病学派注重实践，敢于突破，善于创新，是吴门医派的中坚力量。17—18 世纪吴门医派辨证论治医案及诸多医学著作中，蕴含着新的中医生命本体论、生成论及生命发展论体系，是近代中医生命观全面构建的尝试。

---

① 〔英〕安格斯·麦迪森著，伍晓鹰等汉译：《世界经济千年史》及其附表，北京大学出版社，2003 年；《中国经济的长远表现》及其附表，上海人民出版社，2008 年。

一　生命观与吴门医派学术特色

“吴门医派”，广义泛指宋元以降盛行于吴地的中医群体，狭义特指明清时期以温病学派为主流的吴中中医学派。本文所说的“吴门医派”，强调学术旨归，以体现生命哲学与生命科学之新生命观作为判别中医流派学术特色的主要依据，以明清时期吴中温病学派新生命观构建、传承及应用为中心，兼及师承吴地医学的江南其他各派医学传延者。除了时间、空间范围限定以外，认为名医名家名著名作学术思想中所反映的生命理论，理应作为吴门医派的学术特色加以科学总结。特别是缪希雍、王宏翰、叶天士、徐大椿等吴中名医，学用结合，知行合一，将传统气化生命观和血气心知论由生命哲学的理论思考，发展到生命科学的临床辨证，发明“血气津液辩证法”“卫气营血辨证法”和“六经三焦辨证法”等辨证施治方法，在医学实践中取得了空前成就，无疑是吴门医派形成的核心标志。其中所包含的生命哲学和生命科学理论，构成了吴门医派新生命观的核心要素。

吴门医派新生命观的建构，首先体现在明末清初吴门医派“新气血论”中的“气”“血”统一的生命本体观和“血”“气”互动互化的生命发展观，一方面对中国传统的“元气生成论”和“血气心知论”加以继承改造，①一方面对当时所传入的西方医学知识进行研究和吸纳，特别是吸取了当时西方血液学和解剖学知识，形成了中西会通的中医生命观，②并在临床实践中反复验证，总结大量医案，写成论著传世，是当时全国最新中医学术思想在吴地集中、积累、发展和创新的结果。在中西医汇通和长期临床辨证施治的基础上，形成了17—18世纪吴门医派新生命观：一是在生命本体论和发展论上提出了“血气互本论”“元神元质论”和“卫气营血论”等新学说；二是提出了人体“体质类型”“体质差异”和“体质病变”论；三是在身心、神情、意志等关系上提出“心神为体，脑神为用”命题，并论证经络理论，将络病理论运用于温热病治疗，提出“经络三焦论”；四是秉持动静结合、药食同源等养生理论，在动养、静养、药膳、食疗与生态养生等方面，形成了富有江南区域特色的养生论；五是提出了“五脏次第衰老论”“远死而近生”“向死而生”和“迫生顺死论”等死亡观。

吴门医派生命本体论、生成论与发展论，是几代吴地医人长期辨证实践与理论探讨的结果，特别显示于明代中后期到清代中前期（17—18世纪）众多医家杰出论著之中。明清时期吴门医派名医、御医众多，据俞志高《吴中名医录》一书统计，吴中历代医家有1388人，其中医官、御医百余人。俞志高《吴医谈概》一文统计，见诸记载的有1400人。据马一平统计，自汉代至民国，苏州就有医家2000多人。③从学术思想内容上看，吴门医派中学术流派，主要有医经学派、易水学派、河间学派、伤寒学派、温病学派等几大派系。吴门医派著作众多，也在明清时期达到鼎盛状态。据《吴医古籍存见录》统计，④历代吴医古籍530余种，涉及中医学各个方面。如内经、伤寒、金脱、温病、藏象、脉学、本草、方药、针灸、摄生、医案、医话、医史及内、

---

① “血气心知”出自《礼记》，后经理学家发展为自然论的生命哲学。如戴震认为“有血气，夫然后有心知”。血气指活的身体，心知指人的精神意识，身体是意识的基础。

② 范行准：《明季西洋传人之医学》，上海人民出版社，2012年，第19页。

③ 马一平：《“吴中医学甲天下”原因浅析》，《中医药文化》2006年第5期。

④ 徐灵胎著、刘洋主编：《徐灵胎医学全书》，中国中医药出版社，1999年，第419页。

外、妇、儿、五官科等，皆有著作存世。在温病学说形成之前，一般医家都以张仲景《伤寒论》六经传变方法进行辨证论治。温病学说认为吴中地处东南卑湿之地，是瘟疫和温病多发区，其病因和治疗原则不同于伤寒。温病学派重视医学理论研究，善于在生命科学和生命哲学上吸取众长，敢于发明创新，从而使吴门医派有了较完整的近代医学理论体系。与此同时，吴医伤寒学研究、杂病证治探讨以及苏派外科、妇科、儿科、针灸等学科研究与应用，都富有鲜明的吴门医学学术特色。中医学流派，“始发于创新，迭见于群体的继承”。① 生命哲学和生命科学的认识是没有止境的，每一个时期的继承与创新，都奠基于这一时期生命观的认识建构之上。

唐大烈编辑《吴医汇讲》11卷，是体现十七八世纪吴门医派医学研究过程的集中性论著专刊。其始于乾隆五十七年（1792年），终于嘉庆六年（1801年），历时10年，共刊出41位医学家94篇文稿，每卷订为一本。现上海科学技术出版社1983年版合订本，以民国浙江鄞县名医曹炳章圈点的清嘉庆十九年甲戌（1814年）校经山房刻本为底本，参校清乾隆五十七年壬子（1792年）扫叶山房刻本及清嘉庆后复刊本。章楠《医门棒喝》是集中检讨十七八世纪吴门医派医学研究的评论性著作。该书成书于1825年，收录章氏30余篇论文并附医案。主要内容是对当时医学中有争议的问题集中检讨，结合自己的心得体会写成专书。② 作者游吴门，师名家，力攻叶天士医学，于温病学说卓然独见，一时名震医坛。

二 建构新的生命本体观和生命发展观

关于生命本原的研究，中国传统哲学中多持“元气”本体论与“元气”生成论（即气化生命说）。宋代张载在《正蒙》中以“太和”代替“太极”，认为宇宙就是阴阳二气动静变化，变化的动力来自“气”本身，“气”散开充满太虚，合起来生成万物；“气”循环变化构成宇宙间生命发展过程。吴门医派传承了中国传统文化和传统医学的基本精神，对“血气心知论”进行发挥，同时结合明清之际传入的西方生命知识，重新建构生命观，提出“新气血论”“元神元质论”“卫气营血论”和“体质变化论”等生命本原观和生命发展观。

（一）缪希雍“新气血论”

1. 在传统元气论基础上发挥先后天元气互本互根论

缪希雍为明代后期吴门医派代表人物，著有《医学传心》《先醒斋医学广笔记》《神农本草经疏》《续神农本草经疏》《缪仲淳先生医案》《缪仲淳先生诸药凡例》《炮炙大法》《本草单方》《还读斋医方汇编》等书。其首要贡献是在传统元气本体论与生成论中，明确区分先天元气与后天元气，提出“肾根为先天元气根基”“脾胃为后天元气根基”和“肾根”与“脾胃”互本互化论。其《神农本草经疏·论治阴阳虚病皆当以保护胃气为急》曰：“胃气者，即后天元气也；以谷气为本，是故经曰脉有胃气曰生，无胃气曰死。又曰安谷则昌，绝谷则亡。可见先天之气纵犹未尽，而他脏亦不致速伤，独胃气偶有伤败，以至于绝，则速死矣。”③ 又说：“脾胃无

---

① 孟庆云：《论中医学派》，《医学与哲学》1998年第6期。

② 《医门棒喝》现有中国中医研究院图书馆所藏清同治六年丁卯（1867年）聚文堂刻本、宣统元年己酉（1909年）蠡城三友益斋石印本、民国八年（1919年）裘吉生补刻本。裘本记吴鞠通评论及互相请益问难。

③ （明）缪希雍：《神农本草经疏》，山西科学技术出版社，2013年，第16页。

恙，则后天元气日益生长矣。"[①] 脾胃为后天元气的根本，先天肾根之气虽然重要，但若有损伤并不会导致身体急速伤败，但后天元气若有所折损，则可快速导致身体败亡。故治病时，缪氏亦十分重视培养后天脾胃水谷之气。他认为："谷气者，替国家之饷道也，饷道一绝，则万众立散；胃气一败，则百药难施。"因此"治阴阳诸虚病，皆当以保护胃气为急。"[②]

元代李东垣曾提出脾胃阳气论。缪希雍在此基础之上，认为脾胃阴血比阳气更为重要，要防止脾阴不足，认为脾胃阴液就是后天津液。脾阴学说提出脾阴不足的同时，缪希雍又提出后天脾胃和先天肾根互动互生论。他指出："夫脾胃受纳水谷，必借肾间真阳之气熏蒸鼓动，然后能腐熟而消化之。"[③] 揭示了后天脾胃和先天肾根互生规律，认为脾胃和肾根是彼此影响相互哺育两相滋生的关系。缪希雍自制脾肾双补丸、补肾健脾益气方等健脾益肾的脾肾双补方剂，在临床运用中具有显著疗效，为后世所宗。[④]

2. 关于"血"，缪希雍提出"治血三法"与"吐血三要"医疗观

缪希雍认为"血分之病亦三：即血虚、血滞、血热妄行。"[⑤] 对于血证，他发明"补血""清血凉血"与"通血"三法。[⑥] 与此同时，缪氏又十分重视气血之间的关系，尤其重视气逆、火升和血溢三者之间的联系。缪氏针对肝不藏血阴虚火旺引起的出血症提出吐血三要：

一要：宜行血而不宜止血，血不行经络者，气逆上涌也。行血则血循经络，不止自止。

二要：宜补肝不宜伐肝，养肝则肝气平而血有所归，伐之则肝虚不能藏血，血愈不止。

三要：宜降气不宜降火，气有余便是火，气降火自降，火降则气不上升，血随气行，无溢出上窍之患矣。[⑦]

3. 在"气""血"关系论基础上提出气行血流的生命发展观

缪希雍关于血气关系论有以下几大要点：

一曰"气"与"血"之间，以及"气血"与神、津、液、精之间相互生成与相互转化。认为人体气、血、津、液、精、神等都各有自己的功能和特点，但不是各自孤立、互不相干，而是有着内在的联系。"先天祖气，医家谓为相火者是也。方此火之自下而上也，行过中焦，必经脾胃，则能腐熟水谷，蒸糟粕而化精微。脾气散精，上归于肺。通调水道，下输膀胱，气化而出，是谓清升浊降，既济之象也"。[⑧]"心为血主，肝为血脏；肺为气主，肾为气脏。血出于心，血纳于肝；气出于肺，气纳于肾"。[⑨] 在人体活动过程中所消耗的气血，其补充来源都在于脾胃所化生的水谷精华，即后天精、气、血、津、液等，这些物质通过不同运行路线，分布到不同部位，变化为不同形态和不同功能的营养，维持人体生命不息。

二曰血气调和与气机升降论。缪希雍曰："天地之气不和，则山川为之崩竭，人身之气不调，则肠胃失其转输。"[⑩] 其"补气""降气""破气"三法，合为调气之法。气的生成与肺、

---

① 前揭《神农本草经疏·似中风问答》，第14页。
② 前揭《神农本草经疏》，第16页。
③ （明）缪希雍：《先醒斋医学广笔记·泄泻》，天津科学技术出版社，2003年，第33页。
④ 彭怀仁主编：《中医方剂大辞典》第5册，中国科学技术出版社，1993年，第930页。
⑤ 胡方林主编：《中医历代名医医案选讲》，中国中医药出版社，2011年，第88页。
⑥ 前揭《神农本草经疏·续序例》，第19页。
⑦ 前揭《神农本草经疏·论治吐血三要》，第19页。
⑧ 前揭《神农本草经疏·论肾泄多在黎明所由》，第20页。
⑨ 刘弼臣编著：《明清中医儿科歌赋集解·血气论歌》，中国医药科技出版社，2013年，第187页。
⑩ （明）缪希雍：《先醒斋医学广笔记》，中国中医药出版社，2006年，第39页。

脾、肾三脏密切相关，补气之法着重于对肺、脾、肾三脏的补益，其中尤重肺、脾二经，而补中气为常用。“调者，和也。逆则宜和，和则调也”，“补气：气虚宜补之”，“降气者，即下气也”。破气法，“破者损也，实则宜破”。① 缪希雍认为，“天地之间，动静云为者，无非气也；人身之内，转运升降者，亦气也。”人体气机升降出入，既体现为气及由气推动的血液运行，也体现为脏腑、经络等组织器官的功能活动。血气升降出入促进机体新陈代谢，维持正常的生命活动。气机升降出入运动失调，可致人体各种功能紊乱和病理变化。缪希雍在《本草经疏·十剂补遗》中说：“升降者，治法之大机也。〈经〉曰：高者抑之，即降之义也；下者举之，即升之义也。是以病升者当用降剂，病降者用升剂。”② 血液运行和作用就是“气”的一种运动，气不附藏于血中，则气将涣散不收而无所归；气附存于血中，血以载气并不断地为气提供物质能量，使其不停地得到营养补充。故血盛则气旺，血虚则气衰，血脱则气亦脱，血液瘀滞则易导致气运行不畅。③

三曰运血守气论。气旺则血充，气虚则血少，气行则血流，气滞则血瘀。血与气的关系非常密切，血液流失无以守气则气脱。缪希雍提出：“守气者即是血”，“运血者即是气”。④ 气在脉管中的运行，乃是气溶于血中，依赖血之运载而达全身，即血能载气。血的运行靠的是气的推动。而血在运行过程中，气是以渗于血的形式而发挥作用，表面上看是血载气而行，而其本质则是气推血行。因此说“运血者即是气”。⑤ 这是当时对“气化生命论”最科学的解释。如孙广仁所说：“古代哲学的气化，是指由天地阴阳之气自身的升降聚散运动而导致有形之物的生成及其与无形之气的相互转化。”⑥

（二）王宏翰元质元神、四行四液及命门胎生论

康熙二十七年（1688 年）王宏翰撰《医学原始》，“首立元神、元质一说，明人道之生机，次论受形男女分别，知受赋立命之原”。书中提出人体“命门胎生论”“四行四液论”和“元火元湿论”，是当时中西汇通的新生命观。

1. “元神”“元质”论

《医学原始》卷一云：“元神即灵件，一曰灵魂，一曰神性，一曰灵神，即天之所命之灵性也；元质即体质内含觉性，一曰知觉，一曰体魄觉性之原，一曰元火，一曰元气，一曰精血，即母胎中先天之察受也。”⑦

“元神”一词在艾儒略《性学粗述》中出现过，王宏翰选取艾儒略所列渚多灵魂名称，以元神为代表立论。王宏翰所言“元质”不同于《性学觕述》中的元质，但相当于《性学觕述》中的“觉魂”。《医学原始》中所言“元质”主要指人先天基因，但是王宏翰又将元质与精血、元火、元气等中医概念相类比。他说：“夫人之疾病，皆由元质禀气与后天培养精血失调，或饮食劳逸过度，或时令与地土不和而生者。”⑧

---

① 前揭《神农本草经疏·论治气三法药各不同》，第 19 页。

② 前揭《神农本草经疏·十剂补遗》，第 6 页。

③ （明）缪希雍：《本草经疏·十剂补遗》，中国中医药出版社，1997 年，第 6 页。

④ 前揭《神农本草经疏·论治吐血三要》，第 19 页。

⑤ 前揭《神农本草经疏》，第 21 页。

⑥ 孙广仁：《古代哲学的气化学说与中医学的气化理论》，《浙江中医学院学报》2001 年第 5 期。

⑦ （清）王宏翰：《医学原始》卷一，上海科学技术出版社，1989 年，第 3 页。

⑧ 前揭《医学原始》卷首，第 1 页。

王宏翰认为，世间诸物，悉由“造、为、质、模”四者而成，其中“质”又分为“元质”和“次质”。“元质是造物主自生天地之初，备为千变万化之具，此质非天非地，非水非火，非阴非阳，非寒非界，非刚非柔，非生非觉，而能成天地水火、阴阳寒暑、刚柔生觉之种种也。盖凡物皆有生息，有变灭，而元质则不生不变，常存不亡，为造化基，万象所共，庶类所同者。昔儒有云太极、元气庶几近之。然须知元质非无始者，亦非自有者，乃受生于造物主，开辟天地之初者也”。①

2. “元湿”“元火”与“四行”“四液”论

王宏翰《性原广嗣》成书于清康熙三十年（1691 年），该书卷一提出“人的生命之根在于元湿元火之和”，“如遇严冬，或大雪，或饮冷水，其元火为大寒所扑灭，命斯毙矣。若元火太旺，亦能焦枯元湿，命亦殂矣”。接纳了西方解剖生理学理论，阐明房事受孕及胎儿形成的道理，分析不孕不育的机理。王宏翰将五脏分属于“四行”，认为人身具备“火德之热（元火）”和“气德之湿（元湿）”，“两者和，生命所以存也”；至于水与土，则与火、气相协调，使“人身所以得成也”。

王宏翰《医学原始》中红、黄、白、黑液之“四液说”，接受了艾儒略之《性学粗述》中“四液”思想。《医学原始·四液总论》曰：“凡世物之体，皆火、气、水、土相结而成，故物皆有燥、湿、冷、热，相辅而运，亦相克而成。故凡以‘四行’结体者，相战相薄，不免有胜有负。追其散也，则物体随之，盖以此结者，即以此灭，而要终归于‘四行’也。”② 关于“四液”与人体生理、病理关系，《医学原始·四液总论》云：“此四液者，虽遍体中之所必有，然各有一本所主藏之，黄液在胆，黑液在脾，白液多在脑，红液则多在脉络中。”《医学原始·红液黄液》云：“凡红、黄、白、黑四液，皆从肝生。而黄、白、黑三液，相合洽以行于红液血络之中也。”③《医学原始·生长赖补养论》又云：“四液中之最纯者为红液，血为红液也。其液之次者，成黄、白、黑三液。而三液虽有本用在身，然不能补养，惟血能补。”④

3. 命门胎生论

《难经·三十九难》云：“命门者，神精之所舍也。男子以藏精，女子以系胞，其气与肾通。”说明命门位在右肾，同时又指出命门与肾二者相通，密不可分。⑤ 王宏翰汲取了十六七世纪西方医学胚胎学知识，提出了命门胎生说，并自信此论可“使千载疑案，一旦剖明”。王氏描述胚胎发育情况和全身器官发生情况，在中医界当属首举，开中西医汇通之先河。同时，王宏翰还以西医胚胎理论解释血络、脉络的发生及形成机制。特别是关于胎元化形次序，历来争议很大，王宏翰以西学胚胎说予以阐发，提出“夫化形次序之理，《内经》诸书虽有言之，略而未切也。余昔每常揣摸臆想，无从可拟。及读泰西天文、性学、格致诸书，始得其原”。《医学原始·命门图说》对此“化形次序”有详细描述：“夫两精凝结细皮变为胞衣。此细皮不但为胞衣裨益凝结之体，更为胚胎脉络之系，乃先生一血络与一脉络以结成脐与命门，但脐络乃九日后结成，而脐系于胚，以代口之用，吸取母血以养渐化为胚胎也。但先生一血络之根而渐变多细血络，亦以一脉络之根渐变为多细脉络，而周于精质之体，以通受母之血，与元火生活发动，如酵

① 前揭《医学原始》卷一，第 4 页

② 前揭《医学原始》卷一，第 5 页。

③ 前揭《医学原始》卷一《四液总论》，第 5 页。

④ 前揭《医学原始》卷一《生长赖补养论》，第 4 页。

⑤ 叶应阳、陈根成：《试论命门整体观及命门系统》，《四川中医》2015 年第 8 期。

水和面，暗郁而热发也，遂成三泡，如雨滴下之水泡。三泡既发，首成三肢，心一，肝一，脑颅一，是胚胎形模之兆发也。"①

关于胚胎发育情况，王宏翰引西医之说，提升心、肝、脑生成在人体发育中的重要性和基础作用。《医学原始·命门图说》云："心为百体之君，元火之府，生命之根，灵神之寓，故四脏皆系于心，而次第生焉。但心一系，系于脊之上，七节之旁，贯脊上通于脑，下通命门与肾，魂居于肝，为藏真之处，肝生四液，为生气之门。脑颅居百体之首，为五官四司所赖，以摄百肢，为运动知觉之德，脑颅既成，而后全体诸骨渐成。诸骨既成，乃生九窍，首七，眼耳鼻口，下体二，前后便也。"② 基于"元神元质论"的命门胎生论，跳出了"十月分经养胎"之陈说。

（三）叶天士"卫气营血论"

叶天士《温热论》提出"卫气营血"理论，奠定了温病学辨证论治的理论基础。其按卫、气、营、血划分温病病变阶段，以揭示病变浅深轻重层次，成为瘟病辨证之纲和各阶段的治疗原则。《温热论》曰："温邪上受，首先犯肺，逆传心包。肺主气属卫，心主血属营，辨营卫气血虽与伤寒同，若论治法则与伤寒大异也。"提出"肺主气属卫，心主血属营"，"大凡看法，卫之后方言气，营之后方言血"。阐述了心肺与卫气营血的关系，建构了卫气营血辨治的核心理论。叶天士提出脾胃分治论，认为水谷所化是在胃气作用下完成的。"是水谷之海又在阳明，可见冲财之血，又总由阳明水谷所化，而阳明胃气，又为冲射之本也"。这里所谓胃气是中焦脾胃功能的综合。叶天士对脾胃生血理论的认识，体现了他不同于缪希雍而重视胃腑，认为气血化生于水谷，而其主司在阳明胃气。他说："是水谷之海又在阳明……而阳明胃气，又为冲脉之本也。"血气生化之源在于脾所运化的水谷精微，而水谷之海在胃。他强调："初病在气，久必入血。"在生血观上，叶天士继承了缪希雍，认为"冲脉之血，又总由阳明水谷之所化，而阳明胃气又为冲脉之本也……所重在胃气，所重在心脾生化之源耳"。③ 营卫之气的生成、会合、运行是人体代谢的重要环节。

从生发部位看，"营气出于中焦，卫气出于下焦"。作为营卫生发之源的肾中先天元阳之气，本无清浊之分，因与后天谷气相合凝结成形，故有营清卫浊之分。也就是说营卫之气由先天分为清浊之性，与后天相互充养。由此，叶天士提出"后天气本论"。他认为人生在不同阶段主宰不同，先天元气无形无质，在胎儿时已成形。"若讲先天，阴阳浑然一体，具寓于中，无形可见。既分阴阳，皆属后天，则化生万物，气以成形，而水火有形象矣"。④ 人身成形后，则以后天为本。"有生之后，惟以脾胃为根本。资生之本，生化之源"。叶天士主张后天可助先天，"人有精气津液血脉，以为一气，乃辨为六名"。⑤ 从"先天""后天"角度探究营卫生化的根源，则营是后天所化生，卫由先天所化生。先天之气与后天饮食共同作用于营卫的生理功能。

（四）徐大椿"元气存亡论"

"元气论"源远流长，全面阐发于宋元时期，到明清之际得以充实完善。吴门医派讨论气化

---

① 前揭《医学原始》卷一《命门图说》，第7页。

② 前揭《医学原始》卷一《四液说总论》，第5页。

③ （清）叶天士：《临证指南医案》，第二军医大学出版社，2006年，第490页。

④ （清）叶天士：《景岳全书发挥》，山西科学技术出版社，2012年，第602页。

⑤ （清）叶天士：《叶天士医学全书·叶氏医效秘传》，山西科学技术出版社，2012年，第595页。

生命学说，以徐大椿《元气存亡论》最有代表性。徐大椿认为元气是人身之本，其状如道家先天之道——“视之不见，求之不得”，其质亦如道，是化育气血人身之根本。强调人之元气禀受于先天，是人体生长发育的原始动力，“先天其成形之时，已有定数”。元气可以化生五脏六腑之精气，元气盛衰决定了生命本原的盛衰，且随着年纪增长而成正曲线——40 岁之前“日生月长”；40 岁之后“日消日减”。所谓“终生无病者，待元气之自尽而死，此所谓终其天年也”。①徐大椿深入探讨元气状态，指出元气即“真气”。气在阳部分即阳气，在阴部分即阴气，在表层就是卫气，在里层的就是营气，在脾脏是充气，在胃部为胃气，在上焦是上气，在中焦是中气，在下焦是元气。这些气都是元气的各种变化，这些变化的出现，是因为元气运行脏腑渠道不同的结果。

至于怎样观察人体元气，首先要察“神气”。所谓神气又叫“生气”，是元气功能活动的外在表现。“至人之生气，则无所不在，如脏腑有生气，颜色有生气，脉息有生气，七窍有生气，四肢有生气，二便有生气，生气即神气，神自形生，何可不辨”；“故诊病决无生者，不视病之轻重，而视元气之存亡，则百不失一矣”。其次是察五脏之气。五脏之精气乃元气之分体，病损脏腑不同，可使某一脏腑精气乃至元气先行衰竭，如“心绝则昏昧，不知世事，肝绝则喜乐无节，肾绝则阳道痿缩，脾绝则食入不化，肺绝则气促声哑，六腑之绝，而失其所司亦然”。最后是察亡阴亡阳。徐大椿说：“阳气方炽，灼伤元阴则亡困，元气散脱，即为亡阳。两者关系是，亡阳之时，阳损及阴，亦可亡阴；而亡阴不止，阳从汗出，元气散脱，即为亡阳。”② 由于亡阴、亡阳与元气息息相关，因此察亡阴、亡阳也即察元气之存亡。

元气是不可见的，但分布于全身，其分布方式就是通过气血运行，由命门至五脏到达全身，这个分布过程就是生命活动。元气存亡论不仅揭示了生命本原，也是生命本体论和结构说的联动桥梁。对于元气的保护原则，要攻邪以安正，补虚以养正。若“寒热攻补，不得其道，则实其实而虚其虚”，导致“精不能续”“元气无所附而伤矣”。可见对于治疗疾病，需辨证准确，才能保全元气，“此神而明之术也”。③ 养生即呵护元气，防止元气流失。《元气存亡论》是吴门医家气化生命思想发展的集大成。

三　身体结构观与体质差异观的新建构

（一）脏腑结构功能论

脏腑是人体内脏总称，本质上是人体功能在不同季节受自然界影响所表现的不同状态。离开自然界变化，就无从认识脏腑功能。吴门医派认为人类生存与自然界阴阳五行变化息息相通，人的生命活动以及脏腑功能状态时刻受自然界各种因素影响。

1. 脏腑结构论

中医脏腑观概念大大超越了西医人体解剖学的脏腑范围，包含形、气、神三个层次。在传统脏腑观基础上，吴门医派提出一个“阴阳互根”“形神同一”和“天人合一”的五脏六腑系统。认为人体五脏六腑和肢体器官的联系是形神统一的系统，与精神活动之间是内在统一的系统，与

① （清）徐大椿：《医学源流论》卷上《元气存亡论》，中国中医药出版社，2008 年，第 1 页。
② 前揭《医学源流论》卷上《元气存亡论》，第 2 页。
③ 同上书，第 1 页。

自然界变化是天人合一的系统。阴阳互根系统是指五脏属阴、六腑属阳的脏腑整体系统，强调脏与腑之间功能相辅相成。薛雪《医经原旨》论藏象称：

> 心者，君主之官也，神明出焉。肺者，相傅之官，治节出焉。肝者，将军之官，谋虑出焉。胆者，中正之官，决断出焉。膻中者，臣使之官，喜乐出焉。脾胃者，仓廪之官，五味出焉。大肠者，传道之官，变化出焉。小肠者，受盛之官，化物出焉。肾者，作强之官，伎巧出焉。三焦者，决渎之官，水道出焉。膀胱者，州都之官，津液藏焉，气化则能出矣。凡此十二官者，不得相失也。故主明则下安，以此养生则寿，殁世不殆，以为天下则大昌。主不明则十二官危，使道闭塞而不通，形乃大伤，以此养生则殃，以为天下者，其宗大危，戒之戒之！①

从形态上看，五脏属于实体性器官，六腑属于操腔性器官。实体性器官阴多而阳少，操控性器官阳多而阴少，故五脏为阴，六腑为阳。阳化气，阴成形；天为阳而无形，地为阴而有质；一脏一腑，阴阳相对。六腑主水谷运化，为五脏储藏精气提供物质基础，而五脏精气则为六腑运化提供动力源泉。一脏一腑互为表里。整个人体的脏腑共有6对表里关系，即心与小肠相表里，肺与大肠相表里，肝与胆相表里，脾与胃相表里，肾与膀胱相表里，构成脏腑之间的阴阳互根系统。

2. 脏腑分工论

《医经原旨》说明五脏之分工，要点如下：

肾藏骨髓之气，肾虽主藏精，其所藏之精，则或输送于体内，以供人体发育之用，或输泻于体外，以为生殖之用；

肝藏筋膜之气，肝受饮食精微，进而滋养于筋；

心藏血脉之气，亦藏呼吸之气，亦主藏神，心所受之气，可转输于他脏，心受饮食精微之气，可输布于血脉之中；

脾藏肌肉之气，饮食之精气，由胃入脾，再经脾之转输，上达于肺，脾亦能藏而能泻也；

肺藏营卫之气，或输精于皮毛，或通调水道、下输膀胱，水精四布，五经并行，皆肺气之所宣布，是故肺气亦泻。②

3. 脏腑功能论

从功能上看，五脏主藏精气，生化和贮藏血、津、液、精等精微物质；六腑主“传化”，即受纳和腐熟水谷，传化、暂存和排泄糟粕。阴主静主藏，阳主动主泻；五脏以收藏为用，故为阴；六腑以流通为贵，故为阳。但五脏虽主“藏”，却以“泻”为用；腑虽主“泻”，却以“藏”为本。五脏所藏者；乃精微之物与无形之“气”；六腑所藏者，乃水谷渣滓有形之“物”。五脏之“泻”为精微之输布，六腑之“泻”则为渣滓之传导。五脏之“藏”宜密宜久，六腑之“藏”则可暂而不可久。

脏腑结构与功能学说是中医理论体系的核心，也是临床诊治用药的指导原则。四时与五脏所主精神活动之间相通相应，春夏秋冬四时更迭，木火土金水五行变化，因此产生出风寒湿燥火不同气候特点，脏腑也有相应的不同精神活动。

---

① （清）薛雪：《医经原旨》卷一，上海中医学院出版社，1992年，第13—14页。

② 前揭《医经原旨》卷一，第13—17页。

（二）经络三焦论

经络与络脉学说起源于先秦有关“脉”“血脉”和“络脉”说。明清吴门医派进一步完善经络理论，并将络病理论用于疾病治疗，重点发展了络病学说。首先是王宏翰用动静脉血管阐释经络性质，称“医不知经络，犹夜行无烛，是以一藏一府之下，详论经脉络穴起止病原”。①《医学原始》一半以上内容是脏腑、经络与腧穴专篇，从胚胎血络、脉络发育解释经脉发生与形成，阐述胚胎从受孕到生长发育过程。王氏观点与《难经》有相通之处，又引入了西方胎生学知识。在《医学原始·脉经之血由心炼论》中将西医脉经（动脉）视为传统中医经脉，血络（静脉）视为络脉。在论述“经脉营卫呼吸考”中，王氏注解十二经脉即血脉，借用血管知识来解释经脉形质，并引《灵枢》与《素问·脉要精微论》加以证实。王宏翰提出经络为血脉，确认经脉运行的物质主要为血液，并对其物质组成进行具体分析，其阐发生命的方法有巨大进步。特别是他将西方心血运动论与经脉营卫运行结合，确定脉管运行物质为血液的同时，指出“心”才是血脉循行之源起，补充了中医经典未认识到的心脏跳动是推动血液循环的动力论。②

“三焦”是上焦、中焦和下焦的合称，为六腑之一，位于躯体和脏腑之间，包含胸腔和腹腔。一般认为横膈以上内脏器官为上焦，包括心、肺；横膈以下至脐内脏器官为中焦，包括脾、胃、肝、胆等内脏；脐以下内脏器官为下焦，包括肾、大肠、小肠、膀胱。叶天士将“卫气营血辨证”与“三焦辨证”熔于一炉，传承并发挥“无形三焦”论。薛雪《医经原旨》阐释《内经》“三焦说”，认为“三焦者，中渎之府也，水道出焉，属膀胱，是孤之府也，是六腑之所与合者”。强调“有分为前后三焦者，有言为肾旁之脂者，即如东垣之明，亦以手三焦、足三焦分而为二”。③ 周省吾《吴医汇讲》云：“三焦有形、无形之说，越人、华佗、王冰、东垣皆曰有名无形，余则或言无状，或言有形，纷纭无定。”《营卫生会篇》云：“故水谷者常并居于胃中，成糟粕而俱下于大肠，而成下焦。”又云：“营出于中焦，卫出于下焦。”④ 随着西医在中国传播，关于三焦的解剖学研究如雨后春笋，有三焦胰腺说、神经系统说、腹膜结构说、受体说、脊髓说、微循环说等。

（三）形神关系论

人体脏腑机能靠什么力量来操控呢？这个问题牵涉到生命中枢动力的不同看法。虽然中医脏象学说中存在着脏器分工状态：心藏神、主喜，肝藏魂、主怒，肺藏魄、主悲忧，脾藏意、主思虑，肾藏志、主惊恐等，但实质上中医仍把一个人的精神、意识、思维活动统归于“心”所管控。随着西医脑知识输入中国，吴门医派开始对中医经典理论重新诠释，提出了“心神为体，脑神为用”的新命题。所以吴门医派在心与脑孰为生命中枢问题上，实分“心主神明”和“脑主神明”两派，以下试分述之。

1. 关于心主神明论方面

吴门医派在形神论中，重视神的主导作用。

一是确定心神为生命主宰。吴门医派强调神与形的发生、发展、消亡是同步的。“形”为

① 严世芸：《中国医籍通考》第2卷，上海中医学院出版社，1991年，第2879页。

② 刘鹏：《中医学身体观解读肾与命门理论的建构与演变》，东南大学出版社，2013年，第10页。

③ 前揭《医经原旨》，第308页。

④ （清）唐笠山：《吴医汇讲》，上海科学技术出版社，1983年，第134页。

“神”之基，“神”为“形”之主，是“形”具有生命活动的标志，使“形”呈现出各种生命现象。“心主神明”是在“形神合一”的基础上，将“人身之神”依附于“脏象之心”，故心才成为“君主之官”而主神明，所以心为生命活动之本。叶天士《景岳全书发挥》曰：“形者神之体，神者形之用，无神则形不可活，无形则神无以生。”又云：“人禀天地阴阳之气以生，借血肉以成其形，一气周流于其中以成其神，形神俱备，乃为全体。”① 神以物质为基础，与形体共存，人只有在形体形成以后才能有“神”的化生，体现为各种精神活动。

徐大椿《医贯砭》说：“心者，君主之官也，神明出焉。”② 沈金鳌《杂病源流犀烛·火病源流》云：“心与脑，原徹上徹下，共为神明之府。”③ 一个机体仅具备物质基础还不能算生命，还必须“神气舍心”才能成为有生命的人。

二是论述心神主导人体精神。心神作为人体精神、意识、知觉、运动等生理活动的主宰，魂魄、情志等心理活动与精神功能均包括其中。情志包括喜、怒、忧、思、悲、恐、惊等“七情”，其中怒、喜、思、忧、恐又称“五志”，产生于脏腑。情志活动时人体气血脏腑会发生一系列生理变化，这些变化可归纳为三个方面：第一，形体方面，发怒引起形色变化。第二，气血方面，和则正逆则邪。第三，精神方面，过度喜乐，神气耗散而不藏；过分恼怒，神气忧乱，神志迷惑而不清。《医经原旨》云：“心为五脏六腑之大主而总统魂魄，兼该主意。故忧动于心则肺应，思动于心则脾应，怒动于心则肝应，恐动于心则肾应，此所以五志惟心所使也。”④ 心神包括人体感知，心神活动分属五脏，人之心神活动在五脏各有分工。

三是论说心神与气血互动。吴门医派认为心神活动是以精、气、血等为物质基础的，心神活动不断得到精、气、血的滋养，而精、气、血的化生及运行是在心神主宰下进行的。精、气、血、津、液，均是构成人体和维持人体生命活动的物质基础，与脏腑、经络、形体、官窍等生理活动密切相关。叶天士《景岳全书发挥》说：“人之有生，全赖此气……精气既足，神自旺矣。”⑤ 徐大椿《医学源流论》进而曰：“（心神）附于气血之内，宰于气血之先。”⑥ 如心血不足，就影响到心神功能，而神的活动异常也可致心血不畅。

2. 关于脑主神明论

包括脑主记忆说、脑心关系论、脑肺关系论、脑肝关系论、脑脾关系论、脑肾关系论等内容。

一是脑主记忆说。历代医家论述中多涉脑功能，但未能说明脑的中枢作用及其与“心神”活动关系。明清之际，利玛窦《西国记法》将“脑主记忆”之说传入中国，对吴门医派产生了较大影响。吴医汪昂在《本草备要》卷三“辛夷条”中指出：“人之记性，皆在脑中。”⑦ 张锡纯《医学衷中参西录》曰：“神明之体藏于脑，神明之用发于心也。”又云：“脑为元神，心为识神，脑中元神，体也；心中识神，用也。人欲用其神明则自脑达心，不用其神明，则仍由心归脑。”又云：“心脑相贯而后可以成思矣。”⑧ 在对待“心主记忆”还是“脑主记忆”这一问题

---

① （清）叶天士：《景岳全书发挥》，中国中医药出版社，2015 年，第 30 页。

② （清）徐大椿：《医贯砭》，上海古籍出版社，1996 年，第 1 页。

③ （清）沈金鳌《杂病源流犀烛》卷一七《火病源流》，人民卫生出版社，2006 年。

④ 前揭《医经原旨》，第 12 页。

⑤ 前揭《景岳全书发挥》，第 17 页。

⑥ 前揭《医学源流论》卷上《元气存亡论》，第 1 页。

⑦ 汪昂，安徽休宁人，长期行医于苏州，自设刻坊“延禧堂”于苏州，出版医学书籍。

⑧ （清）张锡纯著，王云凯等校点：《医学衷中参西录》，河北科学技术出版社，1985 年，第 181 页。

上，王宏翰并未全部否定“心主记忆”，而是讨论心记与脑记之关系。其《医学原始·记心辩》引《性学桷述》曰：“若谓心之灵妙，正不在记，才见圆明，则又何以实有此历历常记之觉，是知心必有记，而心非即为记之具也……必以脑先受其像，而觉之、而寄之、而剖之、而存之也。故云心之记，正记于脑耳。”① 王宏翰提出“脑”为记忆之工具，而“心”为记忆之“灵觉”，“脑”的记忆功能需得力于“心”之灵觉，从而将“心主神”这一传统的中医学观点与“脑主记忆说”统一起来。

二是脑与心关系论。吴门医派所认知的脑是一个功能性单位，它不仅包括了现代解剖学的大脑，而且也包括了心脏的部分功能，因而决定其心脑关系论具有特殊性。徐大椿《内经诠释》曰：“喜则气缓，喜则气和志达，营卫通利，故气缓矣。”② 喜乐、忧愁、悲伤过度则可使心神受伤。现代临床中，诸如心源性脑供血不足、心源性脑栓塞，脑源性心肌梗塞等，都证明了脑与心之密切关系。③

三是脑与肺关系论。吴门医派论肺藏魄，其魄所指，乃人体对外界感觉和反应能力，属于本能的感觉和动作。之所以将其归之于肺，是由于肺主皮毛，而对外界感觉和反应需要通过皮毛来实现。进一步分析可以看出，皮毛只是对外界物体的感觉器官，通过它反应于脑，由脑进行思维判断作出决定后，通过皮毛来实现。吴鞠通《温病条辨》论“鼻气通于肺”，生理上肺主气司呼吸，且肺朝百脉而主治节，即西医认为的脑细胞耗氧量超过全身任何器官。

四是脑与肝关系论。肝藏魂，主疏泄，在志为怒。叶天士《景岳全书发挥》注云：“魂之为言，如梦寐恍惚，变幻游行之境，皆是也。”之所以称肝藏魂，是因肝血作用而言，当肝的藏血功能正常，则魂有所舍；若肝血不足，则魂不守舍。脑与肝在生理上有联系，在病理上则相互影响。沈金鳌《杂病源流犀烛》云：“治怒为难，惟平肝可治怒，此医家治怒之法也。”现代临床认为久怒抑郁导致肝病，大怒致血压升高，重症肝病致脑昏迷。④

五是脑与脾关系论。吴门医派主张脾胃为“仓禀之官，五味出焉”。生理上，脾主运化、升清、统血，在志为思，机体生命活动的持续和气血津液的生化，都有赖于脾胃运化水谷精微。叶天士《临证指南医案》谓脾宜升，脾气之升是全身气机升降的关键。因而脑与脾在生理和病理上有着密切联系。如临床上思虑过度，常导致不思饮食、脘腹胀闷、头目眩晕等脾胃运化升清的障碍。

六是脑与肾关系论。吴门医派主张肾藏精生髓，“脑为髓海”。因此脑与肾在生理病理上有着密切联系。肾中精气充盈，则髓海得养，脑功健全，“元神之府”的生理功能得以充分发挥；反之，精气不足，则脑海失养，而形成髓海不足。脑神的异常变化可影响肾脏功能。现代生理解剖学证明，脑是通过肾上腺对肾与膀胱予以功能调节的。临床上所常见的如急性脑出血引起的过性蛋白尿、血尿、高血糖等病及肾功能障碍，皆为其例。

总之，身体是生理的又是心理的，是脏腑组织器官的总和，同时包涵精神、心灵和感情。“身体观”与“身心观”，你中有我，我中有你。“身体”中渗透着“观”，“观”又在反向哺育和巩固“体”之内涵。⑤ 五脏六腑之中心藏神，心为五脏六腑的主宰，故有神明出现，这就是身

① 前揭《医学原始·记心辩》，第22页。
② （清）徐大椿：《徐灵胎医学全书·内经诠释》，山西科学技术出版社，2014年，第531页。
③ 任家强、徐瑞军、郭秀芬：《脑血管病新治》，中医古籍出版社，2012年，第240页。
④ 解建国：《疑难顽怪病论治》，上海科学技术出版社，2005年，第306页。
⑤ 张艳艳：《先秦儒道身体观与其美学意义考察》，上海古籍出版社，2007年，第1页。

之元神。五脏对应着精神魂魄志，分别就是元神的不同变化体现。而精对神的关系即精为阴而神为阳，魄对魂来说则魄为阴而魂为阳。根据阴阳转换原理，魂随神而魄与精同时出现。

（四）人体体质类型、病变与攻补论

吴门医家对体质差异进行专门研究，发挥《黄帝内经》基本思想，侧重于从临床辨证去观察、从体质与疾病关系上来分析，提出了科学的体质类型论和体质病变论。

1. 体质类型观

叶天士《临症指南医案》将常人体质分为木火体质、阴虚体质、阳虚体质、气虚体质、血虚体质、水土体质和正常体质等类型，认为体质的种种差异，与年龄、地域、饮食、劳欲、疾病等均有关系，并认为不同体质之人对不同病因有不同的易感性。其中，《临证指南医案》卷五《湿》中提出阴阳属性分类法。后来吴鞠通《温病条辨》将体质分为气壮质、痰湿质、瘀血质、湿热质等类型。徐大椿在《医学源流》卷上《病同人异论》中提出体质差异论，从身体的强弱、性质的阴阳和个体的地域性差异，以及性情、筋骨、肢体、年龄、饮食奉养、心境等方面进行论述。强调“天下有同此一病，而治此则效，治彼则不效，且不惟无效而反有大害者，何也？则以病同而人异也”。① 合而言之，先后天精气作为物质基础而构成了人体，但由于物质差异，导致体质不同。此后章楠以阴阳表现的盛旺、虚弱作为分类标准，将体质分为阳旺阴虚、阴阳俱盛、阴盛阳虚和阴阳两弱四类。《医门棒喝·人身阴阳体用论》说：“人之体质，或偏于阴，或偏于阳，原非一定，岂可谓之常乎？”提出后天环境对体质有很大影响，辨别体质时应“知天时，知地理，识人生禀赋源流、风土气化变异”。指出“病因症状虽同，而察质强弱不同，则治法自殊，此所以一药可以治众病，一病又不可拘一药治之也”。② 这种“一药治众病，一病不拘一药”的观点，正是现代体质治疗学极为重视的异病同治和同病异治的道理。

2. 体质病变论

关于体质与疾病的关系，吴有性根据瘟疫病的发病特点、病变实质、传变规律、病变转归等，论述体质因素在瘟疫病发生、发展及转归中的作用。《瘟疫论·原病》提到四季变化异常多为疫病流行之因，指出：“邪之所着，有天受，有传染，所感虽殊，其病则一。凡人口矣一之气，通乎天气，本气充满，邪不易入，昔有三人，冒雾早行，空腹者死，饮酒者病，饱食者不病，疫邪所着，又何异耶？”③ 体质好坏既决定瘟疫的发生与否，又与病后是否出现传变以及传变于何脏腑经络密切相关。《瘟疫论·传变不常》中提出：“传导不常，皆因人而传。”戴思恭《推求师意·健忘》曰：“人生气禀不同，得气之清，则心之知觉者灵；得气之浊，则心之知觉者昏。”指出得气之清浊对人心智影响。刘完素也提出：“上善若水，下愚若火，此禀质使然。”④

3. 病同人异论

叶天士在《临证指南医案》中十分重视病患体质的不同，将体质辨别作为因人制宜的重要指导内容。他在《临证指南医案·呕吐》中指出凡论病，先论体质、形色、脉象，以病乃外加于身也。同一疾病在不同的机体中产生，由于体质的差异，其疾病的性质、证候、预后、转归等

① 前揭《医学源流论·病同人异论》，第 17 页。

② （清）章楠：《医门棒喝·人身阴阳体用论》，中国医药科技出版社，2011 年，第 23 页。

③ （清）吴有性：《瘟疫论》，《中国医学大成》第 13 册，上海科学技术出版社，1990 年，第 1 页。

④ （明）戴思恭：《推求师意·健忘》，江苏科学技术出版社，1984 年，第 8 页。

就必然有差异，注重饮食填补精气血和后天之本。提出“治病必先其本，当用和中养气之药”。和中养气者，调和中土养护胃气也。[①] 徐大椿《医学源流论·病同人异》曰：“天下有同此一病，而治此则效，治彼则不效，且不惟无效而反有大害者，何也？则以病同而人异也。夫七情六淫不感不殊，而受感之人各殊。或气体有强弱，质性有阴阳，生长有南北，性情有刚柔，筋骨有坚脆，肢体有劳逸，年力有老少，奉养有膏粱藜藿之殊，心境有忧劳和乐之别，更加天时有寒暖之不同，受病有深浅之各异。一概施治，则病情虽中，而于人之气体，迥乎相反，则利害亦相反矣！故医者心细审其人之种种不同，而后轻重缓急、大小先后之法，因之而定。”说明在同一病邪作用下，因人“气体迥乎相反”，故发病表现不一。

4. 体质攻补论

在体质差异与疾病治疗关系方面，周学海在《读医随笔》卷四《富贵贫贱攻补异宜其说有辨》中认为，应根据富贫之人不同的体质特点施行攻补，反对“富贵之病利用补，贫贱之人利用攻”说法，主张贫病宜补，富病宜攻。在他看来，富贵人体质多偏于“属气血之郁滞”，他们“安居厚奉，脏腑经络莫不痰涎胶固，气机凝滞，不能流通，故邪气据之而不得去者，非正气之不足，乃正气之不运也”，因此治疗时“宜重用攻散……若重之以补，是益之滞矣”。相反，贫贱之人的体质多属“荣虚卫散，经脉枯槁”，因而发病的证型多为“正气之不足”，治疗时应该扶助正气，“正气一充，其气机之流利，自能鼓舞驱邪”。[②]

吴门医派认为体质就是人体先天禀赋和后天的综合特性，其在生理表现上，不同体质具有特殊性，并随着生命过程不断变化。一般来说有幼年、青年、中年和老年四阶段。《瘟疫论·知一》云：“邪之着人，如饮酒然。凡人醉酒，脉必洪而数，气高身热，面目俱赤，乃其常也。及言其变，各有不同：有醉后妄言妄动，醒后全然不知者；有虽沉醉而神思终不乱者；醉后应面赤而反刮白者；应痿弱而反刚强者；应壮热而反恶寒战栗者；有易醉而易醒者；有难醉而难醒者；有发呵欠及嚏喷者；有头眩眼花及头痛者。因其气血虚实之不同，脏腑禀赋之各异，更兼过饮少饮之别，考其情状，各自不同，至论醉酒一也，及醒一时诸态如失。”[③] 充分说明体质因素在病变中的重要作用。

在体质养护方面，吴鞠通重视养阴。其《温病条辨·中焦篇》指出阴虚体质之人，用药“阳明温病，无上焦证，数日大便，当下之；若其人阴素虚，不可行承气者，增液汤主之”。[④]《温病条辨》卷首引用《金匮真言论》曰：“夫精者身之本也，故藏于精者，春不病温。”“盖热病未有不耗阴者，其耗之未尽则生，尽则阳无留恋，必脱而死也。”[⑤]

总而言之，吴门医派生命体质论的在继承以往体质论基础上，结合临床经验提出诸多创见，使体质论得到了丰富和发展。

四　死亡观及养生观的新发展

（一）提出五脏次第衰老论

吴门医派多位医家从不同角度对《内经》五脏衰老过程进行发挥，从而发展了对五脏衰老

① （清）叶天士：《临证指南医案》，华夏出版社，1995 年，第 27 页。

② （清）周学海：《读医随笔》卷四《血痹疟母合论》，中国中医药出版社，1995 年，第 145 页。

③ 前揭《瘟疫论》，《中国医学大成》第 13 册，第 24 页。

④ （清）吴鞠通：《温病条辨》卷二《中焦篇》，中国书店，1994 年，第 70 页。

⑤ 前揭《温病条辨》卷首，第 1 页。

时象规律的科学认识。徐大椿在其《医学源流论·元气存亡论》中说："四十以后，虽无嗜欲、劳苦、思虑，然而日减日消，此其故何欤……当其受生之时，已有定分焉。所谓定分者，元气也。"① 将衰老的根源归于元气衰少。从现存资料来看，多数吴门医家都支持衰老根本机理在于五脏虚损，由于五脏虚损而引起脏系的衰老变化。同时，五脏虚损而功能退化，还导致人体内实邪结聚，如痰浊、瘀血等，造成虚实夹杂的衰老时特点。但五脏虚损何为关键，即衰老起始何种脏器，存在不同说法。

一是脾虚致衰说。薛己认为："元气之充足，皆由脾胃之气无所伤，而后能滋养元气。若胃气之本弱，饮食自倍，则脾胃之气既伤，而元气亦不能充，而诸病之所由生也。"② 脾虚可导致水液运化无权，阻碍气机，导致衰老发生。脾虚也可以影响五脏而致衰老，因为脾气虚弱，气血生化无源或脾不统血，则血虚或血液妄行，导致心无所主或心血虚。与此相类的有衰老起于"阳明气血"说，"阳明"指脾胃也代表气血，只适用于女性。如薛雪《医经原旨》曰："女为阴体，不足于阳，故其衰也，自阳明始。阳明之脉行于面，循发际，故面焦发堕。"③

二是肺虚致衰说。吴门医派直接论述肺虚与衰老关系的文献是薛雪《医经原旨》。其言："通调水道，下输膀胱，水精四布，五经并行皆肺气之所宣布"，"肺气之衰旺，关乎寿命之短长，全恃肾水充足，不使虚火烁金，则长保清宁之体，而寿臻永固"。说明肺的衰与盛，与人的寿命直接相关，但这一机理仍然根源于肾精的盛衰。

三是肾虚致衰说。徐大椿《元气存亡论》曰："当其受生之时，已有定分焉。所谓定分者，元气也。"④ 元气为肾中精气，元气盛衰决定生命力发展的大小，说明肾中精气的重要作用。

吴门医派认为，人体衰老过程以十年为一段。薛雪《医经原旨》释《内经》以"十"为周期之原因曰："此十言者，言人生之全数。然则人之气数固有定期，而长短不齐者，有出于禀受，有因于人为，故惟智者不以人欲害其天真，以自然之道养自然之寿而善终其天年。"⑤ 康熙年间吴医周扬俊《金匮玉函经二注》曰："人生五十始衰，六十天癸竭，则已精少肾衰矣。"⑥

（二）提出死亡征兆论与死亡判定论

吴门医派认定人体死亡的征兆之一是"无胃气"。薛己云："人之一身，以脾胃为主。脾胃气实，则肺得其所养，肺气既盛，水自生焉；水升则火降，水火既济，而成天地交泰之令矣。脾胃一虚，四脏俱无生气"，即"胃为五脏之根本""胃乃生发之源，为人身之本"，"脉无胃气则死"。⑦

"无元气"是吴门医派认定人体死亡征兆之一。在《元气存亡论》中，徐大椿强调元气是生命的根本，元气生则人身生，元气长则人身长，元气消则人身消，元气亡则人身亡。认为"阴阳阖辟存乎于此，呼吸出入系乎于此"。⑧ 元气决定生命长短，"其有久暂之殊者，则薪之坚脆异质也。故终身无病者，待元气之自尽而死，此所谓终其天年者也"。同时"正气之蓄，即为元

---

① 前揭《医学源流论》卷上《元气存亡论》，第1页。
② （明）薛己：《明医杂著》，江苏科学技术出版社，1985年，第188页。
③ （清）薛雪：《医经原旨·藏象上第三》，上海中医学院出版社，1992年，第34页。
④ 前揭《医学源流论》卷上《元气存亡论》，第1页。
⑤ 前揭《医经原旨》，第19页。
⑥ （明）赵良仁撰，（清）周扬俊补注：《金匮玉函经二注》，人民卫生出版社，1990年，第44页。
⑦ 前揭《明医杂著》，第188页。
⑧ 前揭《医学源流论》卷上《元气存亡论》，第1页。

气”。元气滋润五脏，是脏腑工作的动力和源泉；而五脏盛衰由元气来决定。“盖元气脱，则五脏六腑皆无气矣”，“邪入于中，而精不能续，则元气无所附而伤矣”。①

此后吴门医派认定人体死亡征兆的还有“阴阳离决说”和“失神说”。阴阳离决指由于阴阳失调，此消彼长发展到一方消灭另一方、或一方损耗过度而致另一方失去依存，无法再继续保持阴阳两者互动。晚清吴门医家张聿青《阴阳离决精气乃绝论》曰：“盖闻阳为阴逼，不走即飞，阴遇阳消，非枯即槁，是以阴不交阳，阳不交阴，上下几如两截，枢机失政，精岂能独居乎。”②其判断原理是“阴盛则阳病，阳盛则阴病”。“失神”也是吴门医派的医家认定人体死亡的征兆之一。所谓神者，指人的理智、意识、思维、记忆等内在的精神活动和外在表现，即通常所说的七情五志。失神即丧魂落魄，神志不清。

为何要重视生命死亡判定，以及如何判定生命死亡？吴门医派认为这是涉及养生和疾病“预后”的大问题，所以很重要。③ 关键是以什么标准来判定人的死亡和死期？吴门医派继承并发展了《内经》中阴阳时日法、五行生克法、脉法、望形色法、脉症合参法等，提出综合预测病患的死亡标准。叶天士《景岳全书发挥》中有“死证专论”。薛雪《医经原旨》疾病类中有“死期专论”。徐大椿既肯定诊脉在判断病人死生中的重要性，又反对脉断决定论，指出脉象“徐和”有胃气，虽病势猛预后亦佳。

（三）提出迫生顺死论与死亡超越论

面对必然死亡及其恐惧，人类发明了各种安抚自己心灵的方法，吴门医派主张以淡漠态度和顺死方法去超越死亡。叶天士赞同《内经》“尽其天年，度百岁岁乃去”观点，认为“寿”是指自然衰老而逝，“夭”是指因各种原因早衰而亡。具体分析致人夭亡的要素，叶天士提出“天刑”“地杀”“人祸”三种原因。寒暑不时，灾荒荐至，疫疠相染，为天然之因，称为“天刑”；地理失利，旱潦无方，水火突至，系“地杀”之因；争斗残杀，相谋暗客，刀兵屠戮，为“人祸”之由。凡此三者，理当避之，若不可抵抗，也应坦然对待。死亡是自然的安排，智者当顺其自然，置生死于度外，反对“迫生”，追求“顺生”和“不知悦生，不知恶死”的“顺死”境界。④

（四）药膳、食疗与食养之道

吴门医派食养之道，强调“药食同源”和“寓医于食”，认为许多食材既可以当作食物日常食用，又可作为药物用于治疗疾病。早在明代嘉靖年间，吴门医派吴禄在其食疗本草著作《食品集》中收入 351 种日常生活中常见之食物，分“谷部”（41 种）、“果部”（58 种）、“菜部”（95 种）、“兽部”（33 种）、“禽部”（28 种）、“虫鱼部”（61 种）和“水部”（35 种）七大类，并按照“正名（别称）→性味→主治→宜忌→作法→功效”格式记录。⑤ 清代长洲医家龙柏著《脉药联珠食物考》8 卷，约成书于乾隆六十年（1795 年）。全书分为《脉药联珠》《古方考》《药性考》《食物考》四部分，其中《脉药联珠》合《古方考》3 卷、《药性考》4 卷、《食物

① 前揭《徐灵胎医学全书・医贯贬》卷上，第 167 页。

② （清）张聿青：《张聿青医案》卷二〇，人民卫生出版社，2006 年。

③ “预后”是指预测疾病的可能病程和结局。包括判断疾病康复，症状和并发症及死亡等。

④ 前揭《景岳全书发挥》，第 9 页。

⑤ 史献浩：《〈食品集〉考辩》，《南京中医药大学学报》2014 年第 2 期。

考》1卷。取二十八脉之浮、沉、迟、数为纲，先言脉理，因脉言症，因症治药，复对药食之性味、归经、功能、主治一一分考。该书将非人常食之物，如甘草、黄芪、人参等类概归《药性考》，将生民常食之品，如蔬、谷、果、肴之类，俱归《食物考》，以示区别，不致杂乱，并通过眉批、注解等方式补充使用方法及经验。《药性考》分草、藤、木、水、土、金、石、禽、兽、鳞、介、虫、人、服器、造酿十五部，《食物考》分诸水、诸火、五谷、造食、油、造酿、蔬菜、百果、茶、禽、畜、兽、鳞、介、盐十五部。药食别名分别附于各书目录药名下，正文以四言歌诀形式简述药食之性味、归经、功能、主治，歌诀后附简注，阐明用法、形态、品种等，歌诀上以眉批形式标明药用部位、炮制、产地等内容。① 其所含食养理论如下。

一是食疗为先。食疗等同于食治，借食物药用以治疗疾病。吴门医派“食疗”是指单用食物或混用药食进行康复和治疗疾病的方法。强调药食同源，认为食物与药物来源相同，食物性味和药物一样，均具有寒热温凉四性，辛甘酸苦咸五味，在功能上共同有温清补泻作。因此食性选取与用药之法相同。人生病时，应先用食疗的方法，当食疗无效时，再考虑使用药物，这才是治疗疾病的重要法则。

二是调味药膳。药膳应调和五味后方可食之。一般来说，人在生病时会出现消化减弱、食欲下降的情况，这就需要味觉刺激。而如果把药物与饮食混合起来，应该加上一些佐料调味，并适当地烹调，这样制成的既有药效，又鲜美可口的饮食，对于“皆厌于药而喜于食”的病人来说才是一种比较容易接受的方式。另外，病人和老年人虽然脾胃虚弱，但面对美食羹的诱惑，有时会像是小孩子一样任性，所以在进行食疗时，要特别关注食物的口感，以便提高病人、老人的进食兴趣，确保药效。

三是饮食宜忌。吴门医派食疗药膳理论，主要通过食养之道，以达到平衡营养和养生保健之目的。吴门医派食养之道要求根据各不同年龄阶段，结合当地当时气候环境，配合合适的膳食，就是相宜的饮食；反之任何食物都有可能对人体会产生不良影响。饮食相宜原则包括：饮食与自然气候相宜，对人体体质状况相宜；饮食对疾病的影响相宜，以及食物与食物配伍相宜等。与体质不适，有的时候需相忌。食物的相忌中，所谓的“忌”是指某一食物食人后对人体产生不良的影响，在饮食中需加禁忌。食物对人体产生不良影响的因素包括了：食物与人体的体质不相符合；食物与自然的季节气候不相符合；食物与食物配合不当等。对于这些不相符合的食物加以禁食，称为“食忌”或“食禁”。

五　吴门医派生命观之理论渊源与建构途径

（一）温故知新与返本开新

从学术思想上看，吴门医派新生命观的思想来源，除了西方医学知识外，最重要的直接源头还是中医医经学派、易水学派、河间学派、伤寒学派和瘟病学派等。其中医经学派贯穿了整个吴门医派医学发展历程，易水学派、河间学派主要盛行于元明时期，伤寒学派在明清之际出现学术分野，产生了瘟病学派。

医经学派是致力于医经研究的吴门医学流派。众多医家以《内经》为本，引入《难经》和

① 魏晓光、吴兴全、崔为：《〈脉药联珠药性食物考〉学术探微》，《时珍国医国药》2015年第4期。

《中藏经》，形成近代意义上的医经学，其内容主要分中医基础理论和临证治疗两个方面。① 研究方向上有校订注释、分类研究、专题发挥等方面。② 吴门医派对于医经研究，虽然在思想继承上多出于私淑，但在研究方法上具有明显的传承脉络，其代表者有顾靖远、薛雪、徐大椿、郑道煌、陈景岐等人。顾靖远，字松园，号花洲，清长洲人，康熙时曾入太医院。著有《医要》《医镜》等书。③ 今存《医镜》16 卷，内容包括《灵素摘要》2 卷，《内景图解》1 卷、《脉法删繁》1 卷、《本草必用》2 卷、《症方发明》8 卷、《格言汇纂》2 卷。《内景图解》则将脏腑形态、解剖位置、十二经脉循行部位及络属脏腑等内容进行绘图，并予以注释．其注文简要通俗，将《内经》条文分为摄生、阴阳、脏象、气味、治则、病机、运气七大类。④

中医易水学派为金张元素所创，是以脏腑虚损病机及辨证为中心的学术流派。该派特别以阐发脾肾虚损为要，在脾胃内伤证治及肾命学说上多有建树。吴门医家之薛己、缪希雍、李中梓、葛应雷等人，继承并拓展了易水学派的学术思想，认为"脾胃不足为百病之始"，重点讨论脾肾及命门证治，以温养补虚为治疗之要。⑤ 特别是明代薛己提出人以胃气为后天之本，脾胃为人身根蒂，提倡治疗首先要滋养脾胃，以肾和命门为滋其化源，成为一代宗师。薛己认为"凡医者不理脾胃及养血安神，治标不治本，是不明正理也。"强调"人以脾胃为本，纳五谷，化精液"，"脾胃一虚，四脏俱无生气"，说明"胃为五脏之根本"。⑥ 薛已强调肾与脾相互影响，相互资生，互相促进，息息相关。肾主骨藏精生髓，寓真阴真阳为元气之根、先天之本，人身脏腑气血皆赖肾气之温煦，才得以长养发育生生不已；脾主运化水谷精微，须肾中阳气温煦方能生化无穷，而肾精亦有赖于水谷精微的不断补充与化生。缪希雍根据朱震亨"阳有余而阴不足"论，提出脾阴学说，补充了易水学派脾胃学说之不足，给以后医家科学启迪，如吴澄，叶桂等人在对脾阴的认识上多继承缪希雍，特别是叶桂在缪希雍的脾阴学说基础上，发展出了胃阴学说。⑦

（二）兼容并包与综合创新

明清之际，传教士带来西方医学知识，中医学者对当时所传入西方医学知识进行了认真研究和吸纳，形成中西会通医学。当时大量西方生命科学如血液学、解剖学、药理学等流入中国。如邓玉函、毕拱辰《泰西人身说概》，罗雅谷、龙华民《人身图说》，二者合成一部完整的西方近代解剖学著作。与维萨留斯《人体构造》比较可知，《泰西人身说概》和《人身图说》不但在内容上吸收了维萨留斯及其以后的解剖学新成果，而且在篇章结构、体例方面也有较大一致性，是维萨留斯体系的解剖学译著。

在吸纳域外学说和兼容国内各派学说的基础上，吴门医派进行综合创新，建构新的生命观体系。王宏翰为天主教徒，接受西医理论，以儒家性理之说与西医学互相印证，将西人水、风、火、土四行四元素说，拿来与中医元气阴阳五行学说加以汇通，被誉为中西汇通第一家。王宏翰从天人关系入手，检讨论生命的本原、形成、发展，以及人体肌体、腑脏等功能结构演变，试图

---

① 任应秋：《任应秋论医集》，人民军医出版社，2008 年，第 357 页。

② 前揭《任应秋论医集》，第 360 页。

③ 曹允源、李根源纂：《民国吴县志》，《中国地方志集成·江苏府县志辑》第 12 册，江苏古籍出版社，1991 年，第 507 页。

④ （清）顾松园：《顾松园医镜》上册，河南人民出版社，1961 年，第 123—153 页。

⑤ 王萌、李嘉钰：《易水学派的形成与发展》，《亚太传统医药》2016 年第 8 期。

⑥ 前揭《明医杂著》，第 188 页。

⑦ （明）缪希雍：《缪希雍医学全书》，中国中医药出版社，1999 年，第 779 页。

构建中西医兼容的人类身体学体系。他秉持天人合一思想，又接受南怀仁传来的西方新天文地理学说，构建《天文地体图》，创立“元神”“元质”说，成为当时新生命本原观。他汲取当时西方医学中胚胎学知识，提出命门胎生说，认为西方水、风、火、土“四行”和中国传统的“阴阳”“五行”学说相通，将日常所见之脏腑表象与“四行”理论予以辨证，以五脏分属“四行”“四液”，论说人身之所以具备火德之热和气德之湿的原理。

吴门医派新生命观构建有一个特殊发展过程，即从吴门向外吸收先进思想后，又由外向内反哺于吴门医学，这是一个请进来又走出去，内外互动的学术发展过程。如吴医吴有性著《瘟疫论》创瘟疫学,① 经整理成《广瘟疫论》,② 其学说又被吴门中周扬俊、陈耕道等人吸收。如温热学说的三焦辨证始于薛雪，用于治疗湿温，向外经吴瑭发挥成完善的三焦辨证体系，这一辨证方法又深深影响了后世吴门温病学家。

（三）在辨证验方临床实践与体悟体验结合中推陈出新

吴中伤寒学派与温病学派理论的形成，充分体现了吴门医派在辨证验方的诊治过程中，通过临床实践的体验体证和体悟，大胆探索，推陈出新，从而构建出自己的温病论与卫气营血观。伤寒学派以《伤寒论》为中心加以发挥，是阐发外感病辨证诊治规律和理论的中医流派。历代医家不断对伤寒病研究，以张仲景《伤寒论》成就最大。明代开始，伤寒学派因为研究方法不同又分出多个学派，即通俗伤寒学派，经典伤寒学派，辨证论证伤寒学派，错简重订伤寒学派和维护旧论伤寒学派。③ 吴门伤寒学派主要成集中出现在明清时期，有人怀疑温病学说，使“伤寒”与“温病”争论不断，双方理论才得以发展成熟。清初名医周扬俊把温、热、暑疫与伤寒加以区别，主寒温合论以指导临床治疗。认为伤寒仅在一时，温热暑疫，每发三季，为时既久，病者益多，并力主四者皆属热证，治疗应以寒凉为主。周扬俊继承方有执、喻昌错简重订思想，“以有热、无热，证阴病、阳病之大端”为主旨，以风寒为伤寒证治之重，并增添“火劫、戴结、结胸、痞病、合病、并病、痉病、湿病、暍病、暑证、痰病、宿食、动气、春温、夏热、疫病”等篇，补充了部分温热杂病之证治。④

元末王履在《医经溯回集》中区分出温病、热病与伤寒。明末缪希雍提出外感热病“邪气之入必从口鼻”这一新的感邪途径。至清代，叶桂、薛雪分别从温热、湿温角度阐发温热学说，吴瑭以三焦辨证为纲，阐发温热、湿热、瘟疫之论治。学术代表有吴有性的瘟疫学说，叶桂的温热学说和柳宝诒的伏气学说，是现代医学中治疗传染病的思想鼻祖。⑤ 薛雪是医经学派的重要人物，其著《湿热论》，首先指出湿热病病因多由“太阴内伤，湿饮停聚，客邪再至，内外相引”所致。对于湿与热两种致病因素，薛雪注重于“湿”，并认为湿热单独为病时，病情较为轻缓，湿热合病则病情急重。薛雪三焦辨证论治湿热病的方法，经过吴瑭的发挥与完善，成为温病论治

① 吴有性于崇祯十五年撰《瘟疫论》，据《四库全书总目》，《瘟疫论》二卷，补遗一卷，有清初刻本和四库全书本等。上卷载文50篇，阐述瘟疫之病因、病机、证候、治疗，重点论述瘟疫与伤寒之别；下卷载文36篇，论述瘟疫之兼证并讨论瘟疫名实和疫疠证治。

② 戴天章《广瘟疫论》成书于清康熙十四年，在吴又可《瘟疫论》基础上增订删改，辨析瘟疫与伤寒之异，分别论述二者表里证候，总结汗、下、清、和、补5种治法。

③ 范永升主编：《浙江中医学术流派》，中国中医药出版社，2009年，第51页。

④ （清）周扬俊编、刘宏璧删补：《伤寒论三注》，《四库未收书辑刊》第4辑第25册，北京出版社，2000年。

⑤ 刘纳文：《〈瘟疫论〉学术思想探讨》，《辽宁中医学院学报》2003年第2期。

体系中重要的辨证论治方法。[①] 乾隆时期吴县缪遵义医名显赫，《清史稿》将其与叶桂、薛雪并称为“吴中三家”。其《温热朗照》认为温病轻证亦“由肾脏之所伏而发”，需用辛通之药，佐以益阴滋肺之品；在湿温论治中，主张用分消之法，“先扶中气，使中气徐领其表里，而上下尽消”。强调湿温不可用汗法，发汗可使湿、温二邪混合而伤中气形成死证。

余论

中医生命观与西医生命观研究，当本着“各美其美”和“美美与共”的原则相互观照。中国古代“生命”亦称“性命”，“性命双修”是中医学的理想追求，与西医所说的“生命”有不同的旨归。中西医思维方式在生命哲学和生命科学上存在着巨大差异。西医遵循古希腊哲学“原子论”传统，凡事都要从物质实体上去分析，以寻找事物最小单位“物质实体”和“物质结构”为目的。中医遵循“元气论”传统，认为事物的本原是“气”，“气”首先是一种“关系实在”，是物质、能量、信息等因素多维一体的“关系结构”。这种差异根本上就是中西医生命观的不同。西医思维方式是还原论思维，中医思维方式是系统论思维，由此决定了两者对生命本体论、发生论、发生机制论和发展动力源泉论都有不同认识。如中医认为“经络”是气的通道，只能用“元气论”诠释，若用“原子论”来研究，去寻找“经络”的物质实体和物质结构，就难以实现。按照中国传统思维方式，“结构”不一定都是“物质结构”，可能更多的是“关系结构”；“物质”不一定都是“物质实体”而更可能是“关系实体”。作为一个关系结构和关系实体，“经络”不是某种已知的物质结构如神经、血管、肌肉等，而可能是神经、血管、肌肉、体液等众多物质关系组合，“关系实体”显示整体结构功能。通过对中医历史文献中生命理论的整理研究，可以从中发现一些生命哲学与生命科学发展线索，以此来还原生命认识的历史进程，推动生命本质认识的深入。

正如中医大家张景岳所说：“医药者，性命之赞育也。然而其义深，其旨博，故不有出人之智，不足以造达微妙；不有执中之明，不足以辨正毫厘。使能明医理之纲目，则治平之道如斯而已；能明医理之得失，则兴亡之机如斯而已；能明医理之缓急，则战守之法如斯而已；能明医理之趋舍，则出处之义如斯而已。洞理气于胸中，则变化可以指计；运阴阳于掌上，则隔垣可以目窥。修身心于至诚，实儒家之自治；洗业障于持戒，诚释道之自医。身心人己，理通于一。明于此者，必明于彼；善乎彼者，必善于斯。故曰：必有真人，而后有真知；必有真知，而后有真医。医之为道。岂易言哉?”[②]

中医现代化应该借鉴现代西方生命观，同时也要考虑到其自身生命观的历史传承和价值特点，要用辩证的变化的眼光去认识近代中医生命观，不断深入挖掘其科学内涵。只有这样，才有可能跨越中西医生命理论之间的鸿沟。

（余同元：苏州大学社会学院教授）

① 郑齐：《薛雪诊治四时温病特点探析》，《中国中医基础医学杂志》2015 年第 3 期。

② （明）张景岳：《张景岳医学全书》，中国中医药出版社，1999 年，第 890 页。

略论《国朝列卿纪》编纂
——兼谈雷礼的经世思想

杜　望

内容提要：雷礼编纂的《国朝列卿纪》，是明代一部颇具代表性的人物传记史书。全书以明代官职设置、沿革为框架，以职官年表为主线，以官员生平事迹为内容，年表与行实相结合，体例严谨、详略得当、内容全备。作者在编纂时大量参考传记史书、笔记小说和文集，对史料采择、加工、处理游刃有余。雷礼以经世思想为指导，在书中表达了对官制的思考和对人才的渴求，通过生动的叙事和鲜明的对比寓于褒贬，以达到"明劝惩"之目的。

关键词：《国朝列卿纪》　雷礼　体例　史源　经世思想

雷礼（1505—1581年），字必进，号古和，江西丰城人，嘉靖十一年（1532年）进士，历任浙江提学副使、南京太仆寺少卿、顺天府尹，官至工部尚书。雷礼一生著述颇丰，①《国朝列卿纪》（以下简称《列卿纪》）是其最具代表性、卷帙最宏的一部作品。② 作为洪武至嘉靖时期的重要人物传记，《列卿纪》自刊刻后即引起史家广泛关注，成为后世诸多史书之史源。③ 近代以来，学界对《列卿纪》引用虽多，但专门进行研究的却十分有限。④《列卿纪》在体例上有所创新、在史料处理和叙事上独具特色，其编纂方法和编纂思想值得我们探讨。笔者不揣卑陋，从考察《列卿纪》编纂出发，探究雷礼的经世思想。

---

① 除《国朝列卿纪》外，雷礼流传至今的著作还有《皇明大政纪》《国朝列卿年表》《（嘉靖）真定府志》《南京太仆寺志》《镡墟堂摘稿》《仪制司郎中松溪戚府君墓志行实》《国朝进士列卿年表》和《督学奏稿》。

② 关于《列卿纪》的版本，现今保存完整的仅万历徐鉴刻本，所有影印本皆据此底本。台北成文出版社最早影印出版《列卿纪》；此后，《列卿纪》被收入《元明史料丛编》《明代传记丛刊》《四库全书存目》和《续修四库全书》，由台北文海出版社有限公司、明文书局、齐鲁书社和上海古籍出版社相继影印出版。几个影印本间存在细微差异，本文所引均据《续修四库全书》本。

③ 《明史》《国榷》《国朝献徵录》《本朝分省人物考》《皇明史概》等书的编纂均参考过《列卿纪》，见杜望《雷礼〈国朝列卿纪〉初探》，《史学史研究》2017年第1期，第117页。

④ 最早介绍《列卿纪》的是《四库全书总目》，其后李慈铭《越缦堂读书记》及《梁方仲读书札记》也对《列卿纪》进行过简要介绍。此外，胡迎建《雷礼与〈国朝列卿纪〉》对《列卿纪》作了初步研究，参见雷正良主编《雷礼与"样式雷"建筑文化——纪念雷礼诞辰500周年学术研讨会论文集》，中央广播电视大学出版社，2010年，第148—151页；前揭《雷礼〈国朝列卿纪〉初探》主要考察了《列卿纪》的史料价值及不足，第113—121页。

一　编纂体例

《列卿纪》以明代官职设置、沿革为框架，以职官年表为主线，以官员生平事迹为内容，所收人物以是否担任过作者所划定部门的相应官职为标准。所涉官职机构有：中书省、弘文馆、内阁、詹事府、翰林院、六部、都察院、通政司、大理寺、太常寺、四夷馆、顺天府、应天府、光禄寺、太仆寺、鸿胪寺、国子监、尚宝司及各地总督、巡抚、都御史。因此，《列卿纪》虽为人物传记，实以部门机构为轴心展开。

同一部门的排序上，以迁都为界，先国初、次北京、最后南京，分卷叙述。以刑部为例，卷五五是“国初刑部尚书”，卷五六是“刑部尚书”，卷五七是“南京刑部尚书”，卷五八是“国初刑部左右侍郎”，卷五九是“刑部左右侍郎”，卷六〇是“南京刑部左右侍郎”。一些部门由于历任官员多或需详细立传的人多，也不拘卷次，如户部、礼部、兵部尚书行实均有2卷，《吏部尚书行实》有3卷，①《内阁行实》更多达5卷。②同一职官可分多卷叙述，但一卷内最多只有一个职官的年表和行实，内容再少也会独立成卷。③至于地方总督、巡抚、都御史，因设立时间不一、情况各异，在尚未形成定制前由皇帝直接指派，虽不属于正式地方官，却履行相应职责，作者认为有必要将“敕使抚臣并列”，④以地域为标准，“奉敕有事兹土者，另列于首云”。⑤

国初、北京、南京的划分排列方法贯穿《列卿纪》始终，但由于具体部门情况不同，也有不少例外：丞相、平章政事、参知政事等国初即废，只有国初部分；詹事府在南京“不设官”，⑥只有国初、北京部分；四夷馆因设立较晚，又仅有北京一处，书中卷一三七“四夷馆卿”即特指北京。

（一）序和总论

每个部门在卷首都有作者的序，部分卷次还会有“总论”。⑦序论说明纂写缘由，对该职官的历史沿革、职能、品级和意义进行系统阐述。有时还会细数这一职任的代表人物，有富于才干、清正廉洁者，也有勾结内侍、投机钻营者，以达到“鉴得失、明惩劝”的目的，并与后面的年表、行实相呼应，不至脱节。

（二）年表

序言后是《列卿年表》，年表人物以任职先后作为排序依据，包括得到任命却未到任的，如“吴

---

① （明）雷礼：《国朝列卿纪》卷二四至二六，《续修四库全书》第522册，上海古籍出版社，2002年影印本，第378—439页。

② 《国朝列卿纪》卷九至一三，《续修四库全书》第522册，第102—252页。

③ 如卷一五五“国初鸿胪寺卿”仅有700余字，作者并未因字数少而与其他职官合为一卷，《续修四库全书》第524册，第345—346页。

④ 《国朝列卿纪》卷一〇五《总督军务巡抚浙江序》，《续修四库全书》第523册，第683页。

⑤ 《国朝列卿纪》卷一〇三《巡抚江西等处地方》，《续修四库全书》第523册，第651页。

⑥ 《国朝列卿纪》卷一四《詹事府叙》，《续修四库全书》第522册，第253页。

⑦ 如《列卿纪》卷九《内阁总论》、卷一〇《三杨总论》、卷一九《翰苑总论》、卷二三《国初吏部尚书总论》、卷二四《吏部尚书总论》、卷三二《户部尚书总论》等。

自新……未任，升河南巡抚”。① 年表会简要说明“未任”原因，如《吏部尚书年表》杨旦“未任致仕”，②《礼部尚书年表》周经“未任卒”、罗钦顺“未任丁忧”，黄绾“未任闲住”，③ 还有未任便遭劾免甚至下狱的。④ 一个人如果前后两次担任同一官职，年表也会列出，如《殿阁大学士年表》两次出现杨廷和：“杨廷和，四川新都人，进士。正德二年由户部尚书入阁，历少师兼太子太师、吏部尚书、华盖殿大学士，正德十年丁忧……杨廷和，见前。正德十二年再起原官，进太傅，辞。嘉靖二年致仕，寻削籍。”⑤ 杨廷和的经历在年表中虽被分为两段，但前后衔接起来依然完整。行实顺序与年表相对应，但同一职官中每个官员的行实只会出现一次，位置以第一次任职时间为准。

年表不用“旁行斜上之体”，⑥ 所叙亦十分简略，一般只列姓名、籍贯、出身、任职时间等基本情况。名臣会介绍更多，如字号、历任官职、致仕时间、卒年、虚衔、谥号等，如“汪广洋，直隶高邮人，元末举儒士，洪武三年拜右丞相，封忠勤伯，四年升左丞相，六年谪广东参政，历左御史大夫，十年复拜右丞相，十三年谪海南，自缢”。⑦ 年表是《列卿纪》的特色之一，不仅已独立成书，⑧ 还为后人研究官制沿革、考证职官年表提供了直观资料。⑨

（三）行实

行实结构与年表大体雷同，但内容更详尽，包括官员的基本情况，生平事迹，性格特点，科举、仕宦历程，致仕后的生活，生平著作等方面。钱茂伟先生认为：“将年表与行实结合起来写明史，是雷礼体例上的一大贡献。”⑩ 行实末尾，作者对人物作出评价，或引用他书补充说明，两者在《列卿纪》中交互使用、并行不悖。按王燕的说法，行实分两种，“各叙中有行实茂著者，表为列传”，⑪ 其他则称“事纪”。⑫ 故行实篇幅相差很大，长者如王守仁传达 1.4 万余字，短者二三十字，几乎与年表无异，如“王之垣，字汝式，山东新城人。嘉靖壬戌进士，隆庆五年由太仆寺少卿任，万历元年升大理寺右少卿”。⑬ 但只要年表有的人物，必有对应行实。⑭ 有

---

① 《国朝列卿纪》卷一三二《太常寺卿年表》，《续修四库全书》第 524 册，第 205 页。

② 《国朝列卿记》卷二四，《续修四库全书》第 522 册，第 377 页。

③ 《国朝列卿记》卷四〇，《续修四库全书》第 522 册，第 632 页。

④ 《国朝列卿记》卷九九《总督南京粮储侍郎都御史年表》，沈教“未任劾免”，章焕“未任下狱”，《续修四库全书》第 523 册，第 587 页。

⑤ 《国朝列卿纪》卷九《殿阁大学士年表》，《续修四库全书》第 522 册，第 99—100 页。

⑥ （清）永瑢等：《四库全书总目》卷五一，中华书局，1965 年影印本，第 466 页。

⑦ 《国朝列卿纪》卷一《中书省左右丞相年表》，《续修四库全书》第 522 册，第 23 页。

⑧ （明）雷礼：《国朝列卿年表》，《元明史料丛编》，文海出版社有限公司，1988 年影印本。

⑨ 《明代职官年表》在编写中即参考了《列卿纪》，张德信《明代职官年表·例言》，黄山书社，2009 年，第 7 页。笔者通过比照《列卿年表》和《明代职官年表》，发现《明代职官年表》存在疏漏，如正德十六年（1521 年）石珤任吏部尚书，《实录》也有同样记载，但《明代职官年表》失载。《明武宗实录》卷二，正德十六年五月癸丑，台北“中研院”史语所，1962 年影印本。

⑩ 钱茂伟：《明代史学的历程》，社会科学文献出版社，2003 年，第 254 页。

⑪ 《国朝列卿纪·凡例》，《续修四库全书》第 522 册，第 12 页。

⑫ 王燕：《王世贞史学研究——兼论明代中后期的私人修史》，苏州大学硕士学位论文，2003 年，第 60 页。

⑬ 《国朝列卿纪》卷一五六《鸿胪寺卿行实》，《续修四库全书》第 524 册，第 350 页。

⑭ 年表有而行实缺的情况也存在，如卷四三缺杨冀安、黄魁的行实；卷一〇三缺夏时正的行实，但这种情况属极少数。此外，雷礼子雷濙、雷瀛，侄雷暎，孙雷条、雷谷，曾孙雷文炯在其去世后将《列卿纪》年表时限延至万历初年，却未对行实做相应补充，故现存刻本中年表时限往往长于行实。

些人历任多个官职，在一处详写，他处再有涉及，只一笔带过。如《殿阁大学士行实》已有夏言传,①《礼部尚书行实》对夏言的介绍就十分简单：“夏言，字公谨，江西贵溪人，正德丁丑进士。嘉靖十年任，十六年入阁。详内阁。”② 同一卷中作类似处理的还有桂萼、严嵩等，这样既保证了体例严谨、内容全面，又避免了无谓重复。

二　史料采择和处理

《列卿纪》涉及官员多达数千，部分官员行实为雷礼亲撰,③ 但所占比例实微乎其微。官员行实主要由作者搜集资料整合而成，因此考辨《列卿纪》史源就成为判断其史料可信度的重要途径之一。

《列卿纪》征引文献的方式主要有两种，一是注明参考文献，二是注明参考文献的作者。根据其明确征引的史料看,④《列卿纪》史料采择对象既有前人所撰各类史书，也不乏文集、奏疏、笔记、方志、碑刻等，其中以传记史书、野史笔记、文集所占比例最大。下面就《列卿纪》史料采择及处理作分类介绍。

（一）人物传记

《列卿纪》属明代成书较早的传记史书，编纂时可供参考的同类史书比较有限。（表 1）

表 1　《国朝列卿记》引用传记类史书摘录⑤

引用书目	作者	出现卷次	备注	出现频次
《吾学编》	郑晓	1、9、10、23、42		5
《国琛集》	唐枢	1、12、26、34、50、117、159		7
《词林记》	廖道南	5、7、15、19、39、41、158、159	《殿阁词林记》	18
《殿学记》		7、9、10、11、12、42	《殿阁词林记》	18
《殿阁记》		7	《殿阁词林记》	1
《阁学记》		9、10、11	《殿阁词林记》	15
《畜德录》	陈沂	9、24、27、30、32、107		6

① 《国朝列卿纪》卷一三《殿阁大学士行实》,《续修四库全书》第 522 册，第 234—238 页。

② 《国朝列卿纪》卷四一《礼部尚书行实》,《续修四库全书》第 522 册，第 656 页。

③ 如雷礼文集《镡墟堂摘稿》中张治、许讃、孙燧等人的传记，经作者压缩、整理呈现在《列卿记》中。

④ 明人不重考据,《列卿纪》所注史源不能涵盖其参考文献的全部。

⑤ 表中“引用书目”一栏，为《列卿纪》书中所用文献称谓，备注为笔者注原文献全称。《吾学编》虽为《列卿纪》史源，但雷礼在编纂时可能并未参考《吾学编》。因《列卿纪》明确引用《吾学编》几处末尾均注有“增”（卷一、九、一〇、二三、四二,《续修四库全书》第 522 册，第 29、107、136、364、670 页)，此标注为雷礼后人在辑补中“间有它见可参互观者不能尽记，略采入一二”，为示不同，“其末注一‘增’字”(《国朝列卿纪·凡例》,《续修四库全书》第 522 册，第 11 页)。故摘自《吾学编》的史料非雷礼初纂所引，乃其后人增补所致。

续表

引用书目	作者	出现卷次	备注	出现频次
《名臣录》	徐咸	10、159	《皇明名臣言行录》	2
《言行录》		48	《皇明名臣言行录》	1
《琬琰录》	徐纮	33	《皇明名臣琬琰录》	2
《献实》	袁袠	40、63	《皇明献实》	2

这类史书虽数量不多，但因内容相似，故引用范围广、频次高。如书中明确征引《殿阁词林记》（以下简称《词林记》）就达50余次，许多传记都参考了《词林记》，甚至全篇照搬。以吴伯宗行实为例（表2）：

表2　《殿阁词林记》与《国朝列卿纪》吴伯宗行实对比

《殿阁词林记·武英殿大学士吴伯宗》	《国朝列卿纪·吴伯宗》
吴伯宗，名柘，以字行，抚州金溪人。父仪元乡贡进士，伯宗生而岐嶷，十岁通举子业，识者奇之，叹曰：此儿玉光剑气，终不可掩。洪武庚戌乡试、辛亥廷试俱第一。是时初议开科取士，命国子祭酒魏观、博士孙吾与修撰王僎为读卷官，高皇帝亲制策问略曰：古者敷奏以言，明试以功，汉之贤良、宋之制举，得人为盛。今特延子大夫于廷，不知古帝王敬天勤民，其道何繇？伯宗条对称旨，上擢为第一，赐袍笏冠服，授承直郎、礼部员外郎，命与学士宋讷等同修日历。时丞相胡惟庸专横，伯宗性刚直不屈，惟庸衔之。八年坐贬凤阳，伯宗上疏论时政，因指斥胡惟庸罪状，不宜独任以政，恐滋久为国大蠹，辞甚切直。上览其奏即召还，赐袭衣、钞锭，奉使安南，获驯象方物以归献之，改国子助教。十二年进讲东宫，首陈正心诚意之学，皇太子嘉纳。明年改典籍御试，以十题命赋诗，伯宗援笔立就，风格峻绝，上大称赏，赐织金锦衣。十四年迁太常丞，不拜。十五年又以为国子司业，又不拜，忤旨贬陕西金县教谕，行至淮，召还以为检讨，拜武英殿大学士。十六年冬至，弟仲晏为三河令，荐举不以实，坐是复降检讨。卒。 伯宗为人温厚贞谅而不苟婞婀，故屡获罪。所著有《南宫集》《使交集》《成均玉堂》诸稿。 廖道南曰：乔林之枝，风折之残，当衢之兰，物践之伤。若伯宗者，以忤惟庸竟坐贬斥，其直气劲操，屡折不回，说者以为开科第一人，名德俱称，非耶？ 赞曰：矫矫烈士，大廷之魁，侃侃直节君子之才，积忤权臣乃遭奇祸，人亦有言，义不可过，历数往哲，如君几人？谁其继之，一峰罗伦。①	吴伯宗，名祏，以字行，江西抚州府金溪人。父仪元乡贡进士，伯宗生而岐嶷，十岁通举子业，识者奇之，叹曰：此儿玉光剑气，终不可掩。洪武庚戌乡试、辛亥廷试俱第一。是时初议开科取士，命国子祭酒魏观、博士孙吾与修撰王僎为读卷官，高皇帝亲制策问略曰：古者敷奏以言，明试以功，汉之贤良，宋之制举，得人为盛。今特延子大夫于廷，不知古帝王敬天勤民，其道何繇？伯宗条对称旨，上擢为第一，赐袍笏冠服，授承直郎、礼部员外郎，命与学士宋讷等同修日历。时丞相胡惟庸专横，伯宗性刚直不屈，惟庸衔之。八年坐贬凤阳，伯宗上疏论时政，因指斥胡惟庸罪状，不宜独任以政，恐滋久为国大蠹，辞甚切直。上览其奏即召还，赐袭衣、钞锭，奉使安南，获驯象方物以归献之，改国子助教。十二年进讲东宫，首陈正心诚意之学，皇太子嘉纳。明年改典籍御试，以十题命赋诗，伯宗援笔立就，风格峻整，上大称赏，赐织金锦衣。十四年迁太常丞，不拜。十五年又以为国子司业，又不拜，忤旨贬陕西金县教谕，行至淮，召还以为检讨，拜武英殿大学士。十六年冬至，弟仲宴为三河令，荐举不以实，坐是复降检讨，卒。 伯宗为人温厚贞谅而不苟婞婀，故屡获罪。所著有《南宫集》《使交集》《成均玉堂》诸稿。 《词林记》云：乔木之枝，风折之残，当衢之兰，物践之伤。若伯宗者，以忤惟庸竟坐贬斥，其直气劲操，屡折不回，说者以为开科第一人，名德俱称，非耶？②

① （明）廖道南：《殿阁词林记》卷一，《景印文渊阁四库全书》第452册，台湾商务印书馆，1986年影印本，第124页。

② 《国朝列卿纪》卷七《开国侍臣殿阁大学士行实》，《续修四库全书》第522册，第76页。

此外，李东阳、张瑛、陈山、刘仲质、危素等人的行实，也是以《词林记》为蓝本加工而成。笔者以《词林记》为例，看作者对传记类史料的处理方法。

1. 删改。为符合《列卿纪》叙述结构，对原文进行删改。最常见的是将《词林记》中“廖道南曰”换成“《词林记》曰”（或《殿学记》《殿阁记》《阁学记》曰），①将《词林记》“赞曰”部分去掉。

2. 考辨。发现《词林记》记载问题时，及时勘误。如在刘仲质行实后，对《词林记》载“时有邵质亦为大学士”质疑：“《词林记》误作邵质，不知即刘仲质云。”②

3. 增补。对《词林记》记载不周详处加以增补，使同一个人的传记在《列卿纪》中更为完善。以危素行实为例，《词林记》载：

> 时值甘露降，宋濂为颂，上问素：“此何征也？”素曰：“王者爱养耆老则甘露降，而松柏受之……今甘露降于松，是陛下养老所致也……”三年四月，命素及胡铉、睢稼、王大中俱为弘文馆学士。③

《列卿纪》首先明确“甘露降”一事发生在洪武二年“冬十月”，并增加此事后，危素“寻坐失朝免”，至三年（1370年）四月又“起原官”。④考《明史》和《实录》有相同记载，⑤可知《列卿纪》史料补充的可信性。

（二）笔记小说

《列卿纪》成书于万历初年，虽说此时私人修史浪潮刚刚开始，但笔记小说资料已十分丰富，《列卿纪》对这类史料的引用也占了相当大比重。（表3）

表3　《国朝列卿纪》引用明人笔记小说摘录

文献名称	作者	引用频次	文献名称	作者	引用频次
《謇斋琐缀录》	尹直	19	《县笥琐探》	刘昌	2
《野记》	祝允明	18	《治世余闻》	陈洪谟	2
《天顺日录》	李贤	18	《孔门传道录》	张朝瑞	2
《菽园杂记》	陆容	15	《燕对录》	李东阳	2

① 《国朝列卿纪》卷五《弘文馆学士行实》、卷七《开国侍臣殿阁大学士行实》、卷九《内阁大学士行实》，《续修四库全书》第522册，第70、78、108页。

② 前揭《殿阁词林记》卷一《华盖殿大学士刘仲质》，第125页；《国朝列卿纪》卷七《开国侍臣殿阁大学士行实》，《续修四库全书》第522册，第76页。关于邵质与刘仲质是否是同一人，滕新才《明朝第一任华盖殿大学士考辨》（《宜春师专学报》1995年第1期，第64—65页），否定了《明史》和《实录》有关邵质记载的真实性，但仍肯定邵质其人的真实存在，因其资料非常欠缺，结论比较模糊。故雷礼的论断也有一定道理。

③ 前揭《殿阁词林记》卷六《弘文馆学士危素》，第226页。

④ 《国朝列卿纪》卷五《弘文馆学士行实》，《续修四库全书》第522册，第70页。

⑤ “甘露降”一事见《明太祖实录》卷四六，洪武二年十月甲戌；“坐失朝”一事见《明史》卷二八五《文苑一》，中华书局，1974年，第7315页；复官事见《明太祖实录》卷五一，洪武三年四月癸酉。

续表

文献名称	作者	引用频次	文献名称	作者	引用频次
《水东日记》	叶盛	10	《损斋备忘录》	梅纯	2
《双溪杂记》	王琼	8	《三朝圣谕录》	杨士奇	1
《守溪笔记》	王鏊	8	《青溪暇笔》	姚福	1
《典故纪闻》	余继登	7	《庚巳编》	陆粲	1
《寓圃杂记》	王锜	6	《西征石城记》	马文升	1
《今言》	郑晓	6	《余冬序录》	何孟春	1
《弇州外史》	王世贞	5	《近峰闻略》	皇甫录	1
《立斋闲录》	宋端仪	5	《复斋日记》	许浩	1
《两湖麈谈录》	许浩	4	《制府杂录》	杨一清	1
《余冬录》	何孟春	3	《革除录》	宋端仪	1
《可斋杂记》	彭时	3	《弇山堂别集》	王世贞	1
《遵闻录》	梁亿	2	《石田杂记》	沈周	1

史家对杂史笔记的评价可谓毁誉参半，以《四库全书总目》为例，该书认为《野记》“多委巷之谈……可信者百中无一云”，①《天顺日录》对景帝“毁诋颇为失实”。② 但即便如此，仍无法否认其价值：《謇斋琐缀录》“多明代掌故，于内阁尤详”，③《水东日记》“取长弃短，固未尝不可资考证也”。④ 然而“明人在对此类文献大加贬低之时，却又非常自觉地加以利用”，⑤《列卿纪》引野史笔记多用于人物评价和对传者轶事的补充，不影响传记主体。如刘吉行实后引《治世余闻》：“刘阁老吉，博野人，屡干清议，言官论之，辄得温旨，人谓之绵花，以其愈弹愈好也。”⑥ 王翱行实后引《守溪笔记》：

> 王翱高迈孤峭，人不敢干以私，镇守辽东还朝，馈遗一无所受。某太监者与同事久，持明珠数颗，馈之固辞。某曰：“公于他人之馈皆不受，我之馈亦不受，吾有死而已！”公不得已受之，乃自缀于衣领间，卧起自随，虽其妻不知也。居数年，太监死，其犹子以贫不敢见，公使人召之曰：“何不买第宅？”曰：“贫不能也。”公曰：“第买之。”其人讶，不肯买。公乃解其珠，出之衣领间，与之。直可千金，第尚有余云。⑦

虽是小事，却充分反映了王翱正直、善良、廉洁的品质，对人物形象有画龙点睛的作用。

---

① 前揭《四库全书总目》卷一四三，第1219页。
② 前揭《四库全书总目》卷五三，第476页。
③ 前揭《四库全书总目》卷一四三，第1218页。
④ 前揭《四库全书总目》卷一四一，第1204页。
⑤ 展龙：《焦竑〈献征录〉征引文献考》，《图书馆杂志》2007年第3期，第71页。
⑥ 《国朝列卿纪》卷一一《内阁行实》，《续修四库全书》第522册，第182页。
⑦ 《国朝列卿纪》卷二四《吏部尚书行实》，《续修四库全书》第522册，第388页。

（三）文集资料

明人文集众多，所存人物资料亦十分可观，故文集也是《列卿纪》的重要史料来源。（表4）

表4　　《国朝列卿纪》引用文集摘录①

作者	文集	篇目	传主	卷次
宋濂	《文宪集》卷二	《明敕赐银青荣禄大夫上柱国中书平章军国重事兼太子少保鄂国常公神道碑铭》	常遇春	二
杨士奇	《东里文集》卷一七	《前朝列大夫交址布政司右参议解公墓碣铭》	解缙	九
	《东里续集》卷二三	《东莱黄公训子书后》	黄福	三四
程敏政	《篁墩文集》卷四〇	《光禄大夫柱国少保吏部尚书兼华盖殿大学士赠特进光禄大夫左柱国太师谥文达李公行状》	李贤	一一
	《篁墩文集》卷二九	《丘先生文集序》	丘濬	一一
岳正	《类博稿》卷八	《自赞小像》	岳正	一一
李东阳	《怀麓堂集》卷七一	《蒙泉公补传》	岳正	一一
	《怀麓堂集》卷八九	《明故通议大夫吏部左侍郎兼翰林院学士掌詹事府事张公墓志铭》	张元祯	一六
	《怀麓堂集》卷四一	《书耿氏家藏公牍后》	耿裕	二五
	《怀麓堂集》卷四三	《明故资善大夫南京礼部尚书致仕进阶荣禄大夫谥文僖黎公先生行状》	黎淳	四二
徐溥	《谦斋文录》	《故特进光禄大夫柱国少师兼太子太师吏部尚书华盖殿大学士致仕赠太师谥文穆刘公神道碑铭》	刘吉	一一
蔡清	《虚斋集》卷五	《祭邱国老文》	丘濬	一一
何乔新	《椒邱文集》卷三〇	《赠特进左柱国太傅谥文庄丘公墓志铭》	丘濬	一一
崔铣	《洹词》卷五	《记王忠肃公翱三事》	王翱	二四
	《洹词》卷七	《太子少保吏部尚书赠太子太保谥襄毅许公神道碑》	许进	二五
	《洹词》卷一二	《赠刘大理赴召序》	刘璟	五六
	《洹词》卷一二	《吴尚书传》	吴廷举	六三

① 表中“卷次”，指在《列卿纪》中出现的卷次。

续表

作者	文集	篇目	传主	卷次
王鏊	《震泽集》卷三〇	《匏庵家藏集序》	吴宽	一六
	《震泽集》卷二九	《太子太保、吏部尚书、赠特进光禄大夫、左柱国太师谥端毅王公墓志铭》	王恕	二五
	《震泽集》卷二五	《故太子少保、吏部尚书赠荣禄大夫、少保谥文毅倪公行状》	倪岳	二五
姚夔	《姚文敏公遗稿》卷九	《明故太子太保、吏部尚书、赠特进光禄大夫、太保谥忠肃王公行状》	王翱	二四
储巏	《柴墟文集》卷六	《寿介庵王先生九十叙》	王恕	二五
	《柴墟文集》卷一一	《书章恭懿公传后》	章纶	四五
吴宽	《家藏集》卷五九	《倪文毅公家传》	倪岳	二五
	《家藏集》卷四四	《送太子太保户部尚书周公致仕诗序》	周经	三二
邵宝	《容春堂前集》卷一五	《东山公前传》	刘大夏	四八
	《容春堂前集》卷二〇	《谒于肃愍墓文》	章纶	四五
丘濬	《重编琼台稿》卷二〇	《余肃敏公传》	余子俊	四七
吴廷举	《刘忠宣公遗集》	《书忠宣公寿藏记后》	刘大夏	四八
霍韬	《平番始末》	《平番始末》引	许进	四八
杨廉	《杨文恪公文集》卷二二	《见素林先生西蜀奏议序》	林俊	五六
彭韶	《彭惠安集》卷一〇	《国子监祭酒文毅李公赞》	李时勉	一五九

由表4可看出，《列卿纪》对文集的引用，以传记、行状、墓志、神道碑为主，也有序、跋、赞、奏议等。前者经作者加工、处理成为人物传记，与征引传记史书的方法相似；后者多用于补充人物轶事，所起作用又与笔记小说相同。需要特别说明的是作者对奏疏史料的处理方法。

奏疏可反映时政，更能体现奏议人思想，许多明臣以善谏闻名。如刘健传全篇收录其《论初政纷更疏》和《再具自劾疏》,[①] 充分体现出刘健“学问深粹，正色敢言”的特点。[②] 有些奏疏篇幅较长，完整引用难免喧宾夺主，作者会将原文裁剪、压缩后置于行实中，如彭时《灾异

① （明）陈子龙等：《明经世文编》卷五三，中华书局，1962年影印本，第410—414页。

② 《明史》卷一八一《刘健传》，第4810页。

陈言疏》、[①] 杨继盛《请诛贼臣疏》,[②] 既不影响全文结构，又可体现奏疏主旨。更有简略如李贤《上中兴正本疏》,[③] 原文近5000字，《列卿纪》将其归纳为“勤圣学、顾箴警、戒嗜欲、绝玩好、慎举措、崇节俭、畏天变、抑贵近、振士风、结民心”10个方面,[④] 可谓重点突出，言简意赅。

《列卿纪》还会引用传主的书，如杨士奇传引《三朝圣谕录》、[⑤] 岳正传引《类博稿》。[⑥] 部分征引虽非传主所写，实与传主关系匪浅，如丘濬传引程敏政《丘先生文集序》、刘大夏传引吴廷举《书忠宣公寿藏记后》等。文集作者与传主多是好友或同僚关系，记载较为可信。由于文集材料相对零散，收集难度大，可见雷礼在资料搜集方面所下功夫非同一般。

（四）官修史书、方志

谢贵安先生认为，《明实录》大规模流传始于万历十六年（1588年）重抄实录的过程中。[⑦] 雷礼任职于嘉靖、隆庆时期，仅个别权臣如严嵩、徐阶有实录抄本,[⑧] 雷礼应该看不到。故《列卿纪》较少取材于官方史书，明确提到的官修史书有《大明一统志》《大诰》《漕志》《监志》。《大诰》是对法律条文的援引，《漕志》和《监志》对应何书，笔者尚无定论。从内容上看，《漕志》事关漕运；《监志》所载，多为国子监相关规定。

《列卿纪》卷九九至一三〇是关于地方总督、巡抚、都御史的内容，作者为此搜集了许多方志资料，如《（正德）姑苏志》《（正德）松江府志》《虔台志》，其中《虔台志》有关南赣地区的记载，更是他书所无。书中还征引了《淮安志》《滁志》等，明显也是方志，但今已不可考。

作者在编纂《列卿纪》时广搜博取，参考传记史书、官修史书和方志史料保证史源可信度；引用笔记小说作为补充和点缀，突出人物特点；对文集的征引则两者兼而有之。《列卿纪》主体内容虽非雷礼所写，但作者对史料的采择、加工、处理游刃有余，使《列卿纪》的编纂自成一体，浑然天成，无混编和杂糅的痕迹。

三　叙事特点

作者在编纂时希望通过平实的叙述、生动的对话吸引读者，并采用鲜明的对比明确褒贬，以达到“明劝惩”之目的。

（一）语言生动，多用对话

雷礼文笔活泼，擅长细节描写，如《少师许文简传》：

---

① 前揭《明经世文编》卷四八，第373—374页。

② （明）杨继盛：《杨忠愍公集》卷一，《景印文渊阁四库全书》第1278册，第621—629页。

③ 前揭《明经世文编》卷三六，第271—277页。

④ 《国朝列卿纪》卷一一《内阁行实》，《续修四库全书》第522册，第162页。

⑤ 《国朝列卿纪》卷九《内阁大学士行实》，《续修四库全书》第522册，第118页。

⑥ 《国朝列卿纪》卷一一《内阁行实》，《续修四库全书》第522册，第175页。

⑦ 谢贵安：《明实录研究》，湖北人民出版社，2003年，第44页。

⑧ 前揭《明代史学的历程》，第253页。

(许讃，笔者注) 补大名府推官，廉介挺特，狱多平反，有恶少夜杀人，取其首去，遗其刀于途。比晓刘姓者负薪售诸市，拾遗刀置薪中，逻者见刀有血，执以告，不胜拷掠，遂诬服。公独疑之曰：“岂有手刃人而不秘其形迹者乎?”乃遍榜城市曰：“刘其杀人已服罪矣，有能得死首者征重赏。”未几，一人于枯柳杏中得死首以献，公曰：“杀人者，汝也!”其人色变，即吐因争奸谋杀之，负薪者获释。①

一桩案件从发生到侦破、平冤，充分体现出许讃的聪敏决断。雷礼将这种叙事风格延续到《列卿纪》中：

(英宗) 因问 (李) 贤迎复事，贤曰：“当时亦有要臣，臣不敢从。”上怪问：“何也?”贤曰：“天位乃陛下所固有，若景泰不起，群臣表请复位，名正言顺，何至以夺门为功?‘夺’之一字，何以示后? 此辈实贪富贵，非为社稷计……”上竦然大悟。②

时徐有贞、石亨、曹吉祥等策划“夺门之变”，杀于谦的理由是：“非此则今日之举为无名!”③ 在李贤看来，皇位本为英宗所有，根本不存在“夺门”一说，李贤的正直睿智借此勾画出来。

《列卿纪》还不乏一些口语化内容，如王翱父亲曾教诲他：“庄家勤苦有饭吃，秀才勤苦有官做。”④ 再如徐有贞更名后想补祭酒之缺，于谦向代宗请示，“上谕于谦曰：‘徐有贞虽有词华，然存心奸邪，岂堪为祭酒? 若从汝用之，将使后生秀才皆被他教坏了心术!’于谦无所对，惟叩头谢而已。有贞不得知，遂衔于谦”。⑤ 类似记述使人物形象跃然纸上，令人忍俊不禁。

从作者采择史料时参考众多笔记小说、文集补充人物轶事和评论，亦可看出作者旨在通过轻松活泼的叙事和鲜活的人物描写，使全书内容更具可读性，也更易为读者接受。

(二) 加强对比，寓于褒贬

《列卿纪》中传主事迹相对独立，但卷首序论会对历任官员进行比较，如《兵部总论》：

若永乐以来，若于肃愍、王庄毅当己巳之变，一则身系安危，而社稷再造；一则正色立朝，而权奸寝折，与夫程襄毅之讨平山、都掌蛮，项襄毅之荡定石城荆襄，余肃敏之建立榆林屯戍，马端肃之经略辽左、哈密，刘忠宣之清理军伍宿弊，许襄毅之恢复西陲旧城，可谓岳屹雷击，不愧邦政之寄矣。其余如方宾之纳赃自污，徐晞之狐媚，王振、陈汝言之阶梯，曹石、陈钺之稽首，汪直、刘宇、曹元之党附逆瑾，类割军士膏脂，以宠债帅、启边衅，讵押豚臑，拒貙牙已哉! 君子观于此，则知所以劝惩矣。⑥

---

① 雷礼：《镡墟堂摘稿》卷一二，《续修四库全书》第1342册，第338页。
② 前揭《国朝列卿纪》卷一一《内阁行实》，《续修四库全书》第522册，第164页。
③ 前揭《国朝列卿纪》卷十《内阁大学士行实》，《续修四库全书》第522册，第156页。
④ 前揭《国朝列卿纪》卷二四《吏部尚书行实》，《续修四库全书》第522册，第385页。
⑤ 前揭《国朝列卿纪》卷十《内阁大学士行实》，《续修四库全书》第522册，第155页。
⑥ 前揭《国朝列卿纪》卷四七《兵部总论》，《续修四库全书》第522册，第747页。

作者抓住每个人的特点，突出其优劣，对比鲜明，高下立判。《列卿纪》评价人物不吝褒扬之词，如认为胡广“博学经史百氏……用志性命道德之旨，为文援笔立就，顷刻千百言”，① 金幼孜“为人简易，沉默温裕”。② 但有时措辞亦十分刻薄，如称刘宇“有智术，善炫风”，③ 曹元“为人卑琐柔佞，突梯滑稽，素无善状”。④ 作者通过对比明确褒贬，使人观之而明“劝惩”。

四 由《列卿纪》看雷礼的经世思想

雷礼为官的嘉、隆时期，明朝已由盛转衰。面对现实，作者无力改变，只有通过著书“鉴已往之得失，知所以劝惩”。⑤ 明后期是传统史学经世思想大发展时期，随着社会危机深化，越来越多带有鲜明经世色彩的史学著作出现，形成一股经世史学思潮。⑥ 雷礼作为经世大潮中的一员，曾在《吾学编序》中表达过对“立言”而“无补于世用”的不满，⑦ 其经世思想更是贯穿《列卿纪》始终。作者在整理人物传记、追述官制沿革的同时，希望通过历史反映现实，对将来有所助益，所谓“后之视今，犹今之视昔也”。⑧ 作为以职官为主线的人物传记，作者的关注点主要在“官制”和“官员”两方面。

（一）对官制的思考

每个部门前的序论，多是作者根据前人研究、结合自身思考写成，充分反映出作者的思想。

1. 追溯沿革，世代因循

论述部门机构职能和演变是序言的主要内容，作者对官制沿革的考证亦十分精当，以监察部门为例：

> 若御史所居之署，汉曰“御史府”，亦曰“御史大夫寺”，亦曰“宪台”。后汉曰“御史台”，亦曰“兰台寺”。魏、晋、宋、齐皆曰“兰台”。梁、陈、后魏、北齐皆曰“南台”，隋复曰“御史台”。唐初因之……太极元年废右台，仍复御史台。其属有三院：一曰台院侍御史隶焉，二曰殿院殿中侍御史隶焉，三曰察院监察御史隶焉。沿及朱元，相应不改。⑨

官制沿革不仅存在于序言，年表和行实中也有涉及。如“总督南京粮储侍郎都御史”一职几经存废，杨宜和章焕两人任职时间间隔较长，作者在两者之间补充道：“以后裁革，都御史南

① 前揭《国朝列卿纪》卷九《内阁大学士行实》，《续修四库全书》第522册，第108页。
② 前揭《国朝列卿纪》卷十《内阁大学士行实》，《续修四库全书》第522册，第132页。
③ 前揭《国朝列卿纪》卷一二《内阁行实》，《续修四库全书》第522册，第208页。
④ 同上书，第210页。
⑤ 《国朝列卿纪引》，《续修四库全书》第522册，第11页。
⑥ 向燕南：《中国史学史思想通史·明代卷》，黄山书社，2002年，第184—185页。
⑦ （明）雷礼：《吾学编序》，《四库禁毁书丛刊》第45册，北京出版社，1997年影印本，第2页。
⑧ 《国朝列卿纪》卷二四《吏部尚书行实》，《续修四库全书》第522册，第376页。
⑨ 《国朝列卿纪》卷六九《都察院序》，《续修四库全书》第523册，第352页。

京户部右侍郎兼理，至三十九年复设。”并于年表末尾说明：“隆庆四年裁革，仍属南户部。”①山西巡抚曾两度裁革，不仅年表中有，行实里也有明确体现：

马昂……天顺元年以左都御史巡抚山西大同，本年同院，详户部尚书。
本年裁革
李侃……成化二年以都察院左佥都御史巡抚，七年致仕。
雷复……成化七年升礼部右侍郎，八年改右副都御史任，十年卒于官。
本年复革
秦纮……成化十七年以左佥都御史巡抚宣府，兼理山西，详户部尚书。②

将官制沿革穿插于年表和行实中，较之序言更具体，给人的印象也更深刻。

对机构职能的论述和官制沿革的考证，体现出雷礼对于官制的横向延展和纵向梳理，可见其“练习掌故，著声一代”的扎实史学功底。③ 但他“追本沿革之由，使后之人知所以世守”，④ 仍是为了泽被后世。

2. 指出问题，以期改进

雷礼前后为官30余年，足迹遍布北京、南京、福建、安徽、河北、浙江，先后在吏部、南京太仆寺、四夷馆、工部等处任职，⑤ 有丰富的阅历和为官经验。对于衙门存在的问题，作者会毫不留情地指出，以期改善。如他曾任顺天府尹一年多，对顺天府情形了如指掌：

应天以地居毂下，凭城社者，类横恣扼法，故假重职以弹压之。第年久法弛，事变丛生，一切征派和派之类，干拂中禁，出于绳限，部台往往以势下诿；而养望自全者，凛不敢诘，积为民蠹，求其挺节。⑥

作者有时也会提出解决办法。如光禄寺出现器用减少、有借无还的问题：

敕令俱用印信揭帖，明白开写件数……待用毕，六尚司务要点检，如数交付，尚膳监照原揭帖数点发出收领；若不如数，随即具奏挨寻，务见下落。或有失误、损坏，亦要明白交还，注销以凭稽考，敢有隐瞒，私用不发、出及不举奏者，一体治罪。⑦

时边境不宁，作者针对不同地方面临的具体问题，提出相应解决策略，突出官制中依据实际灵活多变的一面。如认为福建“僻在南服……端本澄源，补偏救弊，以潜折其奸萌”，⑧ 云南

① 《国朝列卿纪》卷九九《总督南京粮储侍郎都御史年表》，《续修四库全书》第523册，第587、588页。
② 《国朝列卿记》卷一二二《巡抚山西行实》，《续修四库全书》第524册，第89页。
③ （明）顾启元：《国朝列卿纪序》，《续修四库全书》第522册，第2页。
④ 《国朝列卿纪》卷一《中书省序》，《续修四库全书》第522册，第23页。
⑤ 章宏伟：《明代工部尚书雷礼生平考略》，郑欣淼、晋宏逵主编《中国紫禁城学会论文集》（第6辑下），紫禁城出版社，2007年，第824—855页。
⑥ 《国朝列卿纪》卷一三九《顺天府尹丞序》，《续修四库全书》第524册，第246页。
⑦ 《国朝列卿记》卷一四三《光禄寺序》，《续修四库全书》第524册，第277页。
⑧ 《国朝列卿纪》卷一〇六《提督军务巡抚福建序》，《续修四库全书》第523册，第689—690页。

“汉夷杂沓，无事则狃于偏安，有事则互为桀骜……欲安辑元元，永奠南陲”，关键在于“恩威兼济，沉机默化”。①类似记述，既体现了作者的治边思想，又反映出其所处时代边疆地区情况。使《列卿纪》内涵和外延超出传记本身，涉及时政的方方面面。

（二）对人才的渴求

尽管作者对部门机构的沿革、职能、缺陷都有独到见解，但机构设置再完善，若不能落实到具体官员，便难以发挥其真正作用。因此《列卿纪》尤其强调人才的重要性，不同部门官员应具备的品质也不同。如刑部，作者认为关键在于“惟良折狱”，②要选择“明习律令”、③善良正直的人断案。对于詹事府：“立国之本，崇德尚齿……是职者有愧名德，不有负于此官矣乎？”④作者多次强调“其要在于得人”，⑤认为用人看似容易，“欲求实才之用，不亦难哉”！⑥内阁自设立以来，“至于今百数十余年，三杨以后，文达中兴，然律诸圣贤，尚有遗论；由文达而下，可数也。呜呼！惟良其艰哉”！⑦可见作者求贤若渴的心情，这也是作者编纂《列卿纪》的出发点和最终归宿。

作为与郑晓齐名的明代著名史家，雷礼编纂史书的方法和思想值得我们深入研究。《列卿纪》体例严谨，颇具创新；史料来源丰富，可信度较高；作者在征引时删减繁复、补缺考证，综合参考多种史料，力求全备。从编纂的角度看，《列卿纪》是一部质量上乘的史学著作，有其独特的史料价值。但作者并不满足于编纂本身，而是将其经世思想贯穿始终，利用序论追溯沿革、抨击时政，反复强调人才的重要性，并通过生动叙事和鲜明对比臧否人物，从而达到“明劝惩”而有裨于世用的目的。

（杜望：故宫博物院在站博士后）

① 《国朝列卿记》卷一一五《巡抚云南赞理军务序》，《续修四库全书》第524册，第10页。
② 《国朝列卿纪》卷五六《刑部总论》，《续修四库全书》第523册，第135页。
③ 《国朝列卿纪》卷五五《国初刑部尚书总论》，《续修四库全书》第523册，第122页。
④ 《国朝列卿纪》卷一四《詹事府叙》，《续修四库全书》第522册，第253页。
⑤ 《国朝列卿纪》卷四六《兵部序》，《续修四库全书》第522册，第730页。
⑥ 《国朝列卿纪》卷一五九《国子监总论》，《续修四库全书》第524册，第369页。
⑦ 《国朝列卿纪》卷九《内阁总论》，《续修四库全书》第522册，第97页。

稀见清代东北流人文献述评

张玉兴

内容提要： 清初流人在开发东北方面曾发挥重要作用。笔者曾经加意搜求，爬梳剔抉，出版了《清代东北流人诗选注》一书，获得学界师友的肯定与赞誉。当时，虽知有些流人文士尚有著作存世，但却无从获得，其缺憾显然。不久前寻访流人文献，虽历经困惑，多遇挫折，然柳暗花明，终算有所收获。这里将自己陆续掌握的五部稀见清代东北流人著作：《张子晤蕉诗文选最》《沈子瘝业》《潘玉虎遗稿》《银州诗草》《古林智禅师语录》，略加评介，公诸同好。

关键词： 清代　东北流人　流人著作

清初流人在开发东北方面起了无与伦比的重要作用。其中流人文士在艰苦环境下，夺命治学，以汗水、泪水，乃至血水形成的诗文，更为开发、推动与繁荣东北做出了特殊贡献。然而因为在当年的险恶政治环境下，流人命运悲惨，流人文献多已湮没不彰，留存于世的可谓凤毛麟角。多少年来，人们为缅怀追溯流人先贤之业绩，发掘整理其著作、展示其风采，作了不懈的努力，取得了可观的成果。但未知者仍然不少，遗憾颇多。本人曾于 20 世纪 80 年代，经加意搜求，爬梳剔抉，于 1988 年出版了《清代东北流人诗选注》一书，共收得 50 余家、得诗 600 余首，奉献于世，获得了学界师友的肯定与赞誉。然而所收得的流人有独自完整的著作的仅是 19 位，其余皆是从各类著作中搜寻补缀而成，虽知有些流人文士尚有著作存世，但却无从获得，其缺憾显然，继续搜寻尚待时日。后因有其他科研任务，故未能再深入下去，此工程未能圆满蒇事，歉仄之情时藏于心而不能自已。退休多年来，对此一直思之念之，常常欲鼓余勇以求一逞。不久前，即退休已 20 年后，乃抖擞精神，重操旧业，寻访流人文献，虽历经困惑，多遇挫折，多有弯路，然柳暗花明，剔除其诸多无效之功，终算有所收获。尽管不多，且仍有不尽人意之处，但亦足以大慰平生，可谓夙愿得偿。这里需要特别提及的是，我获得了诸多好心人士，特别是真诚关注文化事业的人士的无私奉献与支持，这令我无比感激，深感人间古道仍存，好心、热心人多。在此，谨向为发展文化事业热忱奉献的朋友们，道一声衷心感谢！

这里将自己陆续掌握的五部稀见清代东北流人著作：《张子晤蕉诗文选最》《沈子瘝业》《潘玉虎遗稿》《银州诗草》《古林智禅师语录》，略加评介，公诸同好。

一　《张子晤蕉诗文选最》

《张子晤蕉诗文选最》1 册，不分卷，是张人刚的诗文选集，由何竑度编辑选定，于康熙癸未蒲月即康熙四十二年（1703 年）五月，由“寄云堂”刊行，现藏浙江台州市黄岩图书馆。书前有两序，首为何竑度题写，次为陈盛章题写。书名很特别，其内封与内里正文开头处所标示并

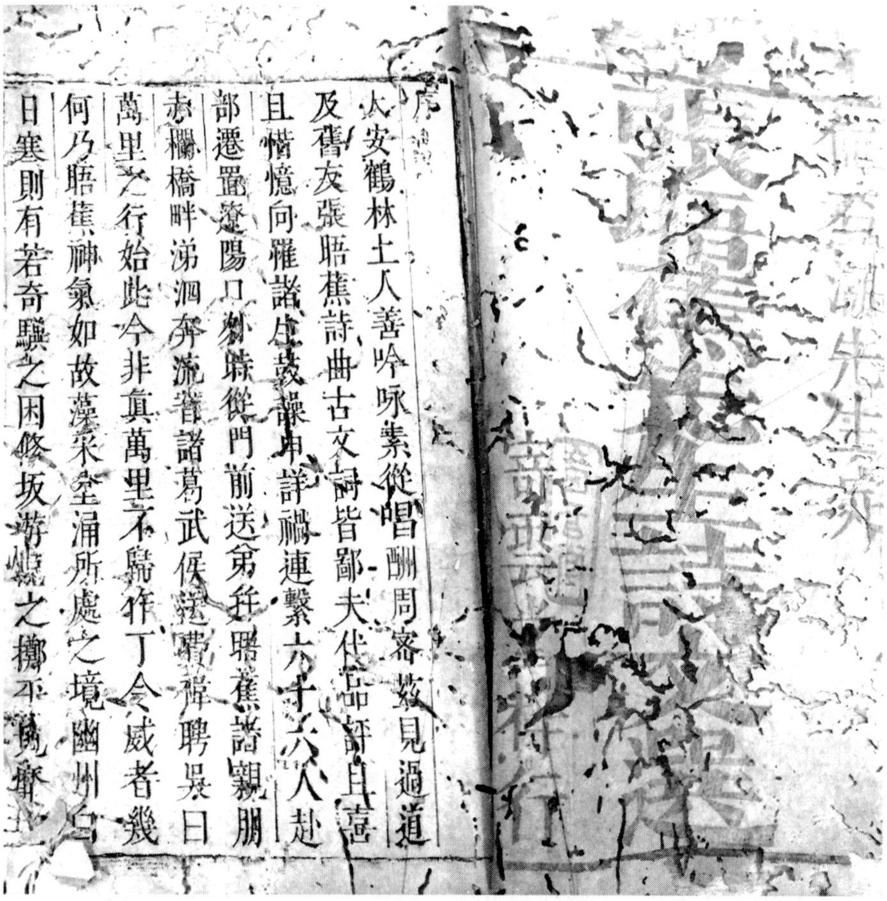
人安鶴林上人善吟咏素從唱酬周寄数見過道
及舊友張晤蕉詩曲古文詞皆鄙夫伐品評且喜
且憎憶向罹諸生哉課申詳禍連繫六十六人赴
部遷置遼陽口劉時從門前送弟兵晤蕉諸親朋
赤欄橋畔涕泗奔流眷諸葛武侯殽韜禪聘昊日
萬里之行始此今非真萬里不歸亦丁令威者幾
何乃晤蕉神氣如故藻采空湧所處之境幽州白
日寒則有若奇驥之困修坂游龍之擲平岡奮

图 1　《张子晤蕉诗文选最》

不一致，内封名《张晤蕉先生诗文选》，内里正文开始处展示的却是《张子晤蕉诗文选最》，而每页鱼口上则简称《张晤蕉诗文选》。因正文开篇处标有“何石湖先生定，安峰释圆松鹤林、梅溪友人陈盛章惕庵、世侄林学高二寒、后学沈晗公吉同阅”的字样，显见这种郑重其事的宣示，堪称版权页，故人们以此页所标之书名为准，即《张子晤蕉诗文选最》作为对外的正式书名。(图 1)

该书共收张人刚诗 103 首，包括“五言绝句”七题 10 首、“七言绝句”二十题 42 首、“五言律诗”十一题 13 首、“七言律诗”二十五题 31 首，“歌行”三题 3 首、“书帖后”1 篇及“偈”，“诗余”四题 4 首。此外为散文之作，共 28 篇，即“赞”1 篇、“杂说”12 篇、“妄想”1 篇、“巾山览古赋并序”1 篇，“陆舫记”“问居辞”“书”各 1 篇、“序”6 篇，最后有“杂文”4 篇：“风俗系乎人心”“再告友人林寒石文”“忏耳文”及“偶述所思当自志文”。全书卷末附“挽诗”1 卷，计收何竑度、陈盛章、陈开泰、潘振雷、章钟启、江上文、沈琦、林学高、沈唤、林学曾、林学闵、释圆松、赵南金，共 13 位人士追悼张人刚之诗作。

此书尽管是一部选集，但却画龙点睛般地展示了张人刚的个性，清楚形象地展示了他的思想风貌。据此书所载，可以清楚了解张人刚的生平事迹：

张人刚（1613—1695 年），字晤蕉，浙江临海人，诸生。设帐讲学，门徒甚多，勤于著述，以“淹贯通才”“学行兼优”著称。① 顺治十八年（辛丑，1661 年），因浙江抗粮案罹罪而遭流放，时年 49 岁，将年方 7 岁及 4 岁之二子，托付他人抚养，“家破人离”，乃与发妻一道至“如入魑魅之乡”的开原戍所服役，受尽苦楚。康熙七年（戊申，1668 年），清政府下令，改章京统辖之流人一律划归县衙管理为齐民，因其系诸生身份，“于是悉绝拘系之迹而得以自如”。十二年（癸丑，1673 年）正月，遇赦离开戍所，返回浙江，十五年（丙辰，1676 年）三月，方抵达故里，至此离开家乡已整整 16 年。此时其二子早已亡故，家产悉为“无良之族戚所攫取，而无一粒一丝之存余”，“乃投止于好友林寒石家”过活。② 二十二年（1683 年），71 岁时，患难之妻病故。人刚虽历经坎坷陷于困顿之中，但仍勤奋治学，著述不辍，卒年 83 岁。史料所载，其生平著述颇丰，有《集菌草》《兴会笔录》等，然皆已不见，现唯有其友好何竑度编辑的《张子唔蕉诗文选最》存世。

张人刚在开原戍所整整度过了 12 个年头，是浙江抗粮案罹难士人被流放到奉天戍所的 52 人中，最后仅存的 10 人之一，可谓完整经历了流放过程。他的《张子唔蕉诗文选最》，饱含深情，以亲身经历，真切如实地全面反映了流放生活，充分表达了内心的感受、企盼与见解，十分珍贵。其重要内容有以下几个方面。

（一）深沉揭露和反映了流放的苦痛，及强烈的思乡之情

其《病中闻雁》云：③

新凉时候抱新疴，万种伤心回避多。
不道长宵人苦醒，荒城城上雁声过。

《窗月》云：

斜月西流上土墙，满窗皓影白如霜。
可怜月色乡关似，人远乡关万里长。

这是困居戍所触物生情，遥望月色竟与乡关相似，足见对家乡思之殷切，抒发了乡关万里，长流不返的幽怨之情。而《思家乡红树二首》中之“可能万里寄西风”及“红树有情怜契阔，仍教烂漫待依归”等句，亦皆同于此义。是家乡风物令其无限怀念。其《七夕》云：

（其一）
牵牛七夕会黄姑，天上今宵事有无。
多少人间离别子，可怜何处觅填乌？
（其二）
都道今宵会女牛，畴知牛女此宵愁。
相逢有限无穷别，才得欢时别起头。

---

① （清）陈盛章：《张子唔蕉诗文选最序》。

② （清）张人刚：《偶述所思当自志文》，《张子唔蕉诗文选最》，康熙癸未寄云堂刻本。

③ 以下所引张人刚所著篇章，除另行标注者外，皆出自《张子唔蕉诗文选最》。

感时感事伤怀，流放之恨，愁云难散。而《欲修书寄乡友不觉涕之所至而成诗》诗云：

万里辞家春复春，七年漠北未归身。
几时孤子还生父，何日流人葬死亲？
长戍谁怜偕内子，腐儒奚罪等顽民。
生平知己犹如昔，肯遣秋鸿问远人。

这是流放7年抒怀，感叹自身的惨痛遭遇，对无辜罹罪而遭流放，抒发有亲不能送终安葬，有子不能亲自抚养的愤怨之情。所言孤子即诗人自己之二子，流放前曾将其托付于人代为抚养，流放后再难相见，时切于怀；而流放中父母双亲死去竟不得回归送葬。自己更是偕妻流放，历尽苦难。思之此便悲从中来，涕泪不止。可见这是以泪水书就的实情实感之诗，此足以动人心弦。当然，此刻诗人殊不知更悲惨的是实情却是：其二子竟然皆已死去。当其16年后，回归方得知，更可谓悲惨之极。

他虽然居于戍所十余年未动，并未仿效同难之友愤然逃离之举，似乎安之如素，然其内心却及不平静，其盼望回归之心极其强烈。其《病中人邀踏青》诗云：

（其一）
老妻调药进参苓，少友携樽邀踏青。
两样情怀均不恶，只争万里滞居停。
（其二）
寻芳何处是芳洲，兴到随缘即胜游。
眼看长天新草碧，动人云树正悠悠。

《寄亲友》诗云：

北徙黄沙路几千，眼眶时湿望南天。
云横远树家何在，雪满荒城人未还。
无夜不归蝴蝶梦，有秋辄羡雁鸿迁。
相逢有日知何日，须鬓先成十九年。

表达的皆是急切盼望回归之心态，展示了于戍所无时不思念着家乡的风物，无时不盼望着回归。推测回归相逢之日，可能得熬到如昔贤苏武滞留19年之后吧！尽管如此，他仍然对回归充满希望。

而《莫秋》五律一诗云：

（其一）
白雁残秋雨，黄花极塞风。
一天萧瑟况，万里惋凄衷。
归计年年待，乡书渐渐穷。

不堪搔首处，落日送归鸿。
（其二）
秋至平分后，萧萧白草多。
凉风窥荜户，落叶浸交河。
急杵催寒近，疏云带雨过。
难堪此时节，惨淡旅人過。

莫秋，即暮秋。此诗感时伤情，充满悲苦。愈是暮秋愈思归心切，愁肠百结，人与季节一样愈加难堪。足见其虽然身在戍所但对家乡思之深，爱之切，盼望回归的心情极其强烈。时时刻刻，念念不忘的是思归。这些皆真实反映了流人的普遍情感。

（二）抨击流放的罪恶及现实的黑暗

流放戍所凶险，吞噬了不少士人的生命，令人发指。其同难友之相继亡故，令其无限悲悼。他的痛挽难友之死的诗作，感人至深。其《哭于天士三首》诗云：

（其一）
忆昔同君出玉关，痛君今竟不生还。
白杨树底西风急，当有谁来挂剑环。
（其二）
一日从人闻讣真，见君遗稿泪沾巾。
米颠山水钟王草，画卷图书竟古人！

这是悼念同遭流放而死于戍所的诗人、画家兼书法家于天士之诗，流露更多的是几分惋惜与沉痛。从闻其讣而得确信，再见其遗稿而睹物思人，倍增悲恸而流泪不止！如此技艺高超的书画家，此刻遭遇流放竟成了古人，怎不能令人悲怆、痛惜！此情感真挚，动人心魄。

张人刚是颇有棱角的流放文人，他敢于揭露问题，展示黑暗的现实，说出内心的愤懑与企望，亦道出流人的心声，这是很难得的。其《挽友黄中华》一诗，通过抒发悲悼之情而直刺社会现实，而意味深长：

（其一）
昨日闻君客夜台，辽东丁令几时回。
北邙松柏添新冢，汉党冤魂何日灰？
（其二）
莫君一陌纸钱灰，为恐冥官亦爱财。
世界阴阳疑大抵，难教罗刹独怜才。

通过痛悼死于戍所的流放亡友黄中华，表达对冤案难消、流人遭遇悲惨的愤慨，这里看似嘲讽阴间“冥官”，实乃抨击现实社会之官员，他们皆是一类货色：皆属贪赃枉法、摧残人才之徒。表达了无所畏惧的态度，思想颇有深度。其实，上述吟咏皆展示了戍所险恶，不断吞噬人流人生命的事实，很有认识意义。

其七绝《感泪诗（并序）》云：

余被放十六载，归寓友人林寒石家。寒石与余固至交也。居年余，忽一日，出一残纸示余曰："此君昔日所留中秋诗句也，我尚藏之。"视之，果余笔也。噫夫，余诗安足藏哉！而寒石藏之者，非以余不当有再见之期，存诗所以存余迹耳。今不意又得亲向余而授之。呜呼，苟使余不归，今日检是诗当亦未免一声叹息。余因思归时，亲戚故旧，见而欷歔道故，喜形于色者固有之，至问其有收余之物如琴如书，欢然以归者无有也。至于子之托于人，产之留于戚者，皆化于乌有。又何有此数行之诗句哉？何寒石之不忍忘余乃尔也！感忆之下不觉言与泪出而成诗。

（三首之一）
万里投荒垂老归，家园非旧故人稀。
难君一纸诗犹在，无限伤心泪满衣。
（三首之二）
一生一死见交情，死别生还意外成。
诗句偶然何足惜，当于藏处验平生。
（三首之三）
朔漠归来事事穷，生儿竟化北邙风。
早教寄托归君手，岂独残诗出箧中？

以切身经历，一字一血地深深感叹被流放所造成的家破人亡之惨剧，实是控诉流放的罪恶。这里深深感慨了世态之炎凉，真诚友谊之可贵。而流放归家后，竟出现令人万分尴尬之事：当问到当年"其有收余之物如琴如书，欢然以归者无有也。至于子之托于人，产之留于戚者，皆化于乌有"！其情何以堪！其追悔、惋惜皆来不及了。然而面对此情此景只有深深的无奈。当然这种悲剧的出现，皆是当年那个是非颠倒、吃人却无处躲避、无处说理的荒唐社会所造成，这是人们难以预料，更难以改变的。此诗的认识价值就在于让人们认识这个曾经存在过的社会。

虽然遭遇悲惨、痛苦，但其心怀旷达，与朋友的情谊真挚、深厚。当然，同流放至奉天成所的52人中，前后竟有33人自行逃离而去。面对"西归"之友，张人刚并未引发惶恐亦未滋生艳羡，而是以平和甚至闲适之心态对待之。其《忆西归友》诗云：

西忆行人去路悠，计程应渡古瓜州。
莺花迎眼如新识，山水亲人认旧游。
午夜鸡摧残月店，春江潮送顺风舟。
乡关风景知依旧，回首辽东北斗修。

这是面对西归之友，想象其一路回归之情形，想念此时的家乡风物："莺花迎眼""山水亲人"，如新识、如旧游。而午夜鸡鸣、春潮送舟，更令人心驰神往。然而面对如此迷人的江南风光时刻，请你回首瞭望辽东的北斗，正闪耀修长，别是一番景象。可见其心情坦然，淡定对待发生的一切。

其《和沈瑞五寓怀旅雁》诗，更别有一番意境：

北雁西飞觅故乡，水云飘渺任商量。
三三两两闲闲度，正正斜斜款款将。
如意汀洲为宿帐，遨游湖海不赍粮。
江南九月青枫岸，正好芦花禾黍长。

此沈瑞五，乃沈存鲁即蔡础，是张人刚的挚友，他们同遭流放至开原，且于戍所共同度过十余年。真可谓同在羁旅，通遭流放，其命运相同，而心境亦相似者。他们面对苦难皆报以达观心态。此为和诗，以为回应。这里以“闲闲度”“款款将”的心情，将戍所当作“如意汀洲”，将流放作为一次“遨游湖海”，其心胸该书何等豁达宽广！

蔡础与张人刚一样，并非等闲之辈，其在戍所度过了十余个年头，但绝非逆来顺受，而是充满了激愤之情，他写出大量诗文，表达了胸中的愤懑。其《今受编》更是一部妙不可言之作，其中所收之诗文，将其心绪作了充分展示。张人刚得读喜甚，乃亲自作《沈瑞五〈今受编〉序》：

沈瑞五无辜被戍，作《今受编》，自拟前世必是秦始皇焚书点火差官，必是孟尝君食客之司厨饭头，必是阮嗣宗之痛哭穷途谬指迷路人，必是张公艺九世同居之代写分书客，故今受此无辜之厄，词极诙谐，意极悲楚，因为之序。

夫人之祸福休咎也，遭之莫不有数焉。数不可准而凭之以理，理不可问而以命安之。至于命当顺受，而又几乎不得其正，乃不得已而求之，因夫因以想当然耳。非若理数与命之一定而不可易……

余初读之辗然笑，既而瞿然省、爽然失，终乃为之泣数行下也。

始之辗然笑者，笑差官诸人果有报受……罚何必赊至今哉？

既而瞿然省、爽然失者，知前作后受，理有固然。沈子之言虽幻而实，真谑而非诞也。

终乃为之泣数行下者，盖悲作者之意总是自反自讼，索求罪过于无可索求之地……咸从无而求其或有，从枉而求其或真，横思直索。夫前作之因，除非是此几种人，苟非是几种人，夫何今受使我至于此极也！

文不可卖，字不堪煮。酒杯何处，饭碗凭人，故乡旧里思之如佛国、仙都，骨肉妻儿见之，止寝思梦境。何辜于天，我罪伊何而至此哉？是作是编之旨也。人之读是编者，勿谓谑谑之、极悲之，极也，勿谓诞诞之，甚痛之。甚也，诙谐而哭泣，嬉笑而怒骂也。忏悔之者怨咎之也。是真一句一啼，一字一泪也。若其设想措词，又于文拘诗律外，开一生面，惜不遇。若士文长辈，是又一大部传奇种子也。

这是极高评价蔡础所作《今受编》之思想含义，及对所遭无辜流放的愤激之情。无疑是以嬉笑怒骂，深刻抨击与控诉清统治者对士人的迫害。此序则是张人刚借题发挥之作，妙笔生花，酣畅淋漓之文。张、蔡二人可谓志同道合。

康熙十二年正月，同在戍所12年的张人刚和蔡础遇赦，放归故里，但蔡础还是先走一步，张人刚满怀喜悦，送别这位知己老友，其《送沈友瑞五西归四首》诗云：

（其一）
花放江南路，莺啼江浙船。

王孙归固晚，芳草正鲜艳。
(其二)
今日送君去，知己独无书。
君到即我到，何必双鲤鱼？
(其三)
相别春风里，相逢拟暑除。
有谁人问我，语此当家书。
(其四)
十二年同难，今朝喜送君。
长途无别嘱，珍重杏花村。

此诗道尽了遇赦回归的喜悦之情。作者自信随瑞五之后即当放还，并于暑除之时即初秋时分，于家乡重逢。如有人相问即以此回答。也确实如此，因人刚此刻已流放 12 年，种种迹象已令人有预感。实际上人刚与蔡础均于此年正月被放归，可谓脚前脚后。

这里所言“杏花村”者，乃酒之别名。这是嘱咐获释归乡的沈瑞五，君虽然幸运而归，但不要兴奋过度，饮酒要适可而止，以免伤身体。此诗展示了张人刚不戚戚于自身之不幸的旷达心怀。而且，他善于托物起兴，得出新见，更有高人一筹而别出胜意的非凡见解。

晤蕉诗还特别记录了被赦回归的喜悦。其《寓通州买舟南归》云：

旅寄傍高桅，春分冻始开。
晴风消岸雪，新雨洗城苔。
水涨南塘路，沙明曲巷隈。
客心欣买舫，舟子竞相催。

其《张家湾阻风夜泊》云：

月黑天风健，长江夜浪生。
村灯摇树影，人语杂乡声。
断岸迷昏径，高崖隐暮城。
同舟问乡曲，相与计归程。

极写夜泊不寐，细细观察到的村灯、树影、嘈杂却令人倍感亲切的乡音，乃至断岸处模糊的路径，高崖外暮色中隐约的城郭，而同舟相遇的老乡共叙家乡风物，共计返乡路程，正有无尽的兴致，而记录与写尽了还家的情形及喜悦。自是一首感人的好诗。

（三）借景生情，表达了深沉的感慨

写尽了地方景色、戍所风情，以诗证史。戍所处境给人刚不尽的烦恼，然久而久之戍地之山川风物亦给人刚深刻的印象。他细心观察，留下了历史的记忆。

《题开元城北帝庙古松》诗云：

幽植自何年，孤标古庙前。
断碑分瘦影，碧瓦冷苍烟。
翠湿黄龙月，清寒白雁天。
虬枝龙角老，应历几沧田。

开元即开原，元代设开元路，治所黄龙府，明代改元为原。帝庙当指开原城北之厉坛。在此，诗人面对残碑、残瓦及古松，写尽了断碑、碧瓦、翠湿、清寒的色彩，描绘了瘦影、苍烟、黄龙月、白雁天的景象，特别是如“虬枝龙角老”般的古松，展示了一幅凄美动人的画面，咏叹了沧桑变化，抒发了不尽的感慨。

《梅花石——即万花楼所遗存者，有梅花影在石上》诗云：

寒枝石上吐葩新，玉瓣鳞鳞不记春。
风扫尘开花欲动，雨滋苔湿色犹真。
香痕旧许邻高士，芳影曾传来美人。
当日歌楼红万蒂，祗今一片寄残茵。

咏叹的是昔日威震辽东、称雄一时的明宁远伯李成梁的台榭——胜甲一时的万花楼。它坐落于铁岭城东，早已倾圮无存，只剩下带有花纹之石，却引发无数流人墨客无限感慨。万花楼石梅，已成铁岭一景。一再被触动心弦，形成歌吟，而抒发了繁华易逝，满目凄凉的今昔之感。此诗亦然，其想象丰富，状景栩栩如生：“吐葩新”“不记春”“花欲动”，则别有韵味，其“香痕旧许”“芳影曾传”，更引发无尽遐想，而当年的红万蒂的歌楼，今日的一片残茵，更令人感伤。此诗堪称凭吊古迹之绝唱。

而五律《抚顺城有石矶，相传为管宁钓处》诗云：

不见挥金地，于兹有钓台。
幽踪堪俯仰，逸韵足徘徊。
君昔辞嚣至，侬今被放来。
寒流拳石在，相对吊苍苔。

咏叹历史，联系现实，“君昔辞嚣至，侬今被放来”，背景不同，心境复杂，抒发感慨与淡淡哀愁。其几首有关“纸梅”的七绝，别有韵味。《题纸梅花三首》云：

(其一)
六载投荒不识春，欲寻春色惜春贫。
强栽一树罗浮影，可有芳魂来美人。
(其二)
春花春到满支开，记得孤山处士隈。
此地寒葩何处有，林逋昨夜寄谁来?
(其三)
不见寒香无数春，一支何处折来新。

玉关那得春风度，疑是江南寄故人。

《又题赤岩上人纸梅二首》云：

（其一）
为爱寻闲叩远公，幽香供客有无中。
分明欲悟看花眼，衹要人知色即空。
（其二）
俨然玉瓣折来新，似借瓶花示晓人。
解得莫教饶舌问，世缘都是假成真。

纸梅即纸制的梅花，乃工艺品，当年僧人赤岩最擅长此艺，其作足可以假乱真。其实赤岩最为拿手，且当年最为风行的是制作纸鸢，即风筝。诗人咏道：流放到一片荒寒，绝无生趣之地，六年来已不认识春天模样，昏昏然，令人生趣索然。此刻忽见惟妙惟肖的梅花，足可令人眼前一亮，心情亦为之一振。更咏道："衹要人知色即空""世缘都是假成真"，又是由此及彼，浮想联翩，别有见解，得出深意，足见艺术品可起到提振精神的作用。此诗亦可见当年辽沈地区三大和尚之一的赤岩和尚，以制作风筝、假花等之技艺联系僧众，以传布佛法之情形。这里记录了一段真实历史，故此诗足有存史、证史的价值。

当然，晤蕉在戍所生活并非一片愁苦枯燥，而其中亦不乏乐趣。他的诗篇中还真实记录了与地方官员的交集与交游。《冬夜集何明府署中，月上闻钟，客纪以诗，强余次之》诗云：

客来彭泽署，樽设远公蔬。
话洽千愁汰，谈清万虑除。
疏钟填寂静，华月满空虚。
夜久寒生袂，扶头独枕书。

何明府即开原县令何金序，直隶昌平籍，江南丹徒县人，恩贡出身，他对流放诸文士特殊尊重，此其招饮纪实。人刚受邀心情格外欢愉，称到了如陶渊明的彭泽衙署，参加了谢灵运所设的筵宴，这是对何明府极尽推崇之词。参与如此宴会，言谈话语十分投机，而千般愁苦尽皆消退，万种忧虑一扫而光，神情为之一振。畅饮之中，欢乐尽兴，不觉夜久寒生，竟枕书瞌睡起来。这真实反映了当年流人生活的另一方面：文士受重视。

《初度日谢何明府见招》诗云：

白发生寒塞，今年益去年。
岁华知几十，愁绪有三千。
新月初冬夜，严风小雪天。
何堪琴署酒，惭饫使君筵。

咏叹开原何县令设家宴为自己庆贺生日，抒发感慨。"岁华知几十，愁绪有三千"的潦倒之时，竟蒙此款待，感动有加。上述诗篇，清楚反映了清初辽东地方官对流人文士的友善与关照。

这些吟咏，皆有存史、证史之作用。

（四）思想境界非凡，辨证认识高人一筹

张人刚在一些诗作中，生动地展示了这种另辟蹊径，而令人叫绝的思想。其《题明妃者多增其怨耳戏为之解》诗云：

（其一）
宫女如花朵朵芳，宁知尚有压群香。
若非知己毛延寿，绝代佳人老未央。
（其二）
白发宫人老婕妤，三千嫔御尽孤居。
匈奴夫婿虽非偶，寡守长杨算不如。

此咏与通常之见迥异。古往今来皆是对王昭君鸣不平，惋惜其不幸的遭遇，谴责画师毛延寿动了手脚，故意把肖像画丑，这是以离开汉宫远嫁匈奴为悲惨。然而诗人不这么看，他认为明妃正是遇到了知己毛延寿，如此绘画却使其脱离被禁锢的苦海，而未终老于汉宫，有了自己一展身手的天地，实为万幸。她是逃离苦海而进入幸福的新天地。这是换个角度看问题，乃别有新见，别出胜意。但此并非孤见，其另一首诗《明妃曲》与此相似：

琵琶出汉宫，才得君王识。
不是嫁匈奴，谁怜好颜色？

这是深深感叹封建制度害人，人才埋没，无人识。又是视角不同，看法迥异，实抒发的是杰出新见。

《耳忽加聋》诗云：

（其一）
缘何两耳近加聋，说话与人更不通。
仰见满天飞落叶，独赢不听惨凄风。
（其二）
昔人盲目不盲心，我久无聪今更深。
且养灵明方寸在，省逃空谷避嚣音。

年衰体弱，双耳失聪，罹此本为不幸之痛苦，作者却咏出新意，竟引申有幸：可以听不到悲凉凄惨之风，无须逃至远山深谷而躲避令人烦心的喧嚣恶音。这是耳不听而心不烦，实际是宣泄了对混乱社会的愤懑之情。

张人刚可贵之处是虽处困厄之中，仍然情绪高昂，达观面对生活。不论流放前后。其《读东坡岭南集》诗云：

东坡谪住合江楼，便尔修书寄子由。

只说罗浮溪月好，不言蛮瘴雨烟愁。
处危不惧能居易，履险如夷自道周。
请看先生兄与弟，听天之外有何求！

“处危不惧能居易，履险如夷自道周”，面对艰难险阻，坦然处之，了不为意，自是一种生活态度。“听天之外有何求”，面对难以改变的既成遭遇，也只有不为其吓倒而连连哀叹，钻牛角尖，自我过意不去，而是挺直胸膛，听其自然，达观面对而已。

《作寿木偈》诗云：

人莫悲兮亦莫笑，这匡黑茧终须要。
只缘有日大行时，用不得驴儿也用不得轿。

为自己准备死时的棺材，展示了以坦然面对死亡的旷达胸怀。

《寓寒石西园》诗云：

不约自来山上月，无期时至水边风。
主人欲再邀清友，槛外园花已放红。

张人刚自流放地归家后，虽处困顿难以自存之中，但仍是坦然面对人生，乐观向上，心怀旷达，绝无戚容，这里展示其自寻快乐，而一片闲适、恬淡的情趣。

二 《沈子窴业》

《沈子窴业》不分卷本，蔡础撰，有黄岩王棻于咸丰九年（1859 年）手抄本 1 册，以《沈子窴集》为名存世，现藏浙江台州市黄岩图书馆。书前有王棻“重钞《沈子窴业》序”、石桑子“《沈子窴业》题辞”各 1 篇。正文共应包括三部分：《窴业纪年》《沈子窴业》及《窴业外编》（应包括《今受编》《越客一瓢》《获薪草》《爨余》《东流账簿》等，然有目无文），现仅存前两部分。其《窴业纪年》是编年大事记，详尽记述了顺治浙江抗粮案的详细经过。将抗粮案之始末，罹难 68 人之详尽情况，包括逮送北京，定罪流放发送边外，分成及存亡详情，逐项加以介绍。起顺治十八年七月，台州府兴大案，至康熙七年六月，清廷颁流人为齐民，归州县管理为止。条清缕析，堪称信史。《沈子窴业》实即《窴业诗文》，是蔡础于戍所所写之诗文汇集，包括自康熙四年乙巳孟春月起，至康熙七年戊申六月初八日终的 3 年间诗作。总题 97，内分律诗、绝句、杂文、古风，共计 201 章。皆为于戍所之作。（图 2）

蔡础，生于万历四十四年（1616 年），卒年不详。字辑五，别字容轩、旅齐，或作鲁齐，又自称沈子，名沈存鲁，其友张人刚径称其为沈瑞五。[①] 浙江黄岩人，诸生，好古，工诗文。顺治十八年（1661 年）台州府兴抗粮大案，将临海、黄岩众多诸生流放到尚阳堡等地，蔡础身罹其祸。康熙元年（1662 年）正月，到达戍所开原，其同戍于此地者还有：林曦木、章博誉、戴上

① 张人刚有《沈瑞五〈今受编〉序》，《张子晤蕉诗文选最》。

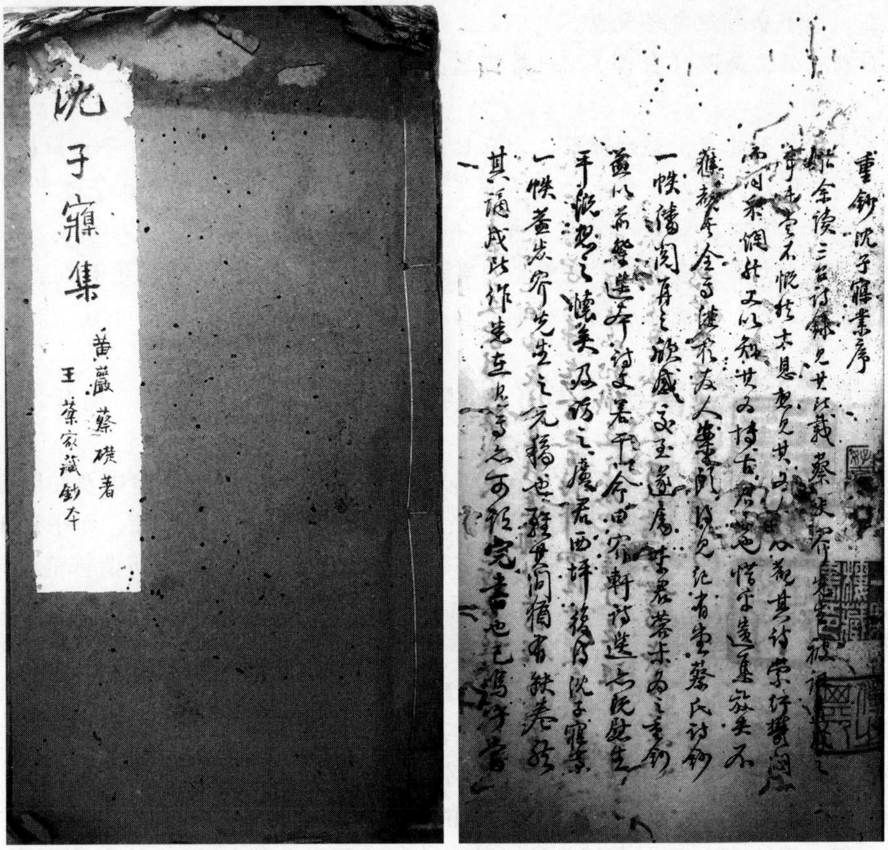

图2　《沈子寱业》

襄、张次星、张晤蕉、杨臣亮、张建章、应上巽，共9人。其中，章博誉名章程，张晤蕉名张人刚。初甚困顿，艰难支撑，4年后开始授徒，窘境有所缓解。康熙七年（1668年）被赦为民，又过5年，于康熙十二年（1673年）遇赦，返回故乡。著有《沈子寱业》等。

《寱业纪年》言简意明、全面准确地反映了浙江抗粮案的全过程，为后世留下了最为明晰的珍贵历史。

其开篇载称："顺治十八年辛丑（1661年），谪事始于此年。"在按月日记述了一些相关背景后，乃从闰七月开始记事道：

> 闰七月二十日，台郡庠斋夫陈琬来云："燕都秋曹（按即京师刑部）奉敕拘呈头六十五人，亦及汝。"沈子（蔡础自谓）愕然问："何为呈头?"曰："初夏郭太府（按即郭曰燧，台州府知府）自专催科，杖秀才赵讳齐芳，毙之命。两庠愤，具甘退学名呈六十五纸，哭诉兵道杨（即宁台温兵备道杨三畏）。杨入下石者言（杨听信诬告者言），申制阃（上报浙江总督）而具疏。疏下，行提赴法曹鞫。令逮者六十五呈之首名也。"愕问："我名谁所写?"来人谢不晓，而沈子行矣。
>
> 二十一日，抵台郡，羁之狱。同被逮者，记六十八人。除呈头外，水君有澜、周君炽，名入制阃特参赵生鼎臣，为故庠友赵君齐芳子。(按即六十五外加三人，计六十八人)
>
> 二十三日，囚车起行。是晚，黄岩宿。
>
> 二十八日，抵温州。进见总督赵公（赵国祚），公面谕曰："若果枉，秋曹能直之，归

有本院在，必不令若盆之终覆也。”

八月初一日，离欧（台州）。一路访送兵陆续傍行。初八日，抵杭州。十八日，出北升关。

十月十二日至北京，下刑部狱。十五日，会审。十七日，复审。沈子力辩诬。秋曹置沈子于无辜列，同八人。费子静生、王子仲华、杨子克嵇、苏子鹏九、林子楚岑、李子玉禅、徐子羽可。十九日，大司寇（刑部尚书）不听辩，徒案成。

十一月二十九日，各廷杖。水君、周君是日绞。（水有澜、周炽被绞死）

十二月十五日，发戍尚阳堡（按尚阳堡应是戍地总称）。除夜，宿小霞山。

这是说抗粮案中罹难者被定罪流放者，于顺治十八年十二月十五日，离开北京，被发遣上路。

据《癯业纪年》所载，发遣上路者是61人。因为，从台州押赴北京途中及在刑部监狱时已有5人毙命：金廷阁死于“山东界猫儿窝舟次”；陈仪卿、金叔殷、周季蘅、翟子仑4人，因受刑过重，死于刑部监狱。最后审判定罪时，又将带头领导这次抗议活动的所谓首犯水有澜、周炽2人当即绞杀。这样，原来的68人，减员7人后，剩下了61人。其中还有变化，即含冤而死的赵齐芳之子赵鼎臣，因抗争甚力，竟遭“特参”严惩，被单独流放至宁古塔，其后事不详。其余60人皆流放到奉天各地戍所，但上路后又有减员，即有蒋震白、金栖碧、李玉禅、陈君柱、翁颢公、卲魁生、许隆如及其胞弟许仲喆等8人，皆身体虚弱之极，尚未到达戍所时，便陆续死于遣发途中的“山海关内外”。这样，实际到达奉天各地戍所的仅为52人。

《癯业纪年》又将流放到奉天各地的52人的情况，做了详细交代。流放的戍所共有6处，他们于康熙元年（1662年）正月陆续到达。其中，流放至尚阳堡的有10人、到开原的有9人、到铁岭的有12人、到威远堡的有10人、到抚顺的有8人、到承德（即沈阳）的有3人。其中，蔡础、张人刚皆被流放至开原。然而仅在六七年间，这52人竟死去9人，逃归者达33人，至康熙七年还在戍所服役、改为民籍的只剩下10人。其具体情况是：

流放至尚阳堡者10人，结局是5人死、5人逃；

流放至开原者9人，结局是1人死、3人逃，5人未动，7年后改为民籍；

流放至铁岭者12人，结局是1人死、9人逃，2人未动，7年后改为民籍；

流放至威远堡者10人，结局是1人死、9人逃；

流放至抚顺者8人，结局是1人死、7人逃；

流放至承德者3人，结局是3人未动，7年后改为民籍

剩下10人，于康熙七年（1668年）被赦为民，改奴籍为民籍，算是获得了自由，但他们对戍所并无留恋，旋皆陆续回归台州故里。这样，“抗粮”案中被遣发尚阳堡等地者，无人停留，皆回返，即辽东戍所皆无其遗胤、遗存。这就是浙江抗粮案被流放者的最后结局。

至此可以说，《癯业纪年》对浙江抗粮案罹难者做了最为完整、最为清晰的交代。这是该书的历史价值所在。

《沈子癯业》中所收蔡础的诗作，内容丰富，多方面、清晰地描绘并反映了当年的社会现实与情状，特别是流放戍所的特色景象与风土民情，乃至流人所思所想，颇为丰富。其最为突出的有以下几个方面：

（一）反映时代及戍所风情

其《新民至》（二首）诗云：

（其一）
既以民为徙，招将民又来。
雪霜滋润泽，雨露费培栽。
能改犹蒙过，如伤自轸哀。
寄声襁负子，衾影慎徘徊。
（其二）
忝说居民首，儒冠解误身。
税租臣草莽，疆域服燕秦。
受谪原非我，承恩不及人。
朝来添好讯，赢得德为邻。①

形象歌咏了清朝招民令下，关内移民至辽东之情景。招民实边是当年一件大事。蔡础被流放之时，正是清朝推行辽东招民垦殖授官条例之际：凡有招民至辽东者，则分别情况授予官职。这是招民实边，奖励移民辽东，以改变因清兵入关并强携人口以入，而辽东顿成空旷的严重局面之举。此时大量关内百姓，扶老携雏，举家被有组织地招进辽东，“雪霜滋润泽，雨露费培栽”，以国家之力充实了地方。此诗所咏如实反映了这一历史状况。诗人热情赞美清朝此举为“好讯”，为德政，此诗堪称史诗。从这首吟咏之中，足可见诗人关注社会，留心时政的态度。

蔡础的诗作，还记录和反映了当年辽东社会的诸多实情。其《打围》（《关东记事十六首》之五）诗云：

胡沙猎猎雪风骄，臂架飞鹰弓插腰。
天落黑雪闯健马，地枯白草卧肥貂。
燃膏烹酒笳声鼓，卸甲围营腥气潮。
寄语中原休逐鹿，流人残梦覆芭蕉。

展示了英武的八旗将士冲风冒雪，进行围猎的壮美场面。虽于和平年代仍不忘武功，具有气势雄豪，所向无敌的气概，足以捍卫国家，镇住一切蠢动。这里抒发了作者的赞美之情。

《观猎谣》云：

白草茫茫狐兔骄，黄沙猎猎雪风飘。
胡雁掣云天不见，盘旋落下双飞雕。
将军马上呼獨獝，前山一片野火烧。
城角乌啼夜寂寥。

① （清）蔡础：《沈子寱业》，咸丰九年王菜家藏钞本作《沈子寱集》。以下所选蔡础之诗作除另有标注外，皆出自本书。

歌咏的是八旗狩猎之勇武场面，反映了清初东北大地八旗将士不惧险阻，不忘武功之情形。而《战马死，沈子顾之怒焉悲，诗以代吊》一诗，更是以亲身投入戎伍之体会，表达了对战马有了深厚情感之作，反映了流人文士参与八旗活动后的思想感情之变化，很有认识意义。

其《关外从戎十二曲》则更以亲身经历，写足了流放的文弱书生，冲寒冒雪，被投入八旗军事活动的情形及其感受。① 其中有云：

（其一）
团沙为筑望乡台，陌柳吹残鸟奏哀。
自到战场憎白发，五更万里一人回。
（其二）
白也题诗遍夜郎，黄龙今日漾炎霜。
胡笳若许吹同调，贫到莺花着甚忙。
（其三）
东窜南人叹白头，燕支山上望妆楼。
瓜期不准侬归去，青草丛生水倒流。
（其六）
剑纹剥落卧龙沙，笛里梅花夜忆家。
笑杀汉庭飞将老，吴山立马弄琵琶。
（其十）
射雕心胆海天空，冻死牛羊鹰掣风。
白羽弢弓齐歇马，明朝早会黑山东。
（其十一）
角声吹月影酸辛，结阵云黄匝地阴。
无定河边沽酒吊，沙土髑髅何代民？

诸诗以古喻今，撷取曾争战激烈残酷的历史场景，作为背景，尽情抒发歌吟。而“白也题诗遍夜郎，黄龙今日漾炎霜”，“黄龙”堪比“夜郎”。像当年李白被流放到夜郎一样，真是全新的环境、全新的生活与感受。对平居南国惯了的文弱书生来说，这是时代给人的惩罚，更是时代的恩赐。这种心境是复杂的，却是真切的——从未有过的珍贵的体验，堪称史诗，极有历史的认识价值与意义。

《官署》（《关东记事十六首》之十五）诗云：

荒衙冰雪净僧居，十里芜城四野虚。
卒老候门犹运甓，官闲凭几亦摊书。
抚循软款调笼鸟，作养生员弹铗鱼。
罪臣幻成辽鹤梦，光明烛照漏沟渠。

① 按，此诗在王晋咸辑《丹崖碎玉》（黄岩图书馆有藏）中题作《关外泣十二首》。

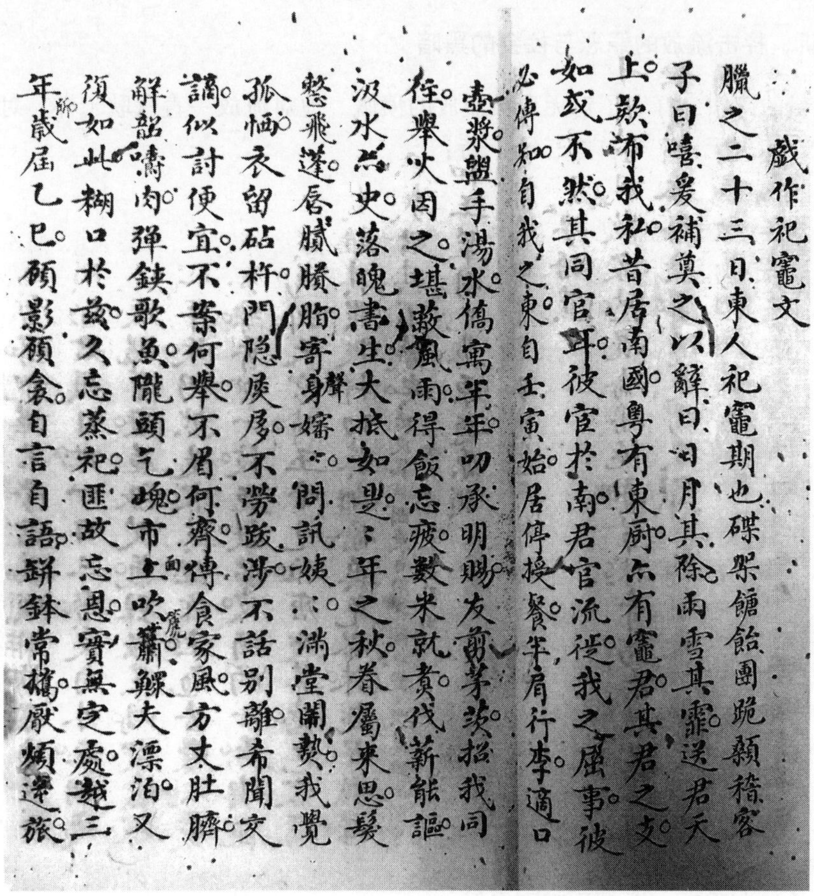

戲作祀竈文
臘之二十三日東人祀竈期也碟槃饍餡團跪顙稽客
子曰嘻爰補奠之以辭曰日月其除雨雪其霏送君天
上款沛我私昔居南國粵有東廚亦有竈君其君之文
如或不然其同官耳彼宦於南君官流徙我之屆事彼
必傳知自我之東自壬寅始居停換餐半肩行李適口
壺漿盥手湯水僑寓年年叨承明賜友萌茅茨招我同
住舉火因之堪敵風雨得飯忘疲數米就煮伐薪能謳
汲水爲史落魄書生大抵如是是年之秋眷屬來思髮
鬈飛蓬唇膩臙脂寄身孀嫠問訊姨姨滿堂鬧熱我覺
孤恓衣留砧杵門隱扊扅不勞跋涉不話別離希聞交
謫似討便宜不禁何舉不屑何齊傳食家風方丈肚臍
解齠嚋肉彈鋏歌魚隴頭乞塊市上吹簫鰥夫漂泊又
復如此糊口於茲久忘蒸祀匪故忘恩實無定處越三
年歲屆乙巳頑影頑衾自言自語餅鉢常攜厭煩逆旅

图3 《沈子窾业·戏作祀灶文》

此诗则描绘了清初辽沈地区官署的简陋与清贫。官署简陋似一无所有的僧人，衙门荒凉如四野空空之地，吏卒无几且自行劳作，而无事可做的官员多以读书打发日子。但其治理地方却在心在意，如同侍弄笼中之鸟，而对辖下的读书人却关照有加，对流放而至的文人则给予温暖与慰藉。这里没有欺压百姓的作威与仗势欺人，甚至还颇有作为，应该说这是诗人以切身体会发自肺腑之言。这反映了清初辽沈地区的统治还算宽松，虽遭惩罚含冤流放而至的流人，在这里并未雪上加霜，还算幸运。此诗很客观，有认识社会历史的价值。

而《戏作祀灶文》则歌咏东北地区于腊月二十三日，祭祀灶王的一首四言长诗。（图3）细致入微地将清初辽沈地区的祀灶风俗描绘得淋漓尽致："勉告爨人，虔供祀事。正献瓠丝，香燃一枝。亚献茄皮，酒酌一杯。吃饱饱的，装假奚为。到天宫时，玉帝见推。唐突尊慈，包容腐儒。其智处锥，其罪投杼。切莫揶揄，冀免僇诛，趁早放归。式食庶几，君其不饥！"诗人自注道："茄皮、瓠丝，关东日用之供馔也。饱饱吃，莫装假，关东劝馔之常言也，故引用。"形象地记录了当时当地的土风民俗，颇有认识价值。更诙谐地请灶王在玉帝面前为罹难流人代为请求，赦免其罪，"冀免僇诛，趁早放归"。这加入的是流人最现实的愿望。而《元宵看灯竹枝词十首》，则具体入微地写尽了地方民情。这些皆如实记录了地方的土风民俗与风情，展示对所驻地的热爱情感。很有认识价值。

（二）控诉、抨击流放的罪恶与社会的黑暗

诗人以大量的诗作，抒发了对无辜被流放的愤慨。他对流放一直耿耿于怀，对清廷的定罪与施虐绝不认同。其《无题三十首之三十》诗：

千金意气最翩翩，痛哭秦庭双少年。
义重此身轻死许，愤多肯事乞生怜？
颈丝组练鹃啼血，鬐戟冰霜鲲舞弦。
燕市白杨龙塞月，古今陌路屈平天。

这分明是对首先罹难被害的水有澜、周炽二人的高度赞美。水、周是在"抗粮案"中，激于义愤首先率众奋起抗争者，他们为正义而死，公道自在人心。诗人指出他们是在暴虐的秦庭上，重大义而轻生死，绝不乞怜，是意气非凡，具有屈原一样伟大精神之人。这足以表明诗人绝不屈服于邪恶的政治态度。

然而，诗人被流放的惨痛却难以消除，他时刻期待能获得赦免而回归故里。其《客问行》，则是对无辜遭谴，发出的无可排解的忧思与困惑的悲怆之声：

客问书生家曷在，何故离家七八载？
何故顿将笔砚埋？何故顿将头脑改？
逢人何故目如瞋？看月何故眉如颦？
何故亭亭捉影语？何故年年泪伴春？
书生摇手全不晓，南望云归飞缥缈。
乡关思发浩无涯，指点愁烟疑白鸟。

抒发悲怆痛苦可谓淋漓尽致。其长篇歌行体《咄咄篇》，详细歌咏了抗粮案罹罪被流放之始末，揭露无辜受难之经过及清当权者草菅人命之情形。诗之结尾发出"宇内于今欢一统，离别何时是尽期"的疑问，流露的仍是切盼回归之情，颇为感人。

诗人痛悼难友之诗深挚感人。其《哭于天士四首（尚阳堡）》《哭翟介繁（抚顺堡）》及吟咏李玉禅遗孀张氏悲惨遭遇之诗等，皆无限悲凉沉重，极有代表性。其悲流人李时璐遗孀诗一首，最为牵动人心。此诗题目很长，将事情的本末娓娓道来，犹如一篇小说：

《同难友李君玉然（禅）讳时璐，壬寅春出关卒于道。是秋，其内子张孺人赴谪地，吊影伴魂，泪枯塞草。丁未春，有胤上攀徒步自万里来，定省慈帏，依依不忍言别。暨，戊申夏，诏徙罪编为民，罪轻之嫠发回本籍。盈车悲喜，子母载之，聊为纪此》。

万里从征不见夫，七年塞雨夜啼乌。
霜残明月流苏冷，尘蚀妆台结绮芜。
已死魂犹依宿伴，未亡人在怯遗孤。
抵家绣帖封针线，灯下丸熊自蠏茶。

诗题中"有胤"，即有子嗣，指李时璐之子李上攀。这分明活画出一幅灭绝人性的凄惨图：

李时璐含冤无辜遭谴，竟死于流放途中，同难友将其埋葬流放地尚阳堡，其妻子张氏奔丧而至，内心将何其悲苦！然而，毫无人性的当局有流放罪犯家属不得离开戍所的严酷规定，尽管丈夫已死，亦不得违背，竟至滞留不返。“已死魂犹依宿伴”，无乃将生者顶替死者之罪，以嫠妇居荒寒之地，继续承受流放之苦。于是，孤苦伶仃，形只影单的寡妇，困守孤坟！5年后，其子赴戍所看望母亲，虽依依不舍，但当局仍不放行其母。次年，因有诏徙罪编为民，罪轻之嫠发回本籍之事，方出现转机，母子得以同回故乡，这才结束了7年的羁留。此诗全篇充满血泪，深情歌咏，凄婉动人！更令人无限悲愤而荡气回肠。实际是深沉揭露了清代流放制度的残酷，灭绝人性，抨击了清朝专制制度下流放政策的罪恶。

诗人经过仔细观察，多方面思考，全面认识社会，敏锐地发现问题，有感于心，更写出抨击时弊，颇有思想、有见地之作。其《春燕秋雁吟》诗云：

春燕衔泥来，秋雁衔芦去。
燕来雁去何所之，家山雨深无屋住。
小儿提壶完田租，大儿脱裤偿官税。
何如振翼辽海东，辽东老鹤惊飞鸿。
饥鹰霜爪攫雀丛，翡翠凋零金弹空。
近闻路滑行不得，夜来子规恼塞翁。

这是咏流民之作，是对清朝官府的横征暴敛之抨击，深刻指出内地百姓之痛苦与悲惨到了极点，已难以为继，只有逃亡。实际咏叹的是大量移民乃至流民之所以奔赴辽东原因所在，这是家乡难以存活，已无家可归，被迫流亡。实是抨击清朝残酷统治下的民不聊生。作者虽然于戍所境遇甚差，但面对不断涌来的移民，乃至可怜无告之流民，思之所及，感同身受，夜不能寐而抒发深沉的感慨。

（三）记录流人的作为与贡献，展示其精神风貌

但诗人面对长流不返，面对困厄并不萎靡，而是精神不倒，其《拟古十九首》（之五）的“易水白衣冠，难灰壮士心”，《无题三十首》（之一）的“六十五人编夜郎，波翻泗水炎流霜”“爰书遣发来辽左，熟读离骚调凤凰”，以及《无题三十首》（之四）的“碎琴敢说索知音，仗剑从戎壮士心”等等，皆展示出了流人文士具有不坠青云之志的丰富内心世界。

《丁未元旦祝辞》诗云：

岁朝屡祝还家话，天听闻之谬不然。
饱吃惠州苏轼饭，醉题蜀郡杜陵笺。
读书何地不千古，磨剑于人将十年。
愿得圣明三万载，羁臣老健看风鸾。

此乃满腹牢骚愤懑之语的倾泻，实对无辜流放的抨击。这是换个思路，别出心裁，用上天之视角否定还家之念，反通常之意而用之，对一切处境难堪的流放生活了不为意，故意颠倒是非，而引发愤激之情。其实，这是对羁留他乡一再思归，却又难以回归的无奈之又一种写法：岁朝屡祝还家话，既然上天闻之却大谬不然，那我就挺直腰杆，坚毅面对吧。在此，我衷心祝愿皇帝万寿无疆，我这个被流放发臣子，年老身健看看牵线的老鹰在天空飞翔。看似旷达实为愤慨，实对无辜流放的抨击，抒发对统治者的桀骜不驯之情。以上种种，将流人的所思所想的复杂心境展示无余。

而《为张晤老诞日》诗云：

今日又是君生日，蓦地搁笔有所思。
风雪扑面人易老，十分懊恼难为辞。
辽东不是蓬莱岛，延年又乏安期枣。
三寿作朋只沈应（谓应子上巽），寿母令妻但老嫂。
火速央齐生日回，芒鞋种药于天台。
偶然撞着皆生日，若果生日何如哉！

这更是展示了流人无所畏惧的昂扬意气。

流人文士，被流放辽东后，多有以一己之长奉献地方者。他们最常见的则是开塾授徒，传播文化知识。蔡础与其同难朋友多有此经历，其《张子晤蕉授徒开原，童蒙负笈问字，履满户外，谑赠一首》，便是歌咏张人刚于戍所讲学授徒，传播文化之热烈场景：

绛帷日暖闹春风，忙煞横渠稽古功。
州里人情行处左，诗书吾道偶然东。
吟狂手卷笺空壁，画倦眉妩笔满筒。
衣钵笑携回故辙，弯弓若个又逢蒙。
（原注：张子被谪居东，为其台中高足所株累，故而漫滤……）

这是歌咏流人文士张人刚在戍所重操旧业，开馆授徒教书的盛况。指出张先生以稽古之功教导学子牢记横渠四句，这一为历来众多学子奉为厉行治学的警句，凛然做人本分，要活得精彩有意义。因而产生实效，边地好学蔚成风气。这是祸兮福所倚，惨遭流放竟使吾道而东：传播文化，使儒学在边地光大发扬，"吟狂手卷笺空壁，画倦眉妩笔满筒"，而到处呈现一片倾心向学的景象，真可谓不幸中之万幸。而执教者却不顾刚刚在家乡被弟子所累，被列名"白榜银"案，而遭流放的惨痛教训，堪称"虽九死其犹未悔"，仍然以授徒育人为最大乐趣，可谓初衷不改，竟至出现"童蒙负笈问字，履满户外"的繁盛景象，动人心弦。此诗充分展示了流人文士热心社会服务社会的赤子之心。

《青斋王君讳运兴探兄流罪于关东，历数年矣，丙午编铁岭籍入泮，是秋遂捷北畿闱。闻报纪异，或曰其志感也》（四首）诗云：

（其一）
楚囚款语庆弹冠，君谪君恩海洋宽。
泪断南云春不管，宫袍帘外露承盘。
（其二）
叫月虩霜飞鹡鸰，雁行燕语慕花汀。
谁知昨夜三更雨，赊得鹏程辽水溟。

（其四）
移来桃李倚春栽，春色新从日影来。
莫遣寒鸦甘铩羽，雪天暖放陇头梅。

此诗所咏流人之弟王运兴字青斋，探兄于辽东，住下苦读，竟于丙午年即康熙五年（1666年），连得秀才又中举人。“莫遣寒鸦甘铩羽，雪天暖放陇头梅”。兄虽遭厄运被谴，弟却如傲雪暖放的艳丽梅花！足以说明流人文士在奉献辽东社会的同时，又完善了自我，其不懈奋斗，家属亦同样受惠，可谓教学相长。

（四）记录流人文士获得重视的情形

从蔡础的诗中，人们可以看到流人文士以自己坚毅精神及积极为地方献身的行动，赢得了地方的尊重，亦获得了地方官员的青睐与友谊之情形。其《刘永公携琴来感赠三绝》：

（其一）
出门若个是钟期，山水情长有所思。
曲奏知音千古事，感君湖海挂桐丝。
（其三）
五柳琴声别有弦，菊篱醉酒惯逃禅。
折腰懒管修文瘦，归去来兮弹几篇。

此“刘永公”当是地方官员，与蔡础情趣相投，彼此颇有共同思想，且是厌倦于官府任职者。此诗反映了清初东北地方官员对流人文士颇有同情之感。铁岭、开原的地方官员对蔡础的友谊颇非一般。《戊申春二月，开原基创学宫，命勷上丁祀典，又承邑大令何青翁颁胙，因以赋谢》一诗，记录了蔡础受到开原县令重视，命主孔庙祀典之事。《重阳后四日青纶师邀补萸酒，阻风坐月署中，醉归赋谢》一诗，歌咏了开原县令邀请蔡础赴县署饮宴。而《秋季胡世其老师枉顾》一诗则对铁岭县令亲来拜访一事，深感得厚遇而抒发感慨。这些皆深刻反映流人文士与地方官有较好的交谊。

当然，也记录了回归的喜悦。其《戊申春季之六日，余居关东，又届初度，时闻有赦流罪为籍民之诏，诗并纪及》诗云：

又觉春风度酒卮，天台桃实熟多时。
归心禅悟三更枣，滞迹徭催二月丝。
臣罪当诛明圣恕，我生之后病贫宜。
悬弧漫脱腰弓箭，万里霜吹新戾篣。

这是歌咏康熙七年（1668年）初，得闻朝廷颁发赦边外流罪戍籍为民籍之诏后，喜悦与感慨之情。其浮想联翩，想象即将回归故乡之情景，春风把酒，桃熟多时，家乡一切令其神往。而更令其感激朝廷赦罪之恩惠，此刻无辜受害之怨恨已荡然无存，心地坦然，多年的苦难似乎皆属应得，可谓棱角全无。中国知识分子终于走上了逆来顺受的老路。

《好讯来，勉欲促装，示张子晤蕉应子上巽》诗：

掉臂偕行归去来，桃花满树酒盈杯。
青山知是主人到，白壁重为好句开。
阔别七年悲夜月，合欢一日闹春雷。
东风昨晚传消息，愿傍先生下钓台。

这是得遇赦回归之大好消息，多年的苦难到了尽头，得立即回归，开始新的生活，遂赶快与好友分享，欢愉之情溢于言表。

三 《潘玉虎遗稿》

《潘玉虎遗稿》钞本2册，潘振雷作品汇集，孤本，现藏浙江临海市博物馆。

潘振雷（1624—？年），字玉虎，一字宗杲。清初浙江临海人，诸生。浙江抗粮案罹难士人之一，康熙元年正月，被流放至铁岭。二年后，即康熙三年，乃与同难之友自行逃离戍所。回归家乡后，以授徒为生。有记载称：其在铁岭戍所期间，与因丁酉科场案流放而来的陆庆曾交契，“庆曾曾言其才于守陵亲王，甚见礼遇”。① 清代无亲王守陵者，这里所谓“守陵亲王”当指爱惜人才，很有文化修养的皇太极第六子、顺治帝之兄镇国公高塞。潘振雷平生著述丰富，有《葫芦笑》《享帚集》《屠龙技》等，然皆散佚，现仅存后人辑录的《潘玉虎遗稿》钞本2册。

现存《潘玉虎遗稿》钞本2册，每册书名各不相同，一册作“《潘玉虎遗稿》，临海潘玉虎著”，一册作“《潘玉虎稿》，临海潘彪著，字震雷，以字行。邑后学黄瑞审定并署”。然文献上，只见其字为玉虎，或为宗杲，未见“彪”之字。所谓潘彪，仅是黄瑞之断定，但难见旁证，故仍以《潘玉虎遗稿》全称之。两册首尾皆有缺页，内亦多有漫漶之处，但总体尚属良好，合计大约收有文92篇，包括序、书、柬、白、复、启、传、引、记、论说、祭文等类文体。而序文较多，约近30篇；诗210首，联对56副。其内容大部反映浙江本地事，有关流放戍所的诗文较少，却可给人们提供了难得的史料、史实与信息，颇有价值，堪称珍贵。

潘振雷虽然仅在戍所停留2年，然在其生平思想中却留下了深刻的印记，他以诗展示了内心的感受。其中突出的有以下几点。

（一）戍所物候变化，令其感慨

其《至日》一诗云：

欲见天心处，中宵应律回。
玑衡初定历，葭管正吹灰。
物理消还长，年光去又来。
乡国添客思，着雪几枝梅。②

① （清）戚学标辑：《三台诗录》卷二五。

② 见《潘玉虎遗稿》，以下所引潘振雷作品不注出处者，皆载于该书。

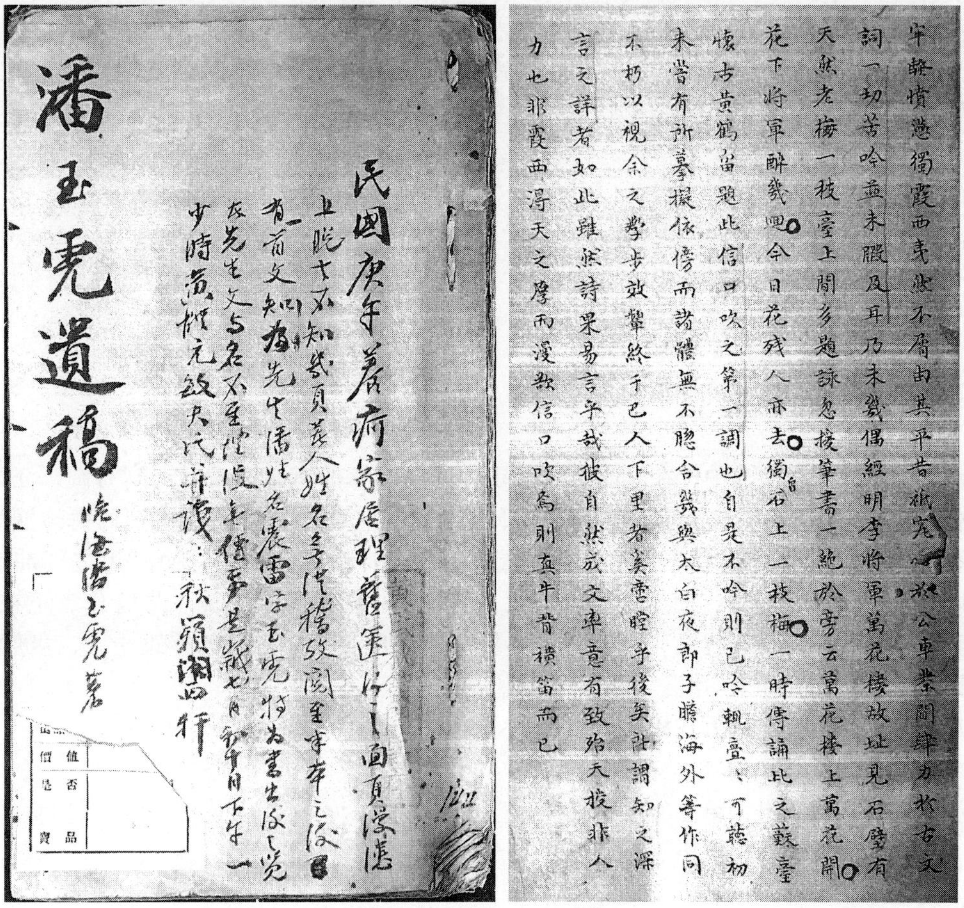

图 4 《潘玉虎遗稿》

此诗写于戍所。至日即二十四节气中的冬至，一年中阴阳转换的一个关键节点。从此，“阴”到了极点，开始转换到“阳”。所谓冬至一阳生，是律例的重大变化，周而复始，一年即将到头，严寒亦即将到了极点，时序又将揭开新的序幕。这是令人充满希望，亦是令人无限感慨的时刻，因为作者此刻正远离家乡，在流放戍所（作者在戍所，度过了康熙元年及二年的两个“冬至”）。“乡国添客思”，戍所的异地风情令其思绪起伏，想起了家乡，此刻家乡之景象该是“着雪几枝梅”，令其思念，令其神往。但沉吟至此便戛然而止，言有尽而意无穷，表达了强烈的思乡之情。

而《寒月》诗云：

冰轮乍起映长空，积雪层层又遇风。
江上山间浑一色，却疑身在水晶宫。

这里突出一个寒字，吟咏寒冷环境中的月光，其照耀下，万物浑然一色，天下皆白，有身处仙境水晶宫之感觉。此已不觉其寒，不觉其冷，展示的是在荒寒中的高昂与浪漫的情怀。这是把寒冷写出了诗情画意来了，堪称妙笔生花！

（二）戍所的独特景物，令其震动

《拟望海》诗云：

源流疏向背，万派此归东。
但觉天涯近，居然地轴穷。
神仙飘渺际，楼阁有无中。
山立奔潮白，雷腾沐日红。
风波消岁月，出没充鱼龙。
气象妙由极，徒怀破浪风。

此诗当于发遣来戍所途中，在辽西沿海行走，瞭望大海的有感而发。天高海阔，汪洋一片，其雄浑浩渺的博大场景："天涯近""地轴穷"，简直令人有到了天尽头之感；而海涛汹涌激荡，震天动地，一切如处缥缈有无之中。这令人振作，令人神情无比振奋，而豪迈之气油然而生。"气象妙由极，徒怀破浪风"，展示了作者对大自然、对生活的无比热爱。尽管作者正在遭受苦难，然豪迈之气犹在，雄心犹在，可谓意志不倒。这也反映了被流放的罹难士人，虽然遭受苦难，但其总体精神面貌并未崩溃，而是仍葆青春。

咏万花楼诗《登李将军万花楼》云：

漫说乾坤有九州，相看独对万花楼。
天连青海三春雨，地接阴山五月秋。
玉树琼林成废垒，雕戈锦帐忆通侯。
只今词客还萧瑟，缓步登临意自悠。①

此诗是借景抒情，借历史遗迹抒发苍凉的繁华易逝之今昔之感。明辽东总兵李成梁在铁岭故宅的万花楼，是当年最负盛名的景点，多少文人墨客过此，皆有吟咏而抒发感慨。此诗亦然。这里所咏看来皆是西北的山川地望，如青海、阴山之类，实为一般诗人惯用借代手法，以西北的偏远荒凉，气候恶劣，代指为东北河山，而加重压抑气氛。其末联"只今词客还萧瑟，缓步登临意自悠"，表达的还是一种悠然自得的心境。反映了震雷先生虽遭苦难，仍睥睨一世，无所畏惧的心态。

（三）戍所友朋的际遇，令其深思

《送张蘧林先生西归二首》诗云：

（其一）
万里逢乡井，骊歌思倍深。
怜才谁得似，别绪故相寻，
雪碛开归径，风轮绕暮旌。

---

① 前揭《三台诗录》卷二五，并见于《潘玉虎遗稿》。

缄书殷嘱寄，伫立泪沾巾。

（其二）

凛冽边风急，先生此日归。

酒添行色壮，鞭逐岭云飞。

别友留新句，安亲恕□衣。

故乡城郭在，□旧恐星稀。

这是送别流人张天植之诗。张天植，字次先，号蘧林。生卒年不详，卒年74岁，浙江秀水人。顺治六年（1649年）探花，授编修，累官至兵部右侍郎。因受丁酉科场案牵连，于顺治十五年（1658年）流放到铁岭。其在戍所期间，“绝口不谈朝政，淡泊如寒儒”。① 后援修城例，于康熙二年（1663年）放还。归里后，杜门专攻文史，但“间遇地方利弊，无不极言”。② 著有《北游草》《湖上吟》，已佚。其遇赦回归之时，恰值潘振雷流放铁岭的第二年，或为年初，或为年末，总之是寒雪覆盖郊原的时候。二人同是浙江老乡，老乡遇老乡自是倍感亲切。潘振雷对其回归更是无限感慨，“缄书殷嘱寄，伫立泪沾巾”。乃饱含深情，写下了这两首送别诗篇，浸透着淡淡的哀愁。

总体说来，在流放戍所所见所感，所思所想，不外是物候变化，令其感慨。特殊景象，令其震动；友朋际遇，令其深思。所谓有动于中，必摇其精，发生联想，而展示内心世界。道出了流人文士在戍所期间的真实情状。

（四）回味戍所之什，展示真挚情谊

潘振雷并不是逆来顺受，安于悲惨处境者，而是被发遣到戍地仅仅2年，便毅然采取行动，逃离了戍所。在戍所的时间虽短，但这段经历却让他永难忘怀。回归家乡之后，戍地的一切更令其回味无穷，他对同难之友怀有深情，时时联系，表达心意。他的所作所为，所思所想，更展示了一位正直士人的可贵品格。

其中，他祝贺何志清六十寿辰，及敦促陈大捷将所著《信口吹》加以出版，并亲自为该著作序，展示了于患难之际结成的纯真友情，颇为感人。

《题陶潜图寿何若严六秩》诗前之“引”曰：

余与何子若严，石交也，复忝葭倚。垂髫迄今，转瞬间同白首焉。虽出处异致，而齿原雁行，榆景优游，时偕唱和，亦足乐矣。岁在戊辰（1688年）菊月吉日，为若老花甲初周。思所以祝，因仿佛高踪，得靖节先生，遂命写之，题数语于上。

这写于康熙二十七年戊辰（1688年）八月，何若严又作何若涟，即何志清，石交乃过硬交情。葭倚者，共同的苦难相依即流放生活的经历也。这是述说他与何志清的深厚友谊，从幼年起即结识，迄今皆已白首老翁，仍是“时偕唱和”，悠游岁月，可谓情深意挚。从一生的相处中，作者认为何子乃品德高尚，如陶靖节之为人。这是极高评价，特为此画陶渊明图一幅，以为祝寿。其诗云：

① （清）王一元：《辽左见闻录》，清抄本。

② 康熙《秀水县志》卷五。

金风飒飒玉露瀼，碧天如水丹桂香。
人间佳节近重阳，万宝告成百物昌。
问谁最爱篱菊黄，有晋处士居柴桑。
富贵何为期帝乡，坐教五柳三径荒。
归来无弦琴一张，日抚孤松志徜徉。
白衣款门眉加扬，高节询是傲羲皇。
龌龊世人等秕糠，五斗年来谁敢当。
卓哉继起羡何郎，簪笏方裔饱文章。
行谊追古器昂藏，未几铩羽栖梧岗。
齐眉绕膝庆满堂，酌酒赋诗乐未央。
忆昔与余相颉颃，蹉跎两两鬓如霜。
后先甲子直寻常，乃觉田园兴味长。
请君及时举霞觞，落英可餐寿而臧。
媲美古贤悦且康，伫看新驹云衢骧。

此乃极力赞美何志清之诗。何志清曾罹抗粮案罪，被流放铁岭者，品格傲然不群。逃归后，仍凛然存世，不与世俗相浮沉，在潘振雷眼中是独行高蹈者，如陶渊明之为人。对何志清推许之至，二人的感情可谓历久弥坚。

潘振雷还有两篇足见深情的文章：《索陈霞西〈信口吹〉诗集付梓》及《陈霞西〈信口吹〉诗序》。此陈霞西，即陈大捷，生卒年不详，字用泰，一作开泰，号霞西，浙江临海人，诸生，擅诗。罹抗粮案，于康熙元年（壬寅，1662 年）被流放至铁岭，2 年后即康熙三年（1664 年），与同难友潘振雷等一道，自行逃脱回归故里。① 他与潘振雷可谓生死患难之交。自回归后，二人交往密切，联系不断，此二文可谓是其友谊的深入发展。前文说："春杪偶旋蜗居，闻丈扶筇枉顾，以相左，致高年枵腹返。弟罪逾浮屠矣。"以未能接待来访的高年好友，而深表歉仄。随而述及二人绵长之友谊，并言弟之现在门人冯朝贵外转不远，一得节钺地方。愿将弟之小著《笔娱五集》出版。值此，"因念丈藏稿，虽多散佚，而《信口吹》一编，尽堪行世"。现在这是一个难得的机会，千万不可令其弃沉、泯没。盼丈交出手稿，而弟"愿代腾清，定还底本"，弟之所说皆肺腑之言，千万"勿得犹豫"。这里称这位高年好友为"丈"，而自称为"弟"。恳切请求其拿出手稿，而代为誊录并付梓出版。情意殷殷，陈霞西是否应允不得而知。但随后一篇序文则是潘振雷为该书所写的序言。据此可见，这当是获得了陈霞西的应允后所为，而《信口吹》确已付梓。

潘振雷所写《陈霞西〈信口吹〉诗序》，约千字，通篇赞美陈霞西之为学与为人，对信口吹之书名，从内容到形式皆极力赞美：

> 《信口吹》，陈子自标所著诗集名也，谦若"以余何能诗，亦犹牛背横笛，不谙律调云尔。"吾则曰：此虽霞西之自谦，而实霞西之自誉乎？盖大音希声，蔑由闻矣。随之，历数自古以来的文化传统，诗词创作实践。诸如：陶之悠然见南山、谢之池塘生春草、崔之风落

① 《沈子寱业》之"寱业纪年"。

吴江冷，这些名言警句皆苦不多得，确皆无关律调也。皆属“率意言之，即有致耳”。随进一步指出：“夫自然与率意，即古今诗绝妙千古处。不既与信口之吹，相发明耶！”继而议论道：风沙雷电之发作，则天地之信口而已矣；而种种有声，如龙之吟、虎之啸、凤之鸣、狮之吼，等等，亦万物之信口而已矣。万物有性情其宣泄也。何况人乎！有所感而达之于言。一番议论之后，乃归结道：“霞西以信口名集，虽自谦，实自誉也。何则，凡人知之不深，故言之不详。若余故深知霞西者。”进而指出：余与霞西生同里闬，长同术业。而当岁在辛丑，台之墨守（台州贪劣的知府）作难，狐兔同悲，卷堂祸烈，罹谪戍者六十七人，而霞西与余复与为流离幕北，雪窖冰天。辄又晨夕相与。其时诸同事，靡不慷慨发为诗歌，以各抒牢骚愤懑。独霞西夷然不屑。因其致力于古文词。后偶然经明李将军万花楼故址，见石壁有天然老梅一枝。台上间多题咏，忽援笔书一绝于旁云：“万花楼上万花开，花下将军醉几回。今日花残人亦去，独留石上一枝梅。”一时传诵比之苏台怀古、黄鹤留题。此信口吹之第一调也。自是不吟则已，吟则娓娓可听……几与太白夜郎、子瞻海外等作同不朽……霞西得天之厚而漫欲信口吹焉，则真牛背横笛而已。

此文明确指出陈霞西《信口吹》诗集所收，皆为率意之什，即心声之流露，是天然去雕琢，而极具感人力量之作，且文采焕发，给人以鲜明印象。率意者，皆真情实感，有的放矢，有感而发，所思所念的自然流露。可谓无心插柳柳成荫，皆娓娓可听，而几成不朽之什。而率意者皆是得天独厚的创作原动力，创作成功的根本所在。看似不经意之间，却是成功之诀窍，是千真万确之真理。故最后归结道：“霞西得天之厚而漫欲信口吹焉，则真牛背横笛而已。”首尾呼应，似不经意之间，亦巧妙之所在。本序言环环相扣，步步深入，议论风生，汪洋恣肆，极具说服力。深刻展示了《信口吹》的精神要旨，展示了陈霞西不凡的为文与为人，展示了作者与陈霞西的至诚友谊。这是一篇有思想深度、有鲜明见解的好文章。

潘振雷敦于友情，对当年共同流放的朋友，犹怀永生不渝情意。此外还有一首《潘玉虎遗稿》未载的诗篇，即《挽张晤蕉》，颇见真情，谨特为介绍：

天道从来不可问，我思古人俾无尤。
晤蕉先生台祭酒，鹄立鸾署文行优。
恬澹襟期累心尽，二豪倚侧等云浮。
诙谐滑稽漫倩侣，嬉笑怒骂端明俦。
生平风波伏忠信，无入不得夫何忧？
辛丑卷堂罹谪戍，冰天雪窖与东游。
结发缟綦共同往，旅寓资生黾勉俦。
禁解两人归乡井，门庭寥落似穷秋。
哀哉伯道谁傍老，坐使萍踪逐水流。
竭来故旧林寒石，高谊慷慨独怜收。
供亿百须泯行迹，龙钟重听偏相投。
世侄二寒善继志，安厝父执倍绸缪。
更喜鹤师能仁者，擅心顿发协其谋。
谓夫立言三不朽，摭辑遗编爰阐幽。
余忝同事同旋里，闻之怂恿嗟应求。

今人中有古人在，纷纷鄙薄好含羞。
写此长歌当哭痛，先生往矣诗文留。①

此诗热情称颂了张人刚的优秀学问与清廉志节，赞美其是台州祭酒即是台州地区的学问大家、文坛领袖，专心治学一尘不染，平生忠信为人，令人敬仰。不幸罹难而遭流放，当夫妻回归后竟困顿衰朽至极，而亏得故旧林寒石之慷慨收留，寒石故后其子二寒赓续其志，加以悉心照顾并为其料理后事。而后又得热心的鹤林和尚以其遗作不可任其遗落，而积极鼓动众人赞助出版，“摭辑遗编爰阐幽”，终于加以编辑出版面世。诗人最后称，余为晤蕉先生的同难友好，乃响应诸位友朋的号召，有幸参与此事，遂吟咏此篇以歌代哭：请先生含笑九泉吧，你的著作已流传于世。可见《张子晤蕉诗文选最》之出版，乃是缘起于鹤林和尚之倡导，而后由人刚生前好友何竑度主持操办而最后成书面世的。正如该书首页所标示：“何石湖先生定，安峰释圆松鹤林、梅西友人陈盛章惕庵、世侄林学高二寒、后学沈唤公吉同阅。”此诗感情真挚，充分展示了张人刚遗爱留人间，而众人皆敦于友情的古道热肠，此事此情亦足以感动人心。

（五）证史之功，颇为珍贵

《潘玉虎遗稿》中还有些篇章，道出了隐蔽的史实，弥补缺漏，颇为珍贵。如《记异遇》一文标明写作时间是：“时年七十五，仲春朔日，忆及录存之。”又云：“忆余三十年前仲冬，以事入城……康熙三十七年岁在戊寅仲春，七十五叟宗杲生记于瀛洲书院。”康熙三十七年戊寅即1698年，据此可知潘振雷生于明天启四年（1624年）。此可谓自报家门。

又，《题陶潜图寿何若严六秩》诗前之“引”说：“岁在戊辰菊月吉日，为若老花甲初周。”戊辰菊月即康熙二十七年（1688年）九月，此年为何志清六秩大寿，即60岁，如此则其生年当为崇祯二年（己巳1629年）。这就交代了何志清的生年。

以上均可谓解决了历史悬案，给人以明晰。而《潘玉虎遗稿》中还载有，以无比虔诚赞美之心情吟咏的《寿浙抚金公》一诗，更有存史之价值：

湖光潋滟浮云碧，天竺高峰起千尺。
中有开府地行仙，道宇高标绝尘迹。
翰苑惊才历要津，边作长城朝柱石。
嘉谟硕画纪累累，惠政丰功声籍籍。
自闽移制未及瓜，士马饱腾民衽席。
肃清法纪消鼠狐，公慎监临罗珠璧。
单饮虎跑一勺泉，皓月冰壶堪濯魄。
至今春秋花甲馀，秀齿庞眉颜渥赤。
履端望后庆悬弧，灿烂长庚辉紫陌。
兰兹彩袥舞华堂，乐奏云璈酒琼液。
千门万户跻春台，老稚欢呼手加额。
圣主洒恩眷重臣，指日台阶晋平格。
看调玉烛奠金瓯，共荫灵椿期八百。

① 《张子晤蕉诗文选最》附录《挽诗二》。

鼎彝久勒伊吕勋，草木同沾尧舜泽。
老人久矣荷栟幪，咫尺辕门霄壤隔。
为公遥祝献排觞，寿并南山茂松杨。

浙抚金公，指的是浙江巡抚金鋐，顺天宛平人，康熙九年庶吉士。曾于康熙二十二年三月至二十五年四月，任福建巡抚；二十五年四月调转任浙江巡抚。此诗热烈赞美之情溢于言表，称金巡抚的业绩，已使美丽的浙江湖光增辉添色，高度颂扬其是朝廷的重臣，国家的柱石，体国爱民的丰功伟绩，预祝其定因皇帝眷顾而高升高就，而人民也将从中受惠。而此刻，金鋐已“春秋花甲余”，六十开外，遂以虔诚的心情，“为公遥祝献排觞，寿并南山茂松杨”，祝愿其长寿并一帆风顺。当然，能保持统治阶级总体利益的前提下，这可以实现。然而如有被认为违背，那不仅不能受到嘉奖，反而遭殃。金巡抚只因揭发驻防满兵扰民，就引起皇帝暴怒，而被免职，遭到流放，这出乎所有人的意料。后于二十八年（1689 年）二月，因疏揭驻防满兵扰民事获罪，被革职遭到流放盛京的惩罚。潘振雷此颂诗当写于金鋐浙抚任上，即其罹罪之前。此诗颇有证史的认识价值。不仅说明潘振雷虽曾遭受过流放，虽已 60 余岁，但用世之心不泯，其关注社会，坚守正义，敢于颂扬真善美之雄心仍在。此诗还说明金鋐德在人心，其罹罪被流放，纯属清朝荒唐野蛮的政治迫害。这让人们认识到东北流人绝非泛泛之辈。

四 《银州诗草》

《银州诗草》1 册，不分卷本，罗继谟撰，以钞本传世，现藏国家图书馆普通古籍库。计 57 页，共 114 面，共收诗 219 首诗，书前有罗继谟于康熙九年所写序文一篇。然该书所收之作并未截止于康熙九年，亦并非皆写于流放戍所。因为仍有九年后，及作者曾多次入关于内地之作。但大部分写于戍所，真切记录与反映了其思想志趣，及当年流人文士间彼此交往等生活状况。(图 5)

罗继谟，河南杞县人，生卒年不详，字允嘉，号岩旭、慎旃氏，学者称其为慎旃先生。少聪颖异常，过目成诵。顺治十四年（1657 年）中举，十六年（1659 年）成进士，授翰林院庶吉士，甚受宠遇，改刑部员外郎。① 康熙二年（1663 年）为顺天乡试同考官。旋被劾奏，以该闱以所出“春秋题目邾子误邾人”，遂与考试官白乃贞、詹养沉一道被革职。② 随后，罗继谟于康熙三年（甲辰 1664 年），被流放至铁岭。

继谟于戍所其间，志气不衰，勤于治学，时与流人文士频频交往，切磋学问，相率唱和，吟咏不辍，所作篇什颇多。他关心地方文化事业，曾参与编写董国祥纂辑的康熙十六年《铁岭县志》，与孙樉共同负责搜集工作。著有《银州诗草》，流传于世，有“其遗稿，世争宝之”之誉。③

《银州诗草》最突出的特色是，记录反映了诸多流人文士交往的情状。其大量的篇什，吟咏诸多流人文士时时聚会、吟诗畅饮。他们热情相会，彼此慰勉。如“此去银州莫惆怅，天涯倾

① 乾隆《杞县志》卷一六《文苑传 · 罗继谟》。
② 《清圣祖实录》卷一三，康熙三年十月丙寅。
③ 乾隆《杞县志》卷一六《文苑传 · 罗继谟》。

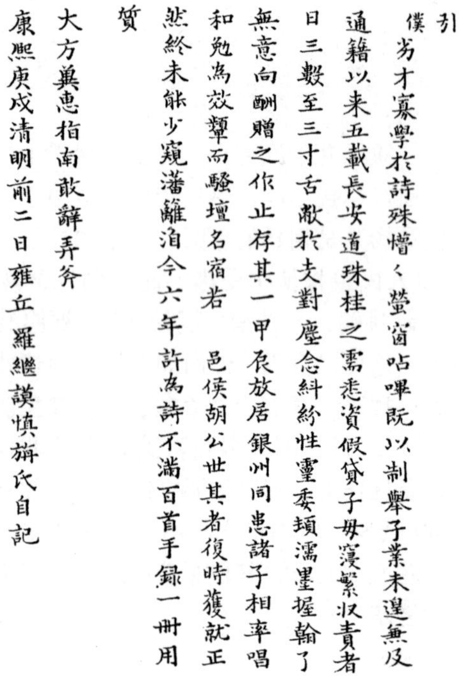

引

僕劣才寡學於詩殊懵〻螢窗呫嗶既以制舉子業未遑無及

通籍以來五載長安道珠桂之需悉資假貸子毋寖繁収責者

日三數至三寸舌敝於支對塵念糾紛性靈委頓濡墨握翰了

無意向酬贈之作止存其一甲辰放居銀州同患諸子相率唱

和勉為效顰而騷壇名宿若　邑侯胡公世其者復時獲就正

然終未能少窺藩籬洎今六年許為詩不滿百首手錄一冊用

質

大方冀惠指南敢辭弄斧

康熙庚戌清明前二日雍丘羅繼謨慎旃氏自記

图5　《银州诗草》

盖有相亲”,[①] 而“此地逢人仍纵饮，经年别路几长嗟”,[②] 可见其虽在流放之地却到处有朋友，到处有知音，并不落寞。而且，这些流人文士之生活颇为舒适，往往彼此乘马拜访，诗酒酬唱：“匹马长驱此再过，挑灯各道近如何”“寻常爱客引清樽，夜静新诗细细论”。[③] 在戍所找到了知音，充实了生活。

继谟与诸多流人文士，经常聚会于郝浴、陆子渊、孙赤崖、戴孝臣等之住宅。《银州诗草》中所收《中秋宴集郝雪海侍御亭台逢菊同赋》（二首）云：

（其一）
中秋已见菊花开，莫遣良宵暗自催。
绕砌苔痕蛩响乱，横天霜影雁行来。
更无缟带酬新侣，剩有羊裘典旧醅。
绝塞愁时逢我辈，百年佳兴一登台。
（其二）
天涯潦倒几书生，逢节伤心付酒筒。
万里黄云浮远近，一帘白月自西东。
莼鲈未断江南梦，砧杵时催大漠风。
回首长安骢马客，漫漫相忆各飘蓬。[④]

这里写出了以郝浴为中心的流人聚会之情形。时值中秋，菊花已开，蛩鸣声实是蟋蟀声响成一片，而碧空之上大雁南飞，他们登上郝浴银园的亭台赏菊，抒引感慨。“绝塞愁时逢我辈，百年佳兴一登台”“天涯潦倒几书生，逢节伤心付酒筒”“漫漫相忆各飘蓬”。在大漠之风劲吹之时，节日来临，却倍增惆怅，而“未断江南梦”。因为他们最为纠结的是，往日不堪回首，现在仍滞留北国而不得回归故里，如此现实令人心碎。故对所遭流放的厄运则内心耿耿而难释于怀。这是饱含惆怅的欢聚。是所有流人文士外表潇洒，意气昂扬的豪饮豪聚中实况的真实写照。所谓戴着镣铐的歌舞者。此诗具有普遍意义。

当然，也有纯娱乐：彼此恣肆豪情，寻欢作乐，而不留任何其他痕迹者。如《雪中集戴孝臣斋中》诗云：

乘兴有同怀，贪游无缓步。

① （清）罗继谟：《银州诗草》之《东归过都城广宁门有感》，国家图书馆藏钞本，第15—16页。
② 《银州诗草》之《春酌怀开原何明府》，第22页。
③ 《银州诗草》之《上元前二日过奉天宿孙赤崖斋中》三首之一、二，第7—8页。
④ 《银州诗草》，第3—4页。

敝裘冲风雪，微茫指村路。
寒云塞远天，昏烟沉古戍。
剡溪咫尺寻，怡然主人遇。
呼童贳酒归，张灯高宴具。
角鼓静中宵，觥筹恣交错。
天涯易为感，矧乃岁云暮。
相逢但行乐，疏狂见情愫。
高卧讶袁安，索居何所娱。①

此戴孝臣乃顺治六年流放而来的江西人戴国士之子，国士死后，诸子及其族人皆定居于铁岭，诸子仍能悠游岁月，招待诸流人文士，足见其经济实力颇厚。此诗所咏可见诸流人文士，时有聚会宴饮，其经济实力亦非一般可比。这是当年流人生活的重要一面。这里流人们"相逢但行乐，疏狂见情愫。高卧讶袁安，索居何所娱"。以闭门索居，不问外界为怪，而尽情欢愉，不计其余，可谓放怀于天地之间，纵情于形骸之外，无忧无虑地尽情享乐。看似旷达，其实这是乐以消忧，只是不露痕迹而已。

而《九日集陆子渊年兄宅》诗则云：

（其一）
黄花绿酾泛闲斋，雪尽余寒散晚街。
贫病不堪逢节老，招携况复是天涯。
笳声吹月雁横岭，虫语吟秋霜满阶。
系臂羞追桓景约，青山无意对尘襄。
（其二）
五云多处旧衙斋，几树秋阴接御街。
书校云台惭未彻，恩承郢水渥无涯。
直庐午夜严金钥，介帻平明肃玉阶。
飚馆于今违望幸，西风潦倒漫言怀。②

这仍是在欢乐聚会中，对流放边远的哀伤。重阳节时，诸同病相怜的流放朋友于天末一方陆宅聚会，其念念不忘的是昔日在朝时任职之情景，而今且望得到恩眷而不可得，遂于穷困潦倒之中抒发感慨而已。此陆子渊，即陆庆曾之字，又字皋如，松江府华亭（今属上海）人，世家出身，才情繁缛，闻名于世，尤为著名诗人吴伟业、陈维崧等所赏识。因屡困于科场，顺治十四年（丁酉，1657年），"以贡走京师，慕名者皆欲罗致门下，授以关节"。而作弊得逞，于是考中举人。不久，科场案发，他被"幽囹圄，拷掠无完肤"，③被

① 《银州诗草》，第19页。
② 《银州诗草》，第6页。
③ 佚名：《研堂见闻杂记》，《烈皇小识》，神州国光社，1951年，第283页。

流放尚阳堡。临行时，“一妾挈幼子牵衣袂，行路尽为流涕”，[①] 甚为凄惨。《辽左见闻录》载称，其在戍所期间“家赤贫，业医自给，十余年而殁”。[②] 然此诗所云，此时其境况却并非困窘。其居所竟位于“五云多处旧衙斋，几树秋阴接御街”的陪都盛京城内，非有可观的经济实力，难得获此地段之住所，足见其生活境况并非困顿而是颇佳。而继谟此诗之所咏是当年之事，应为实录，足可证史之实并可订史之误。此亦可见数十年后成书的《辽左见闻录》所载，并未完全确切。

其《上元前二日过奉天宿孙赤崖斋中》（三首）诗云：

（其一）
匹马长驱此再过，挑灯各道近如何。
春光都向愁中减，归路空教梦里多。
（其二）
寻常爱客引清樽，夜静新诗细细论。
话到乡园游览事，烟花缭绕总伤魂。
（其三）
歧路偏惊令节频，鳌山青翠自嶙峋。
不须更试渔阳鼓，散入变声愁杀人。[③]

此正月十三的宴集，是在孙赤崖奉天寓所举行。孙赤崖即孙旸乃是顺治北闱科场案中被流放至尚阳堡者，此时其在盛京城内亦有住所，可见其家境宽裕，亦有非凡的经济实力，可谓生活无忧者。然而其心境并不舒畅：目睹的大好春光却“都向愁中减”，谈及乡园烟花美景却“总伤神”，而旧日令人开心的渔阳鼓声竟“散入变声愁杀人”，越是良辰美景、赏心悦目之事，皆令人惆怅。可见他们驱马前往，挑灯夜宴，并谈诗论文的欢快聚会中却充满了苦涩。

除于宅院中相约宴饮外，诸流人文士更是结伴同行共赏美景，如《春日同社诸子泛舟鸳鸯湖》（原注：邑侯胡公、邢环生、秦维紫、戴孝臣、左子鲁、肃公、王公选同集）云：

青春三月满芳甸，鸳鸯湖水净如练。
锦鳞漾日乍游泳，细藻牵风初蔓衍，
荡桨中流一叶轻，缭绕晴岚披面面。
云树光涵天上下，棹歌声逐岸回转。
仙吏潇洒多逸兴，肯调鞍马来荒堰。
逸少倜傥薄俗儒，流觞重理兰亭宴。
作赋雄才属太冲，更兼伯仲人所羡。
高谈磊落赤城客，酒酣啸傲神采绚。

① （清）程穆衡原笺、杨学沆补注：《吴梅村诗集笺注》卷九《赠陆生》引“钱笺”，上海古籍出版社，1983 年，第 589 页。

② （清）王一元：《辽左见闻录》，沈阳出版社，2013 年，第 42 页。

③ 《银州诗草》，第 7—8 页。

安道意气凌古人，才子风流越世彦。
相看尔我各忘形，一樽率尔成欢谳。
人生行乐及良时，天涯况复长相见。
必待牙樯画鹢始，遨游多恐年华易更变。
忽忆川上叹逝水，临风欷歔泪以线！①

此诗咏尽了流人文士泛舟铁岭鸳鸯湖上，尽情欢愉的场面。聚会有诸流人文士也有现任官员，所谓“仙吏潇洒多逸兴，肯调鞍马来荒堰”者是也。而原注提到的“秦维紫”，则是浙江抗粮案中罹难士人，于康熙元年被流放至铁岭，康熙七年被改戍籍为民籍，数年后返回故乡者。这里透露的重要信息是，此时铁岭的流人文士竟有结社活动，此结社未见记载，自顺治七年函可首创的冰天社后，辽沈地区再未出现社集之事，因为此时清廷曾一再颁旨严申禁止结社之令。而此时的铁岭流人竟有社集，且有现任官员参与其中，并高调炫耀，实属大胆罕见。当然，此所谓“同社”之社，是实有其事的实指，还是虚称假托的泛指，人们已无从得知。

当年，诸多地方官员参与流人文士的活动，且无拘无束，看来是颇为平常之事，《雪中答胡世其邑侯》（原注：来诗有“想应不作袁安卧，纵酒献诗向阿谁”之句）诗云：

醉卧蓬窗雪已深，相思此际属知音。
共期不负山阴兴，安道门前可自寻？②

此诗所咏可见罗继谟与地方官有较深之交情。

罗继谟的诗作中，还有一些描绘自然风光及特定景象之作，给后世留下了珍贵的记忆。其《题观音洞》（四首，有引：洞距银州百余里，相传为老虎洞。予乡邢子环生，颇善堪舆家言，附洞居民延之卜地，过此谓宜镵石塑观音大士像其中，居民信之，因更是名），前二首云：

（其一）
洞自何年辟，名从此日新。
宝幢围石色，香树藉苔茵。
古洞龙蛇伏，荒崖虎豹驯。
会当穷胜迹，延眺惬吾真。
（其二）
窈窕层岩外，天光一镜悬。
攲斜饶怪石，动荡激清泉。
林壑云常驻，峰峦气屡迁。
老僧清盥罢，趺坐自安禅。③

① 《银州诗草》，第27—28页。
② 《银州诗草》，第18页。
③ 《银州诗草》，第37—38页。

状景抒情中，尚有一种飘然愉悦之感。这是记载于《银州诗草》上之作，大概是康熙九年前所写。而后《铁岭县志》所收共两首同名《观音洞》之诗的第二首，则与此题的第二首迥异，其意境亦颇为不同。其诗云：

扣角非吾事，深林兴自长。
披经云过眼，采药翠沾裳。
法雨莓苔润，神灯岩岫光。
无生如可悟，直欲问慈航。①

此作收于康熙十六年修的《铁岭县志》上，可谓又一版本之作。然此诗则充分表达了诗人绝意仕进，甘隐林泉之志趣，流露了不可排解的苦闷心情。这是被流放既久，回归无望的无限伤怀之作，真实反映了流人前后心境之变化。但尽管如此，他们对回归、对未来仍然抱有希望。

被流放于铁岭的罗继谟曾多次进关回故乡探望，并留下诗作，记录了其所思所感，颇有意境。《留别洧上蓬池诸友索和》（二首）诗云：

（其一）
雪满梁园赋别离，相看无语对残卮。
眼前乡国非吾土，话里寒暄祇后期。
紫塞霜华回雁早，黄河柳色渡舟迟。
丈夫别有忧时泪，莫使沾裳叹路岐。
（其二）
骊歌欲唱不成声，冻柳萧疏度远行。
逐客南冠仍北上，乡音双洧隔千程。
鹤归华表冰天阔，虎啸巫闾猎火明。
圣代刀环曾不靳，春风回首玉关情。②

洧上即洧水之上，洧水即今河南双洎河，洧上莲池诸友当是罗继谟昔日之故旧。这是入关会见老友之后，又要回返戍所而留别诸友之作。其众人送别，彼此皆内心凄苦，依依不舍之情跃然纸上。因为继谟虽至梁园故地，却深感“眼前乡国非吾土，话里寒暄祇后期”，只是暂时停留，而还得返回“紫塞”，即流放之地。“逐客南冠仍北上，乡音双洧隔千程”，这才是令人悲苦的现实。尽管如此，诗篇的结尾却有“圣代刀环曾不靳，春风回首玉关情”之句，这是希望朝廷能下赐还之诏，赦流人回归故里，以不辜负其深情之企盼。

《出关作》一诗表达的感情则更为直白，亦更为凄苦：

---

① 康熙十六年修《铁岭县志》卷下。
② 《银州诗草》，第112—113页。

八年三度出重关，分画东西咫尺间。
岂是逢萌求大隐，由来定远愿生还。
城侵潮汐元依海，路入幽营不断山。
却望日边双阙迥，风尘来往泪痕斑。①

这是入山海关探望之后，又出山海关之作。但其表达了希望结束流放生活，无日不盼望回归故里的心愿。其触景生情，遗憾无限。进进出出的依海坚城，与经过群山起伏的幽营地，一片美景却令内心凄惨，泪痕斑斑，因为生还的心愿尚未实现故也。

应该指出的是，《银州诗草》思想情调比较平和，绝无尖锐的思想、激昂的话语，更无指斥时弊之作，亦无对自身流放的愤懑之情。该诗草中仅《秋邸杂咏十二首》前的“引”中透露了一些对流放不返的哀愁：

> 骚人怅怅，寓目行吟；倦客栖栖，感时托兴。由性情之触动，假翰墨以抒扬。况乃金飚戒肃，山川日见凋颜。兼之玉露凝寒，天地时呈惨色。抚之物候，助乃悲思。九辩心伤乎摇落，岂徒然；七哀泪下以徘徊，良有以也。嗟乎，薄祜阅世多艰，一官放废，莼鲈归计已乖，悔难及矣；十载浮游，岁月征途易迈，命也如何！离同正则刀环。莫逮江潭隐匪，幼安蓬梗，徒淹关塞。睹草木之变衰，魂惊鞍马；冒星霜而凛栗，病逐衾裯。鸿雁唳空，推献歧路风尘之苦调；蝼蛄咽晚，唱和孤灯夜雨之哀歌。敢曰能文，聊庸寄意。譬土缶下音，虽愧黄钟之响，无妨巨细分陈。若驽乘钝步适形，紫燕之良，讵望驰驱并驾。时惟八月，赋就累篇，窃效颦眉，爰供笑口。

然而这种“愁”，诗人强调乃“感时托兴”之愁，即物候变化，天时运转，引起的心理不适之愁。尽管此引辞藻华丽，以铺陈手法说愁，但这种愁，只不过是触物感时而生的淡淡哀愁。虽然诗人感叹“阅世多艰”，说“一官放废，莼鲈归计已乖，悔难及矣；十载浮游，岁月征途易迈，命也如何”！似乎对自己的流放难归极为无奈，慨叹命运不佳，但也只不过如“鸿雁唳空”“蝼蛄咽晚”，属于一种生理反应的“苦调”“哀歌”之自然流露。实在没有警醒的见解与深邃的思想，华丽辞藻的背后尽显苍白无力。实际上这12首“杂咏”诗中，充其量亦不过怀古哀愁与现实应景之作，而绝无关心社会紧系民生之什，故缺乏思想深度。《银州诗草》通卷亦然。罗继谟其虽为流人，但与官场人物联系较多，却较少接触下层，与张人刚、蔡础等有明显差距。这与其出身经历及思想追求有关，环境使然，对此人们亦无须苛求。但总体说来，《银州诗草》毕竟鲜明地流人的某些方面，咏叹了流人文士的生活状况，反映了他们思想情绪，追求与企盼，不仅在流人文化史上留下了深深印记，仍不失为辽宁文化史上不可多得的重要文献。

五 《古林智禅师语录》

《古林智禅师语录》6卷，古林禅师侍者正继记录、古林禅师嗣法门人正灯编辑，卷首有康

① 《银州诗草》，第54页。

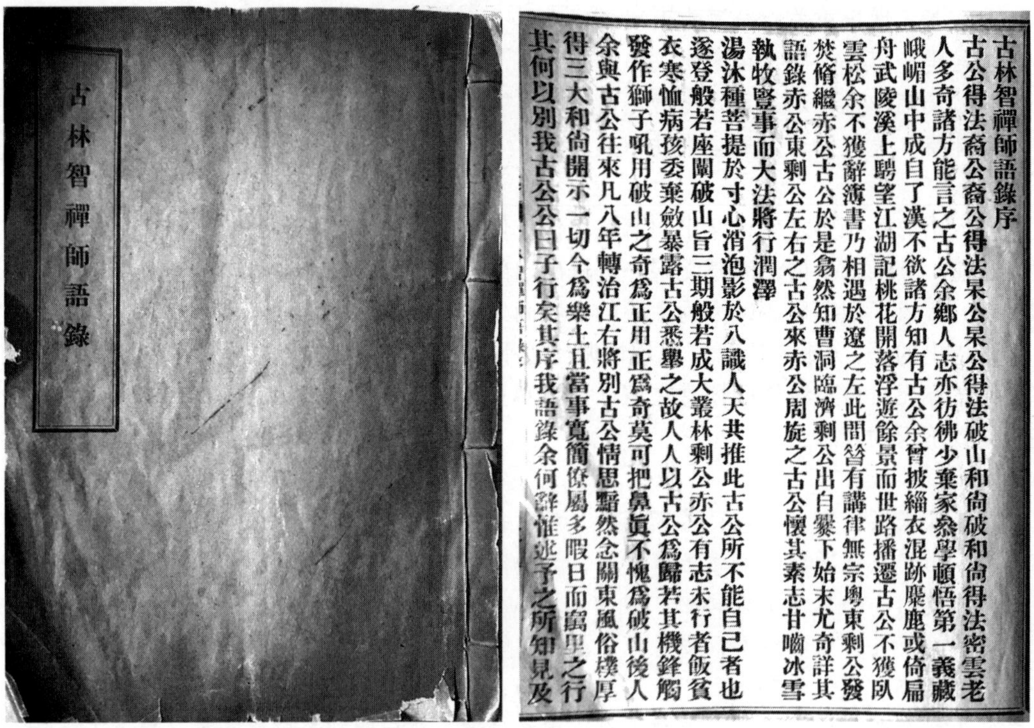

古林智禪師語錄序
古公得法喬公喬公得法杲公杲公得法破山和尚破和尚得法密雲老
人多奇諸方能言之古公余鄉人志亦彷彿少棄家叅學頓悟第一義藏
峨嵋山中成自了漢不欲諸方知有古公余嘗披緇衣混跡麋鹿或倚扁
舟武陵溪上騁望江湖記桃花開落浮遊餘景而世路播遷古公不獲臥
雲松余不獲辭簿書乃相遇於遼之左此間昔有講律無宗粵東剩公發
焚脩繼赤公古公於是翕然知曹洞臨濟剩公出自爨下始末尤奇詳其
語錄赤公東剩公左右之古公來赤公周旋之古公懷其素志甘噉冰雪
執牧豎事而大法將行潤澤
湯沐種菩提於寸心消泡影於八識人天共推此古公所不能自已者也
遂登般若座闡破山旨三期般若成大叢林剩公亦公有志未行者飯貧
衣寒恤病孩委棄斂暴露古公悉舉之故人人以古公爲歸若其機鋒觸
發作獅子吼用破山之奇爲正用正爲奇莫可把鼻眞不愧爲破山後人
余與古公往來凡八年轉治江右將別古公情思黯然念關東風俗樸厚
得三大和尚開示一切今爲樂土且當事寬簡僚屬多暇日而廣里之行
其何以別我古公公曰子行矣其序我語錄余何辭惟述予之所知見及

图 6　《古林智禅师语录》

熙三十六年丁丑（1697 年）圣感方丈永潜和尚、康熙二十四年乙丑（1685 年）奉天通判季浑所写之序各 1 篇。有龙藏本行世，沈阳慈恩寺有藏。其内容包括释古林于般若禅寺、如来禅院、建宁禅寺及大悲禅寺的语录，以及普说、机缘、颂古、小佛事、法语、偈，及行状等，即全面记录了古林和尚的佛学活动。（图 6）

释古林（1623—1695 年），别号智，俗湖广长沙朱氏之子。幼年父母双亡，颠沛流离，6 岁时至四川入峨眉山入双桂堂，皈依佛门，历尽苦楚，20 岁受具足戒，后为德山语嵩裔禅师之弟子，乃临济宗破山和尚之第三代，属天童寺密云禅师木陈道忞之后。因“世路播迁”，“不获卧云松”，① 而于康熙初年远至辽左，这是离开南国北赴荒寒之地的委婉说法。他曾耿耿于怀地自称：“昔在蜀中遭毒手，而今塞外恨难酬”“蜀中留不得，塞外任人嫌”。② 又云：“历遍中华，沧桑更换，流到沈阳。”③ 显见他是遭遇迫害而被流放至塞外的，是位流放和尚。但具体缘由已不可考。

其《初至沈阳寄住徽宗寺》诗云：

（之一）
水边林下已多年，一旦移居到市廛。
夜半蒲团人静后，依然明月满霜天。
（之二）

① （清）季浑：《古林智禅师语录序》，《古林智禅师语录》卷首，楞严大藏本。
② 《古林智禅师语录》卷一。
③ 《古林智禅师语录》卷三。

图 7 沈阳般若寺

身披破衲一孤僧，历尽崎岖万里程。
举目遍观无蜀客，可怜肝胆向谁倾?①

可见他初至沈阳时住在徽宗寺，人生地不熟。但不久，便得到临济宗和尚赤岩的友爱与帮助。当年，曾目睹此情的奉天府通判季浑说："此间昔有讲律无宗，粤东剩公发焚修，继赤公、古公，于是翕然知曹洞、临济。剩公出自爨下，始末尤奇，详其语录。赤公东，剩公左右之；古公来，赤公周旋之。"正是由于赤公即赤岩和尚的关照，古林方能立足辽左。而古林亦非泛泛之辈，他"怀其素志，甘啮冰雪，执牧竖事，而大法将行，润泽汤沐"。以坚忍不拔的努力，将"剩公、赤公有志未行者，饭贫、衣寒、恤病孩、委弃、敛暴露，古公悉举之"。他出色的行动对清朝发祥地的盛京做出贡献，因而赢得僧俗大众的欢迎，与函可、赤岩一道被誉为"关东三大和尚"。② 古林更为突出的贡献是，于康熙十一年壬子（1672 年），以一人之力调动了方方面面的力量，买土地创建了沈阳般若寺，一时之间成为盛京地区最有影响的文化盛事。(图 7)

这之后，古林便于奉天般若禅寺、辽阳如来禅院、建宁禅院，及奉天府东前山台大悲禅寺等寺院宣讲佛法。他的弟子于康熙三十六年丁丑（1697 年），将其语录等著述以六卷本《古林智禅师语录》为名出版，书前有圣感寺方丈深雪永潜、原奉天府通判季浑所写的序文各 1 篇。卷一至四为"语录"，卷五六两卷为"偈"，展示了古林于辽沈的佛事活动及其思想面貌。

① 《古林智禅师语录》卷六。
② 前揭《古林智禅师语录序》。

古林在辽沈的活动很有特色，他是竭尽全力在宣讲佛法，一再告诫僧俗大众，要行善、讲孝道、行功德、远离追名逐利，要虚心、真心、恒心、坚持不懈，无异于苦口婆心："追名逐利江山窄，烦恼忘时世界宽。"行功德要"重若泰山抬不起，深如沧海掬难干"。① 而"学道先须达本，本立而道自生。行善以孝为先，孝存而善乃具。为善不达其本，非善；为道不先其孝，非道"。② 告诫不要纠缠生死，自我束缚，要超脱，宣扬"人死归空""缘即是空，空即是缘""数声清磬是非外，一个闲人天地间"。③ 实际是告诉人们寻求摆脱苦难的一种生活态度。

其《示众杂言》（十一首之一）云：

空门得入赖前缘，志念要坚，行力要坚。
忘餐废寝苦钻研，顿断牵缠，愤勇当前，水穷山尽见根源。
识得单传，拈弄三玄，随缘触处自方圆。
住也乐然，去也乐然。④

这是谆谆告诫僧俗大众，要意志坚定，坦然地面对一切；要自寻快乐，随遇而安，自觉抛弃烦恼。

其《示徒》云：

为僧莫爱闲，精进休纵顽，晨钟暮鼓念随班。
热莫辞难，寒莫辞艰，见闻知觉尽除删。
祖师关尽情扣彻，始不愧人间。⑤

告诫为僧要刻苦精勤，坚忍不拔，不可懒惰。皆可谓直截了当地进行说教。

古林在辽沈宣传佛法，还有一突出特点就是与地方官员颇有联系，其举行佛事活动多得益其支持，这点与函可、赤岩迥异。但其与众多流人文士之联系则很少。古林于辽沈活动的17世纪七八十年代，辽沈的流人文士众多，然而人们在其《语录》中，除赤岩外，几乎见不到这些人的身影，却有诸多官员的形象出现，并与其推心置腹的交谈记录。

其《送飧霞居士》诗云：

为官须要行慈忍，出处常怀济物心。
不负当年付嘱事，大家出手拯沉沦。⑥

《送别驾季公》诗云：

---

① 《古林智禅师语录》卷一。
② 《古林智禅师语录》卷二。
③ 《古林智禅师语录》卷三。
④ 《古林智禅师语录》卷五。
⑤ 《古林智禅师语录》卷六。
⑥ 《古林智禅师语录》卷五。

(二首之一)
学佛为官事事谐，休将迷悟挂心怀。
但能学佛行慈忍，处处莲花火里开。
(二首之二)
选官选佛梦中梦，应马应牛迷外迷。
触碎虚空无向背，随缘处处乐便宜。①

与众多官员可谓关系密切，正是由于有众多官员的支持，其佛事活动中所遇到的许多难题，往往能顺利得以解决。

其《前山台大悲寺回禄廿年，弟子辈欲恢复而力不及，后有章京王公请，山僧重新赋以纪胜》诗云：

(二首之一)
此地荒残已有年，而今幸得继前贤。
拨开尘雾神驹起，扫尽烟氛师子旋。
花雨纷纷笼翠柏，景云片片结青莲。
王公建此非无意，曾受灵山嘱在先。
(二首之二)
前山突兀绕高冈，先哲从斯建法幢。
一道清泉疑锡卓，四围古树觉神将。
尽从慈化龙头座，若慕真风虎侍旁。
愧我生平无所事，何缘也到此行藏。②

可见僧俗皆难办的问题，有官员介入，便一朝解决。而古林以一人之力创建般若寺，更是有众多现任官员支持的结果。当年他买地建般若寺时，是前任奉天府尹陈一炳为之特疏题请，继任府尹梁拱宸为之经手指挥，于是出现了沈阳“合城檀信（施主）尽破悭囊，代事杨公经营辅翼。至若奔走效力者，如云屯雨集，指不胜屈”的众官神士庶皆为建寺出力的景象，因而“甫逾年而工竣，不易岁而告成”。原任太仆寺卿王维祯著文称颂此举是“千秋之胜迹，百世之奇观”，乃“千古之佳话”。③ 榜样意义极大。

古林初到沈阳，由于赤岩和尚的周旋方打开局面，他颇为感激，而赤岩圆寂后是他为之火化的。其《为赤翁和尚下火》云：

染衣为弟兄，付法论叔祖。
今日来烧伊，漫道吾莽卤。
擲火炬曰：

---

① 《古林智禅师语录》卷五。
② 《古林智禅师语录》卷六。
③ （清）王维祯：《新创般若寺碑记》，《古林智禅师语录》附录。

分明佛法没人情，烈焰光中超万古。①

古林具有联系僧俗的过硬本领，而僧俗大众多愿为其效力，所以其门徒众多。他本人对此也不无得意。

其《山居偈（百首之第四十六）》云：

笑倒前山奈若何，宗风到此渐消磨。
才闻剩济亡嗣续，复见岩乘断接荷。
为甚能仁苗裔少，只因调达子孙多。
渠侬不是闲陶论，难忍袈裟就地拖。②

咏的是函可、赤岩门徒较少，这是实情；"为甚能仁苗裔少"？这是古林之问。其实这是曲高和寡。此中所谓的"能仁"乃是关注社会，看透统治者的本质，不仅不与其同流合污，而且采取傲然不屈的对立态度，所以思想尖锐，看社会问题入木三分，这当然是古林并不认可的。难怪其自诩"调达"，即与当政统治者采取合作的态度不同。古林与函可、赤岩之思想高下判然，不可同日而语。尽管如此，但社会从来就是多元的，作为流人的僧古林对当时辽沈社会的文化发展，亦是有所建树，有其贡献的。

鸣谢：

对上述5部稀见的清代东北流人文献介绍既毕，还应于此再申谢忱，本人之所以能对这些稀见之书顺利查阅并据以研究，多亏多位朋友的全力支持。谨于此，特别应该感谢的是浙江省台州市黄岩图书馆馆长卢勇先生，王芸、金悠悠女士，临海市博物馆馆长陈引奭先生、馆长助理朱波先生，沈阳市慈恩寺盖忠方丈法师。他们得知我不顾年迈体衰，纯为科研而奔波探求学问，皆给与热情支持，或提供珍本原书，或提供电子文本，或提供影印本，皆是完完整整的全本，且不收取任何费用。对于这种尽职尽责，热心服务社会的范例，本人深表敬佩！

（张玉兴：辽宁社会科学院历史研究所研究员）

① 《古林智禅师语录》卷四《小佛事》。

② 《古林智禅师语录》卷六。

清代旗契的中保人

——基于满汉契约文书的考察

张剑虹

内容提要： 中保人在旗契签订过程中起着说合、见证、担保等作用，是旗契重要的一环。旗契当事人倾向于找佐领、骁骑校、领催、族长、族人、亲朋好友等熟人为自己充当中保人，而且往往邀请数人，这其中既有旗人，也有民人。中保人在旗契中的角色受到民契中保人习惯的影响，但旗契中保人仍拥有自己的特点，重要体现就是佐领、骁骑校、领催等旗人基层组织长官充当中保人，这种做法与朝廷对旗产特殊保护有关，与佐领等基层长官的职司有关。旗契中保人制度，一方面反映了满洲文化受中原文化的影响，另一方面反映了满洲文化自身的特性。

关键词： 清代　旗契　中保人　满汉契约

在中国传统社会中，人们签订契约、尤其是田宅交易这类比较重要的契约，往往会邀请中人、保人介入，作为立契的见证，甚或日后履约的担保。作为传统社会经济生活的一种现象，对中人、保人的研究为学界所关注。对中人与保人的起源、发展历史、酬劳、社会身份、社会作用等方面，从历史学、法学、社会学等角度进行了探讨和研究。① 其中关于清代中人、保人的研究成果，依据的是民人契约资料，并不涉及旗人之间的契约。关于旗人契约的中人、保人，有学者曾提及，但并未深入展开讨论。② 清代实行旗民分治，旗人是特殊群体，是政府重点保护对象。那么，以民人契约资料为基础的研究成果，是否能反映旗人的经济生活？旗人契约的中保人是否有特殊性，朝廷对之有无特殊的规定？本文的研究基于这些思考展开。

---

① 李祝环根据陕西省岐山县董家村西周铜器窖穴发掘报告、居延汉简，吐鲁番出土文书、碑记、民间契约等资料，考证了中人称谓的演变以及承担的连带责任(《中国传统民事契约中的中人现象》，《法学研究》1997 年第 6 期)；郭睿君、李琳琦根据清代徽州契约文书，研究了中人报酬(《清代徽州契约文书所见“中人”报酬》，《中国经济史研究》2016 年第 6 期)；李金铮对晚清民国时期中保人的称谓、人数、社会身份、责任、报酬进行了研究(《20 世纪上半期中国乡村经济交易的中保人》，《近代史研究》2003 年第 6 期)；王帅一从法律文化的角度，研究了明清时期契约中人在维持契约秩序、司法秩序中的作用(《明清时代的“中人”与契约秩序司法秩序》，《政法论坛》2016 年第 2 期)。

② 刘小萌在《北京商业契书的类型与研究价值》一文中，提及在旗人官契上签名画押的除立契者本人外，照例由其所在佐领官员共同充当保人。《北京商业契书集（清代—民国）》（上），国家图书馆出版社，2011 年，第 3 页。

一　相关概念界定与旗契文书

1. 中保人

用以表达在契约中起到说合、见证、担保等作用的第三方的称谓非常多，且在不同历史时期有所变化。① 常见的称谓有中人、保人、中保人、中见人、说合人、说合中保人、知情底保人等等，② 本文无意对这些称谓的含义进行比较研究。对于契约的第三方，朝廷并不直接干预，更没有统一的命名，而是由各地交易习惯调整与维持。十里不同风，百里不同俗，不同地区有不同称谓，也是很自然的事情。另一方面，此称谓与彼称谓在此地、此人有差异，在彼地、彼人可能无差异。然而，不管具体称呼如何，它们所起的作用是一样的。综合这些作用，本文采用“中保人”一词，泛指在民商事契约中起到或居间说合，或见证、担保作用的非职业化的第三方，不包括官府认可的牙纪、牙人这样的职业经纪人。中保人的特点是非职业化、民间性。③

2. 旗契

关于旗契的定义，有人认为“旗契就是满洲旗人的土地、房屋在交易过程中形成的契约……旗产在转让、交易中书立的各类契约文书，一般称之为旗契”。④ 该定义强调旗契的重要标志在于标的是旗产，但并未对旗产进一步定义，是仅指朝廷分拨给旗人的旗产，还是包括旗人自置财产，特别是购自民人的房地，并不明确。契约主体是旗人还是民人，也没有界定。本文所说的旗契，指的是旗人之间以及旗人与民人之间签订的买卖、出典、借贷、分家析产等民商事方面的契约，不包括人口买卖、婚姻缔结等契约。契约主体至少一方是旗人，比如民人之间旗地租佃的转让、出典契约则不包括在内。契约标的并不限于朝廷分拨给旗人的旗产，旗人自置财产也包括在内。从表现形式上看，包括红契和白契两类。

3. 相关旗契文书

从已出版、可利用的角度来看，旗契散见于清代契约文书的各类汇编中，《中国历代契约汇编考释》（北京大学出版社，1995 年）、《北京商业契书集（清代--民国）》（国家图书馆出版社，2011 年）、《首都博物馆藏清代契约文书》（国家图书馆出版社，2015 年）、《满族历史资料集成·民间契约卷》（辽宁民族出版社，2016 年）等是收录旗契的典型书籍。除此之外，王钟翰《康雍乾三朝满汉文京旗房地契约四种》、刘小萌《清前期北京旗人满文房契研究》的两篇文章也有所收录，尤其是满文旗契。这些旗契资料，从时间上看，涵盖整个清代；从地域上看，以北京、河北、辽宁地区为主，均是清代旗人聚居之地，有一定的代表性；从内容来看，涉及了土地买卖、典让、租佃、房屋和商铺买卖、典让、金钱借贷、分家析产等方面，基本上涵盖了传统社

---

① 有学者统计过，称谓达 40 多种。李金铮《20 世纪上半期中国乡村经济交易的中保人》，《近代史研究》2003 年第 6 期，第 114 页。

② 笔者所见最长的中保人称谓多达 10 个字：“深知根底经手管业保人”。《同治九年（1870 年）乔台卖铺面房契》，前揭《北京商业契书集（清代—民国）》（上），第 149 页。

③ 关于中保人的定义，可参见李金铮的解释：“中保人主要适用于田房买卖、土地租佃、雇佣、借贷等场合，而且只限于民间的和非职业化的中保人，流通领域内的牙人、牙纪等职业经纪人以及婚姻关系中的‘媒约’不在此列。”《20 世纪上半期中国乡村经济交易的中保人》，《近代史研究》2003 年第 6 期，第 105—106 页。

④ 刘谨桂：《馆藏契约文书的特点——兼论京郊旗地契约的特点和价值》，《首都博物馆丛刊》2002 年第 16 辑，第 142 页。

会民间契约的基本类型。

二　中保人在旗契中的角色

根据上述旗契资料，“凭中说合”“烦中人说合”“自烦中保人”“亲烦中保人说妥”“亲托中保人说合”“亲托中人”“同中人言清价钱”“说合人言明价钱”等关于中保人的语词，出现频率较高，说明了大多数旗契需要中保人的说合、居间作用，具体情况参见表1：

表1　　旗契中保人人数一览表

资料来源	旗契合计	中保人合计	平均每份人数	单份最多人数	无中保人份数
《中国历代契约汇编考释》	26	57	2.2	11	5
《北京商业契书集（清代—民国）》	30	86	2.8	5	1
《首都博物馆藏清代契约文书》	71	156	2.2	8	3
《满族历史资料集成·民间契约卷》	40	136	3.4	16	3
《康雍乾三朝满汉文京旗房地契约四种》	4	10	2.5	3	0
《清前期北京旗人满文房契研究》	10	25	2.5	5	0

从中可知，多数旗契的中保人以2至4人为主。《满族历史资料集成·民间契约卷》旗契的中保人数量最多，这可能与契约构成有关，该书中的相当一部分是分家析产契约，这类契约往往邀请数名族中人见证、中保，基本是4人以上。其次是《北京商业契书集（清代—民国）》旗契中保人，该书收录了很多商铺买卖、典卖的契约，这类契约里的中保人构成复杂，一个契约里往往有中保说合人、知情管业人、铺保人等，故人数相对多。

另一方面，当事人多次签订契约时，往往有固定的中保人。在《首都博物馆藏清代契约文书》收录的旗契中，北京镶白旗人宋广禄分别于咸丰五年（1855年）、七年、十一年卖了4次房地，在4个契约中，路太河充当了2次中保人，源恺充当了3次中保人。与宋广禄同一甲喇下的宋忠宝，在咸丰五年卖了两次地，两个契约的中保人均是路得贵。

旗契资料还显示，中保人对契约履行的帮助与担保。关于此，契文中有三种表达方式，分别为：“倘有……俱在保人一面承管”“倘有……自有中人、契主一面承管”“倘有……由契主一面承管”。这代表着3种责任范围：全部由中保人承担，中保人、契主共同承担，中保人不承担。由此得知，中保人或独自、或与契主一起承担担保责任。这种责任是对契约标的承担瑕疵担保，瑕疵是权利上的瑕疵，包括来路不明、根底不清、重复典卖、指房（地）借贷、官银私债、亲族人争论等情况。

关于中保人在契约签订、履行过程中的角色，民间是予以认可的，但朝廷并未从国家层面予以统一规制，而是由各地习惯调整。① 因此，关于旗契中保人的规定，也散见于旗人旗产旗地相

① 关于此种模式，有学者曾解释：“正因民间有关契约交易的习惯原本已经足够发达，才导致国家法律并无兴趣涉足这一领域的‘缺位’特征。这样，民间社会可以自行解决细事纠纷，国家可以集中有限的法律资源解决公权力更应该关注的问题，实为中国文化的智慧所在。”王帅一：《明清时代的“中人”与契约秩序司法秩序》，《政法论坛》2016年第2期。

对集中的地方习惯中。晚清民国民法典编纂时，曾在全国范围内开展各地民事习惯调查，其中直隶省的民事习惯里涉及旗契。该省当时制定了《直隶售租章程》（后于1915年公布），规定了旗地租户推契的格式化契书：①

> 立推（或称退）地契人（　），今因不便，将租种某王府圈地一段若干亩，坐落（　）地方，东至（　），西至（　），南至（　），北至（　）。烦中说合，情愿推与（或称退与）（　）永远耕种为业。三面言明，值价钱（　），其钱笔下交足，并无零折等弊。倘有弟男子侄争兢违碍者，尽在推地主（或称退地主）一面承管，不与买主相干。租银由买主自行交纳。恐口无凭，立此为据。
>
> 立推契人：（画押）
>
> 同中人：（画押）

这个契书格式是总结了清代旗地推地契书的内容而提炼出来的，旨在统一契约行文，方便使用，同时也为了避免因记载事项不全而引发争议。因为在调查中发现，“各县诉讼当事人所呈之文契，殊不一致”。其中的“烦中说合”，说明了中保人的作用。契尾要求中保人签字画押。当时各县的确存在中保人无法签字画押的情况：“亦有于契内正行载明‘凭中人说合’字样，契后不载明中人某某，致使中人不能画押者。”②

在保定所属各县习惯里，指地借债契约中提到了中人，“指定自己所有之地亩，凭中人介说，使用债款若干，商明利息几分，何日归还，即以该地亩为担保之凭证订立契约”。③

直隶省的这些习惯，与旗契资料反映出的内容基本吻合。

综合契约文书与地区习惯来看，中保人是旗契签订过程中的一个重要因素。除了为契约的签订提供信息了解、居中说合等服务外，还为日后履约提供帮助、甚至担保。这种情况与民契基本一致，在清末各地民事习惯调查中，山西省荣河县知事、承审员曾在报告中这样写：“契约成立，须有中证，既需中证，必须其署名画押，此乃通例。”④ 这话虽然说的有些绝对，但也并非空穴来风，知事、承审员专司审判，熟悉民事习惯。这话代表了中保人对于契约成立的重要意义。虽非当事人，但对于契约成立，甚为关键。“凭中说合”“烦中保人说妥”“凡双方合意，或因争执，经中调处后，订立之合同及言明字”之类的表达，⑤ 也屡屡出现在民契中。

那么，究竟哪些人充当旗契的中保人呢？这些旗契资料显示，契约当事人往往会寻求自己的族长、族人、亲戚、朋友。咸丰四年（1854年），正蓝旗三音讷佐领下闲散邹永义兄弟三人将墓地卖与族弟邹永英，契文中提到“倘日后若有亲族地邻人等搅扰等项情弊者，全在族中人一面承保”，⑥ 签字画押的中保人是卖方的2名族长和8名族人。甚至有自己以族长的身份为自己作中保人的。道光十七年（1837年），正黄旗恒升佐领下闲散杨兆钟将宅基地卖与正蓝旗阿沙里佐

① 前南京国民政府司法行政部：《民事习惯调查报告录》（上册），中国政法大学出版社，2000年，第17页。

② 前揭《民事习惯调查报告录》（下册），第432页。

③ 前揭《民事习惯调查报告录》（上册），第22页。

④ 前揭《民事习惯调查报告录》（下册），第72页。

⑤ 施沛生：《中国民事习惯大全》，上海书店出版社，2002年，第120页。

⑥ 何晓芳、张德玉：《满族历史资料集成·民间契约卷》，辽宁民族出版社，2016年，第36页。

领下闲散邹德连，契文中提到“倘有族中邻舍人等阻挠争竞情□者，俱在中保人一面承管”。①从落款可知，该契约的中保人是作为族长的卖方本人与7名族人。值得玩味的是，卖方在契约正文中并未提及自己是族长，只说是“闲散”，但在契尾作为中保人画押时却摆明了族长身份。

当家族中有人出仕，拥有一官半职时，特别容易被请为中保人。嘉庆九年（1804年），正红旗满洲金梁佐领下兵科笔帖式岳兴阿，将自置铺面房佃与镶蓝旗满洲恒德佐领下内阁中书清某，该契约的中保人是出典人的2名胞弟，分别是内阁学士兼礼部侍郎观諴、太常寺笔帖式观诜。②光绪十八年（1892年），北京镶黄旗满洲英康佐领下联门刘氏卖自置铺面房的契书中，除了有4名中保说合人，还让自己的亲戚宗人府主事联福作为知情底保经手人。③

除了中保人，地保也在契书上签字画押，实际上起到见证作用，相当于中保人。光绪十九年（1893年），北京正白旗满洲秀龄佐领下原任刑部员外郎博启善之妻爱新觉罗氏的卖房红契的契纸上，除了有中人、中见人签字画押，还有知情地保。④ 这里用了“知情”，可知地保愿意为此契约承担作证的责任。不过地保作为中保人，在旗契里不常见。

族长、族人、亲朋好友等熟人充当中保人，不唯旗契，民契的中保人也常有“伯”“堂叔”“兄”“亲兄”“族兄”“亲侄”“房侄”“婿”等亲戚以及同姓人。⑤

然而，旗契的中保人除了族长、族人、亲朋好友等个人生活领域的熟人之外，旗人基层组织长官也会充当中保人，基层长官以佐领为首，包括佐领的下属骁骑校和领催。这是旗契中保人的一大特色。

三　作为中保人的佐领、骁骑校、领催

佐领、骁骑校、领催是八旗组织特有的职位名称。

佐领，汉字官名，满洲社会基层组织——牛录（niru）的长官，由“牛录额真（nirui ejen）”“牛录章京（nirui janggin）”发展而来。牛录最初是各族寨的临时性的围猎组织，努尔哈赤把这种临时性的围猎组织发展成了具有军政财刑各方面职能的社会基层组织。明万历二十九年（1601年）编制牛录时，每个牛录设牛录额真1名，正四品，“掌本牛录所属之户口、田宅、兵籍、教养等军政事务”。⑥ 天命五年（1620年）改牛录额真为备御，天聪八年（1634年）改备

① 前揭《满族历史资料集成·民间契约卷》，第14页。

② 前揭《北京商业契书集（清代—民国）》（上），第35页。

③ 同上书，第281页。

④ 张传玺：《中国历代契约会编考释》（下），北京大学出版社，1995年，第1459页。

⑤ 关于中保人的身份，有学者进行了研究。有人认为，中保人要拥有一定的人际关系和声誉，能促成交易（黄宗智《清代的法律、社会与文化：民法的表达与实践》，上海书店出版社，2007年，第52—54页）；有人归纳，中保人是交易人的亲朋好友、同族人、乡村领袖、城居地主的代理人等人，而且多是社会地位、经济地位较高，关系广泛，有人缘，有面子，熟悉交易规则，能言善辩者（李金铮《20世纪上半期中国乡村经济交易的中保人》，《近代史研究》2003年第6期，第116—120页）；有人认为，中保人是作为乡村名义领袖的乡保，以及在乡民中具有一定经济实力或者面子较大的人（陈胜强《论清代土地绝卖契约中的中人现象》，《民间法》2011年9月，第239页）；有人总结出中人有族长、族众，立契人的亲戚，主人、佃仆、妇女也作中人（吴欣《明清时期的“中人”及其法律作用与意义—以明清徽州地方契约为例》，《南京大学法律评论》，2004年春季号，第168—173页）。

⑥ 朱金甫、张书才：《清代典章制度辞典》，中国人民大学出版社，2011年，第115页。

御为牛录章京，顺治十七年（1660年）定“牛录章京”汉名为“佐领”。

骁骑校，汉文官名，牛录的副长官，正六品。“协助佐领管理所属户口、田宅、兵籍、教养等各项事务”，① 由代子发展而来。明万历二十九年编制牛录时，每个牛录设额真1名、代子2名。代子是满文代理、署理的意思，额真的副手。天聪八年（1634年）将“代子”改称另一满文名“分得拨什库（funde boxokv）”，“boxokv”是催促、催办的意思，“funde”是替、替代的意思，“funde boxokv”就是替催办。那替谁催办呢？很明显是佐领。顺治十七年，将“分得拨什库”定为汉名“骁骑校”。

领催，汉文官名，满文是“拨什库（boxokv）”，催促人的意思。负责书写、会计等事务，“一应登记档案、支领官兵俸饷等事，俱系领催办理。”② 至于拨什库何时改称领催，目前尚无定论。③ 领催一般从佐领管下的人中挑选，要求识字、熟悉佐领内事务，识字的护军可挑选为领催。

具体到佐领、骁骑校、领催等人如何充当中保人，笔者整理了前述旗契资料中的有佐领、骁骑校、领催充当中保人的旗契，具体见表2：

表2　　佐领等人充当中保人的旗契一览表④

序号	立契时间	立契人	受契人	契约类型	契约语言	契约关于中保人的表达
1	康熙三十四年	正白旗拜斯哈佐领下李成茂	正黄旗偏安氏	卖自置门面房白契	满文	日后倘有亲族人等争竞，卖主与牛录张京、分得拨什库、族中人等共同承认 凭中保人：牛录张京拜思哈、分得拨什库秫楷，小拨什库李九成，族中人李九成，族中人李成。
2	康熙四十八年	正红旗蒙古阿必达佐领乌各身五十八	本旗参领阿拉纳佐领下马甲海潘儿	卖门面房白契	满汉合璧	领催孟衣特、免拉孙同保（押）

① 前揭《清代典章制度辞典》，第107页。

②（清）允禄：《钦定四库全书史部·世宗宪皇帝上谕八旗·谕行旗务奏议》卷四。

③“雍正初年，将拨什库改为领催”，前揭《清代典章制度辞典》第358页。然而，表二中的2号契约系康熙四十八年（1709年），满文版契书的“boxokv”对应的是汉文版的“领催”，可知在康熙朝“拨什库”对应的汉名就是“领催”。

④ 表中所列契约，1、3、6、8、10、11号出自刘小萌《清前期北京旗人满文房契研究》一文，2号、5号、9号、14号出自《北京商业契书集（清代—民国）》（上），4、7号出自王钟翰《康雍乾三朝满汉文京旗房地契约四种》一文，12、15、16、17、18号出自《首都博物馆藏清代契约文书》，13、19、20、21号出自《中国历代契约会编考释》（下）。

续表

序号	立契时间	立契人	受契人	契约类型	契约语言	契约关于中保人的表达
3	康熙五十三年	镶白旗富尔布佐领下闲散富绅	本旗高朝柱佐领下侯国用	房屋典让白契	满文	此系专达（护军校）富尔虎，分得拨什库索太，小拨什库（领催）韩班同保。
4	康熙五十五年	镶黄旗公夫尔淡佐领下典簿厅官拉巴及其子德明	镶白旗包衣阿赖佐领下太监苏才敏	房基地典让	满汉合璧	分得拨什库马七、小拨什库和尚、莫昆大（族长）万柱同保
5	雍正四年	镶红旗蒙古阿拉那佐领下马甲海潘儿	宛平县民人张某	房屋买卖白契	满汉合璧	如有重复典卖，俱有骁骑校并领催同保。 骁骑校克□（押），领催泰宁（押）
6	雍正十年	永郭佐领下护军校回色	赫图佐领下闲散马常	指典借贷	满文	此系署骁骑校常卓、署总催、副骁骑校克勒特等同保
7	雍正十二年	镶黄旗满洲关寿佐领下闲散人傅勒浑	本旗五十保佐领下赞礼郎英寿	户部执照卖地	满汉合璧	管理佐领事副佐领法住、骁骑校色克、总催莫尔浑同保
8	乾隆四年	镶蓝旗满洲杨海佐领下鸟枪兵那尔泰	本旗明福佐领下西丹珠色扎拉芬	房屋典让白契	满文	此系那尔泰近支胞弟云骑尉伊拉奇（押），同佐领领催舒敏等同保。
9	乾隆十年	正黄旗满洲固山黑格佐领下披甲人达子	本旗满洲固山保平佐领下闲散杭日布	铺面出典红契	满汉合璧	若有来路不明、重复典卖、拖欠官银、满汉亲族人等争兢，俱系本佐领黑格、骁骑校苏起、领催刘喜一面承管。
10	乾隆十二年	镶红旗彻申佐领下步甲巴兰泰	本旗忠善佐领下闲散贾宝宇	房屋典让白契	满文	此房若有来历不明、其他人争竞等情，由同一佐领之步甲领催大嘴承保。 担保人大嘴（押）
11	乾隆十三年	镶蓝旗满洲明福佐领下养育兵扎拉芬	同佐领之协理中书代清阿	房屋典让白契	满文	此系胞兄领催林泰（押）、亲伯父之孙领催希必代（押）等保了。

续表

序号	立契时间	立契人	受契人	契约类型	契约语言	契约关于中保人的表达
12	乾隆二十六年	北京镶白旗满洲四格佐领下马甲青亮	本旗佐领下养育兵韦成额	卖地红契	满汉合璧	倘系未行扣完官银之公产，并重复典卖，亲族人等争执等情，俱系署佐领色尔登、骁骑校青松、领催六格、卖主青亮同保此照。 署佐领色尔登（押）、骁骑校青松（押）、领催六格（押）
13	乾隆三十四年	北京正黄旗满洲额尔登布佐领下养育兵那兰泰	张某	转典房白契	汉文	此房如有亲族人争竞，来路不明、拖欠官银、重复典卖，有中保人一面承管。 中保人领催增保（押）
14	乾隆三十七年	正红旗满洲都统觉罗金良佐领下贾达汉		铺面房改典为买红契	满汉合璧	此系觉罗佐领金良、骁骑校阿克东阿（押）、领催志德（押）同保。
15	乾隆五十三年	正蓝旗汉军李奈佐领下马甲李侍圣	本旗汉军佟琏升佐领下马甲邓万	户部执照卖旗地	满汉合璧	佐领李奈、骁骑校兴德、领催李世宽，契主李侍圣同保此照 画押
16	嘉庆八年	厢白旗龙福牛录佐领下李自然	本旗刘成义	户部执照卖园地	满汉合璧	佐领隆福、骁骑校大保、领催安福同保此照 画押
17	道光十六年	镶白旗满洲吉昌佐领下护军吉喜	正白旗满洲庆安佐领下亲军孟库达赉	户部执照买地	满汉合璧	佐领吉昌、骁骑校特苏布、佐领恒宽同保此照 画押
18	道光二十五年	镶白旗满洲三甲喇吉昌佐领下护军吉喜	正白旗满洲关有得	户部执照卖自置地	满汉合璧	佐领吉昌、骁骑校特苏布、领催恒宽同保此照 画押
19	光绪四年	镶蓝旗满洲二甲喇世袭一等子爵加云骑尉世管佐领德本	宝兴局	借贷白契	汉文	同领催常永陆续借到宝兴局名下清全钱贰仟吊整。 中保人屈福禄（押）、同领催常永（押）

续表

序号	立契时间	立契人	受契人	契约类型	契约语言	契约关于中保人的表达
20	光绪十三年	正红旗满洲三甲喇世管佐领德培	宝兴局	借贷白契	汉文	同领催祥明又续借清全钱伍佰吊整。 中保人领催祥明（押）
21	光绪十九年	正红旗满洲三甲喇世管佐领德培	宝兴局	借贷白契	汉文	如有言不应点，俱有中保人一面承管。 同中保人言明，永不续借钱文。 中保人孙义安（押）、祥禄（押）、杜宏业（押）、领催祥明（押）

表中所涉契文中，还出现了和骁骑校、领催相关的官名，具体如下：

6 号契文中有："erebe daiselaha funde boxokv cangjo，boxokv da be daiselaha ilhi funde boxokv keret sei akdulaha。"此系署理骁骑校常卓、署总催、副骁骑校克勒特等同保。① 句中的"daiselaha funde boxokv"是署理骁骑校，"boxokv da"是总催，"boxokv da be daiselaha"是署理总催，"ilhi funde boxokv"是副骁骑校。

2、3、4 号契约的满文版中出现了"ajige boxokv"，音译"小拨什库"。其中"ajige"是"小"的意思，那么"ajige boxokv"是不是就翻译成"小领催"呢？《满汉大辞典》就是这么翻译的。② 然而当时情况并非如此，2 号契约的汉文原件翻译成"领催"，③ 而且有本人签字画押，按常理来说，对自己的官职名称应该不会弄错。史料中也有此方面记载，《钦定八旗通志》记载："小拨什库，汉文称领催。"④ 也有学者从职责、舆马服饰等方面，考证了小拨什库就是领催。⑤

根据表 2，旗契既有旗人间本旗内的交易和跨旗交易，也有旗人与民人间的交易。佐领等人充当中保人多数情况下出现旗人之间的契约中，也有少量旗人与民人之间的契约，比如 5、19—21 号契约。一般是立契人一方，也就是卖方、出典方、借贷方的佐领等人充当中保人。有时，佐领、骁骑校、领催等人同时是立契人的亲戚家人，比如 11 号契约，作为中保人的两位领催分别是立契人的胞兄、伯父之孙。

表中包括了 6 份满文契约和 11 份满汉合璧契约，在满文契文中，"akdulaha"表示担保、保证，"uheri akdulaha"就是共保、同保，其中"uheri"是一共、总共、共计的意思，"akdulaha niyalma"表示中保人。但也有个别例外，康熙三十二年（1693 年）正黄旗纳哈岱牛录下拨什库

① 刘小萌：《清前期北京旗人满文房契研究》，《民族研究》2001 年第 4 期，第 88 页。

② 安双成：《满汉大辞典》（修订本），辽宁民族出版社，2018 年，第 69 页。

③ 前揭《北京商业契书集（清代—民国）》（上），国家图书馆出版社，2011 年，第 7 页。

④ 《钦定八旗通志》第 2 册，吉林文史出版社，2002 年，第 389 页。

⑤ 徐雪梅：《清朝职官制中的满汉异同研究》，高等教育出版社，2019 年，第 207—208 页。

常来将瓦房卖与同旗牛录下和博色，契文中用“akdubulaha”表示担保的意思。[①]“akdubulaha”比“akdulaha”多了个中缀“bu”，系使动态，表示使之担保。共保一般用“uheri akdulaha”，但是7号契约里出现“uheri akdubufi”用来表示共保，区别之处在于后缀，“ha”代表动作、事情已经完成，“fi”表示连续动作中的后一个动作，用以体现动作的连续性，副佐领法住、骁骑校色克、总催莫尔浑这3个人虽然是共同充当中保人，但是有主次、前后顺序，用“fi”这个后缀把这种主次先后顺序体现出来。另外，4号契约中出现了“alihai akdulaha”表示同保。

佐领等人充当中保人的表明方式有两种：

第一种是在手写契书上表明。这是佐领等人充当中保人的最初表达方式，又可分为三种情况：(1) 契书正文里明确载明佐领等承管，并在契尾作为中保人画押，如1、5、10、12、13、21号；(2) 在正文中表示“同保”，但并未在契尾画押，如3—4，6—9，11、14—18号；(3) 在正文中并没有表示充当保人，但在契尾作为中保人画押，如2、19、80号。

第二种是在户部核发的执照上，表明同卖主一起承担担保责任。这种方式出现在雍正元年（1723年）之后，如7、15—18号。雍正元年（1723年），朝廷认可了旗人典卖田宅，要求买卖田宅必须到户部注册、交税，户部核发执照，以为凭证：

> 雍正元年，总理事务王大臣等议覆，……旗下人等典卖房地，从前俱系白契，所以争讼不休，嗣后应如所请，凡旗人典卖房地，令其左右两翼收税监督处，领取印契，该旗行文户部注册，凡实买实卖者，照民间例纳税，典者免之。至年满取赎时，将原印契送两翼监督验看销案，准其取赎。倘仍有白契私相授受者，照例治罪，房地入官。[②]

这条规定的作用，一是增加税收，二是作为解决纠纷、诉讼时的证据。红契可以减少诉讼纠纷，并非指的是红契记载内容比白契更详细明确，而是因为红契是官府颁发的，官府认为其真实有效，可以作为证据。而白契签订的具体情况官府并不知晓，一旦出现纠纷时，官府势必重新查证，耗时耗力。相比之下，红契的情况官府一清二楚，日后可直接作为证据，无须查证。

在这之前，朝廷基本禁止旗人买卖旗房旗地，只允许本旗内交易，然而屡禁不止。与其视而不见，不如客观面对。这种承认既定事实并予以规制的做法，符合雍正朝的习惯，耗羡归公、养廉银的出现也是如此。

户部执照经常和契约当事人签订的手写契约关联在一起，比如16号契约，即嘉庆八年北京镶白旗李自然等卖地红契附执照，手写契文如下：

> 立卖园地契人厢白旗龙福牛录佐领下李自然同子灵瑞、朝瑞，因乏手，今将祖遗园地一段，六亩叁分，烦中说合，情愿出卖与本旗刘成义名下永远为业，三面议定时值卖价清钱壹百贰拾捌吊整，其钱当面交足，并无欠少，恐后无凭，立卖契存照。
>
> 中保人：张杰（押）、吴销（押）
>
> 嘉庆八年六月初五日立。卖契人：李自然（押），同子灵瑞（押）、朝瑞（押），侄永瑞（押）

---

① 王钟翰：《康雍乾三朝满汉文京旗房地契约四种》，《王锺翰清史论集》第2册，中华书局，2004年，第989—990页。

② （清）鄂尔泰等：《八旗通志》，东北师范大学出版社，1985年，第1347—1348页。

南至坛，北至香火地，东至本旗，西至坛。

执照汉文内容如下：

厢白旗包衣隆福佐领下闲散李自然有园地一段，六亩三分，坐落大兴县□河营地方，典与本旗隆福佐领下闲散刘成义名下，价银陆拾肆两，佐领隆福、骁骑校大保、领催安福同保此照。

纳税银壹两玖钱贰分

嘉庆八年十二月　日立，卖契人李自然，同子灵瑞、朝瑞

佐领隆福（押）、骁骑校大保（押）、领催安福（押）①

这份契约的手写契书和执照在当事人、标的、价钱等基本内容方面一致。区别在于：一是时间不同，手写契约时间在先，户部执照时间在后，说明当事人先私下订好契约，然后再去缴税；二是中保人不同，手写契书中的中保人是两位普通人，而执照上的中保人是佐领、骁骑校、领催。这种情况并非偶然，17 号契约也是如此。由于是红契，一旦出现争讼，手写契书与执照上的中保人均为官府认可。

佐领等人充当中保人承担的责任范围分为两种：一种是全部由其承担，比如 2、5—7、9—10、13—14 号等契约；一种是与其他中保人共同承担，比如 1、3—4、8、11—12、15—18、21 号等契约。19、20 号契约正文中没有说明中保人的责任，尚不知中保人与借贷方之间如何分担责任。

除了田宅买卖与典让契约，清末还出现了这样一类借贷契约：佐领是借贷方，领催充当中保人，比如、19—21 号契约。借贷原因或为公事，或为私事。公事有置办官事、军装、器械、帐房等，私事有殡葬父母、置办女儿嫁妆等。这 3 个契约的贷方都是宝兴局，宝兴局是个碓房，根据学者考证，它位于鞍匠营，也就是今天北京市西城区鞍匠胡同，靠近阜成门北顺城街，属于内城正红旗范围。② 朝廷给八旗兵丁发的米一般加工成细米再食用，加工细米的机构就是碓房，碓房一开始以挣加工费为主，后来发展到承揽旗人俸米运输与放贷。比如，这 3 个契约都强调以借钱佐领所属旗人的俸米运输业务作为债务抵押，而且这种抵押对下一任的佐领继续有效，直到还清债务。“以后倘若本佐领有升转之日，不拘何人承袭此职，管受图书，若有挪移车脚之事，将此押账接补兵丁当差盘费、军帐钱文，一并归清，方可挪车”。③

民契中基本没有州县基层官员充当契约中保人的做法，那么旗契中为什么有旗人基层官员充当中保人呢？有学者认为，这与当时朝廷对旗人买卖田宅要求“呈明本管佐领”有关。④ 该条规定如下：

乾隆四十六年议准：凡旗员及闲散家奴人等置买房地，令呈明该管佐领，在左右两翼监督衙门纳税过契，如有在大宛二县投税，请领契尾，该县私准纳税者，均照违制论。该旗员

① 首都博物馆编：《首都博物馆藏清代契约文书》（1），国家图书馆出版社，2015 年，第 242 页。

② 刘小萌：《清代北京旗人社会》（修订本），中国社会科学出版社，2016 年，第 237 页。

③ 前揭《中国历代契约会编考释》（下），第 1579 页。

④ 前揭《清代北京旗人社会》（修订本），第 102 页。

及该县俱交部议处，闲散家奴鞭责发落。仍令在监督衙门，补税换照。①

以此解释佐领等人充当中保人，有一定合理性，但也存在一个问题。该条要求出现在乾隆四十六年（1781 年），而在这之前佐领等人充当中保人比比皆是，况且该条要求只针对田宅契约，但在金钱借贷契约中，仍有佐领当中保人的。对于这些情况又如何解释？

认真阅读这条要求，“呈明本管佐领”，朝廷只是下令旗人房地交易要问明佐领，并非意味着交易要获得佐领的同意，佐领知晓即可。言下之意，佐领要掌握本辖区内旗人的不动产变动情况。至于如何掌握，比如充当中保人，并未规定。在没有强制的情况下，佐领等基层官员依然为之，这种做法可以从佐领等人的职责、职司得到解释。

关于佐领在八旗系统里的地位与作用，雍正五年（1727 年）的一条上谕说得明白：

佐领者，乃统辖一佐领之人，俾佐领下人等皆不失生计，不染恶俗，养之教之，使趋于善。莫要于佐领。尔等理宜为国家宣力，正己率物，教育所辖佐领下人……夫佐领之管佐领下人，无异州县之于百姓，如州县所辖地方，或百里有余，或几二百里，户口人民不下数万，征粮断讼事件繁多，然犹可为，地方兴利除弊，惩恶劝善，俾庶民各遂其生。以佐领视州县，诚为甚易，一佐领下满洲多不及二百人少或七八十人，计户不过四五十家，世为同里，孰守分节俭越理奢侈，孰孝弟勤学，孰妄乱生事，谅无有不知者也。管佐领之人、诚于佐领内之善者、奖劝优待，荐举以鼓励之，则善者益乐为善，其劣者、视如子弟，初教之不改，再则斥辱之，诚如此爱惜而训诲之，虽系下愚、亦必中心省悟，傥有赋性顽劣、怙终不悛者，即申详参领都统等、惩戒之，或送部治罪，以警众人，则佐领下顽梗之徒，咸惧而不敢为非矣。②

该上谕虽旨在表达皇帝对佐领的要求与期望，但至少也说明作为基层组织领导的职责：保一方平安。皇帝把佐领比作州县，可见在其眼里，佐领是旗人的父母官。对于佐领的这种角色定位，不惟皇帝，旗人也如此。福格在《听雨丛谈》中，提到佐领“为管辖旗籍人丁亲切之官，凡户婚、田产、谱系、俸饷之考稽，咸有所责，如汉人之于牧令焉”。③ 旗人在文书中介绍自己时，首先要写明所属佐领，即便拥有世爵或在部院任高职，比如“立杜绝卖房契人镶黄旗满洲成铎佐领下世袭三等承恩公钟秀”“立契人系镶黄旗满洲头甲岳奎佐领下大理寺少卿凤秀”。④

既为父母官，其所辖内的钱粮、赋役、断狱、治安、民风教化等诸多事情均由其负责，不能有丝毫差池。这种高强度的职责促使其必须及时掌握辖区内的一切情况，作为重要财产的不动产变动，自然是必备知晓内容。而充当交易的中保人、参与到立约过程中就成为获得这类信息的方式。同时，以自身威望与地位为所管之人作保人，无形中带来一种可信度与震慑力，客观上有助于保障交易的安全、权利义务的履行，从而减少纠纷，维护辖区秩序。中保人这层身份实际上是佐领等人履行职责、管理辖区事务的一个延伸。从这个意义上说，国家公权力参与到私人契约领域，私人契约领域的角色有助于实现社会治理。

---

① 嘉庆《钦定大清会典事例二》卷七九。

② 《清世宗实录》卷六〇，雍正五年八月庚戌。

③ （清）福格：《听雨丛谈》，中华书局，1984 年，第 28 页。

④ 前揭《北京商业契书集（清代—民国）》（上），第 261、185 页。

至于骁骑校、领催，他们是佐领的属官，辅助佐领的工作，对于辖区内的各类违法犯罪事件，同佐领一体承担责任。因此，与佐领一起充当中保人是其辅助佐领工作的一个体现。

佐领等人充当旗契的中保人，是其主动履行职责、完成职司任务的一种体现，也是八旗制度、八旗组织有生命力的一种体现。然而随着升平日久，八旗组织逐渐松散，旗务官地位逐渐下降，“从前佐领一官，极为尊重，由此而历来显官者最多，如大学士尹文恪公以国子祭酒授公中佐领，病免在家，寻于雍正元年起为内阁学士，证此可见其盛矣。现今只能备充侍卫，升参领，拣用绿营参游而已。惟科目出身之佐领，尚许备列五品京堂之选，抑亦不易矣”。① 福格这段话对比了康熙年间与咸丰年间佐领地位、前途的变化，从清初可以入阁到清后期降级使用，前后落差不可谓不大。伴随着这种地位上今非昔比、前途日趋暗淡的状况，基层旗务官工作上积极为之的状态也逐渐消失。道光朝以后，除了清末碓房借贷之外，佐领等人很少充当旗契的中保人。②

在理解佐领等人充当中保人这个问题时，还要清楚以下几点：

第一，朝廷只是下令旗人田宅交易要问明佐领，但并未明确规定佐领等人要充当契约的中保人，因此并非所有旗人田宅契约都由佐领等人充当中保人。

第二，佐领等人是否充当中保人与红、白契没有必然联系。红契中也有佐领等人不充当中保人的，白契中也有佐领等人充当的。

第三，佐领等人是否充当中保人，与立契人的身份没有直接关系。不少有官职旗人的契约，也没有佐领等人当中保人，即便是同旗内交易。比如，嘉庆十一年（1806 年），北京正黄旗满洲文春佐领下前锋校平德，将自置房典与本旗永来佐领下护军奎福。前锋校可是前锋营的中级将校，正六品。然而该契约无任何中保人。③

四　余论

不能否认的是，中保人在旗人契约中的角色、旗人社会对中保人的认可，均在不同程度上受到民契中保人习惯的影响。原因在于：一是契约的共性。旗契与民契标的大都以田宅、金钱为主，虽然有些旗契的标的是旗房旗地，但这只是朝廷的定性，在物理形态上仍然是房屋、土地，与田宅民契没有区别。这种共性决定了旗契也要遵循契约的一般性规律。二是生活环境的共性。旗人虽有特殊性，但也是生活在族人、邻里中。况且，清前期借鉴明制，在旗人中建立族长制度、保甲制度。这更使得旗人的生活环境与民人类似。三是旗民共处的交流与影响。清初虽然实行旗民分治，从居住、职业等方面严格区分旗人与民人，但国家政策无法禁绝民间交流。康熙年间已有旗人倒卖南城商业繁华地段的民人商铺。清前期北京旗人离开划定的内城居所，常居于南城民人区域的大有人在。民间的交流在清中后期越来越频繁，以至于朝廷默认了旗民共处。契约本就流行于民间，旗人签订契约时也会找民人作为中保人。把形成久矣的民契中保人习惯带到旗契中，是自然的事情。因此，所有这一切使得旗契易受民契影响，旗人很容易接受民契习惯，甚至书写语言。从深层次上看，这也反映了中原文化对满洲文化的影响。

---

① 前揭《听雨丛谈》，第 28—29 页。

② 这点可以从《满族历史资料集成·民间契约卷》里的契约得到印证，该书收集的清代旗人契约基本是道光朝以后，没有一件契约是佐领充当中保人。

③ 前揭《中国历代契约会编考释》（下），第 1518 页。

另一方面，在受民契中保人习惯影响的同时，旗契中保人还保留着特色，就是佐领等基层官员充当中保人。这一习惯与朝廷对旗产的特殊保护有关，与基层旗务官员的职司有关，反映了朝廷对旗人民间生活的规制。从另一角度看，佐领等基层官员充当中保人是满洲文化的体现，当然这种体现到清末时已逐渐消失殆尽。

（张剑虹：故宫博物院故宫学研究所副研究馆员）

论清代八旗乡试始末

——以《顺天乡试录》《顺天乡试题名》为例

春 花

内容提要：顺治元年（1644年）清廷入主中原后，即行开科取士。自顺治八年顺天乡试始设满汉两榜，蒙古归满榜，共取70名满蒙举人。每榜乡试完毕，举行传胪典礼，还刊刻乡试录。本文以故宫藏顺治十一年甲午科《顺天乡试录》《顺天乡试题名》为例，又据《大清会典》《清实录》《钦定八旗通志》及清代笔记资料等，归纳、总结八旗顺天乡试始末。

关键词：八旗乡试　举人　顺天府　乡试录　乡试题名录

明代科举考试分童试、乡试、会试、殿试四级。童试为最初级的考试，每3年举行两次。童生经县、府、学院的3种考试——童试、岁试、科试，取得生员资格者，俗称秀才。有了秀才资格，才能到省城应乡试。乡试3年举行一次，中式者为举人，其第一名为解元；未中式举人者，可应12年举拔一次的拔贡考试，中式者为贡生。乡试次年，在京师由礼部主持开举会试，举人、贡生才有资格参加会试，中式者为贡士，第一名为会元。同年，贡士再参加保和殿的复试和皇帝亲自主持的殿试。此外，若遇皇帝登极、皇帝大婚，或皇帝、皇太后万寿庆典之年，可加一次恩科考试。

清廷早在入关前，太宗皇太极就注重文治天下之道。他即汗位不久，为选拔精通满汉蒙文人才，于天聪三年（1629年）对八旗满洲、蒙古、汉军子弟开设考试，对优胜者赏赐物品：

> 上谕曰：自古国家，文武并用。以武功戡祸乱，以文教佐太平。朕今欲振兴文治，于生员中考取其文艺明通者优奖之，以昭作人之典。诸贝勒府以下，及满汉蒙古家所有生员，俱令考试……凡在皇上包衣下、八贝勒等包衣下及满洲、蒙古家为奴者，尽皆拔出，一等者赏缎二，二等三等者赏布二，俱免二丁差徭。①

然而，此次考试不能算为真正意义上的科举考试。其后皇太极以朝廷文职需求，于天聪八年（1634年）、崇德三年（1638年）和六年（1641年）曾三次命礼部，对八旗满洲、蒙古、汉军子弟开科取士。选拔优胜者，赐举人等第，相当于明朝的乡试：

> 辛巳，初命礼部考取通满洲、蒙古、汉书文义者为举人，取中满洲习满书者刚林、敦多惠，满洲习汉书者查布海、恩格德，汉人习满书者宜成格，汉人习汉书者齐国儒、朱灿然、罗绣锦、梁正大、雷兴、马国柱、金柱、王来用，蒙古习蒙古书者俄博特、石岱、苏鲁木，

---

① 《清太宗实录》卷五，中华书局，1985年，第14页。以下《实录》版本同。

共十六人，俱赐为举人，各赐衣一袭，免四丁，宴于礼部。①

戊申，赐中式举人罗硕、常鼐、胡球、阿际格毕礼克图、王文奎、苏弘祖、杨方兴、曹京、张大任、于变龙等十名。②

戊寅，赐新中式举人，满洲鄂谟克图、赫德，蒙古杜当，汉人崔光前、卞三元、章于天、卞为凤，各缎朝衣一领。③

清廷入关前共举行乡试3次，选拔出33名举人，其中有的精通满汉文，有的精通蒙古文，多数人供职于文馆，撰拟本朝军政文移，或翻译汉文书籍等。如刚林、敦多惠、查布海、恩格德、宜成格、鄂谟克图等，有些人后升为巴克什、学士等。但当时却没有举行会试、殿试。既是他们所举行的童、乡试，在考试时间、考试内容等制度，也尚未完善。

清廷入关后，为选拔人才，沿明旧制，开科取士。其童试、乡试、会试和殿试，考试时间、内容等均同与明制，每科分文、武两类。因顺治元年（1644年）规定：乡试以子、卯、午、酉年，会试、殿试以丑、辰、未、戌年。因此，顺治二年、五年后八年、十一年举行了乡试，三年、六年、九年和十二年举行了会试、殿试：

自顺治二年秋，初行乡试。三年春初行会试，嗣后定以子、午、卯、酉年秋八月，举乡试；丑、未、辰、戌年春二月，举会试。间奉特旨开科，随时定期，更为旷典。④

因摄政王多尔衮崇尚武功骑射，不仅不重视对顺治帝的文化教育，也不大提倡八旗子弟习文成才，于是科举考试只设汉榜。至顺治七年（1650年）十一月，多尔衮在喀喇河屯病死，顺治帝亲政，自顺治八年（1651年）辛卯科乡试，开设八旗考试，分满汉两榜，蒙古归满榜，汉军归汉榜。因此，顺治九年会试、十一年乡试和十二年会试，都分满汉两榜：

乙酉始乡试。丙戌始会试。一如先朝。而未及国俗也。辛卯仿元制定乡试。满洲四十人，蒙古四十人，合榜。乌金超哈四十人。乌金超哈，即辽人也，同汉人合榜。初场经义三篇，各从本国书。壬辰满洲、蒙古始进士各五十人。状元麻勒吉。授弘文院馆修撰。今改名氏曰马中骥。⑤

每榜乡会试完毕，紧接着举行传胪典礼，还刊刻乡会试试录、殿试登科录等。至康熙五十四年（1715年）乙未科始，不刊刻乡会试试录、殿试登科录，改为红本进呈。雍正元年（1723年）癸卯科，又令刊刻。故宫博物院图书馆藏有顺治十一年（1654年）《顺天乡试录》《顺天乡试题名》，均为满蒙合璧刻本。笔者据《实录》《会典》《钦定八旗通志》及清代笔记资料等，以顺治十一年乡试录及题名录为例，叙述清代通过顺天乡试选拔八旗文才始末。（图1、2）

---

① 《清太宗实录》卷一八，第12页。

② 《清太宗实录》卷四三，第11页。

③ 《清太宗实录》卷五六，第12页。

④ （清）伊桑阿等撰：《大清会典》卷五二《礼部十三·贡举一·科举通例》，清康熙二十九年（1690年）内府刻本，第1页。

⑤ （清）谈迁：《北游录》，中华书局，1960年。

图 1 《顺天乡试录》

图 2 《顺天乡试题名》

一 《顺天乡试录》《顺天乡试题名》

清代乡试是省一级的科举考试。顺天府为设于京师之最高地方行政机关，因地处全国的政治中心，顺天府尹品级较高，为正三品，执掌京畿之刑名钱谷，并司迎春、进春、祭先农之神，奉天子耕猎、监临乡试、供应考试用具等事。所辖有宛平、大兴、昌平、良乡等24个州县，相当于今日北京市政府。因多数八旗子弟居住京师，所以八旗乡试设在顺天府，与顺天府乡试一同举行。

《顺天乡试录》，由顺天府承办的乡试简介及举人题名。因内阁及各部院衙门翻译满蒙文文职之需，顺治八年（1651年），即入关后第三次顺天府乡试，始设满汉两榜，蒙古归满榜，汉军归汉榜，共取中120名八旗举人。

> 吏部奏言：各旗子弟，率多英才可备循良之选，但学校未兴，制科未行耳。先帝在盛京，爱养人才开科已有成例。今日正当举行，臣等酌议满洲、蒙古、汉军各旗子弟，有通文义者，提学御史考试，取入顺天府学。乡试作文一篇，会试作文二篇，优者准其中式。①

① 《清世祖实录》卷五五，第13页。

凡八旗乡试，顺治八年题准，满洲、蒙古、汉军生员，开科乡试，于顺天举人定额外，取中满洲五十名，蒙古二十名，汉军五十名。各衙门无品笔帖式，亦同生员应试。①

由此可知，取中比例较高，满洲、汉军举人各50名，蒙古举人只20名。顺治十一年（1654年）甲午科乡试，仍与顺天府乡试一同举行，取中比例，比辛卯科乡试有所增加：

顺治十一年乡试中额，顺天加举人十名，大省加举人七名，中省加举人五名，小省加举人三名。满洲、汉军各加举人十名，蒙古加举人五名。②

取中满洲、汉军举人各60名，蒙古举人25名，共145名举人。

故宫博物院图书馆收藏的顺治十一年（1654年）甲午科《顺天乡试题名》及《顺天乡试录》，二者各一册，均为蝴蝶装，黄绫封面，合为一函套。其内容基本一致，也有区别。前者满文名："šūn tiyan fu i simnefi dosika jioi ŕen sei gebu。"③ 其中先列"中式举人满洲六十名"（jioi ŕen simnefi dosika manju ninju），自第1名至第60名顺序编排，共7页。每个人简介首列考试等次，其下人名，再下此人所属旗、牛录名称，均为满汉两种文字书写，第一行满文，第二行汉文，小字双行。后列"中式举人蒙古二十五名"（jioi ŕen silγa□u oruγsan mungγul qorin tabu），自第1名至第25名顺序编排，共3页，每个人简介首列考试等次，其下人名，再下此人所属旗、牛录名称，均为蒙汉两种文字书写，第一行蒙古文，第二行汉文，小字双行。

《顺天乡试录》，满文名："šūn tiyan fu i jioi ŕen simnehe lu bithe。"内容包括考官序、考官名衔、满文题目、满洲解元文章、满洲举人题名录、蒙古文题目、蒙古解元文章、蒙古举人题名录、考官后序等。其中考官序、考官名衔、满文题目、满洲解元文章、满洲举人题名录，考官后序等，由满文书写。满洲举人题名录部分，共介绍60名满洲举人名字、考试等次、所属旗、牛录等概况。蒙古文题目、蒙古解元文章、蒙古举人题名录，由蒙古文书写。蒙古举人题名录部分，共介绍25名蒙古举人名字、考试等次、所属旗、牛录等概况。（图3）

《顺天乡试录》之"满洲举人题名录"，与《顺天乡试题名》所列内容完全一致，只是文种有所不同。前者"满洲举人题名录"列60名，为满文字；"蒙古举人题名录"列25名，为蒙古文字。后者"满洲举人题名录"列60名，为满汉合璧字；"蒙古举人题名录"列25名，为蒙汉合璧字。总之，顺至十一年甲午科《顺天乡试题名》所录取名额，与《会典》记载相吻合。

二　顺治十一年顺天乡试取中举人名录

（一）满洲举人名录

第1名：赵山（joosan），正红旗卜儿孙牛录（gulu fulgiyan i bursun niru）
第2名：卓乐（jolo），正红旗格把库牛录（gulu fulgiyan i gebakū niru）
第3名：舒书（šušu），镶白旗索红牛录（ kubuhe šanggiyan i sohon niru）

① 《大清会典》卷五三《礼部十四·贡举二》，第8页。
② 《清世祖实录》卷八四，第15页。
③ 满文以拉丁文转写，下同。

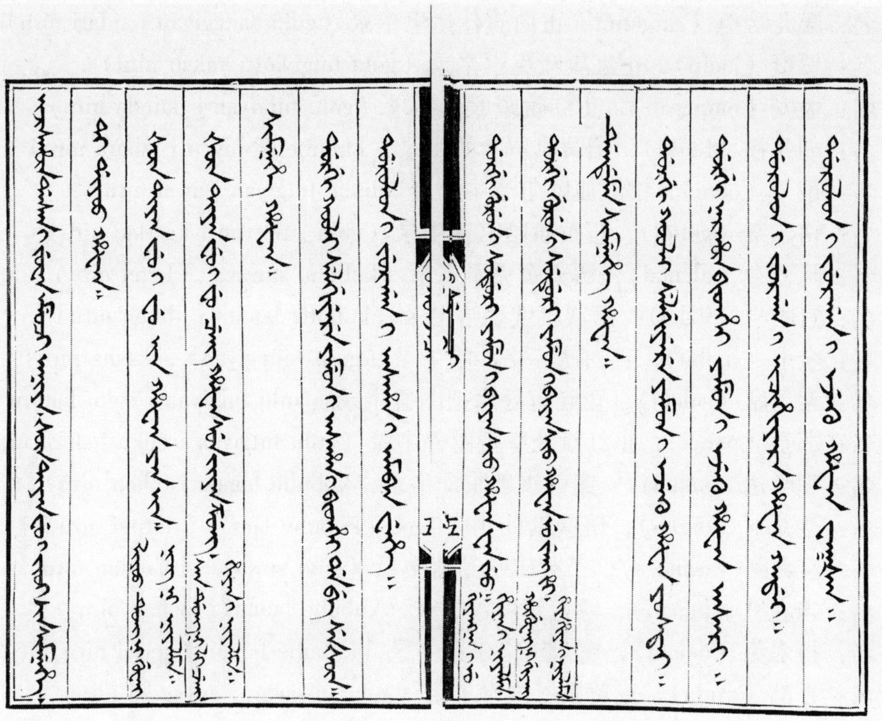

图3　《顺天乡试录》考官职名表

第4名：库勒内（kurene），镶蓝旗胡什卜牛录（kubuhe lamun i hūsibu niru）
第5名：武大禅（udacan），正黄旗哈其蓝牛录（gulu suwayan i kacilan niru）
第6名：戴名阿（daimingga），镶蓝旗杜儿代牛录（kubuhe lamun i durdai niru）
第7名：胡实土（hūsitu），正黄旗鄂貌克兔牛录（gulu suwayan i omoktu niru）
第8名：孟格（menggei），正白旗赖土库牛录（gulu šanggiyan i laitukū niru）
第9名：车克处（cekcu），镶蓝旗夏儿胡达牛录（kubuhe lamun i šargūda niru）
第10名：腊子（lazi），正蓝旗宜拜牛录（gulu lamun i ibai niru）
第11名：阿儿法（arfa），正黄旗哈其蓝牛录（gulu suwayan i kacilan niru）
第12名：扒海（pahai），正白旗胡什纳牛录（gulu šanggiyan i hūsina niru）
第13名：库擦（kūca），正红旗克不兔牛录（gulu fulgiyan i kebtu niru）
第14名：戴屯（daitun），镶黄旗固山额真陈泰牛录（kubuhe suwayan i gūsai ejen centei niru）
第15名：吴把海（ubahai），正黄旗阿哈大牛录（gulu suwayan i ahada niru）
第16名：董色（dungse），正红旗格把库牛录（gulu fulgiyan i gebakū niru）
第17名：祁格（cige），正黄旗吴儿其海牛录（gulu suwayan i urcihai niru）
第18名：莫乐红（morohon），镶红旗阿儿泰牛录（kubuhe fulgiyan i artai niru）
第19名：拜山（baisan），正白旗傅哈牛录（gulu šanggiyan i fuka niru）
第20名：花善（hūwašan），镶白旗哈喇牛录（Kubuhe šanggiyan i kara niru）
第21名：阿儿泰（artai），正红旗塔喇克兔牛录（gulu fulgiyan i talaktu niru）
第22名：孟俄儿代（monggoldai），正白旗沙木哈牛录（gulu šanggiyan i samaha niru）

第23名：噶儿哈兔（gargatu），正白旗什达里牛录（gulu šanggiyan i sidari niru）
第24名：贾秦（jacin），正红旗叶克枢牛录（gulu fulgiyan i yaksu niru）
第25名：孟安（munggan），正红旗戴殷达牛录（gulu fulgiyan i dainda niru）
第26名：胡儿祁（hūrki），镶黄旗贾哈喇牛录（kubuhe suwayan i jahara niru）
第27名：俄开（ohai），镶红旗阿尔泰牛录（kubuhe fulgiyan i artai niru）
第28名：格尔泰（gertei），正黄旗哈其蓝牛录（gulu suwayan i kacilan niru）
第29名：阿蓝泰（alantai），镶黄旗克泰牛录（kubuhe suwayan i ketei niru）
第30名：宜喇哈（ilaka），镶蓝旗俄里哈牛录（kubuhe lamun i ulikan niru）
第31名：金卜（jimbu），正白旗苏格沙哈牛录（gulu šanggiyan i suksaha niru）
第32名：索乐席（soloki），正红旗处库把图鲁牛录（gulu fulgiyan i cuku baturu niru）
第33名：那奈（nanai），正红旗处库把图鲁牛录（gulu fulgiyan i cuku baturu niru）
第34名：呢哈达（nikada），镶蓝旗俄陀浑牛录（kubuhe lamun i othon niru）
第35名：达儿卜（darbu），镶蓝旗杜儿代牛录（kubuhe lamun i durdei niru）
第36名：宜桑阿（isangga），正黄旗哈其蓝牛录（gulu suwayan i kacilan niru）
第37名：朱麻里（jumari），镶蓝旗罗汉牛录（kubuhe lamun i loohan niru）
第38名：得木兔（demtu），镶蓝旗格尔泰牛录（kubuhe lamun i gertei niru）
第39名：甘都（gńdu），正黄旗恩国泰牛录（gulu suwayan i enggedei niru）
第40：沙木哈（samaha），正黄旗鄂貌格兔牛录（gulu suwayan i omoktu niru）
第41名：恩机兔（enggitu），镶蓝旗杜儿代牛录（kubuhe lamun i durdei niru）
第42名：沙汉柱（sahaju），镶红旗特金牛录（kubuhe fulgiyan i tejin niru）
第43名：阿儿达里（aldari），镶白旗黑勒卜牛录（Kubuhe šanggiyan i herebu niru）
第44名：俄儿吉（olji），正白旗昂爱牛录（gulu šanggiyan i anggai niru）
第45名：土儿辰（turcen），正白旗广枢牛录（gulu šanggiyan i guwangšu niru）
第46名：娃儿达（walda），镶红旗呢堪牛录（kubuhe fulgiyan i nikan niru）
第47名：恩泰（entei），镶蓝旗塔卜代牛录（kubuhe lamun i tabdai niru）
第48名：能代（nendei），正白旗阿约喜牛录（gulu šanggiyan i ayusi niru）
第49名：阿思哈（asha），镶蓝旗罗汉牛录（kubuhe lamun i loohan niru）
第50名：李柱（liju），正红旗爱堂阿牛录（gulu fulgiyan i aitangga niru）
第51名：傅陆俄（foronggo），镶蓝旗杨孙牛录（kubuhe lamun i yangsun niru）
第52名：阿达卜（adabu），镶蓝旗杜儿把牛录（kubuhe lamun i dulba niru）
第53名：门得里（manderi），镶红旗乌黑能牛录（kubuhe fulgiyan i wahene niru）
第54名：博和陀（bohoto），正红旗塔喇克兔牛录（gulu fulgiyan i talaktu niru）
第55名：阿喜（ahi），正黄旗额儿赛牛录（gulu suwayan i ersei niru）
第56名：色黑得（sehede），镶红旗罗毕牛录（kubuhe fulgiyan i lobi niru）
第57名：马奈（manai），正红旗胡里卜牛录（gulu fulgiyan i hūribu niru）
第58名：葛色泰（gesetei），正黄旗哈其蓝牛录（gulu suwayan i kacilan niru）
第59名：把杨阿（bayangga），正红旗格把库牛录（gulu fulgiyan i gebakū niru）
第60名：杜喜卜（dusibu），正红旗戴殷达牛录（gulu fulgiyan i dainda niru）（图4、5）

第七名 胡實圡 正黄旗鄂貌克兎牛录
第六名 戴名阿 镶藍旗社兒代牛录
第五名 武大禪 正黄旗哈其藍牛录
第四名 庫勒内 镶藍旗胡什卜牛录
第三名 舒書 镶白旗索紅牛录
第二名 卓樂 正紅旗格把庫牛录
第一名 趙山 正紅旗卜兒孫牛录
中式舉人滿洲六十名

图 4《顺天乡试题名》中式满洲举人名录

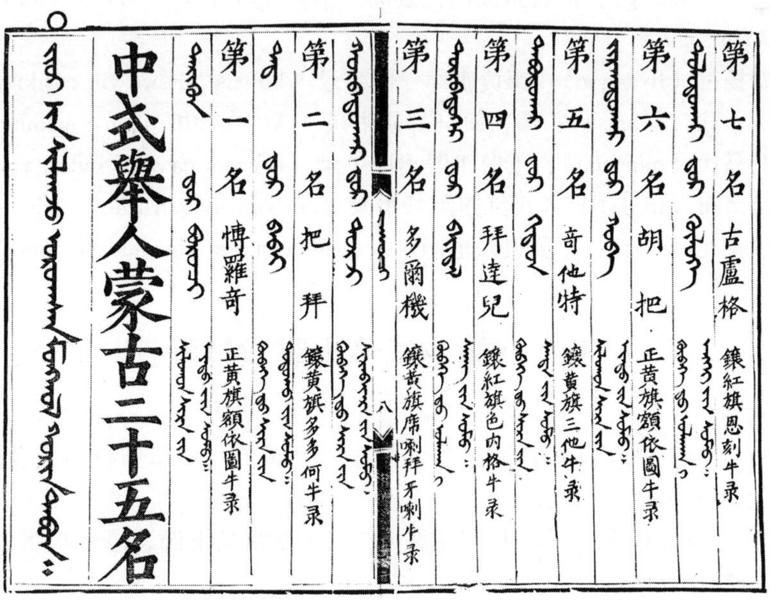

第七名 古盧格 镶紅旗恩刻牛录
第六名 胡把 正黄旗額依圖牛录
第五名 奇他特 镶黄旗三他牛录
第四名 拜達兒 镶紅旗色内格牛录
第三名 多爾機 镶黄旗席喇拜牙喇牛录
第二名 把拜 镶黄旗多多何牛录
第一名 博羅奇 正黄旗額依圖牛录
中式舉人蒙古二十五名

图 5《顺天乡试题名》中式蒙古举人名录

（二）蒙古举人名录（tutü）

第 1 名：博罗奇（boroci）：正蓝旗额依图牛录（siluγun šira yin indü yin somu）
第 2 名：巴拜（babai）：镶黄旗多多何牛录（kübege tüšira yin dodoho yin somu）
第 3 名：多尔机（dor□i）：镶黄旗席喇拜牙喇牛录（kübege tü sira yin sirabaira yin somu）
第 4 四名：拜达儿（baidal）：镶红旗色内格牛录（kübege tü ulaγan i saning yin somu）
第 5 名：奇他特（kitad）：镶黄旗三他牛录（kübege tüšira yin santa yin somu）
第 6 名：胡把（quba）：正黄旗额依图牛录（siluγun šira yin indü yin somu）
第 7 名：古卢格（külüg）：镶黄旗恩刻牛录（kübege tü ulaγan i engkei yi somu）
第 8 名：色黑（seke）：正红旗沙拜牛录（siluγun ulaγan i sabai yin somu）
第 9 名：噶儿马西（γarmaši）：镶白旗布达世牛录（kübege tü caγan i budaši yin somu）
第 10 名：阿笔达（abida）：正黄旗俄儿机泰牛录（siluγun šira yin üljitei yin somu）
第 11 名：班第（bandi）：镶白旗孟格图牛录（kübege tü caγan i menggetü yin somu）
第 12 名：黑色（kešei）：镶红旗博儿何多牛录（kübege tü ulaγan i burqudui yin somu）
第 13 名：插汉（ĉaγan）：正蓝旗绰什西牛录（siluγun köke yin cušiki yin somu）
第 14 名：阿南（anan）：镶白旗把达喇牛录（kübege tü caγan i badara yin somu）
第 15 名：塔把格（tabaγ）：正红旗把泰牛录（siluγun šira yin batai yin somu）
第 16 名：胡思哈（qusqa）：镶白旗阿哈你牛录（kübege tü caγan i aqani yin somu）
第 17 名：班第（bandi）：镶蓝旗色冷牛录（kübege tü köke yin sereng yin somu）
第 18 名：恩刻参（engkesan）：镶红旗博儿何多牛录（kübege tü ulaγan i burqudui yin somu）
第 19 名：何尚（qošang）：镶红旗道赖牛录（kübege tü ulaγan i duurai yin somu）
第 20 名：色冷（sereng）：正黄旗固山额真胡卢格荅儿汗牛录（siluγun šira yin qosiγun u ejen külüg darqan alai yin somu）
第 21 名：费扬古（fiyangγo）：镶黄旗绰什西牛录（kübege tü šira yin cošiki yin somu）
第 22 名：贾木苏（□amsu）：镶白旗马都胡牛录（ kübege tü caγan i maduqu yin somu）
第 23 名：乃马代（naimatai）：正白旗殷达里牛录（siluγun caγan i indari yin somu）
第 24 名：特节布（te□ebü）：正红旗阿拜牛录（siluγun ulaγan i abang yin somu）
第 25 名：俄奇儿（ĉcir）：正黄旗额也图牛录（siluγun šira yin indü yin somu）

三　八旗乡试停止重设过程

清廷入关后，于顺治二年（1645 年）开科取士。自顺治八年辛卯科顺天乡试，始设满、汉两榜，取中满洲、蒙古举人共 70 名。十一年）甲午乡试，取中满洲、蒙古举人共 85 名。然而不知何故，顺治十三年减掉满洲、蒙古生员名额。十四年正月又下谕，停止八旗考试。此后满洲、蒙古、汉军合为一榜，与汉人一同参加考试：

> 礼部奏言，八旗考试进士、举人、生员业，经奉旨停止。①

① 《清世祖实录》卷一〇六，第 21 页。

至康熙二年（1663年）癸卯科顺天乡试，复设八旗考试，取中满洲举人21名、蒙古举人17名。康熙六年九月丁未科会试，又改回与汉人一榜。康熙八年七月己酉科乡试，满洲、蒙古重设满字号，汉军设合字号。但取中名额大大缩减，满字号10名，合字号10名。至康熙十二年十一月，南方以吴三桂为首的三藩叛乱；次年年三月，北方察哈尔部博尔尼亲王又趁机叛乱。因朝廷用武之际，担心八旗子弟专心习文，影响训练武功。于是，康熙十五年（1676年）十月，礼部奏准，再次停止八旗考试：

乙巳，复行满洲、蒙古、汉军翻译乡试，以内弘文院学士罗敏、内国史院侍读学士苏鲁木、礼部左侍郎布颜为主考官。①

六年九月，复命满洲、蒙古、汉军，与汉人同场一例考试。八年七月，定顺天乡试，满洲、蒙古编满字号，共取中十名。汉军编合字号，取中十名。会试满字号取中四名，合字号取中三名。②

十五年十月，议政王大臣疏言：朝廷定鼎以来，虽文武并用，然八旗子弟尤以武备为急，恐专心习文以致武备懈弛。今值用武之际，若令八旗子弟仍与汉人一体考试，必偏尚读书，有误训练。现今将每佐领下一人，在监肄业已自足用，除现在生员、举人、进士录用外，嗣后，请将旗人考试生员、举人、进士暂令停止。③

因担心八旗满洲人其重文轻武，以致武备懈弛，所有康熙二年复设八旗乡试之后，时而停止，时而复设，取中举人名额也比以往大大减少。康熙十五年，又令暂停八旗考试。直至康熙二十六年（1687年），清廷入关已经40多年，满蒙八旗子弟不仅掌握自己民族语言文字，而且已精通汉语、汉文，其满、汉、蒙古文翻译已经不成问题。于是皇帝恩诏：八旗子弟，与汉族一同参加科举考试。为文治武功双赢，康熙二十八年、二十九年又规定，京师、盛京八旗子弟，必须通过骑射功夫，才能准许参加科举考试。（图6、7）

二十六年，奉恩诏：八旗准同汉人一体考试。二十八年复准，满洲、蒙古、汉军，应乡试之监生、生员，均由兵部验射马步箭，能射者，准其移送顺天府入场乡试。二十九年题准，奉天府满洲、蒙古、汉军乡试之监生、生员，准奉天府将军、副都统等验射马步箭，能射者，交与该府丞分别考取，移送乡试。④

丁卯夏，下恩诏："八旗满洲、蒙古、汉军，原有定例，同汉人一体开科取士。前因用兵，暂行停止，今仍照旧举行。"礼部题请于直隶举人额外，满洲、蒙古取中举人十名，另编满字号；汉军取中举人五名，另编和字号，汉军称乌金超哈故也。会试亦以汉进士额外，满洲蒙古取中四名，汉军取中二名，皆与汉人一体作文考试。盛京生员，附入在京八旗。本年乡试期迫，俟庚午、辛未科举行云。⑤

① 《清圣祖实录》卷九，第24页。

② （清）鄂尔泰等：《钦定八旗通志》卷一〇二《选举志一·八旗乡会试缘起》，乾隆四年武英殿刻本。

③ 《钦定八旗通志》卷九九《学校志六·顺天府学生员》。

④ 《钦定八旗通志》卷一〇二《选举志一·八旗乡会试缘起》。

⑤ （清）王士祯：《池北偶谈》卷三《谈故四·满洲乡试》，中华书局，1982年，第85页。

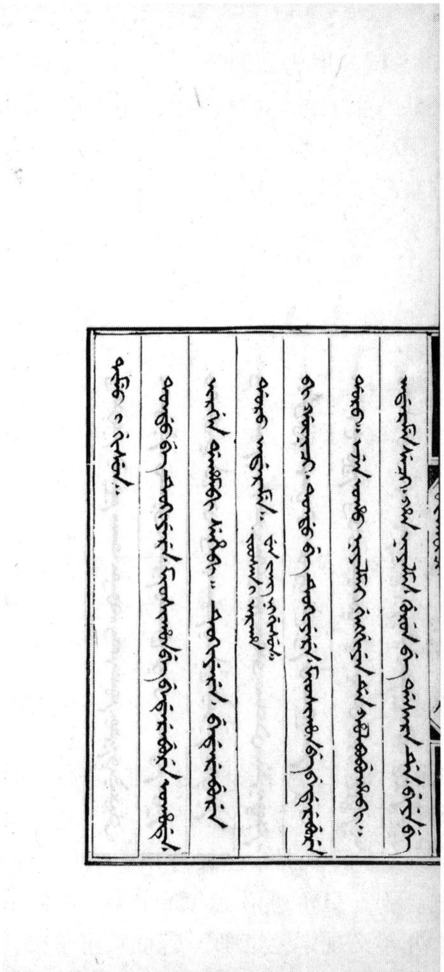

图6　《顺天乡试录》满洲头名举人文章

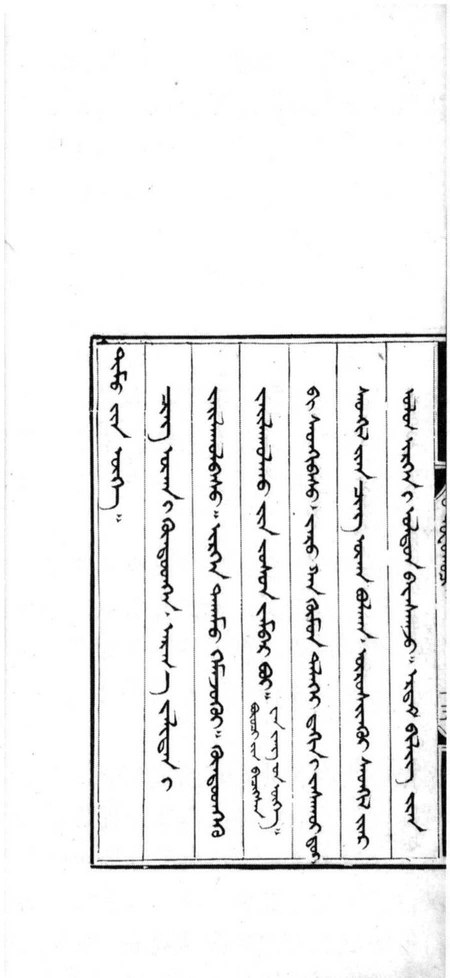

图7　《顺天乡试录》蒙古头名举人文章

至康熙后期，随着八旗子弟学习汉文化的深入，“国语骑射”逐渐退化，以致满汉翻译又成了难题。为满足朝廷满汉文翻译人才的需要，于雍正元年（1723年）另设立“翻译科”满洲乡、会试。雍正九年，针对满蒙文翻译人才的需求，“翻译科”增设蒙古乡、会试。

按：八旗满蒙试翻译，始于雍正癸卯。①

九年奉上谕：看来蒙古旗下人，能蒙古话及能以蒙古字翻译者甚少。如是相沿日久，蒙古文字并蒙古话，必渐至废弃。宜令蒙古旗下人，亦照考试满洲翻译生员、举人、进士之例，考取蒙古翻译生员、举人、进士，在理藩院补用。②

壬戌谕内阁：近见蒙古旗分人，能蒙古语言翻译者甚少。沿习日久则，蒙古语言文字，必渐至废弃。应照考试清文翻译例，考试蒙古文翻译，取中生员、举人、进士，以备理藩院

① （清）吴振棫：《养吉斋丛录》卷九，中华书局，2005年，第121页。

② 《钦定八旗通志》卷一〇三《选举志二·八旗翻译科武科缘起》。

之用。如有学习汉书，愿就试汉文者，照常准其考试，于别部补用。着内阁会同理藩院议奏寻议：八旗蒙古旗分内，能蒙古翻译者，请照考试清文翻译例，三年内考取生员二次，举人一次，进士一次。①

至乾隆年间，因应试翻译科者所“翻译文义相去愈远”，于乾隆十九年（1754 年）三月，大学士傅恒等议准，只留翻译生员考试，停止翻译乡会试。四十三年（1704 年）起重开翻译乡会试，但应试者数量逐年下降，驻防八旗子弟更热衷于科举考试。

顺治、康熙年间，不准各省驻防八旗子弟参加科举考试，唯恐其追求功名，荒废骑射，失去朝廷设立驻防本意。雍正时期，准许驻防八旗子弟到京师参加乡会试，但因路途遥远，可参加者寥寥无几。自嘉庆四年（1799 年）始，朝廷准予驻防八旗子弟参加翻译科。嘉庆十八年（1813 年）起，准许驻防八旗子弟参加各省乡试。道光年间，驻防八旗文生改试翻译科，试题乃钦定，封交主考官刊印，用驿站发过去。考完试再将试卷汇集于京师，皇帝亲派大员阅定，取中名额，写榜封发各省。②

由于清廷在政治上，采取“满蒙联盟”“满汉联合”的策略，因而重要的文书、国书均由满蒙汉三种文书写。清初，为培养八旗子弟的文化素养，设立八旗满洲官学、八旗满洲义学、八旗蒙古官学、八旗蒙古义学等。此外，科举考试设立满榜或翻译科。通过各类八旗考试，为朝廷选拔众多满蒙文翻译人才，为朝廷的文移正常运转做出了贡献，有些人甚至成为国家栋梁。

（春花：故宫博物院图书馆研究馆员）

① 《清世宗实录》卷一〇五，第 20 页。

② “驻防文武生员准在各省乡试，自嘉庆十八年始。道光间，文生改试翻译，试题乃钦定，封交主考斋付监临，届期刊发。试卷汇京师，钦派大员阅定，取中若干名，写榜封发各省”。《养吉斋丛录》卷九，第 122 页。

惠栋晚年学术实践与扬州文化

曹江红

内容提要：惠栋晚年在扬州卢见曾幕府整理、编校《雅雨堂丛书》等典籍，传播汉学，同时继续撰写著作《周易述》。惠栋在扬州这四年中探究、传播汉学的实践对乾嘉时期扬州学术文化产生了积极的影响。

关键词：惠栋　扬州　文化　清代汉学

惠栋是清代考据学的奠基人，复兴汉学的开派宗师。乾隆十九年（1754年），他前往扬州的卢见曾幕府工作，时间长达4年。[①] 他在扬州编校古籍，积极传播汉儒经学。关于惠栋晚年的学术实践与扬州文化这一专题，本文拟作探讨，不妥之处尚祈大雅指正。

一　校雠《雅雨堂丛书》等典籍

惠栋（1697—1758年），字定宇，号松崖，人称小红豆先生。江苏吴县人，初为吴江生员，后改元和（今苏州）籍。他致力于汉儒《易》学，表彰并恪守汉代经师对儒家经典的章句训诂，对清儒治经风气的影响很大，正如钱大昕所说："汉学之绝者千有五百余年，至是而粲然复章矣。"[②]

《雅雨堂丛书》（亦称《雅雨堂藏书》）虽然署名者是卢见曾，实则选书、校勘、撰序等，均可见惠栋的辛劳。沈大成、戴震等幕宾亦参加了该丛书的编校，然而尽力最多者当首推惠栋。这套丛书共包含有《郑氏周易》《易释文》《周易乾凿度》《李氏易传》《尚书大传》《大戴礼记》《郑司农集》《高氏战国策》《匡谬正俗》《封氏闻见记》《唐摭言》《北梦琐言》《文昌杂录》13种。据《扬州画舫录》记载，该丛书有11种古籍都由惠栋主持校订。"惠栋……公重其品，延之为校《乾凿度》《高氏战国策》《郑氏易》《郑司农集》《尚书大传》《李氏易传》《匡谬正俗》《封氏见闻记》《唐摭言》《文昌杂录》《北梦琐言》《感旧集》，辑《山左诗钞》诸书"。[③] 惠栋在扬州校勘大量古籍。

惠栋宣扬汉易的为学宗旨，在《雅雨堂丛书》中对《易》学诸书的校勘理念上充分体现

---

① "余与先生周旋四年，为本其意而叙之如此……德州卢见曾书。"参见（清）卢见曾《〈周易述〉序》，（清）惠栋《周易述》卷首，德州卢氏雅雨堂刻单行本，乾隆二十七年（1762年），中国国家图书馆藏。按，（清）卢见曾《雅雨堂文集》，清雅堂刻本，道光二十年（1840年），未收录该篇序文。

② （清）钱大昕撰，陈文和点校：《潜研堂文集》卷三九《惠栋先生传》，《嘉定钱大昕全集》第9册，江苏古籍出版社，1997年，第622页。

③ （清）李斗撰，汪北平、涂雨公点校：《扬州画舫录》卷一〇《虹桥录上·惠栋》，中华书局，1997年，第230页。

出来。乾隆二十一年（1756 年）《雅雨堂丛书》刊行，卢见曾在《刻郑氏周易序》中写道：“郑氏之学立于学官，自汉魏六朝，数百年来无异议者。唐贞观中，孔颖达撰《五经正义》，《易》用王辅嗣，《书》用孔子（疑作安——引者注）国，而二经之郑义遂亡。今传者惟《三礼》《毛诗》而已。然北宋时，郑《易》犹存《文言》《说卦》《序卦》《杂卦》四篇，载于《崇文总目》。故朱汉上震、晁嵩山说之俱引其说，至南宋而四篇亦佚。于是浚仪王厚斋应麟始裒群籍，为《郑氏易》一卷。前明胡孝辕震亨刊其书，附《李氏易传》之后。往余读《五经正义》所采郑《易》间及爻辰，初未知爻辰为何物。及考郑注《周礼・太师》，与韦宏嗣昭注《周（疑作国——引者注）语》，乃律家合辰、乐家合声之法。盖乾坤十二爻，左右相错，《乾凿度》所云，间时而治六辰，故谓之爻辰也。汉儒说易，并有家法，其不苟作如此。”①（图 1）

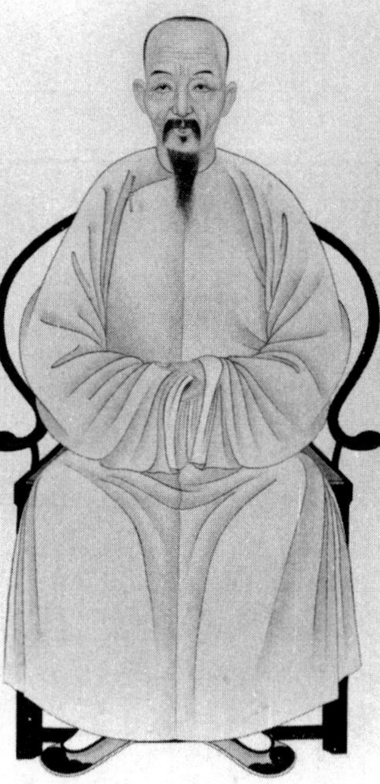

图 1　惠栋像

卢建曾所说与惠栋《易汉学》之所论如出一辙，而且他特别强调该书为惠栋整理，记曰：“第厚斋所集，尚有遗漏，吾友元和惠子定宇，世通古义，重加增辑，并益以汉上、嵩山之说，厘为三卷。今依孝辕之例，仍附于李传之后，用广其传于世。”②

乾隆十九年三月至乾隆二十年（1754—1755 年）六月，惠栋在卢见曾幕中，还与沈大成等幕宾精心校雠、补刻朱彝尊所著《经义考》部分工作。

清初著名学者朱彝尊著《经义考》300 卷，康熙三十八年（1699 年）由于朱氏财力有限，该书仅刻了 167 卷。至康熙四十八年（1709 年）著者故世，尚有《宣讲》《立学》《家学》《自序》4 类草稿待刊。卢见曾于乾隆十八年（1753 年）再任两淮盐运使，十九年三月于朱氏后人手中得其遗稿，集资补刻，并延聘一时名儒惠栋、沈大成、陈章、江昱等校订，历时年余，终于在乾隆二十年七月补刻 130 卷成书。

惠栋不仅认真参加卢见曾补刻朱彝尊所著《经义考》的校审工作，而且还与卢见曾唱为同调地说：“汉人传经有家法，当时备五经师训诂之学，皆师所口授，其后乃著竹帛，故汉经师之说立于学官。五经出于屋壁，多古字古言，非经师不能辨，经之义存乎训，识字审音乃知其义。是以古训不可改也，经师不可废也。后人拨弃汉学，薄训诂而不为，即《尔雅》亦不尽信。其说经也，往往多凭私臆，经学由兹而晦。篇中义理胜而家法亡一语，道破前人之陋，为之称快。末幅言通经之法，真悬诸日月而不刊之论，士人苟奉此说为圭臬，则经学明而人才盛，人人尽通达国体，岂止变学究为秀才耶。惠定宇。”③

① （清）卢见曾：《雅雨堂文集》卷一《刻郑氏周易序》，《续修四库全书》第 1423 册，上海古籍出版社，2003 年，第 452 页。

② 前揭《雅雨堂文集》卷一《刻郑氏周易序》，《续修四库全书》第 1423 册，第 452 页。

③ 前揭《雅雨堂文集》卷一《经义考序》后惠栋评该记，《续修四库全书》第 1423 册，第 450 页。

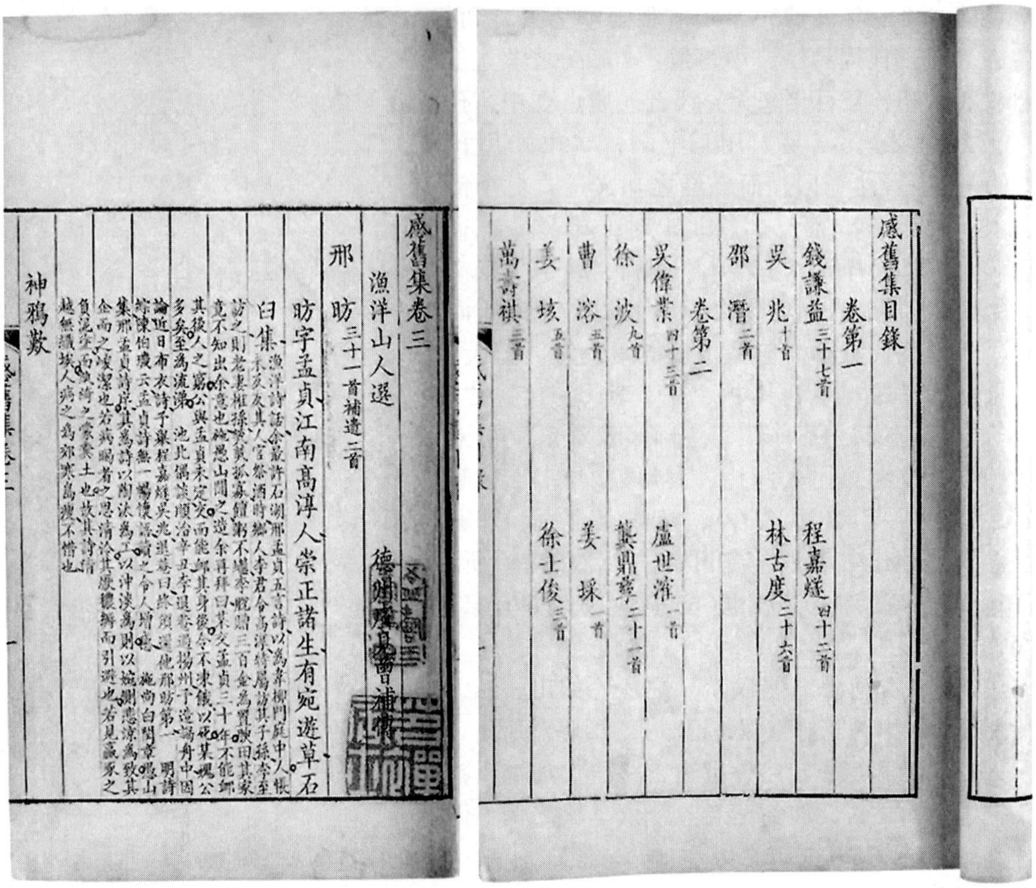
感舊集卷三
漁洋山人選　德州盧見曾補傳
邢　昉 三十一首補遺二首
昉字孟貞江南高淳人崇正諸生有宛遊草石臼集
神鴉歎

感舊集目錄
卷第一
錢謙益 三十七首　程嘉燧 四十二首
吳　兆 十首　林古度 二十六首
邵　潛 二首
卷第二
吳偉業 四十三首　盧世㴶 一首
徐　波 九首　龔鼎孳 二十一首
曹　溶 五首　姜　埰 一首
姜　垓 五首　徐士俊 三首
萬壽祺 三首

图 2　《感旧集》（清乾隆雅雨堂刊本）

另外，《感旧集》稿本的刊行，同样渗透着惠栋的心血。关于此书的刊刻，王昶撰《感旧集跋》就明确记录："请惠定宇、沈学子两君子助之。"①《扬州画舫录》也称卢见曾请惠栋在扬州的旧雨亭修此书，"旧雨亭本卢雅雨所建，延惠征君栋纂修渔洋山人《感旧集》之地也"。②（图 2）

二　传播汉学

在汉学发轫之际，扬州卢见曾幕府是惠栋传播汉学的重要学术平台。当时足以与惠栋齐名的幕宾，首推沈大成。沈大成（1700—1771 年），字嵩峰，一字学子，晚号沃田居士，江苏华亭县（今上海市松江）人。他为人忠厚，精通经史，擅诗文，著有《学福斋诗文集》。"晚游维扬，客运使卢公见曾官廨。"③ 沈大成于乾隆十九年入卢见曾幕府，惠栋云："甲戌之岁，余馆德水卢使

① （清）王昶：《春融堂集》卷四四《感旧集跋》，塾南书舍藏版，嘉庆十二年（1807 年）。

② 前揭《扬州画舫录》卷一五，第 349 页。

③ （清）钱仪吉纂录：《碑传集》卷一四一《文学下之下》，（清）汪大经《沈先生大成行状》，《清代传记丛刊》第 114 册，明文书局影印版，1985 年，第 46 页。

君斋，讲授之暇，篝灯撰著。每涉疑义，思索未通，恨无素心晨夕。一日，使君以诗文数册示余，余读之惊，然未及询作者何人也。久之，典谒引客入，相见，则余故人，云间沈君学子，向所视数册，皆出君手。"① 在卢见曾的引见下，两位故人又相见了。惠沈二人早在乾隆八年（1743 年）就已相识。

这一次在卢见曾幕府中共同工作期间，惠栋非常高兴，他将学术上的疑难问题请教于沈大成，沈大成一一为惠栋解答。"余喜甚，叩所疑者，学子一一晰之，余闻之愈惊。既而促膝话旧，知君归自武林，道吴而至广陵。广陵诗社诸君，闻声争交欢。使君既得君如左右手，社中诗老颇以失君为怅，而余则说经论文，亹亹甚乐。"②

沈大成盛赞惠栋所著《周易述》："兄犹爱治易，汉学绝复传。所著《周易述》，五纬昭星躔。足令辅嗣诎，顿使荀虞尊。"③

惠栋与沈大成均有志于经学，惠栋将沈大成视为同志相赏者，在汉学上的相互扶持者，两人在卢见曾幕府中结下深厚的友谊。惠栋为沈大成的《学福斋集》亲撰序文，并将他们的学术探研记录其中："明于古今，贯天人之理，此儒林之业也。余弱冠即知遵尚古学，年大来兼涉猎于艺术，反复研求于古与今之际，颇有省悟，积成卷帙。而求一殚见洽闻，同志相赏者，四十年未睹一人。最后得吾友云间沈君学子，大喜过望……沈君与余，不啻重规而叠矩，以此见同志之有人，而吾道之不孤，为可喜也。沈君邃于经史，又旁通九宫、纳甲、天文、乐律、九章诸术，故搜择融洽而无所不贯。古人有言：知今而不知古，谓之盲瞽；知古而不知今，谓之陆沉。温故知新，可以为师，吾于沈君见之矣。沈君诗古文，咸可传世行远，世多知之。兹不论，论其学云。东吴同学弟惠栋书于芜城寓斋。"④ 惠栋深知一代学术思想的传播与兴盛要有更多志同道合的同人加入，对于能有沈大成这样的学术大家的支持更是难能可贵。（图 3）

惠栋积极传播汉学，对于青年后学才俊影响深远，比如戴震、王昶等。戴震（1724—1777年），字东原，又字慎修，安徽休宁人，清代乾隆年间大儒。乾隆四十年（1775 年），清高宗特命其与会试中式者一同殿试，赐同进士出身，授翰林院庶吉士。戴震是将清代汉学推向高峰的汉学大师，他不仅是考据学家，也是著名思想家。乾隆二十二年（1757 年），他与惠栋在扬州结识交往，惠栋对戴震学术思想的转变有重大的推进作用。

这一年冬，35 岁的戴震离开北京南下扬州，受聘于卢见曾幕府。戴震经卢见曾的介绍，结识了一代经学大师惠栋。惠栋此时正在卢见曾幕府中校书，在朝夕相处中，戴震不仅阅读了惠栋的著作，还和惠栋一起切磋治学的方法，在学术上进行了交流，惠栋不断对戴震讲述自己的经学思想。潜移默化间，惠栋的学术观点对戴震产生了深远的影响。惠栋推崇汉学，戴震受到惠栋影响而推崇郑玄学说，批评宋明经学为"凿空"之学。乾隆二十四年（1759 年）九月，戴震说："有言者曰：宋儒兴而汉注亡，余甚不谓然。方汉置五经博士，开弟子员，先师皆起建元之间，厥后郑氏卓然为儒宗。众家之书亡于永嘉，师传不绝独郑氏。及唐承江左《义疏》，《书》用梅赜所进古文，《易》用辅嗣、康伯二经，涉前儒之申郑者，目曰郑学云尔。故废郑学，乃后名郑学以相别异。而郑之《三礼》《诗笺》仅存。后儒浅陋，不足知其贯穿群经以立言，又苦义疏繁

① （清）惠栋：《松崖文钞》卷二《秋灯夜读图序》，《聚学轩丛书》本。

② 前揭《松崖文钞》卷二《秋灯夜读图序》。

③ （清）沈大成：《学福斋诗集》卷三三《亡友惠征君授经图四十六韵》，《续修四库全书》第 1428 册，第 413 页。

④ （清）沈大成：《学福斋集》卷首，惠栋《学福斋集序》，《续修四库全书》第 1428 册，第 1—2 页。

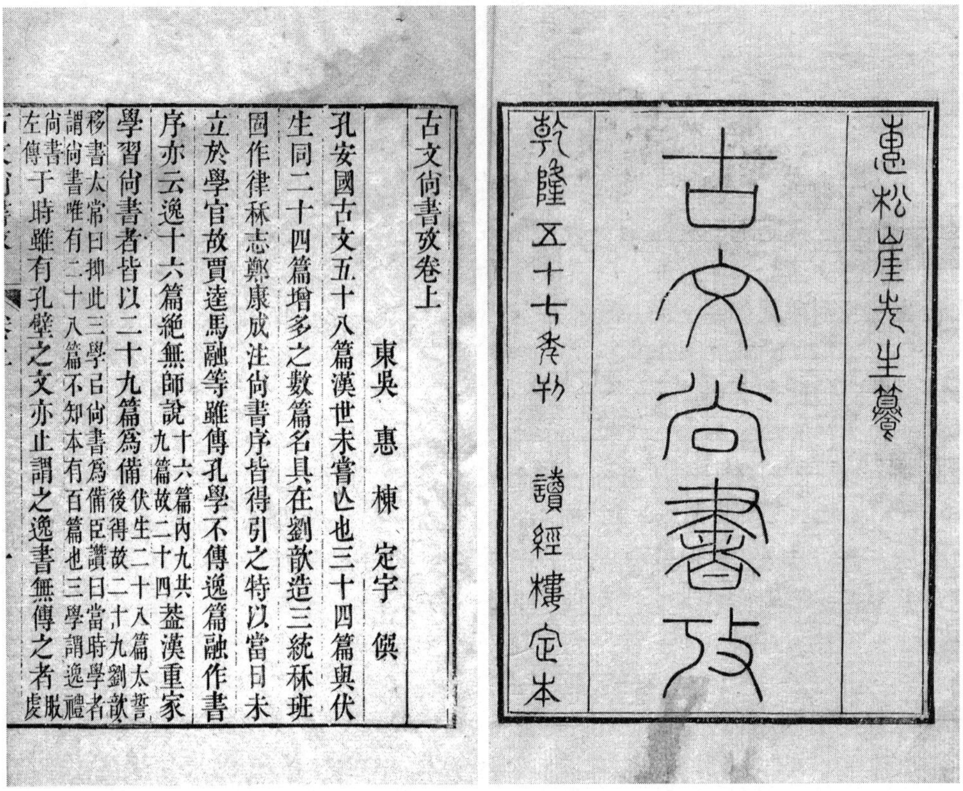

图3　惠栋《古文尚书考》（乾隆五十七年刊本）

芜，于是竞相凿空。”①

惠栋故世后，戴震曾于乾隆三十年（1765年）亲自去苏州缅怀惠栋，并作《题惠定宇先生授经图》一文以资纪念。他对惠氏之学推崇备至：“前九年，震自京师南还，始觌先生于扬之都转盐运使司署内……明年，则闻先生又殁于家。今徒拜观先生遗像，曰《授经图》者。盖先生之学，直上追汉经师授受，欲坠未坠薶蕴积久之业，而以授吴之贤俊后学，俾斯事逸而复兴。震自愧学无所就，于前儒大师，不能得所专主，是以莫之能窥测先生涯涘。”②

戴震本人在这篇文章中对于与惠栋相见以后，其论学所受影响，详细阐述：“然病夫《六经》微言，后人以歧趋而失之也。言者辄曰：有汉儒经学，有宋儒经学，一主于故训，一主于理义。此诚震之大有不解也者。夫所谓理义，苟可以舍经而空凭胸臆，将人人凿空得之，奚有于经学之云乎哉？惟空凭胸臆之卒无当于贤人圣人之理义，然后求之古经。求之古经而遗文垂绝、今古悬隔也，然后求之故训。故训明则古经明，古经明则贤人圣人之理义明，而我心之所同然者，乃因之而明。贤人、圣人之理义非它，存乎典章制度者是也。松崖先生之为经也，欲学者事于汉经师之训故，以博稽三古典章制度，由是推求理义，确有据依。彼歧故训、理义二之，是训故非以明理义，而训故胡为？理义不存乎典章制度，势必流入异学曲说而不自知，其亦远乎先生之教矣。”③ 可以看出戴震在这篇文章中，继承惠栋训诂治经的传

---

① （清）戴震著，杨应芹编：《东原文集》（增编）卷一一《郑学斋记》，黄山书社，2008年，第301页。

② 前揭《东原文集》（增编）卷一一《题惠定宇先生授经图》，第285页。

③ 同上书，第285—286页。

统，弘扬惠栋学术，进而提出了“故训明则古经明”的著名主张。

在与惠栋相识之前的戴震是不反对理学的，在乾隆二十年（1755 年）的《与姚孝廉姬传书》中，他曾指出：“先儒之学，如汉郑氏、宋程子、张子、朱子，其为书至详博，然犹得失中判。其得者，取义远，资理闳，书不克尽言，言不克尽意……其失者，即目未睹渊泉所导，手未披技肄歧者也。”① 在此他认为汉儒郑玄与宋儒程、朱等人的著作都是“得失中判”，不分高下。而戴震与惠栋相见相交后，他却只承认汉儒经师的训故，明确地批评那种“空凭胸臆”“凿空”得义理的做法，甚至认为理义不存乎典章制度，势必流入异学曲说而不自知。很显然这是他在义理观方面的一个重要变化，其结论正如钱穆先生所总结：“所得尽在汉，所失尽在宋，义理统于故训典制，不啻即曰故训即典制而义理矣。是东原论学一转而近于吴学惠派之证也。”钱氏又说：“惠主求古，戴主求是，并非异趣。”② 但戴震毕竟后出更加精进。汪中说：“古学之兴也，顾氏始开其端；《河》《洛》矫诬，至胡氏而绌；中西推步，至梅氏而精。力攻古文《书》者阎氏也，专言汉儒《易》者惠氏也；凡此皆千年不传之绝学，及戴氏出而集其成焉。”③ 梁启超说：“清代汉学，阎、胡作之，惠氏衍之，戴氏成之。”④（图 4）

图 4 戴震像

戴震以敏锐的目光，察觉汉学开始显露出的泥古弊端，因而指出，“信古而愚，愈于不知而作，但宜推求，勿为株守”。⑤ 戴震在服膺惠栋的由文字训诂以明义理的主张的同时，还特别强调考据与义理学相结合，提倡实事求是的治学态度。他不墨守惠栋创立的汉学成规，治学力求达到“十分之见”的境界。陈祖武先生对此评价道：从惠学到戴学，有继承，也有发展。戴学之继承惠学者，为训诂治经的传统。这一传统导源于清初顾炎武的“读九经自考文始，考文自知音始”，⑥ 至惠栋而门墙确立。戴震一脉相承，遂成为乾嘉学派为学的不二法门。离开文字训诂，乾嘉学派将失去依托。故吴、皖分野说虽注意到惠、戴为学的差异，却忽略了其间的根本共性，这就不尽合乎历史实际了。然而，戴学毕竟发展了惠学，它并不以诸经训诂自限，而只是以之为

① 前揭《东原文集》（增编）卷九《与姚孝廉姬传书（乙亥）》，第 242 页。

② 钱穆：《中国近三百年学术史》上册，商务印书馆，1997 年，第 356 页。

③ （清）凌廷堪：《校礼堂文集》卷三五《汪容甫墓志铭》，中华书局，1998 年，第 350 页。

④ 梁启超：《论中国学术思想之大势》，上海古籍出版社，2006 年，第 98 页。

⑤ 前揭《东原文集》（增编）卷三《与王内翰凤鸣书（乙亥）》，第 74 页。

⑥ （清）顾炎武撰，华忱之点校：《顾亭林诗文集》，《亭林文集》卷四《答李子德书》，中华书局，1983 年，第 73 页。

手段，去探求六经蕴含的义理，通经以明道。[①] 高翔先生认为：“清代汉学发展的高峰是戴震……从惠学到戴学，实际上表明汉学从兴起到高潮，从崛起到成熟的过程。当时考据风气盛行一时，士人谈经言理，以小学相尚，很难以吴、皖二派概括所有考据学者。另外，惠栋一门（所谓吴派）与戴震一门（所谓皖派），并不对立而是互为师友，治学虽各有偏重，但在基本学术途径上是一致的。”[②] 戴学的可贵之处在于发展了惠学，以训诂为手段，探究义理，通经以明道。同时期的学者王昶客观评价了戴震的学术贡献，他说：“本朝治经者众矣，要其先之以古训，折之以群言，究极乎天地人之故，端以东原为首。”[③]

王昶（1725—1806年），字德甫，号述庵，一号兰泉、又号琴德。江苏青浦（今上海市青浦朱家角镇）人。乾隆十九年进士。因对经史考据学风的表彰和诗词古文素养造诣而“炳著当代”，[④] 在清代与朱筠齐名，有“北朱南王”之称。他早年就已深受惠栋的学术启迪，是惠氏通经信古之学的忠实传播者。“余弱冠游诸公间，因得问业于先生”，[⑤]“肄业紫阳书院，时从惠征君定宇游，于是潜心经术，讲求训诂之学”。[⑥]

乾隆二十一至二十二年间，王昶与惠栋同客于卢见曾幕府，两人同为幕宾。“两淮盐运使卢见曾，聘先生课其子及孙。”[⑦] 王昶于此，时常请教于惠栋。“日者在广陵常侍履綦，得备闻绪论为幸。至所谕祢字当作祧字……先生博学多闻，古训是式，必更有所据，惟幸垂示焉不宣。”[⑧]

惠栋撰写的《易汉学》，六易其稿，直至乾隆二十二年终于定稿，他在卢见曾幕府中将手稿定本授予王昶。王昶深受感动地记曰：“汉学废久矣，《易》滋甚……定宇世传经术，于注疏尤深，所考《易汉学》分茅设蕝……定宇采掇排次，稿凡五六易。丁丑与余客扬州，始定此本。此本命小胥录其副，以是授余，盖其所手书者。”[⑨] 惠栋对王昶的信任可见一斑。

乾隆二十三年五月，惠栋病逝后，王昶撰墓志铭以示祭奠：“于《易》理尤精，著《易汉学》七卷，《周易述》二十卷，凡郑君之爻辰、虞翻之纳甲、荀谞之升降、京房之世应、飞伏暨六日、七分世轨之说，悉为疏通证明，由李氏之集解以及其余，而汉代《易》学灿然……丙子、丁丑，先生与予又同客卢运使见曾所，益得先生所著。尝与华亭沈上舍大成手抄而校正之，故知先生之学之根柢，莫余为详。”[⑩]

王昶为惠栋的《周易述》作跋曰：“易综天人，广大无不包……我友惠定宇先生，研群经义疏，以逮魏晋六朝之书，有涉于易者，旁通而曲证之，作为《易述》，而京郑诸家之法复明。杀青渐久，朽蠹刓缺滋甚，周子锡瓒鸠工修补，于是是书复完可诵。定宇又有《易汉学》，盖易之纲领，不读《汉学》，不知《易述》所以作，周子将梓以冠于书首，学者由是而服习焉。微言大

---

① 陈祖武：《清儒学术拾零》，湖南人民出版社，1999年，第166—167页。

② 高翔：《近代的初曙——18世纪中国观念与社会发展》，社会科学文献出版社，2000年，第239—240页。

③ （清）王昶：《春融堂集》卷五五《戴东原先生墓志铭》。

④ （清）江藩：《汉学师承记》卷四《王兰泉先生》，《汉学师承记》外二种，三联书店，1998年，第71页。

⑤ 前揭《春融堂集》卷五五《惠定宇先生墓志铭》。“（乾隆）十三年戊辰二十五岁，五月见惠定宇秀才栋”，见严荣、瑞唐编《述庵先生年谱》，《春融堂集》附录。

⑥ 前揭《汉学师承记》卷四《王兰泉先生》，第64页。

⑦ 同上书，第65页。

⑧ 前揭《春融堂集》卷三〇《与惠定宇书》。

⑨ 前揭《春融堂集》卷四三《〈易汉学〉跋》。

⑩ 前揭《春融堂集》卷五五《惠定宇先生墓志铭》。

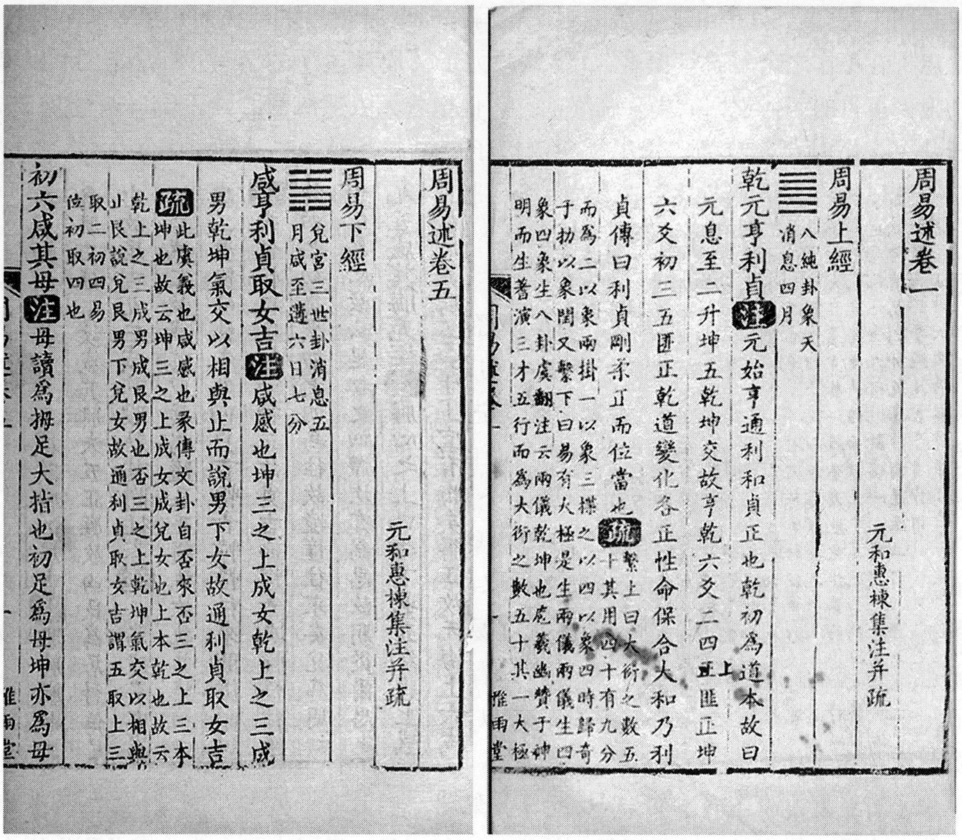
周易述卷一

元和惠棟集注并疏

周易上經

䷀ 八純卦象天消息四月

乾元亨利貞【注】元始亨通利和貞正也乾初爲道本故曰元息至二升坤五乾坤交故亨乾六爻二四上匪正坤六爻初三五匪正乾道變化各正性命保合大和乃利貞傳曰利貞剛柔正而位當也【疏】繫上曰大衍之數五十其用四十有九分而爲二以象兩掛一以象三揲之以四以象四時歸奇于扐以象閏又繫下曰易有大極是生兩儀兩儀生四象四象生八卦虞翻注云兩儀乾坤也虙羲幽贊于神明而生蓍演三才五行而爲大衍之數五十其一大極

周易述卷五

元和惠棟集注并疏

周易下經

䷞ 兌宮三世卦消息五月咸至遘六日七分

咸亨利貞取女吉【注】咸感也坤三之上成女乾上之三成男乾坤氣交以相與止而說男下女故通利貞取女吉【疏】此廣義也咸感也彖傳文卦自否來否三之上三本坤也故云坤三之上成女成兌女也上本乾也故云乾上之三成男成艮男也否三之上乾坤氣交以相與止艮說兌艮男下兌女故通利貞取女吉謂五取上三取二初四易位初取四也

初六咸其母【注】母讀爲拇足大指也初足爲母坤亦爲母

图 5　《周易述》（清刊本）

义，左右逢源，不复有断港绝潢之叹已。”① 由此可见王昶已深得惠栋之学。王昶治经学深受惠栋影响，“治经与惠栋同，深汉儒之学，诗、礼宗毛、郑，易学荀、虞。”②

正是在惠栋的影响推动下，才有更多学者加入研究汉学的队伍中，可以说乾嘉大家中戴震、钱大昕、王鸣盛等人均直接受到他的影响，他的弟子江声、余萧客、王昶等人深受沐浴，且惠及再传弟子江藩、顾广圻、阮元等人。

三　《周易述》的写作与刊刻

《周易述》是惠栋呕心沥血作的一部重要著作，该书渊博古雅，可以称为其一生治易的结晶之作，旨在发挥汉儒易学精华，是乾嘉时期最具代表性的易学著述。该书采用自注自疏的写作体裁，钱大昕曰：“松崖征君《周易述》，摧陷廓清，独明绝学，谈汉学者无出其右矣。”③（图 5）

早在乾隆十四年（1749 年），惠栋就开始了《周易述》著作的撰写，原计划撰写 40 卷。惠栋之子记曰：“先子研精覃思于汉儒《易》学，凡阅四十余年，于乾隆己巳始著《周易述》一

① 前揭《春融堂集》卷四三《惠氏〈周易述〉跋》。

② （清）阮元：《揅经室集》二集卷三《诰授光刑部右侍郎述庵王公神道碑》，中华书局，1993 年，第 424 页。

③ （清）钱大昕：《潜研堂文集补编》不分卷《与王德甫书一》，《嘉定钱大昕先生全集》第 10 册，第 28 页。

书，手定为四十卷。”① 只是由于生活的艰辛，写作时断时续。来到扬州卢见曾幕府后，生活安定，于是惠栋在工作之余“篝灯撰著”，继续倾力于《周易述》的撰写。② 乾隆二十三年春，惠栋辞幕，拖着沉重的病体返回故里。临终前夕，他抱着无限遗憾的心情，告诉两个儿子：“余之精力尽于此书，平时穿穴群经，贯串周秦汉诸子之说，因得继绝表微，于圣人作《易》本旨，庶乎有合。独以天不假年，未能卒业为憾。今已脱稿者，惟《明堂大道录》及《禘说》两种耳。《下经》尚缺十有四卦，与《序卦传》《杂卦传》俱未脱稿，而《易微言》采辑十有七八，《易大义》止有《中庸》一种，《易例》则粗有端绪。然皆随笔记录，为未成之书，知音者希，真赏殆绝。”③ 惠栋认为王弼所注《周易》，不但使经传篇章紊乱无序，且多以今人俗字改易古字，王弼无疑是导致汉《易》消亡的罪人。因此他力图恢复《周易》的本来面目，在《周易述》一书中，对当时通行本《周易》经、传部分内容进行大量校改。惠栋之书专宗虞翻，参以郑玄、荀爽之学，发挥汉儒之学，融会其义，自为注而自疏之。

卢见曾服膺惠栋之学，于惠栋去世后的3个月后，即当年八月下旬，亲自为《周易述》作序云：“今世谭《易》者，亡虑数百家，即已登梨枣者，亦且以十数，然皆不越乎晦庵之说，及伊川说而止……而吾友惠松崖先生说《易》，独好述汉氏。其言曰，《易》有五家，有汉《易》，有魏《易》，有晋《易》，有唐《易》，有宋《易》。惟汉《易》用师法，独得其传。魏《易》者王辅嗣也，晋《易》者韩康伯也，唐《易》者孔冲远也。魏晋崇老氏，即以之说《易》。唐弃汉学而祖王、韩，于是二千年之《易》学皆以老氏乱之。汉《易》推荀慈明、虞仲翔，其说略见于资州李鼎祚《集传》，并散见于《六经》、周秦诸书中。至宋而有程子、朱子，程第举理之大要，朱子有意复古而作《本义》。及近日黄梨洲、毛大可，虽尝习李《传》，而于荀、虞二家之学，称说多讹。使当日三君得汉经师授受，不过三日，已了大义。惜也三君不生于东汉之末也。今此编专以荀、虞作主，而参以郑康成、宋仲子、干令升、九家诸说。盖以汉犹近古，从荀、虞以上溯朱子之源，而下祛王、韩异说之汨经者，其意岂不壮哉……先生六十后，力疾撰著，自云三年后便可卒业。孰意垂成疾革，未成书而殁。今第如其卷数刊刻之，不敢有加焉，惧续貂也。先生年仅六十有二，余与先生周旋四年，为本其意而叙之如此。乾隆戊寅八月下浣，德州卢见曾书。”④

在卢见曾的资助下，此书于乾隆二十四年刻成20卷。卢氏请惠栋之子惠承绪、承萼校雠书稿。乾隆二十五年（1760年）续刻《易微言》二卷，卢见曾邀请惠承绪亲至幕府中校对勘误，凡两年。而第三次校核则是在乾隆二十七年（1762年），由惠承绪承担。为使惠栋《周易述》问世流传，发扬光大其《易》学思想，卢见曾可谓已竭尽全力。该书乾隆二十七年在扬州刊行，诸多扬州学人得以首先阅读。

总之，惠栋少承家学，恪守师说及汉儒家法、文本，扬汉抑宋，中年时名著一时，晚年专心汉儒易学探讨。特别是在扬州卢见曾幕府的岁月，是其学术发展的黄金期。同时这里也是他向众多学人传播其学术思想的场所，戴震、王昶等学者深受其影响。王昶说：“海内人士无不重通

① （清）惠承绪：《〈周易述〉序》，惠栋《周易述》卷首。

② （清）惠栋：《松崖文钞》卷二《秋灯夜读图序》，《聚学轩丛书》本。

③ 前揭《〈周易述〉序》，《周易述》卷首。

④ 同上。

经，无不知信古，而其端自先生发之。”[①] 惠栋堪称清代复兴汉学的杰出先行者，他在扬州与学者们以古学相策励，启迪后学。

在惠栋的影响下，乾嘉时期扬州地区涌现一批精通文字训诂、校勘、辑佚的学者，如汪中、刘台拱、王念孙、王引之、焦循、阮元等。钱大昕、王昶等学者给予他高度评价，如王昶认为惠栋的学术主张影响十分深远，“流风所煽，海内人士无不重通经，无不知信古，而其端自先生发之”。[②] 但是扬州有些学人因治学方法与惠栋不同，在治经求古与求是方面态度不一致，如王念孙、王引之、焦循等学者对惠栋提出批评。王引之说：“惠定宇先生考古虽勤，而识不高，心不细。见异于今者从之，大都不论是非。如说《周礼》邱封之度，颠倒甚矣。”[③] 焦循认为惠栋墨守汉人成说：“东吴惠氏为近代名儒，其《周易述》一书循最不满之。大约其学拘于汉之经师，而不复穷究圣人之经。”[④] 总之，惠栋之学虽然有不足之处，但是他开创了一种崭新的学术流派，进行了大量的经学考证实践，他的汉学主张对于扬州学术文化及清代学术具有积极的开拓作用。

（曹江红：中国社会科学院古代史研究所编审）

---

① 前揭《春融堂集》卷五五《惠定宇先生墓志铭》。

② 同上。

③ （清）王引之：《与焦理堂先生书》，《高邮王氏遗书》之《王文简公文集》卷四，江苏古籍出版社，2000 年，第 205 页。

④ （清）焦循：《致王引之书》（二），罗振玉编《昭代经师手简》，转引自王章涛《王念孙・王引之年谱》，广陵书社，2006 年，第 144 页。

吴大澂致汪鸣銮信札考释

李文君

内容提要：吴大澂与汪鸣銮均是晚清的重要人物，本文整理了故宫博物院所藏吴大澂写给汪鸣銮的信札41通，对其书写时间、基本内容、所涉事件与人物等，进行了简单考释。这些信札，不仅具有书法艺术价值，对研究晚清官场生态、士大夫交游、金石碑帖鉴藏等，也具有重要的文献价值。

关键词：吴大澂　汪鸣銮　信札　故宫　金石

故宫博物院藏有吴大澂写给汪鸣銮的信札63通，系20世纪50年代由国家文物局划拨给故宫收藏，此前从未完整刊布。顾廷龙先生在《吴愙斋年谱》的“征引书目”中，曾引用吴大澂致汪鸣銮信札若干，言其为汪鸣銮嗣子汪伯春（汪洵）先生所藏。① 今天，汪洵所藏这些信札，大都已归故宫博物院所藏。另外，白谦慎先生的《晚清官员收藏活动研究：以吴大澂及其友人为中心》一书中，也部分利用这些信札材料。② 现按信札书写时间为序，对其进行简单考释，将其全部整理刊发。其中，吴大澂任湖南巡抚期间（1892—1895年）致汪鸣銮的22通信札，因为数量多，内容集中，拟单独成文，本文只整理其余的41通。因个人能力所限，释读不妥之处，请给予批评。

一　信札收寄人简况

吴大澂（1835—1902年），江苏吴县（今苏州）人，字清卿，号恒轩，又号愙斋、白云山樵。吴氏共兄妹5人，大澂行二；兄名大根，字培卿，号澹人；弟大衡，字谊卿，号运斋，过继给三叔吴滨为嗣子；四妹适汪鸣銮；五妹适沈树镛。吴大澂为同治七年（1868年）二甲第五名进士，点翰林院庶吉士，散馆授编修。从同治十二年起，先后出任陕甘学政，河南河北道，又以三品卿衔随吉林将军铭安帮办边防事务，与俄国谈判，会勘吉林边界。随即出使朝鲜，处理对日交涉事宜。后擢升广东巡抚，河东河道总督等职。光绪十八年（1892年）闰六月任湖南巡抚。甲午战争中，自请带湘军北上辽东，与日军交战时失利后，于光绪二十一年四月回任湘抚，旋被免职回乡。戊戌政变之后，被革职永不叙用。吴大澂留心古物的搜集与研究，精于篆籀，能绘画，撰有金石学与古文字学著作多种，是晚清著名的金石考古学者。

汪鸣銮（1839—1907年），字嘉乐，号柳门、郎亭，又号潜泉，浙江钱塘（今杭州市）人，世居苏州。同治四年（1865年）进士，点翰林院庶吉士。先后任陕甘、江西、山东、广东学政，

---

① 顾廷龙：《顾廷龙全集·著作卷：吴愙斋年谱·严九能年谱》，上海辞书出版社，2016年，第431页。

② 白谦慎：《晚清官员收藏活动研究：以吴大澂及其友人为中心》，广西师范大学出版社，2019年。

河南、江西、山东乡试考官。光绪十四年（1888年）擢工部右侍郎，光绪二十年七月，任总理各国事务衙门大臣。光绪二十一年十月十七日，在吏部右侍郎任上的汪鸣銮因与户部侍郎长麟一起上书直谏，请光绪帝收回政权，涉嫌“离间两宫”，被革职永不叙用。晚年曾主讲杭州诂经精舍、敷文书院。

吴大澂与汪鸣銮关系密切。从血缘上看，他们是至亲；从性情上看，是心气相通的知己；在仕途上，又是相互扶持的同道。吴与汪为姨表兄弟，他们的外祖父韩崇共有三女，长女为吴大澂之母，次女为汪鸣銮之母。汪与吴还是郎舅关系。咸丰十一年（1861年）三月二十七日，汪鸣銮娶吴大澂胞妹为妻；同治九年（1870年）十一月八日，吴氏胞妹病殁。同治十二年九月，汪鸣銮续娶吴大澂叔父吴滨之女为继室。① 吴与汪自幼至老，交情笃深，是心气相通的知己。童年时期，两人就是外祖父韩崇宝铁斋中的玩伴，受外祖父的影响，两人开始对金石书画发生兴趣，这种爱好与追求，伴随了两人的一生。从同治元年（1862年）结伴入都应顺天乡试开始，到光绪二十一年（1895年）吴、汪两人相继罢职，返回苏州为止，两人宦海沉浮三十余年，相互砥砺，相互扶持，情同手足。

学界对吴、汪关系的研究，主要为李军先生的博士论文《吴大澂交游新证》，该文辟出专门一节，引用大量信札等一手材料，讲吴、汪两人的关系，但李先生并没有参考故宫博物院所藏相关信札。现据吴大澂的经历，将信札分为几个阶段，分别予以考释。

二　陕甘学政时期（1873—1876年）

同治十二年（1873年）八月初一日，吴大澂被外放为陕甘学政；光绪二年（1876年）十月，新任陕西学政陈翼到任，卸任的吴大澂请假三月，回籍省亲。② 在此之前，同治九年（1870年）八月，汪鸣銮任陕甘学政；同治十年六月，因母亲病故，汪氏离任回籍。同治十二年末，汪鸣銮守孝期满，返回京师任国子监司业。光绪二年秋，外放河南学政。

（1）

潜泉主人如手：

新正接冬月手书，承惠祭器拓本，虽真赝参半，亦备金石中掌故，不可不存。至感至感。毓麟之喜，闻之欢抃。吾辈中年得子，正如老明经登第，足慰生平苦志，黄公望所以取字也。二月初九续奉元宵后惠缄，嘱寄勤伯、经孳、纯甫各信，均即递去。郑龕师所嘱画兰，前月寄去。客冬按试陇南，驰驱风雪，岁杪回署，始得清理积牍，春明旧雨，音问多疏。今春惟西、同两属阅卷较繁，此后试事稍闲，鱼雁往还，亦多近便，无此周折也。衡弟计已到京，转瞬入闱，极深盼望，附寄一书，乞转交为感。考差伊迩，想使星朗耀，必有休徵，无任企祷。召陵丛祀一疏，当可议准，乾嘉诸老有愧色矣。纯甫匏系已久，曾与当道言之，奈三原赵令官声卓著，士民同戴，上游不欲递易，或有他缺可调，不致向隅。宏道已请师伯骏侍驭，始则力辞，继又入都，尚未见复也。复潘师信，又致铜井信均祈饬送为感。手复敬请台安。兄大澂顿首。二月廿六日。（图1）

① 李军：《吴大澂交游新证》，复旦大学博士学位论文，2011年，第46、89页。

② （清）吴大澂撰，印晓峰点校：《愙斋诗存》，华东师范大学出版社，2009年，第204页。

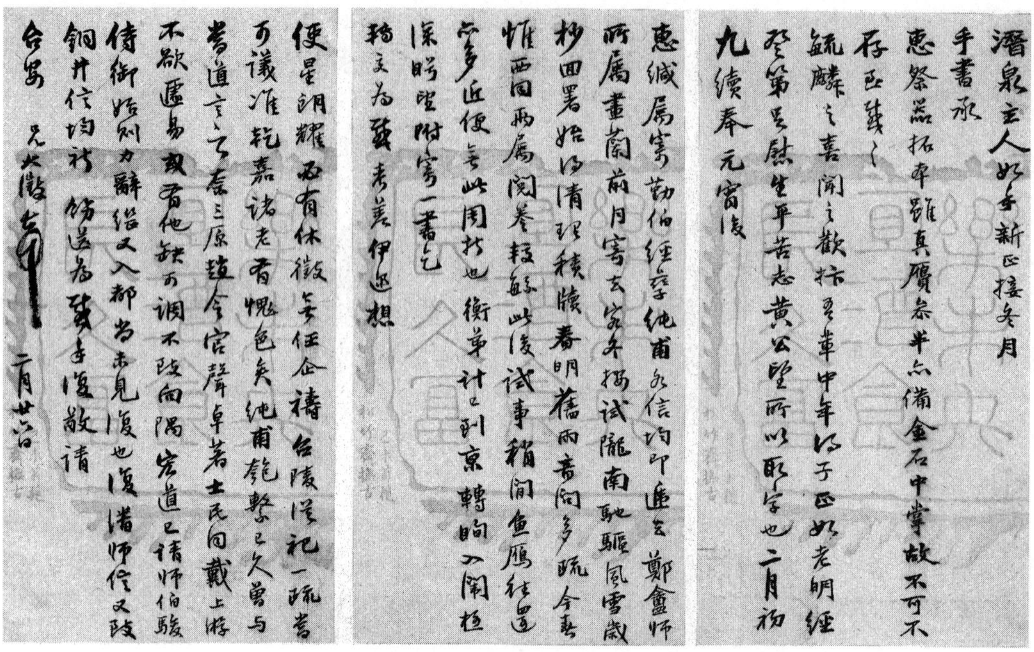

图 1　吴大澂恭贺汪鸣銮得子信札

此函作于光绪二年（1876 年）二月二十六日，主要是恭贺汪鸣銮得子并通报自己的情况。汪鸣銮时任国子监司业，利用职务之便，将孔庙及国子监所藏的石鼓与祭器做成拓本，寄给吴大澂，供其赏摹。光绪元年（1875 年）冬，37 岁的汪鸣銮得子，吴大澂用黄公望的典故予以祝贺。元代画家黄公望，本名陆坚，后过继给黄乐为子，因养父“黄公，望子久矣”，故为其改名黄公望，字子久。吴大澂得子时，年已 36 岁，故与汪氏言“吾辈中年得子”。不过，很不幸，汪氏此子后来夭折，汪氏晚年过继侄子汪洵为嗣；吴氏子本孝亦夭折，后过继长兄大根之孙翼燕（吴湖帆）为嗣。勤伯，指李慎，奉天铁岭人，咸丰三年（1853 年）进士，时官西安知府，后升任西宁办事大臣，精鉴赏，收藏甚富。经孳，指瞿树镐，江苏嘉定（今属上海）人，钱大昕外孙，当时在陕西为幕宾。吴大澂曾资助其刊刻其父瞿中溶的著作《集古官印考证》。其子瞿光业后入吴大澂幕府做事，① 另一子瞿光第则由吴大澂请吴昌硕代为推荐工作。② 纯甫，其人不详，从后文来看，是以知县身份在陕西等待候补者。郑盦师，指潘祖荫。对画兰一事，潘祖荫致吴大澂信云：“壬申兰开九瓣、七瓣二，吾弟台曾为图之。甲戌开八瓣一，今年五月又开并头并蒂、两心相并者，乞弟合此四花白描为一图，以传不朽。款祈篆隶书之，幅约二寸（尺）长，八九寸宽，以便装直幅。似此不急之务，而必数千里奉恳者，正见同心之义耳，当不拒也。”③ 潘、吴同为苏州人，都酷好金石书画，潘又是吴的座师，故有此千里求画之举。学政需在陕甘两省各府州轮流巡考，年前吴大澂在巩昌府（今甘肃陇西）与阶州（今甘肃武都）按试，年后要按临同州府（今陕西渭南市）与西安府。衡弟指吴大衡。京官生活清苦，吴大澂希望汪鸣銮能

① 前揭《吴愙斋年谱》，第 88—90 页。

② 白谦慎：《吴大澂和他的艺术家幕僚》《艺术工作》，2020 年第 1 期，第 60 页。

③ 前揭《吴愙斋年谱》，第 102 页。

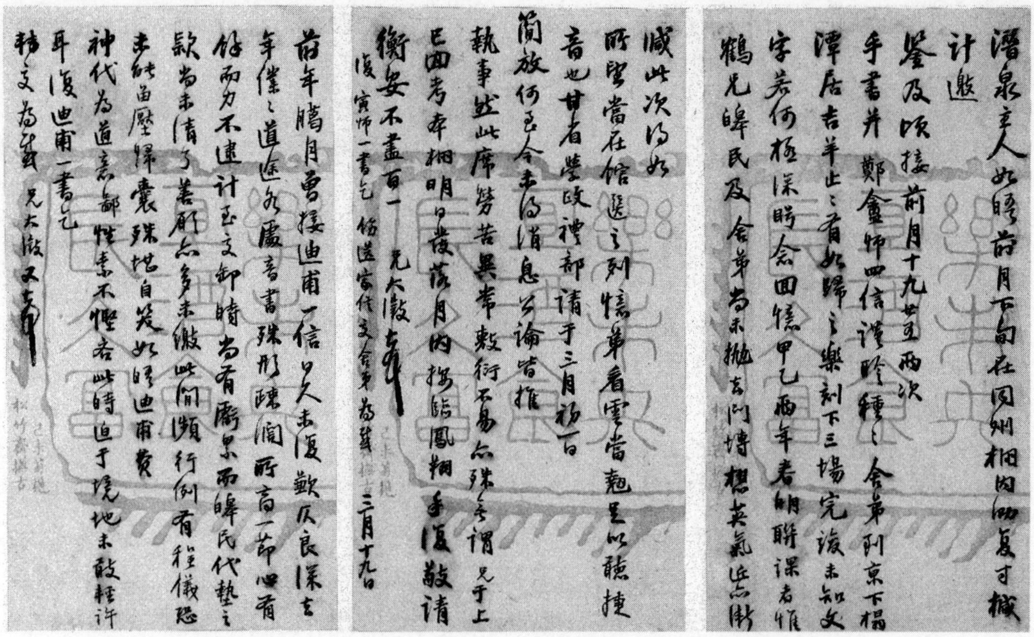

图2　吴大澂述及吴大衡应试及自己期满卸任情况信札

外放考差予以改善。果然，本年七月，汪鸣銮外放为河南乡试正考官。召陵，指许慎，汪鸣銮对许慎极为推崇，他的别号郎亭之“郎”，就来自许慎故里召陵县的郎里。光绪元年（1875年）八月，汪鸣銮上书，建议将汉儒许慎从祀文庙。三原赵令，指赵嘉肇，字孚民，山东兰山人，咸丰二年（1852年）举人，先后任三原、富平、旬阳、渭南、咸宁等县知县，因其官声不错，候补者纯甫一直未能上位。师伯骏，指师长灼，陕西韩城人，咸丰三年（1853年）进士，官给事中，后回乡主讲关中书院，吴大澂亲自出面，请其到学政署所在地的三原县宏道书院主讲。铜井，指顾肇熙，字皞民，号缉庭，江苏吴县（今苏州）人，同治三年（1864年）举人，吴大澂乡试同年，后来两人同在吉林为官，来往密切。

(2)

潜泉主人如晤：

前月下旬，在同州棚内泐复寸缄，计邀鉴及。顷接前月十九、廿五两次手书，并郑盦师四信，谨聆种种。舍弟到京，下榻潭居，吉羊止止，有如归之乐。刻下三场完竣，未知文字若何，极深盼念。回忆甲乙两年春明联课者，惟鹤兄、皞民及舍弟尚未抛去门砖，想英气近亦渐减，此次得如所望，当在馆选之列。忆弟看云，当跷足以听捷音也。甘省学政，礼部请于三月初一日简放，何至今未得消息。公论皆推执事，然此席劳苦异常，敷衍不易，亦殊无谓。兄于上巳回考本棚，明日发落，月内按临凤翔。手复敬请衡安，不尽百一。兄大澂顿首(复寅师一书，乞饬送，家信交舍弟为感)。三月十九日。

前年腊月，曾接迪甫一信，日久未复，歉仄良深。去年仆仆道途，各处音书殊形疏阔。所商一节，心有余而力不逮。计至交卸时，尚有亏累，而皞民代垫之款尚未清了，善愿亦多未缴。此间濒行，例有程仪，恐未能留压归囊，殊堪自笑。如晤迪甫，费神代为道意。鄙性素不悭吝，此时迫于境地，未敢轻许耳。复迪甫一书，乞转交为感。兄大澂又顿首。(图2)

作于光绪二年（1876 年）三月十九日，主要述及吴大衡应试及自己期满卸任的情况，白谦慎曾部分引用此札内容。① 本年初，吴大衡到京，借住在表弟汪鸣銮家，备考恩科会试，结果却未能考中。在接下来光绪三年的正科会试中，吴大衡中试二甲第 47 名，并点翰林院庶吉士（馆选）。② 甲乙两年，指同治三年到四年（1864—1865 年）。春明联科，指因太平天国占据江宁，江南试子要参加乡试，须到北京应顺天府乡试。同治三年（1864 年）八月，吴氏兄弟与汪鸣銮、许玉瑑（鹤巢）、顾肇熙（皞民）等人，先是八月在北京参加乡试，有中者有未中者。本年六月，清军克复江宁，十一月即在江宁开科取士。吴氏昆仲等未考中者，又返回江宁参加了当年的第二次乡试，结果几人全部中举。在同治四年的会试中，汪鸣銮高中。同治七年，吴大澂中进士。吴大衡光绪三年中进士，许玉瑑与顾肇熙却“未能抛去门砖”，终身未中进士。

经陕甘总督左宗棠等人奏请，从本年开始，兰州正式设立贡院，陕甘分闱，甘肃学子不用再远赴西安乡试。陕甘学政吴大澂的卸任交接，也变成了与新任陕西学政和甘肃学政两个人的交接。朝廷简派的首任甘肃学政为广东人许应骙，五月二十七日才到陕西办理交接。③ 迪甫，指蒋迪甫，名不详，迪甫为其别号，去世于光绪十三年（1887 年），④ 在《恒轩日记》中有记载。⑤ 从信中来看，迪甫经营慈善事业，向吴大澂告贷，吴氏因宦囊羞涩，还要归还在同治十一年（1872 年）直隶赈济水灾时顾肇熙的代垫款，故未能应允迪甫之请，请汪鸣銮代为说明。

（3）

郎亭主人如手：

兄告假归省，仆从未能全带。孔福本系主人旧仆，燕归故垒，当必有以位置之，或转荐一噉饭之地亦可。手泐敬请台安。兄大澂顿首。正月廿二日。

此信作于光绪三年（1877 年）正月二十二日，主要是向汪鸣銮推荐仆从。光绪二年十一月，卸任陕甘学政的吴大澂请假回籍省亲，腊月回到苏州。仆人孔福，原本在汪鸣銮处任职，现将其回荐给汪鸣銮，请其帮忙安排工作。

三　吉林帮办与会办北洋时期（1880—1886 年）

光绪六年（1880 年）正月，在北洋大臣李鸿章的推荐下，河南河北道吴大澂被赏三品卿衔，派往吉林，随将军铭安帮办边防事宜。在吉林，吴大澂常驻宁古塔（今黑龙江宁安），主要负责督办三姓（今黑龙江依兰）、宁古塔、珲春等处的移民垦边及对俄防务。其间，光绪七年八月，补授为太仆寺卿。光绪九年九月，因中法战争爆发，吴大澂被调回天津，以通政使司通政使的身份帮助李鸿章协防北洋。光绪十二年（1886 年），吴大澂赴珲春与俄国谈判，有力地维护了国家

① 前揭《晚清官员收藏活动研究：以吴大澂及其友人为中心》，第 246—247 页。

② 前揭《吴愙斋年谱》，第 109 页。

③ 同上书，第 105 页。

④ 潘钟瑞著，尧育飞整理：《潘钟瑞日记》，凤凰出版社，2019 年，第 473 页。

⑤ （清）吴大澂撰，李军整理：《恒轩日记》，上海图书馆历史文献处编《历史文献》（第 20 辑），上海古籍出版社，2017 年，第 34、45 页。

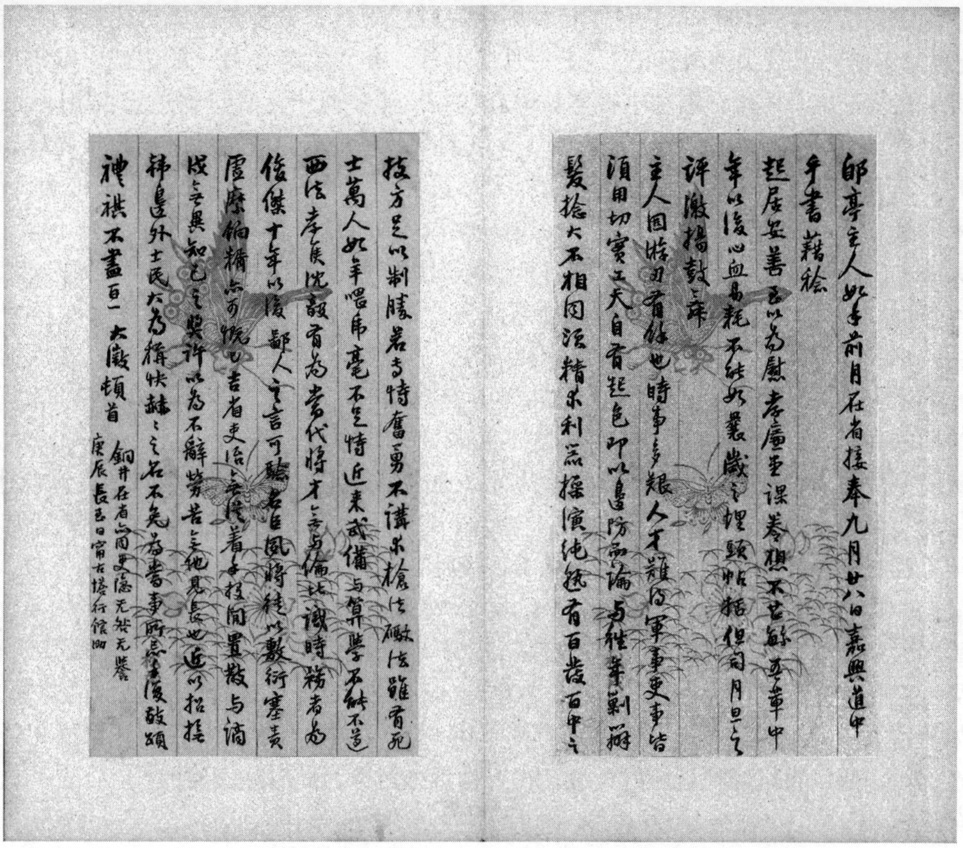

图3　吴大澂讲述在吉林情形的信札

主权。此前，光绪五年（1879 年）六月，汪鸣銮以詹事府右中允的身份先是任江西乡试正考官，八月任提督江西学政。光绪九年（1883 年）四月，以詹事府詹事身份，提督山东学政。光绪十一年（1885 年）十二月，升任内阁学士。

（4）

郎亭主人如手：

前月在省，接奉九月廿八日嘉兴道中手书，藉稔起居安善，至以为慰。孝廉堂课卷，想不甚繁，吾辈中年以后，心血易耗，不能如曩岁之埋头帖括，但司月旦之评，激扬鼓舞，主人固游刃有余也。时事多艰，人才难得。军事吏事，皆须用切实工夫，自有起色。即以边防而论，与往年剿办发、捻大不相同，须精求利器，操演纯熟，有百发百中之技，方足以制胜。若专恃奋勇，不讲求枪法、炮法，虽有死士万人，如羊喂虎，毫不足恃。近来武备与算学，不能不遵西法。孝侯沉毅有为，当代将才，无与伦比，识时务者为俊杰，十年以后，鄙人之言可验。名臣夙将，徒以敷衍塞责，虚縻饷糈，亦可慨已。吉省吏治，无从着手，投闲置散，与谪戍无异，知己之奖许，以为不辞劳苦，无他见长也。近已招抚韩边外，士民大为称快。赫赫之名，不免为当事所忌。手复敬颂礼祺，不尽百一。大澂顿首。

铜井在省，亦同吏隐，无咎无誉。庚辰长至日宁古塔行馆泐。（图3）

此信作于光绪六年（1880年）冬至日，即十一月二十日，主要向汪氏讲述自己在吉林的情形。《吴愙斋年谱》引《吴大澂日记》，十一月二十日，有“复郋亭书”的记载。本年十一月初八日，吴大澂离开吉林省城，前往宁古塔与珲春巡视。十一月十六日，到达宁古塔。二十四日，由宁古塔启程，赶赴珲春。① 此时，汪鸣銮正在江西学政任上，吴大澂嘱其要保重身体，赴各府州按试时抓其大略即可，不必事必躬亲。主抓吉林边务后，吴大澂开始关注西式枪炮。他认为，随着技术的进步，此时边军所用的军械，与镇压太平天国与捻军起义时的军械完全不同，不能再采用人海战术，应积极购进新式枪炮，练习枪法与炮法，采取精兵战略。本年秋季，吴大澂曾赴三姓（今黑龙江依兰）巴彦通地方，组织要塞防务。他离开后，奏请将戴宗骞（孝侯）调任此处驻守，戴统领绥军马步五营，归吉林将军铭安统一节制。这是吴大澂第一次以文臣的身份典兵，故充满豪气。在致陈介祺的信中，吴大澂认为戴宗骞的“才、学、识三者实远胜于大澂。他日当为国家柱石之臣，不在左、李两相之下”。② 果如其所料，光绪二十一年（1895年）正月，在威海卫战败后，戴宗骞自尽殉国。韩边外，原名韩宗宪，原籍山东登州，本为吉林桦甸夹皮沟一带的头领，聚众几万人，采挖金矿，自给自足，几十年不受朝廷管束，俗称“韩边外”。光绪六年十月二十一日至二十九日，吴大澂不畏风险，单骑入山，说服韩宗宪率众投诚，并改其名为韩效忠，接受朝廷编户。③ 后来吴大澂开办吉林机器局，需要踏勘煤矿与铁矿，韩效忠出力甚多。因吴大澂招降韩效忠，威信大增，威胁到吉林将军铭安的名望，铭安暗里对其颇有微词。对此，吴大澂在致陈介祺的信中说：“自去冬单骑入山，招抚金厂头目韩效忠，舆论皆为称快，廷旨悉如所请。不图嫌隙从此而开，事事防其越俎，不令与闻。”④ 铜井，指顾肇熙，经直隶总督李鸿章保举，顾以直隶候补道员的身份，在吉林帮办防务，此时亦潜居默处，不甚得志，后升任吉林分巡道。

（5）

郋亭主人如手：

去腊十七日在滦州道中奉到冬月十六日手书，次日至芦台，续奉东海关转寄一缄，知有汉魏石刻之赐，先睹碑目，何快如之。拜读大著四律，屡欲奉和，一道离索之怀，度岁忽忽，竟无暇晷。簠斋前辈来书，称述雅意，拟修《山左金石志》，抱残守缺，接武前贤，诚盛举也。敝军暂驻新城，拟于二月中旬移扎乐亭境内，专顾东路海防。其实北洋兵力无须吉军为之协助。越南自失山西，桂军驻守北宁，一筹莫展。前敌至关紧要，军火不济，焉能得力！敝处创议，协拨呍啫士得后门枪五百杆，年前已解粤中。南北洋所助中下之品，尚难速达。勋臣夙将，能顾大局不分畛域者，不能不令人追念胡文忠矣。近年考究枪炮利器，淮军之外，惟兄尚略知一二。此中头绪纷繁，大纲细目，非事事讲求不能精密，不精不密，何所恃以制胜，此岂可空言唐突哉！粤军桂军，非无可练之兵，若妥为训练，尽心考校，用半年苦功，均可稍有把握。兄固勇于任事，而不知者辄以多事疑之。年已五十，更事不少，居安思危，正当收敛才华之日，尚与少年争血气之勇乎！特念海防边防，关系大局，不加整理，泄沓如故，老（劳）师縻饷，耗费数百万，终未得其要领，殊可浩叹。兄非局外之人，安

① 前揭《吴愙斋年谱》，第155—156页。

② 陆德富、张晓川整理：《吴大澂书信四种》，凤凰出版社，2016年，第85页。

③ 前揭《吴愙斋年谱》，第153—155页。

④ 前揭《吴大澂书信四种》，第79页。

可缄默而不一言。合肥但顾北洋，不能统筹全局，此精力渐衰之故也。蒉斋入译署后，极思振作有为，惟于军事，究多隔膜。其意在坚持主战不求速，了以困之，亦与鄙见相合。洨民、师鄦索书二联，附呈乞转交。手复敬请衡安，不尽百一。兄大澂顿首。正月二十日。

此信作于光绪十年（1884 年）正月二十日，主要是吴大澂表达对中法战争时局的看法。光绪九年七月二十五日，因中法关系紧张，在宁古塔的吴大澂主动请缨，带领吉林抽调的民勇3000 人，由营口乘船南下天津，协助北洋防务。① 十二月十五日，到达乐亭县城，相度扎营之地。② 吴氏欲南下广西参战，未获允许，被留下协防畿辅。簠斋，指金石学家山东潍县人陈介祺。是时，汪鸣銮任山东学政，拟续修《山左金石志》，为商订体例，与陈介祺多有书札往还。③可惜本年七月二十日，陈介祺辞世，第二年汪鸣銮也调离山东，此事遂不了了之。

对中法战事，吴大澂认为因南北洋派系之争，桂军军火无论质量还是数量，都不理想。呍啫士得，为新式美制温彻斯特（Winchester）枪。胡文忠公，指胡林翼，他任湖北巡抚时，能从大局出发，超越地域之见，用湖北粮饷，资助湖南曾国藩的湘军；现今的李鸿章因为年纪渐大，只顾自己的北洋与淮军，不能兼顾南边防务。因系至亲，吴大澂没有隐瞒，将自己勇于任事的想法全盘托出：“淮军之外，惟兄尚略知一二。”自信之情，溢于言表。有此豪言在先，对 10 年之后吴大澂以湖南巡抚的身份，主动请缨，出关对日作战之事，就不觉突兀了。蒉斋，指张佩纶，清流派的主要人物，上书言事，颇为活跃。中法战争时，进入总理衙门（译署）任职。吴氏言其对军事多有隔膜，可谓一语中的。光绪十年（1884 年）四月，张佩纶以翰林院侍讲学士身份会办福建海疆事宜，结果在马尾海战中遭遇惨败。

洨民，指孙传凤，字得之，号洨民，江苏吴县（今苏州）人，光绪十五年（1889 年）举人，精于经史小学，旁及金石掌故，著有《味经庐丛稿》若干卷。师鄦，指江标，字建霞，别字师鄦，江苏元和（今苏州）人，光绪十五年（1889 年）进士，曾任湖南学政。孙、江二人为吴氏苏州同乡，此时均在山东学政汪鸣銮的幕中，通过汪氏向吴氏索书楹联。④

四　广东巡抚时期（1886—1888 年）

光绪十二年（1886 年）十一月，吴大澂升任广东巡抚。此前，光绪十二年五月，汪鸣銮已出任广东学政。因需按试各州府生员，汪鸣銮要遍历全省，不常在广州学政署。《吴愙斋年谱》云：“先生抚粤，值师门继格为将军，亲家张之洞为总督，表弟汪鸣銮为学政。汪氏幕中有叶昌炽、江标，先生门人王同愈亦相随左右。诸公者兼博览群籍，笃好金石文字，赏奇析疑，极盍簪之乐。”⑤ 到光绪十四年七月，吴大澂调任河东河道总督。汪鸣銮也在同年回朝，任工部右侍郎。

---

① 前揭《愙斋诗存》，第 214 页。

② 前揭《吴愙斋年谱》，第 182 页。

③ 陆明君：《陈介祺年谱》，西泠印社，2015 年，第 423 页。

④ 黄政：《晚清士子金石学的习得研究：以叶昌炽、江标日记为线索》，南京大学古典文献研究所编《古典文献研究》（第 21 辑下卷），凤凰出版社，2018 年，第 323 页。

⑤ 前揭《吴愙斋年谱》，第 242—243 页。

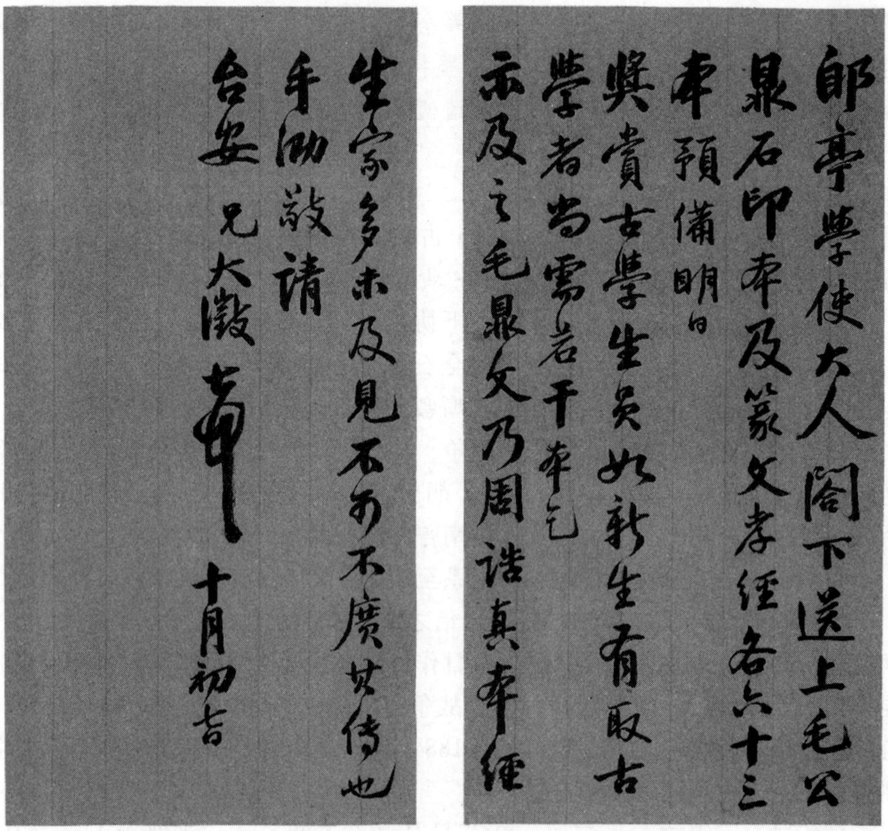
郎亭學使大人閣下送上毛公
鼎石印本及篆文孝經各六十三
本預備明日
獎賞古學生員如新生有取古
學者尚需若干本乞
示及之毛鼎文乃周誥真本經
生家多未及見不可不廣其傳也
手泐敬請
台安 兄大澂頓首 十月初七日

图4 吴大澂向汪鸣銮奉送拓片与书籍信札

（6）

郎亭学使大人阁下：

送上毛公鼎石印本及篆文《孝经》各六十三本，预备明日奖赏古学生员。如新生有取古学者，尚需若干本，乞示及之。毛鼎文乃《周诰》真本，经生家多未及见，不可不广其传也。手泐敬请台安。兄大澂顿首。十月初七日。（图4）

此信作于光绪十三年（1887年）十月初七日，主要是向汪鸣銮奉送拓片与书籍。因汪鸣銮任学政，故抬头以“学使”称之。本年九月十五日，吴大澂致其兄大根信中说：“柳门亦已旋省，今日扃试广府，须二十余日考毕也。”① 因汪鸣銮回到广州主持府试，故吴大澂将毛公鼎拓片与自己篆书《孝经》的石印本各63本送出，让汪氏奖励对金石学感兴趣的生员。

（7）

郎亭学使大人阁下：

昨奉手复，敬悉新生取经古二十四名，今日尚须校阅覆卷。广州绩学之士，悉数收入珊网，无一遗才，不独粤中数十年来无此盛举，亦江浙各省所未见未闻，可喜可贺。送上《孝经》《毛鼎》各三十七本，所余十三本，乞为分赠幕中诸君子。附呈《字说》百本，此

① 前揭《吴愙斋年谱》，第248页。

系鄙人一家言，未敢出而问世，亦可散给诸生否，乞酌之。手泐敬请台安。兄大澂顿首。十月初八日。（钤白文“龙节虎符之馆”方印）

此信作于光绪十三年（1887 年）十月初八日，紧接前一封，亦讲对新中生员奖励书籍之事。除吴大澂篆书《孝经》与毛公鼎拓片石印本外，还添加了吴大澂的新著《字说》一种。《字说》一卷，结合金石材料，考证了“帝”“王”“叔”“韶”等 32 字的源流，此时刚刚刊刻成书。光绪十九年，吴氏出任湖南巡抚时，又由长沙的思贤讲舍重新刊刻一次。吴氏向新生员赠书，一则可以显示巡抚大人对文教的关注，又可向同道分享自己的研究成果，可谓一举两得。

(8)

郋亭主人如手：

别后忽忽两月，驰系之私，与时俱积。廿六日达公自潮州归，述悉按部风清，试期甚速，拟于腊杪赶至老龙头舟中度岁，校阅勤劳，不言可想。兹奉十四日手书，承示种种，至以为感。昨至贵署，见东邻书肆土木工竣，均已焕然一新。近得透雨，天气不致燥烈，城厢报失慎者甚少，然满街天棚，与新年爆竹大不相宜，其势又不能严禁耳。建霞屡晤，闻正初即赴惠棚，未知簜节何时旋省，念甚盼甚。达公周巡各海口，并至肇郡查阅围基，往还二十五日，精力过人。兄则衰态渐增，岁晚事简，拟稍稍清理笔墨。不谓判牍一了，便觉精神疲困，书债累累，不得偿矣。手泐敬请台安，顺贺年禧。兄大澂顿首。腊月廿八日。

瘦珊景况亦深知之，现无机会可乘，或俟台旆旋省后，再向达老言之何如？大埔赵令，官声甚好，颇以为慰。揭阳王令，勤理词讼，达公亦即称之，目前皆可不动也。潮事须赖方守维持矣。手复再颂春祺。兄大澂又顿首。

此札作于光绪十三年（1887 年）腊月二十八日，主要述及广州城年底景象。此时，学政汪鸣銮在粤东潮州按试，准备在舟中辞岁，年后直接去惠州按试，不再返回广州。达公指张之洞，是吴大澂的亲家，时任两广总督。临近年底，为庆祝新岁，广州城内多搭天棚，吴氏对此民俗多有误解，认为极易造成火险隐患。建霞指苏州人江标，当时在汪鸣銮幕府，正月即赶赴惠州，与汪鸣銮汇合。瘦珊，似指沈瘦珊，浙江上虞人，时在广东候补知县，因没有空缺，托汪氏向吴氏与张之洞关说。大埔赵令，指赵梦奇，字宇文，安徽泾县人，同治十二年（1873 年）举人，历任广东大埔、花县、东莞等知县；揭阳王令，指王崧，安徽太湖监生，曾任广东揭阳、东莞、增城、顺德、阳江等县知县；潮州方守，指时任潮州知府方功惠，字柳桥，直隶宛平人。

(9)

郋亭学使大人阁下：

十一日接奉上巳手书，谨悉一一。藉稔按部勤劳，起居安善，以忻以慰。肇郡查获枪手，严加惩创，弊窦绝少。此间见闻，大都得之《广报》，场规整肃，士论翕然，此外别无所闻也。七星岩雅游，适值积雨之后，跋涉维艰，从者裹足，然不可不刻一题名，他日可与包孝肃并传不朽。今春阴雨过多，东江水长数丈，惠州府城，适当其冲，下游沿及东莞所属百数十村，基围尽决。兄因州县延不禀报被水情形，得之传说，甚不放心。因于初六日乘坐海雄东轮船，直抵石龙。次早换坐广元，驶至惠郡察看，灾区汪洋一片，竟与扬子江无异，湍深溜急，浩瀚奔腾，民船不能上下。前有即事诗云：“疑似金焦山下路，大江东去浪滔滔。”初八日巳刻，由惠展轮，酉刻，已抵省垣，平日断无如此之速也。东莞一带，幸邓宝丞镇军亲历查勘，量为抚恤，民情尚称静谧。达公亲赴西江北江，履勘基围，虑有残缺脱卸之处，督饬修理，夏秋盛涨，或可无虞。顷晤硕卿，知尊处有专差回署，今晚仍须赶赴三水。折差带回京信八封，又一总函，一并附上，乞察收。手泐布复，敬请台安。兄大澂顿首。三月廿一日。

岑令到省后，总须清理交代，方可前赴署任，此农部新章，势不能变通办理，亏累愈深，则张罗愈不易也。将来必向老师婉磨，鄙人亦无如之何。愙斋又顿首。

正封函间，又接二十日端溪舟中手毕，承惠七星岩题名六十八种，周濂溪、包孝肃二纸，即赴装池。韩襄毅题名，为杨铨刻大字掩之，前半幅五古，有“良辰羽书稀，聊此一怡悦”句，当亦襄毅所作。成化四年，襄毅以两广地大事殷，请东西各设巡抚，帝可之，命陈濂抚广东，张鹏抚广西。石刻有陈公字，当即其时所刻。武夷茶、建柚，谨拜雅惠。草草泐复，敬请衡安，兄大澂又顿首。廿一日午刻。

此信作于光绪十四年（1888年）三月二十一日，主要介绍自己赴东莞、惠州等地视察水灾的情况，最后谈七星岩一段，曾为《吴愙斋年谱》引用。① 此时汪鸣銮在肇庆按试，给吴大澂寄来七星岩题刻拓片。② 周濂溪，指周敦颐，包孝肃指包拯，均在七星岩留有题刻。韩襄毅指韩雍（1422—1478年），字永熙，江苏长洲（今苏州）人，正统七年（1442年）进士。成化四年（1468年），以左副都御史提督两广军务期间，因两广地大事繁，韩雍请分设广东、广西两巡抚，获朝廷准许，命陈濂巡抚广东、张鹏巡抚广西，而韩雍专门负责军务。韩雍的七星岩诗刻，作于成化四年（1468年）十月五日。③ 杨铨，江西丰城人，正德九年（1514年）进士，嘉靖十七年（1538年）年任广东左布政使时，也在七星岩留下题刻，但部分破坏了韩雍的题刻。武夷茶与建柚，均为福建特产。

本年广东遭遇大水，惠州、东莞等地尤甚。三月初六至初八日，巡抚吴大澂赴东莞石龙镇、福隆围及博罗、归善（今惠阳）、惠州等处查勘灾情，慰问百姓。往返三日，得七言绝句24首，诗题为《戊子三月查勘广惠水灾纪事》，其中第16首诗云：“浊流滚滚挟风涛，两岸平畴没一篙。疑似金焦山下路，大江东去浪滔滔。”④ 邓宝丞，指邓安邦，字保臣，东莞人，时任潮州镇总兵。硕卿，指吴景萱，苏州人，曾任广东补用知府。⑤ 岑令，指岑毓英之子岑春荣，广西西林人，字伯颐，号泰阶，时任户部江南司兼广东司行走，时来广东清查钱粮账目，需巡抚吴大澂出面安排对接。老师，指翁同龢，时任户部尚书，吴大澂与汪鸣銮以门生礼侍之，为岑春荣的上司。

（10）

郎亭主人如手：

---

① 前揭《吴愙斋年谱》，第251页。

② 李吾铭：《吴大澂抚粤期间幕府金石活动考述》，《书法研究》2016年第3期，第102页。

③ （清）韩雍：《襄毅文集》卷一，《文渊阁四库全书》第1245册，台湾商务印书馆，1986年，第615—616页。

④ 前揭《愙斋诗存》，第73页。

⑤ 中国史学会编：《中国近代史资料丛刊：中日战争》（第6册），新知识出版社，1956年，第220页。

连日料理行装，不获趋晤。顷与达公订定：十六日申刻，邀台从同至广益堂畅谭半夕（先一刻奉访）。尊处阅卷正繁，不再奉扰，心领敬谢。赈捐固甚亟，草堂之资，亦不裕也。手复即请晚安。兄大澂顿首。十四日。

此信作于光绪十四年（1888年）七月十四日，是吴大澂离任前向汪氏发出的聚会邀请函。七月初十日，吴大澂调任河东河道总督，谕旨有“毋庸来京请训，广东巡抚著张之洞兼署，吴大澂接奉电旨后即行交卸起程，勿稍延缓”等语。[①] 临别之际，吴大澂邀请张之洞、汪鸣銮到广益堂聚餐，借以辞行。

（11）

郎亭吾弟大人如手：

连日料理行装，又有不能不答之客，几至刻无暇晷。明日须四五点钟方可出门，实未能奉扰郇厨，求谅之。十八日辰刻即行，拟于初六日赶至大梁，与豹翁一晤，方可疏陈一切也。手复敬请台安，兄大澂顿首。十五日灯下。

助赈事当与家兄商之，不亟亟也。

此信作于光绪十四年（1888年）七月十五日，此信主要目的是婉拒汪氏十六日的饯行宴会。因行期紧迫，需准备行囊，告别宾朋，吴氏无法脱身赴汪氏饯别宴，只能匆匆一晤，故以此信告之。大梁，指开封，是河道总督的驻地。豹翁，指河南巡抚倪文蔚，因是年为乡试之年，八月初六日，倪文蔚要“入闱”主持考试，故吴氏须在考场封闭前赶到开封，与倪文蔚面商一切。家兄，指吴大根，时在家乡苏州主持家务。汪鸣銮劝吴大澂捐助赈济款项，吴氏认为需与长兄协商后再做决定。

（12）

承惠多珍，愧不敢当。谨领钦州沙壶、汝窑杯、云茯苓、八珍粉，拜赐多矣。此次来粤，所得铜鼓不少，此二鼓铜质精良，幸公自留之，勿轻予人也。今日午后，拜折尚有数处辞行，大约酉初可以奉诣。诸务冗杂，料理不清，统俟面晤，不尽宣悉。郎亭侍郎吾弟大人执事，兄大澂顿首。七月十六日。

此信作于光绪十四年（1888年）七月十六日，是吴大澂就赴汪斋时刻的说明。对金石谜吴大澂来说，临别送岭南少数民族的铜鼓给汪氏，也算是一桩雅事。

（13）

郎亭学使大人如手：

同官粤海，不及两年，虽以我公按部勤劳，未能晨夕晤教，而台旌旋省之日，衔杯读画，剪烛谭心，亦复数数过从。以后天各一方，有劳燕分飞之感，求如此日踪迹之密，恐不多得。一回相见一回老，中年以后，离合之情，不能无动于中也。别后展轮，黎明抵港，三日之内，风平浪静，有海不扬波之乐。昨晚忽有三尺大鱼跃入轮船。以理度之，船身离水数

① 《清德宗实录》卷二五七，《清实录》第55册，中华书局，1987年，第454页。

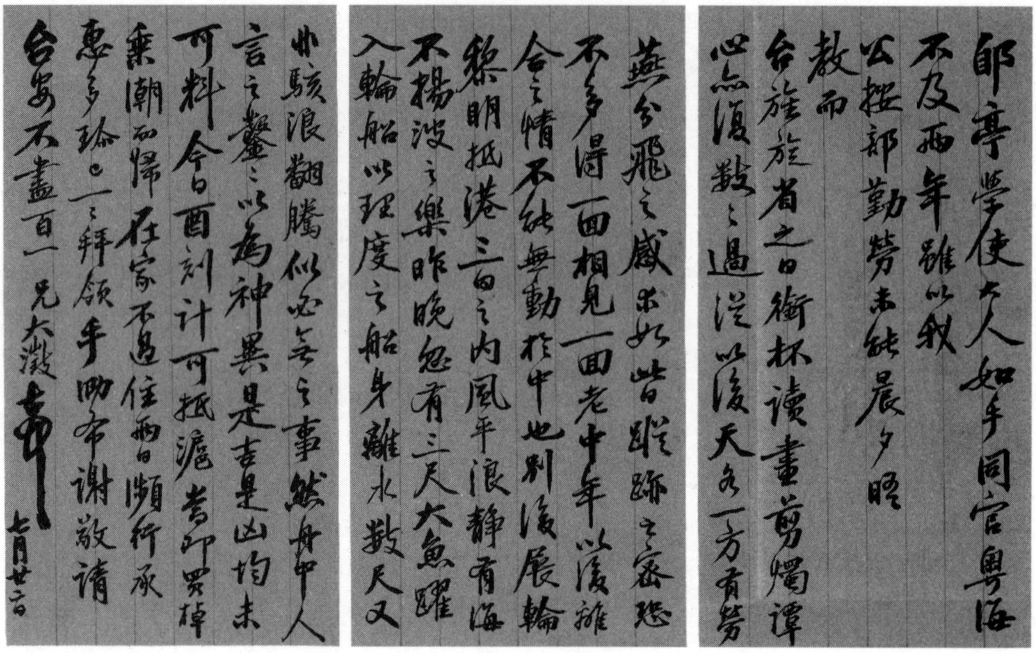

图5　吴大澂赴开封任职途中信札

尺，又非骇浪翻腾，似必无之事。然舟中人言之凿凿，以为神异，是吉是凶，均未可料。今日酉刻，计可抵沪，当即买棹乘潮而归，在家不过住两日。濒行承惠多珍，已一一拜领。手泐布谢，敬请台安，不尽百一。兄大澂顿首。七月廿二日。（图5）

此信作于光绪十四年（1888年）七月二十二日，作于吴大澂赴开封任职途中，主要述及沿途见闻，《吴愙斋年谱》曾部分引用此信。① 吴大澂于七月十九日从广州出发，经香港赴沪，二十三日到上海。回苏州简短省亲后，昼夜兼程，于八月初五日到达开封。从香港赴沪途中，在海中有大鱼跃入船内，吴氏以此为奇事。其实，同样的事情，两年前就出现过。光绪十二年（1886年）九月，吴大澂查勘吉林边界完毕，“由海参崴内渡，经朝鲜东南海中，作诗《海上书所见》云：三尺银鳞海上游，奋鬐忽跃入船头。舵师惊讶儿童喜，休咎由来不自由”。②

五　河东河道总督时期（1888—1890年）

光绪十四年（1888年）八月初五日，吴大澂行抵开封，正式出任河东河道总督。光绪十六年（1890年）正月二十三日，吴母韩太夫人寿终里第，吴即于正月二十五日启程奔丧，二月十三日回到苏州。光绪十五年正月，汪鸣銮升任工部左侍郎。

① 前揭《吴愙斋年谱》，第254页。

② 前揭《愙斋诗存》，第69页。

（14）

郎亭侍郎吾弟如手：

前闻荣迁之喜，久未肃缄驰贺，展奉手书，亦未裁答。往来工次，公牍本不甚繁，而三四两月编成《古玉图考》一书，以为汉唐以来，无此考证。专一用心于此，日与许书郑注贾疏为缘，酬应笔墨，搁置不少，公亦笑其嗜好之多而喜其编校之勤耶！

菊裳、建霞、胜之、屺怀朝考皆高列，同入词林且同为门下士，近科无此盛举。柯凤孙之昆弟行，是否公所识拔？齐鲁诸生，粤华绩学，皆荟萃于一榜，鄙人拟之嘉庆己未，非谬论也。郑翰卿孝廉回汴，带带（回）四月十八日手毕。河工善后，将次告蒇，鄙署人才济济，已无容膝之地，当为推荐于高云帆同年，实缺河内，不久即履新也。惟豫中道府州县各署，馆谷不丰，寒士薪水之谋，颇不易给。杜陵广厦，徒托空言耳。新得《金刚经》，款署苏公，真伪乞为审定（纸系北宋），似非善书者不辨也。手复敬请台安。兄大澂顿首。五月廿三日。

水利末批二万七千，已札委速解，六月初十左右必可到京。我公出掌文衡，恐亦不出此两月也。报销尚难速结，故先将余款约略计之，尚有抢险及广武山在外耳（此二款另案奏报，不归善后）。

此信作于光绪十五年（1889年）五月二十三日，主要就转荐郑翰卿一事，回复汪鸣銮。《吴愙斋年谱》曾引用第一段段内容。[①] 荣迁之喜，指本年正月，汪鸣銮由工部右侍郎升任工部左侍郎。《古玉图考》一书，参考许慎《说文》、郑玄与贾公彦的“三礼注疏”等，历时两月编成，图文并茂，考证精详。[②] 本年殿试，苏州人叶昌炽（菊裳）、江标（建霞）、王同愈（胜之）、费念慈（屺怀）四人同中进士，并同入翰林院。柯凤孙，指柯劭忞，山东胶州人，因避捻军之乱，12岁时从其父柯蘅迁潍县，卜居于城南程符山下孙家村，颇受吴氏与陈介祺赏识。[③] 后中光绪十二年进士，其兄柯劭憼，也在光绪十五年进士登第。汪鸣銮曾先后任山东、广东学政，本科山东、广东人中进士者较多，故吴大澂将之与嘉庆己未（嘉庆四年，1799年）科相比。因吴大澂任河道总督，汪鸣銮推荐郑翰卿入吴大澂幕府，但因主体工程已合龙，只剩善后事宜，吴大澂将其转荐给在怀庆府（河内）任职的宿迁人高袖海（云帆），并言豫省薪水整体不高。吴氏在开封新得苏轼书《金刚经》，请汪鸣銮帮其鉴定真伪。

河工合龙后，吴氏将剩余经费2.7万两，派人解运，上交户部。同时需要工部协助，向户部报销项目经费。汪鸣銮为工部左侍郎，故吴氏提前向其简略讲述相关情况。因光绪帝大婚，本年开恩科乡试，六月各省考官简派完毕，故吴大澂希望汪鸣銮能被派为考官，再掌文衡。广武山，在黄河南岸的荥阳县境内。

（15）

郎亭主人如手：

前接余弟来书，知卜居南池，凤城日近，金门待漏，可省往来仆仆之劳，即与贵署相去亦不甚远。回忆西城同馆，忽忽已二十四五年，不知何日梦到觚棱，同剪西窗之烛，一如岭

① 前揭《吴愙斋年谱》，第275页。

② 前揭《吴愙斋年谱》，第358—359页。

③ 前揭《陈介祺年谱》，第139页。

南故事，亦当于东华门内步武芳尘，乐共晨夕，此生平所大愿也。运斋举室南归，少年英锐之气已消磨殆尽，年未六十，衰态渐形。培兄亦劝其出都，郁郁居此，殊不相宜。同馆人多放差，固难得京察，亦不易向隅者，不止运斋一人。廉生来书亦甚牢骚，无如何也！豫境黄流顺轨，今年伏秋尚属平顺。敝署公牍颇简，暇则从事翰墨，所得书画小品亦不少，曾见梁山舟书钱塘汪封翁墓志（楷书，有方格，似曾勒石，有刻字人姓名），吴㝅人撰文（孙辈有云栋名，曾孙有彦寀名），未识是吾弟族祖否？因索价四十金，尚未购定也。手泐敬请台安。兄大澂顿首。中秋前一日。

运斋来书云：钞报已托尊处代寄，费神之至。

此信作于光绪十五年（1889年）八月十四日，主要谈及吴大衡回乡之事。汪鸣銮移居东华门外南池子，距离紫禁城东华门与工部衙门均很近便。[①] 西城同馆，指同治元年到三年（1862—1864年），吴大澂与汪鸣銮一起赴京，在大学士彭蕴章宅中坐馆，等待应顺天府乡试时的情景。岭南故事，指光绪十二年至十四年（1886—1888年），吴大澂与汪鸣銮同在广东为官，有机会经常聚谈之事。离开广东之后，吴氏继续在地方任职，汪氏回京当差，两人再无机会“乐共晨夕”了。运斋，指吴大衡，光绪三年中进士后，在翰林院任职多年，从未外放过学政或考差，不甚得志，因此以“养亲”为名，请假回乡。培兄，指吴大根。廉生，指王懿荣，酷好金石，吴大澂的好友，时亦在翰林院任职。汪鸣銮祖籍杭州，吴氏在开封所见汪封翁墓志，正是汪鸣銮五世祖汪汝基的墓志。汝基生秩，秩生云栋，云栋生彦寀，彦寀为汪鸣銮祖父。[②] 汪汝基墓志撰文者吴㝅人，指吴锡麒，钱塘（今杭州）人，官至国子监祭酒，精于骈文；书写者梁山舟，指梁同书，浙江钱塘人，大学士梁诗正之子，乾嘉年间的著名书法家。当时的地方官员，要靠北京印制的《京报》或《邸钞》了解国家政事，他们一般会委托在京的亲近可靠之人定期汇寄，吴大衡在京时，为次兄汇寄报钞，吴大衡出都，吴大澂将打理报钞之事托与表弟汪鸣銮。

（16）

郎亭吾弟大人如手：

顷折弁带到十三日戌刻手书，知梁书墓铭已邀鉴及，此系大梁旧家所藏，二次往索，渠知必留之物，竟不肯减。适有折便，即交带呈，因给三十六金，未免稍贵。既系先世遗珍，兄购得之，亦觉可喜，不复与之计较。其值无须寄还，俟兄有付含英之款，再请代付可也。（李军《吴大澂交游新证》曾引用以上文字，言此为国家图书馆所藏《吴大澂手札》，是标注有误，还是国图与故宫所藏为不同信札，待考）[③] 文已录一副本。海洋书院从祀一节，具徵世德之厚，良可钦佩；所云赡族劝学之方，吾弟有志竟成，此其先兆矣。承寄题名录闱墨并钞报九本，至感至感。明早有折便，匆匆手复，敬请台安。兄大澂顿首。九月廿一日酉刻。

惠书如有要事，由府尹官封递下，亦不甚迟。郑师处常用马封，间有至二十日始达者，究不如折差之速。以后路途无所阻滞，不过六七日即可接到。每月必有一次，九月发两次矣。公冗无暇时，即不必见复，或用废片写数语。（此段信札白谦慎在《晚清官员收藏活动

① 黄政整理：《江标日记》，凤凰出版社，2019年，第416页。

② 来新夏：《清代科举人物家传资料汇编》第5册，学苑出版社，2006年，第20—23页。

③ 前揭《吴大澂交游新证》，第93页。

研究》一书中曾部分引用)①

郎亭捐赈银款，已咨明司农，援照豫抚奏准新章，请以花翎核奖（先系南丰奏准，豫中援案续请。因于正月始接部覆照准，故咨覆稍迟)。此文已经发递，不知司农尚须入奏否？或径咨工部，未可知也。

此信作于光绪十五年（1889 年）九月二十一日，主要讲为汪鸣銮购得墓志铭一事。因确定汪封翁为汪鸣銮先祖汪汝基，吴大澂用银 36 两，为其购得。墓志中讲到汪氏先祖有赡族劝学之传统，今日在汪鸣銮身上得到印证。含英，指含英阁，北京琉璃厂经营金石书画的商号，吴大澂经常从此处收购古物。当时，各省城与北京之间，有传递奏折文书的专人，可以附带书信，速度比一般信局快很多，开封与北京之间，六七日即可到达。郑师，指潘祖荫，时任工部尚书。

本年江浙地区遭受水灾，急需赈济，官员亦可以私人身份捐赈。南丰，指曾国荃，时任两江总督。因著名文学家曾巩为江西南丰人，故用南丰指代曾姓。豫抚，指河南巡抚倪文蔚。司农，指户部尚书翁同龢。

(17)

郎亭吾弟大人如手：

十月初十日，折弁带回初二日手复，并领到抄报十八本，廿二日续奉望日手书，敬稔武闱主试，校阅勤劳。与仲山前辈熟人共事，尤为可喜，知已于二十日复命矣。中伯权观察，计已到任。此间与东省驿递甚迟，平日往来公事，亦甚寥寥。惟运河道则公牍较繁，大半循照旧章耳。东省大寨，已报合龙，惟纸坊口尚未堵合，约计冬月亦可蒇事。吾乡水患，几至颗粒无收，求助于他省集捐，不甚踊跃。敝处与豹帅共凑四万余金，分助江浙，绵力已竭，难再推广。运斋年内未必北行。大姨病情反复，极以为念。手复敬请台安。兄大澂顿首。十月廿九日。

梁书册价，不必急急付还。前得苏书《金刚经》墨迹，在京装裱时，惜未送呈一阅。细审之，实非赝本，得之亦奇缘也（价甚廉)。近日抄报，乞交来弁为感。

此信作于光绪十五年（1889 年）十月二十九日，主要是向汪鸣銮通报近况。本年九月，工部左侍郎汪鸣銮出任武会试副考官，正考官是礼部右侍郎嘉定人廖寿恒（仲山），九月二十日，武举已顺利会试完毕。中伯权，名衡，经潘祖荫推荐，随山东巡抚张曜治河。② 东省，指山东。运河道，指山东运河道，驻山东济宁，直接管理山东运河河务，以及附属河流、湖泊等水利设施，是河东河道总督的直属机构，因此与开封河道总督署来往公牍较多。而驻节济南的山东巡抚衙署，因与河道总督没有直接业务关系，公事往来较少。纸坊口，在山东嘉祥。豹帅，指河南巡抚倪文蔚。运斋，指吴大衡，因吴母（汪鸣銮大姨）病情反复，吴大衡守在身边，没有回京销假。梁书，指前文提及的梁同书写汪汝基墓志铭。

(18)

郎亭吾弟同年大人阁下：

① 前揭《晚清官员收藏活动研究：以吴大澂及其友人为中心》，第 134—135 页。

② 张怀恭、张铭：《清勤果公张曜年谱》，浙江古籍出版社，2009 年，第 198 页。

冬月十九日折弁回署，带到初十日手书并邸报三十八本，至感至感。子英来函已收到，梁书册值三十六金，何亟亟也！献岁发春，伏维起居万福，潭府多绥，为颂无量。舍弟在乡里襄办赈济，义不容辞。闻头绪纷如，官府清查户口，迟至冬月初旬尚未齐，年内不过开放一关。春赈为日甚长，尤难为继也。豫中各署，由敝处颁发印册，每一州县，总可捐三四百千。将来收齐后，除归垫款万金外，总可续得万余千文，春初略可接济，巨款则不易得耳。河工善后，幸得大工余款，竭力布置，一年添抛砖石坝不少，以后总可保二三十年豫无河患。测绘河图，自阌乡起，直至海口，分作四段，咨调津沪闽粤各局委员学生，详细测量，均已回汴。再得两月之功，可以绘毕。拟交上海同文书局石印数百分，刻板则旷日持久，豫省梓民亦不能精耳。手泐敬贺岁禧，不尽百一。兄大澂顿首。腊月朔日。（钤朱文“五十八璧六十四琮七十二圭精舍”方印）

附呈咏梅诗百韵，聊佐椒辛，伏乞鉴纳。钞报仍乞掷交来弁带下。再请台安，大澂又启。

再密启者：前奏报销一片，原意推广南皮之意，如奉明文，则堂皇冠冕，省得许多纠缠。运斋谓此事我辈可不必管，然款之出入，鄙人不能不操其权，若听凭局员影射挥霍，万一不妥，恐起波澜，转非慎重之道，此事无不愿经手者，不过想沾馀润耳。兄与主人，骨肉至亲，可以无话不说。郑师信中，只好一字不提。如有为难，乞主人从旁代为致意。报销截数，现已奏明，详细开单，年内亦当出奏。用至千二百万，勾心斗角，亦甚不易。料价本有奏案，尊处照例驳诘，皆可据实顶礼。惟有去夏两坝走去归占一节，销册内未经叙入，自系疏漏之笔。然照章声叙，即须照例分赔。高阳在此一清如水，而无端有摊赔之款，似可不必，此与鄙人不相干涉者。若尊处派员确核用款，不挑即不必提；如有细心人挑出，回堂望将此意商诸郑师，得已则已，恐与高阳诸公有牵累耳。此私中之公谊，亦不必与高阳言之。至销费一节，如此巨工，断无一钱不费之理。鄙意留出七八方，俟事竣后陆续汇京，亦不致骇人听闻。而承办之员，以为内友，总须十数，此必系木钟之说，实不足信。望主人密询掌印启君，书吏中究系何人主持其事（似陈姓最可靠），即嘱密谕该书，外间略有所备，当可不致绝望。现有已革上南厅余璜之弟从中经手（向来经手河工报销者），据云乃兄即系管事之人，其人甚靠不住，司中或有此人，未必与闻其事。又有王姓亦拟从中关说，究竟余、王孰正孰副，皆不可知。不如嘱启君转谕陈姓，妥为经理，免得节外生枝，尊意以为何如？公事有不能不驳之处，尽可照章驳诘，而费则不可少也。

此信作于光绪十五年（1889 年）腊月初一日，除过提前拜年外，主要密商河工报销之事。子英，指胡永昌，江宁人，善于书画椎拓，琉璃厂含英阁店员，吴大澂出任湖南巡抚时，胡子英成为其幕宾，专管书画金石。① 汪鸣銮将吴氏代购先祖墓志铭款项 36 两存入含英阁。吴大衡返乡后，以乡绅身份参加了江南水灾赈济工作，在河南的吴大澂，也与巡抚倪文蔚一起为江浙灾区筹集善款。另外，借办理河工善后之机，吴大澂向朝廷建议在开封设立河图局，从福州船政局、上海机器局、天津制造局、广东舆图局四处选择精于测绘工于绘画的委员学生二十多人，由道员易顺鼎总理其事，从黄河进入河南的阌乡县（今属河南灵宝）开始，直至山东利津县入海口，进行测量绘图。从光绪十五年（1889 年）五月开始，历时十月完成。以正本进呈御览，副本交

① 前揭《晚清官员收藏活动研究：以吴大澂及其友人为中心》，第 223 页。

上海同文书局石印。① 本年三月与四月，吴大澂两次致函山东巡抚张曜，请山东方面从人力与财力方面对测量工作给予支持。②

河工善后，最重要的报销经费。吴大衡建议其不必过问，由河防局人员办理即可，吴大澂恐局员挥霍，徒生波澜，自己作为河道总督，应负责到底。湖广总督张之洞（南皮）建议吴大澂公事公办，走正规报销渠道。但吴大澂深知报销陋规，河工经费耗资巨大，胥吏多欲沾馀润，想法百般刁难，不见好处，会一直拖延不办。为此，吴氏准备找户部直接经办河工报销且可靠的陈姓胥吏，拿出七八万两银子作为活动经费，上下打点，以期尽快报销完毕。就此事与汪氏密商，并让汪氏不必向他的上司工部尚书潘祖荫提及此事。另有“两坝走去归占”一事，指先前因方法不对，河工两坝先后冲毁，白白耗费物料之事。这虽是前任河督成孚、李鹤年任内之事，但吴大澂怕拖累当时督办河务的礼部尚书李鸿藻（高阳）一起赔偿，故将其费用做在此次报销账内，独自为李鸿藻开脱，并让汪氏保密。光绪十六年正月初七日，吴大澂在致潘祖荫的信中也说：“郑工报销清单，已达大部，料价之贵，从来未闻。例应驳诘之款，其势竟不能免。然费用之繁，皆在大澂接办之前（前任河都成孚、李鹤年），工款业已费尽，实亦无法弥缝。大澂不敢以此上渎钧听者，不欲以私事相干耳。大澂到工以后，并未私用工款一钱，局中皆有账目可稽，此足以告慰垂廑，而在工文武员弁，亦所共见共闻也。”③ 不过，写此信的两个月后，吴大澂因丁忧去职，河工报销之事，还是没能在他任内完成。

（19）

郎亭吾弟同年大人阁下：

月初交折弁带呈一缄，谅登记室。十二日仲饴太守来汴，带到前月廿六日手书，承惠多珍，谨领敬谢。近来每夜必觅糖饼少许，而大梁市小，远不如信远斋之精洁，乳卷乳饼，素有癖嗜，只因折差入都，马背未能多带耳（去冬曾带乳卷一次，到汴已变味，大约折差途中置之暖炕，山楂俱化水，此次尚未变味）。口腹之福，叨惠不浅。近刻散盘屏幅朱墨二分，河滨新筑石坝刻石，寄呈一笑。《古玉图考》不日可到，年内尚有折差一次，岁暮必可寄览。刘熊碑覆刻本仅拓样本一分，已寄廉生。石尚在粤，俟明年运苏，再行拓呈。甲子团拜公费，下次即汇，此亦年例所应有也。（李军《吴大澂交游新证》曾引用以上文字，言此为国家图书馆所藏《吴大澂手札》，是标注有误，还是国图与故宫所藏为不同信札，待考）④ 手复敬颂岁祺。兄大澂顿首。嘉平望日。

运斋明年入都，恐不能早。清秘堂一差，想已开去，未必能久留也。查声庭已举卓异，曩在郑工时，云林大有微词，故仍调回运河较为妥洽，丁少山常晤论古，颇不寂寞。仲饴已于十三接印矣。

此信作于光绪十五年（1889 年）腊月十五日，主要通报自己近况。仲饴，指吴重憙，字仲饴，号蓼舸，山东海丰（今无棣）人，吴式芬次子，陈介祺长婿，同治元年（1862 年）举人，时刚从陈州知府调任开封知府。吴重憙好金石文字，吴式芬、陈介祺藏品及著述，多赖其整理或

① 前揭《吴愙斋年谱》，第 282 页。

② 前揭《清勤果公张曜年谱》，第 201 页。

③ 前揭《吴愙斋年谱》，第 280 页。

④ 前揭《吴大澂交游新证》，第 93 页。

刊印。吴式芬编有《攟古录》一书，收录上古至元代金石、砖瓦、木刻等文字 1.8 万余种。信远斋，北京字号，善于制作各类蜜饯，今尚存。散盘，指散氏盘拓片。石坝刻石，指郑州黄河合龙时，吴大澂作铭刻石曰："光绪十有四年冬，郑州堵口将合龙。筑石为坝当溜冲，涂既坚实如崇墉。戒毋毁弃损厥功，大澂作铭传无穷，陆守襄钺监此工。"① 吴氏将此刻石做成拓片，惠寄汪鸣銮一份。本年夏季编成的《古玉图考》，送至上海同文书局石印，此时新书尚未寄到。刘熊碑，著名传世汉碑，原石无存，吴氏在广东巡抚任上，借川沙沈树镛的宋拓本，校订赵之谦双钩本，嘱黟县黄士陵（牧甫）摹勒上石，覆刻成碑。② 甲子团拜，指江苏籍在京甲子科（1864 年）乡试同年，在江苏会馆举行的新年团拜会，因京官俸禄低，一般由同年中有财力的地方官员赞助费用。

吴大衡原准备光绪十六年销假回京，但因离开太久，翰林院（清秘堂）已没有他的位置，需另谋出路。后因吴母去世，吴大衡推迟回京。丁忧期满后，经吴大澂出资两千两，吴大衡捐直隶候补道，在甲午战争中帮办军事，积劳而卒。查声庭，即查筠，本名以奎，字鍒青，顺天宛平（今北京市）人，长期在河道衙门任职，对治河很有经验，在济宁筑有怡怡园。③ 丁少山，指丁艮善，字少山，监生，山东日照人，精于小学、经学，笃好古物，收藏甚夥，刊刻书籍亦甚精，曾缩刻《开成石经》。丁氏跟随陈介祺多年，与吴大澂及潘祖荫交厚，此次随吴重憙来汴。光绪十五年八月，吴大澂致书王懿荣信曰："顷知仲饴调补开封，将来到任后，省中多一金石交。丁少山同来，更不寂寞。"④

(20)

郎亭吾弟大人如手：

两次折差带去尺书，谅均鉴及。兹因郑工案内报销细数，赶于年内奏送清单，并有例折数件，即交折弁送上甲子团拜费六十金，乞转交汉三同年。如有抄报，敬祈封交来弁带回。高抟九同年是否乞退，屡展假期，想抱病尚未痊也。孝达前辈已于冬月履新，自去秋别后，尚未得其只字，忙碌可知。手泐敬贺新禧。兄大澂顿首。腊月十九日。

《古玉图考》尚未到，只可新年奉寄矣。

此信作于光绪十五年（1889 年）腊月十九日，是吴大澂向汪氏的拜年函。两次折差带去尺书，指前文腊月初一与腊月十五写给汪氏的信。这是折差年前最后一次寄信，吴大澂呈上团拜费，托汪鸣銮转给负责此事的蔡世杰（汉三）。高抟九，指高万鹏，陕西城固人，吴大澂会试同年，官顺天府尹。冬月履新，指张之洞光绪十五年由两广总督调任湖广总督。

(21)

郎亭主人如手：

乞付《古玉图考》四部，交胡子英兄手，不误拜客续布。敬请台安。兄大澂顿首。新正六日。（折差带回《古玉图考》二部，已领到。承惠乳饼糖匣，谢谢）

① 前揭《窸斋诗存》，第 82 页。

② 前揭《吴大澂交游新证》，第 93 页。

③ 潘守廉：民国《济宁县志》卷四，民国十六年铅印本，第 37 页。

④ 前揭《吴大澂交游新证》，第 174 页。

曼伯昨已来省，所事即由朱、冯与海丰商之，当无不妥。兄此次归省，轻舆简从，内人亦不令同行，示无去志。如老母不欲远离，即告终养亦未可定。此万一或有之事，并非先存退志也。

此信作于光绪十六年（1890 年）正月初六日。胡子英，指琉璃厂含英阁的胡永昌。《古玉图考》到京后，由汪鸣銮打理。吴氏把《古玉图考》刊本寄存于含英阁，可以宣传新著。曼伯，指朱寿镛，江苏宝应人，附贡生出身，时署开归陈许道，吴大澂委托其总办东坝事宜。① 冯，指冯光元，字叔惠，江苏阳湖（今常州）人，光绪二年举人，知府衔，曾在河南彰德、卫辉、怀庆三府任职。海丰，指开封知府吴重憙。因吴母病重，吴大澂欲请假归省，一人独自回苏州，以示绝无归隐之志。但还没来得及动身，就接到母亲病逝消息，吴氏只好丁忧去职。

(22)

郎亭侍郎吾弟大人阁下：

客腊廿三日，折差带回望日手书二函，并钞报三十四本，除夕续奉廿二日手复，屡承惠寄乳饼名糖，围炉夜话，如饮公瑾之醇醪，不觉心醉。钞报七本亦领到。《古玉图考》此间已有数十部，如尚未寄尽，可多留二三十部（寄来二部已领到）。鹤巢、康民、雅宾诸同年，均乞分贻，以资谈柄，不足云著述也。新正初六日，家兄电报，母亲忽患痰塞，病情甚重，五内焦灼万分，幸电讯日夕可通。舌苔始则厚腻，继而光红，语音未甚清晓，精神困惫，仅进米汤。现请马培之用化痰滋阴之药，一时难求速效。兄已具折请假一月，如蒙俞允，必有兼署明文，乞先电示数字，至感至感。手泐敬请台安。兄大澂顿首。新正十三日。

此信作于光绪十六年（1890 年）正月十三日，主要通报吴母病情，《吴愙斋年谱》曾部分引用此札。② 鹤巢，指许玉瑑，原名赓飏，江苏吴县（今苏州）人，同治甲子（1864 年）举人，吴大澂乡试同年，内阁中书，署侍读，转刑部郎中。康民，指顾肇新，顾肇熙之弟，苏州人，字康民，号鼎卿，光绪二年（1876 年）举人，曾任刑部郎中，总理衙门章京。雅宾，指刘传福，字康百，号雅宾，江苏吴县（今苏州）人，同治十三年进士，吴大澂会试同年。吴氏托汪将《古玉图考》分给在京诸苏州籍同年。马培之，指江苏武进孟河镇名医马文植（1820—1903 年），字培之，曾在光绪六年（1880 年）应诏进京为慈禧太后看病，著有《纪恩录》一书，专记其事。

六 守制时期（1890—1892 年）

光绪十六年（1890 年）二月十三日，吴大澂奔母丧抵家。光绪十八年（1892 年）四月二十三日，服阕，五月二十二日，启程入都。在此时段，汪鸣銮一直任工部左侍郎，其间，光绪十七年（1891 年）七月，被派为山东乡试正考官。

① 前揭《吴愙斋年谱》，第 254 页。

② 同上书，第 280—281 页。

(23)

郎亭主人如手：

正月廿三日，折差带去一缄，心乱如麻，未能多述。是晚二鼓后，痛接苏电，家母于申刻见背。肝肠寸裂，莫知所为。离家一年五月，竟不得一见慈颜。病不能侍汤药，殁不能视含殓，不可为人，不可为子。运斋回里，犹得侍奉数月，迟迟未即入都，幸得在家送终。大澂恨未早日请假，永报终天之憾，虽悔何及矣。既接来电，知有豹帅兼署之命，即于廿四日送印抚署，廿五日启程。途中又为风雪所阻，今日始抵彭城。（以上部分段落《吴愙斋年谱》引用）[1] 计初七日可达袁江。知念附及，去秋吴中被水，家母首先倡捐银一千两，电谕大澂筹济巨款。适接谢绥之告急之电，先已筹解银一万两，因奉慈谕，续又筹垫万金，汇寄苏省，由刚中丞饬局列收。并手书匾额二百数十方，分寄豫省各州县，以奖劝捐出力之绅士，各属赈捐，因此颇形踊跃，有一县捐至千余金者，有一户捐钱一千串者。截至正月二十日止，已解到者一万余金，分汇江浙两省。统共解过赈捐银三万余两（豹帅另筹赈捐五六万两，不在此数）。此皆承家母之教，不敢不竭力筹助。已于前月廿二日函恳沅帅附奏，请给匾额。即不敢望御书匾字，但能奉旨，交督抚给匾奖励，亦足增光泉壤。如晤北池南阁，乞为道及。曾记延榆绥镇刘福堂之太夫人，因捐置义田各善举，由湘抚奏请御书匾额，不记何年月日，或托钱密翁查案，比例有所依傍。潘伟翁之太夫人因捐赈银二千两，奏请给匾，未蒙俞允，此则各视其圣意何如耳。大澂虽有显扬之愿，能否仰邀特恩，固不敢必。幸主人至戚相关，用敢缕晰奉告。想沅帅素承垂爱，不致置之高阁也。俟到家后接有沅帅复书，再行电达。途次昏迷，语无伦次，伏乞矜鉴。手泐敬请台安。棘人吴大澂稽颡泣述。二月初三日彭城泐。

此信作于光绪十六年（1890 年）二月初三日，是吴大澂回乡途中，路经徐州所写，主要谈及为吴母旌表之事。因居母丧，故以棘人自称。离家一年五月，光绪十四年七月，吴大澂从广东巡抚调任河东河道总督，从广州到开封中途，曾于七月二十四至二十六日返回苏州省亲，距此正好一年零五个月。[2] 吴母去世时，长子吴大根与三子吴大衡均在身边。吴大澂丁忧，河道总督暂由河南巡抚倪文蔚（豹帅）兼署。袁江，指清江浦（今江苏淮安），从开封到此走陆路，从清江浦到苏州换乘船只。谢绥之，指谢家福，苏州乡绅，热心慈善事业，此次负责苏州灾后救济。刚中丞，指时任江苏巡抚刚毅。吴大澂利用自身优势，对河南捐赈者奖以手书匾额，因此如期完成了赈灾款的筹集。沅帅，指时任两江总督曾国荃，因苏州属两江总督辖区，为吴母善举请求旌表，须地方主管官员出面。北池南阁，指入值南书房的大臣，他们多借居东华门外的北池子一带，便于时常进宫随侍。皇帝御赐匾额，多由南斋翰林代笔，吴氏托汪鸣銮向南书房行走诸臣道及此事，预备一旦光绪帝恩准赐匾，他们好有心理准备。为加大恭请御匾的把握，吴氏还吸取刘福堂与潘伟翁一成一败的教训，并托熟悉卷宗的钱应溥（密翁）查阅相关档案。刘福堂，指刘厚基，字子坤，号福堂，湖南耒阳人，以军功官至陕西延榆绥镇总兵。光绪二年（1876 年）二月，刘母去世，经湖南巡抚王文韶章奏，朝廷以刘厚基“恪遵母命，捐资赡族，古谊可风，著加恩赏给伊母罗氏御书匾额，以示嘉奖”。[3] 潘伟翁，指潘霨，字伟如，江苏吴县（今苏州）

① 前揭《吴愙斋年谱》，第 281 页。

② 前揭《愙斋诗存》，第 231 页。

③ 《清德宗实录》卷二六，《清实录》第 52 册，第 396 页。

人，捐纳出身，曾官江西巡抚、贵州巡抚。

（24）

郎亭表弟大人如手：

前接来电，知彭城道中所寄寸缄早经达览，望日由泲省递来正月廿二日手书，系交折差带回之件，并钞报二十三本，谨已领到。次日奉到二月七日手示，远承垂念，不甚哀感。大澂因途中阻雪，心急如焚，初八日始达清江，十三日黎明抵里，兄弟相见，悲痛呼号，悔不早日去官。遭乱以来三十年，竟不能尽一日之养，罔极深恩，图报无日，尚何言哉！尚何言哉！兹订于闰月初十日领帖一日，暂不出殡。俟冬间卜葬有期，再行告窆，先此附闻。（以上部分段落《吴愙斋年谱》引用）① 大妹来舍叙谈数日，身子已大健。三原甥女与川沙五妹、三小女现均在舍。三家婶精神甚健，堪以告慰，手泐复谢，敬请台安，百不宣一。棘人吴大澂稽颡。二月廿二日。

再接朗帅来电：于东赈案内为先母奏请建坊，月内想可奉旨。南丰来函云：撰额相当，即行入奏。未知如何措词。并闻刚中丞因先母捐赈千金，亦已上闻，当嘱郑竹卿告以山左已有建坊之请，恐其重复耳。给匾想不易得，亦不敢奢望。知念并闻，大澂再叩。

此信作于光绪十六年（1890 年）二月二十二日，主要向汪氏通报抵苏及请旌之事。遭乱以来三十年，指咸丰十年（1860 年），太平天国攻占苏州，吴氏赴上海避难。领帖，指接受吊唁。告窆，向亲友告知下葬日期。韩太夫人于本年九月二十七日正式安葬。② 大妹，指汪鸣銮妻子，是吴大澂堂妹，汪氏在京，并未携带家眷；三原甥女，指汪鸣銮与吴大澂之妹所生之女，生于三原县陕甘学政衙署，其母因难产而亡；川沙五妹，吴大澂之妹，川沙厅（今上海浦东）沈树镛之妻。三家婶，吴滨之妻，吴大澂叔母，汪鸣銮岳母，吴大衡嗣母。三小女，指吴大澂第三女，光绪十三年九月，嫁吴县潘遵祁之子潘睦先。

朗帅，指山东巡抚张曜，因吴母曾为山东赈济捐款，故山东巡抚出面，奏请为其建牌坊旌表；南丰，指两江总督曾国荃，曾国荃认为奏请吴母建功德牌坊之事应有把握；江苏巡抚刚毅也有意上书为吴母旌表，吴大澂恐与山东方面撞车，赶快予以叫停。虽有曾国荃、张曜、刚毅三位封疆大吏出面为吴母恭请御赐匾额，但因吴大澂于光绪十五年上书，请求给光绪帝生父醇亲王奕譞加尊号，引起慈禧太后不满，故吴母请求赐匾之事，并未成功。最后只是同意吴母照例建“乐善好施”功德牌坊。③

（25）

郎亭主人如手：

自使旌东渡，久未寓书左右。鄙人于吉人多有往来，情形亦较熟悉，实未敢参赞一词。及阅《申报》所录谕旨，知大疏上陈，据事直书，此汉学专经实事求是之意。彼以宋学自居，徒尚空谈者，一经驳诘，遂无立足之地。不意盖公狂态如此之谬，漏网之鱼，忽作自投罗网之举，其愚何至此耶！然自来考据家不作调停两可之说者，能有几人。许郑一脉真传，

① 前揭《吴愙斋年谱》，第 281 页。

② 同上书，第 284 页。

③ 同上书，第 282 页。

非公莫属，中外贤士大夫，同声叹服。盖公一生作用，从此论定矣。辅轩所过东土，风俗人情略见一斑。此时节麾计已还京，不审驰征劳苦，眠食何似，甚念甚念。兄于前月入山，负土窀穸，事毕，自书先慈墓志铭一通，寄呈台鉴。不善作楷，改书小篆，自惭形秽，写作多未惬心，求教之。吴中雨殇时若，今秋大稔，而乡民狃于去年之荒政，颇多观望。元和全境抗租各栈，大为减色，其中必有把持之经造地棍，县尊庸懦，不问催科，势将养痈成患，不图吾吴风气一变至是，奈何奈何！甥女出阁之期，兄以足疾不良于行，未能躬送琴川，而君表来省送考，屡次晤谭。东床好学博闻，著作日富，后起之秀，无与伦比，十年以后，名满天下，兄当刮目俟之。其科第亦意中事也，可喜可贺。潭府平安，想竹报时通，不复赘及。运斋就邓小赤方伯之馆，重理就业，精力尚能耐烦也。手泐敬颂，起居万福，不一一。兄制大澂顿首。十月十八日。

此信作于光绪十六年（1890 年）十月十八日，主要向汪氏通报苏州情况，因在守丧期间，故吴大澂姓名之前加“制”字。光绪十六年六月，汪鸣銮与敬信奉命前往吉林，查办乡居的前台湾布政使于荫霖包办吉林伯都纳（今吉林松原）赈款事件。吴大澂曾在吉林任职多年，熟悉那里的风土人情。于荫霖尊奉宋代形成的程朱理学，曾拜倭仁为师。汪鸣銮崇尚汉学，以许慎与郑玄为师，吴氏将此看成是宋学与汉学之争。本年九月二十七日，吴母入葬，吴氏用小篆自书母亲墓志铭。苏州全境虽然丰收在望，但因去年水灾影响巨大，民力还须培补。甥女出阁，指汪鸣銮之女汪圆珊，嫁给常熟（琴川）曾之撰（君表）之子曾朴。吴大澂足疾，此前已有征兆。光绪十四年（1888 年）五月，在广东巡抚任上的吴大澂就曾因“南方卑湿，又值荔枝登新，弥日不啖，遂患湿疾”“病足索居”。① 邓小赤，指邓华熙，广东顺德人，时任江苏布政使，因江苏布政使衙署在苏州，吴大衡就近入其幕府。

（26）

郎亭主人如手：

前月建霞太史入都，托带一缄；又由黄华农转寄一书；续交中丞处折差一书，想均鉴及。沪上石印《黄河图》已竣，适值封河，无从寄达。昨交冯培之同年带去四部，由朗斋中丞转寄尊处。想山左年内必有便也。兹闻解饷委员赵君即日启程，再寄四部，乞查收分送为感。手泐敬颂岁祉，屡候万福不尽。兄制大澂顿首。

另单一纸：先后寄呈《黄河图》八部：郎亭一部，廉生一部，翁叔平尚书一部，礼邸一部，张、额、孙、许四部。均乞分送为感。

此信并无写信日期，主要谈及向京中故人赠送《黄河图》之事。建霞，指江标；江标携家眷在光绪十六年（1890 年）十月十九日从苏州出发，经海路于十一月初八日到达北京。到京时，汪鸣銮派仆人相迎。② 因江标于光绪十六年（1890 年）十月从苏州北上，信中说“前月建霞太史入都”，则可推知此信作于光绪十六年十一月。黄华农，指黄建莞，时在天津招商局任职，后官至江宁布政使；中丞，指江苏巡抚刚毅。吴氏从苏州给汪鸣銮寄到北京的 3 封信，一封通过熟人捎带，一是通过信局寄出，一是通过官方的折差带到，这三种方式，正好涵盖了当时信函投递

① 顾廷龙编：《王同愈集》，上海古籍出版社，1998 年，第 27 页。

② 前揭《江标日记》，第 416 页。

的主要手段。吴氏在河道总督任上主持绘制的《黄河图》，由上海同文书局石印成册。冯培之，指冯芳植，江苏吴县（今苏州）人，冯桂芬子，吴大澂乡试同年，官内阁中书，江西广信（今上饶）知府，候补道。朗斋，指山东巡抚张曜。八部《黄河图》，分别进程给好友汪鸣銮（郎亭）、王懿荣（廉生）与师长翁同龢（叔平），五位军机大臣：礼亲王世铎、张之万、额勒和布、孙毓汶、许庚身。

(27)

郎亭先生侍史：

十二日接诵手翰，知两次所寄《黄河图》均已鉴及，代为分送留心舆地之学者，必知其苦心孤诣，而石印不精，考说亦多疏漏，仍未能惬心贵当，不过备一官书而已。闻今年贵体大健，至为欣慰。五十以后之人，精力渐不如前，不能不凭仗药饵。真火衰则水不涵木，痰亦因之为患。吾辈气体，大半阴亏，然滋阴必得扶阳，阳能生阴，阴不能生阳，此理甚确。是参茸之补益，显有明效。未知近服何药？大约培补在冬令，春夏则非所宜也。兄之病在脾肾，脾弱则饮食易滞。数月以来，常服苓术，一时亦难奏功。蒲柳早衰，恐为天地间一废物耳。兹乘大妹北行之便，带上佛兰绒一包，印泥二匣，龙井芽茶四瓶，金华腿二肘，聊以伴函，乞哂存之。手泐敬请台安，不尽百一。兄制大澂顿首。四月廿四日。

昨与家兄送行至沪，明日可上船矣。

此信写于光绪十七年（1891 年）四月二十四日，主要谈及养生情况。大妹北行，指汪鸣銮夫人由苏州进京团聚，吴氏兄弟送其至上海乘船，并给汪鸣銮捎伴手礼若干。

(28)

郎亭先生执事：

浔阳道中，获闻典试山左之喜，计轺车业已出都，不及作函布贺。齐鲁诸生，半属公门桃李，收之珊网，添结一重文字缘，宿学名流，都归藻鉴。又得蘧庵共事，协力收罗，秋榜填名，翕然称颂，公亦顾而乐之矣。江南三场，以第四道《元史·地理》，第五道《目录之学》为最要。孟朴皆所熟习，通场无第二卷。经艺中骈文二篇，集《文选》一篇，必得高魁无疑。舍侄二三场亦极可观，肖韵甥满卷《元史》条对无遗。三人并力为之，直至十六灯后始出场，虽不及孟朴远甚，而今年下江官生有三本，或可有望。知念附及，兄自七月中旬由焦山溯江而上，道出皖江，邀同顾若波往游庐山。仅至栖贤白鹿洞而止，病躯不能耐劳，未及穷探胜境。得小诗十二首，聊纪游踪，拟绘一图，尚未脱稿也。月初至金陵送考，十七解维，十九午后旋里。孟朴尚有焦山之游，大约廿三必可到苏。令媛在此盘桓数日，今日回虞山。怀孕五月，身子甚健。手泐敬贺大喜，并请衡安，惟鉴不一。兄制大澂顿首。八月廿二日。

七月十四日惠书，到家后始行接读，谨悉一一。戈什路泰随兄服役十余年，荐至朗帅处归标当差，其人朴勤耐苦，求于福中丞处一提为感。

前交含英一缄，代给《古玉图考》四部，想已鉴及。子英处有代制铜尺，嘱其就近送呈雅玩。如未送到，饬纪往取可也。行期须候折回再定。

此函作于光绪十七年（1891 年）八月二十二日，主要向汪氏通报江南乡试情况。本年七月，工部左侍郎汪鸣銮被外放为山东乡试正考官，翰林院编修常熟人庞鸿书（蘧庵）为副考官。汪氏以前任过山东学政，此次又为乡试考官，将山东人才都收入门下，故有“齐鲁诸生，半属公门桃李”之说。本年江南乡试，汪鸣銮之婿曾朴（孟朴）、吴大澂之侄吴本齐（大衡子）与吴本善（大根子）、吴氏外甥沈毓庆（肖韵）均入场。沈毓庆为吴大澂次妹与沈树镛之子，字小韵，别字授经，“三试南闱、一试北闱，皆不受。”① 此次乡试，四人之中，只有曾朴中举。吴大澂利用送侄乡试之时机，邀请顾沄（若波）一起溯江而上至九江，赴庐山游览。作《匡庐纪游图》并《游记》《游诗》，缀为长卷。（《匡庐纪游图》五帧，各有题，前四帧分别为“海会寺”“九叠云屏”“三峡涧”“白鹿洞书院”，末帧“石梁飞瀑”为顾沄手笔）② 曾朴之妻汪圆珊已有五月身孕，在苏州小住后，已提前返回虞山（常熟）。戈什，即格式哈，满语侍从之意。路泰，字修永，是吴大澂的贴身侍从，吴大澂调任广东巡抚后，将其托给山东巡抚张曜（朗帅）。吴氏在光绪十三年（1887 年）二月初六日写给张曜的信中说：“戈什路修永相随十余年，人极朴诚，毫无嗜好，在吉林苦寒之地，能耐劳苦，仅于机器局案内，保一外委。粤中无升转之途，特送归标，以供驱策。仍望酌派一差，俾有糊口之资，或留之节署，服役左右，当不致有辜培植也。”③ 此时山东巡抚张曜已病故，借汪鸣銮在山东之机，吴大澂托其向新任山东巡抚福润为路泰关说。含英，指琉璃厂字号含英阁，子英，指含英阁店员胡永昌。

（29）

郎亭主人如手：

病体支离，久疏音问。自去冬甥女病故，屡欲寄书报闻，恐增悲痛，踌躇满志，迟至今日。而孟朴已将北上，吾主人见此佳婿，未免伤怀。不审近日体中何如？去年所服补剂，当有明效，至以为念。甥女成敛之日，兄率讷士侄往哭之，书一挽联云：“哭吾妹廿一年矣，岂堪老泪重挥，更伤往事；相汝夫十四月耳，何意贤书甫捷，遽赋悼亡。”闻其产后，病情与吾妹在秦中时极相似也。孟朴高才，嗜学联捷，乃意中事。惟其气体不甚坚实，脾泄之症，尚全未痊愈。刻苦用功，亦劝其稍节思虑也。贱恙日起有功，惟痔漏未易除根，不能久坐。杜门数月，仍须养静服药。拟于二月初就医孟河。知念附及，兹托孟朴孝廉带呈六安茶一箱，金腿四肘，聊以伴函，乞哂存之。手泐敬请台安，兄制大澂顿首。正月廿五日。

此信作于光绪十八年（1892 年）正月二十五日，主要述及汪鸣銮之女病逝情况。前一年冬，汪鸣銮之女因难产而去世，联想到其母（吴大澂之妹）也因难产在同治九年（1870 年）去世于陕甘学政署，吴大澂异常悲伤，这就是挽联中所说“哭吾妹廿一年矣”；“相汝夫十四月”指汪女与曾朴成婚时间短暂。讷士，指吴大根之子吴本善。吴大澂子本孝早夭，晚年以吴本善子翼燕（吴湖帆）为嗣孙。本年为会试之年，料理完妻子的丧事之后，曾朴北上进京，准备参加会试。吴大澂自己，则苦于痔疾，于二月到武进孟河镇马文植（培之）处就医。吴氏痔疾，是宿病，在光绪十三年（1887 年）六月初一日致其兄家书中说：“弟患痔疮，起做费力，半月不出门。”④

① 前揭《吴大澂交游新证》，第 79 页。

② 前揭《吴窓斋年谱》，第 287 页。

③ 前揭《清勤果公张曜年谱》，第 201 页。

④ 前揭《吴大澂交游新证》，第 92 页。

光绪十七年秋冬之间，痔疾大发，亦曾赴马文植处医治。① 光绪十七年（1891 年）年八月二十七日吴大澂致曾之撰信札说：“兄为痔疾所累，终日困卧，殊觉闷人，意非内外兼治不可。现赴孟河马培之家请其用药敷治，能得肿消浓止，稍有效验，即解维而归，重阳计可到家。闻王筠庄痔漏生管，经马公医治而愈，此老于外科必有把握也。”②

七 晚年乡居时期（1895—1902 年）

甲午参战兵败，吴大澂回任湖南巡抚，光绪二十一年（1895 年）七月开缺，十月交卸回乡，悠游林下，以金石书画自娱。光绪二十四年（1898 年）正月，出任上海龙门书院山长。光绪二十四年十月二十五日，因受戊戌政变拖累，获“革职永不叙用”处分。光绪二十八年（1902 年）正月二十七日，卒于苏州。光绪二十年（1894 年）七月，汪鸣銮以工部左侍郎身份在总理衙门行走。八月，兼署刑部右侍郎。二十一年六月，升任吏部右侍郎。二十一年十月，革职永不叙用。光绪二十二年七月，由北京返回苏州。③光绪三十三年（1907 年）七月初六日丑时，汪鸣銮也在苏州西小桥本宅辞世。④

（30）

郎亭主人如手：

得十月廿七日手书，并读先后致家兄各函，藉悉种种不意。吾两人出处先后，同揆如此。自壬戌结伴入都，忽忽三十四年，（《吴窸斋年谱》用此句）⑤ 即今解组归田，粗茶淡饭，足了一生，始愿不及此也。第念时事多艰，国恩未报，岂能作忘世之想。范文正公所谓进亦忧退亦忧也。十八公不安于澹泊，恐将出秉钧轴，特借雷霆之威，以钤言路之口，此机之先见者。若鄙言不幸而中，则时局不可复问。晚近人情，惟势力是视，顺我者存，必有趋而附之者，瓶公益孤立矣。此时局势但能定静，或可相安；若屡变而不知所终，不定则不静，不静即不能安，外患内忧，相乘而起，中原一鹿，能无起共逐之心乎！今之识时务者，必执“用夷变夏”之说，鄙意窃以为不然。人人有自私自利之心，岂能富国强兵。战国之局，上下交征利，孟子独以仁义正之，其说虽不行，其理必不可易也。当今亟务，以求才为第一，取才之道，以不自私不自利者为第一。呜呼！难矣。公与鄙人，皆不合时宜之人，只可说不合时宜之话，勿为外人道也。孟朴到京，可慰岑寂。此间有铜井、硕卿时相过从，月内拟作虞山之游。手复敬问起居不一。白云山樵顿首。冬月十一日。

此札作于光绪二十一年（1895 年）十一月十一日，主要安慰罢职的汪鸣銮，并述及自己对时局的看法。本年十月十七日，户部右侍郎长麟，吏部右侍郎汪鸣銮因召对时“信口妄言，迹

---

① 前揭《吴窸斋年谱》，第 440—441 页。

② 陈郁：《吴大澂琐论》，上海人民出版社，2019 年，第 22—24 页。

③ 翁万戈编：《翁同龢日记》，中西书局，2012 年，第 2974 页。

④ 汪经畬：《恕认不周》，《申报》1907 年 9 月 16 日、18 日、20 日。

⑤ 前揭《吴窸斋年谱》，第 51 页。

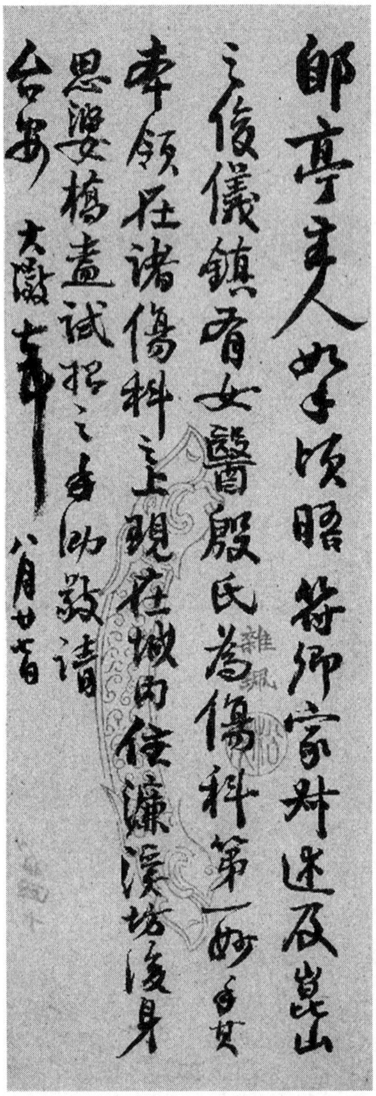

图 6　吴大澂推荐外科医生信札

近离间”，而被革职永不叙用。[①] 壬戌结伴入都，指同治元年（1862 年），吴大澂与汪鸣銮一起北上，准备参加顺天乡试，从此两人相继步入仕途，此次，又相继罢职。范文正公，指苏州先贤范仲淹。十八公，为后党势力代表，似指荣禄，不能完全确定。瓶公，指翁同龢，时任军机大臣。“用夷变夏”，指学习西方，因甲午战败，国内兴起学习西法的风气，但吴大澂认为，如果朝廷政策变动太剧烈，将导致“外患内忧，相乘而起”，弄不好会天下大乱，共逐“中原一鹿”，当务之急是选拔不自私自利的人才。因是知己，吴氏才诉说这些大胆且不合时宜的看法。铜井，指顾肇熙；硕卿，指吴景萱。虞山，指常熟。

（31）

郋亭先生如手：

前月曾复一缄，由邮政局寄京，亮早达览。（此句《晚清官员收藏活动研究》一书曾引用）[②] 兄于十月二十日放棹琴川，虚廓主人留住园中。天气甚暖，梅花早开，廿三日游剑门三峰，触动诗兴，十日之中，得诗十八首，尚未作画。因增补《说文古籀》须手自摹写，不欲以酬应笔墨扰我不易得之光阴。昨已脱稿，又将从事于《集古录》。晤廉生，可告之。敬问起居，余详别纸。白云山樵顿首，嘉平月二日。

此信作于光绪二十一（1895 年）腊月初二日，主要向汪氏通报自己的常熟之行，《吴愙斋年谱》曾部分引用。[③] 琴川，指常熟；虚廓主人，指曾之撰（君表），曾朴之父，购入明代小辋川遗址，在此基础上筑“虚廓居”，即现在的“曾园”。剑门与三峰，常熟名胜，均在虞山。吴氏利用难得光阴，增补《说文古籀》完毕之后，又开始《集古录》的编撰。据顾廷龙先生考证，此次增补《说文古籀》部分，因吴氏“未几病风，是补恐未及付梓”。[④]《集古录》之书，吴氏亦因病未能整理完成，吴去世后，由其侄吴本善、孙吴湖帆、门人王同愈整理刊印。[⑤] 廉生，指王懿荣，吴大澂金石学知己。

（32）

郋亭主人如手：

顷晤符卿家叔，述及昆山之俊仪镇有女医殷氏，为伤科第一妙手，其本领在诸伤科之

① 《清德宗实录》卷三七八，《清实录》第 56 册，第 941 页。

② 前揭《晚清官员收藏活动研究：以吴大澂及其友人为中心》，第 175 页。

③ 前揭《吴愙斋年谱》，第 342 页。

④ 同上书，第 352 页。

⑤ 同上书，第 344 页。

上。现在城内住濂溪坊后身思婆桥，盍试招之。手泐敬请台安，大澂顿首。八月廿七日。(图6)

此信作于光绪二十二年（1896年）之后，是吴氏向汪鸣銮推荐外科医生。符卿，其人不详，应为吴氏族叔。濂溪坊、思婆桥，均为苏州城内地名，濂溪坊名今已不存，思婆桥今存，桥在平江路西侧。

(33)

喜用繁琐，恐有不敷，仍拟惠借百金，俟粤中款到，即可奉缴也。安圃兄寄三百金，谅需腊月汇到耳。手恳敬请台安。郎亭主人台览。愙斋顿首。十月初二日。

此信作于光绪二十二年（1896年）或二十三年（1897年），主要是吴氏向汪鸣銮转借银两。安圃，指张人骏，直隶丰润人，吴大澂会试同年，光绪二十一年（1895年）十二月，张人骏任广东布政使，光绪二十四年（1898年）七月调任山东布政使。则张氏从粤中给吴氏寄款，只能是光绪二十二年或二十三年（1897年）。

(34)

郎亭主人如手：

奉还前借京平银一百两一券，乞察收。感谢之至。手泐敬请台安。愙斋顿首。十月廿八日。

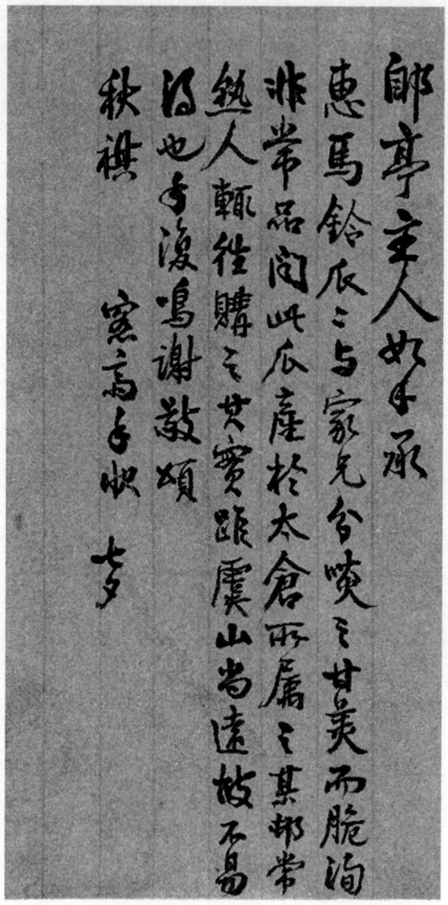
郎亭主人如手承
惠馬鈴瓜二与家兄分啖之甘美而脆洵
非常品聞此瓜產於太倉所屬之某邨常
熟人輒往購之其實距虞山尚遠故不易
得也手復鳴謝敬頌
秋祺　窓齋手次　七夕

图7　吴大澂感谢汪氏馈赠食品信札

此信紧接前信，亦作于光绪二十二年（1896年）或二十三年（1897年），主要是吴氏向汪鸣銮转归还所借银两。

(35)

郎亭主人如手：

承惠马铃瓜二，与家兄分啖之，甘美而脆，洵非常品。闻此瓜产于太仓所属之某村，常熟人辄往购之，其实距虞山尚远，故不易得也。手复鸣谢，敬颂秋祺。愙斋手次，七夕。(图7)

此信作于汪鸣銮返乡以后的某年七夕节，主要是感谢汪氏馈赠食品。马铃瓜，西瓜的一种，外形长圆，中部略粗，似橄榄形的马铃，黄瓤，香脆可口。汪鸣銮于光绪二十二年（1896年）八月返回苏州，分食瓜果的吴大根去世于光绪二十五年（1899年）十月初六日，① 那么此信应

① 前揭《愙斋诗存》，第185页。

写于光绪二十三年至二十五（1897—1899年）年的某年七夕。

（36）

郎亭吾弟大人阁下：

承示璧乃旧玉也（此等总似周玉，琢工亦甚旧），二十金左右可得。砚石非端溪之品，亦不辨何石，似无足取。印盒似明瓷，十二金十六金皆可得之，似尚适用也。手复敬请台安。愙斋顿首。十一日。

此信写作时间不详，主要为汪氏请吴大澂鉴别藏品。

八　时间待考者

以下5通信札，因个人能力所限，具体写作时间待考，现誊录如下，以俟博雅君子考订。

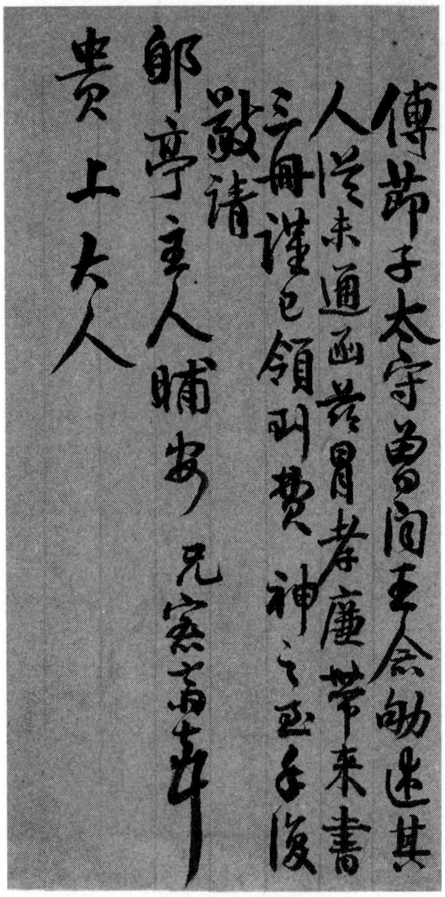
傅節子太守曾聞王念劬述其人从未通函茲冒孝廉帶來書三冊謹已領到費神之至手復敬請
郎亭主人晡安　兄愙斋頓首
貴上大人

图8　吴大澂通报傅以礼赠书信札

（37）

傅节之太守，曾闻王念劬述其人，从未通函，兹冒孝廉带来书三册，谨已领到，费神之至。手复敬请郎亭主人晡安。兄愙斋顿首。贵上大人。（图8）

此信应作于光绪二十年（1894年）之前，具体时间不详，主要是通报傅以礼赠书情况。傅节之，指傅以礼，浙江会稽（今绍兴）人，曾任台湾府同知，藏书家与目录学家。冒孝廉，指江苏如皋人冒广生，光绪二十年（1894年）举人。陶湘《昭代名人尺牍续集》卷二十三录有吴大澂致傅节之一函曰："节子仁兄大人阁下：念劬交到手书，猥以六十初度，蒙赐联轴，古稀可喜，谨谢谨谢。湘中吏治未易振作，弟不以责人，而先以自责，疆吏所思何事，转移风气，岂得委之气数耶？与念劬晤谈数日，皆迂阔语，别无政绩可言。但得一书生可为名将，此求贤馆之小效也。手复鸣谢，敬请台安，藉璧谦版。弟大澂顿首。五月十七日。益吾祭酒近著《汉书补注》，已刻《天文志》一卷，真大勇也。"①吴大澂生于道光十五年（1835年）五月十一日，光绪二十年（1894年）五月十一日，为其六十寿辰，傅以礼通过念劬给吴大澂送寿联，五月十七日，吴作此函予以感谢。当时吴氏在湖南巡抚任上，开求贤馆以延揽人才。前信言与傅以礼"从未通函"，则一定作于此函（光绪二十年五月十七日之前）。念劬，指王叔蕃，苏州人，常年在上海阜康银号任职，吴大澂从上海采购外洋货物，多由其代理，后保举至知府衔浙江候补同知。前引朱琪文中，将其误释为钱恂。

① 朱琪：《北京师范大学图书馆藏丁敬信札辨伪》，《收藏家》2010年第5期，第14页。

(38)

承惠枷楠沉香各种，有四子不知其名，是否擦眼所用？石蟹尤为难得，敬谢敬谢。郭有道摹手二册，乞察收。手复布谢。敬请郎亭吾弟大人台安。兄大澂顿首。十一日。(图9)

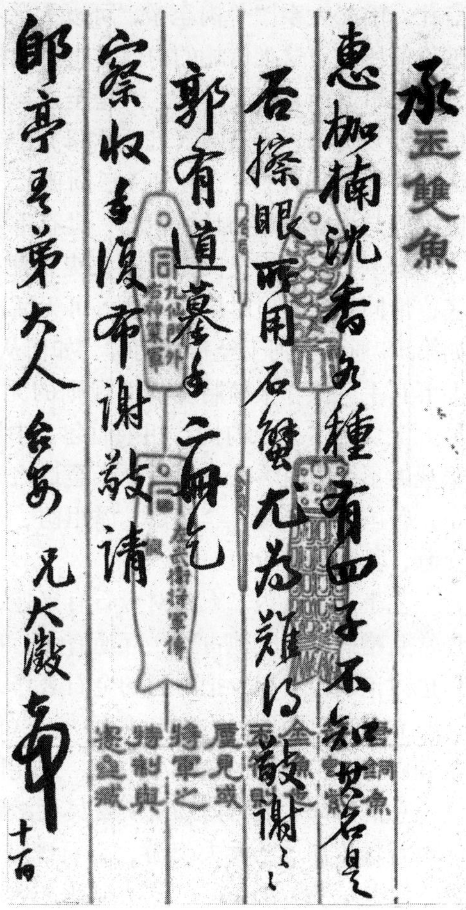

承惠枷楠沉香各種有四子不知其名是否擦眼所用石蟹尤為難得敬謝敬謝郭有道摹手二册乞察收手復布謝敬請郎亭吾弟大人台安兄大澂頓首十一日

图9　吴大澂有关宋拓《郭有道碑》信札

郭有道碑，指东汉郭泰墓碑，由蔡邕撰文书写，在山西介休县境内，碑身明代已毁。吴大澂藏有宋拓《郭有道碑》拓片。①

(39)

承惠蓬莱张氏所藏彝器拓、砖拓及集字楹联二种，无一不精。郝、马、翟、王诸家书刻，多所未刻，现堆满卧榻，壮我行囊矣。感谢感谢。手复敬请郎亭先生晚安。大澂顿首。廿四日。

蓬莱张氏，指张允勷，山东蓬莱人，著名金石藏家。②

(40)

明日敝处有津信，拟交源丰润转寄，两日必到。尊处有信，亦可同寄。手泐即请晚安。郎亭先生。兄大澂顿首。廿日灯下。

源丰润，由浙江慈溪人严信厚创办的票号，总号在上海。

(41)

瓶丈处不另函，乞以此书送阅。知其垂念拳拳，力不能相助，事机未至，君相亦无如何也。近日与合肥甚洽，畛域已破除矣。不如此不能办事。

瓶丈，指翁同龢；合肥，指李鸿章。

九　结语

晚清留下的公私史料极其丰富，一般说来，这一时期的信札，对还原历史细节有些作用，若想要从中发现新材料，订正对重要历史事件的看法，也是不现实的。相对而言，吴大澂致汪鸣銮

① 前揭《吴愙斋年谱》，第205页。

② 前揭《陈介祺年谱》，第183页。

信札，因二人系“骨肉至亲，可以无话不说”，所以能透露一些重要信息，这也是这批书信的文献价值所在。这批信札的内容，主要包括家事、国事、艺事三大部分。

家事方面，因吴、汪二人是至亲，信中谈论家庭琐事者不少，某种程度上，可视其为家书。信中涉及吴母、三家姊（汪氏岳母）、吴大根、吴大衡、吴妹（汪鸣銮夫人）、吴本齐、吴本善、沈毓庆（吴氏外甥）、甥女（汪圆珊）、曾朴（汪氏婿）、汪先基（汪氏先祖）等人，对了解吴氏家族与汪氏家族的具体情况，具有重要参考价值。

国事方面，因吴氏为封疆大吏，汪氏为部院堂官，一内一外，时相互动，又因二人知根知底，情同手足，对时局之看法，可无话不谈，故吴氏信中曾几次提及“勿为外人道也”的内容。如第 18 通谈到河工经费报销时，如何从户部托人找关系走门路，将晚清封疆大吏面对户部书吏上下其手，操作报销制度的潜规则的无奈，直接记录下来。又如第 30 通对甲午战败后的时局，吴大澂认为“外患内忧，相乘而起，中原一鹿，能无起共逐之心乎”，这种对清朝国本动摇近乎悲观的不合时宜看法，只有至亲至近之人，才会如此实心倾诉。同时，信札中还不时提及对李鸿章、曾国荃、张曜、李鸿藻、潘祖荫、翁同龢、张之洞等人的看法，对研究晚清官场生态与人际交游，具有一定价值。

艺事方面，因二人都对金石有兴趣，故谈论家国之余，信札内容以金石碑帖最为集中。二人经常互赠碑帖及其他古物，互通有无，在他们互赠的伴手礼中，各种古物比生活用品还要多；他们也讨论研究心得，把自己的金石著作或想法及时与对方分享；他们还经常为对方代购古物，并请对方为自己收购的古物鉴别真伪。这种金石交流，有时还涉及陈介祺、潘祖荫、张之洞、王懿荣等同好。信札中的这部分内容，最能体现出二人的文人情结与精神追求。

总的看来，故宫博物院所藏吴大澂致汪鸣銮信札，数量可观，细节翔实，内容丰富，对研究晚清官场生态、士大夫交游、金石碑帖鉴藏，具有重要的文献价值。同时，吴大澂是著名书法家，这些信札笺纸精美，笔法纯熟，个别还钤有印章，也是重要的艺术精品，对研究吴大澂的书法艺术，也具有重要的价值。

（李文君：故宫博物院故宫学研究所研究馆员）

养心殿明间原状陈列及其文化蕴含

徐　斌

内容提要： 养心殿是清代宫廷重要的政治空间。本文以现存最早的嘉庆七年陈设档为主，探讨养心殿明间陈设原貌。采取陈设档、故宫物品点查报告和故宫博物院院藏文物相对应的方式，筛选原状或类似器物，还原其空间布局，发掘其“象天法地”的文化蕴含。并与乾清宫明间进行比较，总结清代宫廷政治空间的陈设模式。

关键词： 养心殿　明间　原状陈列　象天法地　乾清宫

养心殿位于故宫博物院内乾清宫西侧，始建于明嘉靖时期。清雍正以后，实际上代替乾清宫成了紫禁城乃至整个国家的政治中心。历代帝王对养心殿的布局和陈设都有改造，体现出鲜明的个人特色。尤其乾隆时期，其内檐装修和陈设物品的制作工艺都达到了顶峰。由于其重要性和持续性，养心殿保留了相对完整的系统性陈设档案，包括嘉庆七年（1802 年）、道光十九年（1839 年）、同治二年（1863 年）和宣统二年（1910 年）4 部陈设档，以及民国十八年（1929 年）清室善后委员会所编《故宫物品点查报告》。

关于养心殿的研究主要来自建筑学和历史学两个领域。前者探讨建筑沿革和空间布局，如何蓓洁梳理了嘉靖以来养心殿的历次改造；① 李燮平着力考察了明至清初养心殿建筑群的空间布局演变；② 赵雯雯、刘畅、蒋张着重探讨了康熙至同治时期养心殿建筑群的空间布局和功能变化；③ 魏瑞瑞、赵鹏在物质空间的基础上，增加了对养心殿建筑群空间文化涵义的讨论；④ 魏瑞瑞进一步探讨了养心殿建筑群所蕴含的设计哲学和帝王思想。⑤ 后者聚焦内檐装修和室内陈设，如傅连仲系统梳理了养心殿各单体建筑的室内陈设演变；⑥ 郭福祥从传教士日记入手，探讨了康熙时期养心殿的功能、格局和陈设；⑦ 郭彬雪结合陈设档、造办处档案和御制诗文，考察了乾隆时期养心殿的室内装修和陈设；⑧ 张淑娴在探讨乾隆朝宫殿内檐装修时，也论及养心殿的室内空间布局和装修工艺；⑨ 王子林以造办处档案为基础，考证了雍正、乾隆时期养心殿陈设的变化原

---

① 何蓓洁：《附：养心殿的历史沿革》，《紫禁城》2016 年第 12 期。

② 李燮平：《明至清初时期的养心殿》，《紫禁城》2016 年第 12 期。

③ 赵雯雯、刘畅、蒋张：《养心殿》，《紫禁城》2009 年第 3 期。

④ 魏瑞瑞、赵鹏：《故宫养心殿空间布局研究》，《建筑史》2019 年第 1 期。

⑤ 魏瑞瑞：《正德、利用、厚生——故宫养心殿建筑哲学初探》，《建筑与文化》2019 年第 6 期。

⑥ 傅连仲：《清代养心殿室内装修及使用情况》，《故宫博物院院刊》1986 年第 2 期。

⑦ 郭福祥：《康熙时期的养心殿》，《紫禁城》2016 年第 12 期。

⑧ 郭彬雪：《乾隆时期养心殿装修与陈设考》，《故宫学刊》2016 年第 1 期。

⑨ 张淑娴：《清代乾隆朝皇宫建筑内檐装修概述》，《中国紫禁城学会论文集第八辑》（上），紫禁城出版社，2014 年，第 382—417 页。

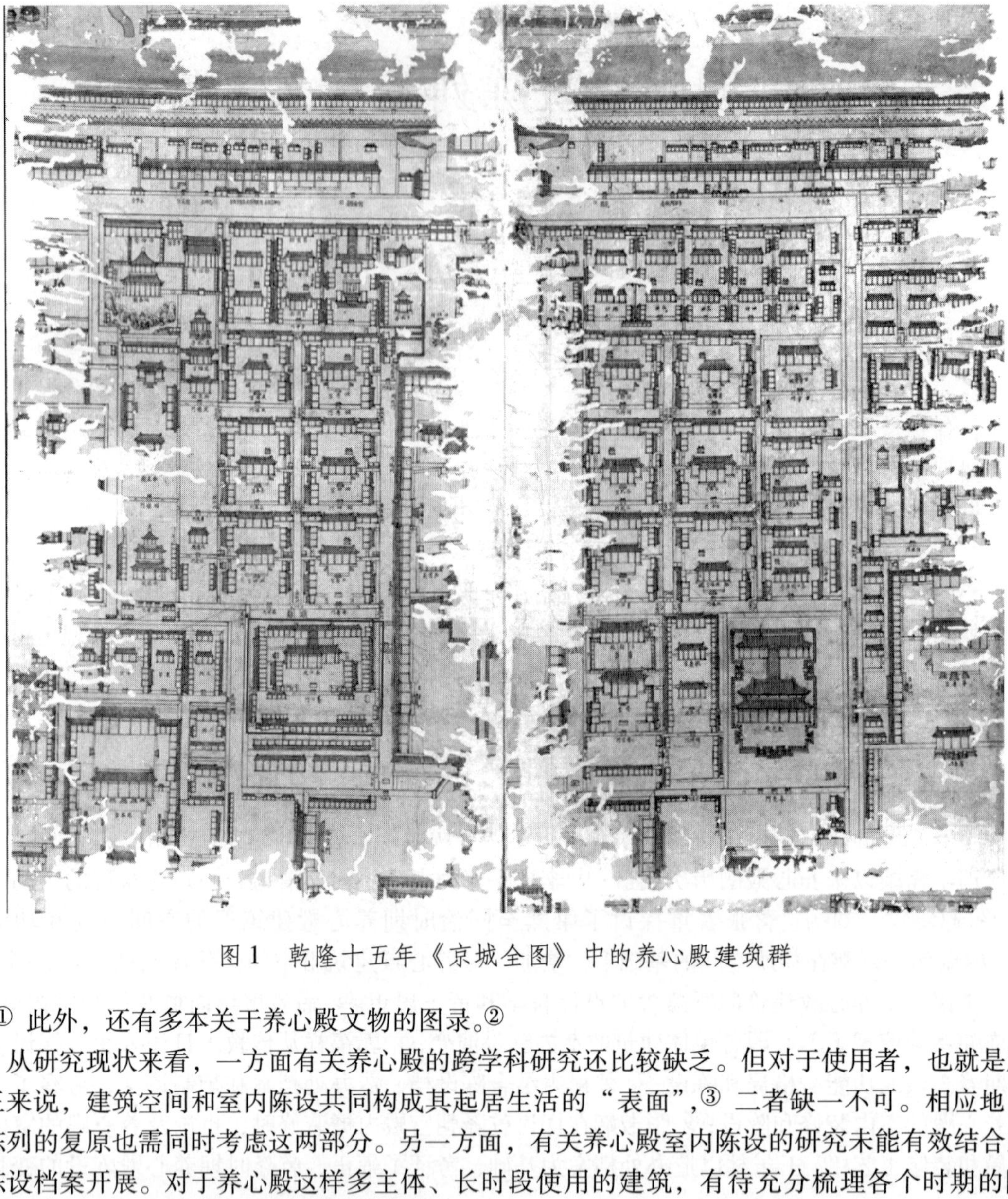

图 1　乾隆十五年《京城全图》中的养心殿建筑群

因。① 此外，还有多本关于养心殿文物的图录。②

从研究现状来看，一方面有关养心殿的跨学科研究还比较缺乏。但对于使用者，也就是历代帝王来说，建筑空间和室内陈设共同构成其起居生活的“表面”，③ 二者缺一不可。相应地，原状陈列的复原也需同时考虑这两部分。另一方面，有关养心殿室内陈设的研究未能有效结合系统性陈设档案开展。对于养心殿这样多主体、长时段使用的建筑，有待充分梳理各个时期的陈设档，厘清“物”的变化，剖析“道”的转移。（图 1）

前殿明间作为养心殿建筑群的重要礼仪性空间，其陈设既包含对传统的尊重和继承，又充分显现出帝王意志和文化旨趣的变化。下文即以明间陈设为例，依托陈设档、上谕档和御制诗文等原始材料，结合《故宫物品点查报告》和故宫博物院院藏文物，还原其原始面貌，发掘其文化蕴含，总结其陈设模式。

① 王子林：《养心殿新证》，《故宫学刊》2016 年第 2 期。

② 故宫博物院、首都博物馆编：《走进养心殿》，北京燕山出版社，2017 年；香港艺术馆编：《八代帝居：故宫养心殿文物展》，香港艺术馆，2017 年；山东博物馆编：《中正仁和：走近养心殿》，浙江人民美术出版社，2018 年。

③ 〔美〕乔迅：《魅惑的表面：明清的玩好之物》，中央编译出版社，2017 年。

图 2　标有“嘉庆六年七月二日”字样的养心殿宝匣

一　陈设

嘉庆四年（1799 年）十月，在完成对皇父乾隆的守孝之后，嘉庆帝自咸福宫正式移居养心殿。嘉庆六年（1801 年），开始对养心殿进行修缮，但本着“我皇考赞膺大宝，相仍无改者六十余年。予小子仰承堂构，敬绍祖考诒谋，于亲政后亦移居于此，不敢别有构筑”① 的原则，并未对建筑格局进行较大改动。2018 年故宫博物院在养心殿研究性保护项目修缮工程中，发现藏于大殿屋顶的彩绘龙纹宝匣上标有“嘉庆六年七月二日”字样，揭示出嘉庆时期养心殿修缮主体工程竣工的时间。②（图 2）

根据《上谕档》的记载，嘉庆六年九月二十七日，养心殿修缮工程已经接近尾声，开始对主要负责官员和承办司员进行嘉奖：

> 奉旨：“朕本日斋戒，进宫至养心殿，见修葺各工甚为整洁，此项工程本派明安、额勒布、苏楞额、常福四人办理，明安、苏楞额在圆明园之日较多，其常川在内照料者系额勒布、常福。二人办理尚属认真，额勒布、常福俱着加恩赏，戴花翎。其承办司员着额勒布等查明，开单进呈，候朕酌加恩赏，钦此。”③

---

① （清）托津等编：《清仁宗御制诗三集》第一卷，清光绪五年（1879 年）铅印本，第 95 页。

② 故宫博物院官网：“故宫养心殿研究性保护项目古建筑维修保护正式开工”，dpm. org. cn/classify_ detail/247475. html? from = singlemessage&isappinstalled = 0，2018 年 9 月 3 日。

③ 《嘉庆道光两朝上谕档》，广西师范大学出版社，2000 年，嘉庆六年九月二十七日第 2 条。

设立于嘉庆七年十一月的《养心殿明殿及后殿陈设档》，正好可以反映此次修缮后的内部陈设状况。根据该档案的记载，养心殿明间的主要陈设如下：

> 花梨木宝座、屏风一分。
> 西边隔板上设：《御制九符》玉片十二片（张照敬书）。
> 东边隔板上设：御笔《德雨敬述》册页一册，《历代帝王统系纪年》一套（于敏中书）。
> 左右设：鸾翎宫扇一对。
> 地平上左右设：青玉香筒一对，青玉甪端一对（紫檀木座）。
> 地平下，东边设：漆天珠一件（紫檀木座），紫檀木铜包角案一张，上设《帝学》一套（永瑆录，紫檀木嵌玉罩盖匣盛）、朱批谕旨十八套、铜掐丝珐琅缸一件（紫檀木座）。
> 地平下，西边设：漆地球一件（紫檀木座），紫檀木铜包角案一张，上设《罗图荟萃》一册、《罗图荟萃续》一册、铜掐丝珐琅缸一件（紫檀木座）。①

结合稍晚时期，作于嘉庆十七年（1812年）的御制诗《养心殿联句有序》，还可进一步完善明间陈设的内容：

> 正殿东壁为《圣制养心殿铭》，西壁为《圣制题董邦达溪山清晓图》。
> 东西墙设长案各一。
> 北墙设书格黼座。②
> 东设天球一。
> 西设地球一。③

综合二者，可以梳理出养心殿明间陈设的18件套主要器物。位于地平之上：（1）花梨木宝座1件、（2）花梨木屏风1件、（3）青玉香筒1对、（4）青玉甪端1对、（5）鸾翎宫扇1对；位于地平之下、屏风两侧：（6）隔板1对；西边隔板上：（7）张照书《御制九符》玉片12片；东边隔板上：（8）御笔《德雨敬述》册页1册、（9）于敏中书《历代帝王统系纪年》1套；位于地平之下、西侧放置：（10）漆地球1件；东侧放置：（11）漆天球1件；悬挂于西墙上：（12）《圣制题董邦达溪山清晓图》1件；悬挂于东墙上：（13）《圣制养心殿铭》1件；东西墙前放置：（14）紫檀木铜包角案1对；西边案上：（15）《罗图荟萃》1册、《罗图荟萃续》1册；东边案上：（16）永瑆录《帝学》1套、（17）朱批谕旨18套；东西案上皆有：（18）铜掐丝珐琅缸1对。

通过比对嘉庆七年陈设档、《故宫物品点查报告》和故宫博物院院藏文物，可以筛选获得以上器物的具体信息。筛选的原则是：对于三者相对应的文物，列出参考号（《故宫物品点查报告》编号）和文物号（故宫博物院文物信息系统编号）以备查验，并依据文物系统补充尺寸和图像信息。对于无法做到三者对应的文物，则以陈设档为主，查找材质、时代相同的类似品以供参考。（表1）根据文物的尺寸和位置信息，还可进一步复原养心殿明间陈设的平面布局。（图3、4）

① 《养心殿明殿及后殿陈设档》，嘉庆七年十一月。
② 前揭《清仁宗御制诗三集》第一卷，第96页。
③ 同上书，第92页。

图3 养心殿明间陈设的部分器物

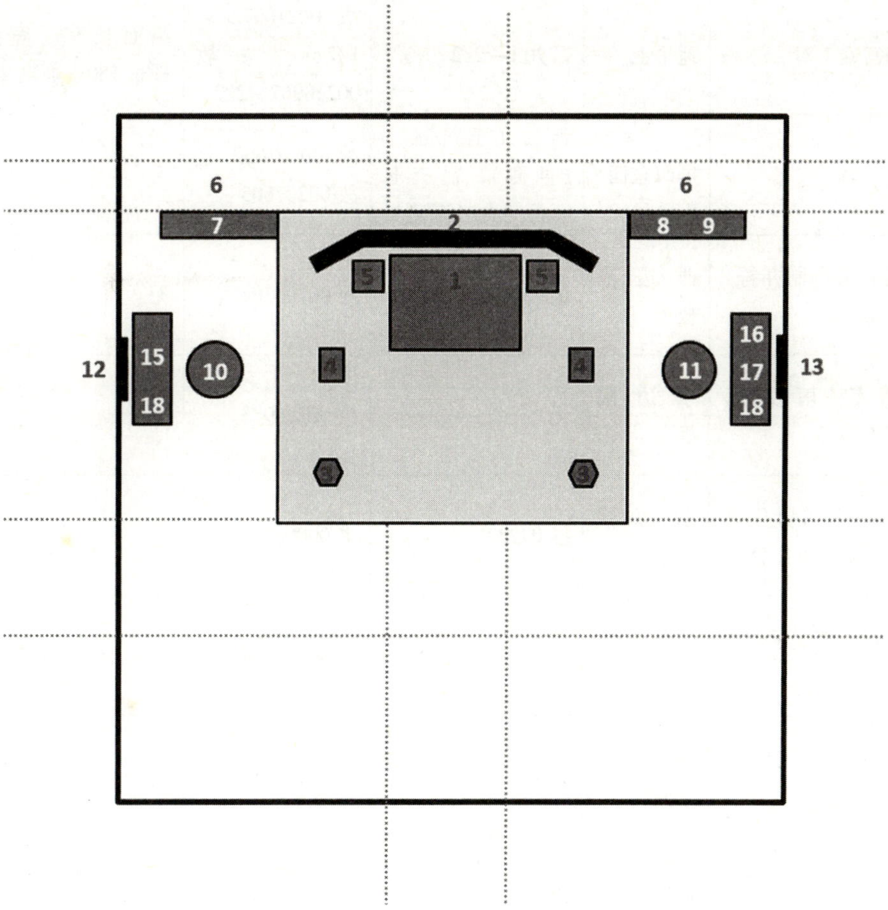

图4 养心殿明间陈设的平面布局

表 1　　养心殿明间陈设的主要器物

序号	器物	位置	参考号	文物号	尺寸（厘米）	类型
1	花梨木宝座 1 件	地平上	吕七	故 00208803	长 160、宽 90、高 102	原状
2	花梨木屏风 1 件	地平上	吕八	故 00210776	底座长 260、通高 323	原状
3	青玉香筒 1 对	地平上	吕三	故 00221519、故 00221520	通高 128、玉筒长 77、直径 13	原状
4	青玉甪端 1 对	地平上	成四一 J38/44 和成四二 J39/44	故 00103560、故 00103561	高 35.5、最宽处 16.5 口径 7.8×8.4	类似
5	鸾翎宫扇 1 对	地平上	吕九 1－2/2	故 00210972－1/2、故 00210967－2/2	扇面长 97、宽 64、杆长 180、通高 297	原状
6	隔板 1 对	屏风东西	吕二九至吕三一（西侧），吕三七至吕三九（东侧）	故 00207600 至故 00207605	无	原状
7	张照书《御制九符》玉片 12 片	西边隔板上	昆一六七 13	故 00104364	无	原状
8	御笔《德雨敬述》册页 1 册	东边隔板上	无	故 00253985	无	类似
9	于敏中书《历代帝王统系纪年》1 套	东边隔板上	抄 04232	书 00006037	无	类似
10	漆地球 1 件（紫檀木座）	地平之下，西侧	京 438 箱收二七	故 00141917	周长 216、半径约 36	类似
11	漆天球 1 件（紫檀木座）	地平之下，东侧	京 439 箱收五六	故 00141916	周长 95.5×2	类似
12	《圣制题董邦达溪山清晓图》1 件	西墙上	停三 01/1CP29/35	故 00005686	无	原状

续表

序号	器物	位置	参考号	文物号	尺寸（厘米）	类型
13	《圣制养心殿铭》1件	东墙上	无	故00252588	无	原状
14	紫檀木铜包角案1对	东西墙前	留平 79055 复查51	故00206097	长 192.5、宽 57、高90	类似
15	《罗图荟萃》一册和《罗图荟萃续》1册	西边案上	昆一六0 30	故 00004447 –1/2、故 00004447 –2/2	无	原状
16	永瑆录《帝学》1套（紫檀木嵌玉罩盖匣）	东边案上	抄12638	书00006395	无	类似
17	朱批谕旨18套	东边案上	殿39273	书 00001222 –1/112	无	类似
18	铜掐丝珐琅缸1对（紫檀木座）	东西案上	昆二一九44 –2/1嵌1611和昆二一九44 –2/2嵌1612	故 00117109 和故00117110	口径44，底径30.4，高37.5	原状

二　蕴含

这18件套器物组成的养心殿明间陈设，与清宫其他礼仪性空间有所不同。在地平、宝座、屏风、羽扇、甪端、香筒等程式化的陈设之外，还包含了《御制九符》《德雨敬述》《历代帝王统系纪年》、天球仪、地球仪、《罗图荟萃》《帝学》、朱批谕旨等别具一格的物品。这些器物的文化蕴含值得探究，因为正是这种特殊性，构成了养心殿明间不同于其他宫殿的文化内涵。

从陈设物品的时代来看，天球仪、地球仪为康熙时期所制，朱批谕旨属于雍正时期，《御制九符》《历代帝王统系纪年》《罗图荟萃》《圣制题董邦达溪山清晓图》《圣制养心殿铭》作于乾隆时期，《德雨敬述》《帝学》则属于嘉庆时期。（表2）从数量来看，以乾隆、嘉庆时期的器物居多。可以认为，嘉庆七年的养心殿明间陈设，代表了乾隆、嘉庆时期的室内空间格局和空间文化。

表2　养心殿明间陈设器物的时代

器物	时代
漆地球1件	康熙
漆天球1件	
朱批谕旨18套	雍正

续表

器物	时代
张照书《御制九符》玉片 12 片	乾隆
于敏中书《历代帝王统系纪年》1 套	
《罗图荟萃》一册和《罗图荟萃续》1 册	
《圣制题董邦达溪山清晓图》	
《圣制养心殿铭》	
御笔《德雨敬述》册页 1 册	嘉庆
永瑆录《帝学》1 套	

更为重要的是，这些器物的空间布局还蕴含了“象天法地”的文化含义。《周易・系辞上》有“在天成象，在地成形”的记载，作为中国古代传统哲学的重要组成部分，“象天法地”思想在国家、区域、城市、建筑等不同尺度的空间层面均有所体现。① 在室内尺度上，养心殿明间是一个很典型的案例。从陈设器物来看，以地平及其上陈设物为代表的礼仪性空间代表“天子”。地平东为天球仪，西为地球仪，分别象征“天”和“地”。《养心殿联句有序》：“球参造化象天仪”一句下有注：“中正仁和殿内，东设天球一，西设地球一。天球铸铜为之以象天体，即古浑仪也。地球规木为之以象地体，布列中国及蒙古、准、回诸部，海外诸国，靡不咸具。各施机轴，随时测量，缛景纬之照临，验声教于无外，盖不啻舜察玑衡，禹图山海焉。”② 正是天球仪所代表的“玑衡”和地球仪所代表的“山海”，将天地移缩于殿内。位于东边隔板上的《德雨敬述》和《历代帝王统系纪年》是帝王作为天子“受天命”的象征，位于东边案上的《帝学》、朱批谕旨则是帝王“法祖”的象征，进一步强化了天命的正统性和延续性。位于西边隔板上的《御制九符》是天命映照于地的祥瑞，位于西边案上的《罗图荟萃》和《罗图荟萃续》则是代表疆域的地图集目录。总体来说，养心殿明间在陈设上被划分为三个空间，东部是一个“象天”的空间，西部则是一个“法地”的空间，二者的交汇处，是“天子”的空间。三者共同反映了天地对应、天子居中的文化内涵。（图 5）

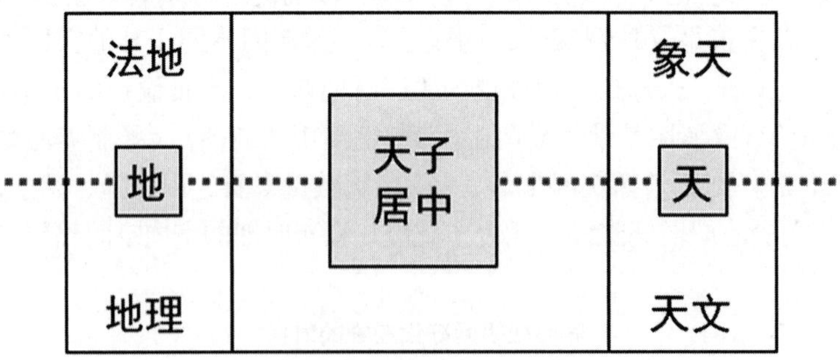

图 5　养心殿明间陈设的“象天法地”蕴含

① 徐斌：《法天地而居之——汉长安象天法地规划思想初探》，《城市与区域规划研究》2016 年 1 期。

② 前揭《清仁宗御制诗三集》第一卷，第 98 页。

三　比较

无独有偶，乾清宫明间的室内陈设，与养心殿非常类似。雍正以后，养心殿取代乾清宫，成为清代帝王政务活动的中心，“凡办理庶政，召对引见，一如乾清宫”。① 据《国朝宫史》记载，乾清宫明间“正中设宝座，左右列图史、玑衡、彝器”。② 乾清宫在嘉庆二年（1797 年）毁于火灾，次年重新建成。现存乾清宫明间陈设档包括嘉庆二年、道光十五年（1835 年）、光绪元年（1875 年）、光绪二年（1876 年）、光绪二十八年（1902 年）和宣统二年（1910 年）6 部。其中，嘉庆二年《建修乾清宫补造陈设档》记载：

拟交珐琅作成做：掐丝珐琅仙鹤一对（乾清宫明殿），掐丝珐琅鱼缸盖二件（乾清宫明殿）。

拟交油木作成做：屏风后花梨木案二张（乾清宫明殿），围屏后花梨木案一张（乾清宫明殿），满堂红戳灯二对（乾清宫明殿）。

拟交铸炉处成做：古铜甗四个（乾清宫明殿）。③

道光十五年七月十一日所立《乾清宫明间现设档案》，记载更加完整：

金漆五屏风、九龙宝座一分，铜掐丝珐琅甪端一对（紫檀木香几座），铜掐丝珐琅垂恩香筒一对（紫檀木座），铜掐丝珐琅仙鹤一对（珐琅座），古铜甗四个（紫檀木金漆香几座），铜掐丝珐琅圆火盆一对。

紫檀木大案一对，上设：《古今图书集成》五百二十套（计五千零二十本），天球、地球一对（紫檀木座），铜掐丝珐琅鱼缸一对（紫檀木座），铜掐丝珐琅满堂红戳灯二对。

紫檀木案一张，上设：周蟠□鼎一件（紫檀木座），铜掐丝珐琅兽面双环尊一件（紫檀木座），《皇舆全图》八套、《皇舆全览》一套，《国朝宫史》四套。

紫檀木案二张，上设：《皇朝礼器图》二十四匣（计九十二册），《国朝宫史》一部十四套。④

与养心殿明间相比，乾清宫明间陈设物品更加丰富，但仍可归纳为相似的几个类别。考虑到礼仪性空间的陈设随时代变动不会很大，可以就养心殿明间嘉庆档、乾清宫明间道光档做一番比较。乾清宫明间礼仪性空间的构成，同样包含地平、屏风、宝座、香筒、甪端，缺少宫扇，但增添了仙鹤和火盆。陈设家具比养心殿明间少了书架，但多了三张紫檀木案。陈设物品中，书籍方面，用《古今图书集成》和《国朝宫史》代替了《御制九符》《德雨敬述》《历代帝王统系纪年》《帝学》和朱批谕旨；图集方面，用《皇舆全图》和《皇舆全览》代替了《罗图荟萃》《罗

① （清）鄂尔泰、张廷玉等编：《国朝宫史》卷一三，北京古籍出版社，1987 年，第 249 页。

② 前揭《国朝宫史》卷一二，第 204 页。

③ 中国第一历史档案馆编：《清宫瓷器档案全集》第 26 卷，中国画报出版社，2008 年，第 367 页。

④ 《乾清宫明间现设档案》，道光十五年。

图6　养心殿明间的现状陈设

表3　**养心殿和乾清宫明间陈设比较**

主要陈设		养心殿	乾清宫
礼仪空间		花梨木宝座、屏风1套，青玉香筒2对，青玉角端1对，鸾翎宫扇1对	金漆五屏风、九龙宝座1套，铜掐丝珐琅垂恩香筒1对，铜掐丝珐琅角端1对，铜掐丝珐琅仙鹤1对，铜掐丝珐琅圆火盆1对
陈设家具		紫檀木铜包角案1对，隔板1对	紫檀木大案1对，紫檀木案1张，紫檀木案1张
陈设器物	书籍	张照书《御制九符》玉片12片，御笔《德雨敬述》册页1册，于敏中书《历代帝王统系纪年》1套，《帝学》1套，朱批谕旨18套	《古今图书集成》520套，《国朝宫史》4套
	图集	《罗图荟萃》1册，《罗图荟萃续》1册	《皇舆全图》8套，《皇舆全览》1套，《皇朝礼器图》24匣
	玑衡	漆天球、地球1对	天球、地球1对
	珐琅器	铜掐丝珐琅缸1对	铜掐丝珐琅鱼缸1对，铜掐丝珐琅满堂红戳灯2对
	彝器	无	古铜甗4个，周蟠夔鼎1件，铜掐丝珐琅兽面双环尊1件
	书画	《圣制题董邦达溪山清晓图》《圣制养心殿铭》	无

图荟萃续》，并增添了《皇朝礼器图》。东西两侧分设天球仪和地球仪的做法则完全相同。两座宫殿最大的不同，是养心殿东西墙各悬挂一副御制书画，而乾清宫则陈设了三种类型的彝器。（表3）

遗憾的是，从嘉庆七年之后的陈设档来看，养心殿明间陈设的变动较大，除了体量较大的宝座、屏风、隔板等得以保留，大部分器物收入燕喜堂或体顺堂（养心殿建筑群的后罩殿），后又部分收入南库。① 今日养心殿和乾清宫的明间陈设，早已不是档案中的模样，其独特的空间蕴含也随之消失。（图6）然而，对于宫廷室内陈设，既需要注意其程式化的方面，也需要对其独特性保持敏感。因为正是这些许不同，承载了该殿独特的功能和地位，蕴含了与众不同的空间文化和趣味。对于原状陈设展览来说，如能恢复其普遍性与独特性共存时期的室内陈设，就能更加完整地向公众展示这座建筑的内涵。

养心殿明间陈设模式影响深远。文献记载，重华宫崇敬殿、宁寿宫养性殿、毓庆宫惇本殿、圆明园勤政亲贤之保合太和殿等宫殿陈设均仿照养心殿明间。未来可进一步对上述宫殿开展系统性的原状陈列复原和比较研究。

结合养心殿明间陈设的具体器物，还可开展以小见大的讨论。如《罗图荟萃》正续册，因为记载了“嘉峪关至回部、巴达山城、天方、西海、戎地面等处图”，即登上2018年春晚的“丝路山水地图”，而进入公众视野，引发了一系列讨论。结合养心殿明间的原状陈列，可以为追溯“丝路山水地图”的内容和流转提供更加丰富的历史信息。

本文受国家自然科学基金（项目编号51808130）、北京市社科基金（项目编号19YTC037）资助。

（徐斌：故宫博物院宫廷部副研究馆员）

① 从前述文物的参考号也能看出各陈设物的去向，号数较小的吕字号文物为保留在养心殿明间的陈设物，号数较大的吕字号文物为流向燕喜堂或体顺堂的陈设物，昆字号文物为流向南库的陈设物。

清代奉先殿丛考

——兼谈对奉先殿原状恢复的几点思考

刘　盛

内容提要：奉先殿和太庙同为清代皇家祭祀场所，二者无论是祭祀内容还是祭祀规制，既有相当密切的联系，又存在相当大的差异。一般讲，太庙祭祀属国祭性质，而奉先殿祭祀则更带有家祭性质。职此之故，奉先殿祭祀内容实较太庙为广，人员使用上也存在差异。太庙和奉先殿祭祀究竟有何异同，是一个需要深入探讨的大课题。本文无意深入涉及，只想就笔者故宫奉先殿原状恢复的工作中接触到文物和史料，对奉先殿的历史沿革、祭祀规制，特别是祭祀仪制和礼器使用的独特性，包括有些不见于文字史料的独特性做一个粗浅介绍，希望给有志于研究者提供一些有用的资料。

关键词：奉先殿　太庙　私密性

奉先殿与太庙同样是明清两代帝王祭祀祖先的重要场所，但阅读相关史料和相关的研究成果，发现奉先殿相关资料较太庙少且零散，研究成果也不多。目前所见到的有关奉先殿研究的论著，关于建筑研究的，有故宫学者刘鸿武《紫禁城内奉先殿修建概略》，该文对奉先殿建筑沿革的探讨，指出清代对奉先殿非改制而是重建，极具创新意义。① 刘榕《奉先殿大木结构浅析》一文，同样具有参考价值。② 有关清代奉先殿历史、文化沿革探讨文章，虽有一定的学术价值，但但大都停留于奉先殿的内外部结构和历史沿革的一般性介绍，较少对奉先殿祭祀规制的深入探讨。其中最佳者，当为王子林《奉先殿原状与祭祀考》一文。该文结合档案史料，对奉先殿自明代以来的兴建过程、祭祀仪制沿革进行了深入探讨，具有较高的学术价值。但细阅全文，仍觉稍偏重于建筑沿革，对奉先殿内部陈设着墨不多，特别是对清室善后委员会点收报告中对奉先殿文物状况的描述及现存奉先殿文物的状况基本没有涉及。该文的初衷显为奉先殿原状恢复提供设想，从这个目的出发，缺少这部分描述，显为白璧之瑕。③ 造成这种现象的原因，盖因一般认为奉先殿和太庙的功用大体相同，所以不甚引起重视。笔者因工作关系，参与了故宫奉先殿原状复原的部分工作，有机会对奉先殿现存史料和文物进行了一些粗浅的梳理、比对工作，对奉先殿祭祀规制有了一些粗浅的感性认识，故分享于此，为奉先殿祭祀制度研究的深入探讨，提供一份有用的资料。

---

① 刘鸿武：《紫禁城内奉先殿修建概略》，《历史档案》2009 年第 3 期。

② 刘榕：《奉先殿大木结构浅析》，《中国紫禁城学会论文集》第 3 辑，紫禁城出版社，2004 年。

③ 王子林：《奉先殿原状与祭祀考》，《故宫学刊》2018 年第 1 辑。

图1 奉先殿

一 奉先殿历史场景复原

明洪武三年（1370年），明太祖朱元璋在南京始建奉先殿。永乐迁都北京，该殿几乎长期处于半闲置状态。嘉靖年间于北京另建奉先殿，隆庆年间又大加修整，但始终没有恢复到盛世景象。[①] 清顺治十六年（1659年），"礼部议允副都御史袁懋功请，以岁暮袷享太庙，十七年三月诏每岁万寿、元旦，俱奉四祖神主合祭于奉先殿，位次如太庙袷祭。奉先殿初建于十四年，更建于十七年，九庙除夹室外增建敞殿九间"。[②] 康熙十八年（1679年）五月，重修奉先殿。乾隆元年、十二年、四十五年对奉先殿3次进行维修，包括建筑本身维修，暖阁神龛油饰，陈设器物翻新，帐褥衾枕织造等。道光年间增加龛位。[③] 至撰修光绪会典时，奉先殿规模已经很大。（图1）据光绪会典记载，当时奉先殿的外部结构为：

前后缭以周垣，制方。南向。外门一间曰诚肃门，西向与景运门对，内琉璃砖门三间，

① 关于明代奉先殿兴修情况，参阅杨新成《明代奉先殿建筑沿革与形制布局初探》，《故宫博物院院刊》2014年第5期。

② （清）张玉书：《张文贞集》卷八《纪昭代乐章》，《影印文渊阁四库全书》第1322册，台湾商务印书馆，1983年，第584—585页。

③ 关于奉先殿在清代的改建、修缮情况，参阅前揭《奉先殿原状与祭祀考》。

为奉先门。左右门各一，南向。前殿九间，南向重檐。东西为夹室，外为行廊。如太庙寝制，外为行廊。前为丹陛，周以石栏，正南三出陛，中出螭陛，左右各十二级，东西各一出陛，均十二级。黄色玻璃燎炉，在东南隅。东垣角门一。后殿九间，前围石栏，中为堂，南阶各十二级，东垣角门一。先门内甬道，北达前殿。右门内有甬道，折而西，循墙北上，右折而东，由堂右陛入堂以达后殿。左门外东垣一重，门一，门内神库三间。西向。奉先门南，垣一重，垣东西门各一，皆北向。门内连房十二间，中为神厨。东为宰牲亭，又东井亭一，西为治牲房，均北向。殿门围垣覆瓦，皆用黄琉璃。①

此时，奉先殿的内部结构为：

奉先殿前殿正中一间：中案左，龙宝座；右，凤宝座。左案左，凤宝座二；右，龙宝座一。右案左，龙宝座一；右，凤宝座二。左一间：左，凤宝座四；右，龙宝座。右一间：左，龙宝座一；右，凤宝座二。左一间：左，龙宝座一；次左，凤宝座二。右一间：右案设龙宝座于左，次右凤宝座二。左二间：右案设龙宝座一于右；次左，凤宝座四。右二间：左案设龙宝座一于左；次右，凤宝座二。左二间：左案设龙宝座一于右；次左，凤宝座一。均南向。②

奉先殿后殿内供奉的神牌，当时计有：

中室：中龛左，太祖高皇帝；右，孝慈高皇后。太祖龛左：中，太宗文皇帝；左，孝端文皇后；右，孝庄文皇后。太宗龛右：中，世祖章皇帝；左，孝惠章皇后；右，孝康章皇后。左室右龛：中，圣祖仁皇帝；左，孝诚仁皇后；次左，孝懿仁皇后；右，孝昭仁皇后；次右，孝恭仁皇后。次右室左龛：中，世宗宪皇帝；左，孝敬宪皇后；右，孝圣宪皇后。左室后龛：中，高宗纯皇帝；左，孝贤纯皇后；右，孝仪纯皇后。右室右龛：中。仁宗睿皇帝；左，孝淑睿皇后；右，孝和睿皇后。左次室右龛：中，宣宗成皇帝；左，孝穆成皇后；左次，孝全成皇后；右，孝慎成皇后；右次，孝静成皇后。右次室左龛：中，文宗显皇帝；左，孝德显皇后；右，孝贞显皇后。左次室左龛：左，穆宗毅皇帝；右，孝哲毅皇后。③

德宗及孝钦显皇后亦于宣统年间升祔奉先殿。④ 清代帝后入祀奉先殿自奉安礼开始，届时，“内府官预于奉先殿设龙凤宝座各一，于殿中南向设龙凤宝座各一于左一间，东位西向，设朝

① （清）昆冈等：《钦定大清会典图》（光绪朝）卷九《祀典九》，《续修四库全书》第795册，上海古籍出版社，2002年，第108—111页。

② （清）昆冈等：《钦定大清会典事例》卷一一七九《内务府十・祀典・奉先殿荐新》，《续修四库全书》第814册，第359页。

③ 《钦定大清会典》（光绪朝）卷九二，《续修四库全书》第794册，第854—855页。

④ （清）刘锦藻：《皇朝续文献通考》卷一六五《宗庙七》，《续修四库全书》第818册，第32页。

灯、香几炉，各十有二，座前均设笾豆案，前设香帛案，两序设尊爵案、帛篚案、中一间左旁设祝案，设御拜位于阈内正中，奉安之日黎明，内府掌仪司官率所属陈祝帛、簠、簋、登、铏、笾、豆于各案点香烛。”嗣后，每一组帝后神位及其周边的日常陈设为：“帝后同案异座，每案上皆陈登一、铏二、簠二、簋二、笾十有二、豆十有二、篚一、炉一、镫二，不用牲俎。每座陈爵垫一、金爵三、金着二，因事抵告，案陈爵三、笾六、豆二、炉一、灯二，与太庙告祭陈设同。”① （图2）按大清会典规定，奉先殿祭祀簠、簋豆均用木制，铏为铜制，登为瓷质。笾系竹丝编成，唯镫为何物，尚缺乏确切的实物和文字依据。若说镫是铜登，按诸奉先殿祭祀图，每种祭器均着有相应的内容物，唯独不见专列镫的内容物，各类祭器图中，也未见到关于奉先殿使用镫的记载。所以若说镫是铜登，有些根据不足，现存实物中也未见有称能指实原属奉先殿的铜登的实物。若说是灯的异写，也存在同样问题，就是既不见于会典图及其他相关文字记载，实物究竟为何，也缺乏深入的研究，难以确实指证。有待于在进一步研究中证实或证伪，给镫下一个确切的定义。②

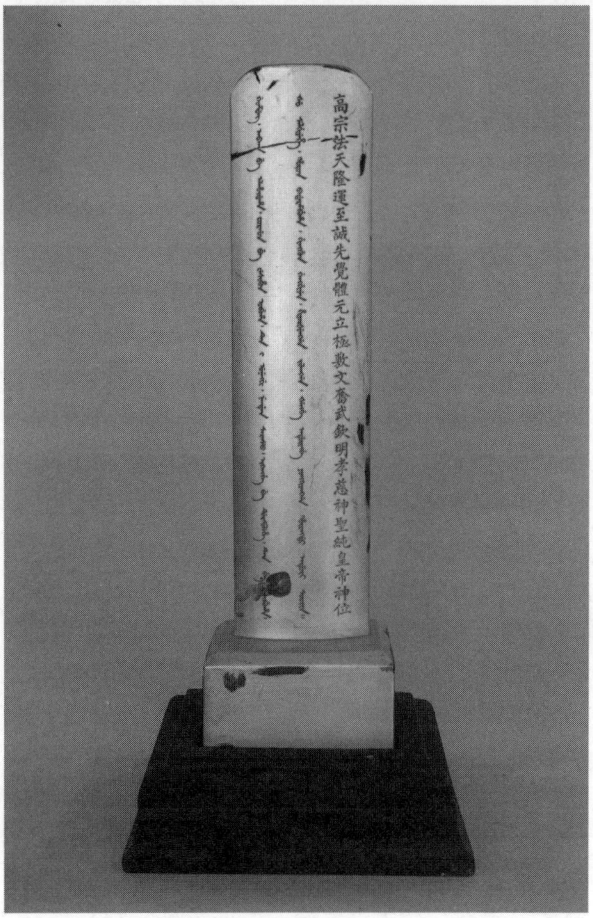

图2　清高宗神主

奉先殿每年都要举行多次大型祭祀活动，比较重要的祭祀活动有祗告礼、大享礼、荐新礼等。其中尤以祗告礼名目最为繁多，可以这样说，举凡皇家重要私人活动，基本上都要预先在奉先殿举行大型祭祀活动。告知九天之上的列祖列宗，以表敬仰之意。如册封后妃、太子出阁读书、皇帝出巡、出征、凯旋、祭陵、耕耤等等。出行活动来去都要在奉先殿举行大型告祭活动。新年瞻拜活动，奉先殿与太庙同等重要。③ 在每次大型活动中，奉先殿除上述基本配置外，都要

① 光绪朝《钦定大清会典图》卷九《祀典九》，《续修四库全书》第795册，第113页。

② 关于其他器物材质的认定，见《钦定大清会典图》卷二三相关内容。

③ 关于奉先殿祭祀活动，嘉庆皇帝曾有一段概括性论述：“奉先殿盖仿閟宫之遗意，凡岁时出入展礼启告，恭遇列圣诞辰、忌辰及令节庆典皆有特享，寻常朔望则遣皇子、宗亲祗诣行礼。”（《清仁宗御制诗二集》卷三三《国朝宫史续编联句有序》，海南出版社，2000年，第3册，第399—400页）嘉庆帝的这一解释，实际上只是概而言之，并不完全符合奉先殿的实际情况。按：所谓閟宫，“说姜嫄之庙而谓之閟宫，故知常闭而无事。春官大司乐云：‘舞大护以享先妣。’则先妣之庙有祭事矣。且立庙所以祭神，而云闭而无事者”。案：“祭法王立七庙，五庙皆月祭之。二祧享尝乃止。彼文据周为说，其言不及先妣、故名姜嫄之庙，为禖宫。嫄庙清静之处，故以恤为清静。实谓宫内所容，重言实实，故谓宫之广大。枚枚者细密之意，故云砻密。晋语及书传说天子庙饰，皆云斫其材而砻之加密石焉。是砻密之事也。又郑注礼器云宫室之饰，士首本大夫，达（转下页）

图3 搏拊

图4 排箫

另外布置，踵事增华。如祗告礼之日，“于中一室外右旁设祝案一，穿堂设羊角座灯四，前殿、后殿阶下各设朝灯二”。大享日，则“奉先门内，设门炉香案一，祭时焚香。自诚肃门至前殿阶上阶下，共设座灯六十，穿堂两厢及东夹道共设座灯二十，祭日点灯，均于祭前一日，营造司安设，礼成撤回。殿东陈设麾一、搏拊一、祝一、琴五、瑟二、箫五、笛五、排箫一、篪三、埙一、笙五、鼓一、金钟一。殿西陈设麾一、搏拊一、吾一、琴五、瑟二、箫五、笛五、排箫一、篪三、埙一、笙五、玉磬一”。①（图3、4）

若大祫，“每神位前奉先制帛一、金爵三、登一、铏一、金匕一、金箸一双，每案簠二、簋二、笾十有二、豆十有二，登实以大羹，用清肉汁，不和。铏实以和羹，以熟羊肉为之。簠实以黍稷，以黍米、稷米为饭。簋实以稻粱，以粳米、粱米为饭。笾实以形盐，藁鱼、枣栗榛菱芡脯。元旦、万寿圣节用鹿脯，朔望用羊脯。白饼，白面为之。黑饼，莜面为之。糗耳，栀子水和面粉为之。粉粢，糯米粉为之。豆实以韭菹，以青韭切四寸。鸩醢，切豕肉以五味调和。菁菹，以白菜切四寸。鹿醢，朔望用羊醢。芹菹，以芹菜切四寸。兔醢，切生兔为之。笋醢，以片笋切四寸。鱼醢，切鲜鱼为之。脾析，细切羊肚为脍。豚拍，以豕肩肉切圆。（䬪）食，以糯米为饭，和以蜜。糁食，以粳米为饭，和以羊脍”。乾隆二十二年，还规定遇祗告礼：“奉先殿寝室

（接上页）棱诸侯，斫而砻之天，子加密石是也。笺：闷神至神宫。”（《毛诗注疏》卷二九，《影印文渊阁四库全书》第69册，第956页）又云：“自天下言之以后稷为宗，自后稷以下皆在自一国书之。以周公为宗，自周公以下皆在朱氏闷宫。鲁之群庙，会其天下所谓始一国，所谓始凡与同姓悉皆同宇，其实私祭之公所也。”（《诗总闻》卷二〇，《影印文渊阁四库全书》第72册，第736页）可见所谓闷宫，所祭祀者，最初多为诸侯国君主关系密切的祖宗或亲属，但不宜在宗庙祭祀者，故在诸侯国单独立庙，由君主各人单独举行小规模祭祀活动，明代奉先殿中单独设立奉慈殿的举措犹有闷宫遗意。清代太庙与奉先殿神主几乎完全一样，称奉先殿为闷宫，除了家祭这一点以外，属拟于不伦。不如乾隆帝“天子之家庙也”概括更为准确。（《清高宗御制诗四集》卷五二“七月朔日躬祭奉先殿礼成述事”，中国人民大学出版社，2013年，第7册，第102页）

① 中和韶乐原陈设于室内，乾隆二十年起，改为陈设于室外。但清室善后委员会发现乐器残留是在室内，可能后来规制又有改变，至少日常中和韶乐仍存放于室内。但关于这一点，目前未发现文献资料记载，有待进一步证实。

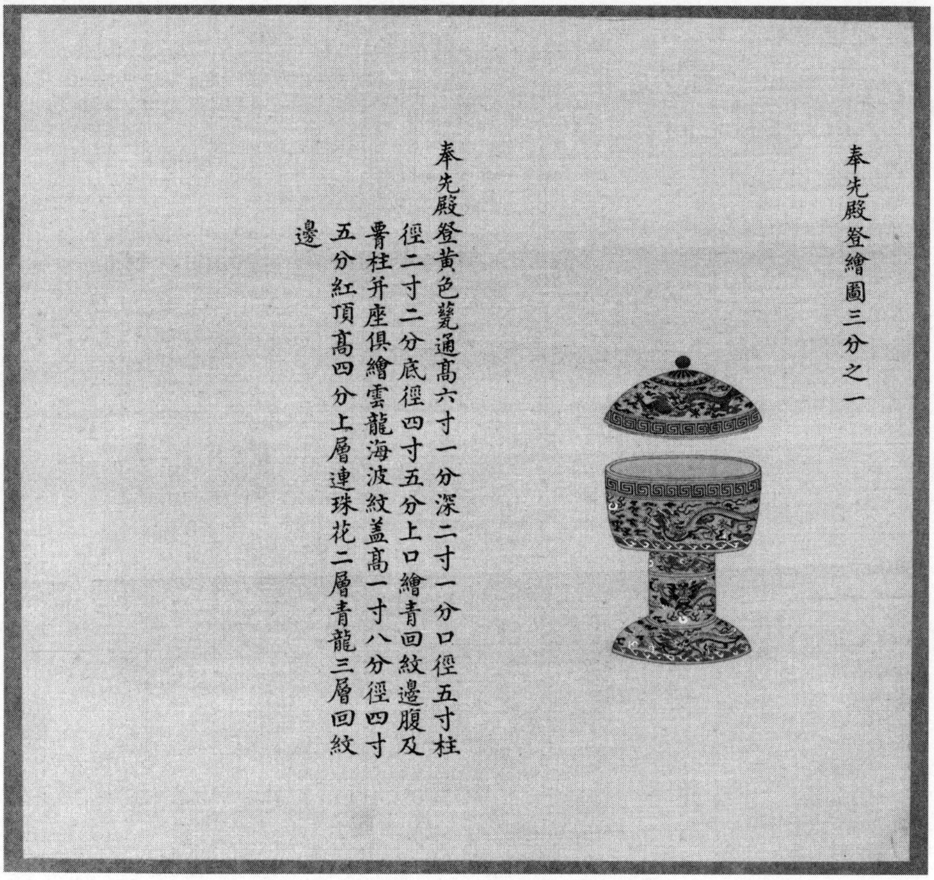

图5 《皇朝礼器图》之奉先殿祭器“登”

门外每神位设宝椅一，每龛设案一，前帛案一，香几一。陈香炉一，香盒一。羊角座灯二，东西序设尊案、爵案、帛案各一，雨伞十。”① 每年阴历十二月二十七日起，奉先殿廊下都要悬挂庆成灯以示庆祝新年之意。此外，“万寿圣节：朝灯四盏，路灯九盏，座灯六十七盏”。不仅如此，对于每次祭祀活动，根据不同的内容，还有许多具体、详细的规定，如“奉先殿祭享，帝后同案异座，每案上皆陈登一、铏二、簠二、簋二、笾十有二、豆十有二、篚一、炉一、登二，不用牲俎。每座陈爵垫二、金爵三、金箸二，因事祇告，案陈爵三、笾六、豆二、炉一、登二。与太庙告祭陈设同。每月朔望，列圣圣诞，列圣、列后忌辰，及上元霜降岁除清明等日，立春端阳重阳等节，皆陈果脯酒品，不设醢”。② 其四月八日、七月望日，“惟陈素果，不设酒脯，余同”。③ 每次祭祀活动，祭器的数量、质地、形制均有比较严格的规定。据《皇朝礼器图式》记载，奉先殿祭祀的基本配置数量为：金爵48、登16、铏16、簠2、簋2、豆12、笾12、篚1，牺尊、象尊、着尊、壶尊各16个。“若祇告，每案前奉先制帛一、金爵三、金匕一、金箸一双、尊一。每案笾六，实以脯，经

① 《钦定大清会典事例》卷一一七九《内务府十 · 祀典 · 奉先殿荐新》，《续修四库全书》第814册，第360页。

② 光绪朝《钦定大清会典图》卷九《祀典九》，《续修四库全书》第795册，第113—114页。

③ （清）蒋溥等：《皇朝礼器图式》“目录一”，广陵书社，2004年，第20页。

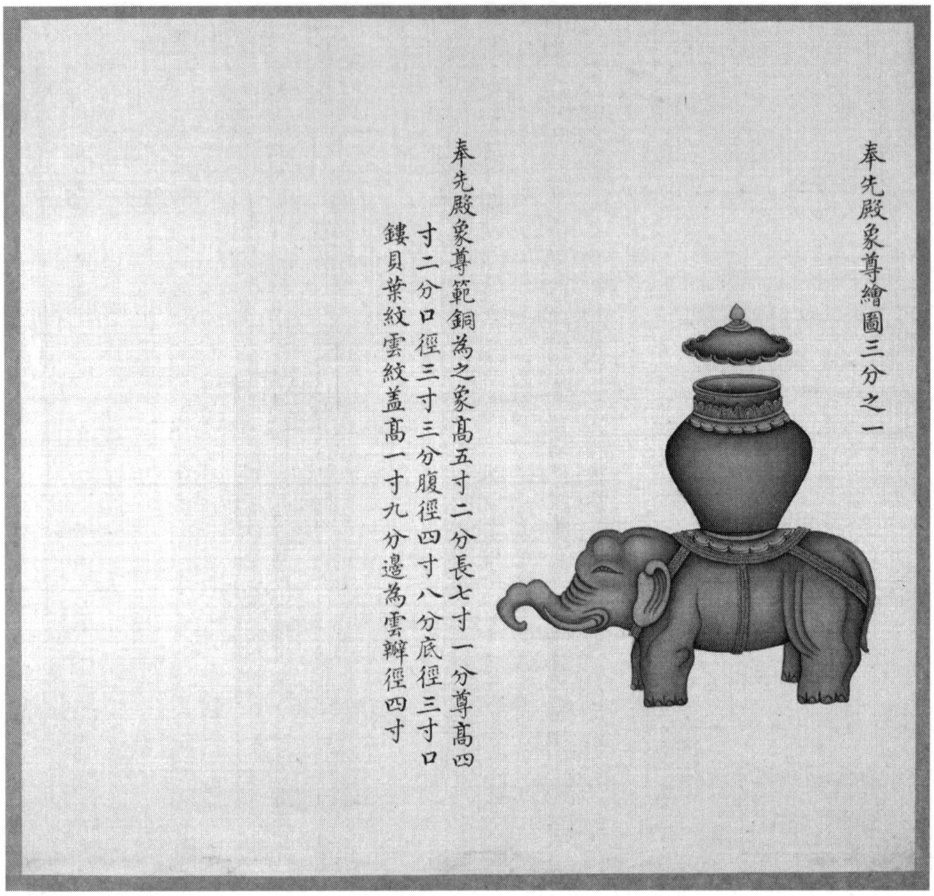

图 6　《皇朝礼器图》之奉先殿祭器“象尊”

筵鹿，余用羊。用葡萄、核桃仁、枣实、榛仁、莲子，豆二，实以鹿醓，与鹿脯同，兔醓，篚一、炉一、登二。”① “奉先殿前殿朔望用笾豆，献瓷器笾豆。奉先殿后殿，节令用果品。”②（图 5、6）

此外，从现存档案中，我们还知道，日常祭祀用品还包括太平钱。还有膳房用品中的瓷尊、瓷爵等等。③ 关于瓷尊、瓷爵的具体用途，现有史料语焉不详，有待进一步发掘和探索。奉先殿对祭器的材质也有相当严格的规定，如尊必须用古铜色，对照现存文物，实即仿青铜。四季祭祀使用尊的种类亦有不同，春用牺尊，夏象尊，秋着尊，冬壶尊。④ 此外，从现存瓷器类档案

① 《钦定大清会典事例》卷一一七九《内务府十 · 祀典 · 奉先殿荐新》，《续修四库全书》第 814 册，第 360—361 页。

② 《钦定大清会典事例》卷一一八〇《内务府十一 · 恭悬圣容》，《续修四库全书》第 814 册，第 367 页。

③ 中国第一历史档案馆、北京铁源陶瓷研究院编：《清宫瓷器档案全集》卷三一“道光元年”条，中国画报出版社，2008 年，第 119 页。

④ （清）王杰等：《钦定大清会典事例》（嘉庆朝）卷七四“内务府 · 掌仪司一”，《近代中国史料丛刊三编》第 64 辑，台湾文海出版社，1966 年，第 3322 页。

中可以看到，仅奉先殿膳房用瓷就有黄白蓝三种颜色，数个品种。① 虽然限于史料，我们对每种瓷器的具体用途，并不深入了解，但奉先殿瓷器使用种类之丰富，规定之具体，于此可见一斑。

二　清代奉先殿与太庙祭祀规制之异同

谈到奉先殿祭祀，不能不说它与太庙祭祀的区别与联系。本文原系为奉先殿原状恢复相关问题而做，在这个问题上不做深入论述，但仍有必要在此略述一二。

从外在形式看来，太庙和奉先殿同属清代祭祀祖先的重要场所，二者在重要性上难分伯仲。② 但仔细比较研究二者祭祀的内容，却存在着许多重要区别。概而言之：奉先殿祭祖属家祭，③ 太庙祭祖则是国祭；太庙是宗庙，奉先殿则是家庙。具体而言，区别主要表现在以下几个方面：

（一）建筑形制不同

奉先殿基本上是前朝后寝规制，后殿供奉列祖列宗神牌，前殿则用于举行大型祭祀活动；而太庙没有“前朝”，前殿供奉的是太祖努尔哈赤以下列祖列宗的神牌，后殿供奉的则是努尔哈赤以上四代祖先的神牌。（图 7、8）

或许有人看到史料中常有告祭于太庙后殿、奉先殿的记载，会误以为太庙祭祀也带有家祭性质，实际上告祭太庙后殿只是奉先殿家祭的延伸，或者说是遍告列祖列宗的意思。因为有一部分祖宗牌位供奉在太庙后殿，并不供奉在奉先殿。在研究太庙和奉先殿建筑、祭祀规制的异同时，有必要特别强调。另外，太庙建筑和祭祀规制中还有一个重要内容，即两庑配享功臣祭祀，而这在奉先殿是绝对没有的。可见虽然同为祭祀祖先，太庙祭祖更强调祖先对国家的重要贡献，所谓崇功报德，本质上是国祭，因此有必要让为国家做出重要贡献的大臣一起享受祭祀。而奉先殿祭

---

① 《清宫瓷器档案全集》卷一“乾隆二年十二月二十七日”条，第 253 页。

② 在明代，太庙祭祀在一般官僚阶层心目中的地位远远高于奉先殿祭祀。甚至有大臣对皇帝经常在奉先殿举行祭祀活动表示不满：“窃闻每日而起，行礼于奉先、奉慈、崇先三殿之前。出入门枨，上下阶级，已不胜其劳，旋即视朝听讲，退而亲览章奏。一日万几，向非圣聪天启，睿体神护，何以堪此。切惟三殿之建本以义起，非庙也。即如为庙亦唯清静，斯神有依。周颂清庙，鲁颂閟宫，未闻有每日瞻拜之礼。太宗文皇帝正以太庙在外，凡朔望荐新忌日行礼未便，故建奉先殿于宫内。本以节劳，而今反致劳，是未得初建之意矣。祭不欲数，数则烦，烦则不敬。祭不欲疏，疏则怠，怠则忘。此固言在庙之礼也。”（〔明〕杨一清：《祭礼议》，见陈子龙《皇明经世文编》卷一一九，中华书局，1962 年，第 2 册，第 1137 页）而在清代，奉先殿祭祀活动的密度远较明代为高，却从未见有人敢于提出异议。

③ 嘉庆帝生母孝仪皇后升祔奉先殿，有人要求告祭天地太庙，乾隆帝不同意。乾隆帝认为：“天地太庙一事亦未免失当，孝仪皇后乃朕因系嗣皇帝生母，恩旨册赠，止应于奉先殿祭告。若因此而举行天地庙祀大典，转邻于渎。已着不必举行，后世子孙遇有册赠母后，即遵朕此旨办理，以昭虔敬而省繁渎。此旨亦着敬录二道，一存贮尚书房，一存贮内阁。我世世子孙，其钦承无忽。”在乾隆帝看来，孝仪皇太后生前地位不高，仅仅因为是皇太子的生母享受崇祀，这种情况应与正宫皇后崇祀礼仪区别对待，且宜作为制度，世世遵守。（《清高宗实录》卷一四八九，乾隆六十年十月下，《清实录》第 27 册，中华书局，1985 年，第 927—928 页）这也从一个侧面反映了奉先殿的家祭特性，即有些不便公开举行的家族祭祀活动，可以在奉先殿举行。

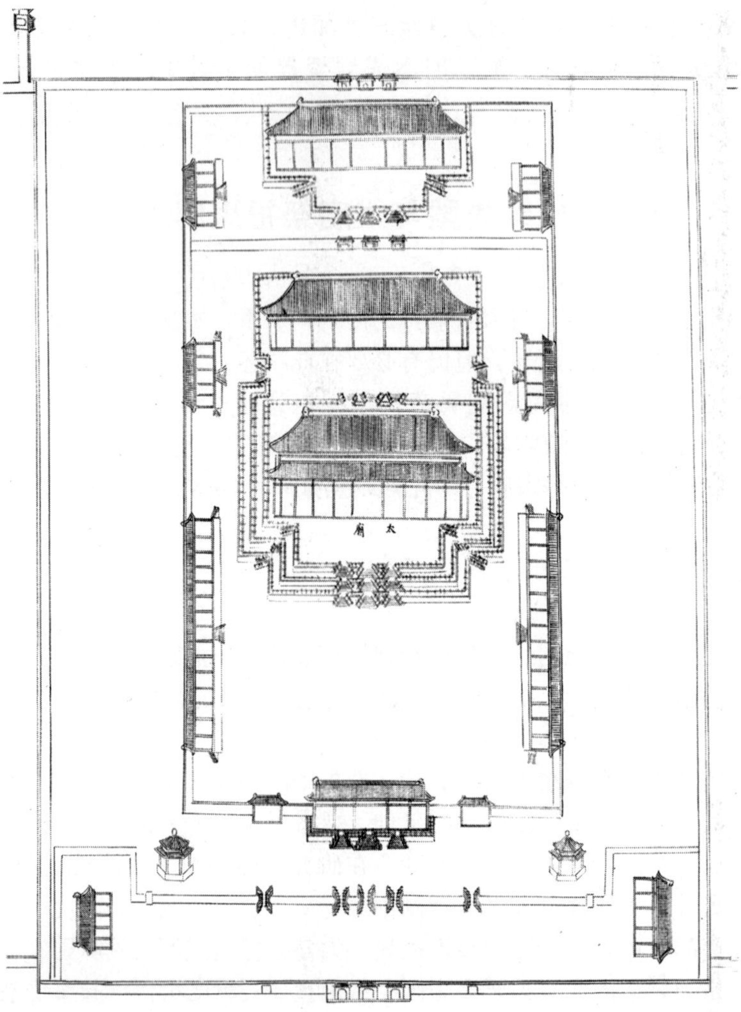

图 7　太庙平面图（选自《清乾隆内府绘制京城全图》）

祀则是家祭，纯属家族对祖先的崇仰怀念，不会涉及家族以外的人。①

（二）祭祀内容不同

《大清通礼》概括奉先殿祭祀内容：“日献食，月荐鲜，朔望朝谒，时节展拜。出入启告，恭遇圣诞忌辰，及诸令节庆典则于后殿上香行礼。恭遇皇太后万寿、皇帝万寿、元旦冬日至及国

---

①　明代以前，作为奉先殿前身的阏宫与太庙的区别并不十分清楚，据《唐大诏令集》记载：“近日诸道不守条章，或分两三度奏来。所贵前后不相见，但行计会，贵得人多。从今以后，诸道军将官并限七月表到京。令之初行，宜武臣之叙进，据所合奏人数一表令。如有别劳效者，即待明年七月。不得两度贯行欺隐，忠在社稷，誓着山河或盟府旧勋，或阏宫配食，宜举赏延之典，用彰义烈之名。”（〔唐〕宋敏求：《唐大诏令集》卷七二《典礼·乾符二年南郊赦》，《影印文渊阁四库全书》第 426 册，第 546 页）可见当时阏宫亦同样有配享者，与太庙的功能并没有完全分开。

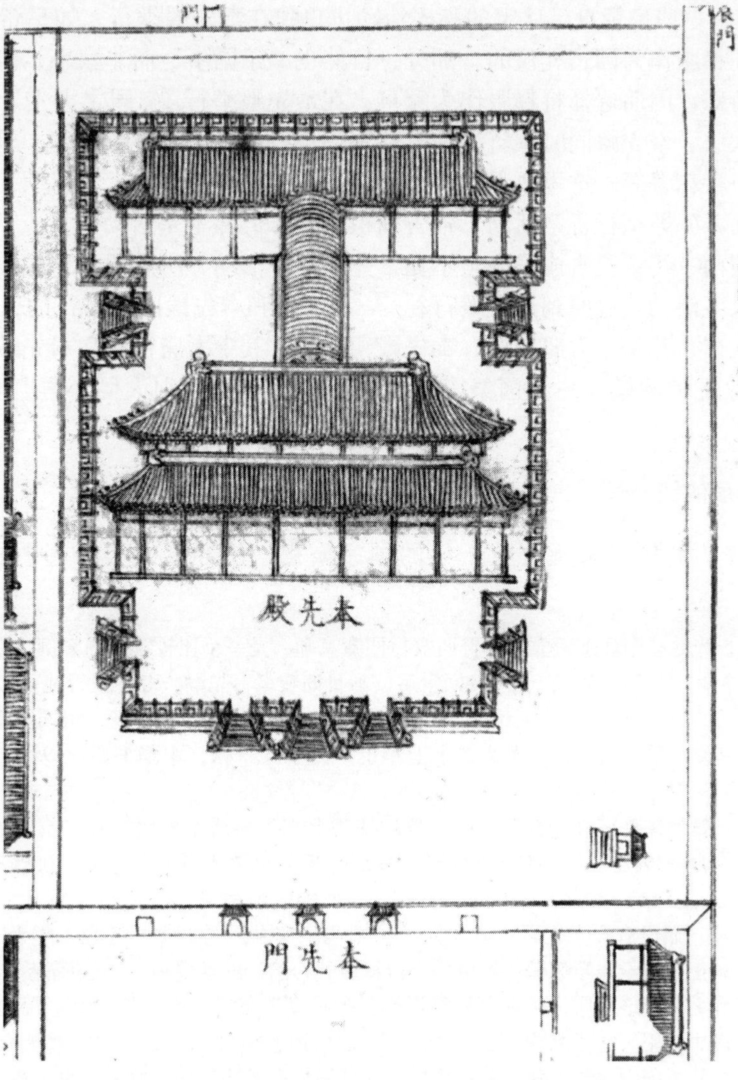

图 8　奉先殿平面图（选自《清乾隆内府绘制京城全图》）

有大庆，则奉请神位于前殿祭飨，皇帝亲飨。”① 《清文献通考》概括太庙祭祀：“太庙祭祀之礼，岁以正月孟春与万寿节、二三月清明节、四月朔七月朔、十月朔、十二月岁暮凡七。自十六年七月定举行袷祭，其年十二月甲寅以岁暮袷祭，遣官祗告。”②

笔者认为，凡涉家事或皇帝私事告祭奉先殿。③ 根据各类清代典制类史料统计：巡省起驾、回宫，秋猕起驾、回銮，皇帝御经筵，太子出阁读书，其他原因出行及回銮，都会在奉先殿举行

① （清）来保等：《大清通礼》卷四《吉礼》，《摛藻堂四库全书荟要》第 200 册，台湾世界书局，1990 年，第 101—102 页。

② 《皇清文献通考》卷一一二《宗庙考六》，《影印文渊阁四库全书》第 634 册，第 482 页。

③ 这里必须再次强调，告祭太庙后殿不是太庙祭祀的一部分，而是奉先殿祭祀的一部分。

大型活动。[①] 此外，一些皇帝自己认定的私人活动也单独在奉先殿举行。如皇帝释服礼，鉴于帝后去世属于国丧，释服作为国丧礼仪的一部分，自然也属于国事，而非家事，但雍正、嘉庆两帝认为他们的情况特殊，因而选择将释服作为家事，在奉先殿举行。[②] 国之大丧、大庆、祭天地日月等，一定要在太庙、奉先殿同时举行活动。特别是告祭活动，如皇帝登基，册封后妃，帝后大丧、升祔、奉安、耕耤等等。这里要强调的是，真正属于国事范围的大型活动，如登基、平叛告成等，虽然都要在奉先殿举行告祭活动，报告列祖列宗，但并不是活动的重点。[③] 更有一些纯属国事的活动，如祈雨、祈雪及告成，完全不在奉先殿举行活动，所有活动均在太庙举行。但即使不在奉先殿举行大型活动，也要到奉先殿行礼。[④] 在太庙和奉先殿同时举行的，还有一些常态性的祭祀活动，如大享、荐新、太庙祫祭、奉先殿朔望祭。其中太庙祫祭和奉先殿朔望祭虽然名称不同，且祭祀的性质和规模，一为国祭，一为家祭，实际内容则大同小异，可算作一类祭祀活动。[⑤]

（三）祭祀制度的统一性

太庙祭祀，作为商周以来延续数千年的国家祭祀，已经形成了一套严格的规制；清代

---

① 回銮案例中，光绪皇帝和慈禧太后巡狩西安后回銮京师，是一个比较特殊的案例。《光绪朝东华录》记载回銮仪注时提到："谕，昨已有旨，二十八日回宫后，本日即恭诣奉先殿、寿皇殿行礼，次日祇谒大高殿、太庙告祭，择日祇谒社稷告祭。"此处用词，奉先殿用的是行礼，而太庙用的是告祭，用词轻重颇有不同。（［清］朱寿朋：《光绪朝东华录》卷一七〇，"光绪二十七年十一月丁亥"条，中华书局，1958 年，第 4 册，第 177 页，总第 4795 页）

② 清代释服礼一般都在陵寝或梓宫前举行，事后往往会在太庙或奉先殿行礼，或在太庙举行大型活动。至于选择哪种方式，由皇帝自己对大丧性质的认知而决定。其中光绪帝当家事处理，在穆宗圣容前行释服礼，诣奉先殿行礼。（《清德宗实录》卷四九，光绪三年三月，《清实录》第 52 册，第 674 页）而乾隆帝则视之为国事，亲诣太庙行祫祭礼，而没有在奉先殿举行活动。（《清高宗实录》卷五七，乾隆二年十一月下，《清实录》第 9 册，第 928 页）雍正帝在奉先殿为孝恭仁皇后举行释服礼，给出的理由是："皇妣孝恭仁皇后服制期满，请照皇考圣祖仁皇帝释服之礼祫祭太庙，颁谕中外等语。朕疊遭皇考皇妣大事，追念罔极深恩，莫由仰报。三年以来，只于宫禁之中斋居素服，黙尽思慕，哀戚之忱，非敢自谓遵循古礼，更不欲宣播于众也。父母之丧，人子之心则一，而帝后之礼、国家之制则殊。今八月二十三日届皇妣孝恭仁皇后释服之期，着择日于奉先殿祭告，自行家礼，至于颁谕中外，可不必行，余依议。"换言之，在雍正帝自己在释服问题上的做法属个人行为，并不合于国家制度，因而不宜宣示中外。（《清世宗实录》卷三四，雍正三年七月己酉，《清实录》第 7 册，第 517 页）

③ 虽然在通礼层面上，清朝规定："嗣后凯旋，致祭于天地太庙奉先殿社稷陵寝如常仪外，皇帝告祭堂子。"（《清高宗实录》卷三三九 乾隆十四年四月癸卯，《清实录》第 13 册，第 688 页）但乾隆十三年，大将军傅恒受命平定大小金川叛乱，奏凯还京，乾隆帝"恭谒两陵、岱岳、阙里"，又下令："献俘庙社，上皇太后徽号，勒碑太学及两金川地。"并未特别强调奉先殿告祭。（〔清〕魏源《圣武记》卷七《乾隆征定金川土司记》，岳麓书社，2011 年，第 309 页）乾隆帝平定罗布藏丹津叛乱告成："获前青海叛贼罗卜藏丹津，献俘京师，上御午门楼受之。"（《圣武记》卷四《乾隆荡平准部记》，第 157 页）

④ 清制："太庙祫祭并经筵、籍耕、谒陵、册后封妃嫔、恭上尊号、大雩祭天、遣将出师等事，俱告祭奉先殿。"（〔清〕奕赓：《侍卫琐言补》，台湾文海出版社，1966 年，第 466 页）

⑤ 清制："凡朔望恭奉列圣列后神牌于前殿、祭飨礼成还御后殿寝室陈设。一如太庙之制。惟不设牲俎。不行饮福受胙礼，王公百官不陪祀。"（《钦定大清会典》（乾隆朝）卷八八，《影印文渊阁四库全书》第 619 册，第 844 页）又记："顺治十六年七月，世祖章皇帝定太庙祫祭之制，每年岁除前一日奉后殿列祖列后神牌中殿列圣列后神牌于前殿，行大祫礼。前一日遣官祇告，其致斋视牲，请阅祝文等仪均与时享同。"（《清通典》卷四五，《影印文渊阁四库全书》第 619 册，第 844 页）

以前，因閟宫或奉先殿属家庙家祭性质，因此制度上比较灵活、变通，规制要求不那么严格，明代以前尤其如此。不过，各代虽然对入祀閟宫遴选不那么严格，但在许多具体制度操作上还是比较注意强调两者的区别。① 清朝诸帝比较强调太庙和奉先殿祭祀制度的统一性，在入祀标准问题上，几乎泯灭了太庙和奉先殿的差别。而这一点早期受到满族亲贵的赞扬，后期则逐渐被汉族士大夫所接受。② 附带说明，明代的奉先殿使用频率不算高，奉先殿祭祀和太庙的祭祀区分也不是非常严格，在很多情况下，太庙祭祀要求不是十分严格，祭祀人员的选择也芜杂混乱，这一点为清代满族官僚阶层，特别是满族亲贵阶层，深为不满。③

（四）参与人员等级小有差别

太庙奠帛献爵："前殿以宗室官六十六人，后殿以觉罗官三十二人将事，以领府事王公一人

---

① 清人这样概括清代以前的閟宫、奉先殿的祭祀规制："古帝王升祔太庙，必以皇后配飨。夏商而后遵为定制，其或不同入庙者，周人有閟宫之祀，汉世有别寝之飨，爰至唐宋有坤仪奉慈之殿，所以推广尊亲之义，申展无尽之孝思也。自是配祔太庙者，皇后字上一字，与庙谥同。奉祀别庙者，则但有谥号不加庙号，累代相因，其配祔之位或一帝一后或一帝二后，宋太宗、徽宗则四后先后升祔，礼制不同。"（《清朝续文献通考》卷一六一《宗庙三》，《续修四库全书》，第818册，第13页）

② 太庙各项制度中的重要内容之一是祧庙制度，即按《周礼》规定，天子可以有七庙，超过七庙则需将远祖的神牌撤出宗庙，称为祧庙。而清代诸帝从未在实际上认真实行这项制度，不仅作为家庙的奉先殿是如此，作为宗庙的太庙也同样如此。对此，作为满族宗亲的昭琏拍掌称赞："自商周时尊契稷为始祖，历代相沿，各追崇四亲帝号供奉太庙，而开创之君反居其下。至亲尽庙祧。时太祖始正南向之位，非历有百年，其典不备如唐之宪懿，宋之僖宣屡经罢复，浑如儿戏，识者讥之。本朝太祖肇基东土，抚有寰区，追崇原皇帝四圣神主，即安奉于太庙后殿，遇四时祭享，遣亲王一人为之摄祭。元旦万寿节日，特遣官致祭。每岁祫祭，时则命觉罗官恭捧四圣神主合祭于太庙中，礼成仍安奉于后殿焉。时享之时，既不预九庙之数，复不压高皇帝南向之尊实。祭典之良制。百世宜遵奉者焉。"（〔清〕昭琏：《啸亭续录》卷一《本朝祧庙之制》，中华书局，1980年，第389—390页）至清末，汉族士大夫集团也至少在表面上接受了这个事实。光绪年间在李鸿章领衔的一份奏折中，谈到太庙增加龛位的问题时认为："查会典所载，雍正十一年奏准奉先殿神牌供与太庙理应画一，太庙如奉先殿制久有成宪可循，不得谓奉先殿可以增龛，独不可仿行于太庙也。仰维列圣家法皆躬行节俭以先天下，今日援案增龛之议，事属权宜意从俭，朴未必无，当于列圣降鉴之心，廷议既已允谐，似应无烦疑虑。"（《清朝续文献通考》卷一六一《宗庙三》，《续修四库全书》第818册，第17页）另外，早期入祀太庙者只能一帝一后，其他皇后死后多只能入祀閟宫或奉先殿，且不得祔庙，即神主上只能出现谥号而不能出现庙号。而清代无论太庙还是奉先殿，一帝多后的情况比比皆是。对这一点，汉族官僚阶层颇多疑虑，他们试探地提出："本朝太祖高皇帝三后，孝慈皇后称高皇后升祔太庙。太宗文皇帝二后，孝端皇后、孝庄皇后并称文皇后升祔太庙，世祖章皇帝三后，孝惠皇后、孝康皇后并称章皇后，升祔太庙。孝献皇后则但于孝陵飨殿奉祀。此我朝之定制也。前内阁九卿等恭议加上圣祖仁皇帝三皇后尊谥，因未定配享之仪，故于神位上未敢加以仁字。"（《清朝续文献通考》卷一六一《宗庙三》《续修四库全书》第818册，第13页）虽然这个动议后来被否决，但从中可以看到汉族官僚阶层对一帝多后同时祔庙并不是完全接受的，也可以说对太庙和奉先殿规制一体化并不完全接受。

③ 昭琏谈到："乾隆中，纯皇帝念宗庙执事礼，宜尽用近支宗室骏奔襄赞，以联本支百世，敬迓神庥之意。故命岁暮太庙祫祭，凡捧帛执爵诸执事官皆用圣祖以下宗支、诸王、公、将军充之，特赐花翎以优宠焉。视明代惟使龌龊黄冠数人，滥充助祭者，真超越其制多矣。"（《啸亭续录》卷一《祫祭捧帛爵用近支王公》，第373页）

监视之。"[①] 而"凡宗室侍卫，每遇朔望，俱在奉先殿供帛爵"。[②] 在明朝，奠帛献爵则通常由太监甚至道士担任，这一点在当时就已受到有识之士的强烈谴责。[③]

（五）祭器规制不同

关于太庙与奉先殿祭器规制相同的直接、间接记载，在现存史料中可谓俯拾皆是，如雍正十一年九月规定："奉先殿设黄案、红案，奉先殿神牌有泥金托座，太庙应如式制造。奉先殿请神牌用内务府官，献帛爵用侍卫，太庙请神牌、献爵用侍卫，献帛用太常寺官，嗣后请神牌俱定用太常寺官，献帛爵俱用侍卫。又奉先殿供笾豆案上加红油爵版。太庙笾豆供于黄案上，嗣后俱定供黄案上。"等等[④]，需要强调的是，在奉先殿原状恢复提取文物过程中，我发现奉先殿文物与太庙文物还是存在细微差别。如从尺寸上看，可证实为奉先殿文物者一般较太庙文物尺寸为小。且器物纹饰年代变化比较明显，不似太庙文物一般年代差异不大，规制严整，中规中矩。而奉先殿祭器，特别是木质祭器多见云纹、卷草纹一类美术化纹饰。鉴于目前故宫所藏奉先殿文物不成系列，无法进行系统的年代比对。再加上上述器物规制规定，并不见于现存文献资料，仅是笔者和同事们在工作中的直观感受，亦无规律可循。仅作为一种观感提供在此，为有志于研究者提供一条线索。（图 9）

三　奉先殿祭器保存现状

宣统时期至清亡，奉先殿逐渐衰落，清室善后委员会点查小组进入奉先殿时，奉先殿已是一片狼藉。新中国成立后，奉先殿使用功能又多次变更，内部结构及遗存拆改殆尽，今日走进奉先殿，已经无法看到奉先殿昔日旧貌，文物存留数量也不是很大。

根据现存史料推断，全盛时期的奉先殿文物大致包括以下几类：

供器类：冥宝座，神牌、五供等等。

祭器类：据《皇朝礼器图式》记载，应包括：金爵、登、铏、簠、簋、豆、笾、篚、牺尊、象尊、着尊、壶尊。

乐器类：瑟、鼓等。

膳房用品：罐、碗、盘、爵等。

---

① 乾隆朝《钦定大清会典》卷一，《影印文渊阁四库全书》第 619 册，第 33 页。

② 前揭《侍卫琐言》，第 445 页。又《清朝续文献通考》："十年十一月，谕恭亲王奕䜣奏参玩误典礼各员请旨严议一折，本月初十日冬至祭奉先殿供献帛爵之宗室、侍卫未到者竟有二十一员之多，实属不成事体。"（《清朝续文献通考》卷一六五，《续修四库全书》，第 818 册，第 31 页）这段记载从一个侧面说明，奉先殿奠帛献爵同样有宗室、王公参加。

③ 时人称："今太庙祭祀则大珰辈俱得法官祭服，在上左右。盖起于中叶宦官恣横时，非祖制也。又先朝太常卿多以黄冠充之，如蒋守约、崔志端之属至列衔宗伯，亦以此辈娴习科仪，进止合节，儒臣或仓惶失措耳。嘉靖以后始限羽流官，止寺丞专供骏奔。如董宏业即起家道士者，尚失礼至。此则不习者可知矣。又尚宝卿捧宝为御前第一玺，其文曰：'皇帝奉天之宝。'此高皇制也。今正殿正门尽削，奉天之名何居。"（［明］沈德符：《万历野获编》卷一三《礼部・笏囊佩袋》，中华书局，1959 年，中册，第 348 页）

④ 光绪朝《钦定大清会典事例》卷一一七九《内务府十・祀典・奉先殿荐新》《续修四库全书》第 814 册，第 361 页。

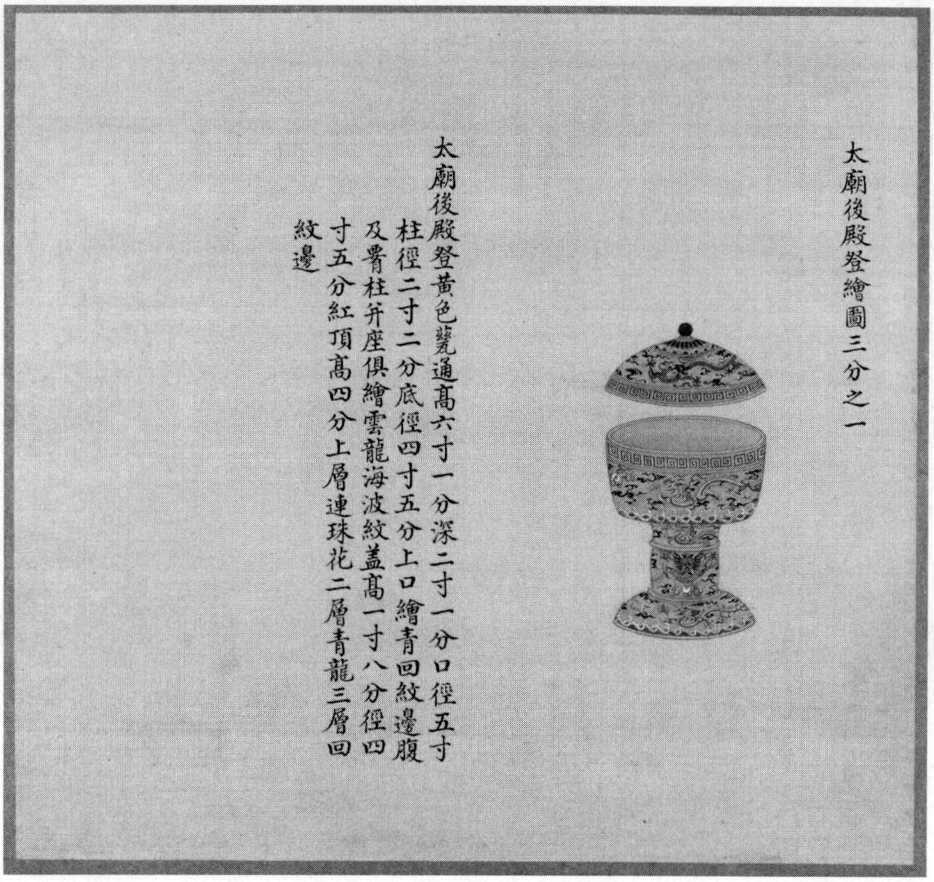

图9　《皇朝礼器图》之太庙祭器“登”

检点清室善后委员会报告和今存文物，可知奉先殿在被清室善后委员会接收时，实际存在的文物大致有以下几类。供器类：冥宝座，清室善后委员会点收报告有明确记载，但今存冥宝座均属太庙，未见奉先殿冥宝座存在。能确指为奉先殿所属的宝座铺垫及附属物，则大量存在。神牌应该也在，但未明确提到。① 五供较多。其余金爵、登、铏、簠、簋、豆均有留存，但可确指为奉先殿所属者，木器和金属残破者居多。（图10、11）瓷器类文物保存相对较好，牺尊、象尊、壶尊均有留存，但从残留千字文号观察，均属太庙，未见明确可指为原属奉先殿者留存。乐器类和祭祀用杂色碗、罐等，核诸点收报告，应该大量存在，但多已残破。这里需要附带说明的是，现在提供利用的点收报告因种种原因，记载既不完备，限于当时人的认识水平，定名上也存在种种错误，如将簠命名为长方形高足供碗等。按照规制：奉先殿每次祭祀，需用物品数量庞大，今存文物明显不足此数，且有缺门。清室善后委员会点收报告中，多见破鼓、破乐器、破祭器之类的记载，有些采取了数件文物编为一个号的做法，没有详细记载。比如“冈字八一”记为：破烂（灯笼、乐器各种架）。这从一个侧面说明，善后委员会接收奉先殿时，这里已是破烂不堪。另外一个值得注意的现象是，清室善后委员会原始点收报告中提到的文物，有的并不见于今日的分类总账，如分类总账仅“竹丝笾”一项就多达30余个，但在点收报告中却一件也没有记载。

① 核对今存神牌，也无一件能从参考号上确指为是奉先殿神牌者，只能根据与太庙神牌形制不同，大致推断是。

图 10　瓷登

图 11　铜铏

有的见于今日的分类总账，却并不见于点收报告，如五彩云龙登。以今日的藏品总账与旧藏文物号一一核对，我们发现至藏品总账建账时，由于种种原因，奉先殿文物在账者仅 183 件，此外还有列为资料帐者 136 件套，共 319 件套，且品种严重不全，缺门甚多。就是这残缺的 319 件套文物，新中国成立至今，又陆续拨交其他单位文物达 77 件之多，资料 19 件之多。奉先殿文物现确切可定者仅有百件左右，资料 117 件，资料大多损毁严重，除五供和香炉外，基本不适合展出。就品种而言，以文物部分而论，各种材质的豆、笾占百分之九十以上，仅有一三足铜炉为非重复品，满足奉先殿陈列的需要，存在实际困难。

四　奉先殿原状恢复的文物困局与求解之道

综上所述，奉先殿文物自现状而言，存在数量欠缺，品种不足，研究不够等众多问题。研究不够可以留待日后逐步解决；数量欠缺、品种不足，却需急谋解决之道。

复制当然是办法之一。此外故宫现存的大量太庙文物为我们解决这个问题，打开了一个窗口。太庙文物和奉先殿文物究竟有何异同，这是一个需要在加强研究的基础上逐步解决的问题。但现存清宫档案向我们清晰昭示了二者之间的密切联系，如乾隆时期一则档案明确提到："奉先殿宝座等件尚未换造，亦照太庙料估。"而《皇朝礼器图式》中除提到太庙用玉爵而奉先殿用金爵外，并未单独提到奉先殿其他祭器，这也可以从一个侧面说明奉先殿祭器和太庙祭器并无太大区别，因此使用太庙祭器在奉先殿展出，也是可行的办法。① 同时，它也为奉先殿某些缺门祭器的复制提供了依据。需要说明的是，故宫现存某些文物，参考号已不存，但高度疑似为奉先殿旧藏，如黄缎云龙幔帐、桌围等。这些是否与奉先殿有关，使用上需要慎重对待，需要有扎实的研究作为基础。在整理清室善后委员会点收报告和现实整理文物中，还发现大量应该与奉先殿没有直接关系的文物，如董其昌的山水画屏风等，这些文物是如何流入奉先殿的，自然也有待进一步考察和研究。但非此次展览急需解决的问题，可留待今后进一步深入研究。

总之，奉先殿原状恢复陈列既是机遇，也是挑战。困难重重，但这些困难也正是需要我们逐步加以开拓和认知的新领域。

（刘盛：故宫博物院宫廷部副研究馆员）

① 需要说明的是，奉先殿文物与太庙文物的差别，一般表现在器物的尺寸和纹饰上。笔者认为，就研究角度而言，这是一个很大的问题；但就一般展示而言，这并非不可克服的问题。

镜显纤维

——清代宫廷显微镜及相关问题的考察

万秀锋

内容提要：显微镜是近代西方科学发展的产物，随着中西文化交流的深入而传入我国。清代，宫廷成为当时国内显微镜收藏和使用最多的地方，而宫廷传承有序的文献档案和文物遗存对于我们认识这种西洋科学仪器的传播提供了有利条件。本文依据清宫陈设档和内务府造办处档案的记载，并与现存的文物进行比对，对当时宫廷所用显微镜的结构、材质、来源及使用等情况等进行梳理，将这种藏在深宫人未识的科技仪器展现出来。通过显微镜，进而探讨此类小型仪器在清代宫廷生活中的作用及影响。

关键词：清代　宫廷　显微镜　科学仪器

明清之际李渔的小说《夏宜楼》是以千里镜为主线引发出的爱情故事，其中对当时几种科技产品做了较为详细的描述，包括千里镜、取火镜、端容镜、焚香镜和显微镜等。关于显微镜，作者是这样描述的："显微镜，大似金钱，下有二足。以极微极细之物置于二足之中，从上视之，即变为极宏极巨。虮虱之属，几类犬羊；蚊虻之形，有同鹳鹤。并虮虱身上之毛，蚊虻翼边之彩，都觉得根根可数，历历可观。所以叫做'显微'，以其能显至微之物而使光明较著也。"① 从中我们可以得知，这种观察细小物体所用的器具就是显微镜。

显微镜是人类历史最伟大的发明之一，它改变了人们用肉眼或手持透镜观察周围世界的局限，从而进入肉眼难以看到的微观领域。现在意义上的光学显微镜在13世纪才开始出现，最初只是一个镜片的单式显微镜，就是放大镜。直到1590年，荷兰的詹森父子才发明出由两个透镜组成的复式显微镜，后经伽利略、开普勒和列文虎克等人的改进，显微镜逐渐成为近代西方科学发展中重要的仪器。② 明清时期，随着中西文化交流深入，大量西方自然科学仪器进入中国。在这股潮流中，显微镜也随着西方传教士进入宫廷，成为帝王所用器具。目前学界关于显微镜在中国传播历史的专门研究成果尚未出现，只是在一些科技史论著中有所提及。而关于显微镜在宫廷的传播历史的研究成果就更为少见。③ 在清宫档案中则有专门关于显微镜来源和使用的记载，以

---

① （清）李渔：《十二楼》，人民文学出版社，1986年，第65页。

② 唐玄之、李明：《光学显微镜简史》，《物理》1995年第7期。

③ 主要的研究成果有：石云里《从玩器到科学—欧洲光学玩具在清朝的流传与影响》（《科学文化评论》第10卷第2期，2013年），该文提到了显微镜在中国的宫廷、教堂及民间的传播；孙承晟《明清时期西方光学知识在中国的传播及其影响：孙云球〈镜史〉研究》（《自然科学史研究》2007年3期）。其他研究成果如金涛的《〈夏宜楼〉李笠翁的科学小说》（《科普创作通讯》2013年第3期），文章中提到了《夏宜楼》中几类科技产品，其中就包括显微镜。付雷《清朝人眼中的显微镜》，（《百科知识》2013年17期）文章结合文献记载介绍了清代人对显微精的认识。顾晓红《中国光学仪器制造业奠基人孙云球》（《江苏地方志》2011年12期），文章中提到了孙云球可能出制造复合显微镜。关于清代宫廷显微镜的专门研究成果则尚未见到。

及清代皇帝关于显微镜的诗文存世，故宫博物院文物序列中也还存有清代宫廷所用这种显微镜。结合相关文献材料和文物进行分析，为我们了解这种舶来的科技产品大有裨益，同时也对清代显微镜在宫廷生活中的作用有更加准确的认识。同时，本文也以显微镜为切入点，希望探讨小型科学仪器在清代宫廷生活中的作用和影响，使这些过去少有关注的物品呈现出来，抛砖引玉，以便有更多的学者关注于此。

一 清代宫廷显微镜的来源

显微镜是近代西方科学成果之一，很早就已经传入中国。除了李渔在小说中提及外，当时一些学者的著作中也提到显微镜。王士祯《池北偶谈》中："玻璃千人镜、多宝镜、显微镜、小自鸣钟、自行表以及海洋全图，璇玑诸器，皆极工巧。"① 屈大均在《广东新语》中，也提到了在澳门看到的诸般西洋器物，其中"有显微镜，见花须之蛆背负其子，子有三四，见蝇虱毛黑色，长至寸许，若可数"。② 印光任和张汝霖在《澳门纪略》"下篇·澳番"篇中，则直接原文引用了屈大均的描述。③ 说明当时一些学者已经在澳门等地见到过显微镜，并记述了其功用。

显微镜进入中国后，不仅出现在学者的著作中，一些能工巧匠甚至制作出显微镜，清初苏州人孙云球即是其中佼佼者。④ 据顾禄在《桐桥倚棹录》记载："昔虎丘孙云球以西洋镜制，扩昏眼、近光、童光等镜为七十二种。又有远镜、火镜、端容镜、摄光镜、夕阳镜、显微镜、万华镜各种，著《镜史》行世。"⑤ 以孙云球为代表，苏州、南京等地出现了一些专门制作光学产品的作坊，从事各类眼镜、西洋镜、万花筒等较为初级的光学产品，形成了一定的光学玩具生产规模。甚至到1846年，出现了被学者誉为堪比欧洲光学科学著作的郑复光所著《镜镜詅痴》一书。⑥ 但清代这种民间的玩具产业，批量制作对光学科学要求较高的显微镜产品显然力不从心。李渔在《夏宜楼》有这样的描述："以上诸镜（千里镜、显微镜、取火镜等）皆西洋国所产，二百年以前不过贡使携来，偶尔一见，不易得也。自明朝至今，彼国之中有出类拔萃之士，不为员幅所限，偶来设教于中土，自能制造，取以赠人。故凡探奇好事者，皆得而有之。诸公欲广其传，常授人以制造之法。然而此种聪明，中国不如外国，得其传者甚少。"⑦ 因此，清代的显微镜主要还是从国外进口。

在雍正年间刊行的《常税则例》和道光年间刊行的《粤海关志》中有"玻璃类""镜类"，其中提到了"铜架大显微镜"。这种铜架大显微镜，民间少有记载，最可能流向就是进入宫廷。

① （清）王士祯：《池北偶谈》卷二一。

② （清）屈大均：《广东新语》，中华书局，1985年，第37页。

③ （清）印光任、张汝霖：《澳门纪略》，国家图书馆出版社，2010年，第227页。

④ 孙承晟在《明清时期西方光学知识在中国的传播及其影响：孙云球〈镜史〉研究》一文中，详细论述了孙云球光学产品制作及其著作。《自然科学史研究》2007年3期。

⑤ （清）顾禄：《桐桥倚棹录》，上海古籍出版社，1980年，第156—157页。

⑥ 石云里：《从玩器到科学—欧洲光学玩具在清朝的流传与影响》，《科学文化评论》第10卷，第2期(2013年)。石先生在文章中也特别提到了郑复光所著的《镜镜詅痴》，认为其堪称1840年以前清朝出现的唯一一本在气质特征上最接近欧洲近代科学精神的科学著作。

⑦ 前揭《十二楼》，第65—66页。

如档案记载乾隆十四年二月初九日，“传旨：旧年粤海关年节所进之显微镜，嗣后不必呈进钦此。”① 我们从“旧年”“嗣后不必呈进”等词汇传递出的信息，可以看出当时粤海关向宫廷进过一定数量的显微镜。从档案记载来看，清代宫廷的显微镜主要是由国外进贡或贸易得来，还有一些是由清宫内务府造办处的工匠制作或修补，且以修补为主，制作为辅，下面具体来看：

（一）进贡

显微镜作为近代西方科技的产物，西方国家在选择礼品时往往会将显微镜等“能显示欧洲先进的科学技术，并能给皇帝陛下的崇高思想以新启迪的物品”作为礼品带到中国。② 如康熙五十九年（1720 年），俄国来华的伊兹马伊洛夫使团的礼品中有关的科技物品有：“英国自鸣挂钟一座，数学仪器四套，望远镜四架，显微镜一架，气压表二个。”③ 再如雍正三年（1725 年），西洋意达里亚国教化王伯纳第多遣使噶哒都、易德丰进贡，贡品中就包括“显微镜一套，火字镜一个”。④ 这个“一套”显微镜应该就是指放在盒内的复合式显微镜，而非单体显微镜。

除国家间的“进贡”外，一些传教士也会带显微镜进入宫廷。如在《陈设档》中记载陈设在宁寿宫的一个显微镜“是昂里亚国的，（康熙）五十四年三月十三日系西洋人苏林进”。⑤ 从档案记载来看，显微镜都是作为先进的科技产品入贡的。

一些大臣在节令时也会置办一些显微镜等奇巧物品作为贡品进贡，如康熙五十四年五月二十五日，太监魏珠交来花梨木把显微镜一个，系骁骑校御保住进。⑥ 再如康熙五十九年万寿节，原任经筵讲官、户部尚书的王鸿绪所进物品中就有“西洋显微镜一个”。⑦ 这些官员从不同渠道得到了显微镜，并将其作为珍奇贡品进献给皇帝。

清代粤海关负责中外贸易事宜，因此粤海关所进物品中常有显微镜的记载。如乾隆十四年二月初九日，“传旨：旧年粤海关年节所进之显微镜，嗣后不必呈进钦此”。⑧ “嗣后不必呈进”之后，我们在档案中就少有显微镜进入宫廷的记载。

（二）宫廷制作

1. 新作

明末清初，国内已经有巧匠制作出简单的显微镜，苏州的孙云球，康熙时期的黄履庄等人均制作出过显微镜。⑨ 虽然民间这种人才极少，但云集天下能工巧匠的宫廷造办处制作出显微镜应当也不为新奇。从档案记载来看，宫廷造办处的工匠也制作了一些显微镜供宫廷使用。这种由宫

---

① 中国第一历史档案馆、香港中文大学文物馆编：《清宫内务造办处档案总汇》（以下简称《总汇》），第 17 册“粤海关”，人民出版社，2005 年。

② 〔英〕斯当东著，叶笃义译：《英使谒见乾隆纪实》，商务印书馆，1963 年，第 249 页。

③ 〔俄〕尼古拉·班蒂什—卡缅斯基编著，中国人民大学俄语教研室译：《俄中两国外交文献汇编（1619—1792）》，商务印书馆，1982 年，第 115 页。

④ 《大清会典·雍正朝》卷一〇四“礼部·主客清吏司·朝贡一”。

⑤ 《宁寿宫陈设账》，康熙三十三年正月立。

⑥ 同上。

⑦ （清）王掞编修：《万寿盛典初集》卷五九。

⑧ 《总汇》第 17 册“粤海关”。

⑨ 付雷：《清朝人眼中的显微镜》，《百科知识》2013 年 17 期。但这种巧匠只是凤毛麟角，所谓“得其传者甚少”。中国显微镜的镜片还主要是从外国进口。

廷制作的显微镜数量并不多见，且多集中于康熙时期。如康熙五十二年五月十九日陈福交来显微镜一个，“系养心殿做的”。① 此处的养心殿，即指设在养心殿的内务府造办处，说明当时造办处工匠在传教士的指导下，已经初步掌握了制造显微镜的技术，可以制造一些成品。而在《陈设档》等档案中明确将“西洋显微镜”或“西洋小显微镜”作为一类物品标出，② 与将其与宫廷制作的显微镜区别开来，也从侧面说明当时宫廷已经可以制作出不同于西洋的显微镜。③

2. 修补

除了新做的显微镜外，清宫还将一些进贡或旧损的显微镜进行修补，使其达到皇帝的要求。这种修补以配外包装和收拾把手、外圈材质为主，个别显微镜则需要从整体上进行大的修改。下面结合档案具体来看：

配外包装：清宫多将显微镜配皮盒、皮套或玻璃匣、锦匣包装。在清宫百什件中，有三件显微镜：一件紫檀木显微镜，随班竹套；一件象牙显微镜，随紫檀木套；一件铜显微镜，随子儿皮匣。④ 这三件显微镜贯穿清代始终，这三种套盒也是显微镜中最常见到的包装。清宫内务府造办处对进贡或旧存的显微镜配上各类套匣。如雍正十一年八月初一日，“司库常保持来显微镜一面，说太监王常贵传旨：着配黑子儿皮套或配合牌套亦可钦此。于八月初一日做得黑子儿皮套一件并原显微镜一面，司库常保、首领太监萨木哈，交太监沧州呈进讫。”⑤这种黑子儿皮的外套可以保护显微镜，使之降低磨损。

匣类包装包括各类锦匣、玻璃匣等。如乾隆三十六年一月二十六日，“太监胡世杰交：糊锦屉一件，内盛显微镜二个”。⑥ 再如乾隆十三年十二月二十五日，“太监胡世杰交铜显微镜一件，随雕紫檀木玻璃匣一件”。⑦ 不论是紫檀木玻璃匣还是锦匣，都是用于放置和保护显微镜。现存的显微镜文物中也多带有木匣或锦匣。

收拾见新：对于一些库存的旧损显微镜，多由宫廷造办处工匠进行收拾见新，以便使用。如雍正四年一月十二日，“太监杜寿交来显微镜二件，传旨：着收拾，钦此。于正月十八日，将显微镜二件，收拾完送至圆明园首领程国用持去交太监杜寿讫”。⑧ 再如乾隆三年三月初九日，“总管刘沧洲、首领开其里交象牙显微镜三件，随匣二件。传旨：着收拾，钦此”。⑨ 这种收拾更多的是去除尘土，进行保洁见新，方便使用。

除此之外，造办处还负责对一些显微镜进行装饰或零件改造。如雍正元年四月十一日，“怡亲王交铜圈显微镜一件，王谕：换玳瑁圈，安把子，遵此。于四月二十日，显微镜一件换玳瑁圈，安把子完，怡亲王呈进讫”。⑩ 从档案中我们可以看出，原显微镜是铜圈且没有手柄的，后变成玳瑁圈，并安上了手柄。从档案记载来看，清宫的显微镜分为有手柄和无手柄的两种，带手

---

① 《宁寿宫陈设账》，康熙三十三年正月立。

② 如在《寿皇殿中龛供奉收供陈设底档》中有“西洋小显微镜一件”等。

③ 由于档案中并未记载造办处制作的显微镜和西洋显微镜在具体细节上的区别，而留存的实物中也并未发现这件“养心殿做的”显微镜，因此关于这个问题还需进一步考察。

④ 《清宫瓷器档案全集》卷六，第49页。

⑤ 《总汇》第23册“百什件”。

⑥ 《总汇》第34册“匣作”。

⑦ 《总汇》第16册“记事录”。

⑧ 《总汇》第2册“杂活作”。

⑨ 《总汇》第8册“杂活作”。

⑩ 《总汇》第1册“杂活作”。

柄的显微镜与我们常见的放大镜基本类似。无手柄的需要手持边缘，或者如李渔在小说中的描写的那样，“显微镜，大似金钱，下有二足”，即在显微镜下面安装两个支架。

总的来看，作为小型器具，清代宫廷的显微镜数量相较于诸如钟表、天文仪器等明显数量很少，总共有20余件，且大都集中在康雍乾时期。虽然造办处也会制作一些简单的显微镜，但进贡和贸易是显微镜入宫的主要途径。造办处更多的是对一些显微镜进行外包装或零部件修补，并未真正深入到技术领域，这也是宫廷绝大多数科技仪器的宿命。

二　清代宫廷的显微镜类别及文物遗存

嘉庆皇帝在《显微镜》一诗中有这样的描述：“西洋多巧转，制镜显纤微。贯虱车轮巨，雕猴棘刺肥。邻虚清眼界，纳芥妙天机。心鉴悬丹陛，无形烛九围。”① 从诗中我们可以看出，显微镜这种来自西方的科技产品可以辅助看清细微的物体，深受嘉庆皇帝推崇，有“邻虚清眼界，纳芥妙天机”的功用。作为一种光学产品，宫廷与民间的显微镜在本质上没有大的差别，但相较于与民间的玩具类显微镜，宫廷的西洋显微镜更加复杂，倍数镜选择更多，清晰度应该也更胜一筹。同时，宫廷显微镜在外圈或手柄材质上更加讲究。从档案记载来看，清宫主要有金属、象牙、木质等几类显微镜。下面具体来看：

金属质地的显微镜多为铜质。如雍正元年四月，怡亲王交来“铜圈显微镜一件，王谕：换玳瑁圈，按把子”。② 乾隆十八年造办处活计库中存有铜边象牙把显微镜一件。③ 再如乾隆四十八年，在宫廷《金银铜磁玉玛瑙木石古玩件数实在清册》中记载有铜显微镜一件，这件显微镜附有重二两五钱的子儿皮匣一件。④ 不论是铜圈、铜边，都是以金属包裹玻璃镜片，这与我们日常所见的铜镜类似。

象牙显微镜多为铜边镶象牙或象牙边。如乾隆二十四年四月初一日，“员外郎金辉来说太监胡世杰交铜镶象牙显微镜一件……传旨：着归入先交出西洋规矩内，着西洋人认看归类，钦此”。⑤ 再如乾隆三年三月初九日，“总管刘沧州、首领开其里交象牙显微镜三件（随匣二件）……传旨：着收拾，钦此”。⑥ 这些是带有象牙材质或镶嵌象牙的显微镜。从档案中来看，显微镜对当时的宫廷来说还是珍奇物品，以致皇帝需要派“西洋人认看归类”。

除此之外，还有一些木质、玳瑁或牛角等材质边框的显微镜。如乾隆二十三年十月，造办处活计库中存有“紫檀木显微镜一件（随斑竹套）、象牙显微镜一件（随紫檀木套）、铜显微镜一件（子皮儿匣）”。⑦ 再如乾隆十八年，造办处成做活计清档中有“镶玳瑁显微镜方圆大小五件，牛角圈显微镜一件”。⑧ 从档案记载来看，清宫的显微镜以圆形居多，也有一些方形的，外附铜圈或其他材质的边圈，数量也并不太多，多与金银玉石等古玩器放置一起，属于清宫廷非常珍视的一类物品。

---

① 《清代御制诗文全集·清仁宗味余书室全集定本》卷二〇。

② 《总汇》第1册“杂活作”。

③ 《总汇》第19册“匣作”。

④ 《清宫瓷器档案全集》卷一八“金银铜磁玉玛瑙木石古玩件数实在清册”。

⑤ 《总汇》第24册“记事录”。

⑥ 《总汇》第8册“杂活作”。

⑦ 《总汇》第23册“百什件”。

⑧ 《清宫瓷器档案全集》卷四“乾隆十八年各作成做活计清档”。

图 1　“为五七九之 1”号显微镜之一

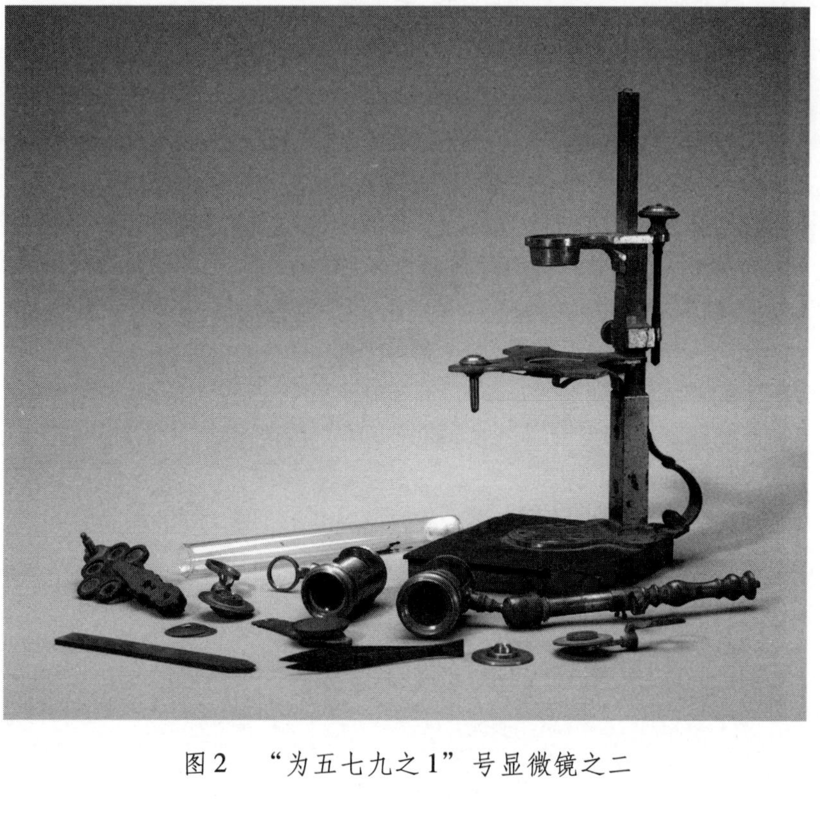

图 2　“为五七九之 1”号显微镜之二

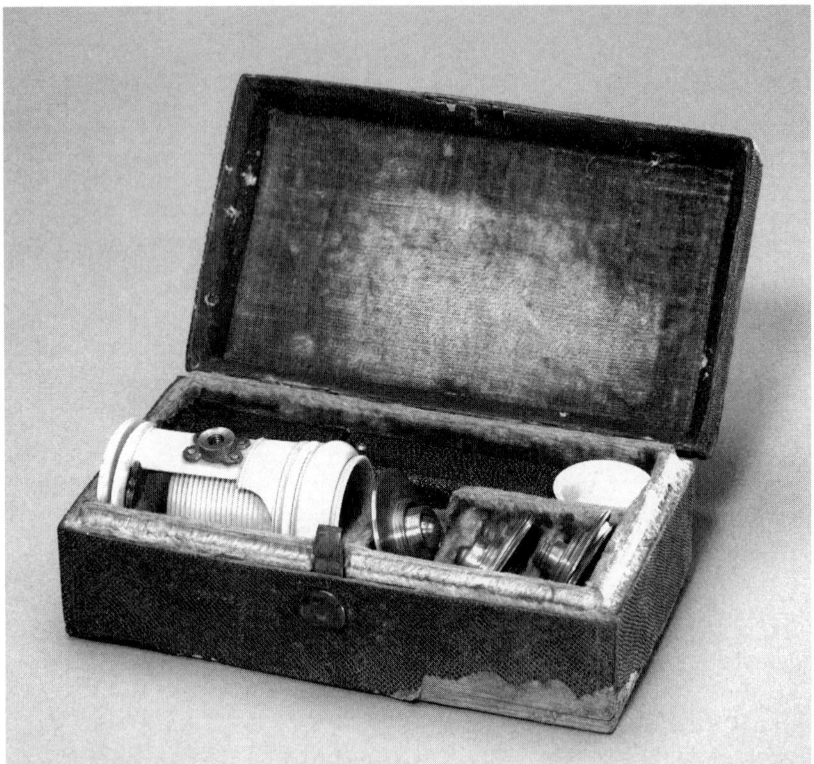

图 3 “为五七九之 2”号显微镜之一

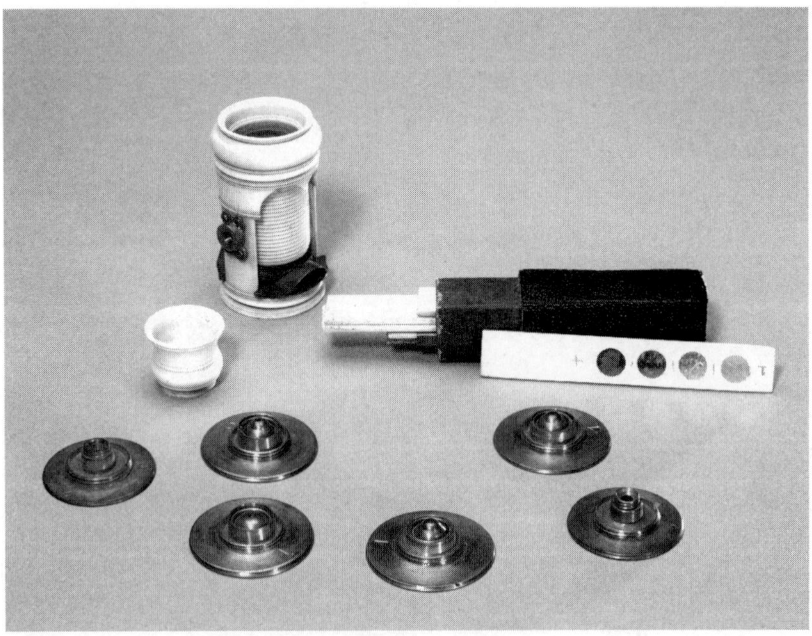

图 4 “为五七九之 2”号显微镜之二

图5 “为五七九之3”号显微镜之一

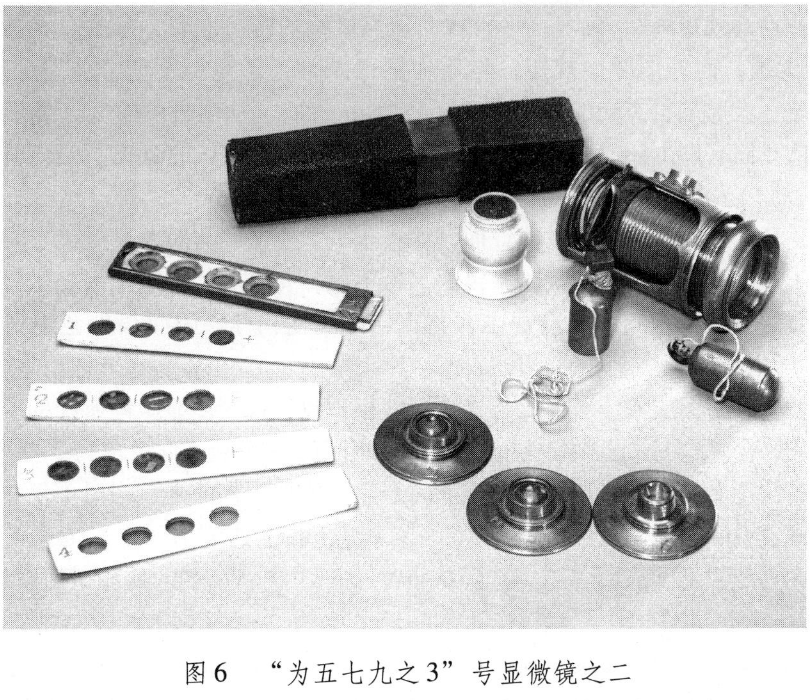

图6 “为五七九之3”号显微镜之二

在《故宫物品点查报告》中记载，咸福宫第五七九号为“大小显微镜四个”。① 在故宫博物院的文物系统中有三件名为显微镜的文物，其底账号位“为五七九之1”“为五七九之2”“为五七九之3”。“为”字号为咸福宫的文物编号，所以我们可以确定，这三件文物就是档案中所记载的“大小显微镜四个”中的三个。其中一个为带有铜支架的大显微镜，两个小显微镜。这三件显微镜均为18世纪制作的复合单目显微镜，下面具体来看：

其中号为“为五七九之1”的显微镜，（图1、2）有可上下活动的镜架一个，上有刻度尺，架上有两平圈，可以放置观察镜。显微镜的零件装在一黑色皮木盒内，② 这种黑色皮盒应该就是档案中记载黑子儿皮套。盒内共有两个镜筒，一个连接杆，目镜连体倍数镜一套，转镜三个，此外还有专有的铁镊子一件，直尺一件，放置棉絮的玻璃管一件。使用时，可将两个镜头固定在支架上，进行观察。在支架上有制作者“J. Cuff Londini lnvt&Feclt”的签名。John cuff是当时英国最著名的显微镜设计师，他在18世纪设计的显微镜成为当时最为流行的显微镜。这类显微镜被统称为cuff显微镜。此类显微镜的特点在于新式的底座，独特的镜臂结构和当时最先进的聚光方法。从目前所见的显微镜类型对比看，故宫博物院现藏的这件显微镜应该是18世纪中叶进入宫廷的。

号为“为五七九之2”（图3、4）和“为五七九之3”（图5、6）者，则是小型的显微镜。两个显微镜的大小、构造均相同，区别在于一为铜镜，一为象牙材质。均放置在一小黑色皮木盒内，内有小木匣一、显微镜一、象牙目镜一、铜垫片三、铜坠二。在内部的小长方黑色皮木匣，装有五条镜片，每条有四面小玻璃片，分别标有1、2、3、4倍。镜中为螺纹，可以上下转动，物镜上有“Culpeper Londini”的制作标志。通过对文物本身的观察，我们可以发现这种显微镜与档案记载的那些随匣的象牙显微镜或铜显微镜是一致的，其本身较为简单，属于小型的单目显微镜，便于日常使用。从外形和功用上都与宫廷所用的小规矩盒相似，因此在认知不充分的情况下“归入先交出西洋规矩内”，确实合乎常规。从显微镜的构造上看，号为“为五七九之2”是18世纪的产品无疑，而外形类似规矩，材质为铜镶象牙，这与档案记载乾隆二十四年（1759年）四月初一日，太监胡世杰交的“铜镶象牙显微镜一件”，从出现的时间、外形、材质等方面都很契合，因此我们有理由怀疑这件显微镜就是乾隆二十四年进入宫廷的，当然具体考证尚待进一步的证据。

小显微镜是清宫所用显微镜的主体，而“为五七九之1”之类的大显微镜当时确实很少。究其原因，相较于小型显微镜，这种大显微镜的携带不便，安装更加复杂。大显微镜更多的是用于科学研究，在日常生活中用到的机会很少，与宫廷的用途相悖，因而很少会用到，相应的数量就少。

这三件显微镜外圈铜或象牙的材质与文献记载相一致，且大多显微镜所配的子儿皮匣与实物中的黑色皮匣相吻合。这三个显微镜共有四个体积相同的镜筒，其直径都为3厘米，规格相同，可以互换使用，这可能是当时欧洲工业化生产的产品。值得一提的是，当时不仅有显微镜，而且还有专门的显微镜说明书籍。在雍正四年，“太监王进玉持来西洋书一本，传：着西洋人认看”。验看的结果这本书是“西洋人已多明、费隐认看得……西洋书一本，系显微镜解说”。③ 由于未

---

① 《故宫物品点查报告》第三编第一册卷二“咸福宫”，1925年8月。

② 与故宫博物院所藏的显微镜相类似，当时的显微镜都附有一个盒子。盒子的作用很多，有的用来放置显微镜的零件或常用物品，甚至可以当作显微镜的镜箱使用。当显微镜不用时，将零件拆卸下来，放纸盒子内保存。18世纪最为流行的卡夫（cuff）显微镜多是如此。

③ 《总汇》第2册“记事录”。

见到此书，这本显微镜解说是单行本还是显微镜附带的小册子，目前尚不得而知，但当时宫廷已经有专门的显微镜著作是确定无疑的。

清末，随着西方冲击而来的大量外来科学产品大量进入中国市场，其中一些从开放口岸走进了宫廷。在这些科技产品中，有电影机、自行车、幻灯机、电话机、缝纫机等，其中也有显微镜。故宫博物院现藏晚清时宫廷的显微镜，是近现代医学中使用的医用教学显微镜。代宫廷在康熙和光绪时期出现了西洋医学传入的两次高潮，清宫出现了一些西洋药具和诊疗器具。① 这件显微镜可能就是光绪时期传入宫廷的，为单目旋臂式，高 29.4 厘米，宽 19.2 厘米，上有三个镜头，镜身上的款识“SPENCER LENS CO. BUFFALO. N. Y”，表明此显微镜由纽约州布法罗市的 SPENCER LENS 公司制造。查尔斯·斯宾塞（Charles Spencer）是美国第一个制造出显微镜的人，其位于 BUFFALO 的公司是美国最早的显微镜公司，其品牌一直持续到 20 世纪中叶。这件显微镜相较于康雍乾时期的显微镜明显进步许多，不再需要繁复的安装和调试程序，操作更加简便。（图 7）

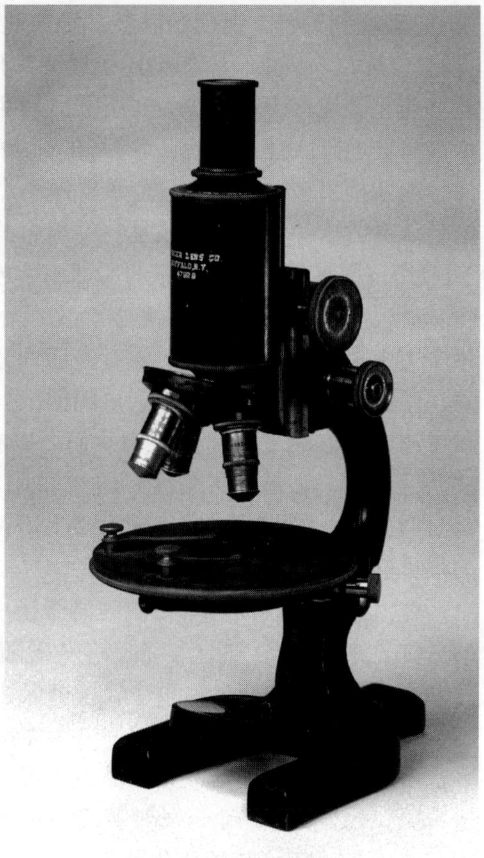

图 7　晚清医用显微镜

我们将其与“为五七九之 1”号显微镜比对，可以发现，经过 100 多年的发展，西方的显微镜技术已经取得了非常大的进步。科技仪器的进步相应的反映在其科学技术研究方面，其进步是显而易见的。

三　清代宫廷对显微镜的使用

显微镜是一种近代科学技术仪器，虽然在其出现不久就进入中国，但国人并未将其真正运用到科学研究领域。除了辅助察看一些字画局部或一些肉眼难以看清的小物体外，而更多的是作为一种陈设品或玩具使用。② 在清代宫廷里，显微镜不仅是看细小物体的实用器，更是室内陈设品，甚至还被纳入古玩百什件收藏。

（一）实用

显微镜本身是一种实用器具，用于观察较小物体，正如乾隆皇帝在《咏显微镜》一诗中所

① 关雪玲：《清代宫廷医学与医学文物》，紫禁城出版社，2008 年，第 162 页。

② 石云里在《从玩器到科学—欧洲光学玩具在清朝的流传与影响》一文中，列举了孔尚仁描写泰山地区玩光学玩具的年节习俗，里面提到八月十五“磨镜”中就有显微镜，而江昱有“西洋显微镜小景歌”等。说明当时民间一些地方以显微镜为玩具，这类显微镜应该就是类似放大镜的凸透镜，而非科学实验所用的显微镜。

说："玻璃制为镜，视远已堪奇。何来爰逮器，其名曰显微。能照小为大，物莫遁毫厘。远已莫可隐，细又鲜或遗。"①"照小为大""不遗细"，能看清楚细小的物品正是显微镜主要的特点。清宫的显微镜首先就是作为实用器具使用。如乾隆十三年，"太监胡世杰交铜显微镜一件，随雕紫檀木玻璃匣一件，传旨：着西洋人认看，钦此。司库白世秀将西洋人刘松龄看得铜显微镜一件，随紫檀木玻璃匣家伙，全系看做小之物用，持进交太监胡世杰呈进讫"。②"全系"，说明刘松龄认看的这件显微镜应该是一件组合式显微镜；"看做小之物用"，则说明显微镜的用途；而"小物"，则多是字画或奏章的局部小字或细小物体。

清代皇帝在批阅奏章，欣赏诗文画作时常常会用到显微镜。如乾隆皇帝在《题四朝选藻册》诗序文中提到："癸卯秋，题夷齐庙四景，即自写卷中，以限于画境，勉作蝇头细书，不资眼镜，尚觉易易。兹阅图左书《岳阳楼记》全文，方不盈寸，字形竟同蚁目，以西洋显微镜照之，方可读，真称绝艺。"③ 从文中我们可以看出乾隆看"蝇头细书"还可不用眼镜，说明其视力上佳，但对于"字形竟同蚁目"的《岳阳楼记》则必须借助于西洋显微镜才能读出。文中提到"以西洋显微镜照之"，从字面意义上解读，"照之"应当是手持镜体于字上，说明乾隆皇帝使用的很可能是手持小显微镜。

在《清宫陈设档》中记载的显微镜中有一些附带原用的黄色标签，其中康熙时期在宁寿宫的三件显微镜上面都标有"随侍""现随侍"的字样。如"显微镜一个，花梨木把，五十四年五月二十五日，魏珠交来，系骁骑校御保住进，现随侍"，"显微镜一个，五十二年五月十九日沉陈福交来，系养心殿做的，随侍"。④ 物品"随侍""现随侍"等标签，说明这些显微镜是皇帝日常所用的器具。在《故宫物品点查报告》中记载："古董房第四五七号为仓坊验米图，外带紫檀木匣，内显微镜一个，外带黄绫包黄布包各一。"⑤ 在古董房中的显微镜是附着在"仓坊验米图"之上的，应该是皇帝为欣赏画作而专门设置的一件显微镜。而在养心殿放置四件显微镜，这是由于养心殿是皇帝处理政务的场所，可能需要显微镜来批阅奏折或看细微文字的缘故。

有些显微镜还被用作赏赐物品，如康熙三十九年七月二十六日，"御前交显微镜三个，八月初四日，王以诚取去，上赐四贝勒一个"。⑥ 四贝勒即后来的雍正皇帝，由于显微镜数量有限，因此赏赐的记载并不多见，这也说明康熙皇帝对当时的四贝勒胤禛还是青睐有加的。

（二）陈设

在清宫中，显微镜不仅是一种实用工具，也是一种重要的陈设品。在乾隆四十八年的《金银铜磁木石玉器古玩件数实在清册》中有"铜显微镜一件，子儿皮匣，重二两五钱"，说明至少从此时开始，显微镜已经被列入这一类中。在清宫的《金玉铜磁古玩百什件等件数实在清册》中，我们可以发现从嘉庆初年直到光绪末年，这些"百什件"物品始终未发生大的变化。这些物品是在皇家收藏的基础上，服务于皇家陈设的要求，反映了帝王个人的好恶与审美情趣。⑦ 在这些古玩百什件中，有"显微镜七件"频繁出现在档案记载中，细细究查，可以发现作为陈设

① 《清高宗御制诗二集》卷六五"咏显微镜"。

② 《总汇》第16册"记事录"。

③ 《清高宗御制诗余集》卷一一"题四朝选藻册"。

④ 《宁寿宫陈设账》，康熙三十三年正月立。

⑤ 《故宫物品点查报告》第二编第九册卷五"古董房"。

⑥ 《宁寿宫陈设账》，康熙三十三年正月立。

⑦ 刘岳：《皇帝的小玩意：清宫中的"百什件"》，《紫禁城》2014年第2期。

品的这七件显微镜从嘉庆九年到光绪三十二年，均记载“显微镜七件，虫蛀破坏”①或“显微镜七件，虫破坏”，② 所有记载几乎全部一样，再综合其他百什件物品判断，我们可以断定这七件显微镜一直在“百什件”内未发生变化。

图 8　雍正《美人图》之“持表”

在清代宫廷中，科技仪器被当作陈设品使用的记载很多，如乾隆二十三年十一月初五日，“太监胡世杰交：西洋镟床一座”，乾隆对这件机械工具的处置方式是：“着将镟床上铜铁活计并木箱俱各收拾光亮见新，得时在水法殿上摆。”③ 西洋的机械工具成了装饰宫殿的陈设品，对其要求也只是“光亮见新”而已。在一些妃嫔的宫殿内也使用一些西洋物品作为陈设，如雍正《美人图》中，仕女侧坐桌旁，手持一个精致小巧的西洋钟表，室内另有一黑漆描金小桌，上置一件铜镀金七政仪，可见当时很多仪器也是被当作陈设品使用的。（图 8）在清宫陈设档案中，我们发现有很多宫殿陈设显微镜的记录，如景山的寿皇殿中龛供奉收供陈设中有“西洋小显微镜一件”、④乾清宫陈设有“紫檀木盒内盛显微镜一件”。⑤ 寿皇殿中龛供奉的西洋小显微镜应该是皇帝生前喜爱的物品。乾清宫陈设的显微镜应该就是专门当作陈设品使用，被放置在了一个精致的紫檀木盒内，与陈设用的铜镀金七政仪作用是一样的。

在《故宫物品点查报告》中，记载有清宫善后委员会在宫殿内发现的显微镜的地点、数量：养心殿中第一八三号为“显微镜一架”，第四七三号为皮箱内有“破显微镜一个”，第七〇五号为“显微镜一个”，第一三九一号为“带把显微镜一把”；⑥ 燕喜堂中第一六五七号之 4 为“显微镜一面”，第二零六九号之 29 为“西洋显微镜一个”；⑦ 永寿宫第一三八二号为“显微镜一个”；⑧ 寿康宫第二二六号之 1 为“显微镜一个”；⑨ 太极殿第三〇八号之 14 为“显微镜一个”；⑩ 咸福宫

① 《清宫瓷器档案全集》卷二九“金玉铜磁古玩百什件等件数细目实在清册”，第 220 页。

② 《清宫瓷器档案全集》卷四六，“金玉铜磁古玩百什件等件数细目实在清册”，第 148 页。

③ 《总汇》第 23 册，第 458 页。

④ 《寿皇殿中龛供奉收供陈设底档》，乾隆六十年十一月立。

⑤ 《乾清宫·时做上等次等陈设档案》，光绪二年三月初四日立。

⑥ 《故宫物品点查报告》第三编第四册“养心殿部分”。

⑦ 《故宫物品点查报告》第三编第四册“燕喜堂部分”。

⑧ 《故宫物品点查报告》第三编第五册“永寿宫部分”。

⑨ 《故宫物品点查报告》第五编第一册“寿康宫部分”。

⑩ 《故宫物品点查报告》第三编第一册卷三“太极殿”。

第五七九号为“大小显微镜四个”;① 古董房第四五七号为仓坊验米图，外带紫檀木匣，内显微镜一个，外带黄绫包黄布包各一。② 综合上述档案记载，共有各类显微镜 19 件，分别放置于 10 处宫殿内。其中寿皇殿中龛供奉收供陈设的“西洋小显微镜”和乾清宫陈设的“显微镜”，应该只是作为陈设品使用。特别是寿皇殿中龛中的显微镜，带有祭祀品的性质。而存放于养心殿的等处的显微镜，应该兼具陈设与使用的功能，特别是皇帝批阅奏章、欣赏书画作品时可能常常会用到显微镜。

我们所见的康熙三十三年正月所立的《宁寿宫陈设账》中，有宁寿宫陈设“显微镜三个”的记载，③ 而宁寿宫是康熙二十二年为皇太后颐养天年所建，因此这些显微镜除了陈设功能外，也有可能是为年事渐高的皇太后查看细小物品使用。

四　显微镜等科学仪器在清代宫廷的归宿

显微镜是近代西方自然科学发展过程中最重要的科技仪器之一。1665 年，英国自然科学家虎克（R. Hooke）利用复合式显微镜观察木栓上的微小结构，发现了“细胞”。荷兰科学家列文胡克（Leeuwenhoek）利用显微镜发现了“细菌”。可以说，显微镜是现代生物科学发展的基础仪器，也是人类从肉眼世界走向微观领域的钥匙。显微镜的发展史可以说是近代西方科技发展史的缩影，从詹森父子简单的两个透镜组成的复式显微镜，历经伽利略、开普勒、列文虎克、卡夫、斯宾塞等人改进，直到我们看到的现代医学显微镜，近代生物学、医学等科学每一步的进步都离不开显微镜。

南怀仁曾将英国物理学家虎克在 1694 年发明并提交给伦敦皇家学会的“图画箱”介绍给康熙皇帝，皇帝下旨让他“在皇宫花园建造一架相同的仪器，让他能通过投进来的影像看到宫外大路上发生的一切而不被外面的人看到”，于是南怀仁在“面向一条繁华道路的宫墙上开了一个窗，并安装了一家当时能得到最大直径的透镜”。④ 这是显微镜较早在宫廷发挥作用的记载。除了显微镜外，数量更多的钟表、天文仪器、地理测绘仪器、自行机械玩具等西方科技产品在康雍乾时期大量进入宫廷。这些的科学产品成为宫廷生活或收藏的重要组成部分，甚至很多仪器被收录到《皇朝礼器图式》中，升格为国家礼器。康雍乾时期的宫廷内西洋技艺人的活动，西洋物品的普遍使用和陈设以及西洋物象进入艺术创作领域等，构成了宫廷内独特的西洋景观。这说明当时中国宫廷并非游离于西方世界之外，而是双方很大程度的比较密切联系在一起。⑤ 同时，包括显微镜在内的这些异国奇珍的科技产品通过教堂等渠道传到中国民间，确实具有足够的吸引力，甚至变成文学创作的主题以及节日民俗中仪式道具与娱乐工具。工匠们进行提取、仿制，成为使之适应商品消费情况的产品。有的科学家将所见西方的知识混合起来，甚至建立起了《镜镜詅痴》这种独特的光学系统。⑥ 但这种宫廷深入的交流和民间散点式的发展，虽然取得了一些

① 《故宫物品点查报告》第三编第一册卷二“咸福宫”。

② 《故宫物品点查报告》第二编第九册卷五“古董房”。

③ 《宁寿宫陈设账》，康熙三十三年正月立。

④ Golvers，N《The Astronomia Europaea of F. Verbiest ，S. J. （Dillingen，1687）》，转引自石云里《从玩器到科学—欧洲光学玩具在清朝的流传与影响》。

⑤ 郭福祥：《〈皇朝礼器图式〉编纂与乾隆朝科学仪器的礼制化》，《故宫学术季刊》第 37 卷第 3 期。

⑥ 石云里：《从玩器到科学—欧洲光学玩具在清朝的流传与影响》，《科学文化评论》第 10 卷第 2 期。

成果，却并未推动科学技术在中国的进步。

为何近代科技仪器推动了西方科学的发展，而在中国却并未其应有的发挥作用呢？关于这个问题，学界已经有很多研究成果，多是从康熙时期的中西文化交流入手，研究成果多集中于制定国家历法和边疆地图的天文仪器和绘图仪器，以及华丽的大型钟表等，涉及社会制度、经济结构、社会习俗等等。虽然已经有很多的研究成果，但涉及显微镜的确是不多，也不妨碍我们从这个并不起眼的小物件入手，窥探这类科技产品在中宫廷中的命运。

首先，中国古代没有生物学的传统，古代中医也基本不涉及微观世界，显微镜在中国古代自然科学中没有生长发挥的土壤。虽然显微镜很早就进入了中国，且在1846年郑复光的《镜镜詅痴》一书也已经刊行。但直到晚清，显微镜在中国仍然是非常新奇的物品，以致1866年斌椿、张德彝等人出访欧洲，看到显微镜投影，大为惊叹，“术者以滴水放于显微镜上，向日而照，映诸对壁，则水内小虫无数，蠕蠕如鱼虾者”。① 代表国家出访的朝廷大员认识尚且如此，何况当时的普通人呢？

科学本是一种认知的学问，可以转化为生产力，促进社会经济的发展。清代宫廷西洋科学是以一种断断续续的方式出现的，更多的是作为皇帝个人爱好的表现。对清代宫廷来说，虽然中外交流颇为深入，但对科技仪器的革新更多集中于外在装饰的变化，技术的变革极少。在清代宫廷中，科学延续最持久的是以钟表为代表的机械学，虽然宫中钟表制作有专门的负责机构，固定的技术人员，集制造、维修、调试、保养于一体，已经具备相当的规模。② 但从技术发展的角度，清宫并没有实现多少技术的革新，所做的多是外壳、装饰等外在部分，对社会生产技术的改进贡献甚少。同样，显微镜在清宫中也有着类似的经历。比如将铜圈显微镜换成玳瑁圈，安上把子，或将显微镜的镜筒换成象牙材质，或者将木盒换成紫檀木盒等等。因为宫廷的显微镜一直就徘徊于玩具与陈设品之间，偶有作为放大镜的功能使用。这种外在形状或装饰的变化，带来的是视觉感官变化，而对真正的技术并未根本的认识。我们无法苛求通过清代的皇帝推动科学技术研究进步，毕竟有着时代的局限性，缺乏科技成长的环境。实际上从乾隆中期开始，显微镜就很少进入宫廷了，以至于我们看到的清宫“百什件”中七件虫蛀破坏的显微镜延续了100多年。不仅是显微镜，其他的科学仪器几乎也有同样的命运。

其次，在清代宫廷，诸如显微镜等小的科技产品很难进入主流渠道，更多的是作为玩物或陈设品的面貌出现。中国古代宫廷最重视的科技产品是涉及天文历法等国家正统性或合法性论述的器具，因此在故宫博物院的收藏中，我们现在能看到数量较多的天文仪器和大地测量仪器，这些器具在清代的历法修订和地图绘制等实际发挥了很大的作用，甚至乾隆皇帝在《皇朝礼器图式》中专门设置了“仪器”部分，来彰显其国家礼器的作用。而诸如显微镜、取火镜、借光镜、验气机、火镜等小型仪器则大多被用来作为玩具或陈设品。③ 如懋勤殿陈设中就有“取火镜一件”，④ 乾隆元年寿皇殿陈设中的小科技物件有“西洋银盒火□一把，规矩一分，铜尺一分，打

① （清）张德彝：《欧美环游记》，湖南人民出版社，1982年。

② 郭福祥：《雍正朝清宫钟表历史考察》，《时间的历史映像》，故宫出版社，2013年，第112页。

③ 在英国马戛尔尼使团进献给乾隆皇帝的礼物中就有“火镜”，“它是由两块透明玻璃经过精细加工制成的，它的热度不但可以点燃一切易燃烧之物，即使把坚硬的石块或最顽强的金属，金、银、铜、铁，甚至在普通炼炉中无法融化的白金，放在其中，也可以很快粉碎或融为流质。”乾隆曾对此火镜评价道：“无论透光镜或望远镜的原料都是玻璃，同一种东西通过欧洲人的技巧而做出不同功能的仪器来。”见［英］斯当东著，叶笃义译：《英使谒见乾隆纪实》，上海书店出版社，2005年，第229、385页。

④ 《清宫瓷器档案全集》卷一四，第282页。

牙钻一分，数表一套，金线小圆千里眼套六个，西洋银表一件，玳瑁壳取火镜一件”。[①] 乾隆三十三年十月初三日，“太监胡世杰交：西洋借光镜一件，传旨：交如意馆，着西洋人将借光镜如何用法之处认看收拾，俟驾幸圆明园时伺候呈览，钦此”。[②] 后此借火镜被用于圆明园水法殿三间楼楼下东间陈设。[③] 乾隆皇帝对传教士蒋友人送的“验气筒”十分喜欢，将其改名为“活气筒”，曾让妃嫔们观看实验，并让传教士详细解释其工作原理。有一天，活气筒被送到一幢西洋楼，以便于集中于此的许多欧洲珍奇物品一起保管。[④] 这些物品最终的归宿都是陈设或收藏，虽然皇帝对这些物品有着一时的兴趣，去了解工作原理，甚至通过诸如《显微镜》这样的诗歌形式表达自己的喜爱。但宫廷科学仪器最终都没能摆脱玩具、陈设和收藏的命运，即使诸如天文仪器等受到宫廷重视的大型仪器，在其使命完成后也成了皇家收藏的一部分，这些小型仪器更是如此。

第三，虽然宫廷的科技仪器未能成为开启清代科学发展的钥匙，但对宫廷生活还是产生了一定影响。作为传教士及外国使团精选的礼物，这些仪器本身代表了当时欧洲先进科学技术发展水平，诸如钟表等很多科技产品成为宫廷生活中重要的组成部分。追求新奇性和实用性成为清代宫廷取舍外来物品中重要的因素，以实用器具和工艺品为主的选择，[⑤] 使得这些器具成为宫廷生活中有益的补充。诸如显微镜等小型仪器也便利了宫廷生活，这种可放大字的便利工具方便了皇帝或妃嫔对细小字体的观察。正如乾隆皇帝在《咏显微镜》一诗中所说“玻璃制为镜，视远已堪奇。何来爱逮器，其名曰显微。能照小为大，物莫遁毫厘。远已莫可隐，细又鲜或遗”。同时作为收藏品，也丰富了宫廷收藏的类别。清代数量众多的科技产品加入宫廷收藏品的序列，这在中国古代社会中是绝无仅有的。诸如被收录于《皇朝礼器图式》中的重要的科学仪器或被陈设在重要的宫殿，或者集中存放于固定地点，按期查看，使这些科学仪器得以很好的保存。[⑥] 显微镜之类的小型科技产品则通过诸如“百什件”等收藏方式保存下来一些，成为我们今天看到的文物藏品。

五　结语

本文以显微镜为切入口探讨清代宫廷中的这类小型科学仪器进入宫廷的途径、使用及最终的命运。清宫的显微镜虽然数量不多，但传承有序，在各类档案中都有明确记载，且有数件显微镜文物存世，这对于我们认识这类清宫的小型仪器大有裨益。

从进入宫廷的途径来说，显微镜这类小型仪器进入宫廷的途径多是零散的。不论是传教士、外国使团还是地方官员，显微镜只是偶见于他们的进单中，且每次仅有一件，在档案中我们并未发现数件同时进宫的记载。这种进宫路径也显示了这类仪器在宫廷生活中的地位，既不同于天文仪器对国家立法的重要性，也没有地理测绘仪器在版图疆域划定上的实际作用，属于便利日常生

① 《清宫瓷器档案全集》卷一，第242页。

② 《总汇》第32册“记事录”。

③ 《总汇》第33册“油木作”。

④ 董建中：《传教士进贡于乾隆皇帝的西洋品味》，《清史研究》2009年第3期。

⑤ 郭福祥：《文明交汇的物证——故宫博物院外国文物收藏概述》，《宫廷与异域：17、18世纪的中外物质文化交流》，厦门大学出版社，2017年。

⑥ 前揭《〈皇朝礼器图式〉编纂与乾隆朝科学仪器的礼制化》。

活的小科技产品。因此我们看不到宫廷对其需求的迫切，甚至到乾隆皇帝还下旨粤海关停止显微镜进贡。与显微镜相似的聚光镜、火镜、气压筒等小型科技仪器大都如此。

从显微镜在宫廷的使用来看，主要是以陈设为主，偶有作为辅助器具使用，一些精致的显微镜还被纳入皇家收藏序列。虽然清宫的显微镜数量不多，但我们在《陈设档》中发现其多数被纳入宫殿的陈设中，作为陈设品一直延续到清末，这也是我们在《故宫物品点查报告》中看到这些显微镜的原因。从故宫博物院所藏的显微镜文物来看，便携式的小显微镜居多，少量带有支架的大显微镜，这也是与其使用方法密切相关。便携式的小显微镜无须复杂的组装，而成像倍数远高于普通的眼镜，可以观察较为细微的物品，因此在皇帝批阅奏章等工作中可以提供帮助。相较于民间出现的玩具显微镜，这些宫廷的西洋显微镜不论是在镜片的精准度、外在材质等方面都更胜一筹，也显示了宫廷在当时中西文化交流的中心地位。

不论是在修订国家历法发挥了重要作用的天文仪器，还是日常生活偶尔用到的显微镜，其命运殊途同归。不论是被纳入《皇朝礼器图式》后妥善保管，还是被纳入“百什件”中收藏，其作为收藏品的命运并无二致。尽管清代民间也出现了玩具类的显微镜，甚至还出现了《镜镜詅痴》这样专门的光学著作。但受到社会环境、文化传统、体制架构、技术传统等因素的影响，清宫的西洋科学仪器在清代科学传播方面的贡献微乎其微。清代宫廷里的西洋科学仪器更像是在中国传统文化大海中的一个浪花，曾经绚丽但迅速消融。

不论是乾隆皇帝用显微镜阅看“字形竟同蚁目”的《岳阳楼记》，还是在古董房中将显微镜是附着在“仓坊验米图”之上的，显微镜在宫廷都是作为文具使用的。在故宫博物院的文物分类账上，也将显微镜与眼镜等列入生活用具类的“文具”小类中，这是宫廷生活文物常用分类方法，也延续了清代宫廷中的使用分类。这类生活用具与帝王生活密切相关，更具生活化。因此研究此类文物时，借助文献材料尤为重要，通过文物上的附带的相关信息与文献中的记载相比对、印证，才能对当时的历史情境有更好的把握，给研究提供更多的“证据”。

（万秀锋：故宫博物院宫廷部研究馆员）

清宫卤簿仪仗文物研究的几个问题

魏　晨

内容提要：卤簿仪仗是帝后出行的仪仗队，凸显皇家威严，亦起到警跸作用。故宫现藏卤簿仪仗文物千余件，涵盖车马轿舆、旌旗伞盖、刀枪殳戟等类别。以往学界对其研究侧重典制上的记载，与实物的结合往往不够，在论述中亦各有不同。本文将从典制变迁、研究材料与庋藏实物三个方面出发，对目前学界尚未注意到的一些细节进行探讨，阐述不同材料、记载相互矛盾之处，以及比对实物时发现的问题，希冀对清代卤簿仪仗的研究能有一定的帮助。

关键词：皇朝礼器图式　大驾卤簿图　卤簿仪仗　清宫文物

清宫卤簿仪仗涉及门类较多，对于研究清代政治、礼仪、文化、艺术都有重要的参考价值。综合以往研究，学界更多关注在其发展和演变上。如李理《论清初仪仗之制的演变》一文，[①] 探讨了从努尔哈赤到顺治时期仪仗制度的演变，重点阐述演变原因，以及对皇帝及诸王贝勒的影响，认为这一演变也是清代汉化和封建化的过程。万依《〈康熙南巡图〉中的卤簿》，[②] 详细介绍了康熙皇帝大驾卤簿时的阵列，对诸多细节均有细致描述，为研究清初的卤簿仪仗制度提供了相当大的帮助。陆燕贞《舆—皇帝坐的轿子》，[③] 着重在卤簿仪仗中的銮舆部分，分别介绍了礼舆、步舆、轻步舆、便舆，阐述了它们外形和作用上的区别。曹连明《清代卤簿谈略》一文，较为详细地介绍了清代的卤簿仪仗。[④] 作者对清代保留下来的卤簿文物较为熟悉，所谈卤簿仪仗在清代政治中发挥的作用，使人们有了一个新的认识。此外，还广泛利用造办处活计档，介绍了卤簿仪仗的制造和修缮，只是在故宫现藏卤簿仪仗类文物方面尚有研究空间。李永兴《清代卤簿仪仗制度沿革》一文，[⑤] 将清代卤簿制度从产生、创建，到发展、完备，再到其延续、灭亡，用较短的篇幅精炼地介绍出来，对于人们快速了解清代卤簿仪仗的变迁很有帮助。束霞平《清代皇家仪仗研究》，应是目前学界最具系统的卤簿仪仗研究成果。[⑥] 其中的第三章节着重论述了清代卤簿的各种器物，从溯源到比对，详尽地介绍了清代卤簿的发展与特征。

此外，佟雪《大驾卤簿图研究的回顾与重探》、[⑦] 毛宪民《清代卤簿中的仪象》、徐启宪《清宫举行大典时午门前的卤簿陈设》、刘文娜《清前期卤簿仪仗制》、刘立勇《清宫帝后卤簿仪仗文物》等文章，均提供了不少研究思路和切入点。张爱麾、王炜民《近三十年来卤簿制度研

---

① 李理：《论清初仪仗之制的演变》，《辽宁大学学报》1992 年第 5 期。

② 万依：《〈康熙南巡图〉中的卤簿》，《紫禁城》1980 年第 4 期。

③ 陆燕贞：《舆—皇帝坐的轿子》，《紫禁城》1980 年第 4 期。

④ 清代宫史研究会编：《清代宫史求实》，紫禁城出版社，1992 年，第 282—298 页。

⑤ 李永兴：《清代卤簿仪仗制度沿革》，《紫禁城》1993 年第 1 期。

⑥ 束霞平：《清代皇家仪仗研究》，苏州大学博士论文，2011 年。

⑦ 佟雪：《大驾卤簿图研究的回顾与重探》，《泰山学院学报》2019 年第 4 期。

图 1　金漆椅

图 2　金盆

究综述》一文,[①] 较为系统地总结了近年的研究现状，对于明清卤簿制度的研究已详细完备，然而个别器物的考证往往粗略带过。同时，笔者认为在卤簿仪仗的类别、数量、具体使用状况等方面，还没有统一的结论，亦给本文留下了研究空间。

一　典章制度的变迁

卤簿是封建皇权典章制度的具体体现和象征，汉代典籍已有记载，后世各朝皆沿用。在卤簿的使用上，根据皇帝出行的目的不同，在名称、器物数量上有所不同。卤簿制度一直沿用到清朝灭亡。

有清一代卤簿，初期较简，入关后“参用宋明以来之旧”制，至乾隆朝日趋完善。努尔哈赤时期已有卤簿雏形，但在实行“仪仗之礼”中很不规范。天命七年（1622 年）正月，努尔哈赤颁布后金国贝勒大臣仪仗之制，命“都堂、总兵官以下，各御以上，按等级准用小旗、伞、鼓、喇叭、唢呐、箫”。[②] 详细规定了上自大贝勒、下至备御官员各等级仪仗之别，给诸将所定的礼制品种、内容、按等级规定数目等，体现了卤簿仪制“明制度示等级”之功用。这样，当时的仪仗已具备了卤簿制度的实际内涵。皇太极即位后是清代卤簿的初创阶段，确定了仪仗的数目：金漆椅 1 把、金漆杌 1 只、蝇拂 4 个、金唾盂 1 个、金壶 1 个、金瓶 1 个、金盆 1 个、香炉 2 个、香盒 2 个、曲柄伞 1 把、直柄伞 4 把、扇 2 件、节 4 只、骨朵 2 个、立瓜 2 只、卧瓜 2 只、吾杖 6 只、红杖 4 只、锣 2 面、鼓 2 面、画角 4 只、箫 2 个、笙 2 个、架鼓 4 只、横笛 2 支、龙头横笛 2 支、檀板 2 个、小铜钹 4 个、小铜锣 2 面、大铜锣 4 面、云锣 2 面、唢呐 4 支，共 79 件，仪仗人数 270 人。[③]（图 1、2）

---

① 张爱麐，王炜民：《近三十年来卤簿制度研究综述》，《阴山学刊》2013 年第 2 期。

② 前揭《论清初仪仗之制的演变》，《辽宁大学学报》1992 年第 5 期，第 43 页。

③ 《清太宗实录》卷二八，天聪十年四月。

清朝入关，参稽往制，量加增饰，虽然其主要精力仍集中于军事方面，但同时也十分注意学习明朝的各项典章制度。顺治三年（1646 年）后，清朝卤簿仪制进一步规范，开始有大驾卤簿、行驾仪仗、行幸仪仗的区别，并分别情况使用。大驾卤簿用于朝祭，行驾仪仗用于行幸皇城之内，行幸仪仗用于巡行四方。

顺治时期的大驾卤簿，用曲柄九龙伞 4 把，直柄九龙伞 16 把，直柄瑞草伞 6 把，直柄花伞 6 把，方伞 8 把，大刀 20 把，弓矢 20 只，豹尾枪 20 支，龙头方天戟 4 个，黄麾 2 面，绛引幡 4 个，信幡、传教幡、告止幡、政平讼理幡各 4 个，仪锽氅 8 个，羽葆幢 4 个，青龙、白虎、朱雀、神武幢各 1 个，豹尾幡、龙头杆幡各 4 个，金节 4 个，销金龙纛、销金龙小旗各 20 面，金钺 6 个、马 10 匹、鸾凤扇 8 件，单龙扇 12 件，双龙扇 20 件，拂子 2 个，红灯 6 个，金香炉、金瓶、金香盒各 2 个，金唾壶、金盆、金杌、金交椅、金踏各 1 个，御杖 6 只，星 6 个，蓖头 8 个，棕荐 30 个，静鞭 30 个，品级山 72 个，肃静旗、金鼓旗、白泽旗各 2 面，门旗 8 面，日、月、风、云、雷、雨旗各 1 面，五纬旗 5 面，二十八宿旗各 1 面，北斗旗 1 面，五岳旗 5 面，四渎旗 4 面，青龙、白虎、朱雀、玄武、天鹿、天马、鸾麟、熊罴旗各 1 面，立瓜、卧瓜、吾杖各 6 个，画角 24 个，鼓 48 面，大铜号、小铜号各 8 个，金钲、杖鼓各 4 件，龙头笛 12 支，板 4 串。① 此时清代卤簿仪仗的基本制度已经形成，共计 526 件。此后康熙、雍正两朝均以此为基准，无过大的变化。

故宫博物院藏有一幅《丁观鹏卤簿图》卷，纵 59.6 厘米、横 1249.8 厘米。左下角有："行有恒堂敬藏"一印。款为后添，经学者鉴定应定为清人画。卷末有"臣丁观鹏恭画"印，"恭画"联珠印。

作者丁观鹏主要生活在雍正、乾隆两朝，画卷中出现了各种卤簿，由太和殿陈列至天安门。从其中的"传教幡""告止幡""政平幡""蓖头"等名称来看，此画应作于乾隆十三年（1748 年）以前。这些卤簿的名称均始于顺治时期，乾隆帝整改卤簿后不再使用。画中的"瑞草伞"原属皇帝大驾卤簿行列，乾隆帝将其改列入皇贵妃、贵妃仪仗。另画卷中描绘了红色单龙扇 4 件、黄色单龙扇 8 件，符合顺治时"单龙扇十二"的记载，而乾隆朝所有卤簿中单龙扇的规格应是对称的。但奇怪的是，这幅图中并没有画品级山，静鞭也只有 4 件，远不及规制中的数目。

卤簿仪制最后定型于乾隆十三年，确定皇帝卤簿为 4 等：大驾卤簿，用于郊祀祭天；法驾卤簿，用于朝会和太庙祭祖；銮驾卤簿，用于平时出入；骑驾卤簿，用于行幸。至此，清朝卤簿最后形成定例。大驾卤簿级别最高，可分为以下几组：

第一组为导象、乐队和五辂：导象 4 只，宝象 5 只，静鞭 4 只。乐队有"前部大乐""铙歌大乐"。五辂为革辂、木辂、象辂、金辂、玉辂。

第二组为引仗、御仗、吾仗、立瓜、卧瓜、星、钺：其中引仗 6 只，御仗、吾仗、立瓜、卧瓜、星、钺各 16 只。

第三组为旗、纛：出警、入跸旗各 1 面，五色金龙小旗 40 面，翠华旗 2 面，金鼓旗 2 面，门旗 8 面，日、月旗各 1 面，五云旗、五雷旗各 5 面，八风旗 8 面，甘雨旗 4 面，列宿旗 28 面，五星旗、五岳旗各 5 面，四渎旗 4 面，神武、朱雀、青龙、白虎旗各 1 面，天马、天鹿、辟邪、犀牛、赤熊、黄罴、白泽、角端、游麟、彩狮、振鹭、鸣鸾、赤乌、华虫、黄鹄、白雉、云鹤、孔雀、仪凤、翔鸾旗各 1 面。五色龙纛 40 面，前锋纛、护军纛各 8 面，骁骑纛 24 面。（图 3）

第四组为节、幡：顺序为黄麾 4 面，仪锽氅 4 面，金节 4 只，进善纳言、敷文振武、褒功怀

① 《清史稿》卷一五〇《志八十》，中华书局，1976 年，总第 3086 页。

图 3　皇帝卤簿中的各种旗

远、行庆施惠、明刑弼教、教孝表节旌各 2 面。龙头幡 4 面，豹尾幡 4 面，绛引幡 4 面，信幡 4 面。羽葆幢 4 面，霓幢 4 面，紫幢 4 面，长寿幢 4 面。

第五组为扇：顺序为鸾凤赤方扇、雉尾扇、孔雀扇、单龙赤团扇、单龙黄团扇各 8 把，双龙团扇 28 把，寿字黄扇 8 把。

第六组为伞：顺序为赤素方伞、紫素方伞各 4 把，五色花伞、五色妆缎伞各 10 把、间以五色九龙团伞 10 把。次九龙黄盖 20 个，紫芝盖、翠华盖各 2 个，九龙曲柄黄盖 4 个。

第七组是各种武器和护卫：顺序为戟、殳各 4 只，豹尾枪 30 只，弓矢 30 个，仪刀 30 把，仗马 10 匹，金方儿 1 只，金交椅 1 把，金瓶 2 只，金盥盘 1 只，金盂 1 只，金盒 2 个，金炉 2 个，拂尘 2 把，九龙曲柄黄盖 1 个，前面引佩刀大臣 10 人，提炉 2 个，皇帝所乘坐的玉辇在中。最后为黄龙大纛 2 面，领侍卫内大臣 1 人。①

乾隆帝对卤簿仪仗的改动更加凸显了皇家风范，撤去了瑞草伞、棕荐、品级山，增加了龙扇、龙旗、龙纛的件数，添加八旗纛 40 面，这样一来整个大驾卤簿龙的数量陡升。

以上卤簿小计轿辇、金八件等 14 件，仪刀、豹尾枪等 138 件，伞盖 66 件，扇 76 件，金节、黄麾及幢、幡、旌、氅等 60 件，纛、旗 221 件，仗、瓜、星等 108 件，五辂、静鞭、象、马等 33 件，铜炉 2 件，总计 718 件。②

关于乾隆大驾卤簿的数字一直没有定论。主要在于另外的金辇、礼舆、八旗大纛及乐器是否计入在内。③

---

① 《清史稿》卷五三六《志八七・舆服志四》，第 1642 页。

② 乾隆朝《钦定大清会典》卷九三，四库全书本，第 3—6 页。以下各朝“会典”“会典事例”版本同。

③ 辽宁博物馆编委会编：《馆藏中国历代书画著录》，辽宁美术出版社，1998 年，第 534 页。

图 4　彩绘本《皇朝礼器图式》之“皇帝大驾卤簿九龙曲盖”

二　主要研究材料

清代史料卷帙浩繁，记载卤簿仪仗的档案也不胜枚举，其中主要以《皇朝礼器图式》和包括图、则例在内的《会典》系列为主。这两类文献比较详细地介绍了每件卤簿的样式、细节，同时又系统地记载了清代卤簿的整体规模。

《皇朝礼器图式》，乾隆二十四年（1759 年）由总理礼器馆事物和硕庄亲王允禄等人奉敕修撰，三十一年重新校对补订。故宫博物院现藏一部绢本彩色绘版，92 册，共 1974 开，乾隆朝画师冷枚之子冷鉴等人绘制，内有重臣梁国治作序，钤“乾隆御览之宝”印。此外，哈佛大学图书馆藏有武英殿刊本，外国其他博物馆也存有散落的彩绘本。（图 4）

《皇朝礼器图》作为一部专门记载礼器的书籍，是研究清代卤簿仪仗重要的参考资料，但其中也有与《会典》矛盾的地方。如记载法驾卤簿用黄色九龙盖 20 件，与大驾卤簿同；而《会典》则表明，法驾卤簿应用 10 件。① 关于卤簿中“双龙扇”的数量，两者记载上也有较大出入。根据《皇朝礼器图》，双龙扇按规制可分红色双龙、黄色双龙、黄色蓝缘双龙、黄色蓝缘销金双龙 4 种，大驾卤簿一起使用时，陈设顺序为红色五彩双龙扇 8、蓝缘销金双龙扇 6，蓝缘五彩双

① 乾隆朝《钦定大清会典》卷九三，第 8 页。

龙扇6，黄色五彩双龙扇8，共计28把。① 但《大清会典》等文献记载没有那么细致：

> 鸾凤赤扇八，雉尾扇八，孔雀扇八，单龙赤团扇八，单龙黄团扇八，双龙赤团扇八，双龙黄团扇二十。②
>
> 红鸾凤方扇八，雉尾扇八，孔雀扇八，红单龙扇八，黄单龙扇八，红双龙扇八，黄双龙扇十二，又黄双龙扇八。③

《大清会典》将各种黄色双龙扇统一记载为20把。《大驾卤簿图》按照顺序，先记录蓝缘双龙扇12把，再说黄满双龙扇8把，两者在数量上并没有问题。而嘉庆朝《大清会典事例》却记载为：

> 单龙赤团扇八，单龙黄团扇八，双龙赤团扇八，双龙黄团扇八，赤满单龙团扇六，黄满双龙团扇六。④

很明显，单龙扇的数量多了6把，而双龙扇则少6把。后来《清史稿》、福格《听雨丛谈》也延续了这一描述。⑤ 如果仅仅是把“赤满单龙扇”改为双龙扇，仍旧不符合规制，此误缘由暂不得知。(图5)

一些档案可以弥补官方文献记载的不足。例如故宫博物院藏有一本《内外库存大驾卤簿二分并驾衣带帽蓝册》，为咸丰年间抄本，应系銮仪卫所管库房的清单。这份账目清单按銮仪卫的内外左、右、前、后所及象所、旗手卫库存划分。每个所管辖的法驾、骑驾、銮驾卤簿的数量，以及各种附件全都详细在目。如法驾卤簿用的仪刀，主体为刀20把，其附件包含：上下布套20副。布带20条，上下布油套20副，副布油带20条，上下皮套20副，皮荷包20个。这份档案可以弥补《皇朝礼器图》中记载的不足。例如黄九龙伞，通过清单可知它的伞顶、伞体上附的铃铛均用六成黄金制作而成，翠华、紫芝盖的伞顶镶嵌了各种宝石。这些均是其他档案所没有提及的。

> 外右所经管金银顶法驾一分，黄九龙曲柄伞二对，每把六成金顶一个，计四个，共重九十六两。每把六成金铃铛四十五个，计一百八十个，每个缀重二钱共重三十六两。每把飘带上六成金铃铛六个，计二十四个，每个缀重一钱二分共重二两八钱八分。
>
> 翠花盖伞一对，紫芝盖伞一对，每把六成金顶一个，计四个，共重九十六两。每把六成金铃铛四十五个，计一百八十个，每个缀重二钱，共重三十六两。金顶上每个嵌青金石五块，松子石五块，珊瑚石六块。⑥

---

① 吕章申：《中国国家博物馆馆藏文物研究丛书》，上海古籍出版社，2007年，第155—156页。

② 乾隆朝《钦定大清会典》卷九三，第5页。

③ 《钦定石渠宝笈续编》第26册，第115页。

④ 嘉庆朝《钦定大清会典事例》卷八三五《銮仪卫二》，第8页。

⑤ 《清史稿》卷五三六《志八七·舆服志四》，第1641页；（清）福格：《听雨丛谈》卷六，中华书局，1997年，第130页。

⑥ 《内外库存大驾卤簿二分并驾衣带帽蓝册》，咸丰年钞本，第38页。

图5　皇帝卤簿中的各种扇

库存卤簿分二份，一份系金银顶，一份为铜顶。另有銮仪卫所穿的衣、帽、袍等，虽不在卤簿之列，但仍十分重要，可以反映当时的人员配置等状况。目前故宫仍收藏很多军尉袍、黑皮帽等文物。

而一些涉及卤簿的其他材料，也往往有典制记载与实际应用不吻合的情况。乾隆八十寿典时，在乾清宫前陈大驾卤簿，其中用“五色小旗三十，门旗二，五色龙纛三十，红双龙扇八，黄双龙扇八，黄销金龙扇十，豹尾枪二十，櫜鞬二十，仪刀二十”，这些均与典制记载不符。①大驾卤簿应用五色金龙小旗40面，门旗8面，五色龙纛40面，双龙扇红缘、黄缘各8面、蓝缘12面，豹尾枪、櫜鞬、仪刀各30件。乾隆帝减少了这些卤簿的数量，使其平衡在大驾卤簿与法驾卤簿之间。

除文献外，还有专门描绘卤簿的绘画、图册，亦是研究清代卤簿的重要材料。《石渠宝笈》中记载一幅《御定大驾卤簿图》，绢本，长5丈4尺6寸，宽1尺5寸2分，由吴桂程、志道、陈永价等人合作绘制，记有详细的文字档案。② 文字大致可分为3部分：一为《石渠宝笈》对画中卤簿的描述，二为汪由敦的引首题记，三为钱汝诚所记《大驾卤簿车器全目》。

在第一部分文字中，《石渠宝笈》有几处描述有误。先是将“宝象”的数量由5头错记成4头，“立瓜”的数量亦有错误：

引杖六，民尉八名；御仗六，民尉八名，御仗十，旗尉十四名；吾仗六，民尉八名，吾

① （清）阿桂：《八旬万寿庆典》卷五五，第11—12页。

② 《钦定石渠宝笈续编》第26册，第115页。

仗十，旗尉十四名；立瓜六，民尉八名，立瓜五，旗尉十四名，官二员；卧瓜六，民尉八名，卧瓜十，旗尉十四名；星六，民尉八名，星十，旗尉十四名，头尉一名；金钺六，民尉八名，金钺十，旗尉十四名，官二员。①

大驾卤簿中立瓜与御杖、吾杖、星、钺等皆应16件，这里显然有误。只是不知是绘画的错误由文字如实记载了下来，还是记录时出现了误记。

即使是由宫廷画家绘制的重要画作，亦难免存在纰漏。目前，国家博物馆和辽宁省博物馆分别藏有一幅《大驾卤簿图》，汪、钱二人的题记与全目俱存。国博所藏的《卤簿图》描绘的均为器物，绘制精细，但画中旗类卤簿部分，应有20面神兽旗，却少画了2面。② 辽博收藏的《卤簿图》还原了乾隆十三年祭天时大驾卤簿的盛况，人物、器物均有描绘，根据画中钤盖的玺印来看，很可能就是《石渠宝笈》中所记载的那一幅。③（图6）

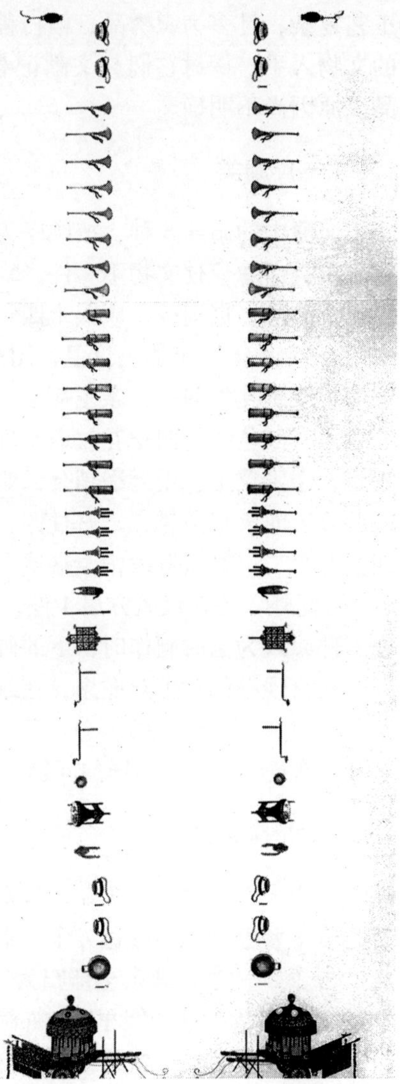

图6　《大驾卤簿图》局部（国家博物馆藏）

图像方面，除了上述《大驾卤簿图卷》外，还有《大驾卤簿图式》。据知，上海图书馆、北京故宫博物院各藏一份。上海图书馆珍藏的《卤簿图式》共8册，分左右序图各4册，高40厘米、宽26厘米，有学者认为是《大驾卤簿图卷》的底本。④ 故宫所藏《卤簿图式》呈册页样式，上记“大驾卤簿图式三分合一，共计八百三十八件”。图中称“五色金龙小旗”为“销金小旗”，所绘龙的图案比较简单，与故宫现存的金龙小旗实物更为接近。相比之下，《皇朝礼器图》中五色金龙小旗的龙图案带有翅膀，更为复杂。

从上述不同的材料可以看出，清代卤簿研究在器物的数字和细节上都存在差异。因此，不同的文献与图像需要相互参照，相互辅助。

三　清宫旧藏卤簿仪仗

清宫旧藏卤簿仪仗文物有千余件，其中绝大部分没有影像资料。由于卤簿类文物体积庞大、

① 《钦定石渠宝笈续编》第26册，第113页。

② 前揭《中国国家博物馆馆藏文物研究丛书》，第157页。

③ 前揭《馆藏中国历代书画著录》，第526页。

④ 陈先行：《打开金匮石室之门：古籍善本》，上海文艺出版社，2003年，第245页。

工艺复杂，且多为织绣品，糟朽程度高，这给研究带来了诸多不便。这一部分，笔者只能从现有的文物入手，探讨它们与文献记载上的差异。同时，宫中还藏有一些亲王、郡王所用的仪卫用品，原因尚不明确。

（一）扇类

卤簿中的扇共5种，按顺序为鸾凤扇、雉尾扇、孔雀扇、单龙扇、双龙扇、寿字扇。故宫共收藏扇类卤簿仪仗文物163件，5种均有涵盖。其中，孔雀扇除皇帝所用的绿色外，还有红色、黑色各2件。据记载，康熙十四年（1675年）定皇太子仪仗，用青、赤孔雀扇各四。乾隆二十四年（1759年）定郡王仪卫，用黑罗缎绣孔雀扇二；亲王、世子、郡王用青罗绣孔雀扇二，贝子用青罗绣孔雀扇一，亲王福晋、固伦公主及以下用红罗绣孔雀扇二。①

另有红色缎绣四季花纹扇4件，并非帝后所用，而为亲王、郡王仪卫所设立。乾隆二十四年规定，亲王仪卫，用云缎销金云蟒火焰旗枪十，豹尾枪四，大刀四，云缎销金云龙三尖纛二，云缎销金云龙火焰条纛二，吾仗四，立瓜四，卧瓜四，星四，红云缎绣五龙曲柄伞一，红云罗缎绣四季花伞二，红云罗缎销金瑞草伞二，青云罗缎绣孔雀圆扇二，红云罗缎绣四季花圆扇二，明轿一。② 此外，还存双凤方扇4件，青色、红色各2件，尚不知为何人所用。另有黄纸地画龙纹团扇1件，或为当时制作时留下的画样儿。

故宫现存的黄色双龙扇，在细节上与档案记载有所不同。实物双龙扇，扇柄中间为红色，上下两端镀金，非记载的蓝色。而双龙周围的扇圈，本应为红、绿二重，如今只有一重，且为蓝色。③ 单龙扇亦存在同样的问题。

（二）伞盖类

皇帝大驾卤簿中的伞盖，包括导盖、九龙黄盖、九龙曲盖、五色龙盖、五色花盖、翠华盖、紫芝盖、紫色方伞、红色方伞。盖与伞在卤簿中没有明确的定义，例如《皇朝礼器图》中伞只有“方伞”一类，其余全部归为“盖”。但会典中，常将九龙盖、五色花盖、龙盖这些通称作“伞”。而清代一些档案里，“曲盖”可称“曲柄伞”，“导盖”亦称为“驾前黄九龙曲柄伞”。④ 目前所见只有翠华、紫芝二盖，红、紫二色方伞未见伞、盖混用的情况。

故宫现存伞类卤簿仪仗文物211件，盖类文物14件。其中包括九龙伞、凤伞、方伞、花伞、瑞草伞等，盖有龙、凤曲盖、紫芝、翠华，帝后所用的卤簿仪仗基本俱存。（图7）

按《皇朝礼器图式》描述，除导盖设于道中，高度稍低外，几种龙盖内容上并无区别。九龙盖与五色龙盖，均按照九龙曲盖之制而作。⑤ 但仔细观察绘本可以看出，直柄龙盖的盖顶为佛教八宝图案，而曲柄的则为彩云。由于缺少影像，无法对比这些龙盖之间是否存在差异。另，旧藏有六龙曲盖一件，不知何人所用。

现藏花纹伞39件，涵盖6种颜色，除皇帝大驾卤簿所用红、黄、蓝、白、黑五色外，多出

---

① 光绪朝《钦定大清会典事例》卷九五五，第2页。

② 嘉庆朝《钦定大清会典事例》卷七二〇《工部》，第16页。

③ （清）允禄：《皇朝礼器图式》，广陵书社，2004年，第462页；王允丽等：《应用EVA热熔胶膜加固黄缎绣双龙团扇》，《故宫博物院院刊》2006年第2期，第147页。

④ 乾隆朝《钦定大清会典》卷九三《銮仪卫》，第8、10页；《内外存存大驾卤簿二分并驾衣带帽蓝册》，咸丰年钞本；《大驾卤簿图》。

⑤ 《皇朝礼器图式》卷一〇，第459—460页。

一青色，尚不知与蓝色、黑色有何差异。从《皇朝礼器图》中每种花伞的示意图可以看出，皇帝花伞上的杂花有别于后妃所用，这一点在文字描述中看不出。皇后所用花伞与皇太后无异，因此当时书中并未单独配图。贵妃、嫔所用的金黄色花伞，在色彩上被表现了出来。现存五色花伞中有两种，一种与礼器图中记载无异，为素底绣杂花；另一种为花底绣团花。

图7 皇帝卤簿中的曲柄黄龙盖

此外，实物中还有瑞草纹伞12件，其中红色8件，黑4件。瑞草伞的使用范围比较广，妃、嫔、太子、亲王等皆用之。康熙时期，皇太子仪仗用红色瑞草纹伞2件。妃、嫔采仗中也有红色瑞草纹伞，各用2把。乾隆十四年时，重新规定了瑞草纹伞的使用，删减了原来妃、嫔采仗中的红瑞草纹伞，改为皇贵妃、贵妃仪仗所用。皇贵妃、贵妃各用瑞草纹伞4件，红、黑各2件。[①] 而《皇朝礼器图》中，记载皇贵妃所用仪仗瑞草盖为“红、黑二色缎为之，各一”，贵妃各二，显然有误。[②] 另外，亲王、世子、郡王仪卫各用红罗销金瑞草伞2件，贝子、镇国公等用1件。

除瑞草外，还有亲王、世子等用的罗伞，现有30件，其中黄色25件，青色5件。顺治时期规定，亲王、世子、郡王等仪卫一般用红色罗伞1件；遇元旦、万寿、冬至等节日时，在京师可用2件。此后直到乾隆时期，亲王仪卫的增加未涉及罗伞，一直保留。[③] 另康熙时期规定，青罗伞可作为皇帝巡幸陈骑驾卤簿时的替用品，代替九龙导盖。[④] 此后未见有使用青罗伞之例，应或被取消。

（三）纛旗类

皇帝大驾卤簿中数量最多的一类为旗帜。一般正常尺寸的称为旗，较大的称为纛，另有一观点旗面为金龙饰的称纛。卤簿中的旗不仅数量多，种类也十分丰富，包括代表天象的日旗、月旗、二十八星宿旗，代表天气的五云旗、五雷旗，八风旗，甘雨旗，代表山川的五岳旗、四渎旗，代表五行方位的五星旗、四神旗，象征祥瑞的20面神兽旗，突显皇家威严的五色金龙小旗。此外，还有出警旗、入跸旗、翠华旗、金鼓旗、门旗。

清宫旧藏纛旗类文物207件，除辟邪、犀牛、赤熊这类代表祥瑞的20面神兽旗无存外，其

① 光绪朝《钦定大清会典事例》卷一一九〇《仪仗采仗》，第2页。
② 《皇朝礼器图式》卷一二，第589页。
③ 光绪朝《钦定大清会典事例》卷四七〇《仪卫》，第1页。
④ 乾隆朝《钦定大清会典则例》卷一六八《武备院》，第6页。

余均有保留，但有些与档案记载有所差异。按照《皇朝礼器图式》记载，出警、入跸、金鼓和门旗，旗面上分别标有对应的文字，应是满汉文并存。但目前所见两面金鼓旗，其中一面只有汉文，并无满文，出警、入跸旗亦是如此。

纛的种类不多，有五色龙纛，八旗的前锋纛、护军纛（羽林纛）、骁骑纛（八旗大纛）、黄龙大纛。五色龙纛中的黄色龙纛，与黄龙大纛极为相似，都是三角形旗面，图案为金龙、流云，不加边缘。但龙的工艺似乎有所区别，黄龙大纛中的龙系绣成，五色龙纛用销金。黄龙大纛较靠近皇帝的辇舆，只用二面，因此做工要求更为精细。

八旗的三种纛在旗面内容上几乎没有区别，都是金龙、灵珠、流云、火焰，区别在于旗的形制以及旗杆。骁骑纛，32 面，正四旗是无边缘的长方形，镶四旗为左平右尖的五边形，边缘绣火焰。镶红旗边缘为白色，其他三旗为红色。32 面骁骑纛分为两部分，第一部分数量为 24 面，由满洲、蒙古、汉军八旗数量所定。24 面骁骑纛与其他旗、纛一起，位于卤簿前列；另外 8 面于卤簿队伍最后，仅次于黄龙大纛。这一规制在诸多典籍没有记载，仅见于《大驾卤簿图》中钱汝诚所撰《大驾卤簿车器全目》。①

前锋纛与骁骑纛在旗子的内容、形制上均相同，只是旗杆顶端为金盘豹尾，而不是火焰形金属，这在几种纛中是独一无二的。护军纛为三角形，边缘为不平整的火焰形，另旗杆上部附有一根飘带，这一点也与其他纛不同。前锋、护军二纛，在大驾卤簿中各用 8 面。

故宫现存骁骑纛 16 件、护军纛 26 件、五色龙纛 66 件、黄龙大纛 2 件，缺少前锋纛。因 3 种八旗纛的图案十分相似，故存在文物划分错误的可能。且从五色龙纛现存的文物来看，其制作十分简略，龙的形态、周边流云装饰与档案记载出入较大。黄龙大纛更是由记载上的三角形变成了长方条形。

（四）杖、星、瓜、钺

这一部分卤簿位于卤簿大乐之后，按序为引仗、御仗、吾仗、立瓜、卧瓜、星、钺。三种仗中，引仗为竹质，其余二杖为木质。《皇朝礼器图式》记载三仗皆以竹制之，但从现存实物来看并不准确。故宫现只存有吾仗、御仗。吾仗，红漆木质，上下两端约有六分之一涂金漆，并绘有图案。按档案记载，皇帝大驾卤簿所用吾仗，两端绘金云龙。但现存吾仗实物有云无龙，均为云纹，为后妃所用。御仗相对简单，木质红漆，上下两头有少许金漆点缀，也并非《图式》中所说的“两端钻以铜”。② 三种仗中，以吾杖 7 尺 1 寸最长，御仗 6 尺 9 寸次之，引仗 5 尺 3 寸最短。（图 8）

卧瓜与立瓜，型如其名，细节之处最大的区别在于皇帝所用卧瓜之上刻有夔龙。现存卧瓜、立瓜多种，高矮不一，还待影像细节判断。星为木质，由六瓣胶粘而成，镂刻云蝙蝠。星为皇帝卤簿专用，但现存星缺存在高矮之分。钺亦如此，现存两种，差异十分明显。

（五）幢、幡、旌

这一部分的卤簿大致可分 4 类：其一为幢，包括长寿幢、紫幢、霓幢、羽葆幢；其二为幡，包含信幡、绛引幡、豹尾幡、龙头竿幡；其三是旌，有进善、纳言、敷文、振武、褒功远怀、行庆施惠、明刑弼教、教孝表节旌；其四较为特殊，为金节、黄麾、仪锽氅。

---

① 前揭《馆藏中国历代书画著录》，第 534 页。

② 《皇朝礼器图式》，第 534—535 页。

图8　皇帝卤簿中的杖、星、瓜、钺等

图9　皇帝卤簿中的拂尘

“节、幢、麾制皆相类，唯以层数别之”。但在清代卤簿中，已变得较为混乱。幢类的长寿幢、紫幢、霓幢都是垂幨二重，下有长纱；羽葆幢则是垂幨二重，下配朱緌。幡类，除豹尾幡外，其余均垂幨三重。旌相对简单，仅有文字内容上的差别，两两相对，共4组。金节的制式与幢相似，二重垂幨，下配黄纱。黄麾类幡，三重垂幨，但其下配的却是像旌一样绣有黄麾字样的长条。仪锽氅最为特殊，上如旌，下如绛引幡。

这类卤簿实物，颜色与档案记载大相径庭。以皇帝所用的金节为例，乾隆十三年所绘《大驾卤簿图》中，金节为黄顶，下配绿、红二重垂幨。《皇朝礼器图》的记载本为绿顶，红、绿垂幨。两者顶部颜色虽不同，但垂幨仍旧是红绿色为主，只是顺序有所改变。而清宫旧藏的实物，则为红顶，黄、红垂幨。反而贵妃所用的金节实物（下绣凤），为黄顶，绿、红垂幨，与《大驾卤簿图》中描绘的一致。

（六）金八件

广义上的金八件不止8个，它指的是置于皇帝玉辇前的陈设类卤簿，包括拂尘二，金提炉二、金香盒二、金唾壶一、金水盆一、金瓶二、金交椅一、金马杌一。现选择其中一些实物与文献记载进行比对。（图9）

唾壶，档案记载比较简单，镀金制，顶部为蟠龙，四足镂螭首虎爪，爪握圆珠，下部横距上绘杂宝。故宫旧藏唾壶，顶部蟠龙似含宝珠，周以花纹衬托，底座饰流云、夔龙、花叶，比起档案中更为精美。只是四足不像圆珠，更似立瓜。

金水瓶，一大一小，尺寸上稍有差别。水瓶盖顶亦为蟠龙，但从实物来看，此龙更为立体，龙头、龙身雕刻精细，神态威武，不似唾壶之龙那么单薄。盖上还有一些流云、杂宝作为装饰。瓶口钑花纹，瓶身为云龙、火珠，瓶底刻波纹，双耳饰螭首衔环。

香盒，为镀金圆盒，盖面上钑蟠龙，盒身为云龙，盒口周围饰回纹。故宫所藏香盒，并非圆形，更似扁盒，蟠龙、云龙、回纹与档案上记载相同，只是盒底足部位置，光素无雕刻，非“饰以杂宝”。

马杌，一种楠木质的小方桌，按其名称来看应为金色，但《皇朝礼器图式》记载其“楠木髹朱”，配图却为金色。而观《大驾卤簿图》中马杌，确实为金色，应是《图式》有误。马杌桌面绘云龙两条，中间为一火珠。侧面四周为杂宝纹饰。桌子四足螭首虎爪握珠，横距之间亦绘杂宝。

“金八件”陈设时，每件均需配以托盘和方几。方几似马杌，但颜色为朱红色。除此之外，方几高度略低，分上小下大两层，平面较小，不同于马杌上大下小。方几除桌面绘金云龙、火珠外，侧面四周亦然。方几四足与马杌同，螭首虎爪握珠，只是在底部横距处，光素无纹。故宫所藏《皇朝礼器图式》彩绘版中，方几底部横距有云纹装饰，但文字并未提及。现存方几实物，横距之处并无纹饰。

综上所述，卤簿仪仗的数量繁多，种类冗杂。除此之外还有仪刀、弓箭、櫜鞬等武备，大型的轿、车、舆等。几乎每一类卤簿仪仗类文物，在样式、颜色、图案或材质上，都或多或少与档案记载有所不同。再加上缺少影像、年久失修、配件遗失等，更使得清宫卤簿仪仗的研究成为一项任重而道远的工作。

（魏晨：故宫博物院宫廷部馆员）

“戾家画”说新考

栾 林

内容提要： 钱选、赵孟頫关于“戾家画”的对话，现已成为中国美术史上的公案。从元至清，这段对话被多种文献转录，文字几经更迭，其背后的含义也不断被重新演绎生发。到了近代，学界针对钱选对“戾家画”的态度，分为泾渭分明的两派：一派认为钱选褒扬“戾家画”，一派认为他贬低“戾家画”。这些争论背后的原因是什么？“戾家画”说的文本是如何演变的？“戾家画”说有哪些之前未被关注的疑点？这都是本文将要讨论的问题。

关键词： 戾家　行家　士夫画　赵孟頫　钱选

“赵子昂问钱舜举曰：‘如何是士夫画？’舜举答曰：‘戾家画也。’子昂曰：‘然。余观唐之王维，宋之李成、郭熙、李伯时，皆高尚士夫，所画与物传神，尽其妙也。近世作士夫画者，谬甚也。’”①

这是中国古代画论中影响深远的一段对话，下文简称“戾家画”说。关于什么是戾家，以及戾家对应的行家，启功先生有详细的论述：“今人对于技艺的事，凡有师承的、专门职业的、技艺习熟精通的，都称之为‘内行’，或说‘行家’。反之叫做‘外行’，或说‘力把’（把，或作班、笨、办），古时则称之为‘戾家’（戾，或作隶、利、力）。”②

一　文本研究的困境

对于“戾家画”说的讨论，从其出现之初直到现在从未中断，各家观点可谓众说纷纭。钱选、赵孟頫关于“戾家画”的对话，早已成为中国美术史上的公案。概括来说，对于“戾家画”说争论的焦点主要在于：钱选和赵孟頫对于戾家画的态度究竟如何？细分来看也就是两个问题：钱选对于戾家画的态度是褒扬还是贬低？赵孟頫对于钱选的观点是赞同还是反对？

传统观点认为，钱选褒扬戾家画，赵孟頫赞同钱选的看法。这是相对主流的意见，甚至通行的中国美术史教科书也持此观点。但新近观点认为，钱选是在贬低戾家画。而至于赵孟頫的态度，新近观点中又出现分化，有专家认为赵孟頫反对钱选看法，也有个别学者认为赵孟頫赞同钱选看法。总的来说，两种观点是基本相反的，分歧不可谓不大。针对同一段文字的研究，却得出几乎完全相反的结论，原因何在？

---

① （明）曹昭：《格古要论》，（明）周履靖编《夷门广牍五十五种》第1册，荆山书林刻本，万历二十五年，第7—8页。

② 启功：《戾家考——谈绘画史上的一个问题》，《文物》1963年第4期。

首先，从文字内容上来看，对于赵孟頫的提问“如何是士夫画”？钱选的回答只有四个字“戾家画也”，此外再无其他任何解释或说明。单从四个字去判断钱选的态度，实在强人所难。再者，这段话可能存在两种不同的句读情况，具体如下：

> 赵子昂问钱舜举曰：“如何是士夫画？”舜举答曰：“戾家画也。”子昂曰：“然（。）余观唐之王维，宋之李成、郭熙、李伯时，皆高尚士夫，所画与物传神，尽其妙也。近世作士夫画者，谬甚也。”

关键之处在于“子昂曰”后的“然”字后是否断句。若是断开，则“然”字表示赞同；若不加句读，与后文连在一起，则“然”字表示转折。对于钱选的观点，赵孟頫回答语句中的不同句读表达了两种截然相反的态度。而结合上下文，两种句读似乎都并无不妥之处。因此，单从文本上来看，赵孟頫的态度显得扑朔迷离。

钱、赵对话最早见于曹昭《格古要论》卷之上“古画论”部分，把文本还原到原始文献中，这段文字的标题是“士夫画”，前后分别是题为“画山水皴皵”和“古画用笔设色”的两段文字，每段文字都是彼此独立的，相互间并无关联。因此，“戾家画”说这段文字也没有前后的文本语境可供参考。

至此，不难理解为什么关于“戾家画”说的看法众说纷纭、莫衷一是了。因为这段文字本身含糊其辞，又缺失相关语境。从含混处觅真理，自然言人人殊。再加上“戾家画”说涉及的人物，特别是钱选身份的复杂性，引来诸多臆测式的过分解读，更为正反两种说法都提供了发挥的空间。

那么，如何打破这种陷于文本研究的困境呢？

二　“戾家画”说的文本演变

不妨跳出这段文字本身，将其置于历史文献学的视野下加以探讨。《格古要论》成书于洪武二十年（1387 年），编写缘由可见曹昭自序：“先子贞隐处士，平生好古博雅，素蓄古法帖、名画、古琴、旧砚、彝鼎、尊壶之属，置之斋阁，以为珍玩。其售之者，往来尤多。余自幼性本酷嗜之，侍于先子之侧，凡见一物，必遍阅图谱，究其来历，格其优劣，则其是否而后已，迨今去犹弗怠，特患其不精耳。常见近世纨绔子弟习清事者必有之，惜其心虽好而目未之识，因取古铜器、书画、异物，分高不辨真赝，举其要略，书而成编，析门分类，目之自《格古要论》，以示世之好事者。”① 《四库全书总目》对此书评价颇高，认为“其于古今名玩器具真赝优劣之解，皆能剖析纤微，又谙悉典故，一切源流本末，无不厘然，故其书颇为赏鉴家所重”。② 以《格古要论》中“戾家画”说的文本为讨论基点，历代文献都有类似表述。

曹昭《格古要论》在天顺年间为王佐校增，内容多有增补，后人为与原书相区别，冠名《新增格古要论》。其中卷五“士夫画”条记：

---

① 前揭《格古要论》，《夷门广牍五十五种》第 1 册，第 1 页。

② 《四库全书总目》卷一二三《子部三十三》，清乾隆武英殿刻本。

赵子昂问钱舜举曰:"如何是士大夫画?"舜举答曰:"隶家画也。"子昂曰:"然。余观唐之王维,宋之李成、徐熙、李伯时,皆高尚士夫,所画盖与物传神,尽其妙也。近世作士夫画者,其谬甚矣。"①

距《格古要论》成书不过70余年,"戾家画"就被写作"隶家画","郭熙"变为"徐熙"。不知王佐做此修改有何依据,但这是后世对"戾家画"说大肆篡改的肇始。

署名为唐寅的《六如居士画谱》卷三"士夫画"条,② 除个别字词外,与《新增格古要论》如出一辙,惟在条下写"元 王思善",即元代肖像画家王绎。此书是辑录而出,每条标明摘录来源。相关内容虽系原样抄录《新增格古要论》,但引用出处却自出新意。有学者认为,此书只是托名唐寅,实为"明时坊贾伪辑"。③ 启功先生则说"乃明人抄集旧说的札记,无真伪之可言……王绎论写像之文章,见于《辍耕录》,其中无此条,王绎亦未闻有别种论著,大概是抄集传写时误注王绎之名"。④ 总而言之,无论这本书真伪如何,所注出自王思善当为画蛇添足。

另有一本传为王绂的《书画传习录》,其卷二《论画》也有类似的记载:

昔赵文敏问道于钱舜举:"何以称士气?"钱曰:"隶体耳。"画史能辨之,即可无翼而飞。不尔,便落邪道,愈工愈远。此中关棙,要得无求于世,不以赞毁挠怀。吾尝举似画家,无不攒眉,谓此关难度,所以故步难移。⑤

"士夫画"改为"士气","戾家画"变为"隶体"。更重要的是,赵孟頫的阐述全部被钱选一大段不知从何而来的自述所替代。学界多对《书画传习录》持怀疑态度,甚至有学者认为其"乃伪托王绂之名,实为嵇氏自纂之书"。⑥ 嵇氏便是发现并编校刊刻此书的清人嵇承咸。

梳理文献不难发现,在董其昌《容台集》文集卷三"卧游册题词"中,除了最后一句"故步难移"写作"年年故步"外,有一段几乎完全相同的表述。⑦ 结合《书画传习录》有"嵇氏阑入之文",如"画树之窍,只在多曲"是莫是龙《画说》及董其昌《画旨》语,⑧ 可知钱、赵对话原亦出自董其昌,后被嵇承咸抄录,托名为王绂。董其昌所撰这段文字还见于郑元勋辑《媚幽阁文娱》二集卷二、⑨《佩文斋书画谱》卷十六《论画六·元钱选论画》。⑩ 秦祖永《画学心印》卷二"汇集众人山水说"虽也有类似表述,⑪ 但根据最后一句"故步难移"可知来源于《书画传习录》。

① (明)曹昭撰、王佐校增:《新增格古要论》,清《惜阴轩丛书》本,第7页。

② (明)唐寅:《六如居士画谱》,黄宾虹、邓实编《美术丛书》19,二集第九辑,浙江人民美术出版社,2013年,第127页。

③ 余绍宋:《书画书录解题》,北京图书馆出版社,2003年,第597页。

④ 前揭《戾家考——谈绘画史上的一个问题》,《文物》1963年第4期。

⑤ (明)王绂:《书画传习录》,嵇氏层云阁本,清嘉庆十九年,第44—45页。

⑥ 谢巍:《中国画学著作考录》,上海书画出版社,1998年,第290页。

⑦ (明)董其昌:《容台集》文集卷三,明崇祯三年董庭刻本。

⑧ 前揭《书画书录解题》,第560页。

⑨ (明)郑元勋辑:《媚幽阁文娱》二集卷二,明崇祯刻本。

⑩ 《佩文斋书画谱》卷一六《论画六》,《文渊阁四库全书》本。

⑪ (清)秦祖永评辑:《画学心印》,清光绪朱墨套印本。

与董其昌说法一脉相承的还有邹一桂。邹一桂绘画以花卉名世，其著作《小山画谱》是少有的专谈花卉画法的论著。卷下开篇云："前卷既定，又摘录古人画说，参以已意，而画家源流宗派亦略可考。"① "戾家画"说即在"摘录古人画说"之列。下卷"士大夫画"条记：

赵文敏问道于钱舜举："何以称士大夫画？"曰："隶体耳。画史能辨之，则无翼而飞，不尔便落邪道。王维、李成、徐熙、李伯时，皆士大夫之高尚者，所画能与物传神，尽其妙也。然又有关捩，要无求于世，不以赞毁挠怀。常举以似画家，无不攒眉，谓此关难度。"②

邹一桂大抵认为董其昌删减过多，找回赵孟頫的答话，与董其昌的阐发杂糅，又形成了一个似是而非的新版本。但从其中提到"徐熙"，可知邹一桂参考的并非原版《格古要论》，而是《新增格古要论》。

除将"戾家画"称为"隶体"外，还有人将其写为"隶法"。王翚《霅雨初晴图》轴（国家博物馆藏）题款：

"霅雨初晴，岁次壬午中元前三日奉赠东皋先生清鉴，海虞耕烟散人王翚。"次日又题云：

子昂尝询钱舜举曰："如何为士夫画？"舜举曰："隶法耳。"隶者以异于描，所谓"写画须令八法通"也。元人以米元章父子与高房山侍郎画为士夫画，然倪元镇尝为米颠配享，虽功力不同，远韵则一。大都元季皆以董、巨为师。如陆天游、赵善长、柯九思、徐幼文，泼墨点染，各有秀色；如姚彦卿、唐子华、朱泽民学郭河阳者，不复能与逸品争长矣。

"戾家画"变为"隶法"，赵孟頫的言论不翼而飞，取而代之的一段话，看似是钱选所说，实为王翚个人对于士夫画的理解。

与王翚自题相近的是钱杜《松壶画忆》卷上所写：

子昂尝谓钱舜举曰："如何为士夫画？"舜举曰："隶法耳。隶者有异于描，故书画皆曰写，本无二也。"③

虽依旧是"隶法"，但对"隶"的阐发更为清晰地指向"写"。似为王翚自题的简写，但内容更为深入具体，应掺杂有钱杜自己的观点。这段话亦见于秦祖永《画学心印》卷八。④

说到"写"，王学浩《山南论画》记：

王耕烟云：有人问"如何是士大夫画"？曰："只一写字尽之。"此语最为中肯。字要写，不要描。画亦如之。一入描画，便为俗工矣。⑤

---

① （清）邹一桂：《小山画谱》，翠琅玕馆丛书本。
② 前揭《小山画谱》。
③ （清）钱杜：《松壶画忆》，清光绪榆园丛刻本，第7页。
④ 前揭《画学心印》。
⑤ （清）王学浩：《山南论画》，前揭《画学心印》。

至此，后世对于“戾家画”说的篡改已是面目全非。如果说之前的“隶家画”“隶体”“隶法”与“戾家画”还有些许关联，这里的“只一写字尽之”与“戾家画”相去甚远，只能通过王犨和钱杜的说法勉强将二者建立联系。更有甚者，“戾家画”说本是钱选、赵孟頫二人对话，这里主人公完全隐去，而变成了王犨的个人独白。空有一个“如何是士大夫画”的对话框架，勉强表明这段话与“戾家画”说之间微弱的联系。

从明至清，钱、赵对话不断演变，甚至核心要素“戾家画”都被“隶家画”“隶体”“隶法”“写”等字词几经更换，每位参与者都可以借由对话中“如何是士夫画”的问题加以讨论、发挥，随意添加、补充自己的观点和看法，而具体内容则与最初的版本愈发偏离，发展到最后甚至与原版几乎毫无关系。

这里又出现了新的问题，就是“戾家画”说及其演变文本的真伪。除了王犨《霄雨初晴图》题款外，其余对话都顶着钱选和赵孟頫的名号。钱、赵二人对话怎么会在后来的文本中不断更改，甚至添油加醋地增加了许多与原版完全不相干的内容呢？这只能说明之后的文本是虚构的，只是作者借由钱选、赵孟頫之口表达自己的观点。王犨所言更是托名无疑，否则具体内容、细节，甚至主人公又怎能够随意更换？

综上可知，“戾家画”说其后的演变文本为伪。那么最初版的“戾家画”说，在历史中又有几分真实性呢？

三　“戾家画”说的诸多疑点

我们先将视野拉回到绘画史学，对钱选、赵孟頫以及当时画坛做相关考察。关于“戾家”“行家”的含义，启功先生已经解释得比较透彻。简单说来，“戾家”就是外行，也可以说是文人画家；[①]“行家”，就是职业画家。“戾家画”说将“行”“戾”鲜明地对立起来。但“行”“戾”一定是对立的么？或者说对于赵孟頫和钱选而言，“行”“戾”是对立的么？这个问题，可以从画家身份和作品风格两个角度进行讨论。

赵孟頫是文人画家，这是毫无疑问的。但钱选的身份是文人画家，还是职业画家，历来存在争议。如果以是否考取功名，或者著有文集而论，钱选是文人无疑。他是南宋景定年间乡贡进士，并著书立说。赵汸《东山存稿》卷二有云：“公（钱选）尝著书，有《论语说》《春秋余论》《易说考》《衡泌间览》之目，后皆焚之矣。盖当时同游之士，多起家教授，而舜举独隐于绘事以终其身。世之见其杜德机者，亦惟其善画而已。呜呼，其真所谓轻世肆志者乎！何其掩抑藏遁，如是之深也。”[②] 钱选在宋亡后，决意断绝仕途，将自己的著作付之一炬。钱选的经史学问，黄公望在题《浮玉山居图》也有所提及：“霅溪翁，吴兴硕学，其于经史贯串于胸中，时人莫之知也。独与敖君善讲明酬酢，咸诣理奥，而赵文敏公尝师之，不特师其画。至于古今事物之外，又深于音律之学。其人品之高如此，而世间往往以画史称之，是特其游戏而遂掩其所学。”敖君善，即敖继公，元代大儒，以经史名世，著有《礼仪集说》，赵孟頫、倪渊都是其门下弟子。钱选与敖继公“讲明酬酢，咸诣理奥”，可见其学术造诣之深。顾复《平生壮观》卷九大赞钱选画作的“士气”：“画苑既设，谬习相师，苑中人以讹传讹，而不知有作家士气者相将二百

① 对于“士夫画”“文人画”，有学者认为并非同一概念。这里为方便讨论，暂不作区分。

② （元）赵汸：《东山存稿》卷二，《文渊阁四库全书》补配《文津阁四库全书》本。

图1　赵孟頫《幽篁戴胜图》卷（故宫博物院藏）

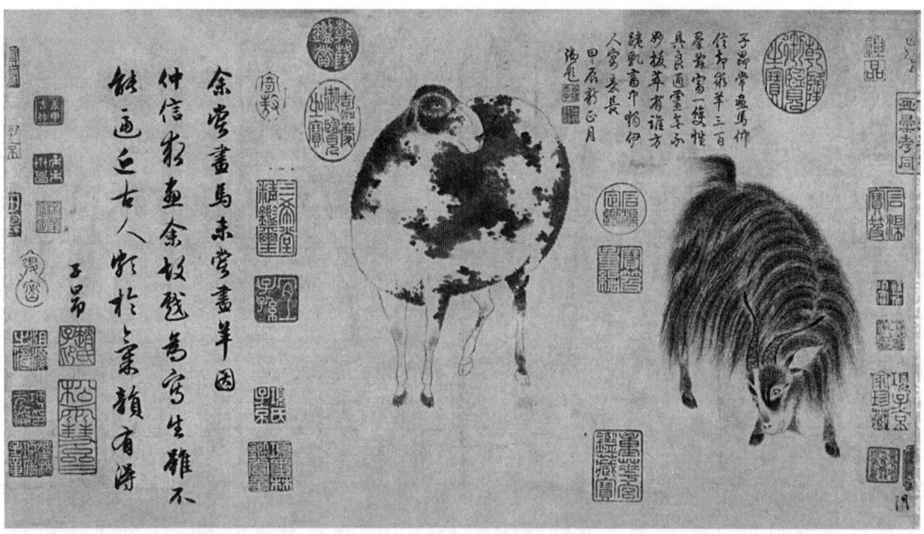

图2　赵孟頫《二羊图》（美国弗利尔美术馆藏）

年。钱舜举能扫除谬悠而引人大雅，有功于画道不小……程文海采人才而登朝，宁维舜举甘心遗民终身，其题画不书年月，诗句郁纡不迫，以寄当歌当泣之深衷。呜呼，画家知士气，胜国得完人，非舜举其谁与归？”① 可见对钱选文人画家身份的认可。

但也有人认为钱选并非文人画家，这主要以董其昌为代表：“李昭道一派，为赵伯驹、伯骕，精工之极，又有士气。后人仿之者，得其工不能得其雅。若元之丁野夫、钱舜举是已。”②

① （清）顾复：《平生壮观》卷九，上海人民美术出版社，1962年，第4册，第13页。

② （明）董其昌：《画禅室随笔》卷二《画源》，《文渊阁四库全书》本，第18页。

不仅将钱选划分到北宗，并且是北宗中等而次之的二流画家。再如董其昌跋钱选《兰亭观鹅图》（台北故宫博物院藏）云：“钱舜举，宋进士，赵吴兴以先进事之。尝问士大夫画于舜举，舜举曰：‘隶法者是。’吴兴甚服膺之。及其自为画，乃刻画赵千里，几于当行家矣。古人作事不肯造次，所谓人巧极天工错。不独赋家尔尔也。”钱选《兰亭观鹅图》现存两本：美国大都会艺术博物馆藏品为真迹，并无此跋；台北故宫博物院本系伪作，但董跋虽伪，从文本内容和书写风格看又似有本之物，故暂列于此，聊备参考。董其昌对钱选不以为然，认为他师法赵伯驹，“得其工不能得其雅”。但我们对比钱选与赵伯驹的青绿山水，可知钱选不仅得其工，而且更胜其雅。赵伯驹《江山秋色图》卷（故宫博物院藏），富丽精工，场面宏大。相比之下，钱选的《山居图》卷（故宫博物院藏），在继承宋代院画的精谨入微之外，画风更为雅致清新，富于装饰意味。可见董其昌对钱选绘画风格的判断并不准确，将其划定为北宗更是无稽之谈。当然董其昌的“南北宗论”本就多有谬误，对于钱选的误判只是其中的一小部分。受董其昌影响，近现代仍有学者认为钱选不是文人画家。①

钱选确实以卖画为生，但这更多是断绝仕途后的自我选择，他有很多表达这样思想的诗文，如“不管六朝兴废事，一樽且向画图开”。② 钱选并非没有机会入仕，但从张羽所言可知，在赵孟頫入朝仕元时，他人纷纷攀附以求显达，唯独钱选“龃龉不合，流连诗画，以终其身”。③ 戴表元在《剡源戴先生文集》卷十八《题画》中云：“吴兴钱选……画成，亦不暇计较，往往为好事者持去。”④ 钱选虽鬻画以自养，但对画作的态度又是任由好事者持去。身为士人，虽有功名，但因民族气节，断绝仕途而隐于绘事，这难道不更彰显了文人士气么?

钱选因伪作横行而改号，一方面说明他在当时艺坛的影响力，另一方面也说明其画作销路甚佳，可惜有作伪者扰乱市场致使他蒙受损失。这又是活脱脱一副为了生计而奔波的职业画家才有的样子。这看似与上文“不暇计较，往往为好事者持去”相矛盾，实际恰恰体现出钱选本人的真实性。真实的往往是复杂的，可以说钱选是文人画家，也是职业画家。文人鬻画以自养便成了职业画家，职业画家极富经史造诣也可以是文人画家。钱选身份的双重属性，从一个角度说明了“行”“戾”并不对立。

再从作品风格的角度来看。赵孟頫是文人画家，但他的画并不外行。以通常认为职业画家才具备的形似本领来看，赵孟頫的《幽篁戴胜图》（故宫博物院藏）、《二羊图》（美国弗利尔美术馆藏）完全不遑多让，钱选《来禽栀子图》（美国弗利尔美术馆藏）亦是如此。（图 1－3）对于行家本领，他们本人并不以此自矜，同时代或后世人也言之者寥寥，究其原因，并不是他们不具备这方面的能力，而是这更类似于当时画家的基本素养，并不值得一提。赵孟頫评曹霸、韩幹画马之所以出众工之上，是因“其命意高古，不求形似”。这里的不求形似，并非是不能形似，而恰恰是因为形似本领高超，因而并未将注意力放在形似之上。钱选都被人看做职业画家，行家本

① 例可见“精巧工致，姿韵妩媚，是钱选画风的基本特色，论画法，完全是南宋‘近世’‘画史’的‘恒事’而与文人画的作风是大有径庭的”。（徐建融：《〈江山秋色图〉卷与钱选的山水画派》，《元明清绘画研究十论》，复旦大学出版社，2004 年，第 14 页）“至于他的艺术风格，由于还属于精于刻画的工细风范，并不太符合文人们的审美追求”。（杜哲森：《元代绘画史》，人民美术出版社，2000 年，第 24 页）

② （明）郁逢庆：《书画题跋记》卷一《钱舜举金碧山水卷》，清《风雨楼丛书》本。

③ “吴兴当元初时，有八俊之号，盖以子昂为称首，而舜举与焉。至元间，子昂被荐入朝，诸公皆相附取官达，独舜举龃龉不合，流连诗画，以终其身。”（元）张羽撰，胡思敬辑：《静居集》，《豫章丛书》第 181 册，退庐图书馆校刻，1916 年，第 9 页。

④ （元）戴表元：《剡源集》卷一八题，清《宜稼堂丛书》本。

图3 钱选《来禽栀子图》卷（美国弗利尔美术馆藏）

图4 钱选《山居图》卷（故宫博物院藏）

事更毋庸置疑。所以，无论从身份还是画风来看，钱选和赵孟頫都是身兼行戾的，或者说行戾兼擅的。在他们眼里行戾并非对立，又何必单拎出来“戾家画”加以讨论呢？此为疑点之一。

若钱选、赵孟頫确有影响后世的艺术讨论，恐怕最有可能的是关于“古意”的探讨。正如前文所说，行家本领只是二人的基本绘画能力，托古改制才是他们——特别是赵孟頫，针对南宋画坛陈弊所作的理论创见。赵孟頫不仅倡导“作画贵有古意”，① 还身体力行地在创作实践中体现“古意”，此已为学界定谳，不复赘言。钱选虽然没有像赵孟頫一样明确提出“托古改制”，但他的复古意识时时体现在创作和题语之中。譬如《山居图》卷（故宫博物院藏），以墨线勾勒轮廓，敷以青绿重彩，几乎不作皴法，风格典雅朴拙，画法可上溯到隋代展子虔的《游春图》。（图4）钱选还多次提到自己取法唐代，他在《仙弈图》自题：“此卷乃杨庭光笔，想唐人画入神品，余留太湖之滨，爱而拟之。”② 在《竹林七贤图》题云：“右余用唐宰相阎立本法，作《晋七贤图》。”③ 后人评其追古创作：“远宗乎古，而非后人之所能及也。”④ 可见，复古在赵孟頫、钱选二人艺术理论及创作的重要地位。因此，他们关注的重点是“古”“今”之别。而“戾家画”说的落脚点在于“行”“戾”之分，二者自是风马牛不相及。此为疑点之二。

这里需要补充的是，赵孟頫除了提倡复古，还有另外一个影响深远的理论“书法用笔”。具

① （明）张丑：《清河书画舫》卷一〇下，《文渊阁四库全书》本。

② （明）李日华：《味水轩日记》卷八，民国《嘉业堂丛书》本，第48页。

③ 前揭《书画题跋记》卷四。

④ “古人善画者，多图人物。至唐而山水始盛，赵宋因之，玉潭翁以岁贡士而妙于绘事，今观刘氏温甫所藏女仙图，有以知其远宗乎古，而非后人之所能及也。”前揭《佩文斋书画谱》卷八五《元钱选女仙图》。

体见其自题《秀石疏林图》(故宫博物院藏):“石如飞白木如籀,写竹还于八法通,若也有人能会此,方知书画本来同。”(图5)而“戾家画”一词,几经后人篡改而变成“隶法”“隶体”,可谓面目全非。未曾想竟有学者将“隶法”“隶体”与书法中的“隶书”相混淆,从而与赵孟頫的“书法用笔”联系起来。“‘隶体’者,前人或解为‘隶法’,亦即‘书法’之义,这恐怕是正确的见解。因为‘隶’原是‘正书’的古称,宋以前仍常把正书沿称隶书,当时或谓之‘今隶’。可见,钱选以文人画法即‘隶体’说,与赵孟頫说的‘书画本来同’乃异曲而同工。”① 看似有理有据,实则完全曲解了“戾家画”的本意,可见明清人篡改“戾家画”说的行径遗患至今。

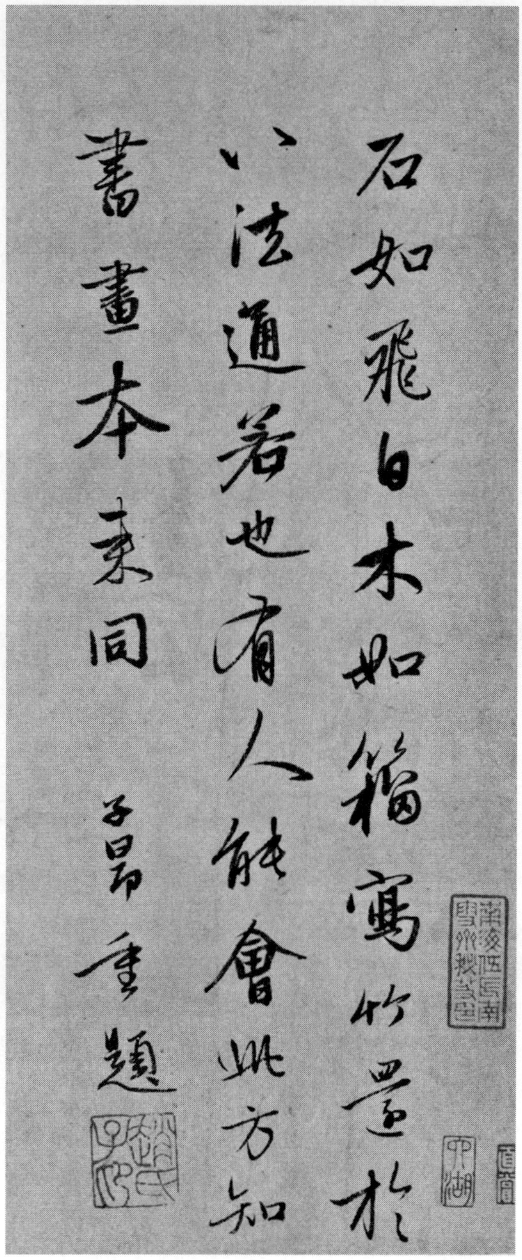

图5 赵孟頫《秀石疏林图》自题

赵孟頫本人身兼行戾,他与当时的职业画家也多有交游,甚至还有提携指教,最典型的要数陈琳。“陈琳,字仲美……善山水、人物、花鸟,俱师古人,无不臻妙,见画临模,咄咄逼真。盖得赵魏公相与讲明,多所资益,故其画不俗。论者谓宋南渡二百年来工人无出此手也”。② 陈琳传世作品《溪凫图》(台北故宫博物院藏)上有仇远题跋,清晰地记录了此画的创作经过:“大德五年辛丑秋,仲美访子昂学士于余英松雪斋。霜晴溪碧,作此如活,使崔艾复生,当让出一头。修饰润色,子昂有焉。昔人有以千金换能言鸭者,此虽不能言,亦非千金勿轻与。”写明陈琳此画有赵孟頫的“修饰润色”,后世还有学者辨析画面中哪些部分为赵孟頫所作,③ 此可谓赵孟頫指点后学的佐证。赵孟頫在画面左侧的题语:“陈仲美戏作此图,近世画人皆不及也。”更可见他对后学的鼓舞之意。(图6)

唐棣也曾受赵孟頫指教。张羽《奉训大夫平江路知州致仕子华唐君墓碣》有云:“君讳棣,字子华……稍长从名儒,善解悟章句,造次可诵。其余力习绘画,举笔有师法,时赵文敏公一见

① 徐书城:《中国绘画艺术史》,人民美术出版社,1999年,第126页。

② (元)夏文彦:《图绘宝鉴》卷五,元至正刻本。

③ “上上神品。其中芙蓉、山石及粗笔水纹似为赵松雪笔。”[美]杨凯琳编著:《王季迁读画笔记》,中华书局,2010年,第63页。

图6　陈琳《溪凫图》轴（台北故宫博物院藏）

君，辄奇之，出入门下。”① 沈梦麟题《唐知州双松图》：“唐侯早岁称奇童，画山初学赵魏公。”② 两相印证，可知唐棣年少时便已入赵孟頫门下。对于二人绘画风格的承袭，李日华有云：“子华学画于松雪公，得其华润森郁之趣。”③ 与唐棣经历类似的还有职业画家王渊，“王渊，字若水……幼时获侍赵魏公，故多得公指教，所以傅色特妙”。④ 夏文彦《图绘宝鉴》：“幼习丹青，赵文敏公多指教之，故所画皆师古人，无一笔院体。”⑤

朱德润虽画艺未受赵孟頫指导，但仕途上蒙受赵孟頫的提携之恩。周伯琦《有元儒学提举朱府君墓志铭》云：“当延佑之末，年廿五，游京师。吴兴赵文敏公子昂荐之，附马太尉沈王以

① （明）张羽：《奉训大夫平江路知州致仕子华唐君基碣》，《吴兴艺文补》卷三〇，明崇祯六年刻本。

② （元）沈梦麟：《花溪集》卷二，民国《枕碧楼丛书》本。

③ （明）李日华《六研斋笔记》卷一，有正书局刊本。

④ （元）陶宗仪：《南村辍耕录》卷七，《四部丛刊》三编景元本。

⑤ 前揭《图绘宝鉴》卷五。

闻，仁宗皇帝召见玉德殿，命为应奉翰林文字、同知制诰兼国史院编修官。”① 可知，朱德润经由赵孟頫推荐，才被授予官职，步入仕途。

由此可见，赵孟頫从未因身份问题而对职业画家避而远之，反而相处融洽，多有提携指导。这样的赵孟頫又怎么会讨论“戾家画”说，甚至对职业画家嗤之以鼻呢？此为疑点之三。

众所周知，赵孟頫是元代当之无愧的艺坛领袖。他出仕元朝，官至一品，书画在元代备受推崇。时人评其书法：“上下五百年，纵横一万里，举无此书。”② 董其昌如此心高气傲之人，却称赵孟頫画“为元人冠冕”，③ 元代名家皆由其“提醒品格”。④ 元四家之一黄公望题赵孟頫《行书千文》（故宫博物院藏）的诗句“当年亲见公挥洒，松雪斋中小学生”，正可做董其昌所言的旁证。政治上身居高位，书画上造诣高超，双重的叠加效应使得赵孟頫成为元代当之无愧的艺坛领袖。相较赵孟頫来说，钱选声名稍逊。但他与赵孟頫同为“吴兴八俊”和“吴兴三绝”之一。“吴兴三绝”，即钱舜举画、赵子昂字、冯应科笔，可见钱画与赵字并驾齐驱。钱选画作在当时冒名伪造者甚多，以致不得不改号以应对，⑤ 这也从另一个侧面反映了他在当时画坛的影响。钱选在元代画坛的地位，清代吴升的评价甚高：“霅谿翁设色山水、人物、花鸟各种精能，乃深探前人名迹神韵而自成一家，虽刻画中洋溢古法，独全士气，名震初元。”⑥

无论是“国朝第一”的赵孟頫，⑦ 还是“名震初元”的钱选，二人在当时可以说是片纸遗幅人皆争相购藏，只言片语人皆奉为金科玉律。所以，他们若确实有关于“戾家画”的阐述，在时人笔记、文集中必然引起广泛的称许和讨论。而事实是“戾家画”说最早见于成书于洪武二十一年的《格古要论》，也就是说这段文字不见于任何元人记载。虽说历史文献在流传过程中散佚流失在所难免，很多散失内容也无从考证，但“戾家画”说如此重要的理论在元代流传下来的文献中不见一丝踪影，这是不合常理的。此为疑点之四。

四 结语

“戾家画”说早已成为中国美术史论中的重要议题，这一理论及其演变文本在后世影响深远。由“戾家画”生发而来的“文人画”“士夫画”“士气”几乎占据了中国古代画论的半壁江山，而一旦涉及来为文人所津津乐道的文人画，这些讨论都不可避免地上溯到“戾家画”说，

① （元）周伯琦《有元儒学提举朱府君墓志铭》，《全元文》卷一三八九，凤凰出版社，1998 年 9 月，第 575 页。

② （元）陆友：《研北杂志》卷下引胡汲仲语，民国《景明宝颜堂秘笈》本。

③ 前揭《容台集》别集卷四。

④ “元时画道最盛，惟董、巨独行，外此皆宗郭熙，其有名者，曹云西、唐子华、姚彦卿、朱泽民辈，出其十不能当黄、倪一，盖风尚使然。亦由赵文敏提醒品格，眼目皆正耳。”前揭《画禅室随笔》卷二《论画》，第 39 页。

⑤ 钱选《白莲图》卷（山东省博物馆藏）自识：“余改号霅谿翁者，盖赝本甚多，因出新意，庶使作伪之人知所愧焉。”类似的内容还见于钱选《红白莲图》卷自题：“余爱酒爱画，不过遣一时之兴。而假作余画者甚多，使人可厌，今改号霅谿翁，凡无此跋皆假作也。”《钦定石渠宝笈续编》，《续修四库全书》第 1073 册《子部 · 艺术类》，上海古籍出版社，1996 年，第 541 页。

⑥ （清）吴升：《大观录》卷一五，1920 年武进李氏圣译廔本。

⑦ 前揭《南村辍耕录》卷七。

还要将钱选和赵孟頫奉为倡导“文人画”理论的关键性人物。而“戾家”引发而来的“隶家”“利家”“逸家”，还有和“行家”类似的“作家”，甚至到后来的“南北宗”论，不仅是对画家身份的简单区分，更是对整个绘画史的重新梳理与审视，深刻地影响了后世看待和评判画作的审美标准和评价体系。

这样举足轻重的“戾家画”说，在后世演变的诸多文本只是当时人出于各种原因肆意增删改动的伪本，确切地说是托名钱选、赵孟頫，甚至是王翚，而自说自话的自撰之本。

而“戾家画”说本身，将这一段对话置于钱选、赵孟頫所在的历史情境中，又有诸多疑点。在此不妄下断语判定其是否在历史中真实存在，只提出几点疑问抛砖引玉，希望此番考证能为一直以来争论不休的“戾家画”说公案，提供一个不同以往的研究视角。

（栾林：故宫博物院研究室）

论《胪欢荟景·回人献伎》图

徐　瑾

内容提要：《回人献伎》图为崇庆皇太后七旬万寿图《胪欢荟景图册》中的一开，描绘皇太后七旬万寿中，回人在京城海淀长河一带表演乐舞杂技的场景。乾隆二十四年回部大小和卓木叛乱平定后，回部乐伎被纳入清宫燕乐列于殿廷，次年以霍集斯为代表，在平回叛乱中归附清廷的“八大回爵”被迁居京师，享受高爵厚禄，回部众多乐工艺人也随之进京。《回人献伎》入册崇庆皇太后七旬万寿图，不仅在于表现回部杂技乐舞的高超奇幻，其背后更深藏着乾隆帝用军事力量平定回部叛乱的同时，在物质及精神层面优渥归附回爵的历史背景。

关键词：回人献伎　胪欢荟景图　崇庆皇太后　清代宫廷绘画

崇庆皇太后为乾隆帝的生母，乾隆帝以“天下之力”奉养之，特别是乾隆十六年（1751年）、二十六年（1761年）、三十六年（1771年），乾隆帝为庆贺皇太后六旬、七旬、八旬圣寿举办了声势浩大的庆祝典礼，并分别命宫廷画师将祝寿场景入画，创作有崇庆皇太后六旬、七旬、八旬《万寿图》。本文讨论的《回人献伎》图为崇庆皇太后七旬万寿图中的一开。七旬万寿图名为《胪欢荟景图册》，一册八开，描绘了发生在太和门、天安门、海淀长河岸上、万寿寺、五塔寺、西直门倚虹堂附近、西安门、慈宁宫几个地点的祝寿场景。乾隆二十六年十一月二十五日为崇庆皇太后七旬圣寿，庆典结束后乾隆帝即刻命金廷标等画师开始绘制七旬万寿图。①《回人献伎》图如其名，描绘了京西海淀长河一带回部杂技乐舞的表演。在崇庆皇太后六旬万寿图中同样绘有杂耍小戏，只是随着画卷的展开，散落在祝寿的人群中。（图1）

在七旬万寿图中，乾隆帝为何要将这些看似极其平民化的杂耍乐伎，独作一开，如此浓墨重彩的进行描绘？回人献伎都有哪些独特技艺？表演之人有何特殊身份？为何能为皇室演出？这幅画的绘制有何深刻的历史内涵？本文将以与此画相关的重大历史事件为线索解读上述疑问。

一　《回人献伎》图所绘内容

《回人献伎》图描绘了京西海淀长河沿岸回人表演杂技乐舞，鄂勒特人放牧驼马牛羊，向太后祝寿的场景。画中自左上角至右下角，用一条宽阔的道路将画面分割为两部分。道路上方，形成了一条由表演者和围观者组成的献伎主线。画中左上角正在进行“耍山羊”表演，两只长角山羊在争斗，胜负难分，一个秃头伎人托举着一只刚出生的小山羊。“耍山羊”下是全画的一个高潮“走索”表演：走索艺人手持一横木，木两边系有配重的石块，神情泰然的正在进行类似

① 中国第一历史档案馆、香港中文大学文物馆编：《清宫内务府造办处档案总汇》第26册，人民出版社，2005年，第728页。

图 1　《胪欢荟景图》册之“回人献伎”

图 2　《回人献伎》图中的耍山羊、走索表演

今日走钢丝的高空走索，绳索由 4 根木柱高高架起，下有 4 人用力拉住用于配重的石墩。走索表演下站满了身着回人服饰和清廷官服的围观之人，有一蓝衣回人指着绳上的艺人，似在指导点评，观赏之人有的凝神静气的紧盯绳上表演，有的却将头转向右边，似被身旁传来的音乐声吸引。走索旁是回人乐队表演，在管子、唢呐、手鼓、胡琴、扬琴等乐器伴奏下，有二回人起舞于乐队前，乐队周边另有 6 人进行“舞碟顶碗”表演。（图 2）乐队右侧，树一高竿，竿上有横木

图3　《回人献伎》图中的回式民居

图4　《回人献伎》图中放牧的鄂勒特人及其蒙古包和帐房，左下为农家小院

呈丁字形，一人正缘竿而上。古时将爬杆表演称为“寻橦”，又因“都卢”国人体轻而善缘，“寻橦”又称“都卢寻橦”。“寻橦”表演下是5人组成了高跷队。其旁又为一处“走索”，只是此处表演者尚未出现，正在进行紧张的筹备工作。

道路下方，为庆祝太后寿辰，还绘有鄂勒特人沿长河放牧驼马牛羊。① 值得说明的是《回人献伎》图中还出现了各式民居，正在放牧的鄂勒特人旁是由武备院官员负责搭建的蒙古包和帐房。② 之下是北京外城民居中典型的茅草屋顶的农家庭院，院中妇人显然被外面的鼓乐喧天吸引，却碍于礼教，只能躲在门口偷听。而回人表演一侧的民居则迥然不同，皆是具有西域民居特色的方正白色平顶式建筑。《奏销档》中记载：“万寿寺后沿路两边点景，盖造酒楼方亭，平台更楼，花台村庄，土房、回子

① 《乾隆二十五年二十六年恭办皇太后七旬万寿查出奏案十九件缮单》：赏长河牧放驼马鄂勒特人等（饽饽桌）五张。中国第一历史档案馆藏奏案（档号：05－0985－032），以下档案均为该馆所藏。

② 《乾隆二十五年二十六年恭办皇太后七旬万寿查出奏案十九件缮单》（档号：05－0985－032）：赏长河搭盖蒙古包帐房等项武备院官员人等（饽饽桌）五张。

房，演武厅，音乐楼，席城栏杆，花果树木等项，用过银三千八百十五两。”①（图3、4）

二　“回人献伎”在图中的“不合常理”

以“回人献伎”为主题独作一开，出现于万寿图中似乎有些不合常理”。

首先，图中所表现的乐舞杂技并非传统的祝寿题材。《胪欢荟景图册》的另外七开，根据乾隆帝在画中的御题，分别为“万国来朝”“合璧连珠”“香林千衲”“厘延千梵”“寿宇同游”“九老作朋”“慈宁燕喜”。其中“合璧连珠”为太后生辰时日月同辉、五星连珠的“天照奇观”；“万国来朝”和“慈宁燕喜”，分别为外廷太和门前番邦朝贺、后廷慈宁宫中皇帝率后妃为太后举觞祝寿的“国”“家”盛宴；崇庆皇太后笃信佛教，藏传佛教中的格鲁派又是清代的国教，所以“香林千衲”与“厘延千梵”分别为敕封皇家寺院的万寿寺中众僧、五塔寺众喇嘛为太后祝厘纳福；“寿宇同游”“九老作朋”为三班九老等高寿之人恭迎太后的场景。而《回人献伎》图中所表现的乐舞杂技，似与这些上天祥瑞、国家盛宴、佛家祝厘、耆老献寿的传统祝寿题材并无直接联系。

其次，图中的乐舞杂技又与满蒙之俗不相干。清代宫廷绘画中曾以“塞宴四事”、冰嬉、马术等技艺表演为主题作画，但“塞宴四事”（“什榜”“相扑”“教駣”“诈马”）是清帝进行木兰秋狝期间，蒙古扎萨克盟长向皇帝进宴中表演的四项具有蒙古族特色的文娱性体育活动，而冰嬉和马术更被满人视为“国俗”和立国之本。② 据《胪欢荟景图》册中八开图的顺序，“回人献伎”之后的“香林千衲”及“厘延千梵”，发生于万寿寺和五塔寺，也就是京西海淀长河与高梁桥附近，回人献伎也应在此处。据文献记载，自明代始逐渐形成了清明节、四月初八浴佛节，在长河岸上举行庙会进行各种百戏杂耍表演的传统。③ 明人刘侗《帝京景物略》记载：“既有挈携至，则棚席幕青，毡地藉草，骄妓勤优，和剧争巧。厥有扒竿、斤斗、倒喇、筒子、马弹、解数、烟火水嬉……”④ 可见明清时期江湖艺人在长河一带进行杂耍百戏表演是民间的传统。

那么这些既非传统祝寿题材，又与满蒙之俗不相干的民间杂耍之技，为何会在此时被乾隆帝所重视，并以此为主题作画出现于皇太后万寿图中？我们或可从崇庆皇太后六旬、七旬万寿图中相关杂技表演的画面对比中找到线索。乾隆十六年（1751 年）皇太后六旬《万寿图》中，同样出现了绳伎、舞盘、寻橦、高跷、小戏等表演，但只是零星散落在万寿图的第一、二卷中。⑤ 两版万寿图中，除了技艺本身从质朴单薄到扣人心弦的变化外，还有一本质区别，就是表演者身份的不同。乾隆十六年（1751 年）皇太后六旬圣寿中杂技的表演者，只是普通的优伶歌童，而乾隆二十六年（1761 年）皇太后七旬万寿图中的表演者，则是来自于西域的回人。这也是画中乐伎会以如此隆重形式出现于七旬万寿图中的最根本原因，正如乾隆帝在画中的御题所示：表演之

① 《乾隆二十五年二十六年恭办皇太后七旬万寿查出奏案十九件缮单》（档号：05－0985－032）。

② 阚红柳：《清代太液池冰嬉大典兴衰》，《清代皇家园林研究》第 1 辑，北京联合出版公司，2019 年。徐瑾：《“塞宴四事”诗、画考析与乾隆二十五年木兰秋狝》，《沈阳故宫博物院院刊》总第 23 辑；《清代宫廷绘画中的走马技艺》，《故宫学刊》，2019 年 8 月，总第 20 辑。

③ （明）蒋一葵著《长安客话》、（明）刘侗、于奕正著《帝京景物略》、清光绪朝《顺天府志·京师志》等。

④ （明）刘侗、于奕正，《帝京景物略》卷二，第 76 页。

⑤ 刘潞主编：《十八世纪京华盛景图——清乾隆皇太后〈万寿图〉全览》，故宫出版社，2019 年。

图5　《崇庆皇太后六旬万寿图》中部分杂技表演

人为回人，演绎之伎来自西域回部。（图5）那么这些回部伎艺为何会从遥远西域来到京城上演呢？

三　“回人献伎”被列入清宫燕乐

乾隆二十五年（1760年）元旦的太和殿朝会中，兆惠将军恰从叶尔奇木（叶尔羌）得回部乐，奏送朝中，“因命于大飨所陈诸部末肄之，其器有大小鼓、箫、管、提琴、洋琴之属，其伎有倒喇及承盘转碟之属”。① 从“大飨所陈”可以得知，《胪欢荟景图》中“回人献伎”与《帝京景物略》中所述的杂耍乐伎，虽同为“散乐百戏”，同发生于海淀的长河岸上，却有着本质区别。后者只是民间艺人在庙会中的普通杂耍，前者回部乐伎则自乾隆二十五年起就被纳入清宫“燕乐”，从此“列于殿廷，隶之乐府，与诸蕃乐伎并陈于燕飨”。② 作为服务于皇室的宫廷燕乐，入画皇太后万寿图就具有合理性了。《钦定大清会典事例》中记载了“回部乐伎”的具体表演形式：

① 《清高宗御制诗集》三集卷一《元正太和殿朝会庸作》，台北故宫博物院，1976年，第261页。

② 《清朝文献通考》卷一七五，浙江古籍出版社，1988年。

图6　《回人献伎》图中的乐舞表演

回部乐。凡筵燕，回部司手鼓一人，即“达卜”；司小鼓一人，即“那噶喇”。司胡琴一人，即“哈尔扎克”；司洋琴一人，即“喀尔奈”；司二弦一人，即“塞他尔”；司胡拨一人，即“喇巴卜”；司管子一人，即“巴拉满”，司金口角一人，即“苏尔奈”，皆衣锦面绢里杂色纺丝接袖衣，锦面布里倭缎缘边回回帽，青缎靴，绿绸（縢）膊。司舞二人，舞盘二人，皆衣靠子，上下身锦腰襕纺丝接袖衣。掷倒犬回子四人，皆衣靠子，上下身杂色纺丝接袖衣，戴五色绸回回小帽，余与司乐人同。小回子二人，衣杂色绸面绢里衣，余与大回子同，以上共十八人豫立丹陛下，俟朝鲜国俳乐各伎艺下，即上。先作乐，司舞二人起舞，舞盘人随舞毕，掷倒技上，走索寻橦百戏呈技毕，同下。①

回看《胪欢荟景图·回人献伎》中的乐队演奏，队前有二回人起舞，其旁是舞盘转碟，走索寻橦呈技，都是对会典中“回部乐”文字的真实写照。（图6）那么，“回部乐”为何会被纳入清宫燕乐呢?

乾隆帝认为，国家筵宴虽亦有散乐百戏，但“未尝有骇观惊俗之奇也”，直到“平定西陲回纥内附，献其乐伎，始有寻橦高絙承碗转碟诸戏”。② 再细观《回人献伎》图会发现，乐队演奏并非画中重点，画中描绘得最为传神的是“走索”和“寻橦”表演，它们在乾隆帝的御制诗中被合称为“绳伎”。③ 因此，清宫燕乐中的“回部乐”并非仅为“乐”，而是由“乐”和“伎”共同组成的，恰是以绳伎为代表的“伎”更能体现“回部乐”中“骇观惊俗之奇”的特点，且被乾隆帝所喜。

① 《钦定大清会典事例·嘉庆朝》卷四一四《乐部五》“回部乐”条。

② 《清朝文献通考》卷一七五“散乐百戏”。

③ 《清高宗御制诗集》三集卷一〇《观回部绳伎联句》：“绳伎即古寻橦度索之遗”，第388页。

赵翼《詹曝杂记》中描述寻橦之术：

> 回人则立一木高数丈者，其颠斜系长絙属于地。回人手横一木，取其两头轻重相等，不致欹侧，则步絙而上，直至木之颠，并跷一足，而仅以一足踏于絙，口唱歌，良久始下。真绝技也。①

《清朝文献通考》“散乐百戏”章中，则详细记录了回人走索：

> 回部乐伎，铜绳伎用铜绳一根，径二寸，长一丈余，或用麻绳一根，径二寸，长三丈余，横于架木之上。架木高二丈五尺，又用麻绳一根，斜坠于地拴于橛。一边立桅木一根，高六丈。回人服彩衣，两手执木一根，赤足自地登绳斜上，履绳而走，往返游跃于绳上。既而又服其靴，足掌下加一铜盘，踏铜盘而履绳，亦可往返行之。或去铜盘踏一立木，径二寸许，高五寸许，游于绳上。亦可或履、或行、或跳、或跃、或跨而骑、或坐而起，如履平地。然下立回人一，亦服彩衣，击鼓而喧于下，戏跃既毕，左悬弓，右挟矢，抱桅木而直上至桅顶，地设帽球一枚援弓而射之。②

尽管乾隆帝仍称“回人绳伎”为“俗伎”，却毫不掩饰其对于“俗伎”的喜爱和赞叹。乾隆二十六年（1761 年）的圆明园“上元宴”中，乾隆帝在欣赏完“回部乐”后，特与词臣刘纶、于敏中一起做《观回部绳伎联句》，诗中乾隆帝称回部绳伎一艺而具“勇、智、仁”三善：“戛戛孑孑无挟而造，则近乎勇，其继也。于于徐徐出险而亨，则近乎智，其究也。油油洒洒奉身而退，则又近乎仁。盖一艺而三善具焉。”③

“回部乐伎”被列入清宫燕乐，除因其“奇幻”并被皇帝认可外，还有另一重要原因，就是将征讨或归附部族的乐舞纳入宫廷燕乐，系清代统治者的传统和惯例，其在清宫燕乐中被称为“四裔之乐”。自清太祖始，努尔哈齐平定瓦尔喀部后获瓦尔喀乐，皇太极平定察哈尔获蒙古乐、平定朝鲜获朝鲜乐。自称为“十全武功”的乾隆帝，更是继承并发扬了这一传统。除本文所述“回部乐”外，乾隆帝在平定金川获其乐后，又将其与六世班禅额尔德尼进京朝觐七旬万寿时所献乐舞合并为“番子乐”，乾隆五十三年缅甸投诚内附献其缅甸国乐，平定廓尔喀后获廓尔喀国乐。④ 至于清帝为何要将这些民族乐舞纳入清宫燕乐体系中，乾隆朝官撰的《清朝通志》“乐略”卷中，阐释得十分清楚：“我朝中外一家，化隆道洽远方，藩服之乐登奏殿廷，兹谨备列箭吹诸乐章，以方周礼鞮鞻氏之职掌焉。”⑤ 清帝认为此举既沿袭了周代以来各中央王朝将“四夷之乐”纳入国家燕乐的传统，又是清廷“修其教不易其俗，齐其政不易其宜”民族政策的表现。

---

① （清）赵翼：《詹曝杂记》卷一，中华书局，1982 年，第 21 页。

② 《清朝文献通考》卷一七五，浙江古籍出版社，1988 年。

③ 《清高宗御制诗集》三集卷一〇《观回部绳伎联句》，第 388 页。

④ 《钦定大清会典二·嘉庆朝》卷二九《礼部·祠祭清吏司》条。

⑤ 《清朝通志》卷六二《乐略》。

四 《回人献伎》图绘制的历史背景

“回部乐伎”既与诸藩乐共为清宫燕乐，崇庆皇太后七旬万寿图中为何不选其他，而独以“回部乐”为主题入画？这就与七旬万寿图绘制的时间有关了。前文已述，《胪欢荟景图册》绘制于崇庆皇太后七旬圣寿庆典结束后，即乾隆二十六年（1761 年）十一月底，而在此之前数年中发生了一系列与回部相关的军政大事。乾隆帝将回部的民族艺术，用绘画及诗文的形式高调呈现并流传后世，绝非仅停留在对回部伎艺的欣赏上，其背后更深藏着乾隆帝用军事力量平定回部叛乱，同时在物质及精神层面优渥归附回爵的历史背景。

乾隆二十六年（1761 年）自正月十四至正月十九日，乾隆帝按例在圆明园举行“上元宴”，并于晚间在山高水长处“为外藩朝正锡宴，陈鱼龙角抵”之戏。① 乾隆帝在宴会上除与词臣同做《观回部绳伎联句》，赞叹回部绳伎技艺高超外，还在《上元灯词》中写道：

今年初度玉轮团，傍晚偏欣定紫澜。
已盛悉新于底见，重熙灯节此长安。
西楼又值上元宵，王母楼头佳庆饶。
献寿恰当七襄始，贺正犹萃九瀛朝。
大宛回部各分班，深目于思总忭颜。
列坐赐茶陈百戏，红霞数抹羃西山。
都卢倒刺奇难述，转碟缘绳技毕覃。
谩议侏离杂夷乐，列观诸部取相谙。②

“都卢倒刺奇难述，转碟缘绳技毕覃”，表明这一年上元宴中除“阅健锐营立马技、观烟火”等旧例外，③ 还加入了“回部乐伎”的表演。在上元宴列观杂技乐舞的王公亲贵中，有一群人的身份非常特殊，即乾隆帝诗中所述“大宛回部各分班，深目于思总忭颜”，他们是在平定回部叛乱中，以霍集斯为代表归附清廷的回部望族。

乾隆二十年（1755 年），乾隆帝趁准噶尔内乱之机出兵伊犁，击溃达瓦齐叛军，之后又平定了阿睦尔撒纳的叛乱。乾隆二十二年（1757 年），持续了康熙、雍正、乾隆三朝的准噶尔叛乱得以平定。塔里木盆地周围的回部首领大和卓木布拉呢敦、小和卓木霍集占兄弟曾被准噶尔部扣为人质，清军第一次征准时，大小和卓木趁机逃脱，乾隆帝允许他们继续执掌回部事务。但是大小和卓木却倒行逆施，依附叛清的阿睦尔撒纳，煽动各回城造反。乾隆帝派定边将军兆惠出师征讨，坚决消灭分裂势力，乾隆二十四年（1759 年），大小和卓木出逃到葱岭西部的巴达克山被俘，迫于清廷压力，巴达克山首领将大小和卓木执杀。乾隆二十四年（1759 年）十月，乾隆帝宣谕中外平定回部。平定回部叛乱之所以能够迅速取得胜利，除了乾隆帝坚定的决心，兆惠军兵等的指挥得当作战英勇外，以乌什伯克霍集斯为主的几大回部望族归附投诚，也是加速回部叛乱

① （清）英廉等：《钦定日下旧闻考》卷八一，北京古籍出版社，1985 年。
② 《清高宗御制诗集》三集卷一〇，第 387—388 页。
③ 中国第一历史档案馆编：《乾隆帝起居注》卷二〇，乾隆二十六年正月，广西师范大学出版社，2002 年。

图7 《平定伊犁回部图》册之“乌什酋长献城降”

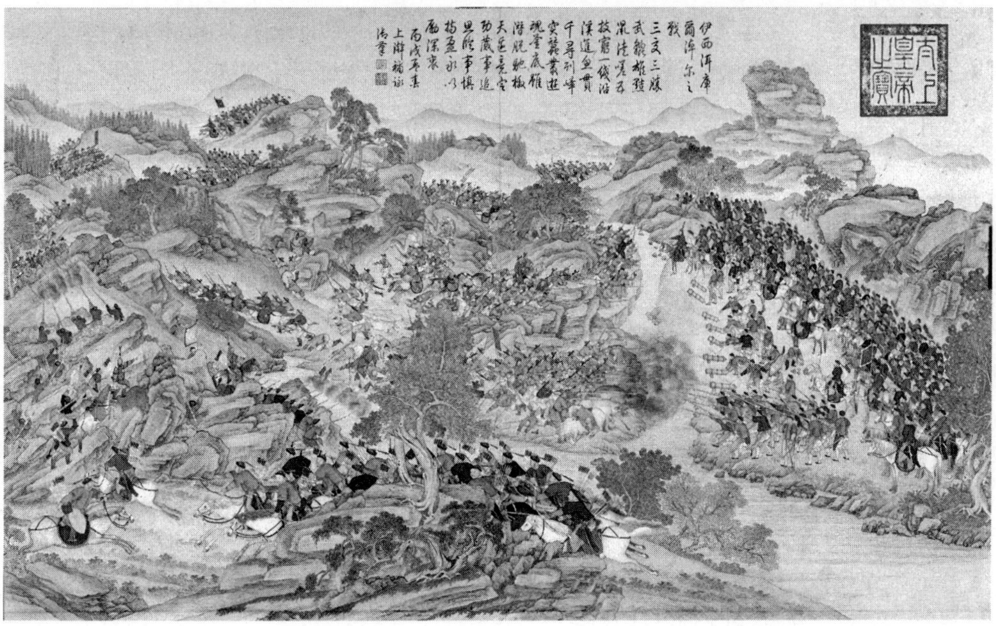

图8 《平定伊犁回部图》册之“伊西洱库尔淖尔之战”

平定的重要原因。

霍集斯，乾隆二十年（1755年）即上表归诚，曾将达瓦齐解送至伊犁清军大营，回部大小和卓木发动叛乱后，霍集斯又受清廷招降。乾隆二十三年，霍集斯欲将投奔至乌什的小和卓木擒获未果，同年兆惠领兵抵乌什，霍集斯迎降清军，并“面陈追擒霍集占之策”，① 继而霍集斯率

① 《清高宗实录》，乾隆二十三年戊寅九月条，中华书局，1985年。

部随兆惠军进攻叶尔羌。乾隆二十四年初，清军被围黑水，其间霍集斯随军奋战，多次退敌。清军在阿克苏休整筹集军马准备与大小和卓木决战时，霍集斯之妻及幼子又捐马四十匹。霍集斯还奉乾隆帝之命率部增援和阗守军，并将绘制的南疆地图送呈乾隆帝参考。七月，大小和卓木逃往伊西洱库尔淖尔，霍集斯等临山招降，降者万余，小和卓部众瓦解。（图7、8）

回部叛乱平定后，如何对待这些归附清廷的回部望族，成为乾隆帝要直面的问题。一方面，这些回部望族利用部族势力在清廷平叛的过程中起到了重要的作用，但“（霍集斯）兄弟子侄，分居四城，其势与两和卓相等”。[①] 他们的家族控制南疆重镇，具有极大隐患。乾隆帝吸取大小和卓降而复叛，“以夷治夷”政策失败的教训，谕“不可听其久留旧地”。[②] 欲将以霍集斯家族为代表的回疆八大望族留居京师，以高爵厚禄优渥之。乾隆二十四年十月，乾隆帝将霍集斯封为郡王，次月下谕：“去年叶尔羌被围，殊为劳苦，此次往巴达克山，亦颇效力，自应加恩，但仍令其居于旧地，究属未便，俟伊到京时，再酌量从优安插。”[③] 恰逢此时，有乌什回人讦告：“霍集斯父子苦累部众，侵渔贡赋”，霍集斯自请“留居京城”，乾隆帝正好借此宣谕：“朕以霍集斯输诚効力，所有过失皆从前陋习，若遽行治罪，心有不忍，但仍令其管辖所属，则上下猜嫌，必不能相安无事……因将霍集斯父子优其廪禄，安插京师。而各城头目亦自知所惩创，悛改旧习。”[④] 迁居京城的回爵除霍集斯外，还有“时辅国公和什克、额色尹，一等台吉玛木特、图尔都、哈什木，二等台吉阿卜都尔玛、三等台吉帕尔萨等，先后入觐，请留京师，统隶蒙古正白旗，视应得俸银，给禄米资赡”。[⑤]

与“回部八爵”一起迁居京城的不仅有他们的家眷、仆役，还有大量来自西域的工匠乐役及其家人。乾隆二十四年乾隆帝就曾命定边将军兆惠。“拣选回子金银匠连同玉石一并由叶尔羌解京”。[⑥] 乾隆二十五年，又令将回子金银匠艺人等家口送往京城，[⑦] 喀什噶尔等处回子艺人、乐手及妻子送往京城。[⑧] 值得说明的是乾隆二十五年五月，乾隆帝还特别命人“询问住京城回子有否会耍鹿、羊把戏者”，[⑨]“查明住京城之回子内无能耍玩鹿、羊游戏者”，[⑩] 而《胪欢荟景·回人献伎》图恰恰出现了“耍羊把戏”，或可推断因皇太后喜好，乾隆帝特从西域寻来“耍羊把戏”艺人送往京城。这些来京的回部工匠艺人，“共编一佐领，著白和卓补授，归内务府管辖。嗣后续到回人，均入此佐领下”。[⑪]《胪欢荟景·回人献伎》图中表演乐伎的回人应是乾隆二十五年前后，从西域迁入并从此居于京城的回部乐工艺人。

“投诚回人”迁居京城后，乾隆帝“于西长安街路南，设回营一所，居之共房百四十有七楹。回营内设办事房，以内府官董其事”进行安置，[⑫] 为满足其宗教信仰，乾隆帝还特别命人于

---

① （清）傅恒等：《钦定平定准噶尔方略》正编卷五一，乾隆二十三年辛卯。

② 《钦定平定准噶尔方略》正编卷六二，乾隆二十三年辛卯。

③ 《清高宗实录》，乾隆二十四年十一月条。

④ 《清高宗实录》，乾隆二十五年二月上条。

⑤ （清）和宁撰，孙文杰整理：《回疆通志·霍集斯列传》，中华书局，2018年，第94页。

⑥ 满文军机处奏折《奏拣选回子金银将连同玉石一并由叶尔羌解京折》（档号03－0178－1788－021）。

⑦ 满文军机处奏折《为将回子金银匠艺人等家口送往京城事呈文》（档号03－0178－1829－021）。

⑧ 满文军机处奏折《奏将在京至喀什噶尔回子乐手妻子护送至京城》（档号03－0178－1828－024）。

⑨ 满文军机处奏折《奏遵旨询问住京城回子有否会要鹿羊把戏者片》（档号03－0178－1823－037）。

⑩ 满文军机处奏折《奏查明住京城之回子内无能耍玩鹿羊游戏者片》（档号03－0178－1823－006）。

⑪ 《清高宗实录》，乾隆二十五年正月下条。

⑫ （清）于敏中：《钦定日下旧闻考》卷七一。

图 9　《塞宴四事图》中预宴的霍集斯等回部首领

图 10　《万国来朝图》中的霍集斯等回部首领

回营之西建清真寺，供其礼拜。对于霍集斯等回部望族，乾隆帝不但在物质上为其封爵赐府，更从精神层面进行怀柔安抚，将其与清廷旧盟蒙古扎萨克同等相待，共同参加清廷国家盛宴。乾隆二十五年（1760 年）八月的木兰秋狝中，乾隆帝特命新归附的回部郡王霍集斯偕辅国公和什克等自京随驾，与蒙古扎萨克王公台吉旧部一起随围执役。（图 9、10）当年除夕日，还命霍集斯

图 11 《紫光阁功臣像》之“霍集斯”

等参加在保和殿举行的朝正外藩筵宴。① 转年正月初二、初六日，为庆祝紫光阁落成，乾隆帝赐满汉文武大臣，蒙古王公台吉等107人宴。回部郡王霍集斯等，叶尔奇木诸回城入觐伯克萨里等，哈萨克罕阿布赉、来使苏尔统卓尔波拉斯等11人与宴。此次紫光阁赐宴，乾隆帝除对列宴功臣依次赐酒，并赉赏有差外，还给予了霍集斯等人封爵赏地外的最高恩遇，将包括霍集斯、鄂对等在内，在平准平回叛乱中立有大功之人绘制的功臣像，张悬于紫光阁四壁。（图11）霍集斯等人虽早已归顺清廷，又在平叛中献计立功，但其毕竟为回人，乾隆帝此时却将霍集斯与傅恒、兆惠等股肱之臣“一视同仁”，列为国之功勋，既是赋予归附回爵极高荣誉，又宣扬了自己的战功与气度。

总之，来自遥远西域的回部乐伎，以单独一开的形式入册《崇庆皇太后七旬万寿图》之“胪欢荟景”，这样重大历史题材的清代宫廷绘画，在展现回部乐舞杂技的艺术表象下却蕴藏着乾隆朝政治军事、民族政策的深刻内涵。其绘制背景与平定回部叛乱、回部乐伎纳入宫廷燕乐、霍集斯等回部望族归附清廷等政治文化事件息息相关，并从另一侧面体现了乾隆帝在处理回部问题上“刚柔并济”“因俗而治”的策略。

对掀起叛乱、背信弃义的大小和卓木坚决以武力镇压，对于归附投诚清廷的回众则施以怀柔政策，但“柔”并非单纯的放纵优渥。在政治层面，对于势力强大的回部望族，以威慑力令其“自请”迁出故地，来京居住，利用高爵厚禄、与皇室联姻等利益进行安抚。将对清廷贡献最大的霍集斯，悬画像于紫光阁内，视为国之功勋。在文化层面，将回部最具民族特色的乐伎纳入宫廷燕乐，列于殿廷，成文御制诗，入画万寿图，使之流传后世。正如乾隆帝所言“国家诸藩向化，方伎毕臻”，“兹既向化归诚，亦使之列于殿廷，隶之乐府，与诸蕃乐伎并陈于燕飨，非徒昭逮下之情，而亦所以示覆帱之广也。”② 以“回人乐伎”为代表的民族艺术，从偏远一隅走向最高等级的国家舞台，并借助国家力量日臻完善，发扬光大流传后世。在外藩朝正的宴会上，少数民族首领与皇帝一同欣赏来自家乡并已被列入国宴燕乐的歌舞杂技，既显示了中央政府尊重边疆少数民族文化的诚意，更说明其地方民族文明已被纳入中央文化体系之中。

（徐瑾：故宫博物院展览部副研究员）

① 《乾隆帝起居注》卷一九，乾隆二十五年十二月。
② 《清朝文献通考》卷一七五。

试述雍正帝宗教器物造办的内容、特点与影响

陶晓姗

内容提要： 雍正帝的信仰是学术界关注较多一个问题。作为最高统治者，他为满足政治统治所需要，公开宣扬佛道合一、儒释道三教同源的理论，并支持鼓励地方上庙观道场的振兴；因个人信仰以及养生祛病需求而进行修行、并举行各类法事。而这些精神层面的追求与要求，需要大量的宗教用具、器物。本文在前人研究的基础上，以《活计档》为主要史料来源，主要从宗教场所陈设、造像制作、个人衣饰、典籍与绘画的制作等方面，对雍正帝如何利用御用造办系统进行各类宗教工艺品的造办情况进行探讨。

关键词： 雍正帝　宗教　工艺美术　养心殿造办处

人们的宗教信仰与精神追求，不仅会体现在言行上，也会落实在相关器物上，特别是皇家在进行个人修行与各类仪典、法事时，需要辅之以各类精心制作的法器、供器、造像与服装饰物等，从而产生相关工艺美术的需求。雍正帝一生崇佛信道，对相关工艺美术的需求一直没有间断。他对宗教信仰类器物的造办，亲自过问，参与设计，态度极其认真。目前学术界从传世文物与《清宫内务府造办处成作活计清档》（下文简称（活计档）等角度，对雍正帝信仰的研究已取得不少成果。如朱家溍先生较早注意到《活计档》中的相关记载，他说："从雍正十一年以后档案中记载'南熏殿'及圆明园'接秀山房'两处，常常在两三日内连续要碴子煤万斤而不记用途。还有档案记载要汞银若干两，亦不记用途。又有打造白金锅，重一百余两；白金盒，重百余两。在累丝作、牙作、玉作制作极其精致的道冠，在织染局做绣花法衣。这些事实连起来看，当是命一些道士炼丹。"① 王子林对《活计档》等史料进行细致梳理，对雍正八年（1730 年）之后雍正帝在紫禁城与圆明园等处设多斗坛的情况进行了详细考查，并就雍正帝服用丹药的历史进行了考证。他认为，雍正帝对道家炼丹有着思想上的极度神往与信任，其服丹药的时间当不晚于雍正四年；雍正帝建造斗坛，并非出于道教信仰，而是由于治病的原因；而雍正帝的病，是嗜好丹药而导致的一种精神上的幻觉症。② 罗文华《紫禁城太和殿所供符板及其宗教思想研究》、③ 王跃工《雍正朝宫廷藏传佛教史实中的几个问题》，④ 则对雍正帝藏传佛教修行等问题进行了考述。

本文试图在前人研究的基础上，全面梳理《活计档》相关史料，从场所陈设之供器法器、宗教造像、服装饰物、着重探讨世宗进行宗教类器物造办的内容、特点与影响，以期抛砖引玉，并就教于方家。

---

① 朱家溍、朱传荣选编：《养心殿造办处史料辑览·前言》第 1 辑，故宫出版社，2013 年，第 8 页。

② 王子林：《雍正帝所建斗坛与烧丹考》，《故宫学刊》2014 年第 2 期。

③ 罗文华：《紫禁城太和殿所供符板及其宗教思想研究》，《故宫博物院院刊》2009 年第 5 期。

④ 王跃工：《雍正朝宫廷藏传佛教史实中的几个问题》（上下），《故宫学刊》第 19、20 辑，2019 年。

一 主要内容

宗教信仰需个人依照各种清规戒律，在一定的场所进行修炼修行。修行者则根据各自的财力、物力，对这些场所的各类礼器、乐器、法器以及配套的器物进行陈设与装饰。而皇家拥有雄厚的财力和强大的器物制作能力，其宗教场所的装饰自然为民间所不可企及。仅就《活计档》所载，雍正朝造办宗教类物品所涉机构，除皇帝御用的养心殿造办处外，还有中正殿造佛处、圆明园造办处、雍和宫、织染局、江南三织造等，构成了一个御用器物的造办系统。这也是雍正帝造办宗教类品主体力量。雍正帝传旨制作的各类宗教工艺品中，以供器法器、服冠衣饰、各种造像、典籍与绘画为主，下文依次述之。

（一）供器、法器制作

养心殿造办处常据旨成做各类宗教类器物，其中藏传佛教七宝、八宝以及香炉、蜡阡、花觚等供器，是雍正帝经常传做的种类。七宝八宝在雍正朝初期用来在养心殿、圆明园佛堂供奉，后来兼用于对蒙古、西藏的高级别赏用。如雍正二年十二月十七日：

郎中保德持出七宝八宝样十三件、大银碗一件，传旨：照此样将大七宝八宝做二分，小七宝八宝做二分，其座子用银做顶子，旧金做座，上安番草边；中心圆光烧珐琅番草边，面上或嵌宝石或烧珐琅片，尔等酌量做；其番草边做金的；再将葫芦璎珞做二对；吊挂夹间花朵用松石、玛瑙、珊瑚、碧玉等件做；再向银库查有小圆珍珠即用珍珠穿，若无或用玻璃珠、或用面松珍珠，尔等酌量穿。其腰花样有更改之处改。上下玻璃光内字画，拟画样呈览。钦此。于十二月二十日郎中保德等拟得葫芦璎珞上玻璃光内画样一张呈览，奉旨：照样准做，钦此。于十二月三十日将原交七宝八宝十三件样、大银碗一件，交首领程国用仝催总张自成持去，交中正殿喇嘛太监德毋器收，讫。于三年九月二十九日做得大七宝八宝二分，小七宝八宝二分，珐琅火焰光十三供二分，葫芦璎珞二对，员外郎海望呈进。奉旨：大七宝八宝二分、珐琅火焰光十三供一分、葫芦璎珞一对，送至圆明园佛堂内供；小七宝八宝二分、珐琅火焰光十三供一分、葫芦璎珞一对，留在养心殿佛堂内供，钦此。①

雍正帝虽拿出了七宝、八宝的“样”给养心殿造办处，但他还是强调了细节性的要求，特别是要求银、旧金、松石、玛瑙、珊瑚、碧玉以及珍珠等材质的具体运用，这既暗合了佛之七宝材质，同时也考虑到这些材质所呈现的金、银、蓝、红、白、绿的色彩，其思虑周全，可见一斑。在雍正八年之后，雍正帝多次要求制作斗坛陈设所用的各类供器与法器。如：

雍正八年十月十四日，据圆明园来帖内称：内务府总管海望将造办处备用十供一分呈览，奉旨：着在养心殿西暖阁斗坛内陈设。其内佛衣再做绣的一件，得时换上。水晶珠不必用。桌上另做一紫檀木座，座上安一挑杆，上挂好数珠一串、或用珠子亦可。将水晶珠另配

① 中国第一历史档案馆、香港中文大学：《清宫内务府造办处档案总汇》第1册，人民出版社，2005年，第360—361页。该书以下简称《总汇》。

一高些架子，朕另用，钦此。

于十月十八日圆明园造办处该班司库达善着柏唐阿黑达子送来六年七月初八日送去、四年八月初八日奉旨着做的十供一分，计开：

香：系沉香山子紫檀木座子一件；

花：系象牙茜色花一束、随白玉瓶一件、紫檀木座一件；

灯：系铜烧古见镀金蜡台一件，上安象牙茜红色蜡一枝；

图：系亮白玻璃有盖图一件、紫檀木座一件；

果：系珐琅果托一件、随紫檀木座，上安紫檀木画金花元碟一件；

茶：系紫檀木边、黄杨木心、画金花敞口匣一件、随红漆桌一张；

食：系白玉碗一件、随红漆桌一张；

宝：系铜镀金八宝假红蓝宝石地景、白端石盆一件、红漆桌一张；

珠：系水晶元珠随彩漆座一件、红漆桌一张；

衣：系黄缎画五彩龙衣一件、红漆彩金箱一件、盛装红漆桌一张。

于本月二十二日将十供内珠分位，换做得呆绿玻璃念佛装严数珠一盘，上有珊瑚佛头四个，松石塔一个，珠子记念三十个，白玉豆一个，墨晶豆一个，珊瑚银锭一个，镀金铜敖七里一个，铁鋄银钱一个，鹅黄辫子，随紫檀木座黑漆挑杆一件，并其余十供九份，员外郎满毗带领柏唐阿富拉他持进，陈设在养心殿西暖阁斗坛内讫。于十二月十七日将水晶珠一件配得紫檀木架一件，内务府总管海望呈进，讫。①

据引文可知，此十供一共做了 11 份。雍正帝所要求做的供器、法器等物，所涉及的工艺多样，需由养心殿造办处木作、镶嵌作、漆作、牙作、珐琅作，铜作、杂活作、绣作等多作坊配合完成。这些供器除供皇帝需求外，也配合礼部用来赏赐曲阜孔庙等。雍正二年（1724 年），孔庙大成殿因大火不存，雍正帝下旨重建，并准许以仅次紫禁城太和殿的规格进行建造，“凡殿庙制度规模，以至祭器仪物，皆令绘图呈览，朕亲为指授”。② 雍正八年，大成殿重修完成。目前，山东曲阜孔子博物馆仍保存“大清雍正庚戌”（雍正八年）款祭器 154 件，③ 不过这批祭器的制作在《活计档》中并没有记载，应是由礼部所做。雍正帝亲书大成门、大成殿匾额与联对：

雍正八年正月二十六日，据（入铜作）圆明园来帖内称，本月二十五日宫殿监副侍苏培盛交来孔庙御笔“大成门”匾额字一张、“大成殿”匾额字一张，大成殿“德冠生民溯地辟天开咸尊首出，道隆群圣统金声玉振共仰大成”对一副、大成门“先觉先知为万古伦常立极，至成至圣与二间功化同流”对一副。传旨：着做铜镀金字龙匾对，钦此。④

雍正十年三月，本月十一日内大臣海望口奏造办处所造孔庙匾额、对联、珐琅供器等件俱已告成，今派何员送往之处请旨……奉旨：依议，钦此。钦天监选得三月二十四日送匾上吉。于三月二十四日将旧存造成御笔“大成门”匾一面、对一副，大成殿匾一面、对一副、黄地珐琅五供一分（随香几五件、石座木样五件），员外郎满毗交翰林院侍读学士吴拜、内

① 《总汇》第 4 册，第 600 页。

② 《钦定大清会典》卷四三七《礼部・中祀・阙里祀典》，光绪二十五年内府刊本。

③ 俞珊瑛、布明虎：《曲阜孔庙雍正八年祭器研究》，《故宫博物院院刊》2020 年第 8 期。

④ 《总汇》第 4 册，第 297 页。

图 1 雍正朝黄地缠枝牡丹纹五供

务府广储司司库李之纲领去，讫。①

可见，雍正十年送往孔庙安放诸物系养心殿造办处所做。其中，雍正款画珐琅黄地缠枝五供，体量硕大，画工精美，是现存唯一一套雍正朝大尺寸画珐琅五供（配座不存）。（图 1）因雍正八年地震时，寿皇殿、养心殿、恩佑寺以及多处陵寝等陈设的珐琅供器损坏严重，尤其是寿皇殿所用画珐琅五供制成仅一年，就在地震中损坏。这使雍正帝设想各处供器永远平稳之法。海望则奏称："各处供奉珐琅供器，虽系贵重之物，不能永远坚固。今用宣铜仿古制花纹成造供器。"这一思路得到了皇帝的认可。不过，结合雍正八年之后的供器造办档案来看，当时还多次使用了木胎漆器，珐琅工艺虽也在使用，但尺寸都有收小，并且更多地采用了掐丝珐琅工艺，画珐琅在大型供器上的使用明显减少。因此，孔庙这组大型画珐琅五供，对于了解雍正朝画珐琅供器的造型、技法与装饰细节，都具有弥足珍贵的参考价值。

（二）造像制作

前引档案中，都有关于造办处制作各类造像的记载。因清代皇帝与藏传佛教之间关系密切，清初宫廷造像就已成为宫廷工艺美术中的重要内容，康熙朝由中正殿造佛，除皇家供奉之外还有赏赐之用。雍正元年，新设传心殿造佛处："雍正元年二月十五日，郎中保德奉（入记事录）怡亲王谕造佛之处奏准。奉旨：'着在传心殿内成造。选定自本月二十一日起工。至于时辰，俟朕见了他们再说。先着梅卓强八格去看地方，酌量收拾。尔等将柏唐阿亦派二名，一同料理。钦此。'""本日，郎中保德奉怡亲王谕，造佛处着柏唐阿硕塞三音保协理监造，遵此"。② 由此，皇家造佛主要由内务府中正殿、传心殿两处成作。但从档案记载看，皇帝供奉的佛像虽有造佛处的喇嘛匠师参与制作，却有不少造像是由养心殿造办处以皇帝指定的造像或造像的蜡像为模型进

① 《总汇》第 5 册，第 575—576 页。

② 《总汇》第 1 册，第 17 页。

行制作的。如：

> 传旨：养心殿佛堂内有供的铜胎旃檀佛一尊，此像甚好！吗呢格龙喇嘛拨的蜡样。传与保德海望，仍照着此喇嘛照样拨蜡铸造一尊。钦此。①
>
> 奉旨……佛龛两旁照旃檀寺内供的旃檀佛两边站立阿傩迦叶样式，成造二尊。着拨蜡的喇嘛收小些拨蜡。②
>
> 传旨：照雍和宫现供关夫子像，着拨蜡喇嘛拨蜡样一尊；再照圆明园健阁现供关平、周仓像配合关夫子法身，亦拨蜡二尊呈览，钦此。③

可见当时中正殿造佛处与养心殿造办处，均可成造斗母、菩萨、旃檀佛、韦驮、关帝、关平、周仓等多种塑像。在雍正帝50岁万寿时，怡亲王、信郡王与造办处官员专门制作一龛佛像进呈："雍正五年正月二十三日，郎中海望启称，怡亲王今年万寿呈进活计内，欲做无量九尊一龛等语，奉王谕：准做，遵此。"④ 此项活计未用官钱粮，系怡亲王、信郡王同造办处官员人等恭进。于十月二十九日做得无量九尊紫檀木龛一座，上嵌珊瑚珠、珐琅镀金项白斗珠、珊瑚扣珠、璎珞铜镀金宝盖红宝石坠角20个，栏杆上铜镀金项8个，毗卢帽上嵌云母寿字1个、两边嵌金珀青金石万字2个、云母金珀珊瑚夔龙4条，束腰上嵌金珀衬色寿字31个、下层嵌金珀衬色夔蝠5个，玻璃门内糊黄片金、里画洋金玻璃背光，内供铜胎渗金佛9尊，各随黄色绫佛衣、垫子。这九尊一龛的群像，材质为铜胎渗金，配合的衣饰、佛龛极其讲究，除常见的珊瑚、金珀、云母、青金石、紫檀、红宝石等珍贵材料之外，时兴的珐琅、玻璃以及雍正帝喜爱的洋金等工艺都应用其中，可谓各色珍宝、东西技艺集聚于一龛，是一份华美的寿礼。

雍正中后期，关帝造像也成为养心殿造办处造像的重点。关帝信仰，原取其忠义，只属于民间信仰，后在发展的过程中，儒释道三教都吸收关帝作为其组成部分，清代对关帝信仰也有不断加强的趋势。顺治九年，关帝被敕封为"忠义神武关圣大帝"；雍正朝对关帝更加推崇，雍正五年甚至追封其三代，雍正帝还专门撰有《关帝庙后殿崇祀三代碑文》。从《活计档》看，雍正七年至十三年，雍正帝不断要求造办处成作关帝造像，掀起了关帝造像的高峰。（表1）从表中可以清晰地看到，关帝形象是以紫禁城位育斋、雍正宫和景山的关帝造像为原型，并从雍正十一年起，由最初的单神像向一神二从、一神六从、一神骑马六从的群像发展。雍正帝还将造像送往雍和宫供奉。有观点认为，乾隆朝雍和宫的关帝供奉，对藏传佛教吸纳关帝信仰有着重要作用与影响，但是通过相关档案的梳理，不难发现这种作用与影响可以追溯到雍正朝。

① 《总汇》第3册，第16页。

② 《总汇》第3册，第176页。

③ 《总汇》第5册，第833—834页。

④ 《总汇》第2册，第581页。

表 1 《活计档》中雍正朝关帝造像明细表

序号	时间与作坊	旨谕	后续
1	雍正七年二月十五日，铜作	传旨：位育斋内供的观音菩萨一尊、韦陀一尊、关夫子一尊，照样铸造一分，送往圆明园，供在佛楼，钦此。	于八年二月二十四日，郎中海望为大悲菩萨一尊、韦陀一尊、关夫子一尊装藏事奏闻，奉旨：本月二十七日是好日期着土官胡涂图装藏，钦此。 于本月二十七日，土官胡涂图赴造办处装藏，讫。于八年二月二十九日，将造成菩萨一尊、关夫子一尊、韦陀一尊。催总常保请赴圆明园佛楼供讫。
2	雍正十一年四月十四日，雕銮作	据圆明园来帖内称司库常保首领太监萨木哈来说，太监沧州传 旨：着照位育斋现供之大悲菩萨像，成造十份，选择吉期奏闻成造。俟得时，雍和宫供献一分，钦此。 于五月二十日据圆明园来帖内称，司库常保首领太监李久明、萨木哈奏称，为成造大悲菩萨十分，据钦天监择得本月二十日未时成造吉等语奏闻。奉旨：着陆续成造，钦此。	于十二年八月十四日，将造成大悲菩萨十一份、叶师坛城三份，并钦天监选择吉日，司库常保奏闻。奉旨：雍和宫供一份，其十分并叶师坛城三份，交总管太监李英请旨，钦此。 于十二年八月十九日，总管太监李英传旨：着将造成大悲菩萨于本月二十二日卯时雍和宫供一分、万寿寺供一分、拈花寺供一分，再贤良寺俟庙宇造完之时供一分，再报恩寺、崇福寺二处俟织造海保进京之日交给海保请去二分供献钦此。 于十三年正月二十四日，柏唐阿六达子李六十将报恩寺崇福寺二处供献菩萨二尊、韦驮二尊、关夫子二尊、龛二座、供柜八个、供桌二张、铜炉二件，随座黄铜梅花蜡阡二对，俱交海保家人六十五请去，讫）
3	雍正十一年九月初九日，入铜作	圆明园来帖内宫殿监副侍李英传 旨：照雍和宫现供关夫子像，着拨蜡喇嘛拨蜡样一尊；再照圆明园健阁现供关平、周仓像，配合关夫子法身，亦拨蜡样二尊呈览，钦此。	于十月初十日，据圆明园来帖内称拨得关夫子蜡样一尊、关平蜡样一尊、周仓蜡样一尊，司库常保首领太监萨木哈请进呈览。奉旨：照蜡样用汞金造关夫子一尊、关平周仓各一尊再用沉香亦造关平、周仓各一尊，钦此。 本日，司库常保首领太监萨木哈持出汞金二百六十（六）两，系库法，记此。 于十月十九日，据圆明园来帖内称司库常保首领太监萨木哈持出汞金六十八两，系库法。记此。 于十月二十二日，据圆明园来帖内称宫殿监副侍李英交汞金十四两七钱，系库法，记此。 于十二年二月十一日，照样做得汞金关夫子、关平、周仓各一尊，沉香关平、周仓各一尊。司库常保首领太监萨木哈呈进讫。

续表

序号	时间与作坊	旨谕	后续
4	雍正十二年正月初七日，入杂活作	奉旨：着做供关夫子、关平、周仓安象牙栏杆地平一件，前面安褡踩。画样呈览。再五供之内有八供可照八供样式做一件，随玻璃罩，珐琅碟。再将掐丝珐琅海灯做一分，其盖不必做腰圆，钦此。	于十二月二十一日，做得楠木胎玻璃罩一件、掐丝珐琅海灯一件、泥银黑漆地平一件、随褡踩。司库常保首领太监萨木哈呈进讫。于十三年四月三十日，做得银累丝八供一分，司库常保首领太监萨木哈、李久明呈进，讫。
5	雍正十二年二月初十日，入杂活作	宫殿监副侍李英传旨将景山东门内庙里供奉骑马关夫子像，着照样造一分，其像要如意法身高一尺六寸，先拨蜡样呈览，准时再造。钦此	二月十七日，太监王守贵交来金一百五十六块（重六十二斤）传（入杂活作）旨交给常保造关夫子用，钦此。 于三月初十日，拨得蜡样关夫子一尊关平周仓从神等六尊宫殿监副侍李英首领太监萨木哈呈览奉旨（同下引文，略） 三月二十六日，据（入杂活作）圆明园来帖内称首领太监李久明萨木哈来说宫殿监副侍李英交汞金大小四□□块重一千五百二两（系广法）传旨：着将此汞金铸造骑马关夫子从神等一分，钦此。
6	雍正十二年四月初一日，入杂活作	传旨：着照拨腊样关夫子之像，将香胎、漆胎、增胎，各造一分，俱上颜色。记此。	
7	雍正十二年四月初三日，杂活作	内大臣海望奉旨北门内东边双旗杆庙，原谕名三圣庵，今改名关帝庙，尔传与常保着照现拨蜡之关夫子造一分，配龛，供在此龛内，做流云，将神像供在云端之上。其龛并流云如何配做之处，画样呈览。钦此。	于四月二十日，做得神像烫胎合牌龛样一件，司库常保呈览。奉旨：着照样准做。常保随奏称造办处现造关夫子像四分，或在此四分内供一分，或另造一分供奉之处，请旨。奉旨：着现造四分之内供一分，钦此。本日内大臣海望着将神像流云造办处造，其龛、供桌、五供等件令工程处造，遵此。于七月初六日，做得流云龛骑马关夫子一分司库常保持进安供讫。
8	雍正十三年二月十三日，杂活作	传旨：着照紫檀木葫芦龛内长寿佛尺寸造关夫子一分，下配流云座，先拨蜡样呈览，准时再造。钦此。	于三月二十四日，拨得蜡样流云骑马关夫子一尊，随从神六位小样一分，宫殿监副侍李英首领太监萨木哈呈览奉旨照样准做同汞金照造一分，钦此。 于十一月二十四日，将造成永金骑马关夫子一分，随紫檀木座。宫殿监副侍李英呈览。奉旨：着供在雍和宫，钦此。 于本日，将汞金关夫子一分，交柏唐阿六达子请去供在雍和宫，讫。

（三）服冠配饰制作

宗教修行，需要一些相关的配饰，如数珠、手串、冠巾、法衣、道袍、法衣等物件。这些物品在雍正朝都有大量的制作，尤其是以数珠、道冠、道袍的制作在《活计档》中记载的数量较多。

1. 数珠制作

数珠，可分为佛教之佛珠、道教之流珠，原为修行计数之用，其体量较小，随身携带，所用材质多样。如佛珠可将金银、珍珠、珊瑚、青金、砗磲、玛瑙、琉璃等佛之七宝材质应用其中，除相应的宗教象征意义之外，也极富装饰性。清代礼制中，与朝服相配的朝珠，即衍生于佛教之念珠。雍正帝经常下令大量制作“上用”“赏用”装严的珠串、念珠、手串，如：

> 初五日，太监杜寿交来（入玉作）玻璃珠大小三百三十九个（锦匣盛）巴尔撒木香珠九串（计壹千二百八十三个、珊瑚珠八个、随锡盒盛）、白玻璃珠二串（计二百零三个）。传旨：着配赏用念佛装严，钦此。
>
> （同日）太监杜寿交来（入玉作）珊瑚珠一串（计一百二十二个蓝锦圆盒一件）、珊瑚佛头二十个、金丝伽楠香珠一串（计一百零八个银圆盒一件）、金丝伽楠香珠三串（每串计一百零八个银圆盒一件）、沉香念佛珠数珠一盘（蜜蜡佛头四个记念三十个塔一个）、龙眼菩提珠一串（计一百零八个）、穗子十一串（内十串，每串计一百零八个，随穗子记念十个、玛瑙珠四个，一串计一百三十个，黑漆匣一件）、草珠一串（计一百十一个）、蜜蜡珠二串（每串计一百零八个，锦盒二个）、避风石珠一串（计一百零八个、黑漆圆盒一件）、金星绿玻璃珠一串（计一百零八个、内八个有惊璺、绿锦盒盛）旨：着配上用装严以备赏用，其圈口大的配朝装严，圈口小的配念佛装严，钦此。①

这里，雍正帝要求以“配上用装严以备赏用”，是以提高珠串装配规格来赏赐王公大臣，以示加恩之意。同时也可以看出，朝珠与佛珠之间是以圈口大小进行区别。此例中所用“东珠”“鹅黄辫子”，表明此数珠装严即为典型的御用装严。一般来说，珠子本身的珍贵稀有程度，决定了装严时所采用的纪念、背云、夹间珠等配件的等次，如：

> 雍正十三年闰四月十五日据（入玉作）圆明园来帖内称，官殿监督领侍苏培盛交菩提数珠一盘、椰子数珠一盘，传旨：着问常保、萨木哈，此菩提数珠甚好，为何配做假装严？钦此。常保等随奏称，先前真装严、假装严俱曾做过。此样好数珠配做假装严，原系（奴才）做错了。再苏培盛等传旨：椰子数珠为何不配做假装严、反配做真装严？又回奏：奴才）等嗣后小心配合装严等语奏闻。奉旨：着伊等嗣后小心配做，钦此。②

---

① 《总汇》第1册，第684—685页。

② 《总汇》第6册，第655—656页。

从中可以看出，雍正帝对数珠配做有着严格的要求。

2. 道冠制作

雍正帝下旨制作的道冠，材质有玛瑙、玉、砗磲、金累丝、漆木、青金、水晶等8种。此外还“传旨：着将道冠象牙、填巴尔撒木香的、玻璃的、蜜蜡的、银母的、玳瑁的、龙油珀的、攒凑珊瑚，九龙的、五龙的、花式的、漆的，各做些，随簪。钦此”。① 所用材质另有8种、图案3种，仅此一项即需造养心殿造办处牙作、镶嵌作、漆作、玻璃作成作。那么，其中的“花式”是指什么呢，从另一则记载或可找到答案，档案载：

> 雍正十年三月初三日，做得交（牙作领催传有漆作柏唐阿六达资、镶嵌作领催潘义明、玻璃作司库三音保抄去）黑漆画五岳图月牙形道冠木样一件、黑漆画番花道冠木样二件、红漆画五福捧寿道冠木样一件、象牙雕刻道冠木样一件、象牙填巴尔撒木香月牙形道冠木样一件、玳瑁镶嵌福寿道冠木样一件、呆绿玻璃道冠木样一件、香色玻璃道冠木样一件、红漆画双喜月牙形道冠木样一件、象牙雕刻番花月牙形道冠木样一件、象牙填巴尔撒木香道冠木样一件、象牙茜绿镶嵌五岳图道冠木样一件、呆黄玻璃道冠木样一件、葡萄色玻璃道冠木样一件。司库常保、首领萨木哈持进，转交太监沧洲呈览。奉旨：黑漆月牙形道冠上五岳图花纹画的甚粗，往精细里画，余者准做。花纹亦要往精细里做，钦此。（此笔应归于二月十六日原传一处）②

从中可见造型以月牙形为主，图案即“花式”以五岳图、番花、五福捧寿、福寿、双喜为主。而在颜色上，漆质以黑地、红地为主，另有象牙之白色、茜色，玻璃之呆绿、香色、葡萄色。这些道冠的具体造办细节都没有保存下来，不过关于一种“金累丝莲花九九曜星官道冠”造办所用工匠、银粮、物料的珍贵信息，却在雍正朝养心殿造办处的库票中保存下来。此种道冠的事由为：

> 雍正十一年（累丝作）四月初七日据圆明园来帖内称，太监沧州交莲花式九曜星官道冠一件（随镶白玉象牙簪一枝），传旨：照样金累丝道冠作一件，钦此。（于九月二十七日将原交出莲花式九曜星官道冠一件，随镶白玉象牙簪一枝，太监王进孝持去，交太监沧州，讫。）（于十月二十八日圆明园来帖内称本日做得金累丝莲花式九曜星官道冠一件，随镶白玉象牙簪一枝，司库常保首领太监萨穆哈呈进，讫。）③

此项道冠的起讫时间为：雍正十一年四月初七日至十月二十八日。现据库票的内容，将相关信息梳理列表如下：（表2）

---

① 《总汇》第5册，第224页。
② 同上书，第233—234页。
③ 同上书，第14页。

表 2　　雍正十一年“金累丝莲花九九曜星官道冠”造办细节表

库票编号	时间	作坊	工匠	银两与物料
（暂）指字八十二号	五月二十四日	累丝作	外雇累丝匠	今暂领本库银伍两□
（找）领修字五十二号	七月初七日档子房(保常)发	累丝作	外雇累丝匠吴朝相	共做过玖拾陆工，共银拾柒两二钱捌分。除先五月廿四日领过银伍两外，今找领拾银拾二两贰钱捌分（李元）查收。本日五格领银十二两二钱捌分（武格 李元）
买永字乙百号	九月十六日	镀金作		买火焇壹斤（合银叁分伍厘）、白矾贰斤（合银叁分）、盐贰斤（合银贰分肆厘）、碱捌两（合银壹分贰厘）、黑矾半斤（合银柒厘伍毫）、梅子叁斤（合银壹钱玖分贰厘），共享银叁钱壹厘伍毫□（李元），查收本日（王得俊）领银三钱○五毛，（四达子官保）发，以上用本库材料照数发给交（花善）
买永字一百二十二号	九月十九日	累丝作		买翠贰拾个，用银贰两贰钱□，李元查收。十九日，（徐老格）领银贰两贰钱，（四达子）发，以上用本库材料照数发给交（五格）
永字乙百号	九月十六日	镀金作		为梅炸金累丝九曜星官道冠壹件，用台连纸伍张，□李元查收。本日（王得俊）领台连纸五张，（李元官保）发
永字乙百八号	九月十六日	牙作		用象牙（见方叁分长伍寸柒分）壹块，李元查收，十七日（东存）领象牙玖钱五分
永字一百九十八号	九月二十八日	匣作		为做盛原样莲花式扫金明九曜星官道冠匣壹件，用锦见方陆寸陆分壹块，长贰尺柒寸宽柒寸壹块，红杭细见方陆寸陆分贰块，长贰尺柒寸宽柒寸壹块□，李元查收

可见此道冠之金累丝工艺部分是由外雇匠吴朝相制作，共耗时 96 工，工银 17.28 两；累丝工艺完成后，再由镀金作镀金，所用物料合银 0.315 两；累丝作为装饰此道冠买翠 20 个，用银 3.22 两。以上用银共计 20.815 两。此外，另有金丝、象牙、配匣等物的消耗。可见雍正帝制作此类器物时不惜工本。

3. 道教法衣制作

《活计档》中关于雍正帝制作法衣的记载，是雍正八年十月二十八日一则记录：

太监张玉柱传：旨着照府内持来大红道衣做一件，再将黄纱心绿纱边做一件，赏娄金垣。再照法衣式样、其花样问娄金垣指花样绣一件，赏娄金垣，钦此。（于九年六月初一日做得绣黄缎法衣一件、绣黄纱边绿纱心法衣一件，司库常保交太监张玉柱收讫于十一月初一

日做得绣红缎九龙法衣一件，司库常保持去赏法官娄金垣，讫）①

这里出现的娄金垣，即道人娄近垣。王子林认为娄氏于雍正八年十月十五日后，为雍正帝设坛礼斗，皇帝认为“其至诚默感，确有灵应”，肯定了娄金垣的法力，又认为其“秉性忠实，居心诚敬”，赐以四品龙虎山提点司，钦安殿主持。② 而在赐官之外，从《活计档》中还可见雍正帝赐其瓷器、匾对，并为其专门成作法衣、道冠等物，以示恩宠。

雍正帝下旨成作的道袍法衣，其工艺除上例绣花之外，还要求使用以缂丝工艺：“雍正十年十月二十三日，（另入记事杂录）圆明园来帖内称，十月十三日司库常保首领萨木哈来说宫殿监（督领侍苏培盛副侍刘玉）交刻丝法衣一件、红缎道衣一件。传旨：着交苏州织造处，照样做刻丝法衣十件、红缎道衣五十件，钦此。”③ 这些法衣、道衣交苏州织造做缂丝工艺，而且成作的件数较多，极有可能为赏赐备用。

（四）典籍、绘画制作

对于先贤往圣的经典进行研读与宣扬，也是宗教信仰的重要内容之一。有清一代，曾用各种材质对佛教、道教之典籍进行制作、装裱，以示尊崇。从《活计档》看，雍正帝曾要求对赵孟頫金书《道德经》《善才童子五十三参》进行托裱。④ 又要求用玉石做《金刚经》：

雍正九年五月初四日，内务府总管海望将做得烫胎合牌玉石金刚经样一件，呈览，奉旨：照样准做，字着戴临写，钦此。内务府总管海望随奏称：造此所用玉石，用银库收贮石子内选取。若全用食粮匠役砣做，惟恐一时难得，今欲用外雇匠役砣做，约合用工价银八九百两。或用造办处银两，或用圆明园库内银两之处，请旨等语奏闻。奉旨：着用银库玉，其工饭银两动用造办处银两造办，钦此。（于十年九月初五日做得碧玉金刚经五十二片，石匣盛，领催周维德持去安在昌运官，讫）⑤

据相关档案统计可知，此《金刚经》除用碧玉之外，还使用宝砂1800斤。制成之后，雍正帝要求另外制作松花江石匣、飘带式铜镀鑫箍二道经套及妆缎袱子各一个，用以装盛，此项活计共耗时16个月。必须要指出的是，当时通往新疆的玉路尚未打开，玉材的获得极为不易。雍正朝养心殿造办处玉作所成作的活计多以玛瑙、水晶、松花江石为主，玉质活计则以对旧玉的改造为主，鲜有大宗玉质活计。而此52片碧玉《金刚经》，所用为内务府银库所存玉石，而类似的玉片活计，还只见用于雍正帝生母乌雅氏的谥册与赏用地方娘娘庙两处。所以，此碧玉《金刚经》当是雍正朝玉器的代表作品，其价值亦不能用工银、料银来估量。

同时，《活计档》中也载有雍正帝要求绘制宗教画的记录：

雍正九年六月十七日，据圆明园来帖内称，五月二十八日内务府总管海望奉上谕：祖坦

① 《总汇》第4册，第603页。

② 王子林：《养心殿与雍正帝炼丹之迷》，《紫禁城》2014年第4期。

③ 《总汇》第5册，第324页。

④ 《总汇》第2册，第53页。

⑤ 《总汇》第5册，第518页。

> 捧进的八轴画像，俱用黄绫托表；其像内紫阳真人吕祖像，着芰荷香画画人照脸像画，衣折不甚妥协，不必照样画。再查画像斗母、团城，现在何处供奉？有几分？系何人画的？查明回奏。钦此。（于十三年十一月二十五日，将画像八轴司库常保首领萨木哈持去交太监毛团呈进讫）①

此例中，可以看出雍正使用的是圆明园芰荷香画画人，要求绘制的是道教吕洞宾像，他所查找的斗母像后来也再次绘制。他还专门下旨要画画人金玠画章嘉胡图克图像。此外，“雍正十二年十二月十九日，太监郑爱贵交（入舆图处）娑婆界日月须弥三界图一轴。传旨：照此图样收小些，画一张。此图上所画天界内之房屋，不必画；其余流云、层次、字样俱照此样式画，只要容得下，钦此”。② 要求舆图作来仿做“娑婆界日月须弥三界图”，显然是根据此图的特点来决定的。

综上所述，雍正帝为了其宗教信仰与精神追求，利用以养心殿造办处、中正殿造佛处、圆明园造办处、江南三织造等多个造办机构，协作制作了大量的宗教器物。这些器物在他亲自过问下成造，要求严格，还专门下旨说：凡交尔等造佛之事务，要恭敬。洁净供奉，虔诚办理。钦此。”③ 对宗教场所陈设之物，雍正帝留心检视，对不妥之处要求造办处改进。如雍正八年正月二十九日，郎中海望奉旨：

> 朕看得各坛庙供奉的屏风、宝座造的甚糙，颜色亦不鲜明。奉先殿供的屏风，朕看得微觉窄小，若可以往宽处放得去往宽里放些。况乾清宫朕坐的宝座尚且精细，各坛庙供奉的屏风宝座理合尤为慎重。朕去年曾向三泰降过谕旨，着伊说与尔等重新换做，伊竟不曾转传尔！可问三泰，将各坛庙所供屏风宝座查明数目，酌量另行画样呈览，准时选洁净地方，或如何赏给匠役饭食、另换干净衣服、各秉诚心精细办造之处，定拟奏闻办造，钦此。④

他要求将各坛庙的粗糙的屏风、宝座等陈设按皇帝使用的标准，精心重造。为了让匠役秉诚心精细制作，还要求造办处与内务府承担起他们的饭食与衣物，而不是苛责催促。

二 特点

如上所述，养心殿造办处所制作的大量宗教类活计，旨令大都来自雍正帝本人，因此相关器物及其陈设也带有其个人烙印，主要表现在以下两个方面：

（一）宗教观念

雍正朝中后期，雍正帝开始有意宣扬三教同源、禅道一体的理论，这在宗教器物也有反映。例如，他将不同宗教的符号融合在一起，创制出新的宗教器物——符板：

---

① 《总汇》第5册，第61页。
② 《总汇》第6册，第412页。
③ 《总汇》第1册，第309页。
④ 《总汇》第4册，第530—531页。

图 2　养心殿符牌及五供

雍正九年八月初八日头等侍卫兼郎中保德交梨木刻成符板印板样六块，计东西南北中五方五块、符样一块，着配木匣盛装，交造办处库内收贮。若再做时，可照五方符板样做五块，其板之背面俱照此样内的符样一一镌刻在五方板上，记此……于本月初九日，内大臣海望口奏择得八月十二日、十五日安设吉。请皇上钦定吉日安设等语奏闻。奉旨：十二日好。着保德同宫内总管代领匠人安设乾清宫安一分、养心殿安一分、太和殿安一分。或用供献之处，着保德酌量，道官不必，钦此。于十一日头等侍卫兼郎中保德传，照现有符板样式做黄铜符板一分，计五块；紫檀木符板二分，计十块；随贴金木供器三堂，计十五分。再做成五色石一分，未做成五色形石一分，其未做成五色形石速于做完，各配一木箱盛装，交造办处库内收贮。其形石安法、图样、尺寸着序班沈祥送来，记此。于十二日吉时头等侍卫兼郎中保德、代领催总刘三九、张四、序班沈祥将旧做下黄铜符板一分安在养心殿讫；将木符板二分、太和殿安一分；乾清宫安一分。随七月二十九日、八月初十日传做贴金小供器三堂，计十五分，俱各安讫。①

据此可知，这种符板共制作 3 份，铜制的安在养心殿，木制的分别安在太和殿和乾清宫。近年，因太和殿与养心殿大修，两处供奉的符板实物相继出现在世人面前。（图 2）2009 年，罗文

① 《总汇》第 4 册，第 819—820 页。

华曾对太和殿符板进行研究，相关成果参见《紫禁城太和殿所供符板及其宗教思想研究》一文;① 养心殿所供符板，曾在2020年故宫博物院“丹宸永固”展览中展出。将两处符板进行比对，形制完全相同，区别在于太和殿符板质地为梨木,② 养心殿符板则为铜制，与档案记载完全契合。

养心殿符板安放在养心殿正殿上方藻井上，符板之前即为档案中所载“贴金木供器”，上有香、红蜡、灵芝。据罗文华释读，符板正面阴刻纹样由上自下为：“佛说大威德八字秘密心陀罗尼”、宫宅神王名号、经咒与咒牌的组合、道教的璇玑八卦图，背面则为“太上秘法镇宅录符”(即道教镇宅七十二符)，共5组内容，可见具有明显的佛道合一色彩。罗文华认为，符板上的佛教经咒中既有汉传佛教经典的经咒，又有藏传佛教心咒与咒牌，是汉藏合一的形式。“符板不仅仅是佛、道两教的镇宅厌胜经咒、符咒的拼合，而且还是以一种共同的主旨和谐加以供奉的。佛教以汉传的文殊菩萨为主，辅以藏传佛教中的大白伞盖和观音菩萨信仰。文殊菩萨既是佛教的著名菩萨，又是转轮圣王，既世俗间皇帝、皇权的象征，位居至尊；大白伞盖、观音菩萨则是藏传佛教重要的寿神，加之法力无边，无所不包，广受崇奉。道教的璇玑八卦图以斗神为主”。③ 总之，从符板的内容来看，雍正帝确实选取了佛教与道教中适宜其个人需求的部分加以融合创制而成，这也体现了他在信仰上的实用性、复杂性，反映了其倡导的三教同源、佛道合一的理念。(图3)

宗教场所的陈设也体现了雍正帝的上述理念，如禁苑佛堂的陈设并非只有各类礼器、法器与造像，还有一些皇家祖先遗物、牌位等。

> 雍正元年初四日怡亲王交……圣祖御笔：大福字匾一面，“百岁相长老，千年松自青”对二付，“月吐青光临宝镜，风回瑞霭护珠帘”对一付，“轩窗傍水琴书静，楼阁连云宇宙宽”对一付，临米字挂屏一件，诗扇十五柄，墨刻金字斗方一张、洒金笺斗方一张。传旨：“福字匾、对联、挂屏、斗方，俱各托表。诗扇做三层匣一个盛装，每层五柄；俱供在佛堂内。钦此。④

这是在养心殿佛堂内供奉康熙帝遗物，而在圆明园九洲清晏佛堂还供有康熙帝的牌位，乾隆元年才被皇帝要求换以世宗牌位，更换下来的康熙牌位移至养心殿佛堂。⑤ 可见，雍正帝使用同一场所尊奉佛像与追思父祖，而这一做法显然也被乾隆帝所继承。

（二）审美烙印

宗教类器物，其形制须按相关要求与惯例进行制作，雍正朝也不例外。不过正如前文所述，雍正帝在供器、法器、造像、绘画以及数珠、服冠等各类宗教用品的造办上，对所用材质、工

---

① 罗文华：《紫禁城太和殿所供符板及其宗教思想研究》，《故宫博物院院刊》2009年第5期。另，罗文华先生在2020年10月“紫禁城建成600周暨中国明清史国际学术论坛”上曾提交《祭祖与礼佛：紫禁城养心殿一区的佛堂与清帝的信仰》一文，笔者仅见提要，期待文章发表。

② 胡德生认为，太和殿中间所奉的符板所用原料为东北所产的高丽木，不过在《活计档》中则记载为“梨木”。

③ 前揭《紫禁城太和殿所供符板及其宗教思想研究》。

④ 《总汇》第1册，第183—182页。

⑤ 《总汇》第7册，第102页。

图3 养心殿符牌（正、背面）

艺、造型、色彩和图案都做出明确的指示，因此相关器物也打上了其个人的审美烙印。如在关帝造像中，他对造像细节不断改进：

> 雍正十二年二月初十日首领太监李久明、萨木哈来说，宫殿监副侍李英传旨：将景山东门内庙里供奉骑马关夫子像，着照样造一分。其像要如意法身高一尺六寸，先拨蜡样，呈览准时再造。钦此……于三月初十日拨得蜡样关夫子一尊，关平、周仓从神等六尊。宫殿监副侍李英、首领太监萨木哈呈览。奉旨：关夫子脸像拨的不好。照圆明园佛楼内供的关夫子脸像拨，其从神站像、款式亦不好，着南府教习陈五指式拨像，钦此。于本月二十日改拨得关夫子、从神等蜡样一分，首领太监萨木哈、同总管太监李英呈览。奉旨：关夫子脸像持底仰起些来；腿甚粗，收细些；马棕少，多添些。廖化的盔不好，另拨好样式盔，钦此。于本月二十六日首领太监萨木哈、同总管太监李英，将改得关夫子蜡样、从神等一分呈览。奉旨：关夫子的硬带勒的甚紧，再拨松些；身背后无衣折，做出衣折来。鞋大、镫蠢，俱收小些：膝傍放高些；持刀的从神手并上身做秀气着，钦此。于四月初二日首领太监萨木哈、同总管太监李英，将改得关夫子蜡样、从神一分呈览，奉旨：帅旗往后些；旗上火焰不好，着收拾：马胸及马腿亦不好，亦着收拾，钦此。于四月初四日首领太监萨木哈、同总管太监李英

将改得关夫子蜡样及从神等一分呈览，奉旨：甚好！准造，旗做绣旗，钦此。①

这里，雍正帝对造办处所拔关帝骑马像及从神的蜡像，就其身姿、面容、肢体、配饰等屡次提出修改意见，造办处根据其旨意五易其稿才得以钦定成造。这既是雍正帝对造像要求严格、精益求精，也是其个人审美的真实体现。

三 影响

（一）清代宫廷宗教器物的高峰

清代前期，顺治帝也诚信佛法，但因当时国力不强，在宗教器物上的投入不多；康熙帝对宗教的态度相对淡漠，虽有养心殿造办处与中正殿造佛处制作佛像，但基本只有“大样佛”与“小样佛”两种形制，宗教器物的种类与水平都十分有限。雍正帝对宗教器物的大量需求与造办，则掀起了清朝宗教器物造办的高潮。

雍正朝宗教器物，佛道兼备，种类繁多，材质多样，工艺精湛。如前文所述，仅道冠一种就可用16种材质，一份碧玉《金刚经》就用时16个月，造像更是突破“大样佛”“小样佛”的局限，可以进行单像、群像等多种组合的塑造。宫廷宗教器物造办从此进入快速发展期，并因雍正帝的高品位、严要求，在艺术上达到了高峰，影响了宫廷宗教器物制作的发展方向。如关帝造像的形态、主神与六配像的组合，就极具特色。笔者曾考察不少的地方的关帝造像，最常见的是关公单像及主神配二从神、四从神的情形，雍正时期要求制作的主神骑马且一配六的组合则始终难觅。不过，目前在故宫钦安殿的原状陈列中，还保留有一龛关帝骑马六从神像。此龛从造型上看，与《活计档》记载极其吻合，笔者正试图获得更多资料进行验证。（图4）

（二）对地方宗教器物有深远影响

雍正后期着力扶植三教中符合其看法的流派，对儒释道的各类人物进行封授表彰，对各地庙宇、道场道观进行修理振兴。因此，各类宗教器物不仅要在养心殿、九洲清晏、万字房等皇家宫苑中的佛堂、佛楼、斗坛等处所陈设，还不断将各类器物，成堂成套地送往京城与地方上的庙观。

雍正十一年四月十四日，据圆明园来帖内称，司库常保首领太监萨木哈来说太监沧州传旨：“着照位育斋现供之大悲菩萨像，成造十分”……于十二年八月十九日，总管太监李英传旨：“着将造成大悲菩萨于本月二十二日卯时，雍和宫供一分、万寿寺供一分、拈花寺供一分；再贤良寺俟庙宇造完之时供一分；再报恩寺、崇福寺二处，俟织造海保进京之日，交给海保请去二分供献，钦此。”于十三年正月二十四日，柏唐阿六达子、李六十将报恩寺、崇福寺二处供献菩萨二尊、韦驮二尊、关夫子二尊、龛二座、供柜八个、供桌二张、铜炉二件（随座）、黄铜梅花蜡阡二对，俱交海保家人六十五请去，讫。②

① 《总汇》第6册，第535页。

② 《总汇》第5册，第750—751页。

图4 钦安殿关帝骑马配六从神像

京城中雍和宫、万寿寺、报恩寺、崇福寺、拈花寺等处，都收到了雍正帝要求造办处所成作的造像与器物，在庙观进行供奉与陈设。此外，雍正帝还下旨将各类供器送往泰山、丫髻山和东岳庙供奉：

> 雍正九年五月初七日，宫殿监督领侍陈福奉旨：“泰山并丫髻山娘娘玉带，应用何物成造？钦此。”陈福奏称：“此玉带应用玉片成造。”奉旨：“尔同海望酌量，应用何样玉片成造之处将玉片查来，呈览过再做，钦此。”……于十一月十四日，宫殿监督领侍陈福、首领太监李久明、萨木哈为泰山、丫髻山、东岳庙等处供献玉带，敬谨选得广储司银库收贮白玉带六十四条、碧玉带二条、蔡玉带三十四条，呈览。奉旨：“泰山娘娘准用走兽白玉带三条，东岳天齐大帝准用寿字白玉带一条，丫髻山玉皇大帝准用白玉龙带一条，前殿娘娘准用花式白玉带五条，后殿娘娘亦准用花式白玉带九条。”①

而这些尊奉在地方上的各式宗教器物，其造型与装饰又被推而广之，对当地宗教器物的发展有着巨大的影响。

① 《总汇》第5册，第107页。

四　小结

雍正帝的宗教信仰与精神层面的需求，引发了大量器物的造办。而以养心殿造办处为主的皇帝御用造办机构，可以不断满足其宗教器物的造办需求，他下达旨令也无须顾虑，因此相关造办谕旨反映了雍正帝对不同宗教的真实态度，同时亦可看出他在不同时期的精神信仰。

雍正前期，雍正帝传旨制作的宗教器物，以佛教、尤其是藏传佛教用品居多，道教器物只是零散出现。但雍正八年之后，道教用品的需求陡然剧增。以道冠为例，从雍正元年起就开始在养心殿收存各类材质的道冠及配套的结子、簪子。如："雍正元年九月十九日（入玉作），广储司银库乌林人（李花子、普官）送来庄亲王交玉壶三件，各色玉道冠十九件（内有玛瑙道冠一件、砗磲道冠一件），琥珀结子一百八十件，琥珀簪子十枝（内有接的簪子一枝），玛瑙簪子二枝，孔雀石簪子二枝。奉旨：交养心殿。钦此。"① 之后，造办处并无道冠活计。但经过近 7 年的沉寂，雍正八年十月十八日，皇帝突然传旨："着查宫内并外边各处所有收贮玉水晶等样道冠，俱各送至圆明园交乾清宫宫殿监督领侍陈福等收，钦此。"② 并且接连下达道冠的造办旨令，使雍正朝的道冠造办活计从无到有，并迅速发展到一个高峰期。而这正是与雍正帝从十月十五日开始兴建斗坛，任用道士娄近垣做法礼斗，并感觉有效之后，开始在宫中频繁进行斗坛法事有关。

需要指出的是，雍正帝的相关旨令中，并不存在某一时期单纯制办某一宗教器物的旨令，即使在他晚年、学术界所认为的"痴迷"道教炼丹术的时期，《活计档》中亦载有大量要求对章嘉胡图克图、永明寿禅师进行造像的旨令，还有不少下令成作佛教菩萨像、佛衣、佛龛等器物的旨令。如："雍正十一年三月二十九日，太监焦进朝传旨：着做供菩萨紫檀木龛二十一座，钦此。四月初七日，据圆明园来帖内称做得（备用）紫檀木镶嵌龛三座，内拱原佛三尊；紫檀木窝龛九座，内供原佛九尊。司库常保首领太监萨木哈呈览。奉旨：镶嵌龛佛三尊供在九洲清晏佛堂内。紫檀木窝龛佛九尊供在中正殿。钦此。"③ 从后续记载来看，所做佛像皆是典型的藏传佛教造像。这距前文所说下旨造办"金累丝莲花九九曜星官道冠"，只有半月时间。

雍正帝造办宗教类器物的相关史料，既是工艺美术史研究的重要材料，也是雍正帝个人信仰状态的真实的记录。本文通过对《活计档》中雍正帝造办宗教类器物的历史进行梳理，认为相关造办活动使清代宫廷宗教工艺美术发展迅速，并因雍正帝的个人品位与严格态度，使相关器物具有独特的艺术性。但是，对于相关问题的探讨，还有待进一步深入。

（陶晓姗：故宫博物院故宫学研究所副研究馆员）

① 《总汇》第 1 册，第 70—71 页。
② 《总汇》第 4 册，第 383 页。
③ 《总汇》第 5 册，第 733 页。

笔耕不辍、探索求新的著名清史专家周远廉

朱诚如

2020年5月19日，著名清史专家周远廉先生在他的桑梓故里四川仙逝。清史学界为失去一位笔耕不辍、勤于探索的著名学者而悲痛！追念这位一生奉献给清史学术研究的大家，探索其学术研究的路径和方法，会留给我们诸多启迪。

周远廉先生于1930年12月12日生于四川资中，1955年秋毕业于四川大学历史系，被分配到中国科学院历史研究所工作，一生致力于清史研究。1986年晋升研究员，1991年退休，1992年获国务院颁发的政府特殊津贴。退休后与同为清史研究专家的夫人杨学琛先生回四川故里，继续清史研究，笔耕不辍，又出版了多部学术著作，直至逝世。

周先生研究清史65年，出版学术著作近30部，发表学术论文数十篇。一生治学严谨，笔耕不辍，不断探索求新，勇于提出自己独到的学术见解，嘉惠学林。他是“文革”后第一批开创清入关前史研究的专家。后转入康熙、乾隆朝历史和人物研究，亦有诸多学术成果。他的研究几乎涉猎整个清朝中前期历史诸多领域，可以说是目前为止，在其同辈学者中著述最为宏富的清史研究专家。

一　学术成就

其一，开创了清朝开国史研究的两种范式。

满洲是如何崛起，又是如何由部落走向国家的？这是清史、满族史研究的重要问题。改革开放以来，学界对入关前史关注日多，产生了一批满族史和清朝前史专家，周远廉先生便是其中的代表人物之一，其所著《清朝开国史研究》（辽宁人民出版社，1981年）、《清朝兴起史》（吉林文史出版社，1986年），集中体现了他对清朝开国史研究的一些思考。在前著中，他以社会性质为纲，按照满洲社会发展的不同阶段，分原始社会末期（16世纪40—80年代）、奴隶社会（1587—1621年）、封建社会（1621—1644年）三部分，详细阐述了不同时期满洲部落及后金政权发展情况；在后著中，则从政治史的角度，撰述了满洲从部落到国家的建立历程，着重对舒尔哈齐之死、褚英被诛、大福晋的休离等历史谜案做了解答，对八旗制度的建立和完善、“共治国政”体制的确立等政治制度做了考证，对八旗贵族集团的形成和权力结构进行了解析，对明清几次大战的成败做了评析。两著在研究路径、研究视角方面，皆有不同，开创了清朝开国史研究的两种范式。

其二，对满洲社会性质进行了深入探讨。

清入关前满洲社会性质，始终是学界讨论的焦点问题。早在延安时期，范文澜主编的《中国通史简编》最早运用唯物史观，探讨了清朝入关前的社会性质问题。中华人民共和国成立后，这一问题再次成为学界讨论的热点，张维华、莫东寅、尚钺、郑天挺、王钟翰、戴逸、李鸿彬、

赵展等学者都曾作文讨论。在这场大辩论中，周远廉先生也作了大量细致的研究，先后撰写了《关于清代皇庄的几个问题》《从“诸申”身份的变化看入关前满族的社会性质》《关于16世纪40—80年代初建州女真和早期满族的社会性质问题》《关于满族从奴隶制向封建制过渡的问题》《入关前满族的社会性质》《关于1587—1621年满族的社会性质问题》等文章，综合考察了皇庄的建立、发展和规模，皇庄的生产方式，入关前土地所有制的演变，“诸申”身份的变化，清前期赋税和劳役制度等相关问题。他认为，在努尔哈赤起兵之前，建州女真尚处于原始社会末期；从万历十五年建费阿拉城、定国政起，到天命六年间，满族处于奴隶社会发展阶段；天命六年进入辽沈地区后，开始从奴隶制向封建制过渡；天命十年的编庄，标志着封建农奴制上升为占居后金政权主导地位的生产关系。这一观点成为解读入关前社会性质的代表性观点。

其三，臧否历史人物，见解独到。

历史固然是由人民群众创造的，但“伟大人物”无疑也会起着重要的历史作用，甚至决定作用。正如马克思所言：“每一个社会时代都需要有自己的伟大人物，如果没有这样的人物，它就要创造出这样的人物来。”在清史研究中，周先生既充分肯定人民群众是历史的创造者，但也关注到了“伟大人物”在历史发展中的重要作用。他以帝王将相王为中心，先后出版了《皇父摄政王多尔衮全传》（与赵世瑜合著，吉林文史出版社，1986年）、《顺治帝》（吉林文史出版社，1993年）、《乾隆皇帝大传》（河南人民出版社，1994年）、《清太祖传》（人民出版社，2004年）、《岳钟琪传》（中国电影出版社，2013年）等，在展现清代历史发展脉络的同时，将各个时期的重大历史事件、重要制度和思想一一详释。如《皇父摄政王多尔衮全传》一书，从多尔衮幼年所处的权势处境出发，叙述了他从孤儿弱主，到旗主贝勒、和硕睿亲王、辅政亲王、皇父摄政王的辉煌一生，既肯定了他在清王朝统一战争和制度建设中的关键作用，也对其厉行圈地、强迫投充、颁布逃人法、打击政敌、垄断朝政等行为，予以批评，并对其声色犬马的生活状态和悲惨结局作了述评。

以什么样的标准来评价历史人物，是长期以来史学研究的难点。在20世纪80年代以前，历史作用和阶级阶层，是臧否人物的两大主要标准。90年代以来，对历史人物的评价标准开始多元化、具体化，如生产力发展、民族统一、大一统国家构建，都成为评价历史人物的重要考量。周先生较早突破了传统评价体系，如对于努尔哈赤，虽然他独断专横，激化民族矛盾，大肆屠戮汉人，破坏辽东地区生产，但却完成了统一女真诸部的事业，促进了新的民族共同体的形成，加速了满族由奴隶社会向封建制的过渡，从历史大势来看，“瑕不掩瑜，功大于过”，因此努尔哈赤仍不失为“一个具有雄才大略的开国之主”。对于多尔衮，虽然他自视甚高，在皇太极去世后，有意拉拢亲近子弟、王公重臣，制造舆论，希冀皇位，但当几派势力针锋相对、各不相让，大有火并之势时，尚能顾全大局，拒绝了多铎和阿济格的“跪请”，全力辅佐年幼的福临。因此，多尔衮对皇权的觊觎，以及他对礼制的僭越、荒淫无度的私生活，不应成为“否定一个封建统治者的主要证据”。对于岳钟琪，虽然他在征讨准噶尔部战争中因“攻敌不速，用人不当”，被革职削爵，处以斩监候，国史馆所编《岳钟琪传》以及《清史稿》之《岳钟琪传》，也都沿袭雍正帝判词，抹杀其盖世功勋，但是重新审视岳钟琪战功卓著的一生，特别是考虑到他为维护大一统国家疆域所作出的历史贡献，应给予积极评价。从以上事例可见，是否顺应历史发展大势，是否符合国家和民族利益，是周远廉先生评价历史人物的主要标准，这对科学、客观的历史人物评价标准的形成，提供了借鉴。

二　治学方法

其一，坚持以唯物史观为指导。

历史唯物主义是指导历史学研究的基本方法，它既反对脱离历史实际、任意编织历史事实的主观唯心主义，又反对简单罗列或堆积史料来作为历史的客观唯心主义，而是要求对相关史料去伪存真，在把握客观史实的基础上，实事求是地解释历史现象、总结历史教训、阐释历史规律。周先生在历史学研究中，始终坚持以唯物史观为指导，体现出较高的马克思主义史学理论修养。如在研究满洲社会性质时，他提出要“依据马克思主义经典作家的指示，深刻钻研特定时期的一种土地制度，联系全局，引出结论”，因此选取清代皇庄作为研究对象，通过对大量史料的辩证分析，探讨了满洲前期的社会性质。他敏锐地认识到，“恰当地断定诸申的身份和地位，对于弄清早期满族的阶级关系，正确判断入关前满族的社会性质，具有重要的意义”，故通过对社会生产关系和上层建筑的性质问题，考察了不同时期“诸申”的身份和地位的变化，据此判定了相应历史时期的社会发展状况。

其二，重视对档案史料的挖掘。

从档案史料中寻求历史真相，是周远廉先生治史的一大特点。如基于对《满文老档》的研究，他先后写了《关于清初开国史的几个问题》《努尔哈赤与明朝政府的关系》两篇文章；在深入挖掘明代辽东档案史料的基础上，与谢肇华先生合作，先后撰写了《明代辽东军户制初探》《明代辽东军屯制初探》《万历后期的矿税之祸》《明代女真与汉族的关系》等文章。在撰写《岳钟琪传》时，他细致整理了有关岳钟琪的4.6万余件朱批奏折，一一与实录、起居注等史料对比分析；在进行《清代租佃制研究》撰写时，他查阅了中国第一历史档案馆所藏乾隆朝刑科题本土地债务类档案5.8余件，收集了大量有关土地占有、租佃关系的珍贵史料，并结合这一个时期的实录、奏折、笔记、文集、方志等文献，综合研究，完成了对清代封建租佃制的叙述和分析。周先生立足于史料，通过对档案的深入剖析，并与传世文献比对分析，从而揭示了一些以往被人们所忽略的、被官方所讳释的史实，还原了历史真相。

其三，重视对清朝兴亡历史经验和教训的总结。

历史是一个民族和一个国家形成、发展，及其盛衰兴亡的真实记录；历史是最好的教科书，也是最好的清醒剂。研究历史的最终目的，就是要以史为鉴，总结人类社会的发展规律、治乱兴衰的思想智慧和经验教训。周先生先后出版了《清代八旗王公贵族兴衰史》（与杨学琛合著，辽宁人民出版社，1986年）以及五卷本《清朝兴亡史》（北京燕山出版社，2016年），两著通贯淹博，分别从侧面和正面展现了清王朝兴盛衰亡的历史过程，真正践行了一位历史学家的责任。

《清代八旗王公贵族兴衰史》着重对八旗王公贵族，包括宗族和异姓贵族的兴衰事迹作了考察。王公贵族的兴衰是王朝盛衰的重要组成部分，他们与国家是休戚与共、利益攸关的命运共同体。在叙述八旗王公贵族的兴衰时，他专列一节介绍了王公贵族集团的阶级特性，揭示了他们所拥有的政治、法律和经济特权，并对王公子弟揽权纳贿、卖官鬻爵、欺压百姓、巧取豪夺、游手好闲、聚赌抽头、恣意寻欢等“寄生腐朽”生活状况作了生动描绘，早已预示着八旗贵胄的没落和衰亡。

《清朝兴亡史》展现了从努尔哈赤起兵到幼帝退位为止，清朝兴亡的完整历程。着重回答了努尔哈赤为何能统一女真，建立国家政权；皇太极为何能八攻明国，统一漠南蒙古，使朝鲜畏服；福临和多尔衮为何能消灭诸方势力，一统中国；玄烨如何开启了康乾盛世局面；弘历如何创建了“大清全盛之时”；为何清王朝又走向了中衰，以致灭亡。对上述疑问的解释，实际上是回答了清朝“何以兴、何以盛、何以衰、何以亡”四大问题。更难能可贵的是，周先生以清朝兴亡为例，还进一步回答了中国古代王朝盛衰的基本规律，即“王朝的盛衰，固然在根本上取决于社会发展的客观条件，但主观因素也会对历史进程产生影响。尤其是帝王将相最高统治集团本身的情况，及其怎样管理国家，更是不应忽视的重要因素。他们的所作所为，既受客观条件的制约，又能在相当大程度上促进王朝兴盛和加速其衰亡，从而对历史进程发生强烈影响。”

周远廉先生的学问人生，沉浸着强烈的现实关怀。他不仅是一位治学严谨的历史学工作者，更是一位中华传统文化的宣传者、守护者！其著文大都通俗易懂，行文笔调力求生动活泼。特别是退休后，他潜心钻研文学，将毕生的研究成果以文学化的笔法记述下来，创作了一部又一部的长篇历史小说，如《香妃入宫》（华艺出版社出版，1993 年）、《乾隆皇帝下江南》（燕山出版社，1996 年）、《天下第一清官：清代廉臣张伯行》（河南人民出版社，1999 年）、《宁远大将军岳钟琪》（中国电影出版社，2013 年）等等，在澄清历史谬误，普及历史知识，传播学术研究成果，弘扬民族精神等方面，做出了重要贡献，直至穷尽思想、燃尽生命！这不禁让我们想到，周远廉先生曾为家乡学校捐款 12 万元设立“杨学琛奖学金”，自费 15 万元为维护国家统一、刚正不阿、为民谋利、廉洁奉公的“清朝名人”立碑纪念，这与他修书治史、著文广教是一致的，体现了中国传统知识分子与生俱有的家国情怀和精神特质！